W0171734

AUGUST VON PLATEN

TAGEBÜCHER

—

Auswahl und Nachwort
von Rüdiger Görner

MANESSE VERLAG
ZÜRICH

Als Textgrundlage dieser Auswahl diente die zwei-
bändige vollständige Ausgabe der «Tagebücher» des
Grafen August von Platen, die Georg von Laubmann
und Ludwig von Scheffler 1896 und 1900 bei Cotta in
Stuttgart herausgegeben hatten.

CIP-Titelaufnahme der Deutschen Bibliothek

Platen, August von:
Tagebücher / August von Platen
Ausw. u. Nachw. von Rüdiger Görner
Zürich : Manesse Verlag, 1990
(Manesse Bibliothek der Weltliteratur)
ISBN 3-7175-1784-8 Gewebe
ISBN 3-7175-1785-6 Ldr.

NE: Platen, August von: [Sammlung]

Die Erinnerung ist das einzige Paradies,
aus dem wir nicht getrieben werden können.

Jean Paul

Ich bin am 24. Oktober 1796 geboren, und zwar zu Ansbach in Franken, das damals noch unter preußischer Regierung stand. Der letzte, kinderlose Markgraf hatte resigniert und war mit seiner zweiten Gemahlin, einer Lady Craven, nach England gezogen, wo er noch einige Jahre, obgleich nicht glücklich, lebte. Er übergab sein Land Friedrich Wilhelm II.[1], dem Vorgänger des jetzt regierenden Königs.

Meine erste Erziehung war in den Händen einer frommen und sanften Mutter[2], der zweiten Frau meines Vaters, welcher von seiner ersten geschieden war, von der er sechs Kinder hatte, worunter fünf Töchter. Sie wurden meist verheiratet, während ich heranwuchs, und ich kannte sie kaum, lernte sie auch später nicht kennen, da ich das elterliche Haus frühe verließ. Das jüngste jener meiner Stiefgeschwister war mein Bruder Alexander, der jedoch gleichfalls mehr als zehn Jahre vor mir voraus hat. Er ist, indem ich dies schreibe, Hauptmann in bayrischen Diensten und war damals Fähndrich im preußischen Regiment Tauentzien, das zu Ansbach garnisonierte. Ich faßte als Kind einen Widerwillen gegen ihn, da er mich

---

[1] Karl Alexander (1736–1806), Markgraf von Ansbach-Bayreuth, ein Neffe Friedrichs des Großen, trat 1791 beide Fürstentümer an Friedrich Wilhelm II. von Preußen ab

[2] Christiane Luise Freiin Eichler von Auritz (1763–1846), heiratete 1795 den Grafen August Philipp von Platen-Hallermünde (1748–1831)

beständig neckte. Ich hatte außer ihm noch einen
wirklichen Bruder, der ein Jahr jünger als ich war,
aber schon in seinem vierten Jahre starb, gerade
als mein Vater auf ein Jahr lang nach Schwabach
versetzt worden war. Nach unserer Rückkehr von
dort fiel ich selbst in eine langwierige Krankheit, so
daß selbst der berühmte Doktor Hildebrand aus
Erlangen meinen Eltern erklärte, daß mir nicht
mehr zu helfen sei. Ich kam aber wieder davon,
indem ich ein altes Sprichwort bewährte, denn ich
war sehr böse, und noch zehn Jahre später hat mich
mein Bruder mit meinem damaligen Eigensinn
aufgezogen.

Was ich noch von meiner frühesten Erziehung
weiß, ist, daß ich zum mindesten in physischer
Hinsicht keineswegs verzärtelt wurde und man
mich lehrte, zu meinen Eltern «du» zu sagen und
immer freimütig und offen gegen sie zu sein. Daß
ich von Adel, aus einem alten Hause sei und dergleichen mehr, sagte man mir niemals.

Meine ersten Jugendgespielen waren ein gewisser Simon Langenfaß und der Sohn eines französischen Sprechmeisters, Jeannot Asimont, wie auch
die zwei älteren Söhne des nunmehr zu München
angestellten Oberappellationsrats Liebeskind, mit
deren älterem, Adalbert, ich noch jetzt in freund-
schaftlichem Verhältnis stehe. Öfters kam ich auch
aufs Schloß, um mit der kleinen Prinzessin zu
spielen, einer Tochter des Prinzen Ludwig von
Preußen, Bruder des Königs[1]. Ihre Mutter ver-
mählte sich nach ihres ersten Mannes Tod mit dem
Fürsten von Solms-Braunfels und wohnte zu Ans-

---

[1] Friedrich Wilhelm III. (1770–1840), regierte seit 1797

bach. Nun ist sie an den Herzog von Cumberland[1] verheiratet und die junge Prinzessin mit einem Prinzen von Anhalt-Dessau. Ich kann mich der Fürstin Solms noch entsinnen; sie ist blond und eine der lang blühenden Schönheiten. Auch ihre beiden Schwestern, die Fürstin von Thurn und Taxis und die Königin Luise mit ihrem erlauchten Gemahle, erinnere ich mich in Ansbach gesehen zu haben. Später bewohnte der jetzige Staatskanzler Hardenberg[2] das Schloß.

Mein Vater war öfters genötigt, kleine Reisen zu machen, um die Forsten zu besichtigen, über die er gesetzt war; ich blieb dann mit meiner Mutter allein. Sie las mir viel vor und suchte mir frühe Geschmack für Lektüre einzuflößen, den ich auch fand, obgleich es mir sonst nicht an Spielsachen fehlte, deren ich von allen Sorten hatte und die sich jeden Geburts- und Weihnachtstag beträchtlich vermehrten. Lesen und Schreiben lernte ich ziemlich frühe. Das erste, was ich selbst las, war der «Kinderfreund» von Weiße[3], aus dem ich mir besonders die kleinen Komödien heraussuchte, da ich nichts so sehr liebte als das Theater. So oft ich nur durfte, ging ich ins Schauspielhaus, sobald eine Truppe in Ansbach war. Ich selbst spielte fast nichts als Komödie mit meinen Kameraden. Meine

---

[1] Ernst August Herzog von Cumberland (1771–1851), Sohn König Georgs III. von England, ab 1837 König von Hannover
[2] Der Reformer Karl August Fürst von Hardenberg (1750–1822), 1791 preußischer Staats- und Kabinettsminister, 1810 Staatskanzler
[3] Christian Felix Weiße (1726–1804), dessen «Jugendfreund» in 24 Bänden 1776–82 erschien

ersten Arbeiten und alles, was ich als Kind schrieb,
war dramatisch. Ich erinnere mich noch eines
Schäferspiels, das ich machte und an meinen
Freund in Schwabach, George Benkher, schickte.
Es mag der erste meiner Versuche gewesen sein
und war in ungebundener Rede geschrieben. Ich
hatte damals ungefähr mein siebentes Jahr zurückgelegt.

Um diese Zeit war die Oper «Das Donauweibchen»[1] sehr in Schwung und eines meiner Lieb-
lingsstücke. Zugleich fiel mir Schillers «Macbeth»
in die Hände, von dem ich jedoch nur die Hexen-
szenen las. Diese Schriften gaben mir Anlaß zu
einer Reihe von Komödien in Knittelversen, in
denen es von Feen, Hexen, Nixen und Zauberern
wimmelte. Noch in späteren Jahren kamen mir ein
paar davon zu Gesichte. Sie waren sehr kurz und,
versteht sich, ohne allen Plan geschrieben. Was
meine Phantasie noch bereicherte, war besonders
die Mythologie, die ich schon ziemlich innehatte.
Die Liebesabenteuer Jupiters gingen an mir vorüber, ohne Eindruck zurückzulassen oder Neugierde zu erwecken. Für die wahre Unschuld gibt
es noch keine verderblichen Bücher. Die Liebe
hielt ich damals für nichts als einen theatralischen
Ressort. Soviel ich auch Gespenster und Zauberer
in meinen Komödien erscheinen ließ, so war ich
doch nichts weniger als abergläubisch, oder vielmehr deswegen. Man hätte mich eher ungläubig
nennen können. Als einer meiner Lehrer mit mir
von der Hölle sprach, sagte ich ihm: «Es gibt keine

---

[1] «Das Donauweibchen», Volksmärchen mit Gesang von
Karl Friedrich Heusler, Musik von Ferdinand Kauer, Wien
1792

Hölle.» Er geriet außer sich darüber und hielt mich
wenigstens für einen achtjährigen Atheisten. Ich
hatte es aber so böse nicht gemeint und unter Hölle
nur jene Flammengrube verstanden, in welcher die
Seelen gebraten werden.

Meine Mutter, die sich ganz von der Welt zu-
rückzog, um sich mehr meiner Erziehung zu widmen, ermunterte mich in meinen Arbeiten, und ich
bildete mir nicht wenig auf dieselben ein. Sie ließ
mich auch frühe Briefe schreiben, unter anderen an
eine junge Engländerin meines Alters, Eliza Doug-
las. Ihre Mutter war die Freundin der meinigen,
da sie beide zusammen in Lausanne erzogen worden. Jene war eine geborene Schweizerin und hatte
einen Engländer geheiratet. Beide Freundinnen

> Hatten frühe schon
> Töchterchen und Sohn
> Braut und Bräutigam voraus genannt[1].

Doch als später des Krieges wegen die Korrespondenz mit England unterbleiben mußte, ward auch
jenes Projekt zu den vergessenen gelegt.

*

Um eine Enkelin meines Vaters, ein Fräulein von
Gemmingen, die ihr Stiefvater von Berlin nach
Leipzig brachte, abzuholen, begab sich meine Mutter in Begleitung des Vormunds der kleinen Karoline und seiner erwachsenen Tochter dahin und
nahm mich mit. Ich war äußerst erfreut über diese
Reise; doch schwebt mir jetzt nur wenig mehr
davon vor. Wir nahmen den Weg über Nürnberg

---

[1] Goethe, «Die Braut von Korinth»

und Baireuth, von welchem Ort ich mich nur
noch der beiden großen Gärten entsinne, welche
die Eremitage und Fantaisie heißen und die eine
Schwester Friedrichs des Großen, Markgräfin von
Baireuth, anlegte. Sodann ging die Reise über Hof,
Schleiz, Gera und Zeitz. Von Leipzig blieb mir
noch das Schauspiel am lebendigsten. Man gab
«Ines de Castro»[1], und ich sah zum erstenmal eine
vorzügliche Bühne. Von Leipzig gingen wir über
Meißen, wo wir die Porzellanfabrik besuchten,
nach Dresden. Dort lebte meiner Mutter eine
Freundin, die mit ihr erzogen worden war, eine
Gräfin von Senft-Pilsach. Ihr Mann war Minister
des Königs. Wir wurden sehr gut empfangen. Ich
erinnere mich noch wohl, in einer schönen Gondel
auf der Elbe gefahren zu sein, ihre landhausbebau-
ten Ufer zur Seite, und unter jener berühmten
Brücke hinweg, die der Sturm der Zeit zerstörte. Auch des ungeheuern Saals der Bildergalerie
entsinne ich mich noch. Wir besuchten auch
das Schloß und sahen den damaligen Kurfürsten
von Sachsen[2] mit seiner Familie in die Messe
gehen.

Der Rückweg bis Hof führte uns über Freiberg,
wo man uns die Bergwerke zeigte, Chemnitz,
Zwickau, Plauen. Karoline von Gemmingen, die
nur ein paar Jahre jünger als ich war, blieb in
unserem Hause; wir lebten aber fast beständig
im Unfrieden. Um jene Zeit war's, als die Festung Ulm durch General Mack an die Franzosen

---

[1] Vgl. Julius von Soden, «Schauspiele», Band 4, Berlin
1788–91; «Ignez da Castro»
[2] Friedrich August III. (1750–1826), König (August I.) seit
1806

übergeben wurde[1]. Meine Vaterstadt war über-
schwemmt von armen flüchtigen Kaiserlichen, die
elend und in Lumpen einhergingen. Sie erhielten
viel in unserem Hause, und ich faßte den ersten
Widerwillen gegen die Franzosen, als die Feinde
unserer Nation. Die Schlacht von Austerlitz vollendete das Unglück der Österreicher.

So kam denn das verhängnisvolle Jahr 1806
heran, so unendlich fruchtbar an beispiellosen Unglücksfällen für die Deutschen und an Bonapartes
höchsten Triumphen. Gleich im Anfange nahmen
die Könige von Bayern und Württemberg diesen
Titel an. Der Kurfürst von Sachsen, obgleich sein
Haus an Königsszepter gewöhnt war, tat erst elf
Monate später dasselbe, nachdem das Reich bereits
untergegangen.

Im Februar kamen die Franzosen nach Ansbach
unter Bernadotte, nunmehrigem Kronprinzen in
Schweden. Er verlegte die Demarkationslinie, da
Verträge den Franzosen von jeher ein Spiel waren,
und nahm das Land für Bayern weg. Ich kann mir
ihn noch wohl vorstellen. Er ist groß und stark,
sehr gebräunt von der Sonne und hat schwarze,
geringelte Haare. Sie blieben lange bei uns und
mästeten sich und ließen, wie allenthalben, ihren
Übermut fühlen.

In demselben Jahre wurde jener gehässige Bund,
dem der Rhein ungern seinen Namen lieh, der
deutschen Fürsten mit einem fremden Kaiser gegen ihren eigenen geschlossen. Er dauerte sieben
Jahre, die übrigens für einige Fürsten, dem Scheine
nach, die «sieben fetten Kühe Pharaonis» waren.

---

[1] 17. Oktober 1805

Der Neffe Josephs II.[1] war gezwungen, die römische Krone niederzulegen, die Krone Karls des
Großen, die tausend Jahre lang deutsche Stirnen
geschmückt hatte. Das Reich, das in Wirklichkeit
lange nicht mehr existiert hatte, ging nun auch dem
Namen nach unter. Die uralten Insignien unserer
Kaiserkrone waren wohl von den berühmtesten
Trophäen Bonapartes. Der Reichsadel verlor nun
seine Rechte.

Meine Landsleute waren nunmehr unter bayrische Herrschaft gekommen. Sie hatten in demselben Jahre noch den Kummer, die preußische Monarchie Schlag auf Schlag in unendliches Unglück
gestürzt zu sehen. In einem der Sommermonate
kam der bayrische General Werneck nach Ansbach. Er war Chef der Kadettenschule zu München, und als Jugendbekannter meines Vaters
schlug er demselben vor, mich in jenes Institut zu
schicken. Den 18. September reiste ich mit meiner
Mutter von Ansbach ab, über Weißenburg, Eich-
stätt, Ingolstadt nach München. Ich war noch nicht
zehn Jahre alt.

*

Im Anfange gefiel es mir ganz und gar nicht in
meiner neuen Lage. Der Abschied von meiner
Mutter hielt sehr schwer, und das Leben im väter-
lichen Hause war mir noch zu sehr im Gedächtnis.
Besonders hart fielen mir die steife Kleidung und
schwere Kopfbedeckung. Bald aber trugen der

[1] Franz II. (1768–1835), 1792–1806 römisch-deutscher Kaiser, 1804–35 als Franz I. Kaiser von Österreich

Reiz der Neuheit, die vielen jungen Leute, die ich
traf, die allmähliche Gewohnheit der schlechten
Nahrung, der Besuch des Schauspielhauses, der
uns von Zeit zu Zeit gestattet war, die wenige Zeit,
die man uns übrig ließ, über unsere Lage nachzu-
denken und Vergleichungen anzustellen; bald, sage
ich, trug dies alles bei, mich zu beruhigen und ganz
zufriedenzustellen. Ich traf auch Adalbert Liebeskind wieder, der mit mir in dasselbe Institut gekommen war.

Wir wurden alle zusammen examiniert; doch
scheint es, daß ich nicht am besten bestanden bin,
da ich in die erste Klasse gesetzt wurde. Von
meinen Hofmeistern, deren ich zu Hause drei
nacheinander hatte, mochte ich nicht viel profitiert
haben. Ich strengte mich auch in jener Klasse nicht
viel an; doch hatte ich manches vor anderen voraus
und erhielt am Ende des Jahres eine Prämie. Man
war in dieser ersten Zeit außerordentlich mit mir
zufrieden. Ich hatte aber nicht das geringste Verdienst dabei, denn ich lebte nicht viel besser als eine
Pflanze. Meine Schriftstellerei wurde gänzlich vergessen, weil mich niemand aufmunterte und ich
keine übrige Zeit hatte. Wir waren mit zu viel
Gegenständen überhäuft, als daß von jedem etwas
Bedeutendes hätte hängenbleiben können. Man
machte mich in vielen Dingen rückwärts gehen,
und ich verlernte mehr als ich lernte, da ich schon
zu wissen glaubte, was man mich zu Hause gelehrt
hatte, und nun Altes und Neues vergaß. Ich wußte
vorher ziemlich viel für mein Alter, nun aber war
ich ein ganz gewöhnliches Kind. Meine Wißbegierde hörte gänzlich auf, weil ich meinte, daß man
uns ohnehin alles mögliche einpfropfte und es gar

nicht mehr von mir abhänge, viel oder wenig zu
lernen. So ging viele Zeit fast ganz ungenützt
vorüber, da der Wille und Fleiß fehlte. Religionsunterricht hatte ich keinen eigenen, sondern mußte
denselben mit den Katholiken hören, und wenn
ich gefragt wurde, wieviel Sakramente es gäbe,
antworten: «Sieben», was mir gar nicht behagen
wollte. Gleichwohl wurden wir wenigen Protestanten sonntags pünktlich in die Kirche gebracht,
welche im Schloß für die lutherische Königin[1]
eingerichtet war. Wir hörten die Predigt, verstanden aber noch wenig davon und waren froh, wenn
wir schlafen konnten. Später, als sich die Zahl der
Protestanten vermehrte, erhielten wir besonderen
Unterricht.

Des Sonntags war es uns erlaubt, Besuche zu
machen in der Stadt, und man durfte uns zu Tische
bitten. Mit Liebeskind kam ich öfters zu dem
Oberappellationsrat von Schaden, der auch einen
Neffen gleichen Namens im Institut hatte und
dessen Frau aus Ansbach war und zwei Töchter
ungefähr in meinem Alter von ihrem ersten Mann
hatte. Er selbst war der eifrigste aller Anhänger
Bonapartes und starb aus Verdruß über seinen
Sturz, nachdem er übergeschnappt war. Ich kam
auch zuweilen zu dem Direktor Schelling[2], dem
Naturphilosophen, solange seine erste Frau[3] lebte.

---

[1] Karoline (1776–1841), seit 1797 Gemahlin Maximilian
Josephs I. von Bayern
[2] Der Philosoph Friedrich Wilhelm Joseph von Schelling
(1775–1854) war seit 1806 Generalsekretär der Akademie zu
München.
[3] Karoline Michaelis (1763–1809), vormals mit August
Wilhelm Schlegel verheiratet, seit 1803 Schellings Gattin

Bei ihm traf ich einmal den Doktor Gall[1], der damals durch München reiste und mir meinen Schädel begriff, aber nichts Wahres sagte. Adalberten gab er viel Witz schuld, wobei Schelling bemerkte, daß er erst kommen müßte.

Späterhin ward einer meiner Verwandten, ein Herr von Schele, westfälischer Gesandter in München, und ich besuchte sein Haus alle Sonntage. Er hatte Familie und einen Sohn, der Ludwig hieß, in meinem Alter. Er dient nun bei den hannöverischen Truppen.

Auch zu General Werneck, oder vielmehr zu seiner Nichte, Fräulein von Gumppenberg, kam ich im Anfange häufig. Ihr jüngster Bruder Joseph war im Kadettenhause und ist nun bei meinem Regiment. Sie selbst hat den Herrn von Freyberg in Ansbach geheiratet.

Das Haus, in dem wir eingesperrt waren, ist ein Teil des sehr geräumigen Jesuitenklosters, nunmehr zu mehreren öffentlichen Anstalten gebraucht. Es fehlte keineswegs an Platz in dem ungeheueren Gebäude. Der erste Stock enthielt meist Zimmer für die Vorstände, Professoren und Offiziere, wie auch die Krankenzimmer, die in einem besonderen Nebengebäude, das dem Lärm nicht so ausgesetzt war, eingerichtet wurden. Es war der einzige Teil des Hauses, unser Fecht- und Tanzzimmer ausgenommen, das auch im ersten Stock war, wo man Aussicht auf die Straße hatte. Die Lehrstuben und der große Saal, die der zweite

---

[1] Franz Joseph Gall (1758–1828), der berühmte Anatom und Phrenologe

Stock enthielt, gingen nach dem Hof zu. Der große
Saal, in dem gegessen wurde und wo sich alle in
den Freistunden aufhielten, hatte zwar zwei Reihen
Fenster; doch waren diejenigen nach der Stadt zu
so klösterlich hoch, daß man nicht hinaussehen
konnte, man hätte denn zwei Stühle übereinander
gestellt. In den Lehrstuben hatten wir Bänke und
Tische, die an den Boden festgemacht waren, im
Saale kleine, harte Stühlchen ohne Lehne. Der
ganze Saal ruhte auf zwei Reihen gevierter Säulen,
zwischen denen die Tafeln standen, auf denen gegessen und auch gearbeitet wurde. Wir waren über
hundert, die sich zugleich darin aufhielten. An
beiden Enden war ein Ofen. Lichter hatten wir
keine, sondern Lampen. Das Essen wurde von den
Bedienten auf großen Tragbahren hereingebracht.
Es war wenig und äußerst schlecht gekocht, und es
wurde deshalb beständig geklagt; doch ohne Erfolg. Die Köchinnen selbst und die Bedienten waren unreinlich. Wir selbst wurden nicht sehr zur
Reinlichkeit angehalten und konnten nicht Wäsche
wechseln, wenn wir wollten.

Das dritte Stockwerk enthielt einen noch viel
größeren Saal als der untere, und er war zum
Schlafen bestimmt. Die Betten standen in doppelten Reihen auf beiden Seiten, und jeder hatte einen
kleinen bestimmten Raum zum Ankleiden. An
Ordnung in Aufbewahrung unserer Habseligkei-
ten gewöhnte man uns nicht. Wir hatten gar nichts
Verschlossenes. Wäsche, Kleider usw. wurden aufgehoben und an bestimmten Tagen ausgeteilt. Unsere Waffen hingen im unteren Saal und wurden
von den Bedienten geputzt, deren jeder ein paar
Dutzend zu besorgen hatte, da es sehr wenige

Bedienten gab. Für unsere Schriften und Bücher
hatten wir einen sehr beschränkten Raum, so jedermann offen stand. Im unteren Gange waren hierzu
Schränke aufgestellt, deren Schlüssel die Bedienten
hatten und worinnen jedem ein kleines Fach angewiesen war. Alles wurde numeriert, Wäsche, Kleider, Bettstätte. Diese Nummern wurden nie gewechselt, und jeder behielt die seine. Bücher durfte
man wenige haben; die Lehrbücher erhielt man
von Zeit zu Zeit. Es war ein Bibliothekzimmer da,
man kam aber niemals hinein, und es wurden
äußerst selten Bücher davon ausgegeben.

Gefängnisse waren zwei im mittleren Stock.
Man wurde nicht stundenweise, sondern ganze
Tage lang darin eingesperrt, ja sogar wochenlang.
Das eine davon war so schlecht, wie man es Mör-
dern und Räubern kaum in Polizeigefängnissen
oder Kriminalkerkern anweist; man konnte sich
darin kaum umkehren und konnte nicht einmal
ausgestreckt liegen. Kein Tageslicht fiel hinein,
man durfte nicht lesen. Hierzu kam noch, daß die
Hände in eine Art ledernen Muff geschnürt wurden, weil man glaubte, daß die jungen Leute aus
Langeweile auf die Selbstbefleckung fallen könnten. Man erhielt oft nur Wasser und Brot, das man
vor Ekel kaum genießen konnte, da die Hände den
Geruch des Leders annahmen und in Schweiß kamen. Man hätte den freien Gebrauch der Hände
leicht verhindern können, ohne sie einzuhüllen und
ohne Pressung der Pulse. Noch ekelhafter war das
andere Gefängnis, obgleich geräumiger und mit
einem Fenster versehen. Es war ein Kämmerchen,
in dem die Zöglinge gekämmt wurden, wozu eine
eigene Frau bestimmt war. Der Eingesperrte aß auf

demselben Tische, auf dem den folgenden Morgen andere Geschöpfe die kärglichen Überreste seiner Mahlzeit verzehren konnten, wenn sie anders Liebhaber davon sind. Man sieht schon aus diesen beiden Aufenthaltsorten für Straffällige, daß Furcht vor der Strafe der große Hebel war, wodurch man alles ins Geleis zu bringen suchte. Ob sie gehaßt oder geliebt wurden, kümmerte die Vorstände wenig, und geläuterte Begriffe von Erziehung hatten sie keine. Es war ihnen bloß für den Augenblick zu tun. Solange man unter ihnen stand, mußte man tun, was sie für gut fanden. An die Zukunft dachten sie nicht. Daß die Erziehung für das ganze Leben dauern müsse, vergaßen sie. Davon später ein mehreres.

Das Gebäude hatte noch zwei größere Höfe, teils zum Tummelplatz bestimmt, teils um kleine Gärtchen darin anzulegen. Dies war eine angenehme Unterhaltung in den Erholungsstunden und kostete übrigens nicht viel Schweiß, denn die Gärtchen waren sehr klein. Sie wurden nicht regelmäßig ausgeteilt. Meist hatten viele zusammen eines und viele gar keines, da es ihnen wenig Vergnügen machte. Was man zu diesen Arbeiten nötig hatte, mußte man sich selbst anschaffen; sonst brauchte man fast gar kein Geld. In dem einen Hofe waren mehrere Schaukeln und Balken und Stangen zum Klettern, in dem anderen mußten wir einmal eine Schanze anlegen, die aber nicht vollendet wurde.

In einem Seitenturme des Hauses wohnte der nunmehrige Oberst Tausch mit seiner Familie. Er war der Erste unserer Oberen nach dem General. Ich gehe zu ihnen über.

Wir waren beständig unter Aufsicht; in den Hör-
sälen unter der der Professoren, unter der der
Offiziere in unseren Frei- und Spielstunden, im
Schlafsaale unter jeder der Bedienten. Offiziere
waren immer sechs bis acht von verschiedenen
Regimentern kommandiert, die im Kadettencorps
wohnten und überdies noch eine Zulage hatten. Sie
waren aber nicht zu beneiden, hatten viel zu tun
und wechselten tagweise ab. Überhaupt wurden
sie öfters gewechselt, da es wenigen lange gefiel.
Zuweilen nahm man solche, die schon als Kadetten
im Institut waren und von denen man annehmen
konnte, daß sie ein Joch um so drückender auflegen
würden, je drückender sie es selbst empfunden.
Diese Offiziere haben das Recht, Strafen zu erteilen
und sie dann dem Obersten anzuzeigen. Derjenige, an dem die Reihe war, kam des Morgens in
den Schlafsaal, sobald aufgestanden werden sollte,
sorgte, daß wir uns schnell anzogen und wuschen,
wozu wir keine Waschbecken, sondern große hölzerne Tröge hatten, und ließ das Morgengebet
verrichten. Zu diesem, wie zu dem Mittag- und
Abendgebet, waren bestimmte, nicht sehr ansprechende Formeln vorhanden, denen das Vaterunser angehängt wurde, und so einer, der genannt
wurde, laut vorbetete, indem er vor die Mitte trat.
Auch bei jedem Stundenwechsel mußte der dienst-
tuende Offizier zugegen sein, wo man jedesmal
aus der Lehrstube hinausging, um für die nächste
Stunde das Nötige zu holen. Er war dabei, wenn
wir unser Frühstück einnahmen, das in einem
Stück Brot bestand, welches gewöhnlich von neun
bis zehn Uhr im Hofe verzehrt wurde. Während
des Mittagessens ging er gleichfalls im Saale auf

und ab, so auch in jenen Stunden, wo wir alle
zusammen für uns arbeiteten, was man Privatstu-
dien nannte. Auch mit uns spazierenzugehen, lag
den Offizieren ob. Wir hatten viele nacheinander;
doch habe ich nie einen gemocht.

Auch unter den Lehrern der mathematischen
Wissenschaften waren einige Offiziere, wie zum
Beispiel der nunmehrige Major Bauer im General-
stab. So hatten wir auch einen alten langen Artille-
riehauptmann, der uns Unterricht in der Geome-
trie gab. Major Herdegen lehrte uns Planzeichnen.
Als Lehrer in der Historie und Erdbeschreibung
hatten wir den Professor Eisenmann, der in Bayern
durch viele Schriften in diesen Fächern bekannt ist;
im deutschen Stil den Professor Reichardt, einen
guten Mann, der sich nie recht an den Geist des
Instituts gewöhnen konnte; aber er war viel affektiert. Ich hatte viel Zank mit ihm. Latein und
Religionslehre gaben mehrere Geistliche, wovon
einer Wohlfahrt hieß, so einen Höcker hatte und
später im Würmsee ertrank. Er meinte es gut; doch
seine körperliche Beschaffenheit setzte ihn Anspie-
lungen aus. Überhaupt hatte die üble Gewohnheit
bei uns stark eingerissen, unseren Vorgesetzten
etwas anzuhängen, und nun vollends, wenn einer
schon etwas angehängt hatte. An Lehrern im Französischen fehlte es nicht, da man damals noch diese
Sprache für die Grundlage aller Erziehung hielt
und eine Art von Schande mit der Unkenntnis
derselben verbunden war. Unsere Klasse hatte den
Professor Hennequin, einen Emigrierten aus Loth-
ringen. Er war, wie alle Franzosen, gesprächig,
munter, verständig; doch sogleich einseitig und
borniert, sobald von der Politik oder Literatur

seines Vaterlandes die Rede war. Durch die De-
monstration der Notwendigkeit der französischen
Sprache feierte er zugleich einen kleinen Triumph
der französischen Macht.

Um Soldaten nach der jetzigen Ansicht zu bilden,
nämlich Sklaven, die sich alle Tyrannei gefallen
lassen, in der Hoffnung, selbst einmal zu tyranni-
sieren, war unsere Einrichtung angemessen. Der
Befehl war die Tugend, der wir nachstrebten. Es
gab weder Recht noch Unrecht, nur Gehorsam
und Widersetzlichkeit. Durch die Ausbildung der
Vernunft und Urteilskraft Liebe zum Guten und
Haß gegen das Böse in die jungen Herzen zu
flößen, war unnötig; man ging den kürzeren Weg.
Der Grund und die Ersprießlichkeit einer gege-
benen Order wurden uns niemals angedeutet; es
reichte hin, daß wir gehorchten. Man hielt es für
überflüssig, uns Vertrauen gegen diejenigen beizubringen, die uns Befehle gaben. Es war uns, wie
den Soldaten, Erlaubnis erteilt, uns über ein Unrecht zu beklagen; aber erst, wenn wir dafür ge-
büßt hatten. Man wollte uns zeigen, daß die Gewalt herrsche, nicht die Vernunft. Es mußte so
sein, weil der Stand so war, für den wir erzogen
wurden. Alles Nachdenken suchte man zu hinter-
treiben, indem man uns keine Zeit ließ. Auf schöne
Gefühle suchte man ein lächerliches Licht zu werfen, überhaupt auf alles Große und Rührende: den
Nutzen sollten wir als das Höchste erkennen. Um
mit Goethe zu reden, alles, was phantastisch her-
vortrat, ward für lächerlich und verwerflich geachtet. Als man gehört hatte, daß ich Verse machte,
wurde es mir unaufhörlich und bei jeder Gele-

genheit vorgeworfen, als wenn es ein Verbrechen
wäre. Man wollte keine Auszeichnung durch sich
selbst dulden; sie mußte von den Oberen herstam-
men, um geehrt zu werden. Man war darauf bedacht, die Gleichheit unter den verschiedenen Zöglingen soviel als möglich aufzuheben. Wir wurden
dem Range nach in Eleven, Kadetten, Unteroffiziere, Fahnenkadetten usw. eingeteilt. Einer war
gezwungen, auf den anderen zu pressen. Die Unteroffiziere tyrannisierten uns mehr als die Oberen selbst. Wir wurden bestraft, sobald sie uns etwas Schuld gaben, und durften nichts einwenden.
Einige hatten ihren größten Spaß daran, uns Verdruß zu machen.

Es versteht sich, daß alles aufs pünktlichste nach
der Uhr ging. Durch eine Glocke oder Trommel
oder Trompete wurde uns das Zeichen zum Auf-
stehen, zum Frühstücken, Essen, Stundennehmen,
Spazierengehen, ja sogar zur Befriedigung der natürlichen Bedürfnisse gegeben. Wir waren soviel
als möglich immer in Reihe und Glied, und nur
selten wurde uns auf Spaziergängen erlaubt, gemischt untereinander zu gehen. Wir gingen fast
täglich zwei Stunden spazieren, aber da wir auf
diesen Promenaden unsere Gesellschaft nicht selbst
wählen durften, und da man uns rücksichtslos bei
der strengsten Kälte und Hitze umherjagte, um uns
abzuhärten, so machten sie uns nichts weniger als
Vergnügen. Im Winter war es nicht erlaubt, Hand-
schuhe zu tragen, so daß die meisten immer rauhe
und erfrorene Hände hatten. Hierzu kam noch, daß
wir auf diesen Spaziergängen immer wie die Schafe
getrieben wurden und nicht nach unserer Bequemlichkeit gehen durften. Kein Wunder, daß uns zur

Last wurde, was andere junge Leute zumeist ergötzt.

Zur Billigkeit wurden wir nicht gewöhnt, insofern als unsere Vorgesetzten sich öfters Dinge erlaubten, die nichts weniger als billig waren. So verfuhr man zum Beispiel sehr genau mit unserer Lektüre. In alle Bücher, die wir lasen, mußte der Oberst seinen Namen gekritzelt haben, oder sie waren nicht erlaubt, und man nahm sie uns ohne Schonung weg und behielt sie; eine Vorsicht übrigens, die wenig umfassenden Blick verrät. So entblödete man sich auch nicht, Briefe der Zöglinge zu lesen, wenn es zu etwas führen konnte, eine häßliche Gewohnheit, die uns vielleicht am meisten fühlen ließ, daß wir tyrannisiert wurden.

Was die Lehrgegenstände betrifft, so erhielten wir so ziemlich in allem Unterricht, und außer den gewöhnlichen Wissenschaften noch in der Musik, dem Zeichnen, Schönschreiben, Fechten, Tanzen, Voltigieren, sogar auch in Pappendeckelarbeit. Ein Instrument zu lernen, war dem freien Willen anheimgestellt. Den mathematischen Wissenschaften wurde, als unserem künftigen Stande wesentlich, bei weitem der erste Platz eingeräumt, und man ging hierin, im Vergleich mit anderen Gegenständen, rasch vorwärts. Unter den Sprachen konnte man nur die französische erlernen; doch brachten es nur wenige zum Sprechen, weil die Übung und Gelegenheit mangelte. Auch findet sich in vielen jungen Leuten unserer Nation anfänglich ein Widerwille gegen diese Sprache, der bei uns auch von dem Schamgefühl, wie wenig wir die eigene verstanden, herrühren möchte. Man ließ uns zwar unsere Gedanken in der Muttersprache aufs Papier

bringen; allein in Hinsicht der Aussprache und der
freien Redeübungen versäumte man uns gänzlich.
So streng und kleinlich man in den Ordnungsre-
geln unseres Benehmens war, so wenig wurde dies
auf die Studien angewandt. An angestrengte, un-
unterbrochene Arbeiten suchte man uns nicht zu
gewöhnen. Wir konnten kaum einen Gegenstand
fest ins Auge fassen, als wir schon auf einen anderen überzuspringen genötigt waren. Sonach war
die Zerstreuung eine Art Tugend geworden. Unsere Stundenfolge bot das artigste Quodlibet von
der Welt. Wir wurden daher mehr gebildet, allerlei
zu wissen, als etwas zu verstehen. Ob man bei den
höheren Klassen einem anderen Plane gefolgt ist,
weiß ich nicht zu sagen.

Es fehlte in beiderlei Hinsicht nicht an Ermunte-
rung zur Pflicht. Am Ende jedes Monats mußten
die Lehrer Bemerkungen über unseren Fleiß und
Fortgang einreichen. Diese wurden in jeder Klasse
auf eine große Tafel zusammengetragen und eine
Art von Rang danach bestimmt. Man hielt die
Tafel für einen großen Hebel guten Betragens bei
jungen Leuten. Deswegen wurden nach jenen Noten unsere Tische in gute, mittlere und schlechte
eingeteilt. Die in den guten saßen, bekamen am
meisten, am wenigsten aber zu essen, die am
schlechten saßen.
    In den letzten Tagen des Augusts wurden die
Examina und eine Verteilung der Prämien gehalten. Es wurden dieselben nicht aus jedem Gegenstand einzeln, sondern nach einer summierten
Rangordnung ausgegeben. Ich erhielt mehrmals
eines, doch nie das erste. Diese Preise reizten unse-

ren Ehrgeiz nicht wenig. Den Monat September
hatten wir frei und durften ihn zu Hause bei unseren Eltern zubringen. Diejenigen, welche zurück-
blieben, machten eine kleine Reise mit einigen
Offizieren und Lehrern. Auch während des Lehr-
jahres machten wir manchmal tagelange Partien
über Land, die uns wirklich zur angenehmen Erholung gereichten, besonders da man freundschaftlichen Umgang ungestört genießen konnte. Ich
habe schon erwähnt, daß wir des Sonntags Besuche machen durften; doch mußten wir hierzu eingeladen sein und bekamen noch obendrein ein
Urlaubsbillet mit, das von dem Einlader unter-
schrieben sein und zugleich Zeugnis über unsere
gute Aufführung während unserer Abwesenheit
ablegen mußte. Auch sagte ich, wenn ich nicht irre,
bereits, daß wir zuweilen teilweise in das Hoftheater geführt wurden. Wir hatten einen Platz für
ungefähr zwölf Personen im zweiten Parterre.
Doch traf dieses Glück nur selten, und wir hatten
die Wahl der Stücke nicht, sondern wurden hinein-
getrieben, wie es kam. Das Ballett wurde für un-
anständig gehalten und nicht besucht. Überdies
hatten wir noch unser eigenes Theater, das man
uns, als wir selbst eines zu bauen versucht hatten,
bauen ließ. Die Tage aber, an denen darauf gespielt wurde, waren rare Festtage, denn es kam
selten etwas zustande. Der Mangel an Damen beschränkte uns auf eine kleine Anzahl Stücke, welchen einige aus unserer Mitte mit eigenen Kom-
positionen abhalfen. Den Zuschauern gewährte
solch ein Schauspiel große Lust; doch wurde im
ganzen wenig geleistet, und unsere Oberen wuß-
ten es zu keinem heilsamen Zweck zu benutzen.

Ich selbst spielte nie. Zu unseren vergnügteren Stunden gehörten auch die, die wir im Hofe und bei unseren Gärtchen zubrachten. Des Abends nach oder vor dem Nachtessen hatten wir gleichfalls eine Freistunde, die zu mancherlei Spielen verwandt wurde. Nunmehr bleibt mir noch etwas über unsere Strafen und Pönitenzen zu sagen übrig, und leider kann ich davon sprechen, da ich oft straffällig erkannt worden bin. Von unseren Gefängnissen und der Behandlung daselbst habe ich schon geredet. Sie waren meist für die Widerspenstigen, Rebellen oder sonstigen Kriminalverbrecher bestimmt. Eine zweite Strafe war der Verlust des Säbels, ohne welchen man auf den Spaziergängen erscheinen mußte. Auch Hausarrest und Komödienarrest waren häufig. Eine gewöhnliche Pönitenz war der Verlust des Abendessens, was sehr leicht zu erwirken war. Für die Erzfaulenzer hatte man Eselskappen von grauem Papier gemacht, die im großen Saale aufgehangen waren und einen annehmlichen Prospekt gewährten.

Im Jahre 1807 besuchte ich meine Eltern nicht, sondern machte mit anderen Kadetten und mehreren Vorgesetzten eine Fußreise nach Tirol bis Innsbruck. Ich weiß, daß ich mich auf dieser Wanderschaft immer gut unterhielt, viele Bilder schweben mir noch ziemlich lebhaft vor; im ganzen aber, da ich noch zu jung und klein war und da schon neun Jahre seitdem verstrichen, so sind jene Erinnerungen zu unerheblich, um ihrer zu erwähnen. Unser Hinweg ging durch das Städtchen Aibling, wo wir, wie ich mich noch wohl entsinne, in das Lustspiel einer wandernden Schauspieltruppe gingen, durch Rosenheim, wo wir die Bäder besuchten, über Wörgl, Rattenberg, Schwaz und Innsbruck. Ich denke noch der schönen Kirchen daselbst und der steilen Martinswand mit ihrer Blende. Die Tiroler lernte ich damals als gutmütige, herzliche Leute kennen. Die Rückreise führte uns über Zierl, Mittenwald, an dem romantischen Wallersee und dem Kochelsee vorbei, über Benediktbeuern, Tölz und Holzkirchen nach München zurück. Wir wurden ziemlich gut gehalten; doch mußten wir die Nächte auf Stroh schlafen.

Von den übrigen Jahren, die ich im Kadettencorps zubrachte, war ich den Septembermonat über zu Ansbach. Aber ich gefiel mir dort so gut, die Gesellschaft meiner Eltern erschien mir im Vergleich mit jener der fremden, kalten Menschen so wohltätig, die Unabhängigkeit und der Mangel an Sklavenzwang wirkten so fühlbar auf mich; ich gewann die Bequemlichkeit im elterlichen Hause so lieb, daß ich mit dem äußersten Widerwillen in meinen Käfig zurückkehrte, der mir für immer verhaßt blieb. Meine Eltern konnten dem kindischen Verlangen, mich sogleich aus dem Institut zurückzurufen, kein Gehör geben; doch später bewirkte diese dauernde Unzufriedenheit, daß man mir den Platz eines Pagen zu verschaffen suchte. Ich verhehlte nicht, wie sehr mir alles mißfiel, und machte mir dadurch den Oberst Tausch für immer zum Feind. Mein Trotz hielt seinem Groll das Gleichgewicht, und Strafen folgten auf Strafen. Hierzu kam noch eine andere Geschichte. Unser Professor des deutschen Stils, Reinhart, hatte besonders die Deklamationsübungen in Schwung gebracht, und da er mich nicht ganz unfähig fand, so fiel er über mich her, um mich zum Deklamator zu machen. Es wollte mir aber nicht behagen, und unter uns gesagt, deklamierte ich ziemlich erbärmlich und monoton. Wir gaben zuweilen kleine Konzerte, zu denen viele Fremde aus der Stadt gebeten wurden. Hier wurde dann nicht nur Musik gemacht, sondern auch deklamiert. Ich mußte ein paarmal öffentlich etwas vortragen, einmal Tiedges «Elegie auf dem Schlachtfelde von Kunersdorf»[1] und dann den zweiten Monolog aus Schillers Mädchen von Orleans [IV, 1].

Einst wollte der König ein solches Konzert mit seiner höchsten Gegenwart beehren. General Werneck schrieb selbst einen prosaischen Prolog, in dem der König «Eure Majestät» genannt wurde und was dergleichen mehr war. Ich, der ich den Verfasser noch nicht kannte, war so arrogant und unüberlegt, diese Antrittsrede ein trockenes Gewäsche zu nennen. Der General, dessen Absicht gut gewesen, indem er mich dem Könige bemerkt machen wollte, geriet in den heftigsten Zorn und ließ mich sogleich einsperren. Ich deklamierte den Prolog zwar nicht, zog mir aber des Autors dauernden Haß zu. Ich hatte noch mit einem anderen Lehrer häufige Verdrießlichkeiten. Es war der Dekan Rabus, der uns Lutheraner in der Religion unterrichtete. Teils um mich in meiner Überzeugung zu stählen, teils aus Geist des Widerspruchs brachte ich bei ihm vieles zum Lobe des Katholizismus vor, den ich zum Schein verteidigte. Er, der sehr bigott war, verklagte mich bei dem Obersten,

[1] Christoph August Tiedge (1752–1841), «Elegien», Band 1, Halle 1803

als hätte ich mir üble Äußerungen gegen die katholische Religion erlaubt, und stellte mich überhaupt
als einen unchristlichen Menschen dar. Auch dies
brachte mir viele Unannehmlichkeiten zuwege.
Man hatte recht, meinen starren Eigensinn zu
bestrafen, allein es war lächerlich, die ersten
Schwingübungen einer allmählich flügge werdenden Vernunft für Freidenkerei zu halten. Der
Mensch muß durch alle Schulen.

*

Ich komme nun zu dem liebsten Abschnitte dieses
Buches, und nachdem ich lange nur das Thema
«Jeder Stand hat seine Plage» variierte, könnte ich
nun die zweite Zeile des Verses «Jeder Stand hat
seine Lust» obenan setzen. Denn nichts machte
unseren Zustand erträglicher als die Menge von
Kameraden, die wir hatten, und unter denen wohl
jeder eine gleichgestimmte Seele ausfinden konnte.
Die Freundschaft war unsere Göttin. In jenem
finsteren Hause, das unsere Jugend einschloß, wurden manche heitere und für ein ganzes Leben dauernde Bande geknüpft. Auch ich gehörte einem
Zirkel von Freunden an, die Gemütseigenschaften
und Neigungen mit mir gemein hatten.

> La maggior parte amica
> Fu delle sacre Muse.[1]

Mein erstes Vertrauen (wie auch mein spätestes)
hatte Friedrich Schnizlein, der dieselbe Vaterstadt
mit mir teilte und auch 1808 mit mir die Reise ins

---

[1] Giovanni Battista Guarini, «Il Pastor fido» (1590), Pro-
logo, V. 76–77: «Meistenteils war er ein Freund der heiligen
Muse.»

Ansbachische machte. Er ist von denen, welchen man gern vertraut, verschwiegen, treu, zuverlässig. Er war so ziemlich mit allen bekannt, während ich meinen Umgang mehr auf eine geringere Zahl einschränkte. Meine früheren Arbeiten las er alle, und ich war gewohnt, ihm sogar manches in die Feder zu diktieren. Wir sind immer im gleichen Verhältnis zusammen gestanden, hatten uns immer gleich lieb und waren nie ernsthaft entzweit. Für das Sentimentale in der Freundschaft war er gar nicht, und er erinnerte an die Goethischen Worte:

> Wem die Grazien fehlen,
> Der kann wohl viel besitzen, vieles geben;
> Doch läßt sich nie an seinem Busen ruhn.[1]

Er war mit mir in derselben Klasse und ist nunmehr Lieutenant im bayrischen Artillerieregiment, wie auch ein anderer meiner früheren Bekannten, Ludwig von Lüder. Da er, gleich Schnizlein, Protestant ist, so war es vielleicht die gleiche Religion, die uns frühe vereinigte. Es war immer ein wohlwollendes Verhältnis zwischen uns, und auch ihm teilte ich damals etwas von meinen Schreibereien mit. Er war mir in Kenntnissen voraus und in einer höheren Lehrabteilung, wo er beständig den ersten Rang unter seinen Mitschülern zu behaupten wußte. Er fand frühe Geschmack an den Wissenschaften, war immer klar in seinen Ansichten und strebte sich zu bilden. Er blieb immer still und solid, ohne ungeregelte Neigungen und hatte immer meine Freundschaft, obgleich wir später als Offiziere unserer verschiedenen politischen Mei-

---

[1] nach Goethe, «Torquato Tasso» (II, 1)

nungen wegen öfters in Streit gerieten, der sich
aber nie auf etwas anderes erstreckte.

In meiner Klasse waren besonders auch ein Graf
Sprety, Casimir Bäumler (beide nun bei den in
Frankreich kantonierenden Chevauxlegers), Karl
Gas, der jetzt Oberlieutenant bei meinem Regiment ist, ein Baron Tettenborn und Leoprechting,
mit denen ich viel umging. So auch mit Ernst
Wiebeking, der mit mir zugleich das Institut verließ und nun in holländischen Diensten steht. Seinen Bruder Karl lernte ich erst späterhin kennen.
Unter den genaueren Bekannten aus anderen Klassen waren auch Karl und Alexander Welden, Kraz-
eisen, Brand, Käser, Normann, Wilhelm und Joseph Gumppenberg, zwei Vettern, usw.

Mehr aber als diese galt mir Max von Gruber,
der jetzt bei dem 2. Regiment steht und damals
in unserer Klasse war. Seine natürlichen Anlagen
schienen im Anfange nicht die besten, allein er
zeigte, was Fleiß und fester Wille auch in Knaben
vermag. Er schwang sich bald über uns alle hinaus,
machte die Mathematik zu seinem Hauptstudium,
vernachlässigte aber auch nichts anderes, liebte
sogar Poesie und behauptete beständig den ersten
Platz. Er war immer sehr eifrig im Studieren,
schien aber unbeholfen in seinem Benehmen. Jetzt
aber benimmt er sich gänzlich ungezwungen,
wenn auch nicht mit Grazie. So sehr die Erziehung
im Kadettencorps dazu hinzog, so ist er doch nichts
weniger als engbrüstig, sondern frei in Red' und
Tat. Er würde Voltaire seinen Atheismus verzeihen, wenn er ihn nicht so oft widerrufen hätte, und
tadelt keine von Bonapartes schlimmsten Taten,
wenn sie nur nicht kleinlich waren und er seiner

Rolle als berühmter Eroberer treu blieb. Das heißt, er liebt alles Große und Feste. Schade nur, daß er immer mit abwechselnden Kränklichkeiten zu kämpfen hat. Seit unserer Rückkehr aus Frankreich stehe ich mit ihm in Briefwechsel.

Noch ein anderer meiner Freunde, der mit mir zugleich aus der Militärakademie trat und mit dem ich nun seit sechs Jahren korrespondiere, war Gustav Jacobs, der dritte Sohn des bekannten Philologen[1], der damals in München lebte und eine Professorstelle am Gymnasium hatte. Ich sah Gustav zuerst bei Wiebekings, und später kam er selbst in unser Institut. Er war offen, frei und unüberlegt; deshalb nicht beliebt bei den Oberen. Dennoch blieb er stets fröhlich und guter Laune und schalt mich oft über meine Lamentationen, wie er die Unzufriedenheit mit meiner Lage nannte. Eine warme Anhänglichkeit für die Musen zeichnete ihn aus. Er erweckte in mir die erloschene Liebe zu ihnen und machte viel Wesens aus meinen poetischen Produktionen, da ich noch sehr jung war. Ich lernte von ihm eine sehr monotone Art, Gedichte zu lesen. Allzu aufmerksam in den Lehrstunden war er nicht. Überhaupt war ihm alles Geregelte und Pedantische zuwider. Nunmehr ist er Offizier in sächsisch-gothaischen Diensten, hat, wie seine Briefe zeigen, die heitere Laune noch nicht abgelegt und liebt die Damen.

Vorzüglich war ich noch zwei Brüdern geneigt, der ältere hieß Fritz, der jüngere Joseph Graf Fugger. Letzterer war mir besonders seines sanften,

---

[1] Christian Friedrich Wilhelm Jacobs (1764–1847), Altphilologe, ab 1810 Oberbibliothekar, ab 1831 Direktor der Kunstsammlungen zu Gotha

stillen, freundlichen Charakters wegen lieb, und er
war es allen, die ihn kannten. Sein Bruder[1] war ein
großer Freund der deutschen Literatur, und es war
besonders dies, was uns vereinigte. Auch ihm wurden meine Versuche mitgeteilt. Er war ein großer
enthusiastischer Verehrer von Goethe und machte
mich mit mehreren seiner Schriften bekannt. Ich
nahm gegen ihn Schillers Partei, und wir suchten
oft ziemlich kleinliche Umstände herbei, beiden
großen Dichtern gegenseitig etwas anzuhängen.
Später lernte ich jedoch ihn ebensosehr verehren,
als mein Freund. Mein Verhältnis zu Fritz war
jedoch damals mehr geistig als herzlich, da ich,
als ich ihn näher kennenlernte, mit einem anderen
Jüngling, von dem ich nachher sprechen werde,
zu sehr verbunden war, um noch für andere viel
Raum im Herzen übrig zu haben. Übrigens hielt
sich auch Fugger vorzüglich an Wilhelm Gumppenberg, da sie beide eine große Liebe zur Ton-
kunst gemein hatten, da ersterer denn auch Poly-
hymnien den anderen Musen vorzog und bei den
Versen besonders viel auf den Wohlklang und die
Melodie der Worte hielt, welche Neigung er mir
mitgeteilt haben mag. Übrigens hat er mit mir die
Liebe zur möglichsten Zartheit in der Poesie gemein, liebt zum Beispiel die Trinklieder nicht,
konnte aber doch ziemlich zynische Reden führen. Er ist jetzt bei dem Chevauxlegersregiment
Prinz Max zu Dillingen und sein Bruder im 15.
Infanterieregiment zu Aschaffenburg, ihrer Heimat.

---

[1] Friedrich Graf von Fugger-Hoheneck (1795–1838), der
treueste Freund des Dichters

Ich komme nun zu Joseph Xylander[1], dem spätest erworbenen, aber damals bei weitem innigsten meiner Freunde. Wir waren mehr als drei Jahre in einem Hause beisammen, ehe wir uns näher kennenlernten. Erst im März 1810 (im Herbst dieses Jahres verließ ich das Institut bereits) brachte uns ein gegenseitig sympathischer Zug plötzlich näher. Ich muß gestehen, daß eine kleine Intrige dabei im Spiele war; doch darf ich kühn sagen, daß mich mein Freund so sehr liebte als ich ihn. Wir waren einander alles. Wir genossen einige Monate lang das reinste, höchste Glück, das die Freundschaft zu gewähren imstande ist. Nur war unser Bund zu schwärmerisch und kam zu sehr der Liebe gleich. Wir vergaßen so ziemlich alles über uns selbst, sehnten uns beständig nach einander und brachten sogar die wenigen Minuten des Stundenwechsels pünktlich beieinander zu. Auch Bäumler fühlte sich sehr zu Xylander hingezogen, konnte aber nie in ein innigeres Verhältnis mit ihm kommen. Er grollte jedoch nicht mir, sondern, wie mir einer seiner noch übrigen Briefe sagt, es war ihm sogar leid, als ich das Kadettencorps verließ, weil ich ihm, wie er sich ausdrückte, immer eine hilfreiche Hand reichte. Hingegen war er eine Zeitlang sehr auf Schnizlein erbost, der gleichfalls Ansprüche auf Xylanders Freundschaft zu machen schien und dem er allerlei Intrigen schuld gab; denn wir bildeten in dieser Hinsicht eine kleine Welt. Aus jener Korrespondenz habe ich noch die sonderbare und für Psychologen vielleicht merkwürdige Bemer-

---

[1] Joseph Karl August Ritter von Xylander (1794–1854), später Militärschriftsteller und Bundestagsgesandter Bayerns

kung gezogen: daß nämlich Xylander Bäumlern
sein leidenschaftliches, schwärmerisches Wesen auf
die vernünftigste Weise als lächerlich vorstellte,
während er doch zu gleicher Zeit gegen mich in
denselben Enthusiasmus verfiel. Übrigens durften
wir beide mit vollem Recht Youngs schöne Worte
nachsprechen:

> Celestial happiness, whene'er she stoops
> To visit earth, one shrine the goddess finds,
> And one alone; to make her sweet amends
> For absent heaven – the bosom of a friend;
> Where heart meets heart, reciprocally soft,
> Each other's pillow to repose divine.

Doch hätten vielmehr die folgenden Zeilen von
uns sollen überlesen werden:

> Beware the counterfeit: In passion's flame
> Hearts melt; but melt like ice, soon harder froze.[1]

Doch darf man nicht glauben, daß sich unsere
Freundschaft nicht auf gleichgestimmte Gemüter
gegründet hätte; wäre dies gewesen, so würde sie
jetzt nicht existieren und längst dahin sein. Was uns
fehlte, war mehr gegenseitiges Vertrauen; so viel
wir beisammen waren, so wenig redeten wir zusammen, riefen immer noch einen Dritten zur

---

[1] Edward Young, «Night Thougths» (1742–46), II,
V. 415–420 und 422–423: «Himmlisches Glück, wann immer sie sich herabläßt, die Erde zu besuchen, findet die Göttin einen Schrein, einen einzigen nur, um sich süßen Ersatz
zu schaffen für den abwesenden Himmel – die Brust eines
Freundes. Wo ein Herz auf ein anderes trifft, gleich weich
gestimmt, werden sie einander göttliche Ruhekissen.»

«Vor Nachahmung wird gewarnt: In der Flamme der
Leidenschaft schmelzen die Herzen, aber sie schmelzen wie
Eis, nur um härter zu gefrieren.»

Unterhaltung herbei, der die Flamme des Gesprächs schüren mußte. «Ich war zu voll», schreibt Xylander in einem späteren Briefe, «um mit Dir von gleichgültigen Dingen zu sprechen, und zu schüchtern, um von dem zu sprechen, was ich in so hohem Grade empfand.»

So gestaltet, konnte unsere Zuneigung der Zeit und Entfernung nicht trotzen. Ich ward Page, wir sahen uns seltener. Ich fühlte, daß wir es nicht recht angefangen hatten, konnte aber nicht recht klar über mich selbst werden. Der Zwang, den wir uns, wenn er mich besuchte, vor meinen neuen Kameraden antun mußten, artete auf meiner Seite in Kälte aus. Auf zwei sehr überspannte Briefe antwortete ich ihm frostig und fast spöttisch. Er war durch unser Verhältnis von der Möglichkeit einer so zärtlichen Freundschaft überzeugt worden, er glaubte auch an die Möglichkeit ihrer Fortdauer. Als er schon Offizier, nämlich bei dem Ingenieurcorps, geworden und in Augsburg garnisonierte, brach ich unseren Briefwechsel vollends ab. Als ich aber selbst späterhin die Pagerie verließ, um den Degen zu tragen, knüpfte er diese Korrespondenz wieder an, mir Glück wünschend, nachdem mich mein übereilter Schritt längst gereut hatte. Wir lernten uns wechselseitig kennen und schätzen und werden immer Freunde bleiben.

So ließ ich denn die vorzüglichsten meiner damaligen Jugendverbindungen an mir vorbeigehen. Alle diese werden häufig in diesen Blättern erwähnt werden. Durchlebte Jahre und Widerwärtigkeiten verbinden uns um so fester. Wir waren nicht, wie es bei späteren Freundschaften der Fall ist, schon formiert, als wir uns kennenlernten,

sondern wir bildeten uns gleichsam selbst untereinander und machten uns wechselseitig zu dem,
was wir sind. Jedoch waren die Genannten sich
untereinander nicht das, was sie mir waren. So zum
Beispiel stand der ältere Fugger mit Grubern in
keiner Verbindung, Lüder und Xylander waren in
derselben Klasse, liebten sich aber nicht. Schnizlein
kannte sie alle gleich gut. Adalbert Liebeskind verließ frühe das Kadettencorps, um Offizier zu werden. Ich hatte wenig Umgang mehr mit ihm, da
er unter die despotischen Unteroffiziere gehörte.

*

Da die Manie zu schreiben nicht ohne merklichen
Einfluß auf mein Leben blieb, noch bleiben wird,
so mag es wohl nicht am unrechten Orte sein,
meinen damaligen Versuchen und Arbeiten einen
besonderen Abschnitt zu widmen. Wenn durch
lange Übung allein in der Poesie jemals etwas
geleistet werden könnte, so würde ich einst etwas
leisten können; denn ich fing früh an zu schreiben,
und zwar viel zu schreiben. Ich erwähnte schon,
daß es vorzüglich Jacobs gewesen sei, der mir die
vergessenen Musen wieder lieb machte. Ich las
mit ihm die lyrischen Gedichte Schillers, die mich
wunderbar begeisterten. Ich fühlte ein neues Leben
in meiner Brust. Es schien, als dehnte sich ein neues
unabsehliches Land vor mir aus, das ich bebauen
und befruchten sollte. So brachte ich zuerst eine
Reihe von lyrischen Produkten zu Papier, von
denen nur ein paar noch übrig sind. Sie wurden
ganz planlos hingeworfen; von den Versmaßen
hatte ich keinen Begriff, ich wechselte sie oft, ließ
mir aber wenige Fehler dagegen zuschulden kom-

men, da mein Gehör gut war. Ich weiß nicht, ob es
Täuschung oder Wahrheit ist; aber ich finde in
jenen ersten, holperigen Produktionen einen ursprünglichen Funken von poetischem Talent, den
ich in meinen späteren und gereifteren Gedichten
vergebens suche. Ich habe nicht mit den Jahren
gewonnen. Die Bekanntschaft mit allzu vielen
Mustern hat mich verdorben. O allzu glückliche
Zeit, wo ich noch unbekannt mit den Einschrän-
kungen der Regel, noch unbekümmert, in diesen oder jenen Fehler zu fallen, diesen oder jenen Schriftsteller nachzuahmen, sorglos die ersten
Früchte einer jugendlichen und durch nichts gefes-
selten Phantasie niederschrieb! Du warst nur von
kurzer Dauer. Ich schrieb und begann damals so
ziemlich alles, Novellen, Komödien, Schauspiele.
Auch die komische Muse und die alten Knittel-
verse wurden wieder hervorgesucht. Ich arbeitete
an einer Parodie der «Jungfrau von Orleans», die
einen Krieg zwischen Schneidern und Schustern
darstellte; aber durch diese und andere Satiren
wurden mir manche meiner Kameraden feind,
weil ich sie lächerlich machte, obgleich es nicht
böse gemeint und ich zu unbefangen war, um es
viel zu beachten. An Xylander schrieb ich eine
ganze Reihe von Gedichten, die einige Ereignisse
unserer Freundschaft feierten, die er aber, soviel ich
weiß, nie zu lesen bekam. Eines, das noch vor
seiner Bekanntschaft gemacht wurde, habe ich
noch übrig oder vielmehr später zufällig eine Abschrift davon erhalten. Es fängt an:

> Holde Freundschaft, Gottverwandte,
> Die so süße, traute Bande
> Um die Ird'schen schlingt ...

Ich bitte darin um eine gleichgestimmte Seele.
Jene obengenannten Versuche wurden jedoch alle
schon im Kadettencorps vernichtet, was mich freilich späterhin reute. Die Gewohnheit, aus gelese-
nen Schriften Auszüge zu machen und schöne
Gedichte, die ich nicht gedruckt hatte, abzuschrei-
ben, worin ich vielen Fleiß besaß, stammte von
früh her. Ich hatte es von Jacobs gelernt. Dieser
nahm mir einst, da wir nichts Verschlossenes hatten, meine Sammlung von einigen lyrischen Gedichten eigener Komposition und teilte sie seinen sämtlichen Bekannten und Verwandten in der
Stadt mit. So gab er sie auch unserer damaligen
Lehrer einem, dem jetzigen Major Bauer, der viel
Vergnügen daran fand und mich aufmunterte zu
schreiben. Er mochte sich einbilden, daß noch
etwas aus mir werden könne, da ich damals noch
sehr jung war. Jene Versuche brachte er auch der
Frau von Schaden, die eine Abschrift davon meiner
Mutter schickte. So waren meine Schreibereien
plötzlich unter die Leute gekommen. Man machte
mir viele Lobsprüche, um mich aufzumuntern; ein
berühmter Musikus, der Abbé Vogler[1], den ich bei
Schaden traf, bot mir sogar an, meiner Lieder eines
in Musik zu setzen. Die erwähnte Dame gab mir
Wielands «Oberon» zur Lektüre, aber ich muß
gestehen, daß er das erste Mal nur einen geringen
Eindruck auf mich machte. Ganz anders begeisterte mich der Homer, den mir Major Bauer in
einer deutschen Übersetzung lieh. Ich war in eine
andere Welt versetzt, in die reichste und schönste

---

[1] Georg Joseph Vogler (1749–1814), Komponist und Priester, Gründer der Musikschule zu Mannheim, seit 1807 Hofkapellmeister in Darmstadt, Lehrer Webers und Meyerbeers

Periode der griechischen Fabelzeit. Ich sah mich
von einer Reihe so großer und doch so mensch-
licher Heldenbilder umgeben, zu denen die edlen
Göttergestalten selbst vom Olymp herabstiegen;
und das schöne Ganze rollte königlich auf den
stolzen Wogen des Hexameters dahin.

Doch genug von jener Zeit. Wer spräche gern
von Blüten, die keine Früchte hervorbrachten?

Außer mir beschäftigten sich noch manche andere mit Schreiben. Jacobs machte artige Gedichte,
meist komischen Inhalts, und mit Wilhelm Gumppenberg schmierte er eine Menge von Schauspielen
in Knittelversen zusammen, auf die aber auch nicht
die geringste Mühe verwendet wurde. Fugger, der
ältere nämlich, half zuweilen auch dazu, machte
auch sonst mehrere lyrische Arbeiten, aber selten.
Als Wilhelm Gumppenberg komponieren lernte,
schrieb er ihm Opern zu diesem Behufe. Fritz
Weech war immer mit Ritterromanen, Schauspielen und Erzählungen beschäftigt, die er zuweilen
öffentlich vorlas. Auch ein gewisser Biller, mit
dem ich viel umging, schrieb dergleichen Ritter-
geschichten.

*

Im Jahre 1809, da die Kriege mit Österreich anfingen, wurden viele aus unserer Mitte zu Offizieren
gemacht. Nie war in Bayern die Franzosenliebe
und die Liebe zu deren Kaiser so hoch gestiegen als
damals. Er war der allverehrte Abgott der Menge.
Die siegreichen Schlachten, welche die Bayern mit
den Franzosen gewannen und von denen von Zeit
zu Zeit die Nachrichten einliefen, vermehrten den
Enthusiasmus, der sich auch in unserem Institute

verbreitete. Der Feldzug lief sehr unglücklich für die Österreicher ab; jedoch kamen sie nach München, und einige Offiziere besuchten auch das Kadettencorps. Ich weiß nicht, sprach der alte Preuße aus mir oder war es Haß gegen die Franzosen, ich wünschte den kaiserlichen Truppen Heil und Segen und allen Welschen den Untergang, wenn auch die Bayern mit ihnen alliiert waren. Doch durfte ich diese Gedanken nur vor sehr wenigen laut werden lassen. Abneigung gegen die allgemeinen Sieger und einen Mann, der damals auf der höchsten Zinne seiner Macht stand, würde man für Verbrechen gehalten haben. Auch den Tiroleraufstand, der durch unüberlegte Behandlung bayrischerseits gegen dies Volk veranlaßt wurde, konnten ich und mehrere nicht von der Seite betrachten, von der man es gewöhnlich ansah. Man legte den Tirolern alle erdenklichen schimpflichen Namen bei. Major Bauer machte diesen Krieg mit und hat ihn beschrieben.

Mehr vielleicht noch als diese politischen Zwistigkeiten bewegten uns Religionsstreite. Die Katholiken hatten bei weitem die Mehrzahl; doch waren wir um kein Haar toleranter als sie. Hier ereiferte sich besonders Jacobs und hatte auch mehr Ursache als wir anderen. Ich habe noch Fragmente von zwei Gedichten aus jener Zeit übrig, wovon das eine an Luther gerichtet ist und eine Hymne zu seinem Lobe enthält. Das andere führt den Titel «An Christine, Königin von Schweden», worin sie heruntergemacht wird, daß sie katholisch geworden. Es war eines der allerfrühesten meiner lyrischen Produkte. Darin heißt es unter anderem:

Mußtest so den Ruhm dir suchen
Auf der falschen Bahn,
Deine biedern Schweden fluchen
Deinem ird'schen Wahn.
Unter Karl Gustav bieten
Sie dir ewig Hohn,
Hast verscherzt den Seelenfrieden,
Und den nord'schen Thron.

Doch bewegte dieser Streit nicht uns allein, er kam von außen; ganz München, Bayern darf man sagen, nahm daran teil. Unter die Worte «Nord- und Süddeutschland», worüber eine Menge von Flugschriften erschien, verbarg man die Namen «Luthertum und Katholizismus», weil man sich einer solchen Intoleranz geschämt haben würde; doch selbst die Verschiedenartigkeit des Glaubens lieh nur den Mantel zu einer Verfolgung mehrerer norddeutscher, meist sächsischer Gelehrten, die man nach Bayern hatte kommen lassen und die als Ausländer, denen man gute Stellen eingeräumt hatte, verhaßt waren. Herr Aretin[1] stand an der Spitze der Katholiken. Man sagte späterhin, daß die Protestanten diese Sachen zu ernsthaft aufgenommen hätten, es war aber nichts weniger als Scherz. Professor Thiersch[2] erhielt des Nachts auf der Straße einen Stich in die Gurgel, und Hofrat Jacobs kehrte, beständig von Schikanen verfolgt, nach Gotha zurück.

---

[1] Christoph Freiherr von Aretin (1773–1824), Staatsrechtler, löste 1809 durch seine These einer Konspiration der Anhänger Preußens und Englands mit einer protestantischen Liga gegen Napoleon eine hitzige Kontroverse aus
[2] Friedrich Thiersch (1784–1860), Begründer der philologischen Studien in Bayern

Im September 1810 verließ ich das Kadettencorps,
da man mir eine Pagenstelle ausgewirkt hatte. Ich
war vier Jahre darin und hatte vier Klassen durch-
gemacht. In den Studien war ich vielleicht nicht
sehr vorgerückt; ich studierte erst später aus wahrer Neigung. Am wenigsten sprachen mich die
mathematischen Wissenschaften an, und ich ent-
schuldigte mich damit, daß ich keinen Kopf dafür
habe. Durch alles, was ich von der strengen und
kleinlichen Disziplin hatte leiden müssen, war mir
eine entschiedene Abneigung gegen den Soldaten-
stand eingeflößt worden, die sich späterhin wieder
verlor, je weniger ich ihn von der Nähe sah. Eh' ich
meine neue Bestimmung antrat, brachte ich noch
zwei Monate bei meinen Eltern zu. Der Abschied
von Xylander hielt ziemlich schwer, und der erste
Brief, den ich ihm schrieb, mag noch ziemlich
sentimental gewesen sein. Ich war vierzehn Jahr
alt, als ich Page wurde. Es war mir dabei um nichts
zu tun, als nur nicht mehr in der Militärakademie
zu sein und meinem Trieb zu sanfteren Studien
folgen zu können.

*

Dieses erste Buch wurde im Herbste des Jahres
1816 geschrieben, als ich von einer Reise in die
Schweiz zurückkam und meinen zwanzigsten Geburtstag noch nicht erreicht hatte. Es ist also nicht
zu verwundern, wenn man die Spuren einer jugendlichen Feder und ungereiften Einsicht darin
entdeckt.

Als ich nach Hofe kam, hatte sich kaum eine Reihe
von Festlichkeiten geschlossen, die unserem Kronprinzen[2] zu Ehren gefeiert wurden, der sich mit
der Prinzessin Therese von Hildburghausen ver-
mählte, die seine freie Neigung war.

Mein Bruder, der damals in München sich aufhielt, stellte mich meinem künftigen Vorstande
vor und führte mich in die Pagerie. Die ersten
Eindrücke waren nicht unvorteilhaft; nur schien
mir hier gerade das gebrechen zu wollen, was mich
im Kadettencorps über alles tröstete – Freunde! Es
kam mir vor, als sähen mich alle mit spöttischen
Gesichtern an, als dürfte ich keinem trauen. Doch
hatte ich bereits zwei Bekannte, die schon mit mir
in der Militärakademie gewesen waren, wovon der
eine Graf Kunigl hieß, mit dem ich ehmals viel
Umgang gepflogen hatte und der mir auch jetzt
hilfreich an die Hand ging. Die ganze Behandlung
war weit von derjenigen verschieden, der ich mich
vorher hatte unterwerfen müssen. Die Lehrer und
Inspektoren betrachteten uns nicht als Sklaven und
Untergebene, sondern sie begegneten uns mit
Achtung und Höflichkeit. Viel mehr Reinlichkeit
und Bequemlichkeit herrschte. Wir hatten bei Tische viele Gerichte, die nicht so hart und ungenieß-
bar waren als jene bei den Kadetten. Man wußte
nichts von jener militärischen Pünktlichkeit in den

---

[1] niedergeschrieben im Herbst 1816
[2] Karl August (1786−1868), 1825−48 als Ludwig I. König
von Bayern

kleinsten Dingen. Die Kleidung war weit und
bequem, nicht eng und drückend. Man wußte
nichts von Reih und Glied; unsere Spaziergänge
waren angenehm, weil sie ungezwungen waren.
Die Ordnung war nicht so genau bestimmt, daß sie
nicht zuweilen Ausnahmen erlitten hätte. So zum
Beispiel führte uns der Inspektor, der im Hause
wohnte, öfters auch zu Stunden spazieren, die gerade nicht dazu gewidmet waren, und ließ uns oft
an schönen Sommermorgen einige Lektionen im
Freien, in einer Laube des Englischen Gartens nehmen. Man zählte uns nicht alles wie kleinen Kin-
dern vor: wir hatten unsere Wäsche und Habselig-
keiten selbst zu verschließen, und jeder hatte einen Schreibtisch und Kleiderschrank. Wir konnten
Kleider wechseln, wenn wir wollten. Ich erwähne
dies alles, weil es im Kadettencorps nicht so war.
Unsere Zimmer waren eleganter eingerichtet, und
wir konnten selbst zur Verschönerung derselben
beitragen. Der Dienst bei Hofe brachte manche
Abwechslung in unsere Lebensart. Wir waren
nicht so viele, um uns wechselseitig zu hindern,
und man konnte immer ein apartes Zimmer finden, wenn man ungestört arbeiten wollte. Man
ging oft ins Theater. Man konnte sich besondere
Lehrer, zum Beispiel Sprachmeister, halten. Man
konnte durch vernünftige Vorstellungen oder Bitten zu seinem Zwecke gelangen. Unsere Lektüre
wurde nicht so genau untersucht, und von klassischen Werken konnte man alles lesen, da der
Oberst Tausch seinen Untergebenen sogar den
Schillerschen «Wallenstein» verboten hatte, weil er
die Zeile «Das Wort ist frei» für anstößig hielt. Es
konnte daher nicht fehlen, daß ich den Unterschied

mit meinem vorigen Aufenthaltsorte auf eine wohltätige Weise empfand.

Unser Haus, an die Residenz angebaut, war nicht sehr geräumig und nur zwei Treppen hoch. Anfangs war es in viele kleine Zimmer abgeteilt, in welchen wir teilweise wohnten und schliefen. Im Herbste 1811 jedoch wurden diese Stuben durchgebrochen und große Zimmer daraus gemacht, so daß wir später in einem Saale zusammen schliefen, in zwei anderen uns während der Freistunden, und wenn wir Privatstudium trieben, aufhielten. Zu ebener Erde waren demnach der Fecht-, Speise- und Studiensaal, über eine Treppe der Schlafsaal, die Garderobe und die Wohnung eines Inspektors. Der zweite Stock enthielt die Wohnung des Pagenhofmeisters und ein Zimmer, das «Museum» genannt wurde und ausschließlich für Lektionen bestimmt war. Dort befand sich auch die unbedeutende Bibliothek.

Ohne gut bedient zu sein, fehlte es uns nicht an Bedienung. Wir hatten vier Bedienten, die uns frisierten und unsere Kleider besorgten, dann drei andere, die uns bei Tische aufwarteten, ein paar weibliche Domestiken, denen die Reinigung der Zimmer und die Betten oblagen, und überdies noch einen Heizer und dergleichen mehr. Von diesen allen wohnte aber nur einer im Hause, oder vielmehr zwei.

Die Oberaufsicht über uns hatte der Oberststallmeister Herr von Keßling. Er war ein feiner Hofmann, hatte aber nur die allgemeinsten Begriffe von Erziehung. Er besuchte uns meist nur, um einigen Verweise zu geben, setzte jedoch nicht leicht hierbei seine zur zweiten Natur gewordene Artigkeit aus den Augen. Er hielt viel auf äußerlichen Anstand und die französische Sprache. Zuweilen lud er ein paar von uns zu Tische, wo es aber ziemlich steif herging. Er hatte von seiner Frau, deren erster Mann ein Herr von Freyberg war, vier erwachsene Stiefkinder, eine Tochter, die sehr groß war, und drei Söhne, Karl, Max und Wilhelm, die früherhin alle Pagen gewesen waren. Der mittlere ist ein sehr solider Mensch, der älteste ist Legationssekretär, der jüngste Rittmeister im Garde-du-Corps-Regiment.

Unser Pagenhofmeister war der Obristlieutenant von Stückradt, ein Mann in den Siebzigern, der sich fast um nichts mehr kümmerte. Er ist nun pensioniert, hätte es aber längst vorher sein sollen. Als Militär war er kleinlich und akkurat, was aber keinen Einfluß hatte. Übrigens hatte er ziemlich viel Geist, verstand Latein, Französisch, Italienisch und Englisch und beschäftigte sich immer mit Verfertigung kleiner Gedichte und Rätselchen, die er uns zuweilen aufzuknacken gab. Er hatte sich selbst, aus Besorgnis für sein Leben, die strengste Tagesordnung für sein Leben vorgeschrieben, von der er nicht im geringsten abwich. Er besuchte gerade sieben verschiedene Häuser in der Stadt, wovon er des Sonntags in dieses, des Montags in jenes usw. ging. So hielt er es mit allem. Er war geizig und habsüchtig, obgleich seine Besoldung beträchtlich und er ohne Ausgabe war.

Hierauf folgten zwei Inspektoren. Der eine davon, Professor Schlett, der zugleich Geschichte und Geographie lehrte, war ein redlicher Mann, aber immer mißmutig, barsch und launisch im

Umgange, übrigens immer gerade und offen. Er
war gereist, sehr gebildet, verstand alle Sprachen.
Er hatte Familie, liebte aber seine Frau nicht
mehr und lebte in Unfrieden, obgleich er sie früher entführt hatte, denn sie war von Adel. Seine
Tochter suchte er bei der königlichen Oper unter-
zubringen. Er selbst war ein großer Musikus und
komponierte. Er hat mehreres herausgegeben, unter anderen ein Trauerspiel «Tassilo, Herzog von
Bojoarien». Um die Anstalt, von der er Aufseher
war, bekümmerte er sich allzuwenig und wünschte
immer einen anderen Platz.

Mit ihm in ewiger Entzweiung lebte der andere
Inspektor, Professor Hafner, der Monarch des Instituts, der alles in allem war, der seine Vorgesetzten wie seine Untergebenen beherrschte, der alles
lenkte und regierte, sehr stolz, sehr geschmeidig,
sehr um sich greifend, ein katholischer Geistlicher,
wie sich denken läßt, der im Institut wohnte und
uns unter beständiger Aufsicht hielt. Er war fleißig, unermüdlich; er gab zweien Klassen deutsche,
griechische, lateinische Stunden, Religionsunterricht und lehrte zuweilen auch andere Gegenstände
mehr. Er gab viel mehr Stunden, als er zu geben
verbunden war, und suchte sich so unentbehrlich
als möglich zu machen. Sein Bestreben,

Auf daß das Gute wirke, wachse, fromme[1],

war unverkennbar und verehrungswert; aber trotz
seines Eifers taugte er zu keinem Erzieher. Bald
war er so herablassend, mit uns zu spielen, Ball zu
schlagen und dergleichen mehr, bald verlangte er

---

[1] Goethe, Epilog zu Schillers «Glocke»

steife Ehrerbietung. Er wechselte schneller und
öfter Launen, als man Kleider wechselt. Er wollte
keine fröhliche Ausgelassenheit, die der Jugend
eigen ist, gedulden; keine tobenden Spiele, keine
gymnastischen Übungen. Zwei allgemeine Fehler
der katholischen Geistlichkeit waren ihm fremd,
die Ausschweifung nämlich und die Intoleranz.
Er hatte Luthers Bild in seinem Zimmer. Seine
Kenntnisse waren nicht ausgebreitet, hatten keinen
Umfang, keine Tiefe; doch suchte er sich immer
mehr auszubilden. Was er vom Griechischen verstand, reichte nicht weit. Durch sein Französisch-
sprechen machte er sich lächerlich; die gute Aussprache und der Wortreichtum fehlten ihm, doch
schämte er sich nicht zu fragen. Seine deutsche
Aussprache war affektiert und erreichte den höchsten Grad dann, sobald er zornig ward, welches oft
geschah. Er vergaß dann die Rücksichten der Höflichkeit. Er bildete sich ein, alles zu lenken, und wer
ihm schmeicheln wollte, konnte ihn wie Wachs in
der Hand formen. Er war sehr empfindlich, verlangte Höflichkeitsbezeugungen mehr als alles,
war leicht aufzubringen, leicht versöhnt. Nichts
hatte er lieber als eine Abbitte auf seinem Zimmer;
man konnte dabei alles von ihm erlangen. Beleidi-
gungen gegen seine Person rügte er am strengsten.
Man konnte des Tags zehnmal sein Liebling und
zehnmal sein ärgster Feind sein. Wir sagten ihm oft
die stärksten Impertinenzen und machten sie dann
durch eine zuvorkommende Artigkeit auf der
Stelle wieder gut. Er ging so weit, uns auf der Stelle
einen Verweis zu geben, wenn man vergessen
hatte, ihm guten Morgen oder guten Abend zu
wünschen, und er bemerkte es genau, so daß ihm

keiner entkommen konnte. Solange er mit einem
entzweit war, mußte er diese Höflichkeitsbezeugungen missen; deshalb versöhnte er sich gern.
Den Obristlieutenant brachte er immer mehr unter
seine Botmäßigkeit und riß eines seiner Rechte
nach dem andern an sich. Das Wort «Page» konnte
er nicht leiden, er nannte uns immer Edelknaben,
und wenn er recht böse war, sagte er Knäblein. Er
kam mit keinem lange aus und hatte nur so lange
Ruhe, als man etwas von ihm haben wollte. Er
mischte sich in alles. Seine Gunst war widerlich,
sein Groll verächtlich; ich habe den letzteren immer vorgezogen. Er belächelte mit uns die Schwächen des alten Obristlieutenants und nahm doch
wieder seine Zuflucht zu ihm, unsere Fehler bestrafen zu lassen. Er machte sich des Tags tausenderlei
unnötigen Ärger, frühstückte mit Galle, aß mit
Galle, legte sich mit Galle zu Bett. Mit ihm umzugehen, war hart, von ihm abzuhängen, sehr hart.
Jetzt hat er durch einen neuen Hofmeister einen
großen Teil seiner Macht verloren. Daß er viel
Verdienst um das Institut hat, ist nicht zu leugnen. Nach ihm folgte der Lehrer der französischen
Sprache, ein gewisser Abbé Roger, ein gewöhnlicher Franzose, der wenig deutsch sprach und sehr
eitel war. Er ging später wieder nach Frankreich
zurück und erhielt eine Pfarre bei Paris, und hinterließ viele Schulden in München. Nach ihm wurde der Professor Hennequin angestellt, dessen ich
schon im Kadettencorps erwähnte. Gegen Hafner
verhielt er sich kleinlaut und furchtsam. Sowohl er
als der Hofmeister und die Inspektoren hatten den
Tisch bei uns.

Lehrer der Mathematik, der Physik, des Geschäftsstils war Professor Prändel, ein guter Mathematiker, der viele Schriften über allerlei Gegenstände herausgab und sogar Verse machte. Bei seinen Lektionen schritt nichts vorwärts, da er immer beim alten stehenblieb und ich in der Mathematik niemals so weit kam, als ich schon im Kadettencorps war. Er war ganz aus gemeinem Stande und daher roh und völlig Naturmensch. Das, was man Scham nennt, kannte er gar nicht. Er hatte sich die Erlaubnis ausgewirkt, alle Freitage mit uns zu essen, da an den Fasttagen der Obristlieutenant auf seinem Zimmer speiste. Diese Erlaubnis stammte nur vom Herrn Hafner; dennoch war jener so unverschämt, sich nach Tische Fische einzupacken und mit nach Hause zu nehmen, und wenn er wegen Krankheit nicht kommen konnte, so schickte er seine Tochter, um seine Portion zu holen. Er nahm alles an, was man ihm gab. Wir schenkten ihm öfters Papier, Käse, Siegellack usw.; er dankte, ohne sich dadurch bestechen zu lassen. Trotz seiner Roheit war er hinwiederum sehr weichherzig und weinte bei geringen Anlässen. Ich schrieb einmal ein satirisches Gedicht in zwei Gesängen gegen ihn, doch da er nun tot ist, darf hiervon die Rede nicht mehr sein.

Auch an anderen Lehrmeistern fehlte es uns nicht. Von musikalischen Instrumenten konnte man das Klavier, die Violine und Flöte unentgeltlich lernen. Im Zeichnen, im Fechten und Voltigieren hatten wir dieselben Lehrer, die hierzu im Kadettencorps angestellt waren. Auf die Reitschule gingen wir dreimal die Woche. Es war so ziemlich unsere liebste Stunde, obgleich die Bereiter sehr grob waren. Unser Tanzmeister war ein

achtzigjähriger Franzose, Monsieur Legrand, der
ehmals Ballettmeister gewesen war. Er konnte uns
wenig mehr lehren, und er wußte nichts als seine
alten Tänze, Gavotte à la Vestris und Menuet à la
reine. Die besseren Tänzer ließ er gewöhnlich nach
der ersten Viertelstunde wieder abtreten.

Unsere Anzahl belief sich auf sechzehn bis zwanzig, die in solche zerfielen, welche studierten, und
solche, die sich für den Militärstand bestimmt
hatten. Ich gehörte anfangs zu den ersteren, da ich
wenig Lust zum Soldaten hatte. Die es schon weit
in den Studien gebracht hatten, besuchten die höheren Klassen des Gymnasiums, die übrigen, unter
denen ich war, lernten zu Hause bei den schon
erwähnten Lehrern, die übrigens auch verbunden
waren, mit den Schulgehenden zu repetieren. Wir
hatten viele Stunden, wie zum Beispiel Geschichte,
deutschen Stil, mit den Militärs gemeinschaftlich.
Der Religionsunterricht war zu allgemein, als daß
nicht auch die Protestanten daran teil hätten nehmen können. Ich erhielt sogar einmal den Preis
daraus. Im deutschen Stil gehörte ich auch zu den
Besseren; im Griechischen machte ich anfangs gute
Fortschritte und erhielt eine Prämie; aus der Geschichte und Geographie bekam ich es ebenfalls
zweimal. Leider gehörte nicht viele Anstrengung
dazu, und ich hätte aus allen wissenschaftlichen
Gegenständen die Preise davontragen können,
wenn ich mich mehr bemüht hätte. Übrigens war
ich bei weitem fleißiger, als dies im Kadettencorps
der Fall war; besonders strengte ich mich im Lateinischen an und übersetzte viel. Wir lasen den
Cäsar, Sallust und Ovidius, im Griechischen den

Xenophon und Homer, von Spezialgeschichte studierten wir die deutsche und bayrische.

Die italienische Sprache lernte ich meist für
mich, da ich mir zu Hause während der Ferien
einen Sprachmeister genommen hatte; im Englischen hatte ich mit noch ein paar anderen einen
Lehrer, aber erst kurz vorher, ehe ich die Pagerie
wieder verließ. Im Zeichnen habe ich nie das Geringste geleistet; Klavier fing ich zu spielen an, gab
es aber bald wieder auf.

Am Ende des Schuljahres hatten wir zwei Examen, ein kleines, wobei nur der Oberststallmeister und ein paar Fremde nebst den Professoren
zugegen waren, das über die wissenschaftlichen
Gegenstände wie auch über die Exerzitien abgehalten wurde und wozu es einer guten Vorbereitung
bedurfte, und sodann ein großes, wie man es
nannte, wobei sich viele eingeladene Zuschauer
einfanden, vor denen sich aber nur Tänzer, Mu-
siker, Fechter, Deklamatoren produzierten. Die
Preiseverteilung war damit verbunden. Aus jedem Gegenstande wurde eine Prämie ausgegeben.
Auch mit Deklamieren wurde ich hier wieder geplagt. Einmal mußte ich «Die Kraniche des Ibykus», ein andermal «Die Götter Griechenlands»,
ein andermal «Hero und Leander» vortragen.

Man wurde nicht sogleich Page, wenn man das
Pagenhaus betrat; es waren nur zwölf oder vierzehn wirkliche Edelknaben; die anderen nannte
man Surnuméraires. Der Unterschied bestand darin, daß letztere die Alltagsuniform, jene nämlich,
die bloß zum Ausgehen, aber nicht nach Hof
angezogen wurden, nicht tragen durften. Man

nannte sie Reitschulfrack, da sie vorzüglich zum
Reiten bestimmt war. Übrigens hatten die wirklichen Pagen noch monatlich zwölf Gulden, welches
Geld zum Ersatz für den Wein hergegeben wurde,
da wir bei Tische Bier tranken. Sobald ein neuer
Sürnumerär aufgenommen wurde, mußte er dem
Hofmeister ein ansehnliches Geschenk in Geld machen und sechzig Gulden Einstandsgeld erlegen;
dieselbe Summe, wenn er wirklicher Edelknabe
wurde, und dieselbe, wenn er das Haus wieder
verließ. Dafür erhielt ein Studierender in der Zeit,
die er auf der Universität hinbrachte, jährlich
sechshundert Gulden vom König und überdies
noch fünfhundert Gulden zur Ausmusterung. Ein
Militär bekam nur in allem fünfhundert Gulden,
um sich zu equipieren. Zur Aufnahme wurden acht
Ahnen von jeder Seite erfordert, doch konnten
zuweilen auch vier hinreichen.

Im Ausgehen hatten wir keine Freiheit; nur
sonntags nachmittags war es uns erlaubt, Besuche
zu machen. Daß einige doch auch unter der Zeit
entwischten, ging mit durch. Ferien hatten wir
zwei Monate, September und Oktober. Das Gebet
geschah immer laut und öffentlich; einer betete
vor, und zwar nichts als das Vaterunser und Ave
Maria, des Morgens und des Nachts lateinisch
(später erlaubte Hafner, es deutsch zu beten) und
vor und nach dem Essen französisch, da es überhaupt verboten war, über Tische eine andere Sprache als Französisch zu reden. Dieses Gebot wurde
täglich gebrochen, jedoch selten ohne Verweise
nach sich zu ziehen. Überhaupt sah man viel auf
Anstand über Tafel, und wir mußten immer in
einem vollständigen Anzuge bei derselben erschei-

nen, da man es damit des Morgens über nicht so genau nahm. Von Zeit zu Zeit wurden sowohl unsere Lehrer als auch die Professoren des Gymnasiums zu Tische geladen.

Uns einander zu duzen, war verboten; wir gewöhnten uns daher an, einander «Er» zu heißen.

Alle drei oder vier Monate mußten die Lehrer Noten über unser Verhalten einreichen. Der Hofmeister ließ uns sodann auf sein Zimmer kommen und uns dieselben vorlesen. Für jede schlechte Note erhielt man regelmäßig einen Verweis und mußte einmal aus dem Theater wegbleiben. Sonst gab es wenige Strafen. Die gewöhnlichste war, nicht an die Tafel zu dürfen. Man wurde auch eingesperrt, aber niemals länger als zwei oder drei Stunden.

Eine unserer besten Einrichtungen war, daß man uns einen Garten vor dem Schwabinger Tor gemietet hatte, in dem sich mehrere Obstbäume befanden und den wir größtenteils selbst bebauten. Wir hatten auch eine Kegelbahn anlegen lassen und eine Schaukel. Des Winters über gingen wir zu wenig aus. Es waren die ganze Woche hindurch nur zwei Stunden zum Spazierengehen bestimmt; doch wurde diese Verordnung oft übertreten, besonders wenn die Zeit des Schlittschuhlaufens kam, das ich späterhin lernte und das meiner angenehmsten Unterhaltungen eine wurde.

Ich gestehe es, daß ich meinen Pagendienst ziemlich schüchtern antrat; ich glaubte immer eine Ungeschicklichkeit zu begehen, doch sah ich bald, daß es keine Hexerei sei. Sobald ein neuer Page in Dienst kam, stellte ihn der König der Königin vor.

Der König nannte uns gewöhnlich «du». Unser Hauptdienst war die Tafel; sie fing um drei Uhr an und endigte um fünf oder halb sechs. Sie bestand aus achtzehn bis vierundzwanzig Gedecken gewöhnlich und war oft sehr angenehm, wenn Fremde oder sonst gebildete und gesprächige Herren daran teilnahmen. Damen wurden in München an der Tafel keine eingeladen; doch waren die Hofdamen der Königin und Kronprinzessin, sobald sie in München war, zugegen. Wir bedienten die königliche Familie; doch trugen wir keine Speisen auf, sondern überreichten nur, was die hinter uns stehenden Bedienten uns gaben. Nach der Tafel mußten wir in den Salon der Königin folgen, wo der Kaffee serviert wurde. Bei jeder Gelegenheit mußten wir die Schleppen der fürstlichen Damen tragen, wenn sie welche anhatten. In den Privatzimmern des Königs hatten wir gar nichts zu tun, denn er liebte das Zeremoniell nicht. Bei den Hoffesten, das heißt Hofbällen, Konzerten, Akademien, waren wir gegenwärtig; doch bei den kleinen Spielpartien, die der König gewöhnlich des Abends gab, erschienen wir nicht. Auf den Hofbällen war es uns erlaubt zu tanzen. Bei all diesen öffentlichen Gelegenheiten mußten wir dem Könige mit langen Fackeln vorleuchten, sowohl über die Gänge als durch die Zimmer. Bei den Kirchenzeremonien hatten wir viel zu tun, versteht sich immer die, welche den Dienst hatten. Jeden Sonntag mußten wir in der Hofkapelle erscheinen und während des Amtes zweimal vor dem Hochaltar mit brennenden Fackeln heraustreten und unsere eingelernten Reverenzen machen. Einer der Hauptzeremonientage war das Ritterfest vom St.-

Georgs-Orden, dessen Großmeister der König ist.
Ich sah ihn unter anderen den Prinzen Karl zum
Ritter schlagen. Es gab außerdem noch allerlei
Zeremonien in anderen Kirchen, wohin wir fahren
mußten, und mehrere Prozessionen, von denen die
am Fronleichnamstage die bedeutendste war. Sie
geht durch die Hauptstraßen der Stadt. Wir mußten dabei öfters niederknien, und zuweilen mitten
in den Kot. Es wurden auch jährlich noch Toten-
ämter für den letztverstorbenen Kurfürsten und
seine Gemahlin gehalten, wobei wir auch zu tun
hatten. Ein sehr feierlicher Gottesdienst, der immer vielen Eindruck auf mich machte, war der,
welcher am Abend vor dem Neujahrsmorgen begangen wurde. Überhaupt nehmen sich die katholischen Zeremonien bei weitem besser in der Nacht
aus. Eine andere sehr rührende Feierlichkeit, der
ich beiwohnte, war die Taufe des Prinzen Max[1],
ältesten Sohnes unseres Kronprinzen. Es war hier
nicht um ein leeres Zeremoniell zu tun, sondern
das Herz nahm daran Anteil. Der Sohn eines verehrten Mannes, der Enkel des Monarchen, unser
einstiger König war es, den wir hier in die Gemeinschaft der Christen aufgenommen werden sahen.
Die Taufe wurde in einem großen Saale des Schlosses abgehalten, der die «Galerie» heißt. Er war
gedrängt voll; aber in einem Augenblicke lag die
ganze Versammlung auf den Knien. Der König
war Pate des Kindes. Schon als es geboren wurde,
obgleich die erste Niederkunft seiner Mutter mit
ungewöhnlichen Wehen verbunden gewesen, war
die Freude, besonders des Kronprinzen, unendlich,

[1] (1811–1864), als Maximilian II. Joseph 1848–64 König
von Bayern

der nichts Sehnlicheres als einen Sohn gewünscht hatte.

Sobald der Hof im Sommer nach Nymphenburg zog, hatten wir wenig zu tun. Nur selten wurden dort große Konzerte gegeben, bei denen wir servieren mußten. Nymphenburg ist ein lieblicher Aufenthalt, besonders durch die Gärten, die nicht pompös, sondern in einem edeln und ländlichen Geschmacke ausgeführt sind.

Ich leugne nicht, daß der Glanz des Hofes zuweilen angenehme Eindrücke in mir zurückließ. So kleinlich manches näher untersucht sein mag, so hat doch alles äußerlich den Schein des Großen und Sorgenfreien. Er gewährt wie die Zauberspiele eines Gauklers einen erfreulichen Anblick, wenn man dem inneren Maschinenwerk nicht nachspürt. Er ist eine Bühne, die von mancher hohen Königsgestalt betreten wird und welche man nur genießen kann, wenn man nicht selbst mitspielt und nicht wahrnimmt, was hinter den Kulissen vorgeht. Alles gewinnt ein Ansehen von Wichtigkeit; nie wird das Auge durch den Anblick des Mangels, der Dürftigkeit, der Mühseligkeit beleidigt; denn alles, was diesem gleichsieht, wird von dem Monarchen entfernt. Er sieht gewöhnlich nur lächelnde Gesichter, wenn er nicht in den Spiegel sieht.

Ich liebe die Fürsten nicht und würde insonderheit jetzt wenig mehr nach Hofe taugen; doch war ich damals nicht ungern dort und ergötzte mich an seinen bunten und lachenden Farben. Bei den Hoffesten hatten wir wenig zu tun; die Uniform, die wir dabei anzogen, war nicht besonders reich; dunkelblau mit Silber gestickt.

*

Meine Begriffe von Religion waren in der damaligen Zeit noch ziemlich schwach, unvollständig, kleinlich. Ich war noch zu kindisch für ein angestrengtes Streben nach Tugend. Fromm zu sein, hielt ich zwar für etwas Vortreffliches, aber es kam mir fast unbequem vor, und ich ermangelte an ernsten Entschlüssen. Brünstiges Gebet erschien mir nur selten, nur in unangenehmen Situationen als etwas Tröstliches; doch ganz hatte ich das Gebet niemals vergessen, und ganz zur Plauderei ist es auch niemals bei mir herabgesunken. Meine Konfirmation, die am 7. Junius 1811 in der protestantischen Hofkapelle der Königin vor sich ging, weckte in mir viele Vorsätze und Wünsche nach Frömmigkeit. Es traten auch mehrere Kadetten, unter anderen Schnizlein, mit mir in die Gemeinschaft der Christen.

Im Herbste desselben Jahres verlor ich einen Freund in Graf Lodron, der die Pagerie verließ und nach Mailand ging. Noch einige Jahre unterhielt ich einen Briefwechsel mit ihm. Ein noch viel größerer Verlust schien mir 1812 zu drohen, als die deutschen Fürsten ihre Truppen nach Rußland schickten. Obgleich dies große Land ein großes Grab wurde, so wurden doch auch viele falsche Todesgerüchte ausgestreut. So verbreitete sich auch in München unter Jacobs' Bekannten eines, daß derselbe geblieben sei. Ich glaubte es eine geraume Zeit lang als klare Gewißheit und beklagte seinen Tod.

Unterdessen fehlte es auch in unserem häuslichen Kreise nicht an Zwist und Hader. Wir waren be-

ständig in zwei Parteien geteilt: solche, welche
entweder Schlett oder Hafnern den Vorzug gaben.
Die meisten vergaben dem ersteren sein mürri-
sches Wesen, aber dem letzteren seine Launen
nicht. Es wurde alles hervorgesucht, ihn lächerlich
zu machen. So zum Beispiel trug er auf Spaziergängen immer den Hut unterm Arme, worauf man
die Worte Langbeins auf ihn anwandte:

> Warum geht Herr X. X. stets mit unbedecktem Kopf?
> Was tut der Deckel auch auf einem leeren Topf![1]

Übrigens läßt sich nicht leugnen, daß er vieles tat,
um uns Vergnügen zu machen; teils durch Spaziergänge, teils daß er uns zuweilen an interessante
Plätze führte, in die Gemäldegalerie, das Münzka-
binett, die Schatzkammer, in die Sammlungen der
Akademie usw. Er las sehr gerne vor, und wenn
wir uns zu Bette legten, gab er uns immer noch
einige Erzählungen vor dem Einschlafen zum besten. Leider plagte auch er mich durch die Deklamation. Einmal mußte ich bei dem Examen die
«Kraniche des Ibykus», ein andermal «Hero und
Leander» vortragen, schlecht genug und monoton,
wie schon gesagt.

Im Herbste 1812 besuchte ich meine Eltern. Ich
machte einen ziemlichen Umweg und reiste mit
Massenbach und Louis Verger über Landshut und
Regensburg, wo ich bei den Eltern des letzteren
wohnte. Besonders gefiel mir die Donaubrücke zu

---

[1] nach August Friedrich Ernst Langbein (1757–1835), «Ge-
dichte» (1780), «Der leere Topf»:
Stets geht Amand mit unbedecktem Kopf,
Was soll der Deckel auch auf einem leeren Topf?

Regensburg. Stadt am Hof lag noch größtenteils in
Schutt von dem Kriege von 1809. Von dort aus
setzte ich meinen Weg über Amberg und Nürnberg fort. Ich ging beständig mit dem Postwagen
und traf noch ziemlich amüsante Gesellschaft.
Die Rückreise machte ich mit Graf Berchem, der
in Ansbach Verwandte besuchte, über Nürnberg,
Weißenburg, Donauwörth und Augsburg. In letztere Stadt kam ich damals zum erstenmal.

*

Das Jahr 1813 wird besonders durch den lebens-
wichtigen Entschluß bezeichnet, den ich faßte, den
Militärstand zu ergreifen. Er war nicht die Frucht
der Überlegung, und mancherlei Gründe, die mich
dazu bewogen, dichtete ich erst später hinzu. Es
war damals eine allgemeine Zeit des Kriegs, während bei Zivilämtern schon wegen der Menge
der Kandidaten wenig zu hoffen war. Jener Stand,
wußte ich, würde mir mehr Muße geben als jeder
andere; er würde mich instand setzen, die Welt zu
sehen. Übrigens stand es immer noch in meiner
Macht umzusatteln, obgleich man mir militärische
Lehrer gegeben hatte, die jedoch keine großen
Kenntnisse und am wenigsten eine Methode besa-
ßen. Später leistete mir auch Perglas Gesellschaft,
da er es trotz seines Fleißes auf der Schule zu nichts
brachte und sie deshalb verließ. In den Pfingsttagen
dieses Jahres machten wir Pagen zusammen mit
Professor Hafner eine recht angenehme Partie an
den Würmsee, deren ich mich noch mit Freuden
erinnere. Wir hielten uns zu Berg auf, waren auch
zu Starenberg und machten viele Fahrten auf dem
Wasser. Ich empfand zuerst ein inniges Wohlbeha-

gen an den Reizen einer milden Natur. Jener See,
ohne besonders ausgezeichnete Umgebungen zu
besitzen, hat doch lieblich malerische Ufer.

Wir kehrten von diesem sanften Schauspiele
zurück, um ein kriegerisches sich entfalten zu sehen. Der Krieg mit Österreich schien gewiß zu
sein. Bei München wurde ein Lager errichtet, in
dem sich fünfundzwanzigtausend Mann bayrischer Truppen versammelten. Einmal war auch
eine große Revue, welcher der Hof beiwohnte.
Diese Leute waren nicht nur durch beständigen
Regen geplagt, sondern am 30. Junius des Abends
erhob sich plötzlich ein so ungewöhnlicher Sturm,
daß er nicht nur die Zelte, sondern sogar die hölzernen Marketenderhütten samt ihren Bierfässern
entführte. Er entwurzelte halbe Wälder und richtete auch in den Umgebungen von München mancherlei Schaden an. Auch uns überfiel er auf dem
Spaziergange, als wir jedoch schon in der Nähe
des Hofgartens waren.

Aber nicht allein in München, auch in meinem
Herzen hatte jenes Jahr mancherlei Stürme und
Veränderungen erregt, und da ich von meiner
äußeren Umgebung so detailliert gesprochen, wie
dürfte ich verschweigen, was in mir vorging? Es
wird mir schwer, einer seltenen Torheit zu geden-
ken, die mir so viel fruchtlosen Gram verursachte;
aber die Aufrichtigkeit verbeut, sie zu umgehen.

Mein Herz fing an, das Bedürfnis inniger Mitge-
fühle zu empfinden. Ich wollte Liebe; aber ich hatte
bisher nur die Sehnsucht nach Freundschaft gefühlt. Weiber sah ich keine, als jene affektierte
Klasse, die nach Hof kam. Sie konnte mich nicht
anziehen. So mag es gekommen sein, daß meine

erste wärmere Neigung einem Manne galt. Ich darf
nicht hinzusetzen, daß ich von unplatonischer Liebe noch keinen Begriff hatte; auch möchte ich es
fast mehr die innigste Hochachtung als eigentliche
Zuneigung nennen, was ich damals empfand. Ich
hätte mit Tasso ausrufen mögen:

> O hätt' ein tausendfaches Werkzeug mir
> Ein Gott vergönnt, nie drückt' ich dann genug
> Die unaussprechliche Verehrung aus.[1]

Auf einem Hofballe am 10. Februar sah ich zuerst
den jungen Grafen M. D., Bruder des ***schen
Gesandten[2] an unserem Hofe. Noch begreife ich
kaum, welche plötzlichen Eindrücke sein Bild in
mir zurückließ. Er war nicht schön, auch nicht sehr
groß, blond und sehr schmächtig. In ihm hatte ich
plötzlich ein Ideal gefunden, auf das ich die edelsten
Eigenschaften der menschlichen Seele übertrug.
Je öfter ich ihn sah, desto lebhafter wurde meine
Sehnsucht. Ich habe ihn nie gesprochen und nie
etwas von seinem Charakter erfahren. Fast täglich
glaubte ich ihn abgereist und schwebte in beständigen Sorgen.

Er entfernte sich aber erst, als ihn politische
Verhältnisse dazu zwangen. Eine ähnliche, doch
schwächere Anziehungskraft übte einige Monate
später der Prinz von ***[3] über mich aus, obgleich
M. nichts weniger als vergessen war. Jener Prinz
war erst neunzehn Jahre, bekleidete aber eine an-
sehnliche militärische Charge. Er erreichte sein

---

[1] Goethe, «Torquato Tasso» (II, 2)
[2] gemeint: französischen
[3] Prinz Karl Anselm von Oettingen-Wallerstein (1796
bis 1813)

zwanzigstes Jahr nicht mehr. Ich sah ihn in allem
nur dreimal. Ich kannte ihn nicht, aber nach seinem
Tode hörte ich aus mehr als einem Munde sein
überschwengliches Lob. Massenbach war der Vertraute meiner Empfindungen. Er nahm teil daran,
so sehr er sich eigentlich darüber verwunderte. Ob
er auch später davon reinen Mund gehalten, kann
ich nicht sagen.

Es ist zu verraten, daß ich auch meiner Feder die
Gefühle des Herzens mitteilte. So entstand eine
lange Reihe von Blättern, die noch übrig sind. Sie
handelten nur von meiner Neigung im engsten
Sinne. Ich werde einige Fragmente daraus aushe-
ben, um einen Begriff meiner damaligen Torheit
zu geben. Sie möchten nicht lange mehr unver-
nichtet bleiben; ganz sollen sie aber nicht verlorengehen. Obgleich ohne Verdienst, malen sie doch
den Zustand meiner Seele.

*

FRAGMENTE

Will das Schicksal mir günstiger werden? Will
es mir die unseligen Stunden wieder einbringen?
Oder ist es vielleicht der letzte Gnadenblick des
Glücks, um mir seinen Tempel auf immer zu verschließen? Alles stürmt auf mich los. Der einzige
Freund, der mich verstand, der gleiche Neigung
und Denkweise mit mir teilte, diesen einzigen hast
du geraubt, Schicksal, auf immer. Ich verlange
Ersatz; ich habe große Forderungen an dich zu
machen. Es lebt einer, der mir das alles ersetzen
könnte, gestern hab' ich ihn wieder gesehen.

Glücklich war ich, eh' ich ihn sah; glücklicher, als ich ihn sah; doch elend werde ich sein, da ich ihn nicht mehr sehen werde. Oh, es ist seltsam mit des Menschen Wünschen. Ich verlange nur Mitgefühl, und alle glänzenden Güter der Erde ekeln mich an. Schätze! Würden! Ruhm! Was sind sie für unser Herz? Vereine sie alle auf dein gepriesen Haupt, wer bürgt dir für die Lücke in deinem Busen.

Eine Hütte möchte ich in einer wilden Gegend. Des Morgens schweifte ich dann durch die weite Natur; dann setzte ich mich nieder und schriebe von ihm, über ihn, an ihn, und ich glaube, es würde mir besser werden. Vielleicht auch nicht. Ich muß alles von der Zeit abwarten; sie ist ein langsamer Arzt, aber ein trefflicher und erprobter Helfer.

Als ich ihn gestern so ansah und meine Augen so fest auf seinen Zügen ruhten, da dachte ich, es wird eine Stunde kommen, wo ich diesen Augenblick heiß zurückwünschen werde, wo ich ihn mit allem, was ich habe, zurückerkaufen möchte. Diese Stunde war längst da; doch was helfen meine Wünsche!

Wie wohl ist mir in seiner Nähe, wie geht mir das Herz auf. Eine sanfte Regung erfüllt meine Seele. So muß es einem heiligen Geiste sein, der in Elysium eintritt. Ihn erschüttert nichts mehr, was ihn auf Erden bewegt hat. Er lebt nur der sanften Freude, die überall auf seine Sinne wirkt, der schönen Natur, die ihn anlächelt, und geht wonnetrunken den Blumenweg.

Ich möchte ein Maler sein; dieser Wunsch steigt oft in mir auf. Wie glücklich ist, wer die teuren Züge

auf der Leinwand nachbilden und den Gegenstand
der Liebe im Werke seiner eigenen Kunst immer
betrachten kann. Wenn mir das zuteil geworden
wäre, dann wäre er mir immer nahe, und täglich
würde ich mich an seinen Zügen weiden.

Mein großes Vorbild wird mich verlassen, und irre
werden meine Blicke umherschweifen, wie ein
verlorener Planet in einer wüsten Schöpfung, die
die Sonne verlassen hat. Er ist meine Sonne, und
eine Wohltat ohnegleichen ist mir sein Anblick.
Jede seiner Bewegungen und Gebärden ist mir lieb
geworden. Ich möchte ihn stets umschweben, wie
der Indikator den König der Tiere.

Das Wiedersehen ist so schön wie jenes erste Erblicken, als mir aus seinen Zügen und meinem
Herzen ein neues Leben hervorging. Ja, mir sagt's
eine Stimme in meinem Inneren: «Du wirst ihn
wiedersehen.» Es ist nicht ganz umsonst, dieses
unbefriedigte Streben, nicht ganz umsonst jene
überschwengliche Neigung. Sollte sie nur leben,
um am Opferherde der Zeit geschlachtet zu werden? Ich traue auf die Lenkerin, die Vorsehung, die
wunderbare, unbegreifliche Führerin.

Da sah ich ihn denn an, ununterbrochen, unbeweg-
lich, wie der fromme Beter das Heiligenbild, vor
dem er im Staube liegt. Da kömmt's ihm vor, als
gaukelten Engel mit ihren Lilienstäben um ihn her,
auf einer roten, glänzenden Wolke, und streuten
unvergängliche Blüten auf sein Haupt. Da fühlt er
sich vor Liebe und Andacht, vor Seligkeit und
frommen Entschlüssen durchdrungen, da betet er

laut unter Tränen und glaubt den Himmel zu sich
herabzuziehen. So ist mir's, wenn ich ihn sehe.
Diese Nacht hab' ich von ihm geträumt, ein
freundlicher, schöner Traum, wie er selbst freundlich und schön ist. Meine Hand lag in der seinigen;
das wird nimmer in Wahrheit geschehen, meine
Hand wird nie in der seinigen liegen. Sollt' ich ihn
nicht mehr sehen, o Gott, so laß doch diese Liebe
nicht auslöschen. Es ist die Liebe zu allem Schönen
und Wahren und Vollkommenen; zu allem, was
uns heiße Tränen der Rührung und Ausrufungen
der Bewunderung ablockt. Sie ist eine ewige Mah-
nung zur Tugend, eine ewige Warnung vor allem,
was das Gute verdammt. In ihm sehe ich alles
Himmlische vereinigt.

In meinem Herzen muß ich sein Bild auslöschen,
das ein gutgeführter Griffel mit festen Zügen gegraben hat. Die Zeit wird mir ihre Hilfe leihen, die
sie keinem abschlägt; aber jetzt will ich noch genießen, was der günstige Augenblick mir darbringt.
Ich will frohlocken, wenn ich ihn sehe, und trau-
ern, wenn ihn meine Augen nicht finden können.
Ich will von ihm denken und reden und träumen;
ich will ihn lieben bis zur Schwärmerei; ich will
seinen Namen rufen, wenn ich allein bin, in feuriger Ekstase! Was er mir teuer ist, dieser Name, was
er meinen Ohren so wohl klingt, was er mir so
bekannt ist, wenn ich ihn nennen höre! Wenn ich
ihn sonst gehört habe, wie gleichgültig war er mir,
wie fremd. Ich wußte nicht, wie teuer er mir werden sollte.

Grausames Schicksal, warum kann ich nicht
Von diesem süßen Himmelstraum genesen?
Beim Sonnenstrahl, der sich am Abend bricht,
Muß ich im zweifelhaften Licht,
In jedem Schatten seine Züge lesen.
Aus jedem klaren Bache quillt,
Von lebenswarmer Phantasie gezeichnet,
Sein teures, nie vergeßlich Bild,
Das seine hohe Schöne nicht verleugnet.
Laß, Schicksal, lieber diesen süßen Traum,
So schön er ist, auf immerhin erblassen,
Kann ich im unerfüllten Raum
Nur Schattenbilder wesenlos umfassen.

O halte ihn hier fest, Schicksal, und wenn die
Pflicht ihn ruft, so laß mich ihn niemals vergessen,
laß immer mich glauben, daß mich jede Handlung
an sich in seiner Gunst sinken mache, die nicht den
unverkennbaren Stempel des Edlen trägt. Mache
mich glauben, daß ich in jeder Verletzung der
Tugend und Wahrheit seine eigene innigstgeliebte
Person verletze. Verkörpert muß uns das Höchste
erscheinen, zu unerreichbar ist uns die Gottheit. Ich
fühle es, die Liebe muß einen Gegenstand haben, an
den sie sich festhält.

Ich hab' ihn im Traume gesehen, das weiß ich; aber
was er getan, was er gesprochen, ich weiß es nicht
mehr: so schwach ist das Gedächtnis, daß es die
Dinge vergessen kann, die uns am liebsten sind.
Wären es Träume, was ich fühle, hätt' ich es auch
vergessen; allein es ist mehr als das. Zwar so viele
tausend gerechte Wünsche sind Sterblichen versagt
worden. Der Lauf der Dinge wälzt sich seine Bahn
im breiten Flußbette der Gewohnheit. Muß er

nicht dasselbe verlassen, nicht besondere Wege und Krümmen erwählen, um mich M*** entgegenzuführen? Mein erwünschtes Ziel hängt in den Wolken, und mein Arm ist nicht lang genug, es zu erreichen. Wenn es nicht eine gütige Gottheit heruntersenkt, muß ich stets danach seufzen.

Oh, ich bin oft bei wachenden Augen in Träume vertieft. Da war mir's heute, als ging ich in einer schönen Gegend; ich kam an einen dichten Wald und durchwanderte ihn die ganze Nacht, und als die Sonne wieder aufstieg, war ich am Ende des Waldes. Ich trat aus dem letzten Gesträuche, und vor mir lag das ungeheure Meer. Ein Kahn hatte eben das Ufer verlassen, aber im Kahn saß er, den meine Augen überall suchen. Er lächelte, in der Hand das Ruder, und sah in die grünlichen Wellen. Aber die Gondel entfernte sich immer mehr von der Küste; ich sah ihm nach, soweit meine Augen reichten, und als er schon in kaum sichtbarer Entfernung war, schien mir's, als winkte er mir ein Lebewohl zu. Ich breitete die Arme aus, da entschwand die letzte Spur des Fahrzeugs meinen Blicken. Ich warf mich hoffnungslos ans Ufer nieder. Da gewahrte ich eine Muschel, welche die Wellen bespülten, mit goldenem Ranfte und perlenbesät. Ich hob sie auf, ich sah in ihre Höhlung und, o Wunder! was sah ich. Die launenhafte Hand der Natur hatte M***s Bild hineingezeichnet, trotz dem besten Maler, treffend wie der getreuste Spiegel. «So bleibt mir doch sein Bild», rief ich aus, «und weilt er auch am entfernten Strande, so bleibt mir doch sein Bild und sein teures Andenken!»

O seliges Gefühl, das Menschen an Menschen kettet, Herzen zu Herzen zwingt, warum lässest du so oft eine Flamme auflodern, die von keinem anderen ergriffen wird. So bin ich denn ausgeschlossen von der Zahl jener Glücklichen, die durch Mitgefühl und Freundschaft ein Leben voll Wonne genießen. Warum mußte mich jener Mann mit gewaltigen Banden fesseln, der heute oder morgen dies Land verläßt. Die große Kraft der Sympathie wirkt zerstörend im Herzen.

Immer dieselben Anklänge, wo ich sie berühre, die Harfe der Seele, und alle Gedanken eng vereinigt in einen einzigen Punkt!

Wie traurig verstrichen mir die ersten Tage des Frühlings. Es ist wahr, die Natur hat einen beseelenden Trost. Des Morgens stärkt sie den Leidenden mit froher Hoffnung, des Abends führt sie ihn in die Arme der Wehmut, und beide lösen den Schmerz auf. Aber jetzt, in diesen schrecklichen Tagen, was kann sie mir geben?

Ist denn dem Schicksal nichts abzugewinnen? O wende diesen Schlag von mir mit deinem unversehrbaren Arme, mein Schutzgeist! Ich will ja alles leiden und tun, laß ihn nur in meiner Nähe bleiben. Oder, wenn ich den Mut habe, hinauszuwandern in die offene Welt, versprichst du mir, mich ihm nahe zu führen? O wenn du das versprechen könntest, bangte mir vor keinem Entschlusse. Fort mußt' ich, wohin der Geist mich ruft.

Ich kann nicht ohne ihn sein. Ich fühle eine unbeschreibliche Leere. O Wohltat seines Anblicks, die

mir nur selten zuteil geworden, o unabsehbare
Reihe von Tagen, die ich ohne ihn werde verleben müssen! Und gezwungen sein, sich so hinzuschleppen; im Gefühle des Elends so auszudauern
und an nichts eine Nahrung des Geistes oder Herzens zu finden! Ich kann nicht ohne ihn sein.

Ich habe ihn wiedergesehen. Womit verdiente ich
diese Güte, o Vorsehung? Und noch mehr Gnade
ließest du mir zuteil werden. Als das Schauspiel zu
Ende war, schlich ich mich in die Loge des Grafen
M*** und nahm dort den Anschlagzettel, den er
vielleicht in der Hand hielt. Zum mindesten war er
in seiner Nähe, das ist genug.

Selige Tage von ehedem, als ich noch neben ihm
stand und keinen Blick von ihm verwandte. Da
glaubte ich einen glänzenden Regenbogen zu sehen
mit sieben schimmernden Farben, und oben saß *er*
auf dem schönsten der Throne, von perlendem
Tau gewoben. In seinen Haaren war eine Krone,
von den Blumen des Paradieses geflochten. Ja,
damals spielten die schönsten Bilder um mich her.
O kehrt wieder, ihr Tage, ich beschwör' euch; nur
noch einmal laßt mich kosten von eurem olym-
pischen Nektar. Oder können eure späteren Brüder nicht dieselben Blüten zurückbringen? Einen
neuen Lenz mit neuen Rosen? Dieselben Mauern
schließen sich mit ihm ein, warum kann ich nicht
zu ihm hingehen und sagen: «Ich liebe dich, stoße
mich nicht zurück!»

Daß ich nicht selbst an meinem Glücke arbeiten
kann, daß ich alles dem launigen Zufall überlassen

muß! Man sagt, er sei blind; doch die Blinden lassen
sich leiten, er aber geht stets seinen eigenen Weg.

> Da draußen, da regt sich's im heftigen Sturm,
> Der Himmel ist finster umgraut;
> Es leuchtet in zackigen Formen der Blitz,
> Es stürmt vom erhabenen Wolkensitz
> Der Donner mit schrecklichem Laut.
>
> Und der Regen stürzt in die plätschernde Flut,
> Er fällt auf das schützende Dach,
> Er schlägt an die Fenster, so feucht und kalt,
> Er schreckt mich mit lärmender, wilder Gewalt
> Vom Traume, dem lieblichen, wach.
>
> Doch könnt' ich *ihn* sehen und sprechen, und hielt'
> Zehn Meilen von hier er sich auf,
> Und zuckte der Blitz auch noch einmal so stark,
> Und heulte der Donner durch Wiesen und Park,
> So ging ich, und sucht' ich ihn auf.

Oft, wenn ich so über ihn nachsinne, da denke ich
mir ihn als einen strahlenden Heiligen mit gold-
durchwirkten Gewändern und um die Schultern
blonde Locken; unendlich reizend und lächelnd
wie eine wohlwollende Gottheit. Da darf ich nie-
derfallen vor ihm und den Saum seines Kleides
küssen. Und die Besinnung vergeht mir – eine
himmlische Musik tönt in meinen Ohren: da genieße ich einer unsäglichen Wonne, wie eine erlöste
Seele, die zum Himmel auffliegt, geläutert von den
Mängeln der Erde.

Heute nacht sah ich ihn ein Werk der Wohltätigkeit
ausüben. Er kam in die Hütte eines Armen, der sich
im kläglichsten Elend befand. Er befriedigte seine
ungestümen Gläubiger, er tröstete ihn, er half ihm

wieder auf. Ich sah das alles, ohne von ihm bemerkt
zu werden. Da hielt ich mich nicht mehr. Tränen
stürzten aus meinen Augen; ich ergriff mit Heftig-
keit seine Hand und drückte sie schluchzend an
meine Lippen. «O M***», rief ich aus, «wie groß
sind Sie, wie gut, zu göttlich für diese Erde!» Er sah
mich an und lächelte und drückte mir die Hand. Da
war Traum weg und Ruhe und alles.

> Hoffend auf der Vorsicht Güte,
>   Die Vertrauen von uns heischt,
> Wähnt' ich, daß mir Glück erblühte,
>   Doch ich ward so sehr getäuscht.
>
> Statt der Wonne fühlt' ich Schmerzen,
>   Deren Macht sich stets erneut,
> Statt der Ruh' in meinem Herzen
>   Fand ich Ruhelosigkeit.
>
> Hält ihn nichts mehr, daß er säume,
>   Treibt ihn unbezwinglich fort?
> Meine Wünsche, meine Träume,
>   Hielt von allen keiner Wort?

Diese Nacht streifte ich durch eine finstere, mond-
leere Gegend. Ich hatte eine Fackel in der Hand,
und mir war's, als müßte ich, der Ceres gleich,
jeden Winkel der Erde durchsuchen, ihn aufzufin-
den. Da hörte ich von ferne das Rauschen eines
Bachs, und vermöge seines hörbaren Getöses kam
ich bis an sein Ufer. Welch einen Anblick hatte ich, als ich mit der Fackel umherleuchtete. Ein
sanft hingleitendes Bächlein drängte seine silber-
nen Wellen durch duftende Blumen, die mir mehr
durch ihren Geruch als durch den matten Schein
meines Lichtes kennbar wurden. Aber am Ufer des

Baches, da lag mein schlafender M***. Seine äußersten Locken netzten sich in den Wellen, und die Fackel gewährte mir den Anblick seiner holden Züge. Aber ich bemerkte an einer schnellen Bewegung, daß ihn der helle Schein beunruhigte. Ich steckte daher meine Leuchte umgekehrt in den Boden, daß sie auslöschte, und begnügte mich, vor ihm niederzuknien und ihn vor jeder falschen Wendung zu sichern, die ihn in den Wellen hätte begraben können; denn seinen Schlaf wollte ich nicht stören. Ich beugte mich über ihn hin, obgleich ihn die Nacht meinen Blicken verbarg, und so wollte ich die Morgenröte erwarten. Sie kam endlich. Herrlich entfaltete sich die Landschaft um mich her, ein Tal bildend, das rings von hohen Bergen umschlossen war. Den Samen aller Blumen, die sonst unter Gärtners Hand nur gedeihen, hatte Natur hier ausgestreut. Aber was war mir dies gegen Endymions Schlummer? Wie wünschte ich, daß er aufwachte, um alle Vergißmeinnichte durch seine Augen zu beschämen. Ich sollte zu bald erhört werden. Noch war die Gegend nur vom Dämmerscheine erhellt, der keine Strahlen von sich warf. Kaum brach der erste derselben durch die erleuchteten Wolken, als M*** erwachte, und ich mit – ihm. So floh mich der neidische Traumgott gerade da, wo er mich aufs höchste gespannt hatte.

> Gewährt mir seine Gunst das gnädige Geschick,
> O so gewährt es mir zugleich auch Ruh' und Glück;
> Bleibt mir an M***s Hand noch eines zu verlangen,
> So hat das Schicksal stets die Menschen hintergangen,
> So tu' ich leicht Verzicht auf jedes Gut der Zeit,
> So ist's ein leeres Wort um die Zufriedenheit.

Wie das Auge so gern auf der Abendröte verweilt, wenn man hineinblickt in ihren roten Schimmer, wenn man den Wagen hinunterlenken sieht und den Weg mit Rosenblättern bestreuen, die sie herabwirft, so werde ich angezogen von seinen Blicken. Zwar sehen wir die Göttin, so ist sie auch schon bereit zu verschwinden, und der neidische Poseidon lockt ihre Rosse, sein eigen Geschenk, an die marmorne Krippe des unterirdischen Palastes. Aber sie kommt wieder, mit neuen Rosen geschmückt sehen wir sie wieder. Möchte ich ihn auch wiedersehen, und die schönsten Rosen wollte ich am Altare der Freundschaft niederlegen.

Die Erinnerung ist süß, weil sie die Hoffnung mit sich führt: was da war, kann ja wieder werden.

O noch denk' ich mit Lust der lieblich dämmernden
                                   Mondnacht,
    Welche dem Abend gefolgt, der mich so selig
                                   gesehn.
Ach, es war nicht Nacht, es war nicht der schimmernde
                                   Morgen,
    Silberne Dämmerung hing über die ganze Natur.
Und so sah ich den Mond verbreiten den freundlichen
                                   Abglanz,
    Sah durch der Bäume Gezweig, das er so ruhig
                                   beschien.
Und da konnte der Schmerz nicht Wurzel fassen im
                                   Herzen;
    Denn die gesamte Natur sprach ja nur Frieden
                                   und Ruh'!
Schweigend ging die Erinnrung vorüber in freund-
                                   lichen Bildern,
    Nicht an den bittern Verlust dacht' ich, den künf-
                                   tigen, mehr.

Ach, ich hatte sie beide gesehn, die hohen Gestalten,
   Und mir noch einmal im Geist wandelten beide
                                    vorbei.
In mich selber ging ich zurück und wog mir den
                                    Anteil,
   Wog die Gefühle mir ab, welche mich fesseln an sie.
Ach, und sie waren mir lieb, sie waren mir teuer
                                    vor allen,
   Und in den mildesten Traum flocht sie mein
                                    liebendes Herz.

                      *

Die Blätter, aus welchen vorhergehende einzelne
Auszüge genommen sind, waren von ziemlich be-
trächtlicher Anzahl und besonders reich an Versen,
von welchen ich nur wenige anführte. Ich bestrebte mich, in diesen Fragmenten das Charakteristi-
sche meiner Neigung herauszuheben und zugleich
eine Probe meines damaligen Stils und poetischen
Ideenkreises zu geben; denn ich war erst fünfzehn
Jahre alt, als ich sie niederschrieb. Eigentlich sind
sie nur für mich merkwürdig, und ich möchte sie
als die ersten Abdrücke einer liebenden Empfindung nicht leicht missen. Ich fühle sogar noch eine
Art von Sehnsucht nach den Tagen, die sie malen.
   Nicht so fast durch sich selbst, durch ihre Folgen ward diese Neigung bedeutend. Ich gewöhnte mich, meine Hoffnungen und Träume der Liebe
an Personen meines eigenen Geschlechts zu ver-
schwenden, und suchte in ihrer Freundschaft dasjenige Ziel zu erringen, das der Liebende in der Ehe
sucht. Ich gewöhnte mich, die Frauen mehr zu
verehren als zu lieben, die Männer mehr zu lieben
als zu verehren. Ich bin schüchtern von Natur, aber
am wenigsten bin ich's in ganz ungemischter Ge-

sellschaft von Weibern, am meisten in ungemischter Männergesellschaft. Am meisten gefiel mir die Zartheit der Weiber, aber ich sah sie nicht als etwas Auswärtiges, sondern als etwas auch meinem Wesen Inwohnendes an. Ich glaubte, daß der beschränkte Geist einer Frau nicht fähig wäre, mich lange zu fesseln, und daß bei weitem der größte Teil des schönen Geschlechts durch Affektation verderbt sei. Ich glaubte, daß sich bei einem Gegenstande der Neigung meines eigenen Geschlechtes treue Freundschaft und reine Liebe eng vereinigen ließen, während bei Weibern die Liebe immer mit Begierde vermischt sei. Der Verfolg wird zeigen, daß M*** und der Prinz von *** nicht die letzten waren, die mich mächtig anzogen. Als ich die Abreise des ***schen Gesandten und seiner Familie vernahm, richtete ich meine ganze Hoffnung auf den Prinzen. Ich hatte ihn bisher nur zweimal gesehen, da er nicht in München garnisonierte.

Als mir M*** alles war, bemerkte ich noch gar nicht, daß meine Neigung eine von anderen ganz verschiedene Richtung genommen hatte, und ich dachte nicht an den Unterschied der Geschlechter. Ich glaubte an gewisse sympathetische Träumereien und eine reziproke Gewalt der Liebe, war daher immer unglücklich und betrogen; denn niemals hatte der geliebte Gegenstand die entfernteste Idee von dem, was in mir vorging.

*

Die Monate September und Oktober des Jahres 1813 brachte ich zu Hause bei meinen Eltern zu. Meine vorzüglichste Beschäftigung war die italienische Sprache, die ich dort anfing zu lernen. Es

war damals eine berühmte Zeit. Das Deutsche
Reich machte sich von sklavischen Ketten frei. Alle
Fürsten und alle Völker fühlten, daß nun der Tag
der Freiheit und Vergeltung gekommen sei. Friedrich Wilhelm hatte das Beispiel allen Königen gegeben. Der Rheinische Bund trennte sich von seinem tyrannischen Protektor. Bayern schloß nach
langer Feindschaft einen Allianzvertrag mit Österreich. Ganz Deutschland schwebte in freudigem
Erstaunen, und jeder pries sich glücklich, noch
erlebt zu haben, was keiner mehr zu hoffen wagte;
so fest schien die Macht der Despotie gegründet.
Auf einmal wurden alle Zungen gelöst; man durfte
wieder frei sprechen und denken und handeln. Es
hatte den Anschein, als wollten die Deutschen
wieder *ein* Volk werden. Noch aber hatten die
fremden Horden unseren Boden inne, da erfolgte
am 18. Oktober die Völkerschlacht bei Leipzig,
und der Korsikaner eilte dem Rhein zu.

Vom 22. Oktober 1813 fing ich an, ein förmliches Tagebuch zu schreiben, das sich in der ersten Zeit mit ermüdender Weitschweifigkeit über alles verbreitete, dessen Inhalt ich hier angeben werde und zugleich Auszüge daraus mache, um die jedesmalige Stimmung meines Herzens und Reife oder vielmehr Unreife meines Geistes anzudeuten. Jene Blätter wurden zu Ansbach begonnen zwei Tage vor meinem siebzehnten Geburtstage.

Ich beginne meine Diarien mit Ausdrücken der Freude über das Wiedersehen mehrerer guter Bekannten bei verschiedenen Regimentern, welche sämtlich, von Österreichs Grenze kommend, durch Ansbach marschierten, um, wie es später verhängt wurde, den Franzosen bei Hanau zu begegnen. Unter diesen Bekannten waren vorzüglich Fritz Fugger, mit dem ich mich lang unterredete, Künigl, Wilhelm Gumppenberg. Vor allem aber erfreute mich die Gegenwart des Prinzen von ***. Die Reflexionen an meinem Geburtstage sind unbedeutend. Auf der Rückreise nach München mit Fritz Dörnberg über Ingolstadt und Eichstädt begegnete nichts Bemerkenswertes.

Am 3. November erfuhren wir die Nachricht von der Hanauer Schlacht[1] und vom Tode des Prinzen von ***, der mir unendlich weh tat. Ich faßte den törichten Entschluß, an die Fürstin, seine Mutter, zu schreiben, um sie um ein Andenken von

---

[1] 28. Oktober 1813

ihm zu bitten. Dies geschah wirklich. Der seltsame Brief wurde in mein Tagebuch eingetragen, bleibt aber hier als ungehörig weg. Er war gerade in keinem schlechten Stil und gefühlvoll geschrieben, wie es in meiner damaligen Lage nicht anders sein konnte; allein der Inhalt selbst war gar zu sonderbar. Ich liebte meinen Toten, den ich dreimal gesehen hatte. Was aus meinem Briefe geworden, weiß ich nicht; Antwort erhielt ich keine, doch mag er ohne Zweifel angekommen sein. Dieser Schritt, der bisher für mich ohne Folgen war, kann doch mir noch einmal zu einer Art von Beschämung gereichen, da ich nicht weiß, wem und wie vielen mein Schreiben, vielleicht schon seiner Seltenheit wegen, mitgeteilt worden. Jene Blätter enthalten ferner oft Klagen über meine wenigen poetischen Anlagen, über Gustav Jacobs' vermeinten Tod. Sie wurden auch zuweilen französisch geschrieben. Durch Briefe Schnizleins aus der Gegend von Gotha, wohin ihn der rauhe Kriegsbesen fegte, erfuhr ich zuerst, daß Gustav nicht tot sei und daß man ihn aus Rußland zurückerwarte.

In diese Zeit fällt auch die Bekanntschaft eines gebildeten jungen Menschen namens Messerschmid, auf dem Münchener Gymnasium studierend, die aber übrigens ohne Folgen blieb. Ich war damals so arm an Freunden, daß ich nach allen Seiten danach umhertappte. Ich sah Messerschmid öfters in den abonnierten Konzerten und auch auf dem Eise des Biedersteiner Sees, denn ich lernte damals den Wasserkothurn regieren. So verstrich das Jahr 1813.

*

24. Oktober [1813]. Ansbach.

Die Erinnerung ist um so süßer, wenn uns noch ein Zeuge der vergangenen Freuden bleibt, welcher gleichsam auf eine ferne Verbindung der getrennten Wesen hindeutet. Sei es auch der unbedeutendste, lebloseste Gegenstand, wir geben ihm einen Wert, um dessentwillen wir ihn verehren. So besuchte ich am gestrigen Nachmittag zweimal die Stelle, wo ich ihn vorgestern sah, den Mann mit den freundlichen Zügen: so werde ich sie die kurze Zeit, die mir noch hier zu bleiben vergönnt ist, täglich besuchen.

27. Oktober.

Wenn die Welt und das Schicksal gegen einen großen Mann verschworen sind, wer anders muß noch seine Partei ergreifen als der Dichter? Ihm gebieten die Musen die Würdigung jedes Verdienstes. Er muß den Helden zu den Sternen erheben; sein Lied muß ihn reinigen von den Mängeln der Erde. Der Kaiser, von den Seinen verlassen, darf nun im Unglücke, was er nicht im Glücke gedurft, auf unsere Neigung Anspruch machen. Sein Stolz ist dahin, mit ihm unser Haß. Staunen verdient er immer,

> Des Glückes abenteuerlicher Sohn,
> Der, von der Zeiten Gunst emporgehoben,
> Der Ehre höchste Staffeln sich erstieg[1].

Meine Wünsche drehen sich im engeren Kreise. ***s Freundschaft oder nur ein Gärtchen auf der lieben Stelle, wo sein Fußtritt auf der Erde, meine Blicke aber auf seinen Zügen geruht haben. Viel-

---

[1] nach Schiller, Prolog zu «Wallensteins Lager»

leicht betrat ich sie heute zum letztenmal. Es ist nicht Schwärmerei, was mich an sie fesselt, es ist eine wunderbare Neigung. Hat nicht jeder sein Ideal, das er verehrt, und ist meines nicht wert der Verehrung?

3. November.

Nur mit Mühe gewöhnt man sich an einen fast vergessenen Schlendrian, den man wieder mitzumachen gezwungen ist. Für den, der wahrhaft für seine Bildung besorgt ist, ist ein gewisser Zwang im Studium unerträglich; und wie kann man auch etwas festhalten, wenn man nach Verlauf einer Stunde wieder unterbrochen und mit anderen Gegenständen beschäftigt wird? Man hat auf unseren deutschen Schulen der Überhäufung mit so vielen Gegenständen zugleich noch keine Schranken gesetzt, und ich zweifle, ob es je geschehen wird. Man sieht zu wenig auf das Genie jedes einzelnen. Man sollte junge Leute die Zeit nicht so viel mit Sachen hinbringen lassen, die sie weder fassen noch benützen können, noch wozu sie einen natürlichen Trieb und Talente haben. Freilich ist hier von jungen Leuten die Rede, die die Kinderschuhe bereits ausgetreten haben. Einen Knaben zum Beispiel, der weder Anlage noch Lust zum Zeichnen hat, in die Zeichenschule zu schicken, ist eine Torheit; er wird mit seiner mechanischen Hand nie etwas zustande bringen.

*

Ich lese jetzt den «Laokoon». Dieser Lessing ist ohne Zweifel der erfahrenste, belesenste und auch scharfsinnigste Kunstrichter. Die Meisterwerke der Alten werden immer unerreichbare Muster

bleiben. Lessing gibt die Schönheit als das Ideal der
Künste und ihren höchsten Zweck an.

Wir waren gestern im «Vetter in Lissabon», ein
Familiengemälde von Schröder[1], welches sich mir
von seiten des Verfassers durch Mannigfaltigkeit
der Handlung wie durch treffliche Schilderung der
Empfindungen des Herzens, von seiten der Schauspieler aber durch die richtigste Darstellung aus-
zeichnete. Wohlbrück besonders, als Herr Wagner,
war seiner Rolle in einem hohen Grade Meister. Es
sind solche Stücke wie die Schröderschen, von
denen man mit Recht sagt, daß sie teils durch ihre
trefflichen Wahrheiten, teils oft durch zufällige
Ähnlichkeit der Charaktere und Handlungen zur
Besserung der Gemüter beitragen.

Gestern schrieb ich die ersten Strophen zu einer
Epopöe nieder, deren Gegenstand Gustav Adolf
sein soll. Noch bin ich nicht über Form und Ausführung einig. Für die moderne Epopöe verliert
der Hexameter viel von seinem Reize, und die
Oktaven können hier viel zur Verschönerung und
zu einer anziehenden Lebhaftigkeit nicht sowohl
als zur Annehmlichkeit beitragen. Der große
Schwedenkönig ist in jeder Hinsicht ein würdiger und erhabener Held eines epischen Gedichts.
Schon Schiller hatte die Absicht, ihn dazu zu machen. Wie schön würde sich dieser große Dichter in
einem Heldengedichte verherrlicht haben, wenn es
ihm gefallen hätte, ein solches Werk zu unterneh-

---

[1] Friedrich Ludwig Schröder (1744–1816), Schauspieler,
Dramatiker, Bearbeiter (vor allem englischer Stücke)

men, worin er seinen hohen Geist, seine poetische
Fülle, seine seltenen Gaben aufs vollkommenste
hätte entwickeln können. Er würde unser Tasso
geworden sein, dieselbe Kraft, dieselbe Würde,
dieselbe Zartheit. Ein modernes Heldengedicht im
Geschmack des Mäoniden, das heißt, in welchem
sich das jetzige raffinierte Leben wie das einfache
der homerischen Helden entwickelte, in welchem
sich der neuere Zeitgeist abspiegelte, wäre die
höchste Aufgabe eines Dichters unserer Tage.
Nichts ist rühmlicher, als den Homer nachzuahmen, wenn die Nachahmung gelungen ist.

Ich habe heute den «Agathokles» der Karoline
Pichler[1] gekauft. Wenn ein Roman in Hinsicht auf
Inhalt, Ausführung, Moralität und Darstellung gerühmt zu werden verdient, so ist es dieser. Der Stil
hat alle Vorzüge. Die Verfasserin weiß uns noch
dadurch besonders an das Interesse ihres Helden zu
fesseln, da die Größe seiner Tat noch durch die
Folgen erhöht wird, deren wohltätige Wirkung
gleichsam auf uns noch übergeht. Die einfach richtige Entwickelung des Lebens der Alten, die Ge-
geneinanderstellung zweier weiblicher Charaktere
mit so viel Feinheit und Menschenkenntnis gezeichnet und die reine, christliche Moral, die das
Ganze durchzieht, sind große Vorzüge dieses Buches. Die Briefform wird für den Roman immer
die beste bleiben, da sie uns in das Innerste des
Herzens sehen läßt und wir die handelnden Charaktere besser erkennen als in der weitläufigsten
Schilderung des erzählenden Stils.

---

[1] Karoline Pichler (1769–1843), «Agathokles», Wien 1808

Wenn ich mich einem Teile der Poesie besonders widmen möchte, so wäre es die Epopöe und Heroide, beide in Deutschland noch wenig bearbeitet. Aber ich bringe nichts zustande; jedes Versmaß widersteht mir. In Distichen, worin Ovid seine Episteln schrieb, würde sich die neue Heroide schlecht ausnehmen, die Trochäen sind mir in den Tod zuwider. Der Alexandriner ist zu verrufen, doch glaubte ich durch den Reim zu gewinnen. Ich kann niemand um Rat fragen, mit dem ich mich über meinen Lieblingsgegenstand unterhalten könnte. Diesen Mangel fühle ich stündlich.

Soeben höre ich, daß auch der Prinz Waldeck[1] an seinen Wunden gestorben ist. So greift dieser Krieg räuberisch in die Blüten der Jugend. Ich denke an Tiedges Worte:

> Dort fand mancher Jüngling, welcher mutig
> Einen Namen sucht', ein stummes Grab,
> Manche Hoffnung riß der Tod hier blutig
> Vom Idol der goldnen Zukunft ab![2]

Es hat mich immer empört, daß der große Friedrich so sehr Verächter seiner Sprache und seines Vaterlandes war und daß er das Verdienst jeder anderen Nation eher anerkannte als das seiner eigenen. So oft ich eine Lobrede auf ihn las, fiel mir unwillkürlich ein, wie er einmal sagte, daß man außer Frankreich wohl gesunde Menschenvernunft, aber keinen Verstand haben könne. Doch wäre ihm dieses noch zu verzeihen, wenn man

---

[1] Johann Ludwig Prinz von Waldeck (1794–1814)
[2] Christoph August Tiedge (1752–1841), «Elegie auf dem Schlachtfelde bei Kunersdorf»

bedenkt, daß er von Voltaire, d'Alembert usw. umgeben war, geistvollen, für ihr Vaterland höchst
eingenommenen Franzosen. Aber heute las ich
zufällig einen Brief dieses Monarchen an Voltaire, worin folgende Stelle: «Je n'entends plus
parler des Grecs modernes. Si jamais les sciences
refleurissent chez eux, ils seront jaloux qu'un Gaulois, par sa Henriade, ait surpassé leur Homère, que
ce même Gaulois l'ait emporté sur Sophocle, se soit
égalé à Thucydide, et ait laissé loin derrière lui
Platon, Aristote et toute l'école du Portique.»[1]
Konnte Friedrich dergleichen wirklich glauben?
Oder wo nicht, wie floß diese unerhörte Schmei-
chelei aus der Feder eines deutschen Königs an
einen kleinen aufgeblähten Franzosen. Welcher
von diesen hyperbolischen Lobsprüchen ist der
ungeheuerste? Die «Henriade» und der Homer!
Platons und Aristoteles' frühe, große Weisheit und
die Voltairesche Philosophie! Ein Mensch, der die
Vorzüge so vieler vorzüglicher Menschen in sich
vereinigte, müßte wenigstens vom dritten Himmel herabgestiegen sein. Schon deswegen, weil die
Alten früher schrieben, kann sich keiner mit ihnen
vergleichen, der aus ihnen geschöpft hat.

Wir waren gestern im «Indienfahrer», Schauspiel
von Arresto[2], wahrscheinlich ein fingierter Name.
Die Handlung hat keine Verwicklung, und das

---

[1] «Correspondance de Frédéric II», Band 8, Berlin 1853;
Brief vom 16. September 1770: «Von den modernen Griechen spricht man nicht mehr. Sollten die Wissenschaften bei
ihnen je wieder blühen, werden sie voller Neid sein, daß ein
Gallier [Voltaire] mit seiner ‹Henriade› ihren Homer übertroffen, den Sieg über Sophokles davongetragen, mit Thuky-

Sujet ist ziemlich abgenutzt. Eine Tochter, die aus Liebe zu ihrem unredlichen Vater einem reichen, aber ältlichen Manne ihre Hand reichen will, den sie nicht liebt, ein schon in der Wiege verlorenes Kind, das sich wiederfindet, zwei Liebende, die man durch Kabalen zu trennen sucht: alles längst ausgedroschene Hülsen, wozu noch ein adelsstolzer Hofmann kommt, die alltäglichen Zierden unserer Bühnen. Dennoch wußte der Verfasser das Publikum zu gewinnen: teils durch Lächerlichmachen der Hofsitten, teils durch Anspielung auf den Mißbrauch der Empfehlungen, besonders aber durch Seitenhiebe auf unsere jetzigen politischen Feinde. So sagt einmal der Neffe zum Oheim: «Sie scheinen das System der Franzosen anzunehmen?» Und als dieser darauf antwortet: «O bleibe mir mit den Franzosen vom Leibe», erhob sich auf dies vom Oheim anders genommene Wort ein unbändiges Klatschen und Bravorufen im ganzen Parterre. Ebenso bei der Stelle, wo gesagt wird: «Sie werden höher steigen und höher, so hoch wie der Herkules auf der Wilhelmshöhe zu Kassel, auf kurze Zeit Napoleonshöhe genannt.» Das Volk freut sich, auszusprechen, was es lange verschweigen mußte.

*

Dies waren die letzten drei Monate, die ich im Pagenhause zubrachte. Es ist von dieser Zeit wenig mehr zu sagen, als daß ich viele Verse machte, die

dides gleichgezogen und Plato, Aristoteles und die ganze Stoa hinter sich gelassen hat.»
[2] Christian Georg Heinrich Arresto, genannt Burchardi (1768–1817), Schauspieler und Theaterdichter, «Der Indienfahrer» (1805)

englische Sprache anfing zu lernen und immer die
Sehnsucht nach einem Freunde fühlte. «Mir wird
kein glänzendes Los zuteil werden», heißt es hierüber einmal, «ich werde nie eine Rolle in der Welt
spielen, warum soll ich nicht zum wenigsten auf
die stillen Freuden der Freundschaft Anspruch machen dürfen?» Übrigens gewann ich in diesem Zeitraume zwei entfernte Freunde wieder. Ich erhielt
Briefe von Gustav Jacobs, den ich kaum mehr unter
den Lebenden glaubte, und von Xylander, mit dem
ich durch meine Schuld entzweit war. Er wünschte
mir Glück, als ich zum Offizier ernannt wurde.

In diesem Zeitraume schien sich auch die Wei-
berliebe in mein Herz zu schleichen. Die Tochter
der Marquise von B.[1], einer emigrierten Französin,
die ich bei Hofe häufig sah, machte auf mich einen
starken Eindruck. Aber vielleicht war dies bloß das
Bedürfnis zu lieben. Was die äußeren Umstände
betrifft, war ich gerade nicht unglücklich, wie das
Folgende lehrt; aber das Verhältnis war schon zu
ungleich, die liebenswürdige Französin war mir
an Jahren voran. Diese Neigung erlösche mit der
Zeit; denn wo keine rechte Hoffnung ist, ist auch
keine Liebe. Würde ich ihre Bekanntschaft nicht
gemacht haben, so wäre ich vielleicht heute noch
in sie verliebt. Hier folgen Auszüge:

Am Neujahrstage 1814.

Ich stand heute voll Lebensmut und voll Hoffnung
auf, gefaßt auf alles, was mir im Laufe dieses Jahres begegnen könnte. Vielleicht sehe ich das Ende
desselben nicht mehr, vielleicht droht mich man-

---

[1] Marquise Euphrasie de Boisséson

cher Schlag, der mich unendlich schmerzhaft treffen wird. O wie wohltätig ist der Schleier über die Zukunft! So kann ich es froh betrachten, das halbverwischte Nachtstück meiner kommenden Tage, und nicht begierig, die dunkeln Schatten darauf zu enträtseln, nehme ich sie als Boten des Glücks und der Freude.

Wir waren gestern in einem Schauspiel von Kotzebue, «Armut und Edelsinn»[1], das gewiß viele Vorzüge hat. Der Verfasser scheint in der Szene, wo der Major seiner Tochter vom Schmerz über den Verlust seiner Gattin erzählt, auf seine eigene Flucht nach Paris anzuspielen, die man ihm so übel ausgelegt hat. Die Acteurs erfüllten jede Erwartung, wie es immer bei diesen Familiengemälden der Fall ist; so haben sie hier das Unglück, dem hiesigen Publico zu mißfallen und die Kassen nicht zu bereichern. Und sind es nicht diese Stücke, die moralischen Nutzen gewähren?

Ich beschäftigte mich mit Knigges «Umgang mit Menschen». Welch eine klare Ansicht des Lebens mußte dieser Mann nicht haben, wie belehrend mußte seine Gesellschaft sein. Es ist gar schön, was er über den Umgang mit Frauenzimmern und von der Liebe sagt. So gefiel mir auch besonders, was im zehnten Kapitel des dritten Bandes vom Verhältnis des Schriftstellers und Lesers vorkommt. Doch läßt sich kein Unterschied treffen, da alles den edeln und erfahrenen Mann beurkundet und

---

[1] «Armut und Edelsinn», Lustspiel in drei Aufzügen, 1795 (II,11)

alle seine Lebensregeln so vorzüglich sind. Doch
hat mich vor allen anderen das Kapitel über die
Freundschaft angezogen, und ich habe manchen
süßen Trost, manche ersprießliche Lehre daraus
geschöpft.

Wenn ich gewiß wüßte, daß ich keineswegs zum
Dichter geboren ward, würde ich sogleich alle
meine Versuche ins Feuer werfen, und weiß ich das
nicht fast gewiß? Meine Gedichte gefallen mir
selbst nicht, und das ist alles gesagt. Und wenn
auch der bloße Leser das Gedicht schon in seiner
Vollendung vor sich liegen hat, während der Dichter bei Durchlesung desselben auch an die Zusam-
menstoppelung, wenn ich es so nennen darf, denkt,
so sagt man doch, daß niemand so verliebt in seine
Kinder wäre als ein Poet; und wenn dieser sie nun
selbst mit der Rute der Mißbilligung züchtigt, was
soll er von Fremden hoffen?

11. Februar.

Diesen Morgen war, der erfochtenen Siege in
Frankreich wegen, ein Tedeum in der Hofkapelle,
wo ich den Dienst hatte. Es ward mir die Freude zuteil, die junge Marquise von B. zu begegnen, gewiß
das schönste Fräulein an unserem Hofe. Sie spricht
auch deutsch, wie ich mich heute überzeugte.

Ich erhielt einen Brief von Schnizlein mit einer
Schachtel. Er schreibt mir noch von Forchheim,
von wo er bald zum Belagerungscorps nach
Hüningen abmarschieren wird. Er freut sich sehr
darauf; doch mangelt ihm die Gesellschaft eines
Freundes, dem er sich mitteilen könnte. In der
Schachtel war eine Tasse von der Gothaer Porzel-

lanfabrik, die er mir zum Geschenk macht. Sie ist
mit dem Bildnis des großen Friedrichs in erhabener
Arbeit geziert. Doch scheint er mir nicht getroffen.

Ich las gestern eine Schrift über die Verwirrungen
in Spanien, vom Aufstand zu Aranjuez bis zur
Versammlung der Junta in Bayonne, abgefaßt von
Cevallos[1], Staatssekretär des gefangenen Ferdinand VII., aus dem Spanischen übersetzt. Der Verfasser belegt alles mit den dazu gehörigen Akten-
stücken, die in seiner Hand waren. Hier sieht man
die Intrigen und das treulose Verfahren des französischen Kaisers aufgedeckt, den Aufwand von List
und Überredung, den er gebraucht, um den König
nach Bayonne zu locken, und die empörendste
Gewalttat, die ihn sein kühner Geist begehen ließ.
Man sieht hier, wie wenig der Ehrgeiz die schlech-
testen Mittel scheut. Wie niedrig, wie tief unter der
Würde eines Monarchen ist nicht jene Verstellung,
die er noch eine halbe Stunde früher gegen den
König Ferdinand ausübte, ehe er ihm die empö-
rende Erklärung machen ließ, das Haus Bourbon
habe aufgehört, in Spanien zu regieren. Es ist uner-
klärbar, wie es ihm gelang, den alten König so
wider seinen Sohn einzunehmen, daß er diesem
zwischen der Abtretung und dem Tode die Wahl
ließ. Aber der schlaue Korse hatte sich diesmal
in etwas verrechnet; er kannte die Nation nicht,
deren Fürsten er gefangenhielt. Weit entfernt, dieses Volk verderben und es seiner Eigentümlichkeit

[1] Don Pedro de Cevallos (1761–1838), spanischer Staatsmann. Seine Memoiren hat Platen wohl in der französischen
Übersetzung gelesen: «Memoires relatifs aux Revolutions
d'Espagne», Paris 1813.

berauben zu können, mußte er vielmehr, ein blindes Werkzeug in der Hand der Vorsehung, dazu beitragen, die bisher untätige Nation der Spanier zu erleuchten und zu erwecken, die eine Kraft zu Taten und Wirkungen, die nicht ohne Früchte bleiben werden. Er verherrlichte ihren Namen in der Geschichte, indem er den seinigen beschimpfte. Der Tag ist nicht mehr fern, an dem der verdrängte Ferdinand in Madrid unter einem Jubel wieder einziehen wird, der beispiellos sein wird in Europas Annalen. Die Nation hat sich ihren geliebten Monarchen mit ihrem Herzblute erkauft, er wird dankbar sein.

Ich zweifle, ob unter tausend Ausländern zwei sein mögen, die sich mit unserer Sprache völlig befreunden können. Sie hat auf den ersten Blick einen Anstrich von Rauheit, und so spät eigentlich unser Vaterland gegen Frankreich, Italien und England anfing, große Originalschriftsteller und Dichter zu haben, so möchte es doch in Hinsicht der Sprache noch zu früh gewesen sein. Die Italiener, Engländer und Franzosen, die ihre Mundart aus anderen Sprachen herbildeten, haben nicht die Hälfte Zeit gebraucht, ihr Idiom zu vervollkommnen, als solche Nationen, die eine Ursprache besitzen, worunter die deutsche gehört. Wie lange Jahre haben die Römer nötig gehabt, ihrer Sprache jene Schönheit, jenen Wohlklang und jene Energie zu geben, die wir an ihrem Cicero und Virgil bewundern. Die deutsche Sprache ist noch einer großen Ausbildung fähig, die aber nicht zustande kommen kann, weil das eingetretene goldene Alter unserer Literatur sie fest bestimmt hat.

Es fand sich gestern eine Kritik der Übersetzung des «Tasso» von Gries im «Morgenblatt», worin sie sehr gelobt wird, und ich denke, sie verdient es auch. Der Verfasser ist seiner Sprache in hohem Grade Meister und hat eine große Gewandtheit in der Versifikation und im Reimen. Eine gewisse Steifheit ist das einzige, was man ihm vorwerfen könnte.

Auch las ich im «Morgenblatt» ein schönes Beispiel der Vaterlandsliebe eines preußischen Fräuleins, das mich sehr gerührt. Sie war mit ein paar Freundinnen an einem öffentlichen Orte, wo man für die allgemeine Sache einsammelte. Ihre Freundinnen gaben ihre Ohrringe und Ringe; da sie sehr arm war und keine solchen hatte, ging sie hinaus, ließ einen Friseur kommen, sich von ihm die Haare abschneiden und verkaufte sie ihm, da sie vorzüglich schön waren, obgleich diese Schönheit gleichsam ihr einziger Reichtum gewesen. Das erlöste Geld legte sie in die Kollekte. Aber ein edler Mann erfuhr diese edle Handlung. Er löste die Haare wieder ein, ließ davon eine große Anzahl Ringe verfertigen, und nachdem er die Geschichte bekanntgemacht hatte, verkaufte er jeden der Ringe um einen Dukaten und hatte in kurzer Zeit keinen mehr übrig. Was er damit gewonnen, wurde im Namen des Fräuleins auf den Altar des Vaterlands niedergelegt, die ihn so reicher als irgendeine begabt hatte.

Ich bin noch immer zur Ergreifung des Militärstands entschlossen; allein viele, die mich kennen, raten mir davon ab. Die viele Muße, die Hoffnung, die Welt zu sehen, der Aufenthalt in der Hauptstadt, die mir außer vielen Vorteilen auch noch den einer großen Bibliothek darbietet, alles dies sind Dinge, die meine Neigung bestimmen, Offizier zu werden. Hierzu kommen noch die schlechten Aussichten beim Zivilstande, das mir verhaßte Leben auf Universitäten, wo man entweder sich gänzlich der ungeselligen Einsamkeit oder dem allzu geselligen Strudel übergeben muß, die Furcht vor Provinzstädten und manches andere.

23. Februar [1814].

Gestern fand der letzte Hofball in diesem Karneval statt. Ich sprach zuerst mit der jungen Marquise, die ich zum Tanz aufzog. Sie schlug es mir auch nicht ab; doch war es eben eine Ecossaise, die nicht getanzt wurde, weil sich zu wenige Tänzer einfanden. So ward ich um dieses Vergnügen betrogen. Ich weiß nicht, ob ich es «Liebe» nennen soll, was ich für diese Französin empfinde. Zum wenigsten ist es das nicht mehr, was M*** aus den Tiefen meiner Seele unwillkürlich hervorlockte. Mein Herz war öd und suchte sich wieder zu bevölkern. Das ist vielleicht der Grund dieser Neigung.

*

18. März.

Soeben höre ich, daß der Armeebefehl, der mich zum Offizier ernennen wird, bereits unter der Presse. Ich werde in kurzer Zeit meine neue Bestimmung antreten. Ich gestehe, daß ich ihr mit einiger Beklemmung entgegengehe. Ich lebte doch einige schöne Stunden am Hofe. Es kommt mir vor, als wenn ich aus meiner glücklichen Jugend heraustrete.

Ich fing an, den «Horace» des Corneille in deutsche Jamben zu übertragen; doch mehr um mich in dieser Versart und in einer echt deutschen Umbildung der französischen Diktion zu üben, was nicht ganz leicht ist, als in der Absicht, dem Originale gleichkommen zu wollen, was großen Dichtern bei andern französischen Trauerspielen mißlungen ist.

19. März.

Ich aß heute bei dem Major Fürstenwerther, der kürzlich geheiratet und sich eingerichtet hat. Seine Frau ist weder hübsch noch jung; aber ich glaube, daß es sich gut mit ihr leben läßt und daß sie das Hauswesen versteht. Man lebt doch gleich ganz anders an der Seite eines weiblichen Wesens als allein; besonders gilt dies von einem Offizier, der das Rauhe und Steife seines Standes gewöhnlich nur durch Umgang mit Weibern mildert. Man lernt auch für andere sorgen und besorgt zu sein. Ich lernte den Major Ribaupierre vom 10. Regiment kennen.

21. März.

Der Armeebefehl, der uns zu Lieutenants macht, ist nun wirklich erschienen. Doch da wir erst für unsere Equipierung zu sorgen haben, so wird es noch einige Zeit dauern, bis wir unseren neuen Stand in der Tat antreten können. Ich tue es mit Freuden.

25. März.

Wie schön kommt oft ein günstiger Zufall unseren liebsten Hoffnungen entgegen und läßt uns neue Hoffnungen in die Zukunft bauen.

Wir waren beschäftigt, uns Quartiere zu suchen, und ich war schon im Begriff, mit Perglas gemeinschaftlich eine Wohnung auf dem Schrannenplatze zu nehmen, als ich erfuhr, daß in demselben Hause, in dem die Marquise wohnt, zwei Zimmer zu vermieten seien. Ich besah sie, sie sind sehr artig. Perglas gefallen sie nicht, er will durchaus in jene andere Wohnung. Ich kann aber durchaus nicht davon ablassen und werde daher mit Sch. zusammen wohnen, und Perglas anderswo allein. Bis künftigen Monat werden wir einziehen. Dieser Zufall hat mich zu einem Gedichte veranlaßt.

In einem Konzerte, das wegen des Jubiläums des Kapellmeisters Winter[1] gegeben wurde, gab mir Madame Liebeskind, wie sie früher versprochen hatte, eine Abschrift jenes Gedichts, welches der Kronprinz in die «Zeitung für die elegante Welt» drucken ließ. Es heißt: «Empfindungen eines deutschen Fürsten beim Ausmarsch der Nationalgarde». Der Geist, das Gefühl darin ist sehr lobenswert. Es drückt den feurigen Wunsch aus, aufgetrieben von einer müßigen Ruhe, im Gewühl der Schlachten für Deutschlands Freiheit auf Frankreichs Boden zu kämpfen. Es übertrifft hundert der neuen Dichterlinge, obgleich das Ganze von einer noch unsicheren Hand zeugt, wie es nicht anders von einem Mann zu erwarten ist, der die wenigste Zeit seines Lebens den Musen zu widmen hat.

---

[1] Peter von Winter (1755–1825), Schüler Voglers in Mannheim, seit 1788 Hofkapellmeister in München, Opernkomponist

Heute hatte ich zum letztenmal Tafeldienst beim König. Von was ich mich ungern trenne, fast ist es kindisch, es niederzuschreiben, ist nichts anderes als mein Galakleid, das mir so teuer ist als weiland Werthern sein blauer Frack, in dem er Lotten zum erstenmal gesehen hatte. Auch mich knüpfen süße Erinnerungen an dies Kleid, auf welchem einen Augenblick M***s schöne Hand ruhte.

29. März.

Der kommende Frühling regt die Sehnsucht, fremde Länder und fremde Menschen zu sehen, wieder mächtig in mir auf. Besonders zieht es mich nach Italien:

> Neapels Götterau'n,
> Verklärung, Belvedere
> Und Kapitol zu schaun.[1]

Ja, vor allem die Hauptstadt der Alten Welt, den Sitz der Kunst, das Vaterland von Pompejus und Cato, den großen Schauplatz jener Herrlichkeit mit halbverfallenen Säulen seiner Pracht, den Thronsitz der stolzen Statthalter Christi, der Könige im Gedankenland, mit einem Worte – Rom! Als ich aber einst in einem Briefe an Jacobs diesen Wunsch gestand, antwortete er mir mit den Worten Schillers:

> Aber Rom in allem seinem Glanze
> Ist ein Grab nur der Vergangenheit;
> Leben duftet nur die frische Pflanze,
> Die die grüne Stunde streut.[2]

---

[1] aus dem Gedicht «Die Kinderjahre» von Friedrich von Matthisson (1761–1831)
[2] aus dem Gedicht «An die Freunde»

Ich beschäftige mich mit den Briefen der Marquise von Pompadour[1]. Sie vereinigen mit sehr viel Geist alle Grazien eines einnehmenden und fließenden Stils.

Vorgestern abend trat eine fremde Schauspielerin, Madame Rottmaier, in der Rolle der Maria Stuart auf; wenn aber etwas noch schlechter als schlecht sein kann, so war es ihr Spiel. Wie weit stand sie hinter ihrer Gegnerin, der Madame Reinhard als Elisabeth, zurück. Es war unmöglich, einigen Anteil an ihr zu nehmen. Sie sprach so leise, daß die Hälfte unverstanden blieb, und in der Szene mit der Elisabeth war's, wo sie ein einziges schönes und wahres Wort sagte: «Ich bin nur noch der Schatten der Maria.»[2] Burleigh, Paulet, Kennedy spielten nicht viel besser.

31. März.

Heute endlich, nachdem wir equipiert sind, traten wir in unsere Funktionen. Des Morgens acht Uhr gingen wir zu Herrn von Keßling, der uns viele Ermahnungen gab, uns vor dem Spiel, den Weibern und Ausschweifungen, kurz allen dem zu hüten, was junge Leute ins Verderben stürzt. Er überreichte uns hierauf unsere Degen, mit der dabei üblichen Zeremonie, indem er uns nämlich einen Backenstreich gab, hinzufügend, man solle dies von ihm, doch keinem andern leiden. Wir vertauschten dann unsere Pagenröcke mit der Uniform des 1. Regiments, und Herr von Keßling führte uns zu Seiner Majestät. Der König empfing

---

[1] Marquise de Pompadour (1721–1764), «Lettres», London 1764

[2] Schiller, «Maria Stuart» (III, 4)

uns im Vorsaal der Königin. Er ist der gütigste
Monarch von der Welt, und es ist mir leid, nicht so
oft mehr in seiner Nähe sein zu dürfen. Wir gingen
hierauf in Begleitung unseres Oberstleutenants
zum Kriegsminister, dann zum Stadtkommandan-
ten und endlich zum Oberstleutenant Graf Ysen-
burg, der die hier zurückgebliebene Reserve kommandiert. Er beschied uns um halb zwölf auf die
Parade, wo wir zum erstenmal erschienen.

*

So war ich denn Offizier geworden. Was uns im
Anfange besonders schwerfiel, war, daß wir alle
Wachdienste, vom gemeinen Soldaten angefan-
gen, durchmachen mußten. Das Regiment war im
Feld, es befanden sich nur fünf oder sechs meist
junge Offiziere da, von denen mir keiner gefiel.
Ich mischte mich wenig in ihre Gesellschaft und
besuchte kein Kaffeehaus. Professor Hennequin
führte mich in der «Harmonie» ein, wo ich alle
Zeitungen und Journale fand.

Mit meinem Quartier war ich sehr zufrieden.
Ich wohnte bei der Witwe eines Hofmusikus,
Madame Schwarz. Es war die Schwester unseres
Schreiblehrers bei den Pagen, Sekretär Mailer,
durch den ich auch in dies Haus gekommen war.
Madame Schwarz hatte noch ihre alte Mutter,
Madame Mailer, bei sich. Ich lebte sehr gut mit
beiden Frauen, war oft in ihrer Gesellschaft, aß
auch später mit ihnen, und sie waren für mich
wie für einen Sohn besorgt.

Obgleich dies, so wie das vorhergehende Buch, nur Abschriften und Übersichten meines alten, halb zerrissenen, schlecht geschriebenen Tagebuchs enthält, so ward doch diese Umarbeitung nicht gemacht, meine Torheiten zu beschönigen, da ich keineswegs geneigt bin, diese Blätter jemandem zur Lektüre zu übergeben, und mich selbst nicht betrügen will, sondern nur einer gewissen Ordnung und Bündigkeit zu unterwerfen, besonders aber manche Namen, die ich völlig ausschrieb, der Vorsorge wegen zu unterdrücken und nur mit Buchstaben zu bezeichnen, wie ich es in meinen neueren Schreibereien gewohnt bin. Zuerst will ich den Inhalt dieses ganzen Buchs, das bis zu unserem Abmarsch ins Feld reicht, abhandeln und dann die einzelnen Fragmente folgen lassen.

Ich schreibe dies nur drei Jahre später, als dasjenige vorging, was ich zu erzählen habe, und zwar einige Tage vor meiner Abreise von Schliersee[1]. Durch die voluminösen Hefte, die vor mir liegen und die ich zu durchgehen bereit bin, ist auch eine Unzahl von Versen zerstreut; sie sind jedoch so schwach und nichtssagend, daß sie mit so vielen anderen Produkten dem Lethe anheimfallen mögen, einige ausgenommen.

*

---

[1] im Oktober 1817

«Der Irrtum ist das Leben», sagt die Prophetin[1], und sie hat recht. Ich werde ihr zu einem neuen Beweise verhelfen. Das Schlimmste ist, daß ich, obschon nach dreien Jahren, noch nicht radikal von dieser *nova insania* geheilt bin, die ich zu schildern habe. Doch hat mich ein langer Aufenthalt auf dem Lande von überspannten Ideen hinlänglich zurückgebracht, um unbefangen sprechen zu können.

Ich habe eine Zeit vor mir, in der die Neigungen meines Herzens keinen bestimmten Gegenstand mehr vor sich hatten. Meine besseren Freunde waren nicht in München; Schnizlein verließ es im Dezember 1814, da damals seine Garnison zu Nürnberg war. Ich genoß daher seinen Umgang nur kurze Zeit. Mit Lüder war ich damals noch nicht näher vereinigt. Nathan Schlichtegroll hielt sich, wie ich schon erwähnte, in Göttingen auf. Mit seinem Bruder und Karl Wiebeking war ich nicht intim bekannt. Mein Verhältnis zu Issel hatte sich längst aufgelöst. Mit Liebeskind kam ich selten zusammen. An Perglas schloß ich mich erst kurze Zeit nachher inniger an. Meine vermeinte Liebe zu Euphrasie zeigte sich als etwas schnell Verflogenes. In dieser nach Liebe heiß verlangenden Stimmung war es, als bei einem Konzert und Deklamatorium in der «Harmonie», am 12. November 1814, ein junger Offizier vom ***-Regimente, namens Herr v. B.[2], meine Blicke vorzüglich auf sich zog. Aus diesem Zufalle entspann sich eine lange Liebe, die selbst der Entfernung trotzte, da ich mich jedem Eindrucke begierig hingab und die Öde meines

---

[1] in Schillers Gedicht «Kassandra»
[2] von Brandenstein

Herzens mit Träumen zu bevölkern strebte. Der
Erwähnte ist jener Federigo, der in späteren meiner Blätter oft genannt wird. Sein Äußeres gab ich
damals wie folgt an: «Er ist nicht groß, aber hübsch
gewachsen; seine Gesichtszüge sind regelmäßig,
sehr angenehm und enthalten etwas Stolzes, was
mich besonders anzieht. Er ist blond wie der Graf
von M. Seine Sprache gefällt mir, doch scheint er
sehr monoton, und ich konnte nur ein paar Worte
aus ihm herausbringen. Wie er mit Herrn Kürzin-
ger (der eben deklamiert hatte) zufrieden wäre.
‹Gut›, war seine ganze Antwort. Ich äußerte, daß
das Gedicht ‹Der Pilgrim› von Schiller nicht ganz
zur Deklamation geeignet sei, worauf er nichts
erwiderte als: ‹Doch.› Ich habe schon früherhin ein
paar Worte mit ihm gewechselt; auf einem Konzert
zu Nymphenburg nämlich, als die russische Kaise-
rin hier war, wo er beim Souper an meiner Seite saß.»

Seltsam erscheint es mir, daß ich nach dieser
Stunde nie mehr Gelegenheit fand, auch nur eine
Silbe mit ihm zu sprechen. Er war bis den künftigen Januar in der «Harmonie» abonniert. Während
dieser Zeit sah ich ihn zu öfteren Malen im Lesezimmer, ich saß oft neben ihm und verließ mehrmals mit ihm zugleich das Haus, ich begegnete ihn
auf der Straße, und alles dies trug bei, meinen
Wahn zu verstärken und eine völlige Leidenschaft
in mir festzusetzen, die aber doch immer einen
milden Charakter trug, obgleich sie oft zu einer
heißen Sehnsucht gesteigert wurde. Ich hatte damals noch keine Idee, daß ein strafbares Verhältnis
zwischen zwei Männern existieren könne, sonst
würde mich dieser Gedanke vielleicht zurückge-
schreckt haben. Einige Zeit später fand ich zwar in

mehreren Schriften die Männerliebe erwähnt und
schenkte diesem Gegenstande zuerst meine Auf-
merksamkeit, da er mir in früheren Jahren, bei
Lesung des Plutarchs, gänzlich entgangen war.
Aber auch jetzt ignorierte ich noch, daß sinnliche
Wollust dabei im Spiele sein könnte; dies unselige
Geheimnis wurde mir erst durch einige unzüchtige
Bücher von Piron[1] klar, die mir in Frankreich in die
Hände fielen. Nie aber hat Begierde meine Nei-
gung zu Federigo entweiht.

Ich fing nun an, mich selbst zu quälen. Bald
wähnte ich ihn abgereist, bald sah ich ihn wieder.
Jede Arbeit ekelte mich an, meine Unzufriedenheit mit meinem Stande wuchs. Meine Phantasie
wollte nur eine Beschäftigung. Ich wurde mir
selbst zur Last. Auch in den abonnierten Konzerten
sah ich ein paarmal Federigo und stand ihm gegenüber. «Die Musik», schrieb ich damals, «hat für ein
liebendes Herz, und besonders in der Lage, in der
ich mich befand, so viel Anziehendes, Reizendes,
Magisches, daß ich meine ganze Seele den herrlichen Tönen hingab und gleichsam zwischen Himmel und Erde schwebte.» Ich erfuhr nun bald, daß
B. ein Norddeutscher, daß er aus M. sei. Auch dies
nahm mich für ihn ein. So trat ich denn in das Jahr
der Gnade 1815.

Was aus der vergangenen Periode, von anderem
Inhalte, noch allenfalls zu erwähnen wäre, ist der
Schwur, den das Offiziercorps ablegen mußte, nie
einer geheimen Gesellschaft beizutreten.

---

[1] Alexis Piron (1689–1773), dramatischer Dichter. Mit der
«Unzüchtigkeit» scheint Platen auf eine Jugendarbeit Pirons,
die in seine «Œuvres» später nicht aufgenommenen «Poesies
badines», darunter die «Ode à Priape», hinzudeuten.

Bücher, die mich damals viel beschäftigten, sind
Priors Gedichte[1], die «Tales of wonder» von Lewis[2], besonders Shakespeares «Hamlet», auch einige Stücke des französischen Theaters von Racine,
Corneille, Voltaire, auch Boileaus Satiren las ich
mehrfach. «Ich verzeihe ihm», schrieb ich einmal,
«seine Schmeicheleien gegen Ludwig XIV., da es
die Deutschen in Hinsicht Friedrichs des Großen
nicht viel besser machten; ich verzeihe ihm auch
einen Ausfall auf die deutsche Poesie, denn was
war diese damals? Ich verzeihe ihm seine Klagen
über die rauhen Namen und Töne der germanischen Sprachen, da er seiner eigenen einen so lieblichen Wohlklang gibt, und ich verzeihe ihm endlich aus gutem Herzen einige fade Bemerkungen
über Ketzerei und Luthertum.»

*

Federigo kam mir nun viel seltener zu Gesicht, da
er die «Harmonie» nicht mehr besuchte. Ich sah ihn
bei großen Festen in der Jesuitenkirche und bei
Gelegenheit einiger Divertissements des Karnevals, an denen ich damals noch teilnahm, vorzüglich ihm zuliebe. Ich schäme mich fast, es niederzuschreiben. Ich hatte zugleich einen Aberglauben an
gewisse Tage des Monats, die ich für besonders
günstig für mich hielt, weil mir an solchen Tagen
etwas Gutes begegnet war. Ich hatte mir einen
eigenen Kalender verfertigt, in dem ich jeden Tag,

---

[1] Matthew Prior (1664–1721), Staatsmann und höfisch-
didaktischer Dichter. Seine «Poems» erschienen gesammelt
seit 1740 in London.
[2] Matthew Gregory Lewis (1775–1818), «Tales of Wonder», London 1801

der mir bemerkenswert erschien, bezeichnete und
den ich konsultierte.

Gelegenheiten auf eine augenscheinliche Weise
zu suchen, war ich zu stolz. Nichts wünschte ich
mehr, als ein Andenken von ihm zu besitzen. Einmal schrieb ich eine lange Epistel in Versen an ihn,
die freilich nicht abgeschickt wurde. Von anderen
Offizieren hörte ich ein paarmal etwas zu seinem
Lobe; auch daß er den Tanz nicht, desto mehr das
Reiten liebe, daß er eingezogen lebe, was mich
nicht wenig erfreute. Ich hatte zwar lichte Augenblicke, in denen ich meine Torheit erkannte, doch
führte ich stets den Vers von Wieland im Munde:

> Ein Wahn, der uns beglückt,
> Ist mehr als eine Wahrheit wert, die uns zu Boden
> drückt.[1]

Beglückend schien aber dieser Wahn gerade nicht
zu sein. Vielmehr verfiel ich in eine tiefe Melancholie, wozu die Beschäftigungen meines Standes und
das häufige Abrichten der Rekruten das Ihrige bei-
trugen. Am 24. Januar schrieb ich folgende Verse:

> Wo ist das Lied, das mir verhallt
> In Freuden sonst und Scherz:
> Der Winter ist so rauh und kalt,
> Doch kälter ist mein Herz.
> Es hat noch nicht vier Lustren rein
> Mein Lebenslauf umfaßt,
> Und ach! mir ist mein junges Sein
> Schon eine alte Last.

«Ich bedarf wenig», fuhr ich fort, «aber dies Wenige ward mir nicht. Mein Leben ist mir ein über-

---

[1] nach Wielands «Idris und Zenide» (III,10)

lästiger Gesellschafter; nicht eine einzige tröstliche
Seite kann ich ihm abgewinnen. In dieser Zeit
der Tänze, des Scherzes, der Maskeraden kann ich
nichts tun, als meinen Mund zuweilen in ein Lächeln maskieren, um die Welt nicht ganz vor den
Kopf zu stoßen. Ich lebe, weil es so hergebracht
ist ...»

Daß ich über Kälte des Herzens klagte, verrät die
damalige Tendenz meiner Liebe. «So ein teilneh-
mender, glühender Freund wie Issel» (schrieb ich
ein andermal), «täte mir jetzt sehr not.» Übrigens
entspann sich zu dieser Zeit zwischen mir und
Perglas ein herzliches und näheres Verhältnis. Perglas kam alle Abende zu mir, er hatte zugleich auch
englische Stunde bei Herrn Lechner mit mir. «Ich
lerne ihn» (heißt es damals), «täglich mehr schätzen, besonders da er die Pedanterie, die seine Studien beherrschte, ablegte. Er hat viel gute Eigenschaften, vielen Fleiß und, wie ich, den Grundsatz,
sich von allem Zwang, den drückende Verhältnisse
uns auflegen, soviel möglich, zu entledigen und,
soviel möglich, seine Würde als freier Mensch zu
behaupten. Wenn er bessere Meinungen erhalten
hat, so scheut er sich doch nicht, begangener Irrtümer eingedenk zu sein und sich ihrer insofern mit
Vergnügen zu erinnern, als er sie besiegte. Wir
sprachen auch von der Freundschaft, und er gestand mir, daß es äußerst schwierig sei, eine gleichgestimmte Seele zu finden. Zwischen ihm und
Liebeskind hat ehmals ein enges Bündnis stattge-
funden, von dem ich nichts wußte, das aber bald
aus Mangel an Übereinstimmung wieder gelöst
wurde. Er sagte mir auch, daß ihm das Leben
äußerst schal und Überdruß erregend bisweilen

vorkommt. Dies nahm er aus meiner Seele. Er
fühlt also auch, daß ihm etwas fehlt, aber er weiß
vielleicht nicht, was es ist.» Ich unterhielt auch mit
ihm eine englische Korrespondenz, in der wir uns
unsere Ideen über mancherlei mitteilten.

Auch Xylander war in der Mitte ein paar Tage in
München. Er hoffte eine Anstellung im Kadettencorps. Meine damalige Stimmung erlaubte mir
nicht, ihn gehörig zu schätzen. Er schien mir zu
wenig in Idealen zu schweben.

Zu Boissésons kam ich öfters des Abends und
unterhielt mich ziemlich gut. Am Neujahrstage
hatte ich dem Fräulein einen schönen Blumen-
strauß hinuntergeschickt, und diese Aufmerksamkeit erwarb mir noch mehr von ihrer Seite. «Sie
ist», schrieb ich damals, «das angenehmste Frauenzimmer, das ich kenne, und vereinigt alle gute
Eigenschaften ihres Geschlechtes.» Aber da man,
wie Jean Paul sagt, in Gegenwart der Mutter kein
erhebliches Gespräch mit der Tochter führen kann,
so besiegte der Zwang, in dem ich mich befand,
jede Anwandlung von Liebe. Mit Karl Wiebeking
kam ich öfters zusammen, besonders der englischen Sprache wegen. Auch schrieb ich ihm einmal
eine Epistel in englischen Versen, die ich vielleicht
folgen lasse. Überhaupt übersetzte ich häufig deutsche Verse in englische, allerdings schlecht genug.
So trug ich auch meine Gedichte in kleine Hefte
zusammen, von denen die Mehrzahl vernichtet
wurde. Ich übersetzte gleichfalls Szenen aus französischen Trauerspielen in deutsche Alexandriner,
wie zum Beispiel die Szene zwischen Phädra und
Hippolyt. An meinem eigenen Trauerspiele «Conradino» arbeitete ich nicht mehr fort, da ich in

Kollision mit dem «Egmont» kam. Ich machte den
Plan zu einer Tragödie aus dem Ossianschen Gedicht «Calthon und Colmal». Wie mich denn Macpherson[1] vorzüglich beschäftigte, so übersetzte ich
auch ein Ossiansches Gedicht ins Deutsche, (wie
ich damals meinte) sehr wohlklingende Prosa. Es
hieß «Oina-Morul». Viele kleinere Poesien, von
denen wenige mehr übrig sind, wie zum Beispiel
«Die Nacht», «Ewige Liebe», «Einzug Kupidos»,
fallen in diese Zeit. Mit Perglas las ich den Virgil
und Tasso. Übrigens noch einige Schriften von
Tieck, Schlegels «Dramatische Vorlesungen»[2], das
«Nibelungenlied» von Hinsberg[3], eine Sammlung
italienischer Lyriker unter dem Titel «Anno poe-
tico». Zu meinen damaligen Winterfreuden gehörten nicht die Bälle, aber der Eislauf.

Besonders begeisterte mich damals ein besonde-
rer Enthusiasmus für Preußen. Ein paar Strophen
aus einem Gedichte von Gustav Schwab[4], «Die
Schwabenalpe» betitelt, führte ich beständig im
Munde. Der Dichter sieht unter mehreren Schlös-
sern Schwabens auch Hohenzollern vor sich und
ruft aus:

> Doch Blick und Lied in vollern,
> In schnellern Bahnen zieht:
> Das ist ja Hohenzollern,
> Was noch so sonnig glüht!

---

[1] James Macpherson (1738–1796), der schottische Schriftsteller, welcher 1762 ff. die angeblichen Gedichte Ossians
zuerst herausgab

[2] August Wilhelm Schlegel (1767–1845), «Vorlesungen
über dramatische Kunst und Literatur», 1809–11

[3] Hinsbergs Übersetzung des «Nibelungenlieds» erschien
1807 in München.

[4] (1792–1850), vgl. «Gedichte», Band 1, Stuttgart 1828

Es dringt aus allen Schleusen
Die Träne mild heraus,
Mein Preußen, o mein Preußen,
Vor deines Stammes Haus.

Aber aus all diesen Phantasien riß mich plötzlich das Wort: «Napoleon floh von Elba!»

*

20. November [1814].

Nur ein Mensch von Bildung kann mich festhalten, und festgehalten bin ich gern. Wenn ich aber darüber nachdenke, so dünkt es mich fast unmöglich, soviel sich auch junge Offiziere meinesgleichen in diesen Mauern herumtummeln, unter ihnen auch nur einen zu finden, der mein Freund sein könnte. Die Motive, welche alle jene bewogen, diesen Stand zu ergreifen, sind weit verschieden von den meinigen. Wir können nicht übereinstimmen. Genuß ist die Triebfeder ihrer Handlungen; Zoten sind meist die Würze ihrer Reden; die Zukunft ist's, worüber sie niemals nachdenken. Bordellschöne gelten ihnen mehr als die sinnigen Musen, die Würfel mehr als das Saitenspiel, das Bierglas mehr als die Hippokrene. Ich will ihre Grundsätze nicht tadeln, aber ich fühle, daß sie nicht die meinen sind. Selbst manche, die ich vormals von besserer Seite kannte, hat der Strudel mit fortgerissen. Unter diesen sollte ich einen Freund finden? Fast muß ich glauben, daß alle edeln Güter des Lebens – Freiheit, Freundschaft, Liebe – nur betrügerische Chimären, falsch lockende Sirenen seien? Was hoffe ich noch, da selbst Issel mir nicht genügte, Issel, der, alles andere abgerechnet, auch sogar noch Dichter und feuriger Freund der Dichter war?

23. November.

Ich war in meine Lektüre vertieft, als plötzlich die
edle Gestalt vor mich hintrat. Er nahm eine Zeitung, die mir zur Seite lag. Wie war ich froh, ihn
wieder zu sehen. Er saß ungefähr vier Stühle von
mir entfernt. Ich verließ meinen Sitz ein paar Augenblicke, um ein Journal zu holen; unterdessen
gingen die Personen, die zwischen uns ihren Platz
hatten, und B. setzte sich auf den Sessel neben
mich. Ich war halb berauscht durch diese Nachbar-
schaft. Ich nahm mich zusammen, um ein gehei-
mes Zittern zu verbergen, das mich ergriff, und
obschon ich ganze Seiten in einem Journal von de la
Motte-Fouqué las, so habe ich doch nicht einen
Buchstaben behalten; demungeachtet war von Gegenständen der Poesie die Rede, von Dingen, die
mir sonst die interessantesten würden geschienen
haben. Aber nun kam ich mir selbst vor wie Don
Carlos in der Kapelle, als die Kleider gewisser
Damen hinter ihm rauschten; ich verlor mein Fas-
sungsvermögen. Ich hatte mich gegen acht Uhr
bereits zum Gehen fertig gemacht, als er gleichfalls
aufstand. Ich ging rasch zur Türe hinaus, er folgte
mir in ein paar Minuten. Wir kamen fast zugleich
an die Türe des Vorsaals; er öffnete sie und ließ
sie mir offen. Er sprang die Treppe hinunter, ich
ungefähr zehn Schritte hinter ihm. Wir gingen im
Gange nebeneinander; am Tore machte er eine
kleine Zögerung, so daß ich gezwungen war, vor-
auszugehen. Er ging rechtwärts gegen die Hauptwache, ich linkwärts. Es scheint mir doch ein
stummes Verhältnis zwischen uns zu walten.

Im «Morgenblatt» fand ich unter dem Titel
«Ogusname» eine große Menge orientalischer
Sprüche, die trotz des Egoismus, der in einigen
herrscht, trotz einiger Grundsätze, die dem sanfteren Christentum entgegenlaufen, dennoch eine
sinnige, zartgefühlte Lebensweisheit enthalten. Ich
schrieb viele dieser verständigen Maximen, meist
in der Schale der Gleichnisse eingehüllt, ab; hier
will ich ein paar nur anführen, die mich an meine
Neigung zu B. mahnten.

Kälte nur bändigt den Schlamm, so daß er den Fuß
nicht beschmutzet.

Ihm ist nun wirklich ein großer Teil Kälte in seinem Benehmen zuteil geworden. Sollte dies nun
aus der löblichen Ursache sein, damit ihm kein
Schlamm zu nahe kommt, so muß es mein Bemühen sein, ihm zu beweisen, daß ich nicht unter den
Schlamm zu zählen bin.

Liebe, Moschus und Gold bleibt nimmer auf Erden
verborgen:
Erblich sind Liebe und Haß; vom Herzen zum Herzen
sind Wege.

Wenn dies eine Wahrheit ist, so ist sie sehr tröstlich.
Die Liebe bleibt also nicht verborgen, sie erbt sich
fort, sie wandert von Seele zu Seele. O daß ich diese
Wege zu bahnen wüßte! Aber noch scheint dieser
Verkehr zwischen uns nicht eröffnet.

O schmerzlicher Zustand! Warum liebe ich diesen Jüngling so sehr? Was hat er an sich, das mich
so mächtig anzieht? Ich kann diese Fragen nicht
beantworten. Schon fünf Wochen sah ich ihn nicht
mehr; aber meine Neigung wird stärker, je län-

ger ich von ihm getrennt bin. O seltsame Leidenschaft! Alle meine Hoffnungen sind zerknickt; ich
schleppe ein freudloses Dasein.

> So verstreicht der schönste Teil des Lebens
> Ohne Sturm und ohne Ruh.[1]

Oh, ich wollte, daß wir einmal übern Rhein wären
und in Mitte der Schlachten! Was soll mir diese
untätige Zwischenzeit, von welcher ich mir so
manches Schöne umsonst versprach.

Ich erhielt gestern einen Brief von meiner Mutter, den ich heute beantwortete. Alle Briefe sind
mir hoch im Preise gestiegen, seit ich nicht mehr in
München bin. Einen Brief zu erhalten, hat für mich
jetzt ein ungemeines Interesse.

*

Des Morgens wird gewöhnlich exerziert, unweit
des Dorfes. Heute abend besuchte ich den Hauptmann, der etwas unpaß ist. Sonst sitzen wir immer
mit Tschamarin zusammen auf dem Brückengeländer gegen die Mannheimer Straße zu.

21. Mai 1815. Neckarau.

In meiner italienischen Anthologie fand ich unter
anderen ein mir noch unbekanntes Gedicht von
Giacopone da Todi, von großer Ausdehnung, welches unter dem Titel «Frattola» eine große Anzahl
Sentenzen für das menschliche Leben ordnungslos
aneinander gereiht. Etwas italienischen Egoismus
abgerechnet, traf ich auf manche treffliche Regeln

---

[1] Goethe, «An Lottchen»

und Wahrheiten. Ich merkte mir besonders folgende Verse:

> Leggieri è il distruggere,
> Stento l'édificare,
> Posto piaga non curati,
> Che tosto si mio fare.[1]

Ich weiß es nur allzu wohl! Dies Gedicht brachte
meine Gedanken auf Knigges «Umgang mit Menschen», welches Buch ich mir aus einer Leihbiblio-
thek von Mannheim bringen ließ. Ich las es schon
öfters, aber immer lese ich es mit Nutzen und
Vergnügen. Da ich davon in diesen Blättern, wenn
ich nicht irre, bereits Erwähnung tat, so sage ich
hier nichts darüber. Genug, daß es eine treffliche
Schrift ist, die ihren Wert niemals verlieren kann.
Ich will hier nur eine einzige Regel anmerken, die
mir besonders gefallen hat: «Gehe von niemand
und laß niemand von dir, ohne ihm etwas Lehrrei-
ches und Verbindliches gesagt oder auf den Weg
gegeben zu haben.» Wie einfach und menschen-
freundlich ist diese Vorschrift. Herr von Knigge
sagt, um sein Gedächtnis zu schärfen solle man
sich nicht angewöhnen, alles aufzuschreiben, was
einem begegnet. Gegen die Regel sündige ich nun
folglich täglich, und ich glaube, ich werde auch
noch lange dagegen sündigen. Knigge meint am
Schluß des Buches, über alle Verhältnisse des
menschlichen Lebens zum mindesten etwas gesagt
zu haben, aber leider sagte er nichts über dasjenige,
worin ich mich jetzt befinde. Es ist folgendes:

---

[1] «Leicht ist es, zu zerstören, schwer dagegen, etwas zu
errichten. Wenn das Spiel aus ist, dann sorge dich nicht,
solange ich noch etwas leisten kann.»

Ein Jüngling wünschte die Bekanntschaft eines anderen jungen Mannes desselben Alters und Standes zu machen.

Anmerkung am Rande: Diese ganze Stelle war englisch, so wie alles, was sich auf B. bezog.

Er wünschte dies so heiß und so lang, daß sein Verlangen eine wahre Leidenschaft wurde. Er ist immer beschäftigt mit Plänen und Erwartungen in dieser Hinsicht; aber die Gelegenheit begünstigt ihn nicht, und er hofft umsonst. Endlich scheidet sie eine größere Trennung, obschon sie ihn nicht ganz ohne Hoffnung läßt, den jungen Mann zuweilen zu sehen, dessen Freund er zu sein wünscht. Bewegt durch einige Proben, glaubt er, daß der andere ihn nicht gänzlich übersehen hat (ich sage dies, denkend an die Vorfälle in der «Harmonie»), aber er kennt ihn ganz und gar nicht und hat Ursache, ihn für einen sehr stolzen Menschen zu halten. Was soll er nun tun, sich selbst einige Erleichterung zu verschaffen? Dies ist in der Tat meine Lage. Ich weiß zu gut, daß ich nicht wert bin der Freundschaft eines so liebenswürdigen Jünglings, allein ich bin deshalb nur desto unglücklicher. Ich weiß auch, daß ich viel besser sein würde, wenn ich sein Freund wäre. Die Gelegenheit ist wider mich, was soll ich tun? Ich kenne seine Gesinnungen nicht, und deswegen kann ich ihm nicht schreiben, oder ich wollte es darauf ankommen lassen, daß ich das Stadtgespräch würde und daß mein Brief von einem Offizier zum anderen wanderte, gelesen zu werden und Stoff zum Lachen zu geben. Soll ich eine günstigere Zeit erwarten?

Diesen Abend machte ich einen weiten Spaziergang am Ufer des Rheins gegen den Strom hinauf,
an Orten, wo ich bisher noch nicht war. Ich traf
sehr liebliche Plätze und herrliche Aussichten. Ich
bestieg eine Weide, die hart am Ufer stand, jedoch
sehr leicht zu erklettern und oben wie abgeplattet
war. Von da aus übersah ich eine gewaltige Strecke
des Rheins, den eben die letzten Sonnenstrahlen
herrlich überschimmerten. Das Abendrot hatte
kaum begonnen, die in lieblichen Mischungen ver-
webten Wolken mit einem sanften Farbenhauche
zu malen, und gewährte einen magischen Anblick,
zurückgespiegelt von der stillen Flut. Die Gesträuche auf nahen Inseln und dem gegenseitigen Ufer
durchwehte die Abendluft, und ein ferner Kirch-
turm hob sein spitzes Haupt ruhig empor in die
weite Dämmerung. Die Natur zog den Schleier
immer tiefer in ihr Gesicht, und kaum hörbar
spülte der Rhein an den Rand an. Erst spät kam ich
nach Hause.

Vor einigen Tagen marschierte auch eine Compagnie vom 3. österreichischen Jägerbataillon hier
durch und übernachtete hier. Es waren drei Offiziere dabei, die unserem Hauptmann einen Besuch
machten. Wir wollten sie des Nachmittags wieder
besuchen, trafen sie jedoch nicht an. Nichts ist mir
an den Österreichern mehr zuwider als ihr Dialekt.
Wann wird die Zeit kommen, wo zum wenigsten
alle gebildeten Stände der Deutschen ein mensch-
liches Deutsch sprechen.

24. Mai 1815. Neckarau.

Jene Eitelkeit, die andere oft im Magen spüren,
fühle ich im Gemüte. Ich empfinde ganz den geringen Gehalt des Lebens ohne Liebe und Freundschaft, und Studium. Was sollte auch sonst noch
einige Freude erregen? Ich lebe hier glücklicher, als
vielleicht viele tausend Menschen auf Erden leben,
und dennoch fühle ich nichts als mein Unglück
und meinen Unwert. Umsonst suche ich mich zu
zerstreuen, ich schickte heute einen Brief an meine Mutter fort, von der ich, diese Tage her, wieder zwei erhielt. Ich suche mich durch Lektüre
zu erheitern; so hatte ich hierzu den lieblichen
«Oberon» gewählt, dessen Lesen mir immer so
viel Vergnügen gemacht und machen wird. Aber
ganz konnte ich mich diesmal doch nicht «in das
alte romantische Land» schwingen. Heute morgen
machte ich einen großen Spaziergang fast ununterbrochen am Rheindamme. Es ist hier eine himmlische Gegend. Ich traf auf einige Waldstellen, die
paradiesisch waren. Nadelholz gibt es hier keines.
Ich sog mit Wonne am Mutterbusen der großen
Natur; aber in jedem Teiche und im strömigen
Rhein schien mir nur ein einziges, liebes Bild zu
glänzen. Die Versagung der Wünsche ist ihre Stei-
gerin zugleich. Die Unmöglichkeit der Erfüllung
ist der Sporn des Verlangens. Ich scheine nichts
mehr zu wünschen, bis auf eines. Niemand sagt
meinem guten Fritz, wie warm ich seine Bekanntschaft wünsche. Wenn wir einander kennen würden, würden wir vielleicht Freunde sein. Ich bin
auch abergläubisch zuweilen, wie die Folge zeigen
wird: Auf meinem heutigen Spaziergange pflückte
ich nämlich drei Maßlieben und wollte an ihnen,

wie es oft geschieht, mein Glück versuchen. Ich
raufte daher die Blätter nacheinander aus, mit den
abwechselnden Worten: «Liebt mich, liebt mich
nicht», und bei allen drei Blumen traf das «Liebt
mich» auf das letzte Blatt. Ich war wirklich so
töricht, mich über dies Zusammentreffen des Zu-
falls wie über die unumstößlichste aller Weissa-
gungen zu freuen. «Er liebt mich», sagte ich zu mir
selbst, «er ist nicht ganz gleichgültig gegen mich,
auch er wünscht meine Bekanntschaft.» Also be-
trog ich mich willig. Ich würde dieses Kinderspiel
nicht erzählt haben, wenn ich nicht glaubte, daß ich
mich nicht schämen darf, niederzuschreiben, was
ich mich nicht schäme zu tun; denn diese Blätter
sollen ja der Abdruck meines Tun und Wirkens
sein. Es fragt sich also nicht, ob das, was ich sage,
andere interessieren könne, da mein Tagebuch
nicht für andere bestimmt ist.

Leider habe ich jetzt weniger zu hoffen als je, da,
wie man sagt, in etlichen Tagen unser Regiment
über den Rhein gehen wird, um in den Gegenden
von Kaiserslautern und Zweibrücken neue Stand-
quartiere zu beziehen. Ich verlasse diesen Ort ungern. Jede Stelle ist mir lieb, wo ich an schöne
Erinnerungen und an schöne, obgleich nur schwa-
che Erwartungen dachte.

*

4. September 1815. Nitry.

Dem gestrigen Tag verdankt eine Ballade ihren
Ursprung, die zum mindesten eine meiner erträg-
lichsten ist. Sie führt den Titel «Maria Stuart und
Lady Bothwell». Die Idee davon ist mir plötzlich
gekommen. Das Ganze ist einfach, prunklos; allein

ich glaube, daß ein gewisser melancholischer Reiz
darüber ausgebreitet ruht, wie über der englischen
Muse. Aber ich fange schon wieder an, mir selbst
zu räuchern.

Gestern abend aß ich beim Maire mit dem Hauptmann und Oberlieutenant; nach Tische machten
wir einige Partien Lotto, wobei ich mich erträglich
unterhielt. Heute hielt Major Baligand Inspektion
über unsere Compagnie und blieb auch während
des Mittagessens bei uns. Wir speisten alle beim
Hauptmann. Der Major fragte mich unter anderen
nach Boissésons, aber nicht in den feinsten Ausdrücken.

Durch ein englisches Journal verbreitet sich die
Nachricht, daß Bonaparte sich die Gurgel abge-
schnitten habe. Dies veranlaßte mich heute zu
einem Epigramm. Es ist nicht zu glauben.

7. September 1815. Nitry.

Ich lebe hier traurige Tage. Es ist niemand um
mich, der mich liebt und den ich liebe. O wie sehr,
wie sehr sehn' ich mich wieder nach der liebenden
Seele eines Freundes. Ich bin so glücklich, einige
Freunde zu haben, die an mir hängen und die ich
innig hochschätze; aber sie sind zerstreut. Seit einiger Zeit bin ich zu keiner Arbeit mehr gelaunt;
nichts ergötzt mich. Ich möchte viel lesen, allein es
fehlt mir an Lektüre. Wie sehr würden mich einige
deutsche Schriften von Jean Paul, von Schiller, von
Klopstock, von Lessing erfreuen!

Bis Dreiundzwanzigsten dieses Monats werden die hohen Souveräns, um in Dijon eine große Revue zu halten, durch Joigny passieren, und ein Teil der bayrischen Armee wird dort vor ihnen paradieren, worunter auch wir sein werden. Hierauf wird wahrscheinlich alles nach dem Vaterlande aufbrechen. Leider werde ich diese kommenden Winterabende nicht mehr bei meiner Hausfrau in München verleben; auch wird mir Federigos Bild weder in einem erleuchteten Saale noch auf der Straße mehr entgegenkommen!

Ich vollendete heute eine Erzählung in Prosa oder Legende, wie ich es nannte, unter dem Titel «Die Bergkapelle». Es war lange vorher ausgedacht und auch schon früher begonnen. Ein Kirchlein auf einem Rebenhügel, unweit Joigny, romantisch gelegen, gab mir die erste Idee hierzu. Wahres liegt dieser Legende nicht zugrunde. Die Erfindung ist ziemlich einfach, und nur durch die Tendenz und den Stil soll sie sich auszeichnen.

17. November 1815. Krückenbach bei Landstuhl.

Gestern morgens verließen wir Niedergailbach und gingen über das schön gelegene Blieskastel und Zweibrücken, eine halbe Stunde davon nach Unterauerbach, wo wir mit der 1. Compagnie waren. Der Marsch war zwar nicht sehr groß, allein durch den Schmutz beschwerlich genug und durch die ausgetretene Blies. Unsere Station war ein elendes Dorf; ich wohnte mit Oberlieutenant Ganghofer. Meine Beschäftigung war Pope. An diesem Tage fiel der erste Schnee, als wir noch auf dem Wege uns befanden. Heute hat sich das Regi-

ment nicht versammelt, und jede Compagnie begab sich sogleich in ihre angewiesenen Quartiere.
Wir passierten sehr viele kleine Dörfer in wildro-
mantischer Lage, der Charakter dieser ganzen Gegend, die durch die Schneedecke ein noch einsame-
res Aussehen erhält. Der Kot war unerträglich.
Lieutenant Schneider liegt mit sechzig Mann eine
halbe Stunde von hier zu Linden (mir ein so unbe-
kannter Name). Er ist jedoch noch nicht dort
eingetroffen, da er schon gestern detachiert gewesen und nun früher abmarschierte, als wir die
Ordre erhielten, die uns hierher bestimmte.

19. November 1815. Hettenheim bei Grünstadt.
Da wir heute Rasttag haben, hab' ich hinlänglich
Muße zu schreiben. Unsere Compagnie machte
gestern einen Marsch von beinahe neun Stunden
und kam spät hier an. Wir passierten durch Kaiserslautern, wo ich einst ziemlich unbequem übernachtete. Es ist ein ziemlich hübscher Ort und war
ehemals Reichsstadt. Hier kommt es mir vor, als
hätte ich zum erstenmal wieder die alte deutsche
Herzlichkeit getroffen, die dem Gemüte so wohl
tut. Im Zweibrücker Lande wohnen doch keine
rechten Deutschen mehr. Die gefährliche Nach-
barschaft hat sie verdorben. Es sind hier zwei Dörfer beinahe aneinander, das andere, wo der Hauptmann wohnt, heißt Leidenheim. Auch Merian und
Prinz Löwenstein sind hier, mit Detachements von
ihren Compagnien. Ich wohne ziemlich hübsch.

Die Lektüre von Popes «Essay on man» entzückt
mich. Obgleich nicht ganz mit ihm einverstanden,
welches vielleicht darum sein mag, weil ich ihn

nicht ganz begreife, bewundere ich ihn doch als Philosophen und Dichter. Die zweite und vierte Epistel lese ich am liebsten. Gesundheit, Frieden und das Notwendige nennt der Verfasser sehr richtig die einzigen Bedürfnisse. Was er von Vernunft und Instinkt sagt, will mir nicht recht gefallen. Die letzte Epistel über Glückseligkeit ist besonders schön entfaltet und sehr schön der Vergleich, den er am Ende gebraucht, um die allmächtige Ausdehnung der Selbstliebe zu beschreiben:

Self love but serves the virtuous mind to wake,
As the small pebble stirs the peaceful lake;
The centre mov'd, a circle strait succeeds,
Another still, and still another spreads;
Friend, parent, neighbour, first it will embrace;
His country next; and next all human race.[1]

Pope hätte seine Abhandlung noch viel weiter ausdehnen können, allein er geht mit der äußersten Präzision zu Werke. Die Versifikation ist einzig. Er ist ein zweiter Boileau, so sehr weiß er den Reim zu beherrschen. Ich wollte mir gleichfalls ein eigenes Moralsystem in Versen schreiben, aber ich bin kein Pope, und nur wenige wissen einen oft ins Prosaische fallenden Stoff ins reine Gebiet der Phantasie zu erheben. Vertrautheit mit Gott – strenge Sittlichkeit – Wißbegierde – Liebe der Freunde würden die Basen meines Systems bilden. Diese sind's,

[1] «Selbstliebe dient dem Tugendhaften aufzumerken, wenn der kleine Kiesel den friedlichen See stört; erst bewegt sich die Mitte, um die sich ein Kreis legt, dann ein weiterer noch und noch einer. Umfassen will er Freund, Eltern, Nachbarn, sodann sein Vaterland und schließlich das ganze Menschengeschlecht.»

die den Menschen glücklich machen. Wer möchte glücklich sein, ohne täglich steigende Annäherung zu dem höchsten Wesen, ohne Keuschheit des Körpers und Gemüts, ohne Liebe zum Studium und ohne Freunde? Da ich noch nicht aus mir selber wirken kann, so begnüge ich mich indessen, Popes Episteln in meine Muttersprache, und zwar in demselben Versmaß überzutragen. Anfangs hielt ich es für unmöglich, jetzt brachte ich bereits gegen zweihundert Verse zustande. Es ist ein dreifach schwieriges Unternehmen, das nur durch viel Fleiß gelingen kann, teils wegen der Weitschweifigkeit und Reimarmut unserer Sprache, in Rücksicht auf die englische, teils wegen der Ungewohntheit des Metrums und teils wegen der dunkeln, antithesischen Kürze des Poeten. Bringe ich dies Werk zu Ende, so werde ich mir viel darauf zugute tun. Aber obgleich ich vielleicht kein Dichter bin, so bin ich doch kein ganz ungeschulter Reimer, und dies ist doch eines der Haupterfordernisse für diese Arbeit. Die deutsche Übersetzung von Kretsch[1], die dem Original beigebunden, ist bereits alt und wird manchmal herzlich abgeschmackt, und obschon sie in langen und langweiligen Alexandrinern geschrieben, die einen Fuß mehr haben als der Popische Vers, so braucht der Übersetzer in jedem Gesange gegen zweihundert Verse mehr als das Original, was nun freilich stark ist. Auch ich kann nicht umhin, das Englische an der Anzahl einiger Verse zu übertreffen, allein diese Mehrzahl wird keineswegs beträchtlich aus-

---

[1] «Popes Mensch», ein philosophisches Gedicht, deutsche Übersetzung mit der englischen Urschrift, Jena 1759

fallen. Ich befleiße mich der größten Präzision, ohne dunkler zu werden als Pope. Ich gebrauche, wie er, keine weiblichen Reime, da mir diese im Deutschen ihres wenigen Klangs wegen ohnehin verhaßt sind. Es würde mir sogar möglich sein, nicht mehr Verse als das Original nötig zu haben, wenn ich Härte und Unverständlichkeit nicht scheuen würde. Ich übersetze so treu als möglich und sogar zuweilen auf dem Marsche, da ich das Buch bei mir führe. Pope wollte noch einen zweiten und detaillierten Teil seinen vier Episteln hinzufügen. Es wäre zu wünschen, daß er es getan hätte, denn manches bedürfte einer näheren Bestimmung. Sehr schön ist seine Definition vom Menschen, am Anfang der zweiten Epistel, und seine Worte über die Selbstzufriedenheit eines jeden, sowohl, als was darauf folgt, am Ende derselben.

Ich schrieb heute an meine Mutter, deren Geburtstag ist. Diesen Abend kamen wir bei Prinz Löwenstein zusammen, der bei dem Schulmeister wohnt, um einige Partien Lotto zu spielen. Morgen gehen wir nach Heßheim, eine Stunde von Frankenthal.
    Mein Herz ist wieder ganz ruhig, und jene Neigung, von der ich vor acht bis zehn Tagen sprach, ist ziemlich erloschen, wie ich es voraussah. Dennoch kann ich sie nicht verschwunden nennen. Allmählich steigt auch Federigos Bild wieder an meinem Horizont empor, den ich seit mehr als sieben Monaten nicht mehr sah, nun aber vielleicht wiedersehen werde. Keimt nur immerzu, sanfte Neigungen, denn ihr bildet und bessert mein Herz und macht es fühlbar.

21. November 1815. Neckarau bei Mannheim.

Als ich das letzte Mal diesen Ort verließ und so
plötzlich, glaubte ich zwar wieder dahin zurückzukehren, und zwar denselben Abend noch, nicht
aber erst nach fünf Monaten, wie es geschehen ist.
Ja, hier bin ich wieder in demselben Orte, demselben Hause und an demselben Tische, wo ich sechs
schöne Wochen lang lebte, dachte, dichtete. Ich
fand alles schon so bekannt, als ich hier einzog; in
diesem Zimmer kenne ich jede Fensterscheibe, die
Leute empfingen mich so freundlich. Es ist alles
beim alten geblieben. Freilich, damals war es Sommer, als ich hier war. Jetzt sind die Rosenstöcke
entblättert, das kleine Gärtchen beschneit und hat
seine Farben verloren, und überm Rheine schwebt
ein düsterer Nebel. Damals hatte ich auch Frankreich noch nicht gesehen und entbehrte eine Reihe
von vielfältigen Bildern, die jetzt vor meinen Blik-
ken steht. Aber ich will in meine Ordnung zurückkommen. Gestern morgens marschierten wir von
Hettenheim ab, und unser Marsch, der übrigens
nur vier Stunden betrug, führte uns unter anderem
auch bei Neuleiningen vorüber, welches sehr angenehm auf einem Berge liegt. Es öffnet sich dort
durch zwei nahe Hügel hindurch die Aussicht in
das Tal, welches im Hintergrunde wie auf einer
Bühne erscheint. Heßheim, wo wir blieben, ist ein
großer, schöner Ort, wo ich gut Quartier hatte
und viel an meinem Pope arbeitete. Heute morgen
versammelte sich unser Regiment zu Frankenthal,
einem gar hübschen und schön gebauten Städtchen, wo wir erfuhren, daß wir und die 9. Compagnie hierher kämen. In Mannheim ist niemand
von unserem Regimente. Vor der Rheinschanze

erwartete uns die Garde, und so wurde denn feier-
lichst durch die Stadt paradiert. Man kann sagen,
daß wir über den Rhein gelaufen sind, so schnell
mußten wir die Brücke passieren, da es vorher
gestockt hatte. Ich betrachtete mir ihn noch einmal
recht, den König der Flüsse, und war froh, von
jener linken Seite hinweg zu kommen. Auch unser
heutiger Marsch war sehr kurz; allein der Schmutz
war auch gewaltig. Morgen haben wir Rasttag.
Heute abend fuhr ich mit dem Sohn meines Wirts
in die Stadt, um ins Theater zu gehen. Da es noch
zu früh war, als ich ankam, begab ich mich erst in
die «Goldene Gans», unser altes Absteigequartier,
des guten Elfers wegen. Ich traf dort einen hessi-
schen Hauptmann Rabener, einen jungen, artigen
Mann, der mir Grüße an einige Offiziere meines
Regiments aufgab. Er war sehr höflich und zuvorkommend, reichte mir beim Abschied die Hand,
hinzufügend, daß es ihn sehr freue, meine Bekanntschaft gemacht zu haben. Gleichwohl sprachen wir von nichts als den gleichgültigsten Dingen. Es gibt doch sonderbare Menschen. Ich glaube nichts Anziehendes in meiner Physiognomie
zu haben, das für mich einnehmen könnte.

Ich war neugierig, das Theater zu sehen, das
ehemals das beste in Deutschland gewesen und auf
dem Schillers erstes Stück zum erstenmal gegeben
wurde[1]. Es ist von außen ein sehr großes und
schönes Gebäude. Der innere Bau hat nichts Besonderes. Man gab «Die Hagestolzen» von Iffland[2]. Ich liebe die Iffländischen Stücke; ihr Verfas-

---

[1] am 13. Januar 1782
[2] August Wilhelm Iffland (1759–1814) spielte den Franz
Moor bei jener «Räuber»-Aufführung. Seit 1811 war er

ser kannte die Menschen, er ist ganz Natur; doch
wird er zuweilen allzu natürlich. Die Aufführung
würde mir gefallen haben, wenn ich sie nicht in
München gesehen hätte. Eine gewisse Madame
Röckel spielte als Margarete ihre erste Debütrolle
und ward am Ende hervorgerufen.

22. November 1815. Neckarau bei Mannheim.

Ich vollendete heute die Übersetzung der ersten
Popischen Epistel, in zehn Versen mehr als das
Original. Ich halte diese Arbeit nicht für mißlungen und werde fortfahren. Doch getraue ich mir
selbst noch kein Urteil darüber zu, bis ich nicht
jemand finden werde, dem ich es vorlesen kann
und der mir seine Meinung ausspricht. Als ich
heute morgens zu Mannheim war, ging ich auch zu
einem Buchhändler, kaufte zwei Exemplare des
schon oft erwähnten Raupachischen[1] Gedichts und
drei englische Übersetzungen der «Lenore» von
Bürger, worunter jedoch jene nicht ist, die ich
schon aus dem «Monthly magazine» oder vielmehr aus den «Tales of wonder» kenne und einmal
in diesen Blättern mit dem Original verglich. Der
Buchhändler, bei dem ich dies Buch nahm, war
ein seltsamer Mensch.

Ich kaufte auch noch ein kleines Geschenk für
Madame Mailer, um ihr etwas aus Mannheim
mitzubringen. Im Nachhauseweg fuhr ich mit
zwei bayrischen Offizieren, die ich begegnete. Diesen Nachmittag fuhren auch Hauptmann Weber,

───────

Generaldirektor der königlichen Schauspiele in Berlin. «Die
Hagestolzen» (1791) war eines der erfolgreichsten seiner
zahlreichen «bürgerlichen Schauspiele».
[1] Ernst S. Raupach (1784–1852), Dramatiker

Hornstein und Cella in die Stadt. Ich nahm fast ungern von Mannheim Abschied. Es ist gar zu schön und freundlich. Die Mannheimer sind zu bedauern, sie lieben ihren Großherzog[1] nicht und wären gar zu gern unter bayrischer Regierung. Auch dem Vater Rhein darf ich wohl einen Scheidegruß zuwerfen?

> Lebe wohl, alter Rhein, du,
>   Wie oft entzücktest du mich!
> Fließe heiter, fließe stille zu,
>   Vielleicht auf immer lass' ich dich,
>   Lebe wohl, alter Rhein, du!
>
> Ewig, ewig blühe dein Strand,
>   Und Schiffe trage die stolze Flut,
> Stets umufert vom deutschen Land,
>   Stets ferne von fränkischer Brut!
>   Ewig, Vater, blühe dein Strand!
>
> Nimmermehr kehre der Despot
>   Zurück, wo dein Grün erglänzt,
> Aber immer habe dein Flußgott
>   Die Urne mit Reben bekränzt.
>   Segen deinem Flußgott!
>
> Eichenbeschattet saß ich oftmal
>   An deinem Ufer, o Rhein,
> Ließ die Menschen aus freier Wahl,
>   Und lebte den Musen allein;
>   Ihrer heiligen Neunzahl!

---

[1] Karl Ludwig Friedrich (1786–1818), 1811–18 Großherzog von Baden

7. Februar 1816. München

Von Xylander erhielt ich einen ziemlich langen Brief; er gibt meinen Versen seinen Beifall und schreibt meist von politischen Gegenständen. «Doch», sagt er (gegen den Geist meiner Epistel streitend), «will ich mich in keine Träume einwiegen lassen, sondern mich zum Kampfe vielmehr rüsten, um in der Zeit ein Teilchen der Kraft zu werden.» Diese Gesinnung ist wirklich sehr edel und ganz würdig meines braven, fleißigen Freundes. Wir leben wirklich in einer äußerst kritischen Zeit. Dieser Frieden, der der Welt eine ewige Ruhe zusicherte, hinterließ uns nur die Aussicht auf große, allgemeine Erschütterungen. Es scheint, als könnte man abermals ausrufen:

> Grundgesetze lösen sich auf der ältesten Staaten,
> Und es löst der Besitz sich vom alten Besitzer.[1]

Die Völker, die ein allgemeiner Kriegsaufstand und Freiheitsgeist erweckte, können so leicht nicht wieder zur Ruhe gebracht werden. Da Bonaparte vernichtet ist, fehlt ihnen ein Gegenstand der Reibung. Die unter den europäischen Nationen herrschende Gärung scheint mir daher kein Hirngespinst und nicht die Ausgeburt furchtsamer und des Friedens entwöhnter Geister zu sein; sondern sie existiert wirklich, und zwar in verschiedenem Maße allenthalben. Ich bilde mir ein, daß alle Klü-

---

[1] Goethe, «Hermann und Dorothea»:
Grundgesetze lösen sich auf der festesten Staaten,
Und es löst der Besitz sich los vom alten Besitzer.

geren in dem Mittel einig sind, dieser Gärung eine wohltätige und vorteilhafte Richtung zu geben. Dies Mittel ist eine repräsentative Verfassung, zu der die Geister gereift sind, und die Abschaffung der willkürlichen, unbeschränkten Monarchie, die gewiß unsinnig an sich selbst ist. Eine landständische Verfassung in den deutschen Ländern ist nicht nur für das Volk selbst von der größten Ersprießlichkeit, sondern auch für Deutschland, als ein einziger Staatskörper betrachtet, und sogar für die Fürsten, die ihre Souveränität so sorgfältig zu hüten scheinen. Daß eine solche Konstitution dem Volke gebührt und ihm höchst nützlich ist, braucht keines Beweises. Nur das ist eine wahre Staatsverfassung, woran alle Glieder des Staates teilnehmen. Die Steuern, diese verhaßtesten und Hauptplagegeister des Volkes, wird es mit Willen geben, sobald es sie selbst genehmigt hat und ihre Notwendigkeit einsieht. Wie sehr eine Konstitution zur Aufklärung und Bildung des gemeinen Volkes beitragen würde, ist gar nicht zu berechnen. Man höre nur einen französischen Landmann und einen deutschen sprechen, um den Unterschied zu fühlen und die Vorteile, welche dem ersteren aus dem öffentlichen Leben zur Zeit der Republik erwachsen sind. Freilich sind die Nachteile noch größer; allein bei dem Charakter der Deutschen sind diese letzteren nicht zu fürchten. Die Deutschen sind (und Gott sei's gedankt!) weniger feurig; auch ist in ihnen (als das Beste, was sie haben) ein tiefes und richtiges Gefühl für das Rechte und Gute, und große Worte gelten ihnen nicht für große Taten. Dem größten Teile der französischen Nation scheint dieses klare Rechtsgefühl gänzlich zu mangeln.

Dieses mag teils eben daher kommen, weil sie alles das für gut und vortrefflich halten, was mit Enthusiasmus und Begeisterung angekündigt oder ausgesprochen wird, welche Eigenschaft sie dem Mißbrauch schlechter Menschen und Volksführer unterwarf. Teils stammt es von der äußersten Ignoranz und der niedrigen Stufe der Geisteskultur, auf der die Franzosen vor der Revolution standen, bei welcher sie dann auf alles Neue hoch aufhorchten und es ohne Unterscheidung des Werts oder Unwerts annahmen. Wie anders in Deutschland, wo in einigen Provinzen das Volk so gebildet und durch eine fünfundzwanzigjährige Erfahrungsschule gegangen ist; wo es zugleich durch die letzte Zeit erhoben und veredelt wurde. Und wie sehr wird nicht eine landständische Verfassung die Deutschen auch noch in jenen Provinzen bilden, wo Glaubensdespotie noch die Geister fesselt und jeden freien Aufschwung ängstlich in das Sündenregister einträgt. Wie sehr muß nicht das Volk aufleben, wenn es sieht, daß es nicht mehr als Maschine betrachtet wird, wenn es noch größere Wohltaten von der Regierung genießt als die persönliche Sicherheit, die doch am Ende von jedem bösen Buben gefährdet werden kann. Auch für das gesamte Deutschland ist eine öffentliche Verfassung in jedem Staate unumgänglich notwendig, wenn es groß bleiben soll, geehrt und einig. Das einzige Mittel, unser Vaterland zu *einem* Staate, und zwar zu dem mächtigsten, ehrwürdigsten in Europa zu machen (und das wünschen wir doch alle ohne Ausnahme), das einzige Mittel, sage ich, ist die Aufrechthaltung und ewig enge Verknüpfung eines deutschen Bundes. Einem solchen

würde das ganze übrige Europa seine Kraft vergebens entgegenstellen, er würde die merkwürdigste
Erscheinung bleiben in der Geschichte der Staaten.
Und soll uns nicht um den Nachruhm unseres
Landes zu tun sein? Kann nun aber ein deutscher
Bund bei der Willkürlichkeit der souveränen Für-
stenregierungen bestehen? Er widerspricht dem
Privatinteresse der Fürsten geradezu, nach welchem sie handeln und welches himmelweit unter-
schieden ist von dem des Volkes. Das Volksinter-
esse jedoch, welches nur Frieden und Wohlstand,
nicht Vergrößerung des Staats und andere Schein-
vorteile erstrebt, ist ganz eins mit der Einrichtung
des deutschen Bundes. Nur durch die vereinten
Stimmen der Volksstände in jedem Lande, bei
welchen Ständen die Vernunft gewiß mehr den
Vorsitz führt als in den Staatsräten der Könige, nur
durch diese kann der deutsche Bund Bestand haben. Ein Dutzend Monarchen, die immer in rei-
benden Berührungen zusammenkommen, können
so wenig ewig bleiben als ein Dutzend Soldaten in
einem Zelte, bei denen es gewiß selten ohne Schlä-
gerei abgeht.

    Auch den Fürsten gereicht eine repräsentative
Verfassung zum Besten, so ungläubig sie auch
dafür scheinen. Sie ist der Ableiter eines Blitzes, der
auf ihre hohen Häupter möchte gerichtet sein. Nur
das Volk kann die Macht eines Fürsten legitimie-
ren. Kein Mensch glaubt jetzt mehr an jene durch
Verjährung heilige, legitime Gewalt der Kronen,
so wenig als an die Unfehlbarkeit des Papstes. Was
macht den König von Bayern zu dem, was er ist?
Unstreitig der Wille seines Volkes. Aber an welch
ein schwaches Rohr lehnt er sich, wenn er sich

auf diesen Willen stützt. Hing je ein Volk mit so
blinder und unumschränkter Liebe an seinem Könige, als es die Franzosen taten? War Ludwig XVI.
nicht auch ein edler, väterlicher Monarch? Wie
geduldig hat nicht jene leichte und leicht zu erre-
gende Nation die empörendsten Dinge gelitten,
durch nichts als das «tel est notre plaisir!» gerecht-
fertigt. Dennoch hat dies Volk seinen Monarchen
bis auf das Schafott gebracht. Demnach sollte ein
Fürst nichts Sehnlichers wünschen, als sein Szepter
durch das Einverständnis seiner Untertanen wei-
hen zu lassen, und sich nicht durch die Zuneigung
derselben gesichert halten, da ihm diese Zuneigung
doch das Bewußtsein nicht ersetzt, alles zum Wohl
seines Volkes getan zu haben. Jede durch Volks-
kraft ungezügelte Monarchie ist Tyrannei, wie es
die Griechen nannten; denn es hängt ja nur vom
Fürsten ab, ob er ein Tyrann sein will.

8. Februar 1816. München.

Wie heute Fritz Fugger bei mir war, las ich ihm
meine «Tochter Kadmus'» vor, der er seinen Beifall gab. Ich wollte noch selbst etwas darüber sagen. Der oberflächliche Plan zu diesem Schauspiele
ward schon 1811, also vor fünf Jahren gemacht,
und damals ward auch ein Akt davon vollendet,
und zwar in schleppenden Jamben. Erst da ich
durch Müllners «Schuld» inne wurde, wie gut die
Trochäen sich auf der Bühne ausnehmen, griff ich
wieder zu der lang versäumten Arbeit, die gleichsam dazu gemacht schien, trochäisch bearbeitet zu
werden. In fünf Tagen hatte ich das Ganze vollendet. Der Stoff ist keineswegs ein untauglicher und
matter für dramatische Behandlung. Er ist ziem-

lich verwickelt, anziehend und voll schöner und
nicht ganz gewöhnlicher Situationen. Ich rechne
hierher den Schwur des Athamas, seine Unterredung mit Kalistras, das Zusammentreffen der
beiden verstoßenen Frauen des Athamas und die
Szene zwischen Athamas und Arethusien. Ich ver-
flocht auch viele mythologische Erzählungen, und
ich glaube nicht unschicklich, in das Ganze. Die
gelungenste von ihnen scheint mir bei weitem die
Geschichte des Aktäon, zu deren Verschönerung
der Versfall am meisten beiträgt. Die historische
Wahrheit habe ich wenig geachtet, da das Ganze
ohnehin in einer fabelhaften Zeit spielt. Auch dergleichen Anachronismen habe ich für erlaubt gehalten; daher von Orpheus, Amphion usw. geredet wird, die gleichwohl später gelebt haben. Das
Ganze zerfällt fast in seiner natürlichen Einteilung
in drei Akte. Der erste entfaltet die Verhältnisse des
Landes und der Personen und schließt mit dem
Entschluß des Athamas, seinen eigenen Sohn für
Thebens Wohlfahrt hinzugeben, aus Furcht, seinen
Schwur zu brechen, welches im zweiten Akte, der
die Verwickelung enthält, Arethusien bewegt, ihre
Kinder wegzusenden, wodurch es Demodicen gelingt, einen falschen Verdacht auf Ino zu werfen,
der sie zugrunde richtet. Der zweite Akt endet
jedoch ohne Ahnung der endlichen Auflösung.
Diese wird im dritten in einer Reihe von stets
wechselnden Empfindungen herbeigeführt. Das
Stück schließt mit einer Apotheose, die ich den
fabelhaften Versen des Ganzen nicht nur für angemessen, sondern notwendig für dasselbe hielt, da
es dasselbe gleichsam krönt; denn wenn Athamas'
Monolog die letzte Szene wäre, so wäre dies nichts

weniger als ein genügender Schluß. So aber sieht man, wie es in dem letzten Auftritt heißt, das Laster und Verbrechen in den selbstgeschaffenen Wehen untergehen und die Duldung zum Himmel schweben. Auch sind vielleicht die lyrischen Strophen in der Endszene nicht ganz verwerflich, und ihre ruhige, musikalische Tendenz sticht nicht ohne Wirkung von der ruhelosen Verzweiflung des Königs ab. Und so fühlt man den Unterschied zwischen Erde und Himmel, Menschen und Göttern. Ich weiß nicht, ob der Schwur des Athamas gelungen ist; ich ziehe ihm die Schlußszene des ersten Akts vor, die ohnehin die einflußreichste von allen ist.

9. Februar 1816. München.

Es war gestern ein Freund bei mir, der mich drang, ihm einen Brief im Namen eines jungen Menschen zu diktieren, welcher einem Mädchen, mit dem er in Verbindung stand, bekennt, daß seine Liebe zu ihr erloschen ist und er unfähig zu heucheln. Ich mußte mich zu dieser Sache verstehen, die nicht ganz eine gute ist, und umhüllte die bittere Pille soviel wie möglich mit süßen Worten und Versicherungen, wenn dies anders ein Trost sein kann für verlorene Liebe. Man vertraute mir auch den Namen desjenigen, der diesen Brief abschreiben und absenden sollte. Wie wenig war ich aber gestimmt für ein so kaltes Geschäft. Wäre es eine Liebeserklärung gewesen, wie viel besser würde sie geraten sein! Dann hätte ich nur mein Herz bedurft, um zu diktieren. Jetzt ist mir, gottlob, die Beschäftigung zu Hilfe gekommen, die, mich in Bücher, Schriften und Papiere einhüllend und jeden meiner Augenblicke tyrannisierend, nicht Zeit

läßt, meiner Seele geheimste Wünsche in ruhiger
Muße zu beschauen. Ich lebe täglich eingezogener
und fast immer an meinem Schreibtisch. Täglich
sehe ich neue Aussichten sich mir öffnen und neue
Pläne in mir entstehen. Wenn ich aber meine Verhältnisse betrachte, so scheint mir nichts sonderbarer als meine gewaltige Indolenz in der Liebe; denn
was tue ich, um mich meinen Zwecken auch nur
einigermaßen zu nähern? Was unternehme ich, um
weiterzukommen?

I.

Zwei holde Rosen glühen
In Sehnsuchtsglut und Schmerz,
Gepflegt von Sorg' und Mühen;
Zwei holde Rosen glühen,
Das Beet, auf dem sie blühen,
Das Beet, das ist mein Herz;
Zwei holde Rosen glühen
In Sehnsuchtsglut und Schmerz.

II.

Zwei edle Herzen schlagen,
Wilhelm und Friederich,
Um die mich Sorgen nagen.
Zwei edle Herzen schlagen;
Doch welches, muß ich fragen,
Ach, welches schlägt für mich?
Zwei edle Herzen schlagen,
Wilhelm und Friederich.

III.

Wen wählst du dir von beiden?
Ach, hätt' ich nur die Wahl,
Nicht lange wollt' ich leiden.
Wen wählst du dir von beiden?

Ach, keiner will in Freuden
Mir wandeln meine Qual.
Wen wählst du dir von beiden?
Ach, hätt' ich nur die Wahl!

26. Februar 1816. München. Morgens.

Mein Seelenzustand war nie trauriger und heftiger,
als solches gestern abends der Fall war. Ich dachte
und fühlte nur Wilhelm allein. Einsam und klagend
saß ich an meinem Schreibtische in einer Nacht,
wo tausend lustige Haufen durch die Straßen
schwärmten; denn es sind nunmehr die drei letzten Tage des Karnevals, wo alles im Gewühle des
Lebens seine Sorgen vergißt, nur ich nicht. H. H.
zog gestern mit Lieutenant Stengel, den ich benei-
dete, auf die Hauptwache. Ich sprach noch ein paar
Worte mit ihm, ehe er abmarschierte; aber er antwortete mir nicht einmal, und in diesem, sowie in
seinem Verhalten, als ich des Tags über, da ich
mich in die «Harmonie» verfügte, vor der Wache
vorbeiging, fand ich die vollständigste Widerle-
gung der günstigen Einbildungen, die ich mir von
ihm gemacht hatte. Ich sah deutlich, daß er mich
nicht im geringsten beachtete, was ich längst
fürchtete und was auch allzu wahrscheinlich ist.
Den gestrigen Nachmittag brachte ich in der Pagerie zu, wo ich mich mit Massenbach und Pöllnitz
unterhielt. Des Abends war Schnizlein bei mir. Ich
klagte ihm meine Not, konnte ihm aber die Ursache davon nicht enthüllen. Ich lud ihn zu einem
Spaziergange durch die Straßen ein; denn ich hatte
keine Ruhe zu Hause, und es trieb mich fort. Wir
gingen also noch einmal hinaus und sahen die

Masken an uns vorbeistreichen. Wir kamen auch
an die Hauptwache; H. stand im Freien neben einer
der aufgepflanzten Kanonen und sah dem Gewühle
der Menge zu. Jetzt wäre die wahre Zeit gewesen, zu ihm hinzugehen, ich hätte Schnizlein gute
Nacht sagen sollen. Wilhelm stand ganz allein im
Dunkeln, was hätte ich ihm nicht alles sagen können in dieser Lage, voll von ihm, wie ich war. Aber
ich versäumte die schönste der Gelegenheiten. Später ging ich noch einmal allein vorüber, er stand
nicht mehr außen; ich wollte nicht hineingehen, ich
fürchtete die fremden Zeugen, die ich allenfalls
noch würde angetroffen haben. Ich ging zu Hause
und warf mich auf mein Bett in glühender Sehnsucht. O wie klein ist der Mensch! Welchen törichten, hoffnungslosen Gefühlen unterliegt er! Aber
ich bürde die eigene Schwäche der menschlichen
Natur auf. Wer hätte geglaubt, daß es so weit
kommen würde, als ich zuerst in Frankreich seinen
Namen in diese Blätter schrieb? Die Sonne, der
Morgen haben nun zwar meine Sehnsucht gemildert, und ein Traum, den ich heute nacht von
Federigo hatte. Ist es nicht sonderbar, daß ich von
diesem träumen mußte, da ich von Wilhelm voll
war? Ich liebe ersteren noch immer; aber ich habe
gar keine, auch nicht die geringste Hoffnung, ihn
kennenzulernen, und sehe ihn nirgends. Solange
er, wie mein Tagebuch es bezeugt, mein Herz
besessen hat, so mußte er doch durch Wilhelm
verdrängt werden, dessen Anblick mich fast täglich erfreute, mit dem ich sprechen durfte, und der,
wie ich wähnte, einigen Anteil an mir nahm. Es ist
sehr wahrscheinlich, daß ich mit B. mehr sympa-
thisieren würde.

27. Februar 1816. München

Schon im achten Hefte dieser Blätter erwähnte ich
einer kleinen, in Nitry vollendeten Schrift unter
dem Titel «Einzelne Betrachtungen über einige
moralische Verhältnisse des Lebens». Es waren
ziemlich flüchtige Skizzen, die jedoch nicht ganz
unwert vielleicht einer näheren Ausführung waren. Zu einer solchen sammelte ich jetzt Materia-
lien. Das Ganze soll eine größere Ausdehung erhalten, aber doch nur aus einzelnen aneinandergereih-
ten Gedanken bestehen, betitelt «Einzelne Ideen
über einige moralische und gesellschaftliche Verhältnisse des menschlichen Lebens». Es zerfiele
demnach in zwei Hauptteile, wovon der erste die
moralischen, der andere die gesellschaftlichen Verhältnisse behandelt. Die Unterabteilungen des ersten würden sein: 1. Über Tugend und Glauben.
2. Das Schicksal. 3. Über Grundsätze und Vorsätze. 4. Über Alter und Tod. Die Unterabteilungen des letzteren: 1. Bemerkungen über das gesellschaftliche Leben überhaupt. 2. Über die große
Welt. 3. Über Liebe und Freundschaft. Es versteht
sich, daß ich mit Neigung am letzten dieser Abschnitte besonders hänge und daß er der reichste
werden wird. Was läßt sich nicht alles sagen über
Liebe und Freundschaft, was empfand ich nicht
schon in dieser Hinsicht! Was empfinde ich nicht
jetzt noch! Mein jetziger Zustand ist sehr traurig,
und ich fühle wohl, was mein größtes Unglück
ausmacht. Meine Neigung zu Federigo machte
mich nicht unglücklich, allein die zu Wilhelm
macht mich's ohne Zweifel. Gott hat sie mir in
seinem Zorne gesandt, um mich dieses menschlichen Ausdruckes vom höchsten Wesen zu bedie-

nen. Aber wozu mich auch noch in der Folge
Torheit und Leidenschaft bringen werden, so lege
ich es hier doch feierlich nieder und glaube es fest,
durch die Vernunft bewogen, daß, wenn ich Fritz
B.s Bekanntschaft gemacht haben würde, ich das
Glück wahrer Freundschaft würde gefunden haben, und daß es, trotz meiner hoffnungslosen Lage
zu ihm, für mich immer besser gewesen wäre,
wenn er nicht in meinem Herzen durch H. verdrängt worden sei, durch H., dem ich äußerst
gleichgültig bin und der nie und nimmermehr
mein Freund werden wird, weil dawider Verhältnisse und Umstände sowohl als die verschiedenen
Richtungen unserer Geister streiten. So ist diese
Neigung ein durch die Vernunft verworfenes und
über alle Maßen trauriges Verlangen. Aber dennoch ist B. halb vergessen, und Wilhelms Bild steht
unablässig vor meiner Seele, und ich kann mich
nicht entbrechen, es zu lieben. Und habe ich auch
allein diesen Trieb bekämpft, und ich trete hinaus
und sehe ihn wieder, so thronen aufs neue Sehnsucht und Neigung in meiner beklemmten Brust.
Nirgend Gewißheit, nirgend Gelegenheit, nirgend
Hoffnung. Obgleich voraussehend, daß meine
Wünsche zu nichts führen können, kann ich sie
nicht unterdrücken. Und so ist mir dies Verlangen
zur Geißel geworden. Wilhelm hat keine Ahnung
von dem, was in mir vorgeht, und dennoch fürchte
ich immer, mich zu verraten. Auch mein Traum
heute nacht bezog sich auf ihn. Es wurde mir ein
Brief an ihn übergeben, und ich war eben im
Begriffe, denselben nach seiner Wohnung zu über-
bringen, als mich ein neidisches Schicksal auf-
weckte. Nicht einmal den Träumen wird es ver-

gönnt, mich zu entschädigen. Ich sah ihn heute nur ein paar Augenblicke auf der Parade, da er sich sogleich wieder, ich weiß nicht aus welcher Ursache, entfernte.

[Zur] Theatiner Kirche kommandiert, weil dabei immer einige Offiziere gegenwärtig sein sollen. Fritz Fugger, der gewöhnlich vor der Parade zu mir kommt, begleitete mich in die Kirche. Es war ziemlich kalt. Im Herausgehen sah ich B. Ich sollte also den heutigen Tag zu meinen höchst glücklichen zählen. Es war eine Zeit, wo mich dieser Anblick so unendlich entzückt hätte! O warum mußte sich ein anderes, gleich stolzes Bild zwischen mich und dich, mein Federigo, drängen? Aber ich lieb' ihn, er ist mir noch wert und teuer. Er sah mich gar nicht oder mit einem flüchtigen Blicke der Gleichgültigkeit. Er ahnte nicht, er konnte ja nicht ahnen, was er mir war! Also ist er's nicht mehr? O Wilhelm! hab' ich mich nicht schrecklich betrogen, da ich der Neigung zu dir den Vorrang gab über die ältere, eingewurzelte zu Federigo, durch den falschen Schein der Hoffnung verleitet? Auch mit Wilhelm, ich fühl's, werd' ich niemals vereinigt sein. Als ich in die Kirche ging, begegnete ich ihm; ich grüßte ihn, er dankte mir nicht einmal. Solch ein Bezeigen tut innig weh, wenn man's so innig hochschlägt. Fast scheint es mir, als hätte er meine Neigung bemerkt und weiche mir nun um so mehr aus, durch eine gewisse Antipathie, die man oft gegen die gleichgültigsten Menschen hat, veranlaßt. Daß ich ihm nichts gelte, ist nur allzu gewiß, und wie sollte ich auch? Oh, seine Kälte macht mich nur glühender.

Ich finde nun gar keine Gelegenheit mehr, mit ihm
zu sprechen; sonst zeigten sich doch deren noch.
Heute nacht habe ich wieder von ihm geträumt; ich
gab ihm einige von meinen Gedichten zur Lektüre.
O was müßte es für ein wonniges Gefühl sein, ihm
von meinen Versen vorzulesen und zu schenken!
Wird es je geschehen? Ich fühle mich, ich fühle, daß
ich etwas sein kann in der Freundschaft. Er würde
nicht mit mir betrogen sein. Wie viel besser würde
ich seinen Umgang zu schätzen wissen als alle, die
ihn jetzt umgeben.

23. März 1816. München.

Ich bin verloren! Deutlich seh' ich's und klar, daß
ich verloren bin. All meine Bestimmung, all meine
Denkkraft hab' ich eingebüßt; nur an einen einzigen
Gegenstand kann ich Tag und Nacht denken, und
somit kann ich nicht mehr leben. Lacht, spottet,
verhöhnt mich, ihr Menschen, aber ich kann nicht
anders. Durch anhaltende Arbeit hoffe ich diesen
letzten Streich noch abzuwenden; ich hatte mir
auch wirklich etwas Großes vorgenommen, aber
auch dies ist mir versagt, da es mir an Zeit mangelt.
Ich muß nämlich täglich vier bis fünf Stunden mit
noch anderen Offizieren in der Regimentsbiblio-
thek zubringen, wo uns der Major Kandler ein
vorläufiges Exerzierreglement in die Feder dik-
tiert. Diese meinen Geist ganz unbeschäftigt las-
sende Beschäftigung drückt mich vollends zu Boden, da sie meine Gedanken nicht festhält und sie
ihrer brütenden Melancholie überlassen.
   Ein Traum, ein unglückseliger Traum gab die
Veranlassung zu diesem allem, aber ich sah diese
Nacht, daß ein Traum eines Traumes Werk nicht

auszulöschen vermag. Ich träumte nämlich diese
Nacht von Hornstein und sah ihn als einen schänd-
lichen, lasterhaften Menschen, der mich mit der
herzlosesten Kälte behandelte. Aber was half es?
Als ich aufwachte, hielt ich ihn nach wie vor für
den edelsten, besten Menschen. Ich sprach heute
mit ihm auf der Parade; ich redete ihn zweimal an;
aber ich merkte nur zu sehr, daß ich ihm nichts bin.
Er wird sich nie um mich kümmern. Kaum daß er
mir Antwort gab. Oh! In einer solchen Lage war
ich nie! Mit all meiner Anstrengung vermag ich
ihm nichts zu sein, ihm nichts zu geben. Ich
glaubte, daß mir nur die Gelegenheit mangelte, mir
mangelt sein Herz. Er fühlt nicht mehr für mich,
als ich damals für ihn fühlte, als er mir noch
gleichgültig war. Kann ich's ihm verargen?

Nur ein Mittel ist noch übrig, mich aus diesem
Drang zu führen, nur ein sicheres Mittel – der Tod.
Der Tod, sage ich, es sollte heißen – der Selbstmord. Noch schaudert mir vor diesem Gedanken,
der sich heute zuerst in mir gebildet; aber ich will
mich so vertraut mit ihm machen, daß es mich
nicht mehr schaudern soll! Ich will mir das Bild des
Todes so sanft, so mild ausmalen, daß ich es gern
umarme. Mag der Selbstmord die feigste Handlung auf Erden sein, ich gebe meinen guten Ruf
verloren unter den Menschen; was liegt mir daran,
wenn ich nicht mehr bin? Ich wollte leben, wenn ich
leben könnte; aber dies elende Dahinschleppen ist
nicht «leben» zu nennen, es ist ein tödliches Leben.

Man würde mich falsch verstehen, wenn man
meinte, daß Hornstein mich zu diesem Schritt
zwänge. Nein – es ist Lebensüberdruß überhaupt,
es ist das Gefühl, daß ich nichts auf Erden nütze,

daß der erste beste meine Stelle im Staat vertreten
könnte, daß die Pflichten meines Standes und sein
Kleinigkeitsgeist mein Herz und meinen Geist
nicht auszufüllen vermögen, daß sie mich mehr
beugen als aufrichten. Würde mir mein Vaterland
eine andere Bestimmung geben, mit welcher Em-
sigkeit wollte ich mich an sie machen, wie sollte
mir jeder schwermütige Gedanke verschwinden –
so aber unterlieg' ich. Es ist daher nicht Leidenschaft, die mich an diesen Abgrund führt; aber sie
hat mir vollends den letzten Rest meiner Lebens-
kraft geraubt. Mit Wilhelms Freundschaft wollte
ich alles tragen, alles dulden, alles tun; nichts sollte mir zu schwer sein. Kein Geschäft sollte mir
zu drückend, zu kleinlich sein, wenn mir nur die
Erholung zuteil würde, zuweilen freundschaftliche
Worte zu ihm reden zu dürfen. Aber es sollte nicht
sein. Er hätte alles aus mir machen können.

　　Der Schritt, den ich vorhabe, soll kein übereilter
sein. Ich will erst noch alles versuchen, was in
meiner Macht steht. Gelingt es mir, seine Neigung
zu erhalten, so kehre ich mit tausend Freuden ins
Leben zurück! Gelingt es mir aber nicht, und reist
mich kein plötzliches Ereignis aus meiner Lage, so
wird mir Gott verzeihen, wenn ich das Grab suche.
Ich ertrag' es nicht, die glühendste Sehnsucht zu
nähren ohne alle Hoffnung. O Wilhelm, wärst du
mir gut, was wollt' ich dir sein, wie wollte ich dich
lieben!

　　　　　　　　　　　25. März 1816. München.

Was ich vorgestern schrieb, kann beweisen, wie
weit sich der menschliche Geist und durch welche Anlässe er sich verirren kann. Nichts glich

meiner melancholischen Stimmung am vorgestrigen Abend. Jetzt habe ich mich zwar von jenen
schrecklichen überspannten Ideen ermannt; aber
noch bin ich nicht geheilt, und ich stehe nicht
dafür, daß ich nicht wieder dahin zurückkomme.
Ich war höchst ungerecht gegen die Vorsehung,
die mir so viel gegeben hat, obgleich nicht seine
Freundschaft. Schnizlein meint, daß ich Zeit und
Gelegenheit abwarten soll; aber wie kann ich warten, da mich beständige Unruhe umhertreibt?
Wenn ich gewiß wüßte, daß Wilhelm jener edle
Mensch wäre, für den ich ihn halte, so würde ich
ihm schreiben. Aber aufs Geratewohl kann ich's
nicht wagen. Übrigens, wenn mir nicht die Gelegenheit fehlte, so würde ich ihm längst ohne Scheu
gesagt haben, daß ich an ihm teilnähme und seine
Bekanntschaft wünschte. Aber so gut wird es mir
nicht. Auf der heutigen Parade sprach ich zweimal
mit ihm; aber leider ohne Erfolg. Seine Zerstreuung, Einsilbigkeit und Mangel an Artigkeit gegen
mich waren mir auffallend und kränkten mich tief.
Wäre er immer so gewesen, nie würde es so weit
gekommen sein. Doch eben weil ich glaubte, daß
er teil an mir nähme, interessierte ich mich für ihn;
bei ihm war es nur eine vorübergehende Laune,
und ich muß sie nun so teuer büßen. Verdank' ich
auch seiner guten Laune einige günstige Augenblicke, so ließ er mir doch seine üble die letzte Zeit
her hart genug fühlen. Ich Tor! der ich von Erwiderung träumte! Seine gänzliche Kälte wird nach
und nach meine Neigung schwächen, und so werden alle diese Leiden und Wünsche zu nichts führen. O daß ich in sein Herz sehen könnte, mir wäre
geholfen!

Gestern erhielt ich mit einem Briefe von zu Hause auch einen von Madame Michelleau aus Nemours in Antwort auf den meinigen. Sie wünscht, daß ich ihr auch künftig Nachrichten von mir geben möchte, und schickt mir Grüße von Herrn Morisseau und der englischen Dame.

Um mich zu zerstreuen, machte ich gestern einige Besuche und war unter andern bei Frau von Harnier, wo ich Perglasens beide Brüder, die seit einiger Zeit hier sind, antraf. Perglas selbst war lange krank.

Ich sah gestern auch noch manche andere Bekannte, wie Sprety, Lemus, Krailsheim, Speßardt, und auch heute im abonnierten Konzert, wo ich mich ziemlich gut unterhielt, da mir besonders ein Oboenkonzert, von Fladt[1] vorgetragen, und ein Sextett viel Vergnügen machte; aber weder an Menschen noch leblosen Dingen nehme ich mehr warmen Anteil.

26. März 1816. München.

Soeben vollendete ich die Lektüre folgenden Buches: «De l'homme, de ses facultés intellectuelles et de son éducation, ouvrage posthume de Mr. Helvétius»[2]. Dies Werk machte mir viel Vergnügen und bereicherte mich mannigfach, obgleich ich nicht immer den Ideen des Verfassers meinen vollen Beifall geben konnte. Wenn er aber in seiner Vorrede sagt: «L'amour des hommes et de la vérité

---

[1] Anton Fladt (1775–1850), Mitglied der Münchener Hofkapelle und erster Oboenvirtuose seiner Zeit
[2] Claude Adrien Helvétius (1715–1771), der Hauptvertreter der sensualistischen Philosophie in Frankreich. «De l'homme» wurde erst 1773 in London herausgegeben.

m'a fait composer cet ouvrage»[1], so wird ihm jeder seiner Leser glauben; denn seine reine menschenfreundliche Absicht leuchtet überall hervor. Hätte er die Französische Revolution voraussehen können, so würde er nicht so oft von dem entfernten Nutzen seines Buches geschrieben haben. Die Franzosen hätten wirklich ausführen können, was er ausgeführt wissen will. Was mir, so ein eifriger Protestant ich bin, an ihm nicht gefällt, ist der gar zu leidenschaftliche Haß gegen die Geistlichkeit und die katholische Kirche. Es möchte gut sein, daß er sie ohne alle Schonung behandelt und ihre ganze Verderblichkeit für den Staat an den Tag legt, allein er sollte doch nicht immer wieder auf dasselbe zurückkommen. Jedoch war zu seiner Zeit dieser Haß vielleicht ebenso natürlich, als er in unserer überflüssig sein würde, zum mindesten in Deutschland. Oft gebraucht Helvetius auch ganz passende Waffen für die Verteidigung seiner Sache. Er sagt zum Beispiel einmal: «Si les prêtres en général sont si cruels, c'est que jadis sacrificateurs ou bouchers, ils retiennent encore l'esprit de leur premier état.»[2] Solche Bemerkungen könnten höchstens in einem rhetorischen, aber sie dürfen in keinem philosophischen Werke stattfinden. Übrigens tut man Helvetius unrecht, wenn man ihn einen Atheisten nennt, er ist es zum wenigsten nicht in seinen Schriften und spricht immer mit Verehrung von der Lehre Jesu. Er hat gewiß mehr

---

[1] «Die Liebe zu den Menschen und zur Wahrheit war für mich der Antrieb zu diesem Werk.»
[2] «Wenn die Priester im allgemeinen so grausam sind, so weil sie einst Opferpriester und Schlachter waren und sich diesen ersten Geisteszustand bewahrt haben.»

Verstand und Vielseitigkeit gehabt als der seichtere
Voltaire, den er, ich weiß nicht warum, sehr hoch
schätzt. Die Hauptideen, die Helvetius durchzu-
führen versucht, sind, daß bei der Geburt alle
Menschen gleich sind, das heißt, daß sie alle eine
«égale aptitude à l'esprit»[1] haben und daß man nicht
mit Fähigkeiten und Talenten geboren wird, sondern daß es die Erziehung (im weiten Sinne des
Wortes) allein sei, die uns zu dem mache, was wir
sind. «L'éducation», sagt er, «peut tout.»[2] Daraus
erhellt, wieviel größere Sorge die Regierungen für
die Erziehung ihrer werdenden Bürger tragen sollen. Er erklärte ferner, wie Rochefoucauld, den
Eigennutz als die Triebfeder aller Handlungen und
daß es also das erste Augenmerk eines Souveräns
sein müsse, das allgemeine Interesse des Staats mit
den Privatvorteilen der Bürger zu vereinigen. Gute
Gesetze, meint er, könnten alles aus dem Menschen
machen. Das öffentliche Wohl nennt er das vorzüglichste und einzig notwendige Gesetz. «Salus
populi suprema lex esto», und er hält es für viel
umfassender als das Gebot: «Was du nicht willst,
was man dir tue, tu auch keinem andern.» Die
Erfüllung jenes Gesetzes heißt ihm Tugend. Und
so bringt er dies Wort dem alten Virtus der Römer
näher, das mehr Bezug auf Vaterlandsliebe hatte als
das, was wir jetzt «Tugend» nennen.

Im Anfange des zweiten Bandes widerlegt der
Verfasser mehrere Meinungen Rousseaus, besonders die Lobsprüche, die jener der Ignoranz gibt.

Wenn Helvetius der physischen Liebe den Vor-

---

[1] «gleiche Neigung zum Geist»
[2] «Die Erziehung kann alles.»

zug über die platonische gibt, so werden ihm wohl
viele recht geben, die meisten davon aber ihrer
rohen Gesinnungen wegen und nur weniger aus
männlicher Tätigkeit, eine Eigenschaft, welche der
platonischen Liebe keine lange Herrschaft in der
Seele einräumt.

Der Stil des Helvetius ist angenehm und zuweilen blühend und kraftvoll. Er hat die englischen
Philosophen im Originale gelesen und ihre Sprache verstanden. Hierbei ist denn zu verwundern,
daß er, im Kapitel über das Erhabene, Stellen von
Corneille und nicht lieber von Shakespeare an-
führt, der doch davon unendlich reicher ist.

28. März 1816. München.

Fortwährend fühl' ich mich noch unglücklich.
Könnt' ich weinen, ich würde mich glücklicher
fühlen, ich würde glücklicher sein, als wenn ich
alles vergessen könnte. Tränen machen dem Herzen Luft, aber das meine ist gepreßt wie ein schwer
Atmender. Die einzige Hoffnung bleibt mir noch,
daß, wenn Hornstein wüßte, wie sehr ich ihm gut
bin, er mir günstiger sein würde; aber noch sagte
ich es ihm nicht, noch ließ ich es ihn nicht merken.
Wann wird sich hierzu Gelegenheit bieten? Vorgestern kam er auf die Wache, ich wollte ihn gestern
abend besuchen, kam aber eben zur Unzeit, als er
ohnehin schon ganz umgeben war, so daß ich
unverrichteter Dinge wieder weg ging, nachdem
ich ihm nur guten Abend gewünscht hatte, was er
mir erwiderte. Gestern sah ich ihn den ganzen Tag
nicht. Heute auf der Parade versäumte ich den
rechten Augenblick, mit ihm zu sprechen. Und
dieser kam nicht wieder. Ich hätte ihm so vieles zu

sagen gehabt, es bot sich mir so manches dar! O
wie kränkte es mich, daß er wegging, und sogar
allein, aber ich noch an meinen Hauptmann gehalten war und noch nicht fortgehen durfte. Dennoch
hat er mir einige Worte heute im Gespräch mit
anderen gesagt. Als nämlich die Rede davon war,
daß wir nun täglich von sieben bis elf Uhr am
Exerzierreglement schreiben müßten, wandte sich
Dufresne an Hornstein, da ich eben dabeistand,
und sagte ihm, daß ich nun keine Zeit mehr hätte,
Verse zu machen, worauf sich Wilhelm an mich
wandte und mir dasselbe wiederholte, indem ich
hinzufügte, daß ich nun meine Verse bei der Nacht
schreiben müsse. Ich erwiderte ihm aber keine
Silbe darauf, obgleich sich wohl manches hätte
sagen lassen, wie mir hinterher einfiel. O guter
Wilhelm, wie manchen Vers ich schon bei Nacht,
und zwar an dich, schrieb.

Ich bin nicht der einzige, der sich sehnend verzehrt. Diesen Morgen erhielt ich einen Brief von
meinem Freunde Xylander aus Ansbach, wo er
eben durchreiste, da er bei einer Vermählungsfeier
in Nürnberg war. Sein Brief ist kurz, und unter
anderem sagt er zur Entschuldigung: «Auch mußt
Du mir etwas zugute halten, denn Dein Freund ist
unendlich verliebt!» Später schreibt er: «Ich fand
ein tugendhaftes und edles Mädchen, mit einem
Charakter, wie ich ihn mir wünsche, mit einer
häuslichen Erziehung, wie sie jetzt selten ist.» Also
auch ihn zieht Liebe. Ich fühle mich um vieles
genähert, da ich erfahre, daß er Liebe fühlt. Ich
habe nie geliebt, aber ich empfinde, was es heißen
muß. Glücklicher Mensch, wie beneide ich dich!
Du weißt, daß es etwas Vortreffliches ist, was du

verehrest. Deine Liebe umhalst die Vernunft. Vielleicht wirst du einst dein eigen nennen, was dich magnetisch anzieht; vielleicht wirst du einst am Busen ruhen einer edlen Frau. Du hast so viele Vorzüge, warum solltest du nicht wiedergeliebt werden? O du gewaltiger Amor, mit wie viel tausend und tausend Schlingen durchwebst du die ganze Welt! Wen bannst du nicht in deinen Zauberring? Mich nicht. Zwitterhafte Gefühle nährst du in meinem Busen, vor denen mancher schaudern würde; aber Gott weiß es, meine Neigung ist rein und gut.

Es war heute der Stiftungstag der hiesigen Akademie, weswegen daselbst diesen Abend zwei Vorlesungen statthatten, denen ich mit noch einigen Offizieren des Regiments beiwohnte. Die erste hielt Herr Koch-Sternfeld über die Kriegsgeschichte Bayerns, die zweite Herr Thiersch über die älteste Epoche der griechischen Kunst, worin er dartut, daß sie eigentlich von den Ägyptern stamme und wie es komme, daß sie so lange auf ein und derselben Stufe stehenblieb. Stil und Vortrag gefiel mir sehr wohl, nicht so bei Herrn Koch, der im häßlichen bayrischen Dialekte las. Auch schien er mir seinem Zwecke bei weitem nicht ganz zu entsprechen und auch keine besondere Gelehrsamkeit noch eigenes Talent zu verraten. Doch fälle ich, als ein junger, ungelehrter Mensch, gar kein Urteil, auch wäre es lächerlich, wenn ich es tun wollte.

Von der Akademie führte uns Saporta zu einem Korporale unseres Regimentes, der ein sehr geschickter Mensch ist, was die abstrakten Wissenschaften betrifft, und der eine Maschine erfunden hat, um die Beleuchtung der Erde und des Mondes

von der Sonne zu versinnlichen. Diese Maschine ist
wirklich sehr zweckmäßig. Er wird sie dem Kronprinzen dedizieren, und ich zweifle nicht, daß für
ihn gesorgt werden wird. Der Korporalstock und
das Studium sind freilich sehr ungleiche Genossen.
Dieser Mensch heißt Wimmer und wurde in der
Kadettenschule zu Wien erzogen.

In den Zeitungen las ich heute die Vermählung
der Prinzessin Friederike von Preußen mit einem
Prinzen von Anhalt-Dessau. Sie ist die Nichte des
Königs und die Tochter der Herzogin von Cumberland. Ich merke es deswegen an, weil ich mich
noch sehr gut erinnern kann, mit ihr als Kind auf
dem Ansbacher Schlosse gespielt zu haben, als ihre
Mutter daselbst als Fürstin Solms lebte. Der erste
Mann derselben war der Prinz Louis von Preußen.

29. März 1816. München.

Herr von Gohren brachte mich heute zu einer
englischen Dame, die er kennt und die sich seit
längerer Zeit hier aufhält, und welche mich zu
sehen wünschte, da ich ihr in der Schweiz durch
eine Freundin meiner Mutter empfohlen worden
bin. Sie brachte den Winter hier mit ihrem Manne
zu, der Oberst in englischen Diensten ist. Sie heißen Dashwood. Beide nahmen uns sehr freundlich
auf. Überhaupt scheint mir eine gewisse arglose
Gutherzigkeit im Charakter der Engländer zu liegen, wie mir auch schon Wiebeking versichert hat,
eine liebenswürdige Offenheit. Beide sind noch
in den besten Jahren und reisen zusammen durch
Europa, das Familienglück, gleichsam das Glück
der Heimat mit dem heiteren Leben unbefange-
ner Reisenden vereinigend. Sie würde vielleicht in

England für hübsch gelten, allein ich bekenne, daß
ich mich nicht auf die englische Schönheit verstehe. Alle Engländerinnen, die ich sah, waren
mager und bleich, doch haben sie etwas Ausgezeichnetes vor allen anderen Weibern, und ich
glaube nicht, daß man sie für eine andere Lands-
männin halten könne. Der Oberst, Herr Dashwood, ist ein angenehmer junger Mann mit einer
edlen und sehr geistreichen Gesichtsbildung. Als
wir weggingen, drückte er uns die Hand nach
englischer Sitte. Herr von Gohren sagte ihnen
zwar, daß ich englisch spräche, doch unterhielten
wir uns beständig in französischer Sprache (die sie
mittelmäßig redeten), da ich nicht anfangen wollte,
englisch zu sprechen, weil ich ohnehin nur ein paar
Worte hätte reden können und weil sie nicht hier
bleiben, sondern schon bis künftigen Dienstag,
und zwar nach Baden, abreisen. Das hiesige rauhe
Klima sagt ihnen nicht zu, und sie wollen den
Frühling in schöneren Gegenden hinbringen, obgleich sie den Winter über sich hier sehr wohl
gefielen; wie sich denn jedermann in München
gefällt. Es tut mir sehr leid, daß ich ihre Bekanntschaft nicht früher gemacht habe; es würde mir
zum großen Nutzen und Vergnügen gereicht haben.
Mit den beiden Graingers rede ich nur so wenig
englisch, da sie mich nicht interessieren und ich daher nicht näher mit ihnen bekannt bin. Jene Familie würde ich öfters besucht haben, und es war ein
günstiger Zufall, daß ich der Lady empfohlen war.

Mit Hornstein bin ich noch nicht glücklicher. Auf
der Parade grüßte ich ihn im Vorbeigehen und er
mich wieder im freundlichen Tone; aber das ist

auch alles, und das führt zu nichts. Eine einzige Gelegenheit, bei der ich ihm meine Teilnahme werktätig oder auch nur in Worten zeigen könnte, würde alles entscheiden.

25. April 1816. München.

Dieser Tage habe ich Goethes «Torquato Tasso» wieder gelesen, und er hat mich bezaubert. Das Goethesche Talent ist nicht so blendend als das Schillersche; allein je näher man es betrachtet, desto mehr fühlt man sich dafür eingenommen. Goethes originaler Genius hat uns in dem «Torquato Tasso» mit einem Schauspiele beschenkt, wozu man bei anderen Nationen nicht leicht ein Seitenstück finden wird, welches ihm gerade nicht zur Ehre gereicht. Dies Stück hat, wie «Nathan der Weise», die Form einer Tragödie, ohne eigentlich im wahren Sinne eine zu sein. Man bringt kein warmes Herz für ein Schauspiel mit, von dem man sieht, daß ihm eine moralische oder philosophische Idee zum Grunde liegt, zu deren Ausführung wir sich die Menschen wie Marionetten willenlos bewegen sehen. Was man Effekt auf der Bühne nennt, kann der «Torquato Tasso» nicht wohl hervorbringen, und dies ist doch Haupterfordernis für ein dramatisches Werk. Das Publikum, das er erfordert, ist viel gebildeter als eines in der Welt. Die allzu häufigen Sentenzen sind auf dem Theater ganz unpassend, wo man die Menschen handeln und nicht will philosophieren sehen, um sich die Moral selbst aus ihren Handlungen zu ziehen. Im «Tasso» reiht sich eine Sentenz an die andere. Wie sehr entschädigt uns aber Goethe für diese Mängel durch die zarte und sinnige Ausführung des ganzen Stücks. Das Pikanteste darin ist der Widerstreit von Tassos und Antonios Charakter. Beide sind sie edle Menschen, allein man fühlt zu wohl, was die Prinzessin sagt:

> Sie können ewig keine Liebe wechseln. [III, 2]

Ach, auch ich kenne solche Antonios, die dem glühenden, fühlenden Herzen ihre schroffe Besonnenheit entgegensetzen! Wer empfände nicht die Wahrheit jener schönen Stelle:

> Wem die Grazien fehlen,
> Der kann wohl viel besitzen, vieles geben;
> Doch läßt sich nie an seinem Busen ruhn. [II, 1]

Manches noch dunkle Gefühl wurde mir durch diese Verse klar. Tassos Charakter ist trotz seiner Mängel immer noch liebenswürdiger als Antonios kluge Tugenden. Tasso ausgenommen, sind die übrigen Personen gar zu leidenschaftslos und hellsehend für theatralische Charaktere.

Goethes Jamben strömen nicht wie die Schillerschen, doch gleiten sie lieblich vorüber. Nur selten stößt man auf Härten, doch findet man in diesem ätherischen Stücke zuweilen allzu prosaische Ausdrücke. Sehr schön ist, was Antonio von dem unsterblichen Ariosto sagt.

Außerdem habe ich auch noch die «Lila» gelesen, die in demselben Bande war. Es ist eine ziemlich unbedeutende Operette, wenngleich von Goethe. Man sieht die Heilung einer Wahnsinnigen, ohne sie eigentlich begreifen zu können.

26. April 1816. München.

Jeder, dem vielleicht durch Zufall diese Blätter in
die Hände fallen sollten, wird nicht umhin können,
meine weiche, unfeste und unglückliche Gemütsart zu verachten, die so schnell von allem hingeris-
sen wird. Dennoch scheue ich mich auch jetzt noch
nicht, zu sagen, daß mir Brandenstein unendlich
wert ist und daß mich seine nähere Bekanntschaft
beglücken würde. Ich lege nun einmal meine sü-
ßesten Hoffnungen auf das blonde Haupt dieses
Jünglings nieder, und der Mensch ist noch immer
beneidenswürdig, der noch immer etwas mit Hef-
tigkeit wünschen kann und dem die ungemeine
Schalheit und Gehaltlosigkeit des Lebens nicht bereits alles vergällt hat. Glücklich, wer seine Glückseligkeit noch in etwas zu finden hofft, denn wie
wenig besitzt der Mensch! Wie mangelhaft und
vergänglich ist alles, was wir haben, wie schwan-
kend und ungewiß alles, was wir wissen. Die
einfachsten Dinge begründen wir nicht, nach allen
Punkten hin ist unser Geist beschränkt, wir kennen
nicht einmal unsere Bestimmung, wir wissen nicht
einmal, was Recht und Unrecht, Tugend und Laster sei; denn jeder legt in diese Worte einen besonderen Sinn. Die Wahrheit ist nichts anderes als ein
hohler Schall; denn die Sache selbst war nie auf der
Erde zu finden. Wir wissen nicht einmal, was wir
werden, wenn wir den längsten Schlaf tun. Da wir
nun gar nichts wissen, so mag es besser sein, uns an
das zu halten, was wir fühlen. Die beste Lebensweisheit scheint mir, uns so viele Freude zu machen als wir können, insofern dies mit unserem
inneren Frieden und unserer Seelenruhe bestehen
kann, die uns nie verlassen dürfen, weil sie das

einzige sind, was uns in den Stürmen des Schicksals
emporhält. Mir scheint nun die vollkommenste
Freude weder in der tierischen Lust noch in jener
empfindelnden, vergänglichen Liebe, noch in der
leblosen Wissenschaft und einsamen Kunst allein,
sondern vor allem in einer zärtlichen, vertrauten,
vernünftigen Freundschaft zu liegen. Ihre Neigung
kann innig und warm sein, ohne Empfindelei, ihre
wechselseitigen Gespräche sind die Würze des Lebens. Diesem Brandenstein, wenn er wirklich ist,
was ich glaube, und wenn er mich lieben kann,
möchte ich mein ganzes Dasein widmen. Allein,
solche Hoffnungen werden niemals erfüllt werden.
Ich weiß im voraus, daß ich ihn nie werde kennenlernen, ich sehe ihn nicht einmal. Wenn ich in der
Tat wüßte, daß er ein edler Mensch wäre, so würde
ich keinen Augenblick anstehen, ihn um den Genuß seines näheren Umgangs zu bitten. Aber so ...

27. April 1816. München.

Nach Lichtenbergs Beispiel habe ich mir ein so-
genanntes Waste-book (Sudelbuch) angeschafft,
worin ich alle in mir entstehenden Ideen, Pläne,
Ansichten, Bemerkungen über verschiedene Gegenstände ohne alle Ordnung eintrage, wenn ich
sie nämlich einer Aufzeichnung einigermaßen wert
halte. Später sollen sie dann hier oder auch an
einem besonderen Orte geordnet und vervollstän-
digt werden, wenn sie Farbe halten. Alles um uns
her bietet so vielerlei Stoff zu Betrachtungen, und
man schreibt ziemlich viel, wenn man sich nicht
auf einen Gegenstand besonders einschränkt. Meinen Diarien geschieht durch jenes Waste-book
kein Abbruch, da ich sehr selten dergleichen ein-

zelne Gedanken, wie sie gewöhnlich auf Spaziergängen entstehen und leicht wieder entschlüpfen,
hier aufzeichnete, da diese Blätter immer einen
gewissen Zusammenhang behielten und schon
deshalb nicht so reich an Reflexionen sein konnten,
weil es nur allzu häufig geschah, daß ein einziger
Gegenstand, alles andere neidisch ausschließend,
sie erfüllte und sie dadurch an Mannigfaltigkeit
verlieren mußten. Aber vielleicht dienten sie desto mehr, die Seltsamkeiten und Schwächen des
menschlichen Herzens in aufrichtiger Treue zu
entfalten. Obgleich mich die Musen in gegen-
wärtigem Augenblicke wieder feiern, so fühle ich
doch, daß mein Geist sich viel freier und kräftiger
erhebt, seitdem ich mich den schnöden Banden,
in die mich die Neigung zu Wilhelm geschlagen,
entwunden habe. Brandensteins Bild schwebt mir
viel reiner und milder und lieblicher vor, so daß es
mich eher heiter als trüb macht. Doch wer weiß, ob
es immer so bleiben wird.

*

3. Juli 1816. Schaffhausen.

Wahrscheinlich fahre ich nun heute mittag mit
jenen zweien Pädagogen nach Zürich, da es noch
beständig regnet. Ich lernte nun auch den jüngeren
Bruder kennen, oder ich glaube, es ist vielmehr der
ältere. Professor Müller wird ihnen einen Wagen
besorgen. Ich sehe traurig in die Zukunft; diese
schlechte Witterung, welche die Zeitungen den
Sonnenflecken zuschreiben, wird mir manche
Freude verderben. So geht es mit unseren Be-
schlüssen. Der Mensch denkt's, Gott lenkt's.

Denselben Tag zu Zürich.

Hier bin ich denn wirklich in Zürich, wo ich diesen
Abend gegen neun Uhr mit meinen beiden Begleitern ankam; in dieser Stadt, ihrer Sitteneinfalt wegen so berühmt, wo es jetzt lebhafter als sonst ist,
da die Tagsatzung sich hier versammelt und man
Gesandte aus allen Kantonen findet. Hier lebten
Zwingli, Lavater, Bodmer, Geßner, weise und
sanfte Männer; hier durch diese Straßen wandelten
sie, an den Ufern dieses lieblichen Sees.

Heute, gleich nach dem Mittagessen, reiste ich mit
den beiden Doktors Bernhardt (so heißen meine
Begleiter, welche beide Schulinspektoren, der eine
zu Halle, der andere zu Potsdam ist) von Schaffhausen ab. Bei Tische waren jene beiden Engländer
wieder zugegen, wie auch jener ältliche Herr, welcher der Oberst Zastrow aus Hannover ist. Ich
nannte ihm daher meinen Namen. Er kennt meine
Familie genau und sprach von ihren Besitzungen.
Was meine Reisegefährten betrifft, wovon der eine
ziemlich kränklich ist, so mögen sie in ihrem Fache
sehr gelehrt sein; allein in manchen Stücken schienen sie mir doch ein wenig pedantisch, wie alle
Leute, die bis in ihr dreißigstes Jahr vielleicht auf
ihrer Schreibstube sitzen. Oft ist ihr Arbeitszim-
mer die Welt, aus der sie Stoff für die Bildung der
Jugend schöpfen. Aber es ist nicht jedermanns Ge-
schick, sich früh unter die Menschen zu mischen.
Wir hatten einen Lohnkutscher genommen, der,
obgleich er so teuer als möglich war, doch in einem
Nachmittag hierherfuhr, was sehr viel ist für einen
Schweizer Fuhrmann. So sehr pocht ihre Bequemlichkeit auf das Bedürfnis der vielen Reisenden.

Wir kamen noch am Rheinfall vorbei, den meine Reisegefährten besuchten, da sie ihn noch nie gesehen hatten. Noch einmal beschaute ich dieses königliche Spiel der Natur und hörte das Donnergetöse. Unser Weg führte uns eine Strecke weit zurück in das badische Gebiet. Er ging über Jestetten, Eglisau, Bülach und Kloten. In Eglisau mußten wir uns, des bequemen Kutschers wegen, eine geraume Zeit aufhalten. Es ist ein häßlicher Ort, aber sehr schön gelegen, in einer fruchtbaren Gegend am Rhein, über den eine herrliche bedeckte Brücke führt. Ich sagte dem Vater der Ströme Lebewohl, da ich ihn so bald nicht mehr sehen werde. Bülach und Kloten liegen an der Glatt; letzteres ist ein ansehnliches Dorf. Das Getreide stand auf dem ganzen Weg sehr schön.

Hier wohne ich im «Schwert» (vielleicht dem ersten Gasthof der Schweiz, der auch wirklich seinesgleichen sucht) vortrefflich, und zwar im ersten Stock, wo sich mir die herrlichste Aussicht über den Züricher See darbietet, der jetzt, von den Lampen der gegenüberstehenden Häuser beschimmert, nächtlich, aber hörbar rauschend vor mir daliegt.

4. Juli 1816. Zürich.

Kaum kann ich beschreiben, wie sehr ich mir in Zürich gefalle, in dieser frommen und fleißigen Handelsstadt; alles ist schön und gut, was ich von Geist, Anlagen, Merkwürdigkeiten gesehen oder gehört habe. Ich habe so vieles zu erzählen, daß ich manches vergessen werde.

Von Dingen, die sich auf den Gebrauch beziehen, merke ich an: Alle jungen Leute des Kantons Zürich sind Soldaten, und alle Monate wechselt

das Militär, während welcher Zeit die Diensttuen-
den denn auch viel exerziert werden. Rote Binden
um den Arm trägt alles Militär der Schweiz. Die
Gesandten der auswärtigen Mächte haben hier
Schildwachen vor ihren Häusern, bis auf den englischen, der keinen annimmt. Die Gesetze gegen den
Luxus der Tracht existieren zwar nicht mehr, doch
werden sie noch ziemlich gehalten. Mit Karten
wird in Zürich nicht gespielt. Statt des Namens
«Mädchen» braucht man hier den schöneren Ausdruck Töchter, also gleichsam Töchter der Stadt,
der Republik. So nennt man auch die unverheirate-
ten Frauenzimmer in der Schweiz «Züricher Töchter». Wenn eine Leiche gehalten wird, so stellen
sich die drei nächsten Anverwandten des Verstorbenen unter das Haus und reichen den anderen
Freunden und Bekannten, welche mitgehen, die
Hand.

Diesen Vormittag brachte ich teils hin, mir bei
dem Kaufmann Klauser-Mayer einen Wechsel aus-
zahlen und einen neuen Brief nach Luzern oder
Bern ausstellen zu lassen, teils in der Buchhand-
lung Orells und Füßlis, wo ich mir eine vortreffliche Karte von der Schweiz kaufte und eine Sammlung von Schweizer Landschaften betrachtete,
durch mehrere einheimische Künstler gestochen;
teils besah ich die Stadt, die aber keineswegs schön
ist und meist aus engen und steilen Gassen besteht,
desto schöner ist die Lage, desto schöner sind die
öffentlichen Gebäude, das Rathaus, die Bibliothek,
das Zunfthaus, wo getagt wird (leider bei ver-
schlossenen Türen), das Waisenhaus und andere.
Die Hauptkirchen sind das große Münster, das
Frauenmünster, die Peterskirche. Die schönste

Lage von allen Gebäuden der Stadt hat unstreitig
unser Gasthof. Er ist an einer Brücke über die
Limmat gebaut, unweit der Stelle, wo dieser Fluß
aus dem See herausfließt, auf welcher Brücke auch
der Markt abgehalten wird, was dem Ort eine neue
Lebhaftigkeit verschafft. Die Aussicht geht von
der Vorderseite, wo ich wohne, auf die Limmat
und den Züricher See mit seinen unbeschreiblich
lieblichen, blühenden, üppigen Uferhügeln, hinter
denen sich höhere und immer höhere Berge bis an
die Schneegebirge erheben. Meinem Fenster ungefähr gegenüber, wo der See endigt, steht ein Turm
mitten im Wasser, der zur Aufbewahrung der Kriminalverbrecher bestimmt ist. Sie sind gleichsam
nicht wert, mehr auf der Erde zu weilen, und
bedürfen des reinigenden Elements. Jener Turm
heißt der Wellenturm.

Die Stadt zerfällt in zwei Hälften, die große und
kleine Stadt, wovon die große am rechten Ufer der
Limmat, ihrem Lauf nach, liegt. So teilen sich auch
die Promenaden in die obere und untere. Die untere in der kleinen Stadt ist bei weitem schöner;
ich besuche sie diesen Nachmittag mit den beiden Bernhardts, nachdem wir über den Schützen-
platz gegangen waren, wo gegenwärtig ein großes
Schießen stattfindet. Auf der Promenade werden,
außer sonntagabends, nur sehr wenig Leute getroffen, weil es die Züricher nicht für schicklich halten,
sich an Werktagen als Müßiggänger zu zeigen. Wir
besuchten die Landspitze, wo man die gelbe Sihl
sich in die breite Limmat ergießen sieht. Über die
Sihl geht weiter unten eine sehr schöne Brücke,
vom nämlichen Meister wie die zu Eglisau erbaut.
Wir besuchten auch Geßners Denkmal von Berner

Marmor, mit der oben angebrachten Urne, vierzehn Fuß hoch, im einfachen, edeln Stil, wie
des redlichen Mannes seiner. Die Inschrift lautet: «Dem Andenken Geßners von seinen Mitbür-
gern», und weiter unten eine Stelle aus dem «Tod
Abels»[1]: «Billig verehrt die Nachwelt den Dichter,
welchen die Musen geweiht haben, die Welt Unschuld und Tugend zu lehren.» Weiter weg ist ein
Gartenhaus, in dem man, aus carrarischem Marmor, in Basrelief eine Stelle aus einer Geßnerschen
Idylle, von Trippel[2] aus Rom, abgebildet sieht.
Auch auf dem Denkmal findet man das Bild des
Dichters, auf welchen die Worte des lieblichen
Gresset zu gehören scheinen:

> Depuis sa flûte fut brisée
> L'Idylle perdit ses attraits.[3]

Man sieht, daß die Schweizer noch nicht aufgehört
haben, ihre verherrlichten Bürger zu ehren.

Unser Lohnbedienter, der ein sehr unterrichteter
Mensch ist (wie denn überhaupt die gemeinen
Schweizer in ihres Landes Anbetreff), führte uns
auch auf eine Bastion, welche die «Katze» heißt
und von der aus man eine gar reizende Aussicht
genießt. Man erblickt die üppigen, bis auf das

---

[1] «Der Tod Abels» des Idyllendichters Salomon Geßner
(1730–1788) erschien 1756.
[2] Alexander Trippel (1744–1793) aus Schaffhausen, der
während Goethes Aufenthalt in Rom dessen bekannte Por-
trätbüste schuf.
[3] Jean Baptiste Louis Gresset (1709–1777), vor allem als
Autor komischer Genres zu seiner Zeit sehr beliebt: «Seit
seine Flöte zerbrochen ist, hat die Idylle ihre Reize verloren.»

kleinste Fleckchen bebauten Umgebungen dieser
fleißigen und industriösen Stadt und den stillen See
und ringsum die hohen Gebirge, die sich wohl alle
freuen müssen, hinabzuschauen in ein so glückli-
ches Tal. Schon jetzt begreife ich, warum sich die
Schweizer niemals an unsere Ebenen gewöhnen.

Später gingen wir auf den Gottesacker der kleinen Stadt, wo Lavaters Gebeine ruhen. Dieser
sanfte und schwärmerische Mann wird noch allgemein geachtet. Und in der Tat, wenn alle Schwär-
mer Lavaters wären, es wäre doch wohl wenig von
dieser verderblichen Sekte zu befürchten. Nie sah
ich einen freundlicheren Kirchhof als diesen; statt
der Kreuze findet man weiße und rote Rosenstöcke
auf jedem Hügel. Unter diesen Blumen schläft der
Freund der Menschen. Ein einfacher Stein bezeichnet seine Ruhestätte: «Lavaters Grab» ist alles, was
man darauf liest, und mehr bedarf es nicht. Zwei
Tränenweiden sind auf das Grab gepflanzt, und ich
nahm einen kleinen Zweig davon als Reliquie mit
mir. Man zeigte uns auch die Peterskirche, worin er predigte, das Haus, wo er wohnte, und den
Platz, wo er den tödlichen Schuß erhielt, als er den
Streit zweier Ungestümen schlichten wollte[1]. Er
starb in seinem Berufe; sein Mörder ward nicht
bestraft, der unruhigen Zeiten wegen. Noch mit
offener Wunde predigte er, da er noch ein paar
Wochen lebte, und so blieb er geduldig und liebreich bis an sein Ende. Diesen Morgen sah ich auch
seinen Bruder.

Wir kamen auch an einem Garten vorüber, der

---

[1] Lavater erhielt die Wunde am 26. September 1799 bei der
Einnahme Zürichs durch die Franzosen. Er starb am 2. Januar
1801.

ehemals Bodmer[1] gehörte. Von dort führte uns der
Weg in die Bibliothek, ein sehr schönes Gebäude,
da es sonst eine Kirche war. Nun ist es in drei
Galerien übereinander abgeteilt, die Chroniken
enthält der unterste Saal. Dort ist auch ein Monument des Bürgermeisters Heidegger. Die merkwürdigen Handschriften konnten wir im Augenblicke nicht sehen, so auch nicht Zwinglis Bild von
Holbein, das eben ein Maler kopiert, jedoch das
seiner Frau. Man findet Konterfeien von mehreren
Bürgermeistern dieser alten Stadt, auch Geßners
und anderer berühmter Züricher Büsten. Vor allen
aber Lavaters feine, mit sprechender Kunst von
Dannecker[2] in Alabaster gearbeitet. In seinen feinen und edlen Zügen, die lebend von einer großen
Beweglichkeit zu sein scheinen, spricht sich ganz
jener milde Charakter aus, den wir an ihm verehren. Er selbst also widerlegt seine Kunst nicht. Eine
andere Sehenswürdigkeit der Bibliothek ist ein
Basrelief der Schweizer Gebirge, von einem gewissen Müller aus dem Kanton Bern gearbeitet; doch
soll es dem von Pfyffer[3] nicht gleichkommen. Der
Stoff ist Ziegelmehl mit Harz vermischt, die Seen
sind von Glas.

Schon gleich im Anfange unserer Wanderung waren wir im Waisenhause, ein sehr schönes Gebäude, das seine vordere Fassade gegen die Limmat

---

[1] Johann Jakob Bodmer (1698–1783), der Gegner Gott-
scheds und Freund und Förderer Klopstocks
[2] Johann Heinrich Dannecker (1758–1841), Stuttgarter
Bildhauer
[3] Franz Ludwig Pfyffer (1716–1802), Generalleutnant in
französischen Diensten und Topograph

kehrt. Es ward in den siebziger Jahren erbaut und
nährt hundert Waisen. Die Einrichtung gefiel mir
sehr wohl; alles ist so reinlich, so heiter, so ordentlich; die Bettstätten sind von Eisen. Auch ein Garten ist am Haus, in welchem wir eben einen Teil
der Kinder, die ihr Abendbrot verzehrten, sahen.
Später begegneten wir einem Haufen Schulkna-
ben, die zu den gymnastischen Übungen geführt
wurden. Einer der ersten Erzieher unserer Tage ist
ein Züricher – Pestalozzi. So ist denn vieles Leben
in diesem kleinen Staat. Besonders unverkennbar ist die Freimütigkeit, die unter diesen Leuten
herrscht. Statt unserer Kratzfüße und Abschieds-
komplimente drückt man sich hier, wenn man aus-
einandergeht, mit den Worten «Leben Sie wohl»
die Hand.

Später.

Ich habe noch nicht von der heutigen Table d'hôte
gesprochen; sie war sehr groß und voll. Ich traf
mehrere Personen, die ich schon kannte. Die drei
Engländer, die ich in Laufen fand, den Kriegsrat
Butzer, den ich in Konstanz verließ, den Oberst
Zastrow, der von Schaffhausen angekommen, und
endlich – Herrn von Wallmenich und die Gombarts. Sie fuhren heute morgen von Winterthur
weg und hatten sich zwei Tage in St.Gallen aufgehalten. Es überraschte mich recht angenehm, sie
hier zu finden. Anfangs entschlossen sie sich, mit
mir morgen nach Rapperswyl zu gehen und später
den Gotthard zu besteigen, nun aber haben sie
ihren Plan wieder abgeändert und wollen von hier
gleich nach dem Rigi. Ich werde mich also wieder
allein davonmachen.

Unser «Schwert»-Wirt, Felix Peter, tut alles, um seine Gäste zu vergnügen. Sowohl mittags als abends hatten wir Tafelmusik, nur war die letztere besser und zugleich mit einer Illumination verbunden, welche plötzlich durch eine geöffnete Tür sichtbar wurde. Die Musik beim Diner bestand nur aus einem Geiger, einer Geigerin und einem anderen Mädchen, das das Klarinett blies und abwechselnd Schweizer Lieder sang. Der Wirt zeigte uns auch ein dritthalbjähriges Schaf, das über dreihundert Pfund wiegt, von ganz ungewöhnlicher, wahrhaft erstaunlicher Größe und so wild, daß es nur durch einen Zaum kann gebändigt werden. So hat er auch einen Affen. Was mir in dem hiesigen Gasthofe, des Unterschieds mit Deutschland wegen, auffiel, ist, daß man nicht eine einzige Zeitung haben kann, so viele auch in der Schweiz herauskommen. Es geschieht aus Industrie. Es ist nämlich ein eigenes Kaffeehaus vorhanden, wo man Zeitungen findet und dafür ein Entree bezahlt. Übrigens gibt es kein zweites «Schwert» mehr.

*

2. August 1816. Lindau im Bodensee.

Hier beginne ich denn das elfte Buch dieser Lebensblätter; wird mit diesem das Reich der Vernunft beginnen? Werden nicht auch in diesem Zeitraum meines Lebens, wie in dem vergangenen, Verblendung und Torheit ihre Rollen spielen? Ich verzweifle an meinem Wert und ob je noch etwas aus mir werden könne. Ein paar meiner Freunde scheinen es zu glauben; ich glaub' es nicht. Nur die Worte der Prinzessin im «Torquato Tasso» gewähren mir einigen Trost:

O blicke nicht nach dem, was jedem fehlt,
Betrachte, was noch einem jeden bleibt! [III, 2]

Diesen Morgen verließ ich die Schweiz; Gott weiß, auf wie lange. Unsere Seefahrt war nicht ganz ungünstig, zum mindesten hatten wir meist das Segel aufgespannt; dennoch brauchten wir volle fünf Stunden von Rorschach hinüber. Es waren gegen vierzig Personen im Schiff. Wir kamen nahe an Stad vorbei und überfuhren den Rhein, dessen strömendes Wasser sich von dem ruhigen See unterscheidet. Die hügeligen Seeufer sind meist schön und lieblich. Bregenz liegt hübscher als Lindau. Auch hier hat das starke Wasser manche Beschwerde verursacht. Ich wohne abermals in der «Krone», und zwar in demselben Zimmer wie das letzte Mal, die Aussicht nach dem See zu. Lindau ist mir auch insoferne wert, als ich hier zuerst die nähere Bekanntschaft meiner drei Reisegefährten machte, mit denen ich manche vergnügte Stunde genoß.

3. August 1816. Lindau im Bodensee.

Die Vorsehung und waltende Güte Gottes, die wir blinden Menschen so oft verkennen, offenbart sich zuweilen besonders in jenen Dingen, die wir im ersten Augenblicke mit dem Namen «Übel» zu belegen geneigt sind. Auf meiner Schweizer Reise erhielt ich davon viele Beweise, die hier nicht am unrechten Orte stehen werden, obgleich sie an das Ende meines vorigen Heftes gehört hätten.

Daß sich mein Urlaub so lange verzögerte, hielt ich für einen großen Querstrich; dennoch trug dies bei, daß ich meine Vorbereitung der Reise weiter ausdehnte, daß ich in einer einigermaßen günstigen

Jahreszeit in die Schweiz kam und daß ich auf dem
Postwagen mit meinen nachmaligen Reisegefährten zusammentraf. Weit mehr noch klagte ich über
den ungünstigen Wind zu Lindau. Gleichwohl verursachte er meine nähere Bekanntschaft mit den
Gombarts und mit dieser Stadt selbst und ihren
Umgebungen. Statt einer langweiligen Seefahrt
auf einem Botenschiff ward mir die schöne Reise
am See hinauf nach Mörsburg und von da die
liebliche Fahrt nach Konstanz hinüber. Ich war mir
selbst und der Natur überlassen, während ich dort
vielleicht in Gesellschaft von Kornjuden gewesen
wäre, deren lümmelhafte Unerträglichkeit ich gestern zur Genüge kennenlernte. Daß ich in Konstanz mit dem eben vorüberfahrenden Schiff nicht
abfahren konnte, ärgerte mich, da ich die Stadt
noch nicht gesehen hatte. Aber hätte ich sie auch
gesehen gehabt und wäre abgefahren, so würde ich
den schönen Spaziergang nach der Insel Mainau
versäumt haben. In Schaffhausen, obgleich ich den
Rheinfall bei schönem Wetter sah, war ich doch in
Verzweiflung über das schlechte, das darauf folgte
und mich zurückhielt. Aber wäre ich abgereist, so
würde ich die Bekanntschaft der beiden Herren
Bernhardt und folglich auch die des Herrn Nägeli
nicht gemacht haben; und ich hätte die Gombarts
in Zürich nicht getroffen, was doch gewiß von
Einfluß auf meine ganze Reise war. Ich würde gar
nicht in ihrer Gesellschaft gereist sein, keinen so
großen Teil der Schweiz gesehen und wahrscheinlich auch auf dem Rigi kein so schönes Wetter
getroffen haben, hätte mich der Regen, den ich
verwünschte, nicht abgehalten, nach Rapperswyl
zu fahren, welchen Weg ich ohnedem, und zwar

ungleich schöner, auf meiner Rückreise gegangen bin. Hätten wir in Brunnen sogleich über den See gekonnt, hätte der Föhn uns nicht abgehalten, was mir Muße zum Schreiben gab, so wäre ich offenbar mit meinem Tagebuche gänzlich zurückgeblieben, und schwerlich hätten wir einen so günstigen Wind getroffen wie der, der uns später nach Flüelen trieb. Wäre die Hitze an jenem Tage nicht so groß gewesen, was uns manche Zögerung auf dem Wege nach Schwyz verursachte, so würden wir früher gekommen sein; wir hätten uns eingeschifft, und Föhn und Sturm würden uns mitten auf unserer Fahrt überfallen haben, und wer weiß, was dann aus uns geworden wäre auf einem See, wie der Vierwaldstätter ist. Wäre ich zu Andermatt im Urserental mit dem jungen Gombart nicht in Streit geraten, so wäre ich von Bern aus sicherlich noch weiter mit ihnen gereist, und die Petersinsel, Nidau und Biel würde ich versäumt haben. Die schlimme Schiffahrt auf dem Brienzersee war ein kleines Opfer für die Reihe schöner Tage, die darauf folgte.

Wäre ich von Solothurn aus, wie mein inniger Wunsch war, mit meiner ehemaligen Reisegesellschaft gefahren, was würde ich nicht alles verloren haben? Die interessante Bekanntschaft des Herrn Zschokke, meine Fahrt mit ihm nach Schinznach, die herrliche Habsburg, Königsfelden und endlich auch die Bekanntschaft von Doktor Näff und meine ganze freundliche Aufnahme in St. Gallen.

Dies sind nur einige Punkte von den vielen, die sich hierüber noch erwähnen ließen.

Heute abend werde ich mit dem Postwagen nach München abgehen. Ich sehne mich nach meinen

Freunden und meinen Büchern; um so weniger
nach den Rekruten und dem Exerzierreglement.
Bei der heutigen Tafel sah ich mehrere Offiziere,
die ich bei meinem letzten Aufenthalt kennenlernte; auch bereits einen meiner zukünftigen Reisegefährten. Ich wollte heute noch eine Spazierfahrt in den Staaten des Kaisers und Königs,
nämlich nach Bregenz, unternehmen, um dort
noch einmal die Aussicht über den See zu genießen, allein ein umwölkter Himmel hinderte mich
daran; ich sage dem See Lebewohl.

5. August 1816. München.

So bin ich denn wieder hier und sitze an meinem
gewohnten Schreibtisch, von meinen Büchern und
Arbeiten umgeben; aber noch fällt kein freudiger
Blick darauf. Wie soll ich dies Alltagsleben wieder
ertragen lernen? Wie soll ich vergessen, daß ich
in der Schweiz war? Einem langen herrlichen
Traume gleich, liegt diese ganze Reise vor mir da,
und ich bin wieder erwacht; die bunten Bilder
verschwinden, ich fühle mich in der alten Öde.
Jene trüben melancholischen Tage werden zurückkommen, die diese Wanderschaft verdrängte, die
mich aus meinem ganzen Leben heraushob, mich
den engeren Zweck meines Daseins völlig vergessen ließ, in andere Regionen, unter andere Menschen mich brachte. So wurden in den alten Tagen
beglückte Sterbliche auf den Olymp an die Tafel
der Götter geführt, wo sie alle irdischen Sorgen im
Nektar ertränkten, aber als sie der himmlische
Bote wieder auf die Erde zurückversetzte, da fühlten sie ihre Sterblichkeit wieder und um so drük-
kender alle Leiden der Menschheit. Wo soll ich

dich wiederfinden, verlorene Freiheit? Doch in den kleinlichen Lasten meines Standes nicht? Wo soll ich dich wieder aufsuchen, holde Natur? Doch nicht in den öden Flächen dieses Landes? Wo auch meine Vergleichung zwischen ehemals und jetzt beginnt, stoße ich auf Verlust. Hier habe ich keinen Ersatz für das, was ich hatte.

Aber nicht zu klagen, geziemt mir. Dank gegen die gütige Vorsehung, die mich mit ihren Gnaden überhäufte, die mich wohlbehalten wieder hierherführte, sollte das Vorherrschende meiner Gefühle sein. Noch habe ich keinen meiner Bekannten gesehen, sonst wäre ich auch heiterer gestimmt worden. Es sollte zum mindesten eine behagliche Empfindung in mir sein, der Ruhe, der Bequemlichkeit wegen, in die ich mich wieder versetzt sehe; allein dieser ganze Himmel, der so oft Zeuge meiner Torheiten gewesen, scheint drückend auf mir zu liegen.

Von meiner Postwagenreise von Lindau hierher ist wenig zu sagen. Ich passierte dieselben Orte, die ich schon früher erwähnte. Die Gesellschaft war bei weitem schlechter als das erste Mal. Eine unerträgliche Fahrt von zwei Nächten und anderthalb Tagen, in denen ich mit fünf anderen Passagieren, meist von der ganz gemeinen Klasse, bei der ärgsten Hitze in jenen engen, unbequemen Kasten gepfropft war, lockten mir den Schwur ab, mich zum wenigsten nie mehr zwei Nächte lang einer solchen Torturstube zu vertrauen, gegen die ein Wachtzimmer allenfalls noch ein Prunkgemach ist. Nur bei guter und vorzüglich nicht gepreßter Gesellschaft, in Hinsicht der Schnelligkeit des Weiterkommens und der Sicherheit der Bagage, kann ein

Postwagen angenehm werden. Ein Marsch von
zwanzig Stunden würde mich nicht so ermüdet
haben als das Fahren in jener Kutsche. Vorgestern
des Abends um acht Uhr reisten wir von Lindau
ab, wo ich noch einen Spaziergang um die Stadt
gemacht hatte. Erst als wir über der Brücke am
festen Lande waren, sahen wir die große Über-
schwemmung, die der See verursachte. Auch der
Ammersee, an dem ich heute vorbeifuhr, ist ausgetreten. Bis Kempten fuhren zwei Offiziere mit.
Am meisten unterhielt ich mich noch mit einem
gewissen Aktuar Mussinan. Bis Buchloe, wo wir
des Nachts ankamen, gingen noch zwei Schwyzer
mit, wovon der eine gar zu simpelhaft war. Beide
hatten Hunde bei sich, die im beschränkten Wagen vollends unerträglich waren. Im Posthaus zu
Buchloe war es, wo ich vormals Herrn von Wallmenich und die Gombarts zuerst sah. Die Station
vorher, Kaufbeuren, sah ich nun mehr bei Tage; es
ist ein artiges Städtchen. Die Gegend wird erst
einige Stunden vor München reizlos. Ich freute
mich, die Königsstadt wiederzusehen, das heißt,
ich war froh, als ich ankam. Schade, daß diese
große und schöne Stadt so öde liegt.

6. August 1816. München.

Diesen Morgen war Lüder bei mir. Ich hatte ihm so
manches zu erzählen und zu sagen. Noch lebe ich
fortwährend in meinen Erinnerungen. Ich fühle,
daß mein Tagebuch nur wenig liefert; es wurde
beständig auf der Reise geschrieben und ist eine
kurze Skizze von all dem Schönen und Herrlichen,
das ich sah.

Der heutige Vormittag war noch gänzlich mein;

erst nach Tisch warf ich mich wieder zuerst in
meine steife Uniform, die mir einen Seufzer ent-
lockte. Ich meldete mich bei dem Oberst, der mich
kalt wie gewöhnlich empfing, nachdem ich erst
Saporta besucht hatte, und dann bei Major Kandler. Liebeskind traf ich nicht, wohl aber Nathan
Schlichtegroll, bei dem ich lange blieb und von
meinen Wanderungen erzählte. Sein Vater war
nicht zu Hause, und ich konnte mein Paket nicht
übergeben. Mit Nathan ging ich zu Dall'Armi,
welcher krank ist. Wir wechselten unsere gegenseitigen Reminiszenzen. Ach, mein Geist ist noch
immer nicht, wo er sein sollte. Ich sah ein ganzes
Elysium vor mir, und nun sah ich mich wieder an
einem einzigen Felsen des Tartarus immerwährend
angeschmiedet. Morgen muß ich bereits in aller
Frühe zur Abrichtung der Rekruten gehen. Der
Wechsel ist zu schnell, zu groß. Vom höchsten
Lebensgenuß, von der höchsten Freiheit zu dieser
trüben Sklaverei! Ich sah die Menschen in ihrem
glücklichsten Zustand und soll nun selbst beitragen, sie in ihren traurigsten zu verletzen, in den
Zustand der Unterwürfigkeit, des blinden Gehor-
sams. O warum können nicht alle Menschen so
leben wie die Bewohner der Hirtenkantone! Was es
auch für ein künstliches Gebäude sein mag, das wir
den Staat nennen, sind wir nicht alle Fronknechte,
die wir daran bauen? Wir kennen wohl die schönsten Genüsse, aber sie erscheinen uns nur als ferne
Idole; wie wenig genießen wir nach Jahren der
Mühe und mannigfachen Not! Nur allzu viele
Menschen, die sich ihr ganzes Leben in den engen
Kreisen ihrer Bürgerpflichten herumdrehten, erfahren nicht einmal, daß die größte Wonne, die der

Himmel den Sterblichen gönnte, in dem ungetrüb-
ten Genuß der Freiheit und der Natur liege. Auch
Nathan bedauerte meinen Lebenswechsel. Er sagte
mir viel Gutes von dem jüngeren Gombart, mit
dem er studierte, so daß er mir wieder um vieles
interessanter wurde. Er hat mir nie anders als brav
und gebildet erschienen, und nie hatte ich aufgehört, jene Gesellschaft, die mich der Zufall finden
ließ, für eines der günstigsten Ereignisse meiner Reise zu rechnen. Ach, warum eilen des Lebens schönste Tage so schnell, wie auf Adlersflügeln, vorüber?

8. August 1816. München.

Meine Studien habe ich wieder angefangen, aber
ich fühle, daß sie mich nicht ausfüllen und daß mir
die Praxis des Lebens fehlt. Das Studium ist immer
nur eine halbtätige Wirksamkeit. Meine militärischen Pflichten sind viel zu mechanisch, um sie
einen handelnden Beruf zu nennen.

Ich hatte gestern noch mehrere Besuche zu machen. Unter anderen war ich bei Frau von Harnier.
Sie wird diese Tage auf einige Zeit aufs Land
gehen. Ihren verehrten Gemahl erwartet sie bis
Ende dieses Monats. Bei der Parade sah ich viele
meiner Kameraden wieder. Des Abends stellte
mich Nathan seiner Familie vor. Seine Mutter ist
eine sehr angenehme Frau; seine Schwester eben
nicht hübsch, aber doch anziehend. In Schlichtegroll selbst erkennt man sogleich den Gelehrten,
der über alle Dinge mit gleicher Kenntnis und
gleicher Fertigkeit spricht. Er fragte mich, ob ich
viel während meiner Reise aufgezeichnet und daß
er einige hübsche Arbeiten von meiner Hand gelesen habe. Es war noch eine kleine Teegesellschaft

zugegen, unter anderen Herr von Scherer und Oberfinanzrat Yelin. Was mir auffallend und zugleich angenehm war, ist der freie, ganz ungezwungene Ton, der in diesem Hause herrscht.

Heute nachmittag ging ich mit Dall'Armi und einigen seiner Freunde nach Großhessellohe, fast drei Stunden von hier gelegen, an der Isar. Wir nahmen nicht den gewöhnlichen Weg, sondern einen Fußsteig, fast beständig am Fluß hin. Unterwegs begegneten wir Lemus, der nächstens nach Würzburg versetzt wird. Er war immer ungerne hier. Hessellohe hat eine angenehme Lage an den erhabenen, buschigen Isar-Ufern. Wir kehrten erst spät beim Mondscheine. Mir tun jetzt dergleichen Spaziergänge not, da ich mich daran gewöhnt habe. Dall'Armi lerne ich mehr und mehr schätzen. Sein Studium ist besonders die Geschichte.

10. August 1816. München.

Nichts ist flacher und schaler als mein jetziges Leben. Ich sah voraus, wie es kommen würde, als ich noch in der Schweiz war. Lektüre genügt mir nicht. Ich wünschte auch mehr geselligen Umgang, wieder in einer Familie zu leben, Umgang mit Weibern. Ich bin so allein und gesondert. Die Wintermonate hoffe ich im elterlichen Hause zuzubringen. Es ist so angenehm, sich teilweise von der Arbeit durch ungezwungene Gespräche zu erholen.

Ich habe nie dies gewöhnliche Leben ertragen können, ohne daß ich es mit phantastischen Träumen durchflocht. Auch jetzt würde ich jene idealistischen Täuschungen wieder hervorrufen können; aber die Vernunft soll endlich vorwalten. Ich

verschmähe eine zwecklose Torheit, die mir ohnedem schon manche betrübte Stunde machte und
die mich meistenteils gänzlich ausfüllte, statt einzelne Mußestunden zu erheitern. Ehemals dachte
ich mir noch immer ein gewisses reelles Ziel bei der
stillen Glut meiner Wünsche; jetzt, nachdem ich
einsehen lernte, daß meine Hoffnung nur Betrug
war, ziemt es mir nicht mehr, sie zu nähren.

Gestern besuchte ich mit Nathan ein Panorama
von St. Petersburg, das uns zum mindesten einen
Begriff von jener großen und schönen Stadt gab,
obgleich ich die Täuschung nicht vollendet nennen
kann. Später ging ich zum erstenmal wieder in die
«Harmonie», wo ich eine Menge von Zeitungen,
zumal literarische, las. Ich fand viele Lobeserhebungen neuerer englischer Dichter, die mich sehr
anzogen, und ich bedauerte nur, daß dergleichen
noch nicht bis zu uns dringt. Jene Insel, deren
Shakespeares, Youngs und Miltons alle Musen-
söhne des festen Landes hinter sich zurücklassen,
jene Insel nährt noch jetzt große Poeten (obgleich
Lord Byron sie jetzt verließ), während die deutschen, fränkischen und italienischen Jeremiaden
schon lange verklungen sind.

Lüder war heute bei mir, und ich teilte ihm noch
manches von meiner Reise mit. Oberst Zastrow,
den ich zuletzt in Zürich traf, ist oder war zum
mindesten hier.

13. August 1816. München.

Gestern kam ich von der Wache ab, die ich mit
Hauptmann Trips teilte. Ich kann eben nicht sagen,
daß ich mich langweilte, da wir einige Händel zu
schlichten bekamen und ich auch Besuch erhielt.

Lüder kam zweimal. Er erzählte mir, wovon ich
noch gar nichts wußte, daß Lüder nämlich während meiner Abwesenheit hier gewesen und, unge-
halten, daß er mich nicht fand, nach seiner zukünftigen Bestimmung, nach der Festung Landau im
Zweibrückischen, abreiste. So sind wir denn, ohne
noch einmal zusammengekommen zu sein, so weit
getrennt, und es ist gewiß, daß wir uns unter Jahren
nicht wiedersehen werden. Das ist eine der bösen
Launen des Schicksals, die oft zwei Freunden seit
ihrer Jugendzeit beständige Trennung auferlegt,
ungeachtet der flüchtigen Kürze des Lebens.

Ich erfuhr auch, daß Herr Neumann aus Schlesien hier war und, wie ich glaube, gestern morgen
hier abreiste. Er kam eher hierher und wird mich
wahrscheinlich nicht erfragt haben.

Liebeskind sah ich auf der Wache zum erstenmal seit meiner Rückkehr. Den gestrigen Abend
brachte ich mit ihm und Lieutenant Sauerzapf in
einem nahegelegenen Garten hin.

Heute morgen mußte ich abermals einen Offizier am Karlstor ablösen. Meine Lektüre auf dieser
und jener Wache war eine Schrift von Fichte: «Die
Bestimmung des Menschen»[1].

Dies Buch zerfällt in drei Abteilungen. Die erste
handelt von jenen Zweifeln, die gewöhnlich in
allen Menschen über ihr Wesen und das Wesen der
Welt aufsteigen, die schon Tiedge und mehrere
andere in Worte faßten. Das zweite Kapitel ist
«Wissen» überschrieben und ganz mit der der
deutschen Philosophie eigenen Gründlichkeit bearbeitet. Es enthält am Ende das streng bewiesene

---

[1] Berlin 1800

Resultat, daß all unser Wissen nichts sei und die
ganze Welt aus nichts Wirklichem, sondern aus lauter leeren, wechselnden, überschwebenden Bildern
bestehe. Bis hierher findet der Geist nicht die geringste Befriedigung über seine Zukunft; nun folgt
aber das dritte Buch mit dem Titel «Glauben», das
nur schöne und beruhigende Wahrheiten, die auf
Untrüglichkeit jener inneren Stimme, die wir Gewissen nennen, beruhen, in sich schließt. Hier wird
gezeigt, daß der Glaube, als ein Geschöpf unseres
freien Willens, das Höchste sei, da der grübelnde
Verstand allein zu nichts führt. Auf ein künftiges
Leben folgert Fichte ungefähr so: Wir fühlen in uns
den ewigen Trieb des Weiterstrebens und Höher-
steigens. Diese irdische Welt ist der endlichen Vollkommenheit fähig – ja, sie muß einmal vollkommen werden, weil alle Zeitalter danach hinstreben.
Wir gewahren das stufenweise Fortschreiten der
Welt augenscheinlich nicht so sehr in den großen
Entdeckungen und der fortschreitenden Wissenschaft überhaupt, sondern vielmehr in der sich
nach und nach immer weiter verbreitenden Aufklärung und Bildung, die allmählich immer mehr
zu den niederen Klassen des Volkes herabsteigt. Es
ist vorauszusehen, daß einmal irgendein Volk sich
frei macht, und dies geschieht, sobald der Drang
von oben unleidlich wird (wobei die sich selbst
aufreibenden Laster der Tyrannei und Nieder-
trächtigkeit die Freiheit hervorbringen), daß dies
Volk allmählich seine freie Verfassung zur möglichsten Vollkommenheit steigere und einen Staat
bilde, wo nur das bürgerlich Gute allgemein sein
wird, weil nur dieses Vorteil bringt und die Menschen ihre Handlungen nach dem Vorteil berech-

nen, da niemand das Böse tut, weil es böse ist. Ist
nun ein Volk zu dieser Freiheit gelangt, so ist es
ihm für seine friedliche Sicherheit unumgänglich
notwendig, auch seine Nachbarn zu derselben
Höhe guter Verfassung zu zwingen, und diese
wieder ihre Nachbarn, im Falle sie noch Sklaven sind oder Sklavenheere haben, wodurch man
annehmen kann, daß das Gute allgemein wird.
Kriege und alles, was der vollkommenen Ausbildung des Menschengeschlechts im Wege steht,
hört dann notwendig auf. Was wäre aber die Bestimmung der folgenden Geschlechter, wenn die
Menschheit die höchstmögliche Stufe erreicht hätte? Sie können nicht stille stehen. Es geht hier-
aus hervor, daß noch ein künftiges Leben sein
müsse; gesetzt auch, man wollte die Bestimmung
aller vorhergehenden Zeitalter dahin festsetzen, die
künftigen zu bilden und zu steigern. Soweit Fichte.

Auch eine eigene Arbeit bezeichnet den gestrigen Tag. Ich übersetze nämlich Ovids erste Heroide, Penelope dem Ulysses, die ich schon einmal
ins Deutsche übertrug, und zwar in fünffüßigen
gereimten Jamben, dem gewöhnlichen Versmaß
der Engländer für diese Gattung. Mit dem Reim
ging ich sorgfältiger um, als es die englischen
Dichter gewöhnt sind, die oft für das Auge reimen.
Da ich ihre Tugenden nicht besitze, kann ich auch
ihre Schwächen nicht haben.

14. August 1816. München.

Ich beantwortete heute unter anderen einen Brief
von Gustav Jacobs, den ich vor einigen Tagen
erhielt. Ich gab ihm einige Notizen von meiner
Reise von Schaffhausen nach dem Rigi.

Des Abends war ich mit Dall'Armi, Schlichtegroll, Liebeskind und Sauerzapf in einem öffentlichen Garten. Unser Gespräch betraf meistens
den Staat. Dall'Armi und ich erklärten uns für
eine konstitutionelle Verfassung. Liebeskind und
Nathan erhoben die unumschränkt monarchische,
letzterer mehr aus Vernunftgründen, ersterer mehr
aus blinder Gehorsamsgewohnheit gegen alles über
ihn Gesetzte. Wie weit ist die Freiheit noch von
uns fern, da selbst edle und aufgeklärte Menschen
sich gegen eine Konstitution erklären! Ich glaube,
daß für unser Zeitalter nichts mehr zu hoffen
steht in Deutschland. Liebeskind entfaltete auch
andere seiner Grundsätze. Er belegt alles mit dem
Namen «Verhältnisse», auch sogar die Freundschaft. Er hält sich allein für einen treuen Freund
für denjenigen, der am wenigsten Egoist ist.

*

29. Oktober 1816. Ansbach.

Milde, freundliche Herbsttage laden mich zu täglichen Spaziergängen in die Umgegend, die zwar
nicht hübsch ist, doch auch nicht ganz ohne Abwechslung. Ich gehe nicht allein gern spazieren,
um die frische Luft zu genießen, sondern auch, weil
ich auf diesen einsamen Promenaden meinen Lieblingsideen am freiesten nachhänge. Was die jetzt
bei mir vorherrschende ist, mag ich noch nicht
niederschreiben.

Adalbert Liebeskind war ein paar Tage hier, von
seiner Darmstädter Reise nach München zurückkehrend. Es freute mich, ihn zu sehen, doch sollte
er mir mit seiner Egoismustheorie vom Leibe bleiben, die er überall einmischt. Es scheint, daß er

einen neuen Fund damit gemacht zu haben glaubt,
was die französischen Philosophen lange genug
uns vorsagten. Er hält alle für Erzegoisten, nur sich
selbst für keinen; doch scheint er mir der größte zu
sein. Es würde aber vergeblich sein, ihm hierüber
die Augen zu öffnen. Dall'Armi nennt diese Ideen
sein Steckenpferd. Ein Brief von Gustav Jacobs
erzählt von der Feier des 18. Oktobers in Gotha. Auch Gruber schrieb mir. Sein Regiment hat
das Glück, nach Würzburg versetzt zu werden,
und reist am 1. November von Ingolstadt ab; doch
weiß er noch nicht, ob der Marsch über hier geht.

31. Oktober 1816. Ansbach.

Täglich sehe ich mehr ein, wie wenig ich für die
Gesellschaft und für die Welt tauge. Am gestrigen
Abend war ich bei Freibergs eingeladen. Wir jungen Leute machten ein Spiel zusammen, es machte
mir aber so eine peinliche Langeweile, daß ich
jeden Augenblick hätte davonlaufen mögen. Ich
weiß mich gar nicht bei gewöhnlichen Gesprächen
zu unterhalten, was doch so nötig ist für jeden
Mann, und besonders für einen jungen Menschen
meines Standes als Adeliger und Offizier. Nur
meinen Freunden und genauen Bekannten kann
ich etwas im Gespräche sein; und ich habe doch
so manches gelesen und über so manches nachgedacht; aber nichts ist mir weniger eigen als dieser flüchtige Wechsel und leichte Übergang von
einem Gegenstande der Unterhaltung zum anderen. Was mich anzieht, möchte ich gern lange
festhalten und von allen Seiten betrachten, und was
mich gleichgültig läßt, möchte ich gar nicht berührt wissen. Ein solcher Mensch taugt nicht für

die Gesellschaft. Was hälfe es aber auch, wenn ich mich bestrebte, ein Plauderer zu werden? Ich würde vollends den Wert verlieren, den man mir beilegt, ohne es weit in der Kunst der Konversation zu bringen. Übrigens möchte es hingehen, wenn mir nur diese fehlte; aber ich habe noch nicht leicht einen Menschen gesehen, der in der Kunst des Umgangs (die nötigste unter allen) durch alle Verhältnisse hindurch so tief zurück wäre als ich. Nicht einmal mit allen meinen Freunden weiß ich umzugehen. Wenn ich ihnen schreibe, versäume ich keinem das Passende zu sagen, warum geschieht dies nicht auch im Umgange? Lektüre scheint hierbei zu frommen; nicht das Kniggesche Buch allein, auch andere lese und las ich darüber, aber ziemlich erfolglos.

Verlegen und scheu bin ich übrigens in Gesellschaften nicht, da ich immer Mephistopheles' Worte im Auge habe:

Sobald du dir vertraust, sobald weißt du zu leben,

aber ich bin desto mehr zerstreut und mißmutig. Auch D. war gestern bei Freibergs, wo er täglich hinkommt. Er ist ein artiger junger Mensch, ist mir viel gelobt worden und zeichnet sich vor seinen übrigen Kameraden aus, da er nicht zu dem gewöhnlichen Schlage der *bons vivants* gehört, die den größten Teil des Offizierstandes ausmachen. Dennoch begegnete ich ihm gestern, da ich ihn sonst auszuzeichnen schien, sehr kalt und launisch, weil er einige seichte Dinge sagte und mir manches nicht an ihm gefiel. Er zwar hat mein verändertes Wesen kaum bemerkt, allein ich bemerke es doch selbst zu meinem Verdrusse. Wenn man alle Men-

schen zurückstoßen will, die uns nicht wie ein Ei
dem anderen gleichsehen, welch ein trauriges Leben würde man führen! Das ist die Art nicht, mit
den Leuten umzugehen. Menschen, deren Indivi-
dualitäten gar nichts Widerstreitendes haben, unterhalten sich vielleicht gerade am wenigsten miteinander. In D., der immer fröhlich und guter
Dinge ist und meinem Ernste das Gleichgewicht
halten würde, könnte ich, wenn ich wollte, gar
keinen Freund, aber doch einen freundlichen Um-
gangsbekannten finden, wenn ich nicht früh genug
dafür Sorge trüge, die Leute von mir abzuschrek-
ken. Ich weiß die Freundschaft sehr hoch, den
geselligen Umgang gar nicht zu schätzen, und mit
Frauen bin ich nur dann gesprächig, wenn ich der
einzige Mann unter ihnen bin, vorausgesetzt, daß
sie mir nicht ganz fremd sind. Aber dies zeugt von
einem furchtsamen Charakter und einem schwachen Verstande.

Lektüre: «Über die Weiber» von Brandes. 1788[1]

Dieses Buch hatte mich sehr angezogen und hatte
ich es in kurzer Zeit durchlesen. Es ist wahr, daß
man darin mehr zum Tadel als zum Vorteil der
Weiber findet; aber Lobeserhebungen gibt es von
ihnen ja genug, und ganze Bände: ihre Fehler zu
zeigen, ist bei weitem ersprießlicher. Der Verfasser
will ihnen besonders ihre Prätentionen in der Gesellschaft verweisen, und ihre herrschende Neigung, daß die Männer nur da wären, um für das
Amüsement der Damen zu sorgen. Er gesteht, daß

---

[1] Johann Christian Brandes (1735–1799), vor allem als
Lustspieldichter bekannt. «Über die Weiber» erschien zuerst
1787 anonym in Leipzig.

gebildete Männergesellschaften viel anziehender
wären als die meisten gemischten, in welchen das
Gespräch so selten auf interessante Gegenstände
fällt und selbst dann gleich wieder abgebrochen
wird, weil es den Weibern Langeweile macht. Wer
hat das nicht schon erfahren? Wer sieht nicht täglich, daß es Schwätzer und Gecken sind, die bei der
größten Anzahl Weiber ihr Glück machen? Der
Verfasser verteidigt die Männerliebe der Griechen.
Er glaubt (und ich glaube es immer), daß sie bei
den Edlen der Nation niemals in Laster ausgeartet,
wenn auch das Äußere diese Liebe erweckte oder
dazu beitrug. Er zeigt, welche große Taten aus
dieser Liebe hervorgingen, wie sich nur zwei Männer alles in allem sein könnten, wie nur sie alle ihre
Gedanken und Empfindungen wechseln könnten.
Diese Betrachtungen gingen nicht gleichzeitig an
mir vorbei. Ich bestärkte mich noch mehr im
Gefühl der Rechtlichkeit meiner Neigungen, die
ich immer als edel erkannte und zum Guten füh-
rend. Ich kann mir es nicht zum Vorwurf rechnen,
das Ideal eines Menschen immer in meinem eigenen Geschlechte gesucht zu haben; und ich halte
diese Neigung um so reiner, je mehr ich einsehe,
wie wenig es die der Männer zu den Frauen ist und
wie sie am Ende doch nur auf Befriedigung der
Sinne hinausläuft. Der Widerstreit in meiner Brust
zwischen Liebe und Freundschaft ist gestillt. Ich
fühle, daß sie sich vereinigen lassen, wenn ich
gleich nie einen Menschen finden werde, dem ich
sie beide schenken kann. Es ist genug, daß ich
nun weiß, was ich will. Ich brauche mich dessen
nicht zu schämen, was mein eigenes Gewissen
gutheißt.

4. Dezember 1816. Ansbach.

Viel Freude hat mir ein Brief von Schnizlein gemacht, der gute Nachrichten enthält. Federigo ist
zwar nicht dort, doch versichert mein Freund, was
man von seinem Abschiede sagte, sei als ein bloßes
Gerücht anzusehen, wie es deren so viele gibt. Er
hofft demnach, ich würde ihn wiederfinden bei
meiner Rückkehr. Aber dies Wiederfinden genügt
mir nicht. Wüßte ich es nicht aus Erfahrung, ich
hätte nie geglaubt, daß diese Bekanntschaft so
schwer zu machen wäre. Schnizlein schreibt auch,
daß Fugger nach München kommen würde, nämlich Fritz. Es tut mir leid, nicht mit ihm zusammen-
zutreffen, denn bis ich zurückkehre, wird er nicht
mehr dort sein. Ich hätte ihm so manches zu erzählen gehabt, so manches zu fragen über meine Arbeiten.

Auch Xylander schrieb aus Frankenthal, wohin er beordert worden. Für Schnizlein siegelte ich
bereits eine ziemlich weitschweifige Antwort.

3. Juni 1817. Schliersee.

Hier bin ich endlich im Hafen meiner ländlichen Wünsche, und ich fühle mich glücklich. Welch ein ganz anderes Erwachen diesen Morgen, als mein erster Blick auf den freundlichen See und seine Ufer fiel und das Lied der Vögel mir entgegenschallte.

Vorgestern ziemlich frühe verließ ich München mit frohem Herzen. Schnizlein begleitete mich bis Haching, wo wir zusammen frühstückten. Wirt und Wirtin waren sehr vernünftige Leute.

Wir trennten uns und sahen uns noch gegenseitig nach, bis sich der Weg krümmte. Hier begann meine Einsamkeit, ich war von den Freunden geschieden und ging zu fremden Menschen. Aber kein banges Gefühl ergriff mich. Kaum war ich allein, so richtete ich Wort und Geist zu dem Urheber alles Guten dankend empor. In einem langen Selbstgespräche durchging ich mein bisheriges Leben und fand, daß mir noch niemals eine so ungestörte Muße zuteil wurde, als sie mir jetzt bevorsteht.

Die Gegend, durch die ich kam, war meistens öde; nur bei dem nächsten Dorfe vor Holzkirchen erhebt sich ein majestätischer Laubwald. In Holzkirchen, wo ich des Mittags anlangte, blieb ich auch über Nacht, in der «Post», ein sehr guter Gasthof. Nachmittags machte ich einen Spaziergang in die freundliche Umgegend und ergötzte mich besonders am Anblick der Berge, auf deren Gipfeln noch Schnee liegt.

In dem Zimmer, oder Saal vielmehr, wo ich

wohnte, war unter vielen Bildern auch eines der Jungfrau Maria; zur Inschrift hatte es ein Distichon mit folgender Alliteration:

> Rem, regem, regimen, regionem, religionem,
> Conserva Bavaris virgo Patrona tuis.

Ich schrieb auch an Perglas, den ich bereits in München vermute, sprach ihn von aller Schuld frei in Hinsicht der Versäumnis von Göttingen und bat ihn, mich zu besuchen.

Den folgenden Morgen ging ich über Miesbach hierher, ein Marsch von sechs Stunden. Die Gegend fängt bald an, sich zu verschönern. Man tritt in die Berge. Romantisch ist das Mühltal. Minder gefiel mir die Lage von Kloster Weihern. Der Weg von Miesbach hierher geht meist durch Waldung. Um zehn Uhr morgens kam ich hier an. Der Pfarrer empfing mich höflich.

4. Juni 1817. Schliersee.

Ich werde mich bemühen, ein getreues Bild meiner jetzigen Umgebungen aufzuzeichnen. Der Schliersee, der drei viertel Stunden in der Länge und eine halbe in der Breite hat, erstreckt sich seiner größten Ausdehnung nach von Nordost nach Südwest. Seine Ufer sind meist waldige Berge; der Eindruck, den er beim ersten Anblick hervorbringt, ist mehr angenehm als imposant. Gegen die Mitte zu liegt eine kleine Insel. Westwärts an der Schlierach, die den See bildet, und etwas entfernt von seinem Ufer sieht man Westenhofen; am anderen Ende, der Länge nach, liegt Fischhausen, am nordöstlichen Strande Schliers oder Schliersee, ein Dorf von sechsundsiebzig Häusern, die alle zerstreut um-

herstehen, teils auf der Anhöhe, teils im Tal. Die
Gebäude sind größtenteils hübsch und geräumig,
mit vorspringendem Dache und einer ringsumlau-
fenden Galerie. Das Dach selbst ist von Schindeln,
mit Steinen häufig belegt, wie überhaupt in Bayern. Es gibt allenthalben Obstgärten, wenig Getreide. Die Hauptkirche ist groß und liegt nicht
weit vom Wasser; um sie herum der Gottesacker
und neben daran noch eine kleine Kapelle. Eine
andere, etwas bedeutendere, ist auf einem nahen
Hügel gebaut. Sie ward von einem Grafen Maxel-
reiner gestiftet, der sie in sarazenischer Gefangenschaft dem heiligen Georg gelobte, dessen Bildsäule über dem Altar steht. Die Aussicht von oben
ist hübsch, auch eine Bank angebracht, von der
man sie gemächlich genießen kann. Hinter diesem
Hügel hebt sich ein etwas höherer Berg, die Burg
genannt (weil eine solche darauf gestanden hat),
der einen weiteren Umblick gewährt. Der höchste
Berg, den man vom Seeufer sehen kann, ist der
Brechenspitz, jetzt noch von Schnee bedeckt. Der
große und helle Pfarrhof liegt etwas weiter vom
See als die Kirche. An der vorderen Fassade, gegen
das Wasser zu, ist ein Blumen- und Gemüsegarten
angelegt, am Ende desselben ein Gartenhaus, auf
einer Seite offen. Das übrige umgibt der Obstgar-
ten. Das Haus hat zwei Stöcke. Im unteren ist das
Wohnzimmer des Pfarrers, die Küche usw. Der
obere enthält eine schöne Reihe von meist freundlichen Zimmern mit Kabinetten, die meist leerste-
hen. Das heiterste, größte ist der Speisesaal. Doch
essen wir gewöhnlich im unteren Stock oder im
Gartenhaus.

In einem der Gänge steht eine große Bibliothek

von mehreren tausend Bänden; aber nichts Erträg-
liches, nicht einmal ein Klassiker. Nichts als ein
ungeheurer Wust geistlicher Scharteken und pole-
mische Universitätsschriften. Welch ein anderes
Ansehen würde dies Haus unter einem jüngeren
oder mehr vielseitig gebildeten Geistlichen haben,
wie zum Beispiel Hafner, der vor kurzem eine
Pfarre bei Deggendorf erhalten hat. Oder vollends
unter einem protestantischen Prediger, der eine
artige Frau und liebenswürdige Kinder hat. Welch
ein angenehmes, herrliches Leben muß sich bei
einem Vicar of Wakefield führen lassen!

Ich bewohne hier ein Eckzimmer mit vier
Kreuzstöcken. Zwei Fenster gehen gegen das Gartenhaus und den See zu; etwas mehr linkswärts
sehe ich die Kirche und den Nasenberg. Die beiden
anderen öffnen die Aussicht nach Osten, auf den
Hügel, wo St. Georgs Kapelle steht. Zwischen diesen beiden steht ein Altar, der mich übrigens nicht
geniert. Ihm gegenüber das Kanapee. Zwischen
den anderen Fenstern eine Kommode, ihr gegenüber mein Bett. In der Ecke, wo die Kreuzstöcke
zusammentreffen, ist mein Schreibpult angebracht
(da ich immer stehend arbeite), so daß ich zugleich
die Aussicht auf beide Seiten genieße. Die Wand ist
mit mehreren Bildern geziert, teils Heilige, teils
Fruchtstücke, ein paar gute Gemälde.

5. Juni 1817. Schliersee.

Hier gebe ich ein Verzeichnis der Bücher, die ich
bei mir habe. Im Griechischen sämtliche Werke
Homers, und dabei Vossens Übersetzung der
«Ilias» und «Odyssee» und Xenophons «Anaba-
sis». Latein: Ovids «Metamorphosen», Horazens

Schriften, «Tacitus de moribus Germanorum».
Französisch: Delille, «Les jardins»[1]; «Poésies de
Gresset»[2]; «Maximes du duc de la Rochefoucauld».
Italienisch: «Il Pastor fido», «La Gerusalemme libe-
rata»; «La Lusiade, tradotta». Englisch: «Essay on
man», Gays «Fables»[3]. Spanisch: «Don Quixote»;
«Manual de la lengua española», por Bertuch.
Deutsch: «Ansichten der Natur» von Alexander
von Humboldt; Schillers ästhetische Schriften. Botanik: Schranks «Bayrische Flora»; Grindels «Botanik»; Fuchs, «Anleitung zur Pflanzenkenntnis».
Hierzu kommen noch Grammatiken und Wörter-
bücher. Noch weiß ich nicht, ob ich viel studieren
werde. Es treibt mich so oft ins Freie, sobald das
Wetter schön ist. An Zeit fehlt es mir nicht, obgleich der Pfarrer die unangenehme Gewohnheit
hat, lange bei Tische zu bleiben, und es ihm lieb ist,
wenn man ihn unterhält. Mittags essen wir um
halb zwölf Uhr, des Abends um sieben Uhr.

6. Juni 1817. Schliersee.

Gestern war das Fronleichnamsfest, das auch hier
mit einer Prozession gefeiert wurde. Die jungen
Burschen schossen ihre Flinten los. Alle Mädchen,
die noch Jungfrauen sind, tragen bei dieser Gelegenheit Kränze am Hinterhaupt, worauf sie große
Stücke halten. Überhaupt gefällt mir die weibliche
Tracht an Festtagen. Gewöhnlich aber tragen sie

---

[1] Jacques Delille (1738–1813), «Les jardins ou l'art d'em-
bellir les paysages», Paris 1782
[2] Jean Baptiste Louis de Gresset (1709–1777)
[3] John Gay (1685–1732), der Autor der «Beggar's Opera»
und Librettist von Händels «Acis and Galathea». Seine «Fabeln» erschienen 1727 und 1738.

weiße und schwarze Mützen, ohne alle Form und
etwas häßlicher als die Schlafmützen.

21. Juni 1817. Schliersee.

Wir hatten gestern einen herrlichen Tag, ein ita-
lischer, dunkelblauer Himmel ohne das kleinste
Wölkchen war über den See ausgespannt. Ich
machte einen Spaziergang nach Aurach, einem
ziemlich entlegenen Dorfe, das auf dem Wege nach
Fischbachau liegt. Ich ging zuerst längs dem See
hinunter bis Fischhausen. Unweit von dort, nachdem ich durch einen kleinen Wald gegangen, öffnet sich ein neues schmales Tal, doch schmäler als
das unserige, zu beiden Seiten waldige Hügel, im
Hintergrunde eine höhere Bergkette, aus deren
Mitte das spitze Haupt des Wendelsteins hervorragt. Durch das Tal selbst sind häufige Gebüsche
und Bäume zerstreut, besonders der Ahorn, und in
hundertfältigen Krümmungen schlängelt sich ein
wachsender Bach. Diese Gegenden sind im allgemeinen so wasserreich, daß man fast allenthalben
vom Gemurmel der Quellen begleitet wird.

22. Juni 1817. Schliersee.

Schade, daß das Glück nicht außer uns liegt. Niemand wäre glücklicher als ich. Unabhängigkeit,
Hilfsmittel des Studiums, Gemächlichkeit, Heiterkeit der Umgebung, was fehlt mir von all dem?
Und zu all dem gesellt sich noch die Einsamkeit,
die mir nötig ist, weil ich nicht mit den Menschen
zu leben weiß. Darf ich es aber diesen Blättern
verhehlen, wenn sie nicht in ein oberflächliches
Geschmiere ausarten sollen, daß ich Augenblicke
habe, in denen mir dies alles nicht der Mühe wert

erscheint? Da es doch gestorben sein muß, sage ich zu mir selbst, warum sich eine Reihe von Jahren hindurch noch quälen, so vieles noch verlieren, noch ausstehen. Denn ist nicht das beste Sein ein beständiges Leiden? Gott allein leidet nicht, denn sein ganzes Wesen ist Tat. In den leichtesten Stunden fühlt sich das Leben doch immer als eine Art von Last. «We know, what we are, but we know not, what we may be.»[1] Und wir wissen nicht einmal, was wir sind. Und was sind wir? Wahre Spielbälle des Schicksals. Ja, selbst die Besten sind die Verfolgtesten und Kummervollsten. Und gesetzt, ich bin glücklich, bewahrt nicht jede nächste Minute ihren Donnerkeil? Haben Festigkeit und Sicherheit auch nur eine Handbreit Raum auf dieser Erde? Was ist am Ende wünschenswerter als der Tod? Ja, wenn ich geliebt wäre! Wenn sich ein Wesen an mich anschlösse, das ich mehr, o weit mehr lieben könnte als mich selbst (denn was bin ich mir selber?), dem ich mich widmen könnte und mein ganzes Leben. Gemeinschaftlich wollten wir das Unvermeidliche tragen. Das Schicksal einer des anderen zu mildern, würde unsere Bestimmung sein.

Vielleicht hält mancher meine Verschlossenheit, meine Neigung zur Einsamkeit für Egoismus. Ich selbst war schon geneigt, es dafür zu halten; aber ich glaube, ich tat mir unrecht. Sehnsucht nach Liebe erfüllt mein Innerstes. Nie genoß ich das kleinste Vergnügen, bei dem ich nicht im Geiste meine Freunde zu Zeugen rief. Nie las ich die schöne Stelle eines Buches, ohne daß ich sie im

---

[1] Shakespeare, «Hamlet» (IV, 5)

Geiste mitteilend einem meiner Freunde vorlas. Ich
spreche von meinen Freunden, aber ich bin ihrer
nicht wert. Sie streben nach einem nützlichen,
wirksamen Dasein. Ich kann nichts für sie tun. Ich
kann ihre Achtung nicht wünschen, weil ich sie
nicht verdiene. Mein Unglück ist, daß meine früheren Jahre viel von mir hoffen ließen, daß ich
Erwartungen erregte, die ich weit entfernt bin,
erfüllen zu können.

Oft schon kam mir der Gedanke, ich weiß nicht,
ob ich ihn niederschrieb, an einen fremden Ort zu
gehen, eines von den edleren Handwerken zu erlernen und so mein Leben stille hinzubringen und in
Stille zu beschließen. Es wird auch am Ende meine einzige Aussicht sein. Wenn Zufriedenheit irgendwo wohnt, so ist's bei den niederen Ständen.

Sollte ich nicht Geschicklichkeit genug haben,
ein Handwerk vollkommen zu erlernen? Und hab'
ich das, dann bin ich einig mit mir selbst. Ich erfülle
meine Bestimmung; ich bin, was ich soll. Welch
ein Unerschwingbares fehlt mir, um ein gebildeter
Offizier zu sein!

Homer

Der sechste und siebente Gesang der «Odysee», die
ich dieser Tage las, enthalten viel schöne, erfreuliche Szenen aus dem einfachen Leben der Alten.
Voll schmeichlerischer Klugheit ist die Anrede des
Odysseus an Nausikaa, das liebenswürdige, auf-
richtige Mädchen. Angenehm und merkwürdig
zugleich scheint mir die Beschreibung von Alkinoos' Palast und Garten, der älteste, dessen Schilderung uns überliefert worden. Alkinoos ist ein
sanfter, wohlwollender Charakter.

24. Juni 1817. Schliersee.

Ich habe Delilles «Jardins» zu lesen vollendet, mit
dem Wunsche, daß sie noch dreimal soviel Gesänge hätte. Ich kann sagen, daß ich fast jeden Vers
genossen habe, da ich sie fast immer im Freien las.
Der Verfasser hatte einen so schönen, einfachen
Geschmack in Rücksicht der Gartenkunst, er hält
die glückliche Mittelspur zwischen Franzosen und
Engländern. In Hinsicht der Mischung des *utile
dulci* wird ihm nicht leicht ein didaktischer Dichter gleichkommen. Überall findet man Stellen voll
inniger, gefühlvoller Poesie in harmonischen Versen, wie denn auch der französische Alexandriner
in dieser Art von Gedichten sich auf die vorteil-
hafteste Weise zeigt. Wie viel noch würden Delilles romantische Schilderungen an Reiz und Mannigfaltigkeit gewonnen haben, wenn er auch die
Schweiz und Italien gesehen hätte!

Ich fing auch an, den «Don Quixote» zu lesen;
doch habe ich erst das erste Buch vollendet, weil
ich langsam lese und noch viele fremde Worte
mir aufstoßen. Er macht mir viel Vergnügen. Wie
schön stehen der melodischen Majestät der kasti-
lianischen Sprache die ritterlichen Bravaden des
Helden der Mancha!

8. Juli 1817. Schliersee.

Gestern erklimmte ich einen Berg ganz in der
Nähe, den ich vorher noch nicht erstiegen hatte,
und ward in Hinsicht der Aussicht in meinen Erwartungen übertroffen. Ich sah weit in die Ebene
zur Rechten, die hinten der blauschimmernde Horizont undeutlich begrenzte (wie gerne taucht sich
die Phantasie in jene gleichsam vom Himmel ver-

hüllte Ferne) und die durch die malerische Verteilung der Gewächse vielen Reiz gewinnt. Was mich
noch mehr erfreute, war, daß ich zu meiner Linken
den Wendelstein mit seinen nächsten Nachbarn
emporragen sah. Und dann in der Mitte gerade vor
mir das glückliche Tal, die freundlichen Dorfschaften mit ihren Obstgärten und Platanenschatten
und der See in seliger Stille.

So quält mich denn hier nichts als der Gedanke,
wie ich's in München wieder ertragen soll. Wie
schnell mir die Tage verstreichen, kann ich nicht
beschreiben.

11. Juli 1817. Schliersee.

Meine Tage sind abwechselnd, zuweilen mischen
sich auch melancholische Stunden in den Frohsinn,
die aber keineswegs mit der Einsamkeit zusammenhängen.

Vorgestern machte ich eine beschwerliche Promenade, indem ich den Lauf des «Rio verde»,
soweit es mir möglich war, in die Berge verfolgte.
Aber ich kam zuletzt aus Morast in Sumpf und aus
Sumpf in Morast. Die Vegetation wurde zu beiden
Seiten üppiger, je näher man der Quelle des Baches
kam; die Ufer werden steil und bahnlos. Nur bei
lange trockenem Wetter läßt sich dieser Weg versuchen. Überdies ließ ich mich verleiten, einen
ziemlich hohen Berg in einer Holzrinne, in der das
gefällte Holz vom Gipfel herabgelassen wird, zu
besteigen. Ich stellte mir den Weg nicht so lange
vor und hoffte eine erfreuliche Aussicht. Nichts
von dem. Oben fand ich einen waldigen Sumpf
und die Hütte eines jungen Geißhirten, der mit
seinen Ziegen übersommert. Das Gehen in der

Rinne (und es blieb mir nichts anderes übrig) war
besonders schwer. Das Holz war sehr glatt und
gebrechlich.

Gestern umzirkelte ich den See und pflückte
Blumen, gleichsam zum Abschied, da dies zarte
Geschlecht dem allgemeinen Verhängnis der Heu-
ernte unterliegt. Den heutigen Nachmittag fuhren
wir, der Kaplan und ich, nach der Insel hinüber, um
uns zu baden. An den anderen Ufern des Sees ist
das nicht möglich. Der Platz ringsherum um die
Insel ist vortrefflich; das Wasser eine große Strecke
weit (welche die Farbe genau unterscheidet) nicht
tief und ohne Abgründe. Nur die Insekten plagten
uns. Aber ich freute mich herzlich an dem schönen,
klaren Element. Auf dem Heimweg machten wir
noch einen Umweg an das westliche Gestade. Wie
Silber und Edelsteine durch den Strahl der Sonne
schimmerten die Spitzen der heranspülenden Well-
chen. Der Kaplan fuhr selbst. Auch nach dem
Abendessen machte ich noch einen kleinen Spaziergang mit ihm. Doch wäre ich lieber allein
gegangen und redete wenig. Ein Gewitter war im
Anzuge. Der Blitz erhellte klarscheinend den See
und die kahl gewordenen Wiesen, über welche
tausend Johanniswürmchen ihre lebendigen Lichter trugen. Ich war so weich gestimmt. Ich hatte die
Brust voll Liebe. Und für wen? Aber wozu diese
Namen?

14. Juli 1817. Schliersee.

Vorgestern hatten wir Gäste im Haus. Es war der
Landrichter, der ein paar seiner Bekannten, einen
Advokaten, Doktor Ihol, mit seiner Frau, und
einen gewissen Assessor Schmeller mitbrachte, der

in Ansbach angestellt wird. Der Pfarrer gab ein
großes Diner, wobei er es an nichts fehlen ließ, und
unterhielt die Gesellschaft durch seine Einfälle und
Anekdoten.

Heute durchstöberte ich einen Teil seiner voluminösen Bibliothek. Sie besteht größtenteils aus
lateinisch-jesuitischen Schriften. Sehr wenige deutsche, sehr wenige römische Klassiker. Die Bücher, die ich mir zur Lektüre absonderte, sind folgende: Von den Klassikern den Virgil, den Curtius[1] und Ovids «Heroiden». Ferner eine deutsche
Übersetzung des Virgils von Valentin vom Jahre
1702 (der Stil des fünfzehnten Jahrhunderts war
ungleich besser als dieser) und «Illustrium poë-
tarum flores», eine Auswahl von mancherlei Stellen der römischen Dichter über vielerlei Gegenstände. Von anderen jesuitischen Schriften: «Examen Melissaeum» von Balbinus (eine Sammlung
lateinischer Epigramme), «Columbus, carmen epi-
cum, auctore Carrara». Ein Epos in zwölf Gesängen. Von deutschen Büchern, und zwar aus dem
Französischen übersetzt: «Abbé Baruels Nachrichten zur Erörterung der Geschichte der Jakobiner»[2]
(wozu der Verfasser auch die französische Phi-
losophensekte, die Freimaurer und Illuminaten
zählt). Aus dem Italienischen: «Nützliche und sehr
gelehrte Zeitvertreibung von allerhand Unterwei-

---

[1] Quintus Curtius Rufus, «De rebus gestis Alexandri
Magni»
[2] «Denkwürdigkeiten zur Geschichte des Jakobinismus»,
4 Teile, Hannover 1800–03. Das Original heißt: «Memoires
pour servir à l'histoire du jacobinisme», 5 Bände, 1797
und 1803. Der Verfasser war der Jesuit Auguste de Baruel
(1741–1820).

sungen, geistlich, sittlich und weltlich...» Der
Verfasser heißt Menochius[1]. Die Übersetzung ist
von 1695. Es enthält vielerlei Kuriosa.

21. Juli 1817. Schliersee.

Verwichenen Achtzehnten, gegen Abend, kam der
englische Chargé d'affaires hier an, der von München mit seiner Maitresse kam und bei uns abstieg.
Den ersten Abend aß er allein mit uns, da sie
unpäßlich war. Ich lernte einen sehr artigen, gebildeten jungen Mann kennen, dessen Physiognomie
nicht ganz ohne Interesse ist. Folgenden Mittag
kam auch die Maitresse an die Tafel. Sie war in
Mannskleidern, hat seine Züge und ist höchstens
siebzehn bis achtzehn Jahre alt. Sei es Weiberlaune,
sei es, daß er ihr zu sprechen untersagt hatte, sie
redete in der ersten halben Stunde nicht eine Silbe
und aß nicht einen Bissen. Ich hielt sie für eine
Engländerin, und zwar für die schüchternste und
bescheidenste, worin mich noch ihre körperliche
Zartheit bestärkte. Plötzlich fing sie zu schwätzen
und zu essen an, zu essen wie ein Drescher, zu
schwätzen wie drei Mühlen zugleich. Aus dem
feinen Mündchen holperte der gröbste bayerische
Dialekt, der sich in Späßen, Zoten, Zweideutigkei-
ten aussprach, die man höchstens unter Soldaten
oder allenfalls in Bordellen zu hören bekommt. Ich
fiel aus den Wolken. Mein Erstaunen war außerordentlich. Der Gesandte schämte sich wenig, auch
mochte er nicht alles verstehen, obgleich er ziemlich gut deutsch spricht; ich schämte mich in sei-

---

[1] Jean Etienne Menochius (1576–1655), italienischer Jesuit.
Das Original lautet: «Storie tessute di varia eruditione sacra,
morale e profane», Rom 1646–54

nem Namen desto mehr. Mit mir sprach sie kein
Wort, weil sie mir vielleicht ansah, daß ich indi-
gniert wäre. Ihre meisten Späße brachte sie an dem
Herrn Pfarrer an, der sie ihr mit seiner gewöhnlichen Laune erwiderte. Er nannte mir hinterher die
Ausgelassenheit ihres Wesens «pure Unschuld».
Er hatte insoferne recht, als sie keineswegs eine
ausgelernte Buhldirne, sondern ein kindisches
Mädchen ist. Der Kaplan belachte und belächelte
ihre Zoten nach Herzenslust, weil sie seiner eigenen Bildung entsprachen. Er glaubte, daß dies die
Art der vornehmen Damen wäre, für deren eine er
sie hielt. Der Gesandte wollte den nächsten Tag,
nämlich gestern, den Wendelstein besteigen, obgleich die Witterung keine günstigen Anzeichen
gab. Er bot mir an, ihm Gesellschaft zu leisten. Ich
lehnte es ab; noch weiß ich nicht recht, weswegen,
da es mir doch von Interesse sein mußte, seine
partikuläre Bekanntschaft zu machen, vorzüglich
in Hinsicht der englischen Sprache. Was ich vor-
schützte, war eine Wanderschaft mit dem Pfarrer
nach Fischbachau, wo gestern, am Skapulierfest,
eine große Wallfahrt zusammenkam. Er hielt es
für Frömmigkeit, wie ich ihn überhaupt auf dem
Glauben ließ, daß ich katholisch wäre, sowenig er
damit zufrieden schien.

Meine Reise nach Fischbachau trat ich densel-
ben Abend noch an; es sind zwei starke Stunden.
Der Pfarrer mußte hingehen, da er den folgenden
Tag zu predigen versprochen hatte. Das Wetter
war anfangs günstig. Man geht über Fischhausen,
über das «Neuhaus» (ein Gasthof, nicht weit vom
Dorf auf einer Waldfläche) und dann durch jenes
Tal, das ich schon einmal beschrieb, nach Aurach

hinunter, stets vom Bache gleichen Namens, dem
vielfach gekrümmten, begleitet. Erst in Aurach
wird die Gegend dem aus der Enge des Tals Her-
ausgetretenen wahrhaft reizend und anziehend.
Bald sieht man zur Rechten den Taubenstein, dessen anhängender Bergrücken, samt seinen fetten
Alpen, ein großes Amphitheater bildet, von welchem die Sennerinnen auf den Schauplatz eines
himmlischen Tales herniederblicken, das, in seiner Breite entfaltet, von manniggestalteten Bergen umringt, nach allen Richtungen von Bächen
durchspült und von Wäldchen, Laubgewölben,
schattigen Büschen auf die bunteste Weise durchkreuzt wird. Eine Mühle, Mühlau geheißen, liegt
so reizend, daß ich dort mein Leben beschließen könnte. Eine Brücke führt über die eilenden
Wellen der schönströmigen Leitzach. Fischbachau
selbst gewährt einen gleich heiteren Anblick; ich
würde es dem hiesigen Tal, dessen fast ganze Breite
der See einnimmt, weit vorziehen, wie auch fast
den dortigen Pfarrer dem unsrigen, da jener die
Orthodoxie auf keinen so hohen Grad zu treiben
scheint und überhaupt ein braver Mann ist. Auch
herrscht mehr Reinlichkeit und Ordnung in seinem Hause. Es ist sehr groß und war ehemals eine
Probstei. Die Aussicht ist beschränkt, der Garten
klein, schmal; ein hübsches Gartenhäuschen, sonst
vielleicht zur Nachmittagsruhe der Pröpste bestimmt; zum mindesten zähle ich ein Mittags-
schläfchen zu den Wesentlichkeiten eines Prop-
stes.

Wir aßen zu Nacht, und ich legte mich müde
zu Bette. Eine starke Viertelstunde vom Ort liegt
eine in Bayern sehr berühmte Wallfahrtskapelle

zu Unsrer Lieben Frau, der Birkenstein geheißen, welche nach dem Modell des heiligen Hauses von Loreto gebaut ist. Schon Dall'Armi hatte sie mir als ein poetisches Plätzchen angerühmt. Ich besuchte sie früh morgens. Sie erhebt sich auf einer Anhöhe am Fuße des Breitelsteins. Ein Bächlein schlingt seine lauten Wellen daran vorüber, und der Wind säuselt im beweglichen Laub der Birken, deren schlanke Gestalten das heilige Haus bewachen. Die doppelte, oben sich begegnende Treppe führt auf eine Galerie, so die Kirche von drei Seiten umfängt und gegen das Freie hin durch ein Geländer, von oben aber durch ein vorspringendes Dach geschützt ist, welches Dach den äußerlichen Charakter des Gebäudes bestimmt. Von der Galerie, deren Plafond getäfelt und die ringsum durch Gemälde und eine Unzahl von Motivtafeln buntfarbig erheitert ist, genießt man der freundlichsten Aussicht nach dem schönen Tale von Fischbachau mit seiner hohen, üppigen Pflanzenwelt. Von der Galerie endlich gelangt man in die Kapelle selbst. Es war früh am Tage. Sie lag noch in der stillen Feier eines dämmernden Halbdunkels, die «darkness visible» Miltons[1]. Von oben bis unten sind die Wände von mancherlei Schmuck, frommen Gaben, Weihbildern und dergleichen bedeckt. Der dunkelblaue Scheinplafond wird von einer runden Öffnung durchbrochen, durch welche Licht von einem Fenster der obersten Decke herabfällt. Doch hat sie auch Fenster von der Seite, wovon eines von Zieraten verborgen und nur durch den Lichtschein erkannt wird.

---

[1] «Paradise Lost» (I, 63)

Ich bestieg noch zwei nahe Hügel, der weiteren Umsicht in das Tal wegen. Auf dem Heimweg überfiel mich ein Regenschauer. Ich fand bereits sehr vieles Volk versammelt und mehrere Geistliche. Die Bursche und Mädchen schwärmten um die Stände der Verkäufer und Verkäuferinnen, die ihre Niederlagen von Obst, Brot und Gerätschaften in der Nähe der Kirchen (es sind deren zwei da) feilboten.

Bald darauf begann der Hauptgottesdienst in der großen Kirche. Sie führten mich auf den Chor. Der Anblick des langen, majestätisch-heiteren Schiffs der Kirche und der versammelten Menge erregte mir ein feierliches Gefühl, das durch den, obgleich kärglichen Gesang und die schwachen Töne der unbedeutenden Orgel eher vermehrt als vermindert wurde. Aber wie schnell ward ich aus dieser Stimmung gerissen, als unser Pfarrer, im reichen Ornate, die Kanzel bestieg! In welches Jahrhundert versetzte mich diese Predigt! Da war auch nicht ein Wörtchen Moral, das darunter einfloß. Es war von nichts die Rede als von den Wunderkräften des heiligen Skapuliers, von der Jungfrau Maria, von Papst Pius VII.[1], von den gräßlichen Qualen des Fegfeuers, in welchem, nach dem Zeugnisse der gelehrtesten Männer, wie es hieß, eine Viertelstunde bei weitem mehr Leiden verursacht als dreißig Jahre des menschlichen Lebens, in den fürchterlichsten körperlichen Schmerzen zugebracht. Doch wurde zum Troste hinzugefügt, daß durch vieles Gebet das Fegfeuer schon auf dieser Erde abverdient werden könnte, so auch

---

[1] (1800–1823), der nach Napoleons Sturz, welcher ihn 1809 gefangensetzen ließ, die Jesuiten zurückberief und 1816 dem Kirchenstaate eine neue Verfassung gab

durch viele Messen nach dem Absterben. Er gebrauchte nicht einmal den Ausdruck «Gebet», sondern er bediente sich der Worte «Vater unser, Ave Maria und Glauben Gott», worunter die Katholiken das christliche Glaubensbekenntnis verstehen. Überdies, hieß es, erlöst die allzeit jungfräuliche Gottesmutter Maria alle Samstage eine Unzahl von armen Seelen aus dem Fegefeuer. Die Heilige Dreifaltigkeit spielte auch keine kleine Rolle, und er verwickelte sich bei diesem Dogma in so gräßlichen Unsinn, daß ich nicht wußte, ob ich lachen oder weinen sollte. So viel weiß ich, daß ich von ganzer Seele das Volk beklagte, das von demjenigen, der sein Lehrer sein sollte, so ungeheuer belogen wird. Fast jede Periode fing mit den Worten an: «Unsere römisch-katholische, apostolische, wohlgemerkt alleinseligmachende Kirche.» Ein Protestant, der nie etwas vom Katholizismus gehört hätte, würde sicherlich nicht gemerkt haben, daß er sich unter Christen befände. Auch wimmelte die ganze Predigt von Gemeinheiten; so sagt er einmal, daß Christus weder Stiefel noch Sporen getragen habe. Ich war glücklich, als sie vorbei war. Ich verließ die Kirche, das Hochamt nicht abwartend; ich ging ins Freie, das Wetter war aufgeklärt, und ich bestieg noch einmal den Birkenstein. In Gedanken dankte ich dem guten Luther, der doch wenigstens einen großen Teil jenes Aberglaubens von einem großen Teil der Welt abwälzte und für eine geläuterte Religion empfänglich machte.

An der Mittagstafel saßen sechs Geistliche, worunter fünf Pfarrer, und überdies zwei Schulmeister. Ich war fast der einzige Profane. Auf dem

Heimweg war das Wetter günstig bis Neuhaus, wo
wir unter den Regen kamen, woran der Pfarrer
schuld war, der wie eine Schnecke ging. Dort
erwarteten wir den Kaplan mit der Maitresse, die
von der Papiermühle kamen. Kaum waren wir eine
Strecke gegangen, als uns der Gesandte einholte,
der trotz der schlechten Witterung auf dem Wendelstein gewesen war. Er sowie der Pfarrer und ich
gingen den See hinunter, die anderen fuhren zu
Schiff. Der Pfarrer war nun gezwungen, wie ein
Reh hinter seinen Gästen herzulaufen, und tappte
von einer Lache in die andere. Ich erzählte ersterem
etwas vom Rigi, was ihn zu interessieren schien.
Der Abendtisch wurde nur durch den Mutwillen
der Halbmännin belebt. Heute morgens reisten sie
wieder ab.

Als ich gestern zu Hause kam, fand ich einen
Brief von Schnizlein vor. Er schrieb mir einiges
von der militärischen Organisation, von der Re-
duktion der Armee, der Gagenerhöhung der Offiziere. Auch daß Lüder wieder in München war und
daß er selbst vor einiger Zeit mit Federigo gesprochen hätte. «Er ist ein ganz ordentlicher Mensch»,
setzte er hinzu, «doch nicht, was du suchst.»

22. Juli 1817. Schliersee.

Schon vor mehreren Tagen vollendete ich die
Schrift des Abbé Baruel über die Jakobiner. Wie
schon gesagt, enthält sie viel vom Illuminaten-
orden, das mich am meisten interessierte, da noch
mehrere seiner Häupter und teils auch in Bayern
leben. Spartakus (Weishaupt)[1], der Stifter, wird als

---

[1] Adam Weishaupt (1748–1830), der Stifter des Illumina-

ein Ungeheuer ohnegleichen, als ein Auswurf der
Menschheit geschildert; nicht viel besser der Freiherr von Knigge (Philo). So viel aber erhellt wirklich aus einzelnen Auszügen von Weishaupts eigenen Briefen, die sich in den von der bayrischen
Regierung herausgegebenen Originalschriften der
Illuminaten befinden, daß er ein äußerst gefährli-
cher Mensch, ohne Grundsätze, voll frevelhaftem
Übermut, voll intriganter Bosheit gewesen ist,
oder vielleicht noch sein mag. Schon jener Haupt-
grundsatz des Ordens: «Nihil interest quomodo»,
ist schändlich. Man kann nicht umhin, den Verstand und die Menschenkenntnis jenes Spartakus
zu bewundern, so wie man seine Heuchelei ver-
abscheut. Ich werde stets mich vor Menschen hüten, die allgemeine Menschenliebe predigen und
Freundschaft, Familienneigung und Patriotismus
verachten und verhöhnen.

> Was liegt
> Dem guten Menschen näher als die Seinen?

Ich hasse die geheimen Orden. Sie versprechen
Freiheit, und gerade bei ihnen findet man die fürch-
terlichste Sklaverei. Sie glauben die Vorsehung
verbessern zu wollen, sie wollen den Lauf der
Zeiten von unten nach oben kehren. Aber umsonst! Nur allmählich, nur langsam reift die Welt,
dann jedoch desto gewisser und dauernder. So
will's das Menschenlos.

---

tenordens, 1772–85 Professor der Rechte in Ingolstadt, war
bemüht, die dortige Universität zu einer Pflanzschule des
Kosmopolitismus zu gestalten. Nachdem er auf Drängen
des Klerus seinen Lehrstuhl verloren, fand er in Gotha 1786
eine neue Heimat, wo er als Legations- und Hofrat starb.

Ich leugne nicht, daß mein Abscheu gegen Weishaupt auch einen Schatten auf seinen Sohn warf.
Ich wünsche nicht mehr, ihn näher kennenzulernen.

Nonis Sextilibus 1817. Schliersee.

Ich bin wieder allein. Noch grünen dieselben
Bäume, dieselben Wellen schlagen ans Ufer, dieselben Berge begrenzen es, aber ich bin wieder
allein. Die kalten Bücher sind wieder meine ganze
Zuflucht. Nach München sehne ich mich gleichwohl nicht. Wie viel Trauriges, Verhaßtes erwartet
mich in München! Wie traurig überhaupt liegt
meine ganze Zukunft vor mir! Wo ist der freudige
Punkt, dem ich entgegensehe? Hier ist noch das
einzige Asylum, das mir gegönnt ist; wenn ich hier
nicht glücklich bin, kann ich es nirgends sein.

Am gestrigen Morgen ging die Sonne freundlich auf. Wir machten uns früh fort und fuhren über
den See, um den Brechenspitz zu besteigen. Für
Damen freilich war es ein kühnes Unternehmen.
Völerndorf und ich führten abwechselnd Frau
von Schaden. Bis zu den Alpen, wie ich, glaube ich,
schon einmal sagte, geht der Weg ziemlich gut.
Zur Rechten hat man den Angelberg. Wir kehrten
in einer Hütte ein, und Frau von Schaden machte
uns eine köstliche Schokolade zum Frühstück.

Der fernere Pfad ging allerdings um vieles beschwerlicher, doch ward er herrlich belohnt. Nach
allen Seiten war die Aussicht rein. Nordwärts bot
sich der Schliersee malerisch schön mit seiner Insel
und weit hinter ihm das flache Land. Wir sahen
München mit dem Fernrohre. Westlich war ein
Teil des Tegernsees, östlich ein Teil des Chiemsees
bemerkbar, der zwischen dem Breitenstein und

dem spitzen Wendelstein hervorragte, welche die schöne Flur von Fischbachau begrenzten. Gegen Süden lag uns der ruhige Spitzingsee und der ruhige Klausbach. Die Berge türmten sich höher und höher, und weit im Halbkreis umgaben uns die Schneegebirge Tirols.

Herabsteigend und auf die Alpe zurückkehrend, tranken wir die erquickendste Buttermilch von der Welt, an der wir gar nicht satt werden konnten. Mehrere Sennerinnen waren in der Hütte versammelt. Die drei musikalischen Glieder der Gesellschaft sangen ihnen ein paar hübsche Lieder vor, worüber sie sehr erfreut waren. Ich konnte nicht in jene Töne einstimmen und fühlte auch hier den Mangel an allen Talenten.

Wir sehnten uns alle nach dem Kahn am Ufer, das wir endlich erreichten. Erst um vier Uhr landeten wir hier. Frau von Schaden hatte ihre Abreise beschlossen. Wir aßen noch einmal zu Mittag. Ich fühlte noch einmal die Freuden eines geselligen, ungezwungenen Umgangs, wie man ihn vergebens in der Stadt sucht. Herr von Völderndorf kam noch einen Augenblick und brachte den Tasso an die Mädchen zurück, den er entlehnt hatte, nämlich die «Gerusalemme». Frau von Schaden und ihre Töchter hatten eine ziemliche Anzahl Bücher mit sich. Sie ließen mir auch eines hier, um es zu lesen: «Harmonies de la nature par Bernardin de St. Pierre»[1]. Endlich fuhren sie ab. Herr von Völderndorf ging denselben Tag noch nach Miesbach (wo Frau von Schaden heute bleibt), um den fol-

---

[1] Jacques Henri Bernardin de Saint-Pierre (1737–1814), der Autor von «Paul et Virginie». Seine «Harmonies de la nature» erschienen 1815 postum in drei Bänden.

genden zu Fuße nach München zu gehen. Er hatte
mich eingeladen, ihn eine Strecke Wegs zu begleiten, und holte mich ab. Im Gespräch verloren, ging
ich bis Miesbach. Ich trank ein Glas Bier mit ihm in
seinem Gasthofe, von wo er dann noch einen Besuch bei Frau von Schaden ablegte. Erst auf diesem
Spaziergange kam ich ihm näher. Seine Physiognomie gefiel mir gleich im Anfange, weil er Ähnlichkeit mit Federigo hat. Doch bin ich gewohnt,
viel von den Männern zu fordern, ich meine viel
Geist. Gleichwohl darf ich sagen, daß ich in ihm
eine bemerkenswürdige Bekanntschaft machte. Er
erklärte mir, daß auch er nicht immer die Absicht
gehabt hätte, Soldat zu werden, daß er es nicht
immer zu bleiben gedenke, soviel er sich auch in
seinen jetzigen Verhältnissen freue, es zu sein. Er
weiß den lebensermunternden Krieg zu schätzen,
aber auch die Muße des Friedens, und so ist er kein
roher Mensch. Er denkt in vielen Dingen mit mir
gleich. Seine Hauptneigung ist die Musik, der seine
Bestrebungen geweiht sind. Er lebt gerne in München. Früherhin brachte er einige Jahre in Dresden
zu und lernte dort Theodor Körner kennen, der in
Freiburg studierte. Völderndorf fragte nach meinen eigenen poetischen Arbeiten. Er bat mich, ihm
etwas davon zu lesen zu geben, wenn ich wieder
nach München zurückkehrte. Er erklärte mir, daß
es nicht Neugierde sei, die ihn bestimmte, sondern
wahrer Anteil an der Sache. Ich lehnte dies soviel
wie möglich ab und gestand meinen Mangel an
Talenten ein.

Vielleicht führt ihn der Zufall noch einmal den
Sommer über in jene Gegend. Er ist übrigens halb
und halb mein Landsmann, ein Bayreuther und

Protestant. Auf meinem Heimwege von Miesbach
ging es mir ungünstig. Es fing zu regnen an, und
die Nacht brach ein. Ich kam ein paarmal von der
Straße ab, verfehlte die Stege, kam durch Wasser
und Morast und langte durchnäßt und müde und
spät hier an.

Der heutige Tag ging mir trüb vorbei. Ich
machte einen Spaziergang nach Miesbach zu,
gleichsam vom Magnet des Wohlwollens, der
Freundschaft, wenn auch nicht der Liebe gezogen.
Aber was will ich? Wenn ich in München auch
wieder dieselbe Gesellschaft treffe, so wird mir
doch Schliersee fehlen, so wie mir jetzt hier die
liebe Gesellschaft fehlt.

octavo Idus Sextiles 1817. Schliersee.

Heute, am Sixtustage, fand hier ein großes Kir-
chenfest statt, wozu sich vieles Volk aus der umliegenden Gegend versammelte; doch so vieles nicht
als damals in Fischbachau. Unser Pfarrer hielt eine
Predigt, die ich anhörte; da ich aber sein ganzes
Talent schon kannte, so wurde mir unendlich langweilig dabei. Besonders glücklich ist er in Meta-
phern. So verglich er einmal den menschlichen
Körper mit einem Esel und die Seele mit dem
Eselstreiber.

Bei der Mittagstafel waren viele Geistliche gegenwärtig, unter anderen der Pfarrer von Ellbach,
den ich noch nicht kannte. So viel habe ich bemerkt, daß sie alle humaner und weniger orthodox
als Herr Lakenpaur sind. Später fuhr ich mit dem
Pfarrer von Bayrisch-Zell noch ein wenig spazieren am See. Herr Mühlauer ist nach München, um
einen Konkurs mitzumachen.

sext. Id. Sext. 1817. Schliersee.

Wir haben schöne Tage. Gestern morgen umging ich den See. Statt mich aber bei Westenhofen rechts gegen die Schlierachbrücke zu wenden, ging ich gerade durch einen schönen baumreichen Grund, den die Schlierach in zwei Armen durchfließt. Zuerst kommt man an eine malerisch gelegene Mühle mit einer Schleuse. Ich nenne sie die «Lindenmühle», da gegenüber der Schlierach vier Linden sich erheben, wovon besonders die eine, breitstämmig und majestätisch, den Hügel weit überschattet, auf dem sie steht. Von dort führt eine Brücke über einen Bach zu einem angenehmen Pfad, der nach Westenhofen sich hinzieht. Nachmittags besuchte ich denselben Ort und folgte weiterhin dem Weg der Schlierach. An ihrem Ufer fort geht eine anmutige Straße nach Miesbach, die mir bisher ganz unbekannt war. Ich verfolgte sie eine Strecke weit. Man sieht eine Mühle an der anderen. Das Wasser ist häufig in Kanäle geleitet und von Schleusen beschleunigt. Besonders gefiel mir eine Halbinsel, auf die ich gelangte, indem ich über ein Mühlwerk wegstieg. In der Mitte steht eine ziemlich hohe Weide und rings am Ufer elf Erlen und ein Eschenbaum. Deshalb nannte ich sie «Erleninsel». Sie wäre ganz geschickt, um auf ihr irgendeiner ländlichen Gottheit einen Altar zu bauen. Neben daran stürzt sich ein starker Mühlabfall hinunter.

nono Cal. Octobres 1817. Schliersee.

Das Glück ist nicht für uns Menschen. Es gibt Augenblicke, in denen ich dies recht innig fühle. Ich komme soeben von einer kleinen Reise zurück,

wo ich mich noch einmal von ganzer Seele an
den Schönheiten der Natur erquickt habe, die von
diesen herrlichen Herbsttagen noch mehr verklärt
werden. Ich bin voll freundlicher Erinnerungen;
aber eben diese schmerzen mich. Ich habe keine
Ruhe. So werden selbst vergangene Freuden zu
desto schärferen Messern, uns zu verletzen. Das
Glück ist nicht für die Menschen. Da ich nun
einmal die Bürde auf mich genommen, was ich
sehe oder erfahre, schwarz auf weiß zu bringen, so
mag es auch diesmal geschehen, sowenig auch die
toten Buchstaben gegen das seiende Leben sind.

Vorgestern trat ich meine Pilgerschaft nach der
Tiroler Grenze, gegen Audorf zu an. Ich wollte den
Weg über Au gehen, wohin man von hier in drei
Stunden gelangen kann, wenn man gleich über den
Berg wandert. Ich nahm eine Strecke weit den
Jungen mit mir, der mich auf die Gindalpe führte.
Anfänglich geht es meist durch den Wald, der viele
freie Plätze hat. Man sieht Parsberg zur Linken. Im
ersten Tale, durch das man kommt, liegt Winds-
mühl besonders einsam, ein vom wilden Bach
durchschnittener Weiler. Später zeigt sich Niklas-
reuth auf der Höhe. Der ganze Weg bis Au, wenige
öde Waldstellen ausgenommen, gleicht einem englischen Garten. Oft schlingen sich die Steige durch
Laubgewölbe wie durch einen künstlichen Bogen-
gang. Ganze Alleen von Obstbäumen bieten von
Zeit zu Zeit sich dar. Au selbst ist völlig von einem
Obstwalde umschlossen, aus welchem nur die beiden Kirchen emporschauen. Es ist ein großes Dorf,
das sich der Länge nach hinzieht. Der innere Bau
der Hauptkirche ist groß und erhaben, aber durch
schlechte Malerei befleckst. Der Pfarrer war nicht

zu Hause, sondern bei einer Kirchweihe in Holzhausen. Ich setzte meine Reise ohne Verzug fort,
bis Lützeldorf, wo ich etwas zu Mittag aß. Der
Weg geht durch Feilenbach und noch andere kleine
Dörfer. Die Gegend gewinnt immer mehr an Heiterkeit. Ein ganz anderes Klima herrscht hier jenseits der Berge. Die Ernte war bereits vorüber,
während bei uns noch die Felder wogen. Der Ho-
lunderstrauch, der überall wächst und der hier
noch mit grünlichen Beeren erscheint, beugte sich
dort unterm Gewicht seiner großen schwarzen
Trauben. In langen Furchen sah ich die men-
schenfreundlichen Stämme, aus deren Ästen die
Pflaume, die Birne, der Apfel, ihrer Reife sich
nahend, herabhängen. Keine düstere Tannenpyra-
mide warf hier ihre betrübten Schatten auf die
sonnigen Wiesen, mit dem blassen Rot der Zeitlosen untermischt, der letzten Blume des Jahres.
Seltener zwar zeigen sich Ahorn und Esche; aber
dafür überall verteilen alte, stämmige Eichen nach
allen Seiten die Zweige. Der schöne Wuchs des
Nußbaumes, nicht minder häufig, mahnt an die
üppigen Schweizer Täler und lockt die Müden
unter sein wohlriechendes Laubdach.

Vorzüglich gilt diese Schilderung von der Gegend um Branneburg, das ich, einen Wald durch-
wandernd, erreichte, nachdem ich noch den Schaden bemerkt hatte, den der vor einigen Tagen in
Lützeldorf gefallene Hagel anrichtete, von dem ich
ganze Haufen Körner noch liegen sah.

Das Schloß Branneburg, das dem Grafen Prey-
sing gehört, das von außen einen angenehmen
Prospekt darbietet und von einem französischen
Garten umgeben wird, liegt unvergleichlich schön

auf einem Hügel, oder vielmehr unvergleichlich ist
die Aussicht, die es von seinen Fenstern gewähren
muß. Das reiche Tal, an dessen anderem Ende der
Inn strömt, die malerisch zerstreuten Dorfschaften, Schloß Neubayern auf der Höhe, vor allem
aber die seltenen, anziehenden Bergformen bieten
ewigen Reiz der Beschauung. Welcher Gedanke,
den Abend seiner Tage auf einem solchen Schlosse
im Kreise einer liebenswürdigen Familie, einer
guten Gesellschaft zu leben! Muß dies nicht der
letzte Wunsch jedes gebildeten, jedes fühlenden
Menschen sein? Aber nicht die Freuden des Landlebens, nicht die Freuden der Häuslichkeit machen
dies Haus seinen jetzigen Besitzern angenehm.
Nur die Jagd, das wilde Spiel ergötzt sie, wie alle,
die mit Anstrengung die traurige Leerheit ihres
Ichs fliehen. Nicht weit von Branneburg kommt
man abermals an ein Dörfchen. Ich gewahrte zur
Rechten einen Fels, mit Lärchenbäumen bewachsen, an dessen Fuß ein rasches, rauschendes Bächlein floß. Seinem Laufe folgte ich, bis es mich an
eine Sägmühle und von da auf die große Landstraße brachte, auf der ich meinen Weg nach
Flintschbach fortsetzte. Ich sah den Inn wieder und
das romantische Flintschbach, wo ich einige Tage
mit Issel zubrachte. Ich kam wieder an dem freundlichen Pfarrhof vorüber und am Wirtshause, das
von ländlicher Musik ertönte, da es eben Sonntag
war. Ich sah die Ruine Falkenstein wieder, die Herr
Issel zeichnete, von deren Felsenhöhen sich ein
dicklaubiger, herrlicher Buchenwald ins Tal her-
abzieht. Überall schöne Baumgruppen.

Den Weg bis Audorf über Fischbach legte ich
großenteils auf Gangsteigen zurück. Man rechnet

ihn zu zwei Stunden. Allmählich hat sich das Tal
um vieles verengt. Tiroler Berge schließen den
Hintergrund. Niederaudorf hatte ich schon gesehen, da die Landstraße hindurchführt; nicht so
Oberaudorf, das um viel schöner am Inn liegt und
wo ich übernachtete. Ich kam noch ziemlich bei
guter Zeit an, obschon ich einen weiten Marsch
gemacht hatte. Ich machte noch einen Spaziergang
an den Strom, an dessen anderem Ufer das Zoll-
haus steht, da hier die Länder sich scheiden. Das
Dorf besteht aus nicht viel mehr als dem großen Karmeliterkloster mit seiner schönen Kirche,
einem hübsch gelegenen Landschlosse, das einer
gewissen Frau von Kern gehört, und dem Wirtshause, wo ich ziemlich gut wohnte und höflichere
Leute fand, als man in Bayern erwartet.

octavo Cal. Oct. 1817. Schliersee.

Des anderen Morgens trat ich meinen Rückweg
an; der Himmel war noch rein, erst später stiegen die Nebel auf. Ich ging auf der Landstraße
nach Flintschbach zurück. Ein kühlender, frischer
Morgenwind bewegte den leichten, schwebenden
Wuchs der Lärchenbäume. Nur kontrastiert die
Niedrigkeit dieser Berge mit ihren stolzen Felsen-
formen. Ich kam diesmal über Holzhausen nach
Lützeldorf, da ich in Branneburg einem Jungen
begegnete, der mich einen besseren Weg führte.
Als ich mich Au näherte, schien die Witterung trüb
zu werden; doch klärte sie sich nachmittags auf das
freundlichste auf.

   Ich traf den Pfarrer von Au, von dem ich schon
einmal etwas Günstiges sagte. Er ist ein kränkli-
cher, man kann fast sagen gebrechlicher Mann von

einigen vierzig Jahren und hat viel Humanes in
seinem Charakter. Er liebt die Lektüre der Dichter.
Er zeigte mir Ausgaben des Horaz, Virgil, Kleist,
Salis, Delille aus seiner Bibliothek. Sein Pfarrhof,
obgleich von zweien Gärten umgeben, ist nicht
sehr freundlich; man hat gar keine Aussicht wegen
der Obstbäume. Nach Tische begleitete er mich
nach dem Auer Berge, von dem man von einer
Stelle, welche die «Rastbank» heißt, eine vorzüglich schöne Aussicht hat. Der Pfarrer, der nicht viel
steigen kann, kehrte bald wieder um; doch beschrieb er mir vorerst den Weg und gab mir ein
Fernrohr und eine Taschenausgabe von Salis'[1] Gedichten mit, um zu lesen, da ich mich gerne lange
oben verweilen wollte. So brachte ich wirklich auf
dieser Rastbank, die samt Betstühlen und einem
Christusbild zwischen zwei kolossalen Linden angebracht ist, den ganzen Nachmittag lesend und
schauend zu. Die Aussicht auf das flache Land ist in
der Tat so ausgedehnt als reizend. Am schönsten
präsentieren sich Aibling und Rosenheim. Als der
Tag sich neigte, stieg ich wieder herunter.

Beim Nachtessen sah ich außer dem Pfarrer
noch einen Orgelmacher (da die dortige Orgel
durch einen Blitzstrahl zerstört wurde); er hatte
nur Verstand, wenn sich ein Gegenstand seiner
Profession näherte. Später kamen der Provisor des
Pfarrers, eine gute, ziemlich gemeine Natur, und
ein anderer Provisor aus Miesbach, Herr Albert,
ein Mann von einer gewissen Sanftmut, die etwas
matt und affektiert war, und von einer Halbkultur,

[1] Johann Gaudenz Freiherr von Salis-Seewis (1762–1834),
Offizier und Lyriker. Seine «Gedichte» erschienen erstmals
1793 in Zürich.

die mir nicht lieber ist als gar keine. Nach Tische spielten wir ein paar Partien Lotto, wobei sich wahrscheinlich niemand unterhielt.

quinto Cal. Octobres 1817. Schliersee.

Noch erzählte ich nicht, was mir noch vor meiner letzten Reise, verwichenen Neunzehnten, geschah. Ich hatte mir vorgenommen, das Tal «Le dernier refuge» zu besuchen, in welches hinabzusteigen mir noch nicht gelungen war. Ich ging daher den Kühzagel hinauf, über den «Pons alpinus», und als ich den Berg erstiegen hatte, hielt ich mich, soviel als möglich, am Rand des Grabens. Hier hatte ich zuerst das Unglück, daß mir meine Mütze, an einen Ast streifend, in den Abgrund fiel. Ich wollte ihr nach, fing aber plötzlich an zu glitschen und war in einem Augenblicke fast bis unten, wo mein Hut lag, mit geringem Schaden, den Schreck ausgenommen. Doch war ich damit nicht zufrieden, denn ich befand mich erst im «Obblio del mondo», war also durch den «Finisterre» vom «Dernier refuge» getrennt. Ich klimmte mit Mühe wieder empor und fand endlich, wo sich die ganze Schlucht in einen Sack endigt, durch eine fast ausgetrocknete Quelle, die allmählich hinabfließt, den Weg hinunter. Ich sah hier einen noch viel wilderen Ort als der «Obblio del mondo», die Schlucht ist eng, die Felsen höher und drohender. Ich drang bis an den Wasserfall, den ich «Finisterre» nannte, vor und sah, über einen Stein gelehnt, in seine jähe Tiefe hinunter. Aber leider schien mir nicht weit davon ein Ort zur Linken ersteigbar, ich wollte daher den schlimmen Weg, der nichts anderes als das Flußbett ist, nicht mehr zurückmachen

und fing an zu klimmen. Es ging zuerst ziemlich
erträglich, ich machte mir Fußtritte mit dem Stock.
Aber ich war fast am Ziel meiner Reise, als ich an
eine felsige Stelle kam, die ich nicht übersteigen
konnte. Ich kehrte wieder um, es ging nur unendlich schwer abwärts, und ich fürchtete wieder auszuglitschen und würde hier in den Bach gefallen
sein, der nicht des Wassers, sondern der großen
Steine wegen gefährlich ist. Nach halbem Wege
wendete ich mich abermals aufwärts, nachdem ich
meinen mir entfallenen Stock wieder gefunden
hatte. Ich glaubte mehr zur Linken eine bessere
Bahn zu entdecken und sah einen Tannenstrauch,
an dem ich mich halten konnte. Ich trat den Weg
wirklich an, bemerkte aber zu spät, daß ich gerade
über dem Wasserfall hing und eine Strecke weit
unter meinen Füßen jähe Felsen hatte, an denen ich
mich fallend unfehlbar würde zerschmettert haben. Ich kam zwar mit aller Anstrengung an den
Tannenstrauch, aber ich sah mit Schrecken, daß ich
noch eine beträchtliche Höhe zu ersteigen hatte, die
sehr steil war, obgleich ungefähr auf der Mitte des
Weges eine Tanne emporragte. An den Rückweg
war nicht mehr zu denken; ich würde mich nicht
erhalten haben. Ich klimmte aufwärts, indem ich
alle meine Kräfte anspannte. Ich bohrte mich mit
Gewalt mit jedem Schritte mit den Händen ins
Erdreich, soweit es die Steine zuließen, und stellte
dann in die Lücken meine Füße. Einige Male oder
vielmehr fast immer war mein ganzes Vertrauen in
einige elende Gräser gesetzt, an denen ich mich
hielt. In derselben Minute, als sie würden abgeris-
sen sein, wäre ich auch schon in der untersten Tiefe
gelegen. Niemals sah ich den Tod so klar vor mir.

Es war sogar unwahrscheinlich, ihm zu entkommen. Auch war ich vollkommen darauf gefaßt.
«Den Tod», sagte ich zu mir selbst, «fürchtest du
nicht, und auch den Todesschmerz hast du nicht zu
fürchten, da deine Besinnung schon im Hinunterstürzen verlorengehen muß.» Doch unter diesen
Gedanken erreichte ich glücklich den Tannenbaum
und klammerte mich an ihm fest. Seine Richtung
von der Erde aus war anfangs etwas waagerecht.
Ich brachte es so weit, daß ich mich mit halbem
Leibe über ihn hinablehnen konnte. Dies war wohl
die gefährlichste Stellung meines Lebens. Mein
Unterleib hing auf dieser, mein Oberleib auf jener
Seite, und ich sah in dieser Lage in die häßliche
Tiefe, ohne noch zu wissen, wie ich den noch
kommenden Weg, der nicht minder steil, obgleich
nicht mehr hoch war, zurücklegen sollte. Die
höchste Anspannung meiner Kräfte, die nach dem
ersehnten Baum gerichtet war, machte nun einer
gänzlichen Abspannung Platz. Ich fiel in ein heftiges Zittern und konnte nicht von der Stelle kommen. Endlich ermannte ich mich und schwang
mich mit den Füßen dahin, wo ich mit dem Leib
lag. Nur durch die äußerste Geschwindigkeit, indem ich weder mit Hand noch Fuß die Erde kaum
berührte, so daß sie nicht unter mir weichen
konnte, gelang es mir, den Weg zu vollenden. Als
ich oben war, sank ich vor Müdigkeit ins Moos
hin. Der Berg ist an sich selbst nicht hoch; aber
mein Unstern hatte mich gerade an die ärgste Stelle
geführt. Nur die Vorsicht erhielt mich.

quarto Cal. Oct. 1817. Schliersee.

Diesen Nachmittag machte ich meinen Spaziergang durch den Wald gegen Ellbach zu und kam,
bis eine halbe Stunde vor dem Dorfe, bis auf einen waldfreien Wiesenhügel mit hübscher Baum-
gruppe, auf dessen Mittelpunkte ein hölzernes
Kreuz. Von dort ist eine vorzügliche Aussicht über
das ganze Tal. Man sieht den Schwarzenberg, den
Breitenstein, den Wendelstein, die schönen Gebirge gegen Zell hin, und im Grunde Hundheim,
Ellbach, Fischbachau und den Birkenstein. Ich
nannte dies Belvedere «La plaza verde de la dulce
cruz».

Gestern ging ich am anderen Seeufer, aber auf
den Bergen nach Fischhausen zu, einen Weg, den
ich noch nicht gemacht hatte und der mir viel
schöne Umsichten darbot. Besonders sieht man
Fischhausen auf eine ganz eigene, einsame Art
daliegen, vom Hagenberg und Brechenspitz und
Angelberg umschlossen und vom See, dessen äu-
ßerstes Ende man wahrnimmt, bespült. Ich wandte
mich aber nicht zur Linken nach Fischhausen, sondern stieg rechtwärts in ein anderes Tal hinunter,
wo viel Vieh weidete. Es wird von einer Schlucht
begrenzt, die aber ganz mit Bäumen bewachsen.
Ich suchte gleichwohl einen Weg, um hinunterzu-
kommen, und ging eine Zeitlang darin fort. Sie ist
eng, wild, aber nicht felsig; der Bach nimmt die
ganze Breite ein. Ich nannte sie «La gorge des
hêtres», weil diese Bäume dominieren, das frühere
Tal jedoch «Peace of the flock».

Da ich nicht lange mehr hier bleibe, so sind
freilich diese Benennungen wenig nütz.

secundo Cal. Octobres 1817. Schliersee.

Heute besuchte ich den Wasserfall bei der Papiermühle, der aber jetzt durch den Mangel an Wasser
sehr unbedeutend ist. Ich folgte jedoch dem Bache,
der sich in starken Krümmungen durch die Täler
windet. Seine Ufer sind an einigen Orten felsig und
häufig mit Buchen bewachsen, was den Spaziergang angenehm macht. Fast der zehnte Schritt
führt wieder an einen neuen Wasserfall, die alle
romantisch umgeben sind, und die, obgleich an
sich selbst von keineswegs einer bedeutenden
Höhe, dennoch in den Monaten Juni oder Juli ein
schönes Schauspiel gewähren müssen. Ich kam
zuletzt an eine Sennhütte, wo mich der rüstige
Senner mit dem köstlichen Rahm der Alpenkräu-
ter bewirtete.

Calendis Octobribus 1817. Schliersee.

Nicht ohne Grund fürchte ich, bei meiner Rückkehr nach München wieder zurück in die Torheiten der Liebe zu fallen. Ich stehe in einem Alter, das
Liebe fordert und sich nicht mehr mit der Freundschaft begnügen kann. Warm und innig möchte ich
mich an ein anderes Wesen anschließen. Nur dies
allein, glaube ich, kann mich von dem Überdruß
retten, den das Leben der Stadt untrüglich aufs
neue in mir hervorbringen wird. Ich kann meine
Gefühle zwar durch ernste Beschäftigungen betäu-
ben, aber nicht beschwichtigen. Aber, was mich
am meisten zittern machen sollte, ist, daß meine
Neigungen bei weitem mehr nach meinem eigenen
Geschlechte gerichtet sind als nach dem weiblichen. Kann ich ändern, was nicht mein Werk ist?
Ich fühlte zuerst den Drang der Liebe zu einer Zeit,

als ich mich einzig unter Knaben befand und nie ein
Mädchen zu Gesichte bekam. Wie konnte es anders
sein, als daß mich die Neigung an einen Freund
fesselte? Xylander war der erste Gegenstand dieser
jugendlichen Empfindung. Wir waren glücklich,
innig und unschuldig. Derselbe Trieb erwachte
aufs neue im Pagenhause, nicht gegen einen Kameraden, sondern für den Grafen von M***. Vielleicht würden meine Neigungen, als ich in die Welt
trat, eine andere Richtung erhalten haben, wäre
mir nicht Federigos Bild entgegengekommen und
hätte mich jahrelang der alten Torheit zurückgege-
ben. Ich brauche nicht mehr zu erzählen, was mein
Tagebuch ausführlich genug enthält. Xylander hat
durch die Gunst des Schicksals seine Liebe einem
weiblichen Wesen geschenkt; er ist gerettet, für
mich sehe ich keinen Ausweg. Ich schätze die
Weiber; ich würde mich je eher, je lieber verhei-
raten, wenn es mir vergönnt wäre. Achtung und
Freundschaft würden mich an mein Weib ziehen,
und diese würden vielleicht die Liebe gebären.

Die vier Monate, die ich nun hier auf dem Land
lebe, hielt ich mich von verliebter Schwachheit
rein. Aber diese letzten Tage erwachte lebhaft
Federigos Bild in mir.

Ohne alle Sinnlichkeit kann keine Liebe sein.
Aber niemals und auf keine Weise hat mir Federigo
gemein-sinnliche Triebe erweckt. Aber wenn es
bei anderen so weit mit mir kommen sollte! O
dann verschlinge mich eher der Abgrund. Ich
würde verloren sein. Ich würde mich elend in mir
selbst verzehren, ich würde nie zu meinem Zwecke
gelangen und würde auch schaudern, ihn zu erreichen. Wie sehr schon eine edlere Liebe an den

Rand des Verderbens und der Verzweiflung führen
kann, weiß ich; aber wie fürchterlich eine sinnliche
Glut den ganzen Menschen zerstören muß, das
erfuhr ich nicht; aber ich habe davon eine grausame
Ahnung. Es gibt so viel in der Welt, was mich
wünschen macht, daß ich niemals geboren wäre.

Des Abends.

Wir hatten heute den Oberst Zurwesten hier, der
sich aber nicht lange aufhielt. In München sah ich
ihn öfters bei Frau von Harnier, die, wie er mir
sagte, sich in Frankfurt sehr wohl gefällt. Herr von
Harnier war im September in München.

Es tut mir leid, ihn nicht gesehen zu haben. Herr
von Zurwesten war sehr artig gegen mich. Nach
Tische fuhren wir über den See nach Fischhausen
und gingen von da bis aus Neuhaus, um die Aussicht auf den Wendelstein zu haben. Dann stiegen
wir linkswärts zu den Ruinen von Waldeck empor
und genossen, auf der Felsenspitze uns niederlas-
send, des herrlichen Überblicks über den Schliersee und gegen die Ebene zu. Nach unserer Rückkehr reiste der Oberst ab.

Einige Tage der vergangenen Woche war auch
ein Stiefbruder des Pfarrers mit seinem Sohn hier.
Er ist Verwalter eines Gutes des Grafen Törring bei
Traunstein. Ich lernte in ihm einen humanen Mann
kennen.

quinto Nonas Octobres 1817. Schliersee.

Eines Gedichtes in Distichen, «An die neue Schule»
überschrieben, habe ich, soviel ich weiß, noch
nicht erwähnt. Es ist gegen die Dichter der jetzigen
Mode gerichtet. Ich weiß eigentlich nichts von

meinen Versen zu sagen. Ihr Stoff liegt meistens in
diesen Blättern zerstreut. Sie gefallen mir im Anfange, kaum aber sind ein paar Wochen verstrichen, finde ich sie mittelmäßig. Gruber habe ich die
Epistel angekündigt; auch an Schnizlein und Lüder
schrieb ich und bat letzteren, mir eine Wohnung zu
mieten.

Nonis Octobribus 1817. Schliersee.

Diese Tage erhielt ich Antwort von Lüder auf
meine drei Briefe. Ich habe nicht leicht einen Brief
in Händen gehabt, den ich so oft las und der so
schön geschrieben war. Im Anfange gibt er mir
Nachricht von der Wohnung, die er mir vor dem
Karlstore, gegenüber von Schlichtegrolls und dem
Botanischen Garten, gemietet. Er gibt mir recht,
was die Bigotterie unsres Gebirgsvolkes betrifft,
doch hofft er auf eine nahe Beleuchtung. Er bedauert die Rückschritte der Franzosen in Hinsicht
religiöser Aufklärung und schildert Frankreich unter den Bourbons mit einer treffenden Energie der
Feder. Dann geht er auf das glücklichere Deutschland über, da, sagt er, wenn nicht alle Zeichen
trügen, der Tag der Freiheit nicht ferne mehr sein
kann, und indem er mich mit einigen unverdienten
Lobsprüchen über meine Kenntnisse und Gemütseigenschaften überhäuft, bittet er mich, meine
Kräfte nicht in der verhängnisvollsten Zeit dem
Vaterlande zu entziehen und dem fremden Volke
über dem atlantischen Meere zuzuwenden, das sie
weder entbehrt noch bedarf. «Welchen Schmerz»,
sagt er, «würdest du an den Ufern des Ohio, des
Orinoco fühlen, wenn der laute Jubel des beglück-
ten Volkes aus weiter Ferne zu dir klänge, und

du hättest nicht mitgestritten, nicht mitgearbeitet, sei es auf dem Schlachtfelde oder in den reichern Feldern der Diplomatie.»

Solange die Freiheit nicht in Europa verlorengeht, so lange will ich ausharren in Europa. Sei es um Amerika! Lüder denkt größer und mutvoller als ich. Ich muß ihm folgen, wenn ich seiner Freundschaft will wert sein.

Wenn ich Deutschland «mein Vaterland» nennen könnte, würde ich nie gedacht haben, daraus zu entfliehen; aber so kann ich nur hoffen, Bayern zu dienen, das mir doch nur durch die Caprice und Ungerechtigkeit der Fürsten zum Vaterlande geworden ist.

VIII. Id. Oct. 1817. Schliersee.

Mein hiesiger Aufenthalt geht zu Ende; alles mahnt mich daran, wenn es auch nicht mein Urlaub wäre. Das beständige Schellen der Glocken auf der Straße kündigt an, daß das Vieh seine Berge verlassen hat, um die umliegenden Weiden zu besuchen, die sie auch bald mit ihren Ställen vertauschen werden. Seit dem Zweiten dieses Monats haben wir ewige Nebel, und die Berge waren schon einmal völlig mit Schnee bedeckt. Die belebende Kraft der Natur hat nachgelassen. Doch benützte ich diese Tage noch, so gut ich konnte, obgleich ich nur wenig spazierenging. So habe ich zum Beispiel auch einige poetische Arbeiten vorgenommen. Ich veränderte und verbesserte das Gedicht, das ich an Lüder schickte, obgleich ich es schon für halb vollkommen hielt. Von der Epistel an Gruber schnitt ich mehrere Versreihen weg, und andere feilte ich. Zugleich hab' ich ein Gedicht über das

kommende Säkularfest der Reformation zustande
gebracht. Es heißt «Hymne der Genien», weil von
dem Genius der Religion, dem Genius des Vaterlands und dem des Jahrhunderts gesprochen wird.
Es ist in Hexametern. Lobsprüche der Reformation enthält es nicht so fast; es diente mir vielmehr,
einige meiner Lieblingsideen auszusprechen.

VII. Id. Oct. 1817. Schliersee.

Meine Muse wird wohl lange in München feiern,
da sie diese letzte Zeit hier so tätig war. Ich kann
nicht leugnen, daß ich heute wieder ein Gedicht
gemacht habe, obschon ich es noch nicht niederschrieb. Es ist gleichsam eine Antwort auf Lüders
Brief oder eine Zurücknahme meiner eigenen Distichen, die ich «Amerika» nannte; darum gab
ich ihm auch den Titel «Der Widerruf». Es ist in
gereimten Trochäen.

VI. Id. Oct. 1817. Schliersee.

Morgen werde ich nun Schliersee wirklich verlassen, und dies Buch schließt sich. Die Menschen
sind doch immer anziehender als die Natur, deshalb freue ich mich, meine Freunde in München
wiederzusehen. Hier fesselten mich Pflanzen und
Steine und Bäche, nicht die umgebenden Menschen. Den Pfarrer lernte ich nun gerade so viel
kennen, daß ich nicht länger mehr bei ihm bleiben
möchte. Er ist nicht ohne gute Eigenschaften, aber
sein Jesuitismus, seine Unwissenheit in vielerlei
Gegenständen und sein schmutziger, geldraffender
Geiz schrecken von ihm ab. Dieser Mann liebt
niemand als seine Hunde. Er ist voll Schlauheit, die
aber jeder durchschauen kann.

Der Kaplan hat ein gutes Gemüt; aber ich ging die letzten Monate gar nicht mehr mit ihm um, da man seiner Grobheit, seiner Empfindlichkeit, seiner Ignoranz und seines unzufriedenen Wesens halber nicht leicht mit ihm umgehen kann. Er ist ein viel besserer Mensch als der Pfarrer, allein der Pfarrer ist vollendeter in sich selbst. Ich hätte nicht geglaubt, jemals so viel in Berührung mit katholischen Priestern zu kommen, aber wer weiß, was ihm begegnet.

*

IX. Cal. Nov. 1817. München.

Ich trat heute in das Alter der Mündigkeit. Möchte nun die Vernunft mehr als je meine Richterin und allenthalben meine Begleiterin werden. Einen guten, vielmehr einen weisen Menschen aus mir zu bilden, dies muß immer der Hauptzweck meines Lebens sein. Die Vorsicht hat im Laufe dieses Jahres besonders meine Studien in Schutz genommen. Mein Winteraufenthalt in Ansbach und mein Sommeraufenthalt in Schliersee gaben mir vielfache Muße. Ich suchte das Griechische mit Eifer wieder hervor, ich begann das Studium des Spanischen, der Botanik. Soviel mir auch noch fehlt, so wird doch ein junger Mensch nur nach dem, was er verspricht, beurteilt. Ich bin noch nicht mit mir einig in Hinsicht der Poesie. Sollte ich wirklich ein Dichter werden? Als mir vor einiger Zeit Professor Schlett[1] begegnete, sagte er mir bei Gelegenheit meiner letzten Reise: «Sie genießen das Leben, Sie widmen es den Wissenschaften und der schönen

---

[1] Joseph Schlett (1765–1836), Platens Geschichts- und Geographielehrer in der Pagenschule

Natur; was aber sagt der Mars dazu?» Allerdings, wenn ich mein ganzes Treiben und Tun betrachte, und wie es so wenig in Harmonie mit meinen jetzigen Pflichten steht, so ist der Fall bedenklich genug, um mich fragen zu müssen: «Was aber sagt der Mars dazu?»

Vielleicht hab' ich noch etwas im vergangenen Jahre zurückgelassen. Ich hoffe, alle liebenden Torheiten. Ich bin in diesem Augenblicke davon rein und hoffe es zu bleiben. Nach Federigo habe ich in der Tat nicht mehr die geringste Sehnsucht. Es durchkreuzen mich so viele Ideen, daß ich nicht Zeit habe, zu träumen.

25. Oktober 1817. München.

Ich habe nun schon viele meiner Exemplare ausgeteilt. Ich schickte deren nach Ansbach an meine Eltern, an Gruber nach Würzburg, nach Dillingen an Fritz Fugger. Nathan will von seinem Vorrate an Issel und Gustav Jacobs besorgen. Ich gab auch an Major Bauer, an Dall'Armi, Perglas, Gas, Liebeskind. Bei Frau von Schaden habe ich damit viel Ehre erworben.

Gestern habe ich auch noch einen Kalender zu schreiben angefangen, den ich «Calendarium sententiarum» betitelte und worein ich täglich einen lebensweisen Spruch eintragen werde, größtenteils aus meiner laufenden Lektüre geschöpft.

30. Oktober 1817. München.

Mein Oberst hat mich abermals, weil ich zu spät beim Exerzitium der Rekruten erschien, auf acht Tage in Arrest gesetzt. Er ist mir ungemein gehässig und will nichts anders als mich vertreiben; und ich sollte bleiben wollen? Nimmermehr! Es koste, was es wolle; ich muß mein Schicksal ändern. Ich habe mit Lüder einen neuen Plan entworfen. Lüder brachte den gestrigen Nachmittag und Abend bei mir zu. Er hat in dem General Zweybrücken einen Mann verloren, den er in vieler Hinsicht verehrte und der sein Wohltäter war. Vorgestern hatten wir dessen feierliche Leiche. Lüder wohnte in seinem Hause. Späterhin kam auch Gas. Auch er kann nicht zufrieden sein. Er ist Regimentsadjutant, hat von früh morgens bis in die Nacht die insipidesten Geschäfte, auch nicht eine Stunde für sich selbst, muß in den Listen wühlen und Ordrebüchern. Dabei liebt er das Studium, er will nicht unwissend bleiben. Er möchte sich in den Wissenschaften ausbilden, er möchte Sprachen lernen. Umsonst! Er kann nicht. Ein Tag wie der andere verstreicht ihm ungenützt. So geht das Schicksal mit uns Menschen um.

14. Dezember 1817. München.

Lektüre: «Self-control», a novel in 3 vol.[1]

Dieser englische Roman, von anonymer Frauenzimmerhand geschrieben, ist sehr ausgezeichnet durch seine Schreibart und vortreffliche Charakteristik. Der Titel bezieht sich auf ein Mädchen, Laura Montreville, deren frommes Streben frühe einen hohen Grad von Selbstaufsicht und Selbstbeherrschung sich eigen machte. Jung, unerfahren, auf dem Lande erzogen, hatte sie das Unglück, mit einem Libertin von sehr einnehmender Gestalt, namens Colonel Hargrave, zusammenzukommen,

---

[1] [By Mary Brunton], Edinburgh [4]1812

den sie liebt, ehe sie ihn kennt, und dem sie ihr Ideal unterschiebt; aber von dem sie sich auf immer abwendet, sobald ihr seine Gesinnungen klar werden. Ein anderer junger Mann, Montague de Courcy, von angenehmem Äußeren, vorzüglicher Bildung und den edelsten Grundsätzen, die denen Lauras vollkommen gleich sind, kann lange nur ihre Achtung und Freundschaft gewinnen, obschon sie den Colonel Hargrave nicht mehr liebt. Aber Montague umspinnt sie nach und nach mit so vielen Proben seiner Vortrefflichkeit, seines Edelmuts, daß sie ihm auch ihre Liebe nicht mehr versagen kann, und sie wird die Seine, nachdem sie viel von Hargraves Nachstellungen gelitten und wunderbar aus seinen Händen befreit worden.

15. Dezember 1817. München.

Ich lese nun den ersten Band der «Essays» und «Treatises» von Hume. Der erste Aufsatz, «Of the delicacy of taste and passion», rühmt jene ebensosehr an, als sie diese verwirft, und beweist, daß jene dieser entgegenarbeite. Der zweite, «Of the liberty of the press», tut dar, daß diese Freiheit gerade nur in einer gemischten Regierungsform wie der englischen bestehen könne und müsse, da eine Partei beständig auf ihrer Hut vor dem Umsichgreifen der anderen zu sein genötigt wäre, während in einer absoluten Monarchie die Regierung, ihrer Macht vertrauend, nicht eifersüchtig auf das Volk ist, und in einer Republik das Volk nicht eifersüchtig auf den Magistrat, dessen Macht ohnedem beschränkt ist. Dies trägt bei, die Gewalt des Magistrats zu verstärken und sie der königlichen anzunähern.

22. Dezember 1817. München.

Mein Tagebuch kam in Vergessenheit, da ich auch nichts Günstiges schreiben konnte. Ich werde nicht nach Würzburg gehen. Schon vor mehreren Tagen war ich bei Herrn von Keßling und brachte ihm den Brouillon meiner Bittschrift. Er billigte ihn zwar, doch weigerte er sich nun auf einmal, die Supplik dem König zu überreichen, und riet mir, einen anderen Fürsprecher zu suchen. Da es keinen anderen für mich gibt, so unterbleibt die Sache. Gleichwohl haben zwei meiner ehemaligen Mitpagen diese Gnade ohne Anstand erhalten. Ewig kann ich nicht in dieser Karriere bleiben. So viel ist beschlossen.

Ich bin sehr mit Lektüre überhäuft und habe auch sonst mehr zu tun als gewöhnlich. Da wir bald ein neues Exerzierreglement erhalten, so müssen wir Offiziere dasselbe einstweilen einüben und exerzieren, nur mit dem Gewehr, im Bibliothekzimmer. Das Mechanische ist freilich für mich wenig anziehend.

24. Dezember 1817. München.

Heute übte ich zuerst den Wasserkothurn diesen Winter, am See im Englischen Garten. Ich habe die vergangenen Tage alle anderen Arbeiten suspendiert und dafür gestern eine zustande gebracht, von der ich noch ausführlicher sprechen werde.

25. Dezember 1817. München.

Heute abend, am Weihnachtstag, war Konzert bei Hofe. Ich ging hin in der Hoffnung, einige Bekannte zu treffen, vielleicht auch – Federigo, dessen mir einst so teuere Physiognomie so selten aufstößt, da ich ihn seit sieben Monaten nur einmal gesehen. Doch habe ich keine Neigung mehr.

Perglas war da; sonst traf ich niemand als Leopold Velden. Er riet mir, eine Unversität zu besuchen, und bedauerte mein Nichtreüssieren beim Oberststallmeister. Von dieser Seite gab er mir durchaus nichts zu hoffen nach seinen eigenen Erfahrungen. In der Tat, wie konnte ich auch erwarten, glücklicher zu sein als meine würdigen Freunde? Wurden nicht Lüders Pläne vereitelt? Kam Perglas, wie er wünschte und glaubte, nach Göttingen? Wird nicht auch Gruber von seinem Verlangen abstehen müssen?

23. Mai 1818. Würzburg.

Lektüre: Opere di Niccolò Macchiavelli

Ich habe sie aus der Bibliothek des Herrn von Asbeck angefangen zu lesen. Der «Principe» ist ein Meisterwerk seiner Art durch die Kürze und Bestimmtheit, womit die darin aufbewahrten Maximen ausgesprochen sind. Es wurde von allen Usurpatoren benutzt und treulich befolgt, insonderheit von dem letzten und mächtigsten derselben. Von Moral konnte bei diesem Werke nicht die Rede sein. Es fragte sich nur, wie sich ein Usurpator erhalten könne. Die meisten Verehrer Macchiavells halten das Ganze für eine kühne Ironie, nur für das Volk geschrieben. Auch Rousseau und Sismondi erklären sich dafür.[1] Das letzte Kapitel des «Principe» scheint jedoch dieser Meinung zu widersprechen. Damals war es Macchiavellen bloß um die Einheit und Befreiung Italiens zu tun. Dies konnte nicht durch einzelne Republiken, nur durch ein gemeinsames Oberhaupt erzweckt werden, und diese Stelle einzunehmen, schien ihm der Medicäer am tauglichsten. Die «Istruzione a uno ambasciatore» enthält einiges Lehrreiche, obgleich sie sehr kurz ist. Doch möchte die Moral dabei nicht immer gut fahren. Die Beschreibung der Pest von Florenz, wenn auch in den letzten Lebensjahren des Verfassers geschrieben, ist in sehr geschmücktem

---

[1] Vgl. «Du contrat social» (VI) und «De la littérature du midi de l'Europe», Band 2

und blumigem Stil abgefaßt und mag wohl ein lebhaftes Bild von dieser Pest geben, obgleich es nichts weniger als historisch ist. Sehr interessant sind die «Ritratti delle cose della Francia». Es wäre zu wünschen, daß wir aus jedem Jahrhundert eine ähnliche Schilderung von allen europäischen Staaten übrig hätten. Den Franzosen wird wenig Gutes nachgesagt. Sie sind im höchsten Grade Egoisten, knickerig, leichtfertig. Es herrscht bei ihnen eine große Furcht vor den Engländern. Ihre eigenen Fußtruppen sind schlecht; sie haben meist Schweizer und Deutsche. Macchiavell wiederholt Cäsars Wort über sie: «I francesi essere in principio (della bataglia) più che uomini, e in fino meno che femmine.»[1] Frankreich, sagt er, ist fruchtbar und wohlhabend. Geld ist aber durchaus keines unter dem gemeinen Volke. Sie dünken sich reich mit einem Gulden. Dies kommt daher, daß sie ihren Überschuß an Getreide, der beträchtlich ist, durchaus nicht verkaufen können. Die Prälaten beziehen zwei Fünftel der Einkünfte. Die Zahl der Bistümer und Pfarreien ist ungeheuer. Die Geistlichen sind es, die nach und nach alles Geld, alle Reichtümer verschlingen und nichts mehr davon zirkulieren lassen. Große Verehrung des Volkes gegen den König. Sein Einkommen ist nicht beschränkt. Macchiavell entwirft auch ein kürzeres und mehr günstiges Bild von Deutschland. Doch war schon damals an keine Einigkeit unter Städten, Fürsten und Kaiser zu denken. Er schildert die Deutschen als ein genügsames, industriöses, tapferes Volk,

---

[1] «Die Franzosen waren zu Beginn (der Schlacht) mehr als Männer und zum Schluß weniger als Weiber.»

das sich jedoch nicht gern aus seiner Gemächlichkeit erhöbe und deshalb im Kriege teuer bezahlen
ließe. Die Kavallerie ist etwas schwerfällig, die
Infanterie, obgleich ganz leicht, mit Schwert und
Pike bewaffnet; vortrefflich im freien Felde, nicht
so bei Festungen.

26. Mai 1818. Würzburg.

Ich bin unzufrieden mit mir selbst. Kann ich wohl
hoffen, ein großer Staatsmann zu werden? Ebenso-
wenig ein großer Dichter. Wollte Gott, ich könnte meine Tätigkeit nur nach einer Seite richten.
Wollte Gott, ich hätte nie einen Vers gemacht
und dürfte mich ganz in die Arme der Wissenschaft werfen. Ich würde dann etwas leisten können, da ich Geistesgaben, das heißt Verstand und
Gedächtnis besitze. So aber hemmen beständig
die täuschenden, nutzlosen Träume der Phantasie
das stete Fortschreiten meines Geistes. Ein großer
Dichter zu werden, habe ich verfehlt. Wie vielen
Genuß zwar hat die Poesie mir verschafft, aber
immer nur die fremde, nicht, was ich selbst darin
leistete. Auf jener hätte ich mich beschränken sollen, statt mich in den Dilettantismus hineinzupfu-
schen. Wie glücklich würde ich dann nicht sein!
Wie manche Zeit würde ich gewonnen haben! So
konnte sich nur eine einseitige Bildung in mir
entwickeln. Wie oft nahm ich mir nicht vor, diese
schädliche Gewohnheit des Reimens zu lassen.

28. Mai 1818. Würzburg.

Noch kam mir nicht der vollständige Inhalt unserer Konstitution zu Gesichte. Gestern wurde sie
erst den Staatsdienern vorgelesen, die sie auf der

Stelle beschwören mußten, während unten am
Platze das Militär aufgestellt war. So viel ist gewiß, daß wir Reichsstände haben werden, aus allen
Ständen gewählt, alle drei Jahre berufen, welche
öffentlich diskutieren werden. Vollkommene Ge-
wissensfreiheit und Preßfreiheit mit gewissen Ein-
schränkungen ist zugesichert. Vielleicht ist Bayern gerettet, die Gesamtheit von Deutschland ist
für immer verloren. Immer lockerer werden die
Bande, die es vereinen. Gestern am Abende war
Ball bei Herrn von Asbeck, wo ich eingeladen war.
Das Haus und ein Teil des Hofgartens waren beleuchtet. Ich gefiel mir wohl dort, obwohl ich nicht
tanzte. Es hat einige Annehmlichkeit, in einem
Zirkel nicht bekannt zu sein, vorausgesetzt, daß er
groß genug ist, um ungezwungen zu sein. Meist
ging ich mit Reigersberg.

1. Juni 1818. Würzburg.

Lüder schreibt mir, ich möchte sogleich darange-
hen, meine einzelnen Gedichte in Druck zu geben,
um mir dadurch Reisegeld zu verschaffen. Diesen
Weg einzuschlagen, ist mir aber unmöglich. Meine
Gedichte sind zu unvollendet. Ich verzweifle ohnehin wieder ganz am «Odoakar», und so will ich
auch nicht nach Italien. Lüder sagt auch von dem
Jubel, den die Konstitution in München hervor-
brachte, und von dem Enthusiasmus, den Madame
Catalani[1] erregte, die er ein ganz unbeschreibliches
Phänomen nennt, das vielleicht nie existierte und
nie wiederkommen wird. Ihre Stimme soll über

---

[1] Angelica Catalani (1780–1849), die berühmteste Opern-
sängerin ihrer Zeit

jeden Ausdruck erhaben sein. Er schreibt auch, daß Major Bauer und Hauptmann Weishaupt über hier kommen werden, da sie mit General Maillot der Militärangelegenheiten wegen nach Frankfurt reisen.

2. Juni 1818. Würzburg

Ich las nun auch die Komödien von Macchiavelli; vier an der Zahl. Sie zeigen wahrhaft komisches Talent, und besonders schickt sich zu dieser Gattung der naive Ton der florentinischen Sprache. Übrigens sind sie völlig lasziv nach den Sitten jener Zeit. Doch scheint es mir keine raffinierte, schädliche Laszivität zu sein. «La Mandragola» und «Clizia» sind die besten Stücke. Die Komödie in Versen steht ihnen weit nach; auch sind die Verse nichts weniger als schön. Das vierte Stück ist die «Andria» von Terenz, gewiß eine leichte gute Übersetzung. Aber die Unbehilflichkeit des alten Lustspiels, besonders das stete, unnatürliche Beiseitesprechen, macht es nicht zu seinem Vorteil vom unserigen abweichen. Daß Macchiavelli durchaus kein Dichter war, beweisen seine Reime, welche reine Prosa sind, besonders die «Decennalen».

Aus der Universitätsbibliothek habe ich nun die Popesche Übersetzung der «Iliade»[1] zu lesen, die ich schon so lange zu haben wünsche. Die Vorrede und die Vergleichung zwischen Homer und Virgil zeigt doch, daß Pope ein kritischer Kopf war und weit über Boileau erhaben. Nur daß er wirklich annehmen konnte, die «Ilias» wäre eine große Allegorie, ist etwas lächerlich.

---

[1] «Homers Iliad translated», 6 Bände, 1717–20

5. Juni 1818. Würzburg.

Dreimal drohte das deutsche Volk einzuschlafen und durch Pfaffentum und Despotie zu verderben. Da wurden die Kreuzzüge, die Kirchenverbesserung, die Französische Revolution seine Schutzgeister, als die Geister des Rittertums, der Religion, der Freiheit. Ein französischer Mönch zog durch Europa und predigte Befreiung des Heiligen Grabes, und eine unendliche Umwälzung geht vor sich. Ein armer Doktor in Wittenberg heftet eine Protestation gegen den Ablaß an die Kirchentüre, und die Welt nimmt eine andere Gestalt an. Ein flüchtiger, verfolgter Genfer popularisiert die Ideen des Republikanismus, und die Welt nimmt eine andere Gestalt an. Denn als den wahren Hebel der Revolution sollte man, dünkt mich, Jean-Jacques Rousseau ansehen.

6. Juni 1818. Würzburg.

Mein Plan nach Italien erhielt neue Nahrung durch einen Brief von Drachenfels. Dieser schreibt, daß Doktor Müller in meine Entwürfe nicht einginge, wohl aber glaubte, mir eine Summe von zweihundert Gulden verschaffen zu können, wenn ich den «Sieg der Gläubigen» wollte drucken lassen. Ich bin nicht dagegen abgeneigt, und eine Reise nach Italien ist wohl wert, einen Schritt gegen die Lebensklugheit zu tun. Ich habe keine besonderen Verbindlichkeiten, jenes «Nachspiel» geheimzuhalten. Der König hat es ohnedem schon gelesen. Wer es dem Druck übergab, bleibt ungewiß. In einem Briefe an Schnizlein, den ich heute schrieb, setzte ich meine Gründe auseinander, unterwerfe mich aber ganz dem Urteil meiner Freunde. Ich

antwortete auch heute an Lodron und berührte die
jetzigen Verhältnisse aller unserer ehemaligen Kameraden, von denen er wenig Nachricht haben
kann.

13. Juni 1818. Würzburg.

Die Universität feierte heute das Fest der Konstitution, und die Professoren samt dem Kurator gaben
ein großes Diner im «Kaiser» über der Main-
brücke, einem geräumigen Lokal mit hübschem
Garten. Jeder Professor lud ein oder zwei Studenten ein, und der Prorektor Döllinger, mit dessen
Sohn ich nun auch mehr Umgang habe, wählte
mich. Es ging ziemlich lustig her, und viele Toaste
wurden ausgebracht. Herr von A. selbst begünstigt fast die Ausgelassenheit, da er ein Weiber-
feind, auf der anderen Seite ein Studentenfreund
ist. Es lief nicht ohne Räusche ab; doch kam es zu
keiner auffallenden Roheit des Tons. Um halb
sieben Uhr ging ich weg, während die meisten
noch im Garten blieben und Kommerslieder sangen. Ich hielt mich zu ein paar stillen Gefährten.
Wir stritten statt jener Lieder über ein paar Stellen
des lieblichen Horaz. So wild der große Haufen ist,
noch immer hat die Wissenschaft ihre sanfteren
Freunde.

14. Juni 1818. Würzburg.

Heute fand ein Mittagessen wie gestern, nur an
einem anderen Orte statt, ein Mittagessen, was die
Studenten selbst den Kuratoren, Dekanen und dem
Prorektor en revanche gaben. Es mochten gegen
hundertzwanzig Personen sein, und freilich ging es
dabei noch einmal so wild her als gestern. Das

Lokal war minder günstig, der Saal zu niedrig. Ich setzte mich neben den jungen Döllinger, mit dem ich hinausgegangen war, und so plauderten wir recht angenehm die lange Tischzeit ununterbrochen. Wenn ich neben fremden Gesellen hätte sitzen müssen, so würde ich verzweifelt haben. An Toasten fehlte es abermals nicht. Unter allen diesen Menschen, ich will es nur gestehen, zieht mich eine Physiognomie mehr als alle anderen an. Dies würde nun wenig zu dem stimmen, was ich vergangenen Neunten niederschrieb, allein diese Neigung ist nur das Werk der Phantasie. Mein Alter, mein ganzes Wesen bedarf Liebe. Da ich sie in der Wirklichkeit nicht finden kann noch mag, so such' ich sie im Ideale. Ich glaube nicht, daß jener Jüngling, den ich einstweilen «Adrast» nennen will, obgleich ich seinen Namen nicht kenne, ich glaube nicht, daß er mir etwas sein könne. Ich vermeide sogar, seine Bekanntschaft zu machen, um mir die schöne Täuschung nicht zu rauben. Ich ward schon vor mehreren Tagen auf ihn aufmerksam und hätte gestern und heute Gelegenheit finden können, mit ihm zu sprechen. Ich tat aber hier nicht, was ich bei Federigo mit Hast würde ergriffen haben. Vielleicht wird aber Adrast selbst mir zuvorkommen und mich anreden, da dies bei den ungezwungenen Verhältnissen des akademischen Lebens leicht ist. Dann freilich möchte die Illusion bald zu Grabe gehen. Vor ein paar Tagen richtete ich sogar spanische Verse, und zwar Redondilien, an Adrast. Sie beginnen: «Vuestra fiente es radiante ecc.» und atmen Leidenschaft, aber mehr für einen Gegenstand, der nicht ist, als für jenen, der darin geschildert wird. Strenge würde mich mancher, der diese

Blätter läse, tadeln, aber ich darf ja meine Torheiten dem Tagebuch nicht verschweigen, und auch
meine Empfindungen müssen sich hier klar darstellen.

15. Juni 1818. Würzburg.

In diesem Augenblicke ist mir Adrast wieder vollkommen gleichgültig. Diese Neigung ist vielleicht
bereits vorüber. Ich kann nicht mehr lieben wie
ehemals. Zuerst bin ich zu kalt, zu überlegt geworden, dann weiß ich, daß ein sträfliches Verhältnis
zwischen Männern existieren kann, und dies erregt
mir einen unbeschreiblichen Widerwillen. Schon
gestern fühlte ich mich kühler. Das wilde Benehmen der Studenten machte mich recht aufmerksam, wie angenehm die gemischte Gesellschaft
sei und wie bloß unter Männern nur dann wahre
Unterhaltung eintreten könne, wenn sie unter vertrauten Freunden stattfindet oder zwischen Personen, die sich wissenschaftlicher Mitteilung wegen
versammeln.

28. Juni 1818. Würzburg.

Die alten erotischen Dichter sind unendlich erhaben über unsere neueren, wie zum Beispiel Pe-
trarca. Goethe war schon zu alt, als er seine Elegien
schrieb. Es ist klar, daß mich jetzt erotische Dichter
mehr ansprechen und daß ich sie wahrhaft genießen kann.

30. Juni 1818. Würzburg.

Leider geht Adrast mit gemeinen Menschen.
O welche Erfahrungen sind dies! Täuschung auf
Täuschung mein ganzes Leben hindurch! Wie kann

ich zweifeln, daß ich wieder betrogen bin? Und warum kann ich nur diesen lieben? Nur ihm könnte ich mich ganz vertrauen. Warum sind es nicht die Züge anderer würdiger Jünglinge, die mich anziehen? Wenn das wäre, «felix, heu nimium felix!».

23. August 1818. Würzburg.

Kaum kann ich beschreiben, wie mich die Welt zuweilen angraut. Überall zurückstoßend zurückgestoßen, in meinen besten Hoffnungen getäuscht, jenes Umgangs beraubt, der mir allein Heiterkeit geben könnte, unbeachtet, einsam, geh' ich meinen Weg, der – nicht zum Glücke führt. Nirgends sehe ich mich wohlgelitten, denn alle Menschen wollen Weihrauch, und ich verstehe niemanden ins Gesicht zu loben. Überall stehen mir die Gespenster der Hofmanieren, der gesellschaftlichen Heuchelei, des kleinlichen Zeremoniells widerwärtig grinsend entgegen. All dies vergaß ich bei den Wissenschaften, im Umgange der Musen, meiner Freundinnen, und nun rächen sich neidisch die Grazien. Wo sind jene Zeiten hin, als mir die Zukunft wie eine rosenwangige Jungfrau vorschwebte? Welch ein Gesicht aber, wenn ich jetzt in mein kommendes Leben blicke? Keine Hoffnungen stehen vor mir, aber Drohungen, bleiche, böse Gestalten, eine lange Reihe, und hinten das kalte Grab. Aber ein Spruch von Luther, den ich heute las, hat mich aufgerichtet:

> Schweig, leid, meid und ertrag,
> Dein' Not niemand klag,
> An Gott nicht verzag,
> Dein' Hilf kommt alle Tag.

25. August 1818. Würzburg.

Vorgestern lud mich der Hofrat Döllinger zu sich, weil der bekannte Bauchredner Alexandre, der hier war, bei ihm seine Kunststücke zeigte. Er mag allerdings ein seltenes Phänomen seines Handwerks sein, und besonders das erste Mal frappiert dieser Doppelmensch außerordentlich. Doch ist er ein großer Prahler und Windbeutel. Gestern und heute hatte ich endlich meine Gymnasialexamen. Gestern schriftlich, wobei noch ein anderer junger Mensch namens Schmidt aus Schweinfurt zugegen war. Wir bekamen einen lateinischen Aufsatz über das Sprichwort «Quisque fortunae suae faber» und einen deutschen über «Die Wissenschaften sind besser als Schätze». Schwer ließ sich diesem abgedroschenen Stoffe eine neue Seite abgewinnen. Doch sagte ich vieles zum Lob der Wissenschaften. Meine lateinische Komposition fiel schlecht aus, weil ich im Lateinischen aus aller schriftlichen Übung gekommen bin. Heute früh ward ich mündlich examiniert vom Professor Weihrich, in Gegenwart des Rektors Klein und des Professors Rösch. Ich ward in der Geschichte über die Kreuzzüge, in der Mathematik über die vier Spezies der Buchstabenrechnung, worauf ich mich vorbereitet hatte, gefragt. Im Latein mußte ich ein Stück aus dem Tacitus, das erste Kapitel der «Annalen», den Anfang einer katilinarischen Rede von Cicero und im Horaz den Anfang der dritten Ode des ersten Buchs erklären. Im Griechischen ein Stück aus des Talthybius Erzählung vom Tod der Polyxena in der Ἑκάβη und den Eingang des zweiten Buchs der «Ilias». Es versteht sich, daß dies alles vonstatten ging. Übrigens taten sie noch viele mythologi-

sche und grammatikalische Fragen, und so war das
Ganze in weniger als einem Stündchen geendigt,
das mich eine Karolin Honorar kostet. Heute nachmittag war das große Deklamatorium des Gymnasiums, wobei sehr viele Gedichte vorkamen. Die
meisten wurden ohne Gefühl und Verstand, einige
zwar keineswegs ohne Talent hergesagt; eigentlich
aber war nur ein *olor inter anseres,* ein Herr von
Zurhein, der einzige, der empfand, was er sprach,
und der mit seelenvoller Stimme die «Kassandra»
vortrug, in einem reinen Dialekte (hier selten) und
ohne jene lächerlichen Gestikulationen, womit
man heutzutage die Deklamation lyrischer und
epischer Gedichte zu verbinden pflegt. Dieser Vortrag zauberte mich ganz in mein elftes und zwölftes
Jahr zurück, wo ich zuerst, jugendlich begeistert,
mit Gustav Jacobs Schillers «Kassandra» las.

31. August 1818. Würzburg.

Lektüre und ewig Lektüre! Es scheint fast, ich lebe
nur, um zu lesen, oder ich lebe nicht einmal, sondern ich lese nur. Heute wenigstens schrieb ich,
und zwar vier Briefe, worunter an Lodron, den
Direktor Schlichtegroll und Nathan. Gegen den
ersten äußerte ich, daß wohl die notwendigste
Verfassung die einer vaterländischen Erziehung
wäre, allein hinreichend, den allgemeinen Geist der
Frivolität zu bannen. Unsere Erziehung ist in der
Tat vollkommen dem Zufall überlassen. Nathan
sagte ich von meiner Lebensweise, Studien und so
weiter, daß ich mich vom großen Haufen der
Studenten zurückzöge, aber Mangel an freund-
schaftlichem Umgang hätte. «Jenes süße Ge-
schwätze», schrieb ich, «zwischen gleichgesinnten,

gleichkultivierten Menschen fehlt mir ganz.» Und
so ist es auch. Döllinger tritt nun bald in sein geist-
liches Seminarium; auch konnte ich höchstens mit
ihm studieren, aber sein flaues, laues Wesen paßte
wenig zu dem meinigen. Auch gewann er nie mein
Vertrauen; von meinen Arbeiten zeigte ich ihm
nichts. An Nathan schloß ich die ihm adressierte
Epistel ein. Diesen Morgen ließ ich mich bei Professor Brendel examinieren und bei dem Prorektor
immatrikulieren.

15. September 1818. Würzburg.
Wiewohl ich mich öfters mit Ausbesserung und
Lückenfüllung meiner einzelnen Gedichte beschäftige, so verzweifle ich doch täglich mehr an meinen
poetischen Gaben. Einiges Talent habe ich freilich, es ist aber so geringfügig, daß ich mich nie
an die edeln Geister des deutschen Volkes werde
anschließen können. Es ist bloße Nachahmungs-
sucht, kindische Langeweile, die mich zum Dichter
machte; und so wuchs dies Laster mit mir auf und
ist freilich schwer auszurotten. Ich bin eher auf
dem Wege, ein Literator als Poet zu werden, und
meine Ader versiegt täglich mehr, arm und gedan-
kenleer, wie sie ist. Die Richtung, die ich in der
letzten Zeit nahm, ist besonders unglücklich.

16. November 1818. Würzburg.
Wie er mir lebt, so leben mir die Toten!
Da ich Adrast bisher noch nicht gesehen, so kam
er nicht mehr hierher; wie ich auch schon früher
vermuten konnte, daß er künftig nach Landshut
gehen würde. Dieser Traum ist hin, wie die anderen. Weinen möcht' ich und lachen zugleich, wenn
ich daran denke, wie mir alles mißlingt, wie mir

alles aus den Augen gerückt wird, was mich anzieht und sympathisch erregt. Ich fühle so sehr das Bedürfnis, mich anzuschließen, und doch hasse ich die Alltagsmenschen und Alltagsgespräche, mit denen die anderen sich belustigen und zufriedenstellen. Ob aber Adrast etwas Besseres war? Vielleicht werde ich ihn einst in München wiedersehen. Einst! Warum sehe ich andere, die sich an mich anschließen möchten, und nicht jene teuren Gestalten?

17. November 1818. Würzburg.
Was ich gestern schrieb, kann ich wieder ausstreichen. Adrast ist hier; ich habe ihn gesehen. Sein Anblick, die außerordentliche Mildigkeit der Luft und Wagners Kollegium über die Indier versetzten mich heute in eine besonders weiche Stimmung; aber nicht schwermütig, sondern leicht ätherisch, möcht' ich sagen, war mir's, ich hätte fliegen mögen. Wiewohl ich ein volles halbes Jahr vor mir habe, so weiß ich doch, daß ich ihn nicht werde kennenlernen. Wir werden und können nicht Freunde sein, auch achtet er nicht auf mich; aber ich werde ihn manchmal sehen, und das hebt und ermutigt mich wunderbar. Das Wesenlose, Ätherische kann ich nun einmal nicht lieben. Warum soll ich nicht seine edle Gestalt gleichsam als meinen Schutzgeist betrachten? Freilich werde ich immer wünschen, ihm näherzukommen; die Verhältnisse werden es aber nicht zugeben, und so bleibt die schöne Täuschung gerettet.

Presque tous les plaisirs des hommes
Ne sont que de douces erreurs.[1]

---

[1] Gresset, «Werke», Ode XI, Band 1: «Fast alle Vergnügen der Menschen sind nichts als süße Irrtümer.»

27. Dezember 1818. Würzburg.

O wenn doch nur diese Liebe nicht wäre! Sie richtet mich zugrunde. Alle meine Studien ekeln mich an; ich denke immer an ihn. Man hält mich für fleißig, während ich meinem Gram nachhänge. Wenn es so fortgeht, so kehre ich unverrichteter Dinge wieder heim von der hohen Schule und habe nichts als geträumt. So gut bringen auch die anderen ihre Zeit hin, die tagelang in den Kaffeehäusern liegen. An allem ist diese Liebe schuld, wiewohl ich ihn jetzt gar nicht mehr sehe. Wenn ich ihn öfter zu sehen kriegte, die Melancholie würde mich umbringen. O gute Vorsicht, die du mich immer so treu bewahrtest, kann er mich denn gar nicht lieben? mir gar nichts sein? Beglückt durch seine Freundschaft, würde ich auch den beschwerlichsten Weg der Wissenschaft und Berufspflicht mit dem fröhlichsten Mute gehen. Wenn ich des Abends ein Stündchen mit ihm plaudern könnte, wie fleißig wollt' ich den Tag über sein! Ist denn dies nicht möglich? Ich habe freilich zu wenig Vorzüge, um ihn zu fesseln; aber sollte unter den sehr vielen, mit denen er umgeht, nicht einer sein, der weniger ihm sein kann als ich? Ich würde so liebevoll um ihn besorgt sein. Mögen Zeiten dahinschwinden, mag das Herz abwelken, mag das Alter mit schweren Schritten herbeikommen: göttlich ist's doch immer, sagen zu können: «Ich wurde geliebt.» Aber ich kann dies eine nur sagen: «Ich liebte.» Und mir auch schwindet die Zeit, und welkt das Herz, und naht dereinst das Alter!

1. Januar 1819. Würzburg.

Vor drei Jahren an diesem Tage stand ich zwischen Hesperus und Aurora, einer doppelten Liebe, wovon die eine hoffnungsloser als die andere war; vor zwei Jahren lebte ich ganz im Gedanken an Amerika, das ich in kurzer Zeit zu sehen hoffte; in das vorige Jahr geleitetete mich eine hohe Unzufriedenheit mit mir selbst, meinem Stande und Verhältnissen. Heute fühle ich mich äußerlich von glücklichen Umständen begünstigt, da ich den Studien leben darf, gefesselt auf immer an Bayern und abermals zurückgekehrt zur schmerzlichen Fessel einer hoffnungslosen Neigung. Doch soll sie gemildert werden, soviel in meiner Macht steht. Ohne auf chimärische Gegengunst zu pochen, will ich zufrieden sein, wenn mir flüchtigschön das lebenswarme Bild von Zeit zu Zeit vor die Augen tritt. Ich sah ihn lange nicht, auch am heutigen Tage nicht, und das ist ein schlimmes Omen für das kommende Jahr. Doch an schlimmen Ominibus hab' ich bis jetzt noch nicht Mangel gelitten. Vale!

9. Januar 1819. Würzburg.

Begreiflich wohl ist es, wie sehr es mich schmerzen muß, daß Adrast nicht kömmt und nichts von sich hören läßt, da ich ihm meinen Wunsch so deutlich zu erkennen geben ließ. Es ist der entschiedenste Beweis seiner Geringschätzung. Wie oft hab' ich mich nicht durch die Meinung des Gegenteils getäuscht! Ich versprach mir so viel, und zumal belebte mich die Hoffnung, daß wir unter Jahren nie gezwungen sein würden, uns zu trennen. Denn nach vollendeten Studien würden wir in jedem

Falle uns in München wiederfinden, wo Adrasts
Vater lebt. Ja, hierzu kommt noch der günstige
Umstand, daß die Landshuter Universität nach
München versetzt werden wird, so daß, wenn
Adrast auch ausstudiert hat, ich meine Studien an
seiner Seite in der Hauptstadt fortsetzen kann und
nicht länger hier zu verweilen brauche. Zu diesen
glücklichen Aussichten fehlt daher gar nichts, als –
eben die Hauptsache, seine Freundschaft. Ich bin
noch immer sehr unruhig und unfähig zu Geschäf-
ten. Doch mangelten mir nicht Zerstreuungen.
Heute fuhr ich mit Tröltsch auf dem gefrorenen
Main nach Heidingsfeld. So hab' ich auch diese
Tage von Professor Rau eine kleine Mineralien-
sammlung von dreihundertundsechzig Stücken
(für vierzig Gulden) gekauft, deren Arrangement
mich nun beschäftigt. Aber meine wahre Regsamkeit werde ich nur durch Adrasts Umgang zurück-
erhalten. Ich würde wieder aufblühen, denn selbst
meine Gesundheit leidet unter dieser Herzensbeängstigung.

10. Januar 1819. Würzburg.

Ich lege meine Hoffnungen ab. Was nun kommen
mag, ist unzweifelhaft Ungunst, und ich halte das
Spiel für verloren. Ich fühle mich gekränkt, beleidigt. Ich möchte ihn hassen und kann nicht; ich
vermöchte zu weinen und vermag es nicht. Alles
glaubte ich schon getan zu haben, wenn ich ihm
mein Verlangen entdeckte. Ihn bitten um seine
Bekanntschaft, das, wähnte ich, hieße ihn kennenlernen. Törichte Meinung! Geben Sie mir meine
Ruhe wieder, Adrast! Geben Sie mir sie wieder!
Warum glüht Ihr Auge so, und Ihr Herz ist so kalt?

Später.

Das Ärgste geschah, was geschehen konnte. Ich habe mich bloßgestellt ohne den mindesten Vorteil. Er wird bei all seinen Kameraden mit meiner Sehnsucht prahlen, ohne sich je um meine Freundschaft zu bekümmern. Da ich die Ungewißheit nicht länger tragen konnte, so ging ich zu Massenbach. Er sprach mit Adrast. Dieser hatte ihm kalt und kurz zur Antwort gegeben, «es wird ihm viel Vergnügen sein», hielt aber die Sache nicht weiter fest. Daß er mich aufsuchte, fuhr Massenbach fort, dürfte ich von Adrast nicht erwarten; er wäre kein Hofmann. Da hab's ich nun alles! Froh bin ich übrigens, daß es entschieden ist. Wenn ich nun meine Eitelkeit noch nicht zum Schweigen bringe, so weiß ich nicht, was mich überzeugen kann, daß er mich nicht mag. Oh, es tut mir sehr weh. Wer war mir so teuer als dieser Jüngling! Nicht ich, nicht meine Talente können ihm den leisesten Wunsch ablocken. Er verschmäht sie kalt.

1. Februar 1819. Würzburg.

Meine Girlande von Efeu kann mir zugleich als Belohnung für den Liederzyklus dienen, den ich diese Zeit hier niederschrieb an Adrast. Er wird sie überdauern und mir ein ewiges Andenken an sie zurücklassen. Das Leben eines Dichters geht nicht spurlos vorüber. Einst vielleicht liest noch Adrast diese Lieder. Aber wird er wohl ahnen, daß seine eigene Schönheit mich begeisterte? Gestern zeichnete ich wohl das Letzte auf, denn jetzt ist alles dahin. So ist auch dieser Zyklus vollendet, nachdem er alle Grade einer unglücklichen Liebe hindurchging. Was ließe sich noch hinzusetzen? Aber

gestehen will ich's, daß mich oft ein unsäglicher
Schmerz ergreift, weil meine lieblichsten Hoffnungen, deren Erfüllung ich so nahe glaubte, so ohne
alle Rettung in den Staub sind getreten worden.
Konnte ich glauben, er würde meine Bekanntschaft zurückweisen, da er keine schlimme Nachricht von meiner Bildung und meinen Sitten einziehen konnte? Und er kennt so viele der unbedeu-
tendsten Menschen. Wie froh, wie arbeitsam, wie
gut, wie reich würde ich durch seine Freundschaft
geworden sein!

3. Februar 1819. Würzburg.

Ich hatte noch immer ein wenig Hoffnung. Deshalb ging ich heute zu Massenbach, um zu sehen,
ob er denn nichts von Adrast und unserer projektierten Bekanntschaft erwähnen würde. Er sagte
kein Wort davon. Also hat Adrast sich auch nie die
Mühe gegeben, nach mir zu fragen. Ich ging heute
hin, weil ich auf den morgigen Tag einige Hoffnung setzte; teils der heiligen Vierzahl wegen, teils
weil es gerade ein Monat ist, seit ich mit Massenbach in dieser Angelegenheit sprach. So geht die
Zeit dahin; das Semester wird bald vorübergehen.
Ihrer Hunderte kennen ihn – und ich, was würde
ich nicht um ein einziges Wort von ihm geben, um
einen Gruß, um einen Händedruck. Unerbittliches
Schicksal! Wie kann ich anhaltend an meine Studien gehen, da mir selbst diese einzige Erholung
fehlt, am Busen eines Freundes zu plaudern?

4. Februar 1819. Würzburg.

O that this too too solid flesh would melt,
Thaw, and resolve itself into a dew![1]

Soll ich noch mehr als diese Worte schreiben? Daß
ich mich nicht auflösen kann in Tränen, ist mein
ganzer Jammer. Ich liege täglich auf den Knieen
und bete und weine. Alles umsonst. Ungeheure
Kluft zwischen einer Seele, die liebt, und einer, die
kalt ist. Wer war so glücklich, daß er sich nicht
täglich mindestens einmal den Tod wünschte?
O Gott, mußte ich so meine Jugend verbringen?
Könnte ich unbemerkt aus der Welt schleichen!
Allmächtige Vorsicht, würde es nicht ihm wie mir
wohltätig sein, wenn wir uns kennten? Wie viel
wollte ich nicht zu seiner Bildung beitragen!

5. Februar 1819. Würzburg.

Ich nahm mir nun fest vor, Adrast anzureden,
wenn ich ihm allein begegne, was freilich eine nur
zu seltene Seltenheit ist. Mag es nun führen, wozu
es will, ich muß mich beruhigen. Meinen Stolz
habe ich ohnedem schon mit Füßen getreten; zum
Gerede habe ich mich ohnedem schon durch meinen Kranz gemacht. Ich fühle meine Absichten rein
und edel; ich legte sie immer in den Schoß Gottes.
Was hätte ich also zu scheuen? Ich ließ meine
Bekanntschaft anbieten; ich darf mich wenigstens
um die Motive erkundigen, die ihn von mir zu-
rückhielten. Wenn er mir selbst seine Kälte in
dürren Redensarten ausspricht, so muß mir wohl

---

[1] «Hamlet» (I, 2): «O schmölze doch dies allzu feste Fleisch,
zerging', und löst' in einem Tau sich auf!»

endlich die Binde von den Augen fallen. Wo die Hoffnung entschieden verblichen ist, da eilt ihr die Liebe auf dem Fuße nach. Es sei also mein letztes Wagestück. Aber das Traurigste ist, daß ich ihm nicht allein begegne.

6. Februar 1819. Würzburg.

Ich fühle mich wieder glücklich, seitdem ich hoffe, wieder handeln zu können und nicht mehr in leidender Ruhe zu verharren. Ich habe wieder einen Zweck, mit ihm zu reden. Heute waren Verger und Massenbach bei mir. Ich sprach mit letzterem von Adrast; doch konnte er mir freilich keine Hoffnungen geben. Es schien ihm selbst seltsam, daß Adrast mit keiner Silbe mehr bei ihm nach mir gefragt hätte. Er nannte ihn einen offenen, freien, allgemein beliebten Menschen. Gewiß hab' ich mich nicht in ihm getäuscht. Ich sagte Massenbach meine jetzigen Absichten, die er guthieß. Doch merkte ich wohl, daß er Adrast nicht genau kennt, um zutraulich von dieser Sache mit ihm reden zu können. Ich träumte von ihm in verwichener Nacht. Es schwand mir aber wieder aus dem Gedächtnisse. Nur so viel weiß ich noch, daß wir uns eben hatten kennengelernt, daß er sich sehr aufmerksam gegen mich bezeigte, daß wir uns die Hand drückten, daß wir uns herzlich gut waren, aber ohne die mindeste leidenschaftliche Wallung. Er erschien mir so sanft, so liebenswürdig. Ich nehme es als ein gutes Omen. Dieser Traum war, ich glaube sogar, meiner Gesundheit wohltätig; denn der Gram verzehrt.

Anmerkung am Rande: Meinen Efeu habe ich heute abgelegt, denn er verdorrte.

7. Februar 1819. Würzburg.

Ich sah ihn heute mit vielen anderen. Er blickte
mich gleichgültig, spöttisch an. In solchen Augenblicken verwandelt sich meine Liebe in Groll und
Kälte; dann aber in bittere Tränen. Mir wäre besser, wenn ich nicht wäre. Was blieb mir nun
von allen den enthusiastischen Vorspiegelungen
unserer künftigen Freundschaft? Seine Geringschätzung und mein eigener Schmerz. Wenn der
Schmerz töten könnte, weiß ich, daß ich gelebt
hätte. Beschreiben kann ich nicht, was ich fühle.
Gerade ihn mußte ich lieben, und gerade er behandelt mich so beispiellos verächtlich. So viele andere
würden meine Bekanntschaft wenigstens ohne allen Widerwillen ergriffen haben. Ich weiß mir gar
nicht mehr zu helfen.

8. Februar 1819. Würzburg.

Massenbach wurde nun neuerdings von mir ange-
gangen, um endlich diese Sache ins reine zu bringen, mit Adrast zu sprechen und ihn auszufor-
schen, ob ihm meine Bekanntschaft angenehm
oder unangenehm sein möchte. Er wird mir dieser
Tage die entscheidende Antwort bringen. Übrigens erfuhr ich noch von ihm, daß er Adrast das
erste Mal meinen Wunsch nicht in meinem Namen
ausdrückte, sondern es ihm nur als eine Bemerkung im Gespräch mitteilte. So schuldig ist also
Adrast nicht, wie ich glaubte, denn angeboten
wurde ihm meine Bekanntschaft nicht. Gleichwohl hoffe ich auch von diesem Schritte kein
Resultat. Wenn auch, wie zu erwarten steht, Adrast
mit Höflichkeit antwortet, so wird er sich doch
nicht erklären und weiter sich nicht drum küm-

mern. Auch Massenbach meint, daß es der sogenannte Studentenstolz nicht zuließe, mir geradezu
entgegenzukommen. In der «Harmonie» habe ich
heute eine sehr interessante Physiognomie bemerkt, die mich wirklich frappierte. Ich halte dies
für ein schlimmes Omen (die Vorsehung gibt mir
deren bereits seit acht Monaten), denn das Schicksal scheint mich dadurch hinhalten zu wollen,
und wenn auch nicht zu fesseln, doch den harten
Schlag, der mich treffen soll, etwas zu mildern
durch ein anderes Bild; wirklich das erste, das
mir Wohlwollen, seitdem ich ihn kenne, einflößte.
Selbst wenn wir oberflächlich uns kennenlernen,
darf ich deswegen frohlocken? Ich verspreche mir
nichts mehr.

*

29. März 1819. Ansbach.

Ich reise hierher mit dem jungen Freyberg und
einem Kavallerieoffizier, der in Würzburg studiert.
Die Fahrt war nicht angenehm, der Weg schlecht
und weit. Hier suche ich nun besonders auf meine
Gesundheit bedacht zu sein, da ich Anlage zur
Hypochondrie habe. Ich nahm mir täglich drei
Spaziergänge vor. An Bewegung ließ ich's eigentlich nie fehlen, allein ich bedarf mehr als ein anderer. Adrasts Freundschaft würde viel zu meiner
Besserung beitragen. Es ist unglaublich, wie ganz
ungewöhnlich heiter und gutlaunig ich die kurze
Zeit war, als wir uns kannten, und wie sehr die
beiden letzten Tage in Würzburg, die ich in so
qualvoller, getäuschter Erwartung zubrachte, meinen Gesundheitszustand verschlimmert haben. Es
ist oft unmöglich, üble Laune und Jähzorn zu

bekämpfen, wenn sie von physischen Ursachen herrühren.

Bücher habe ich nur einige hierhergenommen: den ersten Band der schon erwähnten «Griechischen Anthologie», den Curtius, die «Silva de romances viejos», von Grimm ediert, Dantes «Vita nuova», «Veglie di Tasso», Tobiesens «Dänische Sprachlehre».

30. März 1819. Ansbach.

Er wird mir nicht antworten. Ich glaube nicht, daß wir Freunde werden, weil dieses Glück für mich fast zu groß wäre. Er, mein Freund, um den ich so vieles gelitten habe! Wie gerne würde ich dann nach Würzburg zurückkehren. Wie leicht würden mir die Studien des kommenden Sommers werden! Welche Zeit würde der liebliche Maienmond mir zu genießen geben! Lang entbehrter Frohsinn kehrte dann wieder in mein Herz zurück. Es ist nicht glaublich, daß so etwas geschehen könne.

2. April 1819. Ansbach

Von Adrast erhielt ich Antwort heute. Aber welche Antwort! Härte und Kälte, und nicht ein Funken Neigung! Ich sage nichts mehr darüber, ich werde diesen Brief morgen hier abschreiben. Endlich freut mich's doch, einen von ihm zu besitzen. Auf meine Antwort und auf seine künftige kommt nun alles an. Die Vorsicht entscheide. Gestern wurde abermals ein Lied der Resignation gedichtet: «Sei getrost und lächle wieder». Ich sehe nun wohl, daß es nicht vergebens war. Frau von Freyberg gab mir ein Heftchen Gedichte zum Durchlesen von der früh verstorbenen Marianne. Das Äußere darin ist völlig mißlungen und fast ganz ohne Rhythmus, aber ein wunderschönes weibliches Gemüt spricht sich in ihnen aus, von Religion und Liebe gehoben. Und vieles davon ist wirklich poetisch aufgefaßt.

3. April 1819. Ansbach.

Adrasts Brief

Wenn Sie geglaubt haben, ich würde Ihren von Empfindlichkeit strotzenden Brief unbeantwortet lassen, so haben Sie sich sehr geirrt; warum ich denselben vernichten soll, sehe ich gar nicht ein; aber so viel ist mir aus allem diesen klar geworden, daß Sie es fühlen, ohne sich dieses Gefühls deutlich bewußt zu sein, wie vorschnell und übereilt Sie gehandelt haben. Wenn Sie ferner glaubten, ich hätte Sie aus Unaufmerksamkeit und Geringschätzung nicht besucht, so haben Sie sich ebensosehr betrogen. Gründe, Sie davon zu überzeugen, habe ich genug, aber diese einem Menschen vorzulegen, der schon urteilt, ehe er noch einen Grund für sein Urteil, scheint mir überflüssig. Was Sie übrigens berechtigt, zu sagen, Sie glaubten schon früher bemerkt zu haben, daß Sie mir mißfielen, weiß ich nicht. Wenn Sie in mir einen komplimentösen Menschen suchten, so tut es mir leid, daß Sie sich an einen Unrechten gewendet haben. Sie sind Graf – das weiß ich; aber Sie sind Mensch, das bin ich auch. Sie sind Student, das bin ich auch, und hier fallen alle bürgerlichen Verhältnisse und Zeremonien. Dies zur Nachricht auf Ihre, wie Sie sagen, freimütigen, im Grunde aber sehr empfindlichen und voreiligen Äußerungen. Was wäre wohl natürlicher gewesen, als zuerst zu fragen: «Warum hast du mich nicht besucht?», und sich erst dann, wenn ich es aus Nachlässigkeit getan hätte, über Geringschätzung zu beklagen? Dies haben Sie aber nicht für gut befunden, und auf diese Weise fällt der Vorwurf, den Sie mir machen, daß ich leichtsinnig einen Freund von mir gestoßen hätte, ganz auf Sie zurück. Diesen großen Grad von Empfindlichkeit, und dabei noch so vorschneller Empfindlichkeit, hätte ich von Ihnen nicht erwartet. Leben Sie wohl und bringen Sie Ihre Ferien recht vergnügt zu.   S.

So lautet dieser steinerne Brief, in dem sich die natürliche Befremdung eines gleichgültigen Menschen ausspricht. Ich habe bereits geantwortet und werde den Brief morgen fortschicken und nehme hier abermals eine Abschrift davon. Wenn er abermals mir kalt und ungünstig erwidert, so ist allerdings an keine Freundschaft zu denken.

An Adrast

Ihr Brief war zu derb, wie Sie fühlen werden, um mich nicht zu einer Replik zu reizen. Haben Sie vielleicht eine Waage bei der Hand, mein lieber S., auf der die Empfindlichkeiten können gegenseitig gewogen werden? Ich wäre doch neugierig, zu wissen, welcher von unseren beiden Briefen auf den Grund sänke. Wenn der meine von Empfindlichkeit strotzt, wie Sie zu sagen beliebten, kommt es wohl Ihnen zu, mir so harte Vorwürfe zu machen? Einem anderen würde es vielleicht zur Probe gedient haben, daß ich ihm gut bin und daß er einen günstigen Eindruck auf mich gemacht hat. Oder ist man auch gegen Menschen empfindlich, die man sich gern vom Leibe schafft? Dabei weiß ich aber sehr wohl, daß ich es war, der Ihre Bekannt-

schaft wünschte, und nicht – umgekehrt; daß es
Ihnen also wohl gleichgültig sein darf, wie ich zu
Ihnen gesinnt bin. Und somit läßt sich's auch leicht
erklären, warum Sie es so ganz unbegreiflich finden, daß ich Ihren Mangel an – wie soll ich's oder
wie darf ich's nennen? – ein bißchen übelnahm. Sie
haben aber nicht bedacht, daß ich wärmeren Anteil an dieser Sache genommen als Sie und deshalb
weniger unbefangen dabei sein müßte. Es ist nicht
schön, wenn Sie sich eines solchen Vorteils gegen
mich überheben. Ich habe, sagen Sie, keinen Grund
für mein Urteil? Aber ist das, was Sie taten, oder
vielmehr unterließen, nicht Grundes genug, um
wenigstens auf eine Unaufmerksamkeit zu schließen? Legen Sie die Sache vor, wem Sie wollen, ob
er einen glimpflichen Namen dafür ersinnen kann.
Ich hätte, fahren Sie fort, vorerst das Warum fragen
sollen. Ist denn aber mein ganzer Brief nicht eine
fortlaufende Frage? Wenn sie sich zu lebhaft ausspricht, so müssen Sie das meiner Gemütsart zugute halten, da nun einmal niemand über die seine hinaus kann. Wenn ich ein trockener, frostiger
Mensch wäre, so würde ich mich freilich gehütet
haben, Ihnen gerade so zu schreiben, wie mir's ums
Herz war. Wie, und konnten Sie wirklich glauben,
daß ich Ihren Besuch als Zeremonie forderte, es
bloß als Zeremonie rügte, daß Sie mich nicht besuchten? Sie erinnern mich, daß ich Graf bin – eine
Kränkung, die ebenso bitter ist als vollkommen
unverschuldet. Oder hätte ich's Ihnen je bemerkbar gemacht auf die leiseste Weise? Mich also lassen
Sie's büßen, daß Sie es erfahren haben, als hätten
Sie's von mir selbst erfahren? Ich war nie zeremo-
niös gegen Sie, und wenn Sie es glauben, so hielten

Sie für Höflichkeit, was natürliches Wohlwollen war. Sie können versichert sein, daß ich's Ihnen nicht zugemutet hätte, mich zu besuchen, wenn ich Ihre Wohnung gewußt hätte. Und werden Sie leugnen, daß wir uns nicht einmal kennen würden, wenn ich nicht immer zuvorkommend gegen Sie gewesen wäre? Vielleicht sind Sie der einzige, gegen den ich es je war, wenigstens in diesem Grade. Oder hätte ich es noch mehr sein können, da Sie niemals eine Erklärung von sich gaben, da ich bis diesen Augenblick glauben muß, daß Sie meine Bekanntschaft bloß deshalb machten, weil Sie nichts anderes tun konnten, ohne mich förmlich zu beleidigen? Wie gut es Ihnen ansteht, mir Zeremoniell vorzuwerfen! Sie tun mir vieles Unrecht in wenigen kalten Zeilen. Wenn ich denn also so vorschnell und so übereilt war, so stelle ich Ihnen jetzt nach ihrer eigenen Vorschrift die Frage: «Warum hast du mich nicht besucht?», depreziere aber zugleich gegen jede der herkömmlichen Ausreden, wie Mangel an Zeit und so weiter, sintemal jedermann weiß, daß dies nur taube Nüsse sind. Freilich erklärten Sie mir bereits, daß Sie es für überflüssig halten, einem Menschen, wie ich bin, Rechenschaft abzulegen. Nicht wahr? Aber auf diesem Wege kommen wir nicht ins reine. Lassen Sie uns einen anderen einschlagen. Weder Ihnen noch mir kann es um einseitiges Verhältnis zu tun sein. Sind Sie mir jedoch nicht mehr böse, meinen Sie, daß Ihnen mein Umgang erfreulich sein könne, wollen Sie mir endlich versprechen, künftighin etwas sparsamer mit harten Worten zu sein, so schüttle ich Ihnen in Gedanken die Hände und hoffe, daß wir uns lieben und achten lernen. Um aber irgendein Verhältnis von jeder Bitterkeit, von jedem Mißverständnisse auf immer zu bewahren, gibt es nur *ein* Mittel, und dies heißt Zutrauen. Ohne dasselbe geht jede Freundschaft in kurzer Zeit zu Grabe. Offenheit auf einer Seite und Zurückhaltung auf der anderen würden sich nicht vertragen. Wenn wir also hoffen dürfen, daß wir uns in Geist und Gemüt begegnen,

> Dann lege mit der Liebe Flügeln
> Sich um das Herz die schöne Zuversicht!

Glauben Sie aber das Gegenteil, so werden Sie mir's nicht verschweigen. Ich habe mich dann allerdings geirrt und betrogen und betrogen und geirrt (Worte, die mir Ihr Brief sattsam zu hören gibt), ohne mich deshalb schämen zu dürfen. Dann bleibt mir nichts mehr übrig, als die zwei unmutigen Viertelstunden Ihnen abzubitten, die Ihnen meine Briefe verursachten. Leben Sie recht wohl!

4. April 1819. Ansbach.

Der Brief ist fort; ich kann ihn nicht mehr zurückhalten. Möchte ihn die Vorsicht mindestens glücklich in seine Hand fördern. Daß ich seiner Antwort mit banger Erwartung entgegensehe, begreift sich. Wenn er gar nicht antwortete, oder wenn er sich wieder nicht erklärte, um kalt mich wieder zu hofmeistern! Jetzt kann ich wohl jene früheren Verse wiederholen:

> Schilt mich nicht! Vertraut und offen
> Zeige du die stolze Miene;
> Schilt mich nicht mit deiner schroffen
> Härte, weil ich's nicht verdiene;
> Schilt mich nicht und laß mich hoffen,
> Sei ein Fritz dem Konradine!

Ich weiß noch nicht einmal seinen Taufnamen und bin wohl darauf neugierig. Gott gebe, daß alles gut ende und daß unsere Verbindung die treueste und reinste aller Jünglinge werde und noch einst mit Ruhm genannt werde. Wenn er mir gütig antwortet, so schicke ich ihm das längere für ihn gedichtete Lied «Lockt es nicht auch dich ins Weite», wovon ich jedoch einige Strophen, die die Einheit des Ganzen zu verletzen schienen, wegschnitt. Heute habe ich dazu eine kleine Zueignung geschrieben. Da wir aber wohl nicht Freunde werden, so kann ich sie nicht in meine für die Münchener Freunde zu kopierende Liedersammlung legen, trage sie aber hier ins Tagebuch ein.

> Lorbeer war dem lyr'schen Ruhme
> Heilig einst auf Hellas' Flur;
> Eine künstlich goldne Blume
> Überkam der Troubadour:
> Mich belohne
> Weder Krone
> Noch metallne Hyazinthe,
> Wich der Freund, der treugesinnte,
> Mit Vertraun und Liebe nur.

5. April 1819. Ansbach.

Wie sehr habe ich ihm mein Herz geöffnet, meine Freundschaft ihm angeboten, ihm gesagt, welchen vorteilhaften Eindruck er auf mich machte, daß ich nie gegen jemand so zuvorkommend als gegen ihn war, mit einem Wort, daß er mir teuer ist! Wenn sich nach diesem Briefe abermals keine Sympathie in seiner Brust regt, wenn er nur höchstens die polemischen Stellen meines Briefes auffaßt, um mich wieder barsch zu hofmeistern, dann wird

doch endlich meine Eitelkeit zur ewigen Ruhe
kommen, dann werde ich doch nicht mehr auf sein
Mitgefühl hoffen. Er hat keine Ursache zu heucheln, und wenn er auch wollte, wie leicht läßt sich
die wahre Herzlichkeit erkennen! Daß es ein mir
unerwartetes, fast allzu großes Glück wäre, wenn
er mir mit Sympathie entgegenkäme, ist wahr.
Unmöglich ist es aber doch nicht; unwahrscheinlich wohl, da ihm in seinem letzten Briefe kein
Wörtchen entschlüpfte, das sich auf eine so günstige Art deuten ließe. Und nichts doch verrät sich
leichter als die Zuneigung! Auf eine wahrhaft günstige Antwort mache ich mir durchaus keine Rechnung. Wenn er mir schreibt, so wird es nicht ohne
Bitterkeiten ablaufen. Ich darf mich damit trösten,
daß ich alles getan habe, was in meiner Macht
stand. Wenn ich aber keinen Brief erhalte, wo soll
ich den Mut hernehmen, ihn zu öffnen, von dem
alles abhängt, worein ich seit zehn Monaten mein
ganzes Glück setze? Er ist fast gezwungen, sich zu
entscheiden. Was er wohl schreiben wird? Vielleicht wird es eine Art von mitleidiger Gleichgültigkeit sein, die er mir zeigt. Was mein Herz für
ihn fühlt, wird er nie begreifen. Warum gehen die
Posten so langsam? Ach Gott, ich könnte täglich an
ihn schreiben; es wäre mir die angenehmste Beschäftigung. Ich werde keinen Brief mehr von ihm
erhalten; ich glaube nicht daran. Vielleicht ging der
meine verloren. Warum ist die Ungewißheit so
peinigend und doch so wohltätig? Was kann ich
nicht jetzt noch träumen! Daß er mir so offen, so
liebreich schreibt als ich ihm.

*

27. Dezember 1819. Erlangen.

Tasso und Antonio in mir zu vereinigen, ist eine Aufgabe, der ich nicht gewachsen bin. Den Tasso fahrenzulassen, ist leichter gesagt als getan, und wenn ich mich anders recht kenne, so ist es mir unmöglich.

Trotz daß ich ein paar Trauerspiele Oehlenschlägers im dänischen Original dieser Tage bekommen habe, so lese ich doch die Feiertage gar nichts von schöner Literatur. Wenn aber dann freilich der Tag auf die Neige geht und ich mich nach Erholung sehne, dann wünsche ich nichts mehr als die Gegenwart Rotenhans, und ich gestehe, daß mir das Leben ohne ihn sehr langsam und ziemlich genußlos vorbeigeht.

30. Dezember 1819. Erlangen.

Vorgestern stieg zuerst die Idee in mir auf, die ich verfolge, einen Teil der empirischen Wissenschaft, der mir am meisten zusagt, nach Wagners Konstruktion zu bearbeiten, nämlich eine Geschichte und Kritik der neueren Kulturpoesie, die ich in meinem Brief an Gruber nach den Autoren konstruiert habe. Wir haben nämlich drei große Perioden erlebt in Europa:

Poesie der Griechen und Römer
Volkspoesie des Mittelalters
Kulturpoesie der neuen Zeit

Die vierte Periode liegt noch in der Zukunft und ist auch in Wagners Idealphilosophie angedeutet. Die dritte ist es, die ich zu behandeln wünschte. An Energie würde es mir dazu nicht fehlen, auch wenn ich jetzt schon beginnen wollte. Allein es fehlt mir

noch an philosophischem Gehalt und auch an Zeit.
Diese Arbeit würde aber weit von dem Geschmier
der jetzigen Kritikaster in den Literaturzeitungen
abweichen, und jedem kritisierten Werke würde
zuerst die Idee des Ganzen vorausgeschickt werden; eine Aufgabe, die nicht ganz leicht, aber für
mich ausführbar, sobald ich noch tiefer in Wagners
Idealphilosophie eingedrungen sein werde. Hier
am Schlusse dieses Jahres lege ich meine Reue und
mein inniges Bedauern nieder, daß eine unfreie
Gemütslage, die Liebe zu Eduard, meinen Geist in
unseligen Fesseln hielt, die mich zwar nicht gänzlich hindern konnten, Wagners Ideen in mich auf-
zunehmen, aber die mich wenigstens bewogen,
ihnen kaum die Halbheit meiner Seele und meiner
Aufmerksamkeit hinzugeben, so daß ich anderthalb Jahre in der Nähe dieses außerordentlichen
Mannes beinahe fruchtlos lebte, während ich jetzt
in der Entfernung täglich mehr von der ungemei-
nen Tiefe und Wahrheit seiner Konstruktion überzeugt werde. Ich könnte zwar künftigen Winter,
wenn Eduard Würzburg verlassen, dahin zurückkehren, aber ich habe in dieser letzten Zeit meines
Universitätslebens so unendlich viel zu tun, mich
zum Juristen und Diplomaten zu bilden, was nicht
nur die Notwendigkeit, sondern auch die Berufspflicht gebeut, und wofür noch so wenig geschehen ist, daß ich dann nicht einmal Wagners Kollegien würde beiwohnen können.

30. Januar 1820. Erlangen.

Ich unterhielt mich ziemlich lange mit Jean Paul;
ich weiß nicht, warum er mich im Anfange für
einen Mystiker halten wollte. Es war zuerst von

Herder, sodann über einige philosophische Gegenstände die Rede, zum Beispiel über Freiheit und Notwendigkeit, wobei wir im Anfange sehr geteilter Meinung waren, uns aber bald über den Standpunkt vereinigten. Er befragt mich sodann über meine Lektüren, und ich brachte nun die schöne Literatur aufs Tapet, um von Friedrich von Heyden[1] zu sprechen. Ohne daß ich etwas davon erwähnt hätte, kam er mir damit entgegen, Goethe sei Schillers Gegensatz und ein dritter müsse sie vereinigen. Ich sprach nun von der «Renata» und dem «Konradin» so viel und so lange, bis er mir versprach, sie sich kommen zu lassen. Sehr gerne hätte ich auch noch meiner zweiten großen Lebensangelegenheit, der Wagnerschen Philosophie, erwähnt, allein ich fand nicht mehr Zeit, und ich bemerkte, daß er notwendig auszugehen hatte. Überhaupt ist es gar zu kärglich, mit einem solchen Manne nur einer einzigen Unterhaltung zu pflegen, wobei sich kaum irgend etwas entwickeln kann. Einige Wochen lang möchte ich in Bayreuth sein. Welch ein reicher Austausch von Ideen, besonders über alles, was Poesie betrifft!

Ich besah mir sodann Bayreuth. Es ist eine recht hübsch gebaute, freundliche Stadt, und in größerem Stil als Erlangen. Die Umgebungen konnte ich des trüben Wetters wegen nicht genießen. Bei Tische saß ich neben einem sächsischen Kaufmann, der lange in Rußland war, und wässerig wie alle seine Landsleute. Auf der anderen Seite neben einem ältlichen Manne, der sich als Harfner und

---

[1] Friedrich von Heyden (1789–1851), Dramatiker und Erzähler

Dichter präsentierte und mit seinem Instrument
durch die Welt reist, auch sich selbst sehr gut
fortzubringen scheint. Es ist ein gemeiner Kerl,
seine Lebensweise aber doch sehr poetisch. Er geht
meist zu Fuß, schickt sein Gepäck voraus und läßt
sich durch einen Jungen seine Harfe hinterhertra-
gen. In den Städten hält er sich gewöhnlich ziemlich lange auf. Alle Lieder, die er spielt, sind auch
von ihm gedichtet und komponiert. Kein gemeines Talent. Nachmittags begegnete ich einem Bekannten aus Würzburg, namens Völkel, der mich
viel nach Schmidtlein fragte und sodann in die
Bayreuther «Harmonie» führte, wo viele Gesellig-
keit herrscht, dabei ein äußerst elegantes und ge-
fälliges Lokal.

Schon des Morgens, als ich von Jean Paul ging,
schrieb ich das Gedicht an Heyden nieder (von dem
ich ihm auch gesprochen hatte) und schickte es an
die Redaktion des «Morgenblatts». Gestern nahm
ich mir eine Chaise und fuhr hierher zurück. In
Streitberg, bis mein Mittagessen fertig war, besah
ich mir die Gegend, und auf diesem Spaziergange
entstand ein Gedicht, das ich «Fausts Gebet» überschrieben habe.

Des Abends, als er nach Hause kam, war ich
noch bei Rotenhan und war liebreicher gegen ihn
als je, zum Teil der Trennung wegen, zum Teil,
weil ich mir doch der Schuld bewußt war, mich
vier Tage von ihm getrennt zu haben. Er war auch
so gut, so liebreich; ich gewinne ihn täglich lieber.
Ich möchte in sein tiefstes Herz hineinsehen. In der
Tat, den ersten Tag meiner Reise ward ich jeden
Augenblick versucht, wieder zu ihm zurückzu-
laufen.

31. Januar 1820. Erlangen.

Gestern war in mancher Rücksicht ein schöner Tag unserer Freundschaft. Wir waren den ganzen Nachmittag beisammen und lasen einen großen Teil des «Konradin» von Heyden, o um wie viel glücklicher als damals, wo ich ihn mit Eduard las! Rotenhan kennt mich, begreift mich und liebt wahrhaft die Poesie. Wir fühlten uns auch an diesem Tage so vertraut, so innig. Wir küßten, wir umarmten uns oft, aber gewiß mit einem edlen Gefühle der Freundschaft, der Neigung, der Sympathie. Leider, leider wird er bis Ostern nach Berlin gehen. Dieser Abschied wird mir unendlich schwerfallen. Ich werde mich einsamer fühlen als jemals.

21. Februar 1820. Erlangen.

Es war am verwichenen Neunzehnten, als mir zuerst die Unerträglichkeit des juridischen Studiums und mein vollkommenes Ungeschick dazu den Gedanken eingaben, diese Fesseln von mir zu werfen, nicht ferner Anspruch auf eine diplomatische Karriere zu machen, mich dafür aber den Rest meines nun freilich halbverschwendeten Universitätslebens emsig mit den historischen und Naturwissenschaften zu beschäftigen und meinem Triebe zur Poesie zu folgen, um lieber ein ganzer Mensch zu werden, sollte mir's auch in Zukunft schlechtgehen, als ein halber zu sein, und wär's auch ein Gesandter. In der Tat, wenn die Muse mich nicht erheben und berühmt machen kann, meine diplomatischen Fähigkeiten werden es noch viel weniger. Der großen Welt sage ich gerne ab. Überdies bringt es in unserer Zeit eben nicht viel

Ehre, Diplomat zu sein. Wie selten läßt sich dabei die Integrität des Charakters behaupten. Ich will dem Staate sehr gerne dienen, sobald er mir eine Stelle anweist, die meinen Talenten angemessen; wo nicht, so will ich lieber betteln als meine Individualität aufopfern. Dieser Entschluß hat mich vollkommen neu belebt. Ich gehe mit Mut an Arbeiten, die meine eigene Wahl sind, und an Studien, die meine Wißbegierde befriedigen und mich nicht in schalen Definitionen herumführen. Auch meine poetische Kraft scheint wieder erwacht, ich dachte wieder des Odoakers, der jedoch nun eine ganz veränderte Gestalt erhalten möchte. Zugleich holte ich mir ein paar historische Bücher; unter ihnen Cardonne, «Über die Araber in Spanien»[1], weil mich auch jene Zeit zu einem epischen Gedichte reizt. Davon mehr.

---

[1] «Geschichte von Afrika und Spanien unter der Herrschaft der Araber», Nürnberg 1768

Da ich unterwegs, außer vielen Gedichten, nur sehr wenig aufgeschrieben, und auch jetzt dazu nur eine spärliche Muße finde, so diene hier vorzüglich als Gedächtnistafel der hingebrachten Zeit ein

REISEKALENDER

9. September. – Des Morgens mit Stahl nach Nürnberg zu Fuße, dort mit Mayer zusammengekommen in Radsbrunnen und nach Tische eine Chaise genommen nach Regensburg; denselben Tag gefahren bis Neumarkt, wo wir die schöne Ruine, den Wolfstein, besuchten.

10. September. – Zu Mittag in einem kleinen Städtchen, wo ich mit Mayer die Kirche besuchte:

> Wenn du recht liebst das Herz Marie,
> Wirst du glücklich sein dort und hie.

Nachmittags in Regensburg. Schöne Wohnung im «Kreuz». Wir besuchten den Dom, die Brücke. Spaziergang auf dem Wörth. Beim Abendessen fand ich Deroy.

11. September. – Besuch einiger Buchläden. «Donaureise» gekauft. Gegen Mittag ein Dejeuner à la fourchette, sodann Trennung. Stahl und ich fuhren auf einem Schiffe weg, Mayer nach München mit dem Postwagen. Es tröpfelte, ward jedoch wieder heiter. Herrliche Lage von Donaustauf und Wörth. Über Nacht im «Heiligen Blut», am linken Ufer, schlecht.

12. September. – Linkes Ufer durchgehends erhaben. Gegen Mittag hält das Schiff bei Straubingen; Stadt und Kirchen besehen. Hier beginnt die Bauart der nach vorne flachen Dächer. Oberaltaich, Abtei. Herrliche Lage von Bogen und der Wallfahrtskirche oben auf dem Berge. Deggendorf, wo das Schiff blieb. Ich ging bis Seebach.

13. September. – Niederaltaich. Isar in die Donau. Gegen Mittag hält das Schiff in Vilshofen. Hübscher Markt und schön gelegen. Ungünstiger Wind. Wir gehen zu Fuß nach Passau, doch ist das Schiff eher dort. In Passau über Nacht.

14. September. – Spaziergänge, Kirchenbesuch. Abfahrt. Donauufer von hier äußerst romantisch. Krempenstein oder die Schneiderburg, Joachimsstein, ein Fels inmitten der Donau mit einer kleinen Kapelle. Ausgestiegen in Hafnerzell, sehr hübscher Marktflecken. Zu Nacht in Engelhardszell, österreichische Grenze und Maut. Unsere Waren in ein österreichisches Schiff ausgepackt und visitiert. Dies Schiff hieß das Kaiserlich königliche Commercial-Zollamts-Magazinsschiff, ein schöner Hexameter, sobald man das *e* in königliche wegläßt. Schöne Umgebungen, Spaziergang.

15. September. – Einsamer Spaziergang im Walde. Gedicht. Kloster in der Nähe. Gegen Mittag Abfahrt. Steile, herrliche Ufer. Attersheim, Otto III. Geburtsort, zur Linken, neun Meilen von Engelhardszell, in einer köstlichen Lage. Die Donau geht mächtig auseinander. Nahe bei Linz sehr schöne Partien zur Rechten. Des Abends in Linz.

16. September. – Linz besehen. Grobes Verfahren auf der Polizei. Abfahrt gegen Mittag. Große Vermehrung der Schiffsgesellschaft. Ein Professor

aus Budweis mit mehreren böhmischen jungen Herren. In Wien trafen wir ihn sehr oft. Vier Studenten aus Berlin, die von München und Salzburg kamen: 1. Middendorf, ein Estländer aus Reval, Theologe; 2. Bresler aus Schlesien, Theologe und Philologe; 3. Flemming, ein Sachse aus Jüterbock, Mediziner; 4. Valentiner aus Holstein, Kameralist. Sein Vater war Pächter auf einem der holsteinischen Güter meines Onkels gewesen. Die Donaufahrt äußerst wild und anmutig. Wallsee, berühmt aus dem «Donauweibchen». Romantische Lage von Grein. Der Strudel und Wirbel und ihre Umgebungen, enges Bette der Donau. Zu Nacht in Syrmingstein. Altes Schloß bestiegen.

17. September. – Frühe Abfahrt. Ipo. Mariatafel zur Linken, berühmte Wallfahrt. Zur Rechten Melk, ein riesenhaftes, herrlich gebautes Benediktinerkloster aus dem felsigen Ufer der hier wieder mächtig breiten Donau. Wie man sagt, eines der größten Gebäude in Deutschland, in der schönsten Lage. Die Teufelsmauer zur Linken. Das Stift Gottwich zur Rechten, das man äußerst lange im Auge behält. Dürrenstein zur Linken, wo Richard Löwenherz gefangen saß. Stein, wo wir ausstiegen und zu Mittag aßen, schönes Land, reiche Vegetation. Nahe dabei Krems, ein hübscheres Städtchen. Zwischen ihnen das Kloster Und. Die drei Orte sind durch eine Allee verbunden. Zu Nacht in Tuln, Stadt an einer großen Krümmung der Donau.

18. September. – Vormittags Abfahrt. Schöne Ruine von Greifenstein. Schöne Lage der Stadt Kloster-Neuburg. Das Schiff hält in Nußdorf, eine Stunde von Wien. Die Pässe werden abgenom-

men. Wir essen zu Mittag und besteigen den nicht
entfernten Kahlenberg, wo der Prinz de Ligne sein
Schloß, und wo man Wien übersieht, freilich noch
in einiger Entfernung. Verzweigungen der Donau.
Zu Fuß nach Wien durch die Vorstadt Rossau.
Ankunft auf dem Schanzel nach der Schlagbrücke,
die die Stadt von der Leopoldstadt scheidet. Visi-
tation. Volksmenge. Großer Eindruck von Wien.
Wir gehen in die Leopoldstadt und wohnen in der
«Weißen Rose», Flemming, Bresler und ich in
einem Zimmer. Mit Stahl bezog ich mehrere Tage
später ein anderes Zimmer, nachdem die vier Berliner ungefähr gegenüber in den «Adler» zogen,
wo wir alle gewöhnlich zu Mittag und Abend
aßen. Es war drei Uhr geworden, bis wir im
Gasthofe ankamen, Stunde, wo in Wien die Schauspiele anfangen. Wir gingen ins Leopoldstädter
Theater, Middendorf, Flemming und ich. «Reise in
den Mond».

19. September. – Des Morgens mit Bresler. Ste-
phansplatz, Stephanskirche in ihrer Pracht. Buchläden, Peterskirche. Kaffeehäuser, besonders schön
die beiden zu seiten der Schlagbrücke, wovon
das eine das türkische. Viele fremde orientalische
Trachten in Wien. Des Abends mit Bresler und
Valentiner im Josephstädter Theater. «Letzte Ziehung» des Theaters.

20. September. – Alle zusammen im Kapuzinerkloster und seiner Gruft. Viele österreichische
Fürsten und Fürstinnen dort begraben. Die große
Maria Theresia, deren Bildnis man in Wien so oft
sieht, die schöne Marie Therese. Ihre beiden Söhne,
Joseph und Leopold, nebeneinander, die edlen Seelen der Könige. Die letzte Gemahlin des Kaisers.

Augustinerkirche. Canovas Denkmal der Fürstin Christine von Sachsen-Teschen. Das Innere des Palastes des Herzogs Albert von Sachsen-Teschen, mehr vornehm als elegant. Ausgezeichnete Arbeit der Fußböden in einigen Zimmern. Nachmittags mit Flemming und Middendorf im Schwarzenbergischen Garten. Karlskirche mit ihren herrlichen trajanischen Säulen. Dann im Theater an der Wien. Herrliches Schauspielhaus. «Der Barbier von Sevilla».

21. September. – Bücherkauf. Besichtigung der Stadt. Schöne Plätze von Wien. Universitätsgebäude. Leopoldstädter Theater. Die «Ausspielung des Theaters». Schlechtes Wetter, wie auch die folgenden Tage.

22. September. – Oberes und unteres Belvedere. Zwischen beiden ein großer französischer Garten. Herrliche Buchshecken. Im oberen Belvedere die kaiserliche Gemäldegalerie. Reiche Sammlung. Besehen die italienische und niederländische Schule. Zwei Bilder von Raffael, mehrere von Correggio. Des Abends im Theater am Kärntnertor. Gefälliger Eindruck desselben. Eine kleine Operette aus dem Französischen: «Der Zauberschlaf», Feenballett.

23. September. – Schlechtes Wetter. Meist zu Hause. Lektüre.

24. September. – Im Theater an der Wien: «Jungfrau von Orleans».

25. September. – Im Prater herumgetrieben. Des Abends im Leopoldstädter Theater: «Der Tausendsasa».

26. September. – Den gewaltigen Stephansturm bestiegen, Panorama von Wien. Oberes Belvedere.

Neuere Maler und altdeutsche Schule. Viele und köstliche Bilder.

27. September. – Mit Valentiner und Stahl im Schottenkloster, ein ungeheures Gebäude. Refektorium der Mönche. Josephsplatz. Bildsäule Josephs II. Lichtensteinisches Haus. Nachmittags nach Schönbrunn. Herrliches Schloß, französischer Garten im großen Stil. Reiche Vegetation. Fischwimmelnde Fontäne, von welcher der Name stammt. Pavillon auf der Höhe. Aussicht auf Wien vom Dache desselben. Auf unserem Rückweg Regen.

28. September. – Lektüre. Gedichte.

29. September. – Nach Tische in die Ambrasische Sammlung im unteren Belvedere. Ungeheures Mosaikstück vom «Abendmahl» Leonardo da Vincis, das, von einer nahen Tribüne besehen (weil es auf dem Boden liegt), einen köstlichen Eindruck macht, Harnische von allen Kaisern, vom König Albert an, auch der meisten berühmten Männer jener Zeiten, zum Beispiel des Herzogs Alba. Stifter dieser Sammlung Herzog Ferdinand von Tirol, Gemahl der Welserin. Waffen aus allen Zeiten. Mineralien. Arbeiten von Elfenbein und Korallen. Künstliche Uhrwerke. Pokale. Das Salzfaß des Benvenuto Cellini. Viele Porträts von Königen und Königinnen, worunter öfters das von Kaiser Karl V. und König Karl IX. von Frankreich. Des Abends im Theater der Josephstadt: «Seus, Mond und Pagat».

30. September. – Morgens Antikenkabinett. An Statuen weniger als man erwartet. Aber viele köstliche Büsten. Ungemeiner Reichtum an Medaillen, alten Vasen und geschnittenen Steinen von herr-

licher Arbeit, Mumien und so weiter. Darauf ins Polytechnische Institut, ein ungeheurer Palast. Nachmittags ging ich allein in den Augarten mit einem Bande von Camões. Herrliche Vegetation. Darauf in die Brigittenau und von dort wieder zurück in den Prater. Abends einen Brief an Rotenhan, den ich dann Flemming mitgab.

1. Oktober. – Früh mit Middendorf in die Kirche der Ursulinerinnen, wo Werner[1] predigte über die fünfzehn Geheimnisse des Rosenkranzes und nebenbei von der Demut, von der er sagte, daß er sie zwar nicht aus Erfahrung kenne, aber doch mit Gottes Hilfe den Weg dazu weisen wolle. (Mehrere Jahre früher hatte ich ebenfalls an demselben Tage, dem Rosenkranzfeste, eine so merkwürdige katholische Predigt gehört in Fischbachau durch meinen alten Pfarrer von Schliersee.) Eine Judentaufe, die Werner vornahm, gab mir Gelegenheit, ihn ganz von der Nähe betrachten zu können. Wir aßen sehr frühe im «Seizer Hof» und gingen dann, freilich vermittelst eines großen Umwegs, da wir an der Linie Fiaker nach Laxenburg zu finden hofften, nach der «Spinnerin am Kreuz», einem alten gotischen Monumente, von wo man der reichsten Aussicht über Wien genießt. Sodann quer über die Felder nach Schönbrunn hinüber. Menagerie, ein Elefant, ein Strauß, Damhirsche, Biber, Leoparden und so weiter. Wir fuhren nach der Stadt zurück, und vom türkischen Kaffeehause an der Schlagbrücke sahen wir die Wagen in den Prater passieren. Vorher ging ich noch auf der Bastei spazieren. Im Burgtheater: «Nathan der Weise».

---

[1] Der Romantiker Zacharias Werner (1768–1823) wirkte 1814–16 und 1819–23 als Priester in Wien.

2. Oktober. – Reitschule, ein immenses Gebäude, kaiserliche Bibliothek auf derselben Seite
des Schlosses, eines der imposantesten Schauspiele
Wiens durch ihre Größe und Pracht. Von Manuskripten zeigte man uns alte Senatuskonsulte,
Handschriften von Karl V., sehr schön geschrie-
bene Bibeln und Tassos Urschrift der «Gerusa-
lemma conquistata». Dieser Tag war der letzte,
den ich in Wien zubrachte. Den folgenden Tag fuhr
eine Chaise nach Prag weg.

Im ganzen habe ich mir in diesem lebenslusti-
gen, prachtvollen Wien außerordentlich wohlgefallen. Schon den ersten Abend imponierte mir diese
Stadt aus Palästen ungemein. Der glücklichen Zeit,
die ich dort verlebte, denke ich um so lieber, da die
Gesellschaft der vier Berliner zu geselligem Ernst
und Scherz bei Tische und auf unseren Zügen so
reichlichen Anlaß gab. Ich traf sie in Prag noch
einmal. Von den unzähligen Merkwürdigkeiten
Wiens konnte ich wegen Kürze der Zeit nur einen Teil mitnehmen. Die Buchläden habe ich fast
alle besucht, auch manches Merkwürdige gekauft,
zum Beispiel die «Rime del Chiabrera»[1] bei Volka,
die sämtlichen Werke von Camões bei Schaum-
berg, die epischen und lyrischen Gedichte von
Shakespeare bei Schellbacher. Von den Theatern
ist das an der Wien das schönste. Gleich groß und
imposant das Burgtheater, gleich elegant das Theater am Kärntnertor, kleiner und unbedeutender die
beiden Volkstheater in der Joseph- und Leopold-

---

[1] Gabriello Chiabrera (1552–1637), Wiederbeleber der klassischen Strophenformen Pindars, Anakreons, Theokrits und
Horazens

stadt. In jedem wird täglich gespielt. Von den
Volksstücken, die ich gesehen habe, hat mir bei
weitem am besten «Die letzte Ziehung» gefallen in
der Josephstadt. Besser zu spielen ist nicht möglich. Auch waren die sogenannten Tableaux (die
die Wiener in keinem Stücke entbehren können)
vortrefflich. Durch Schusters[1] Talent und groteske
Tänze war besonders «Die Reise in den Mond»
belebt. Getanzt wird überall, und die Fertigkeit ist
im allgemeinen sehr groß. In dem Ballette «Der
Zauberschlaf», das im Kärntnertortheater gegeben
wurde, waren besonders die Dekorationen von
einer Feinheit und Pracht, wie man wenig ihresgleichen sehen wird. Der Aufführung der «Jungfrau von Orleans» im Theater an der Wien konnte
ich, die Person der Jungfrau von Orleans ausgenommen, keinen Beifall geben. Desto besser ist
«Nathan der Weise» im Burgtheater gegeben worden. Herr Koch als Nathan, Herr Krüger als Der-
wisch und der vortreffliche Costenoble als Mönch
füllten ihre Rollen ganz aus. Eben dasselbe beinahe
kann man von den drei vorkommenden Frauen
sagen. Nur der Tempelherr und Saladin wollten
mir nicht recht zusagen. Beiden fehlte es an Genialität, in ihre Rollen einzudringen, und an einer klangvollen Stimme, obwohl beide namhafte
Schauspieler waren.

3. Oktober. – Gegen Mittag fuhr ich ab von
Wien durch die Leopoldstadt über die Linie in
einem großen viersitzigen Wagen. Meine Gesellschaft war ein ehemaliger Kurier des Fürsten Ester-

[1] Ignaz Schuster (1779–1835), der Lieblingskomiker der
Wiener

hazy, vordem Exkurier von Jêrome Bonaparte, mit seiner Frau, einer Dresdnerin, und ihrem kleinen Jungen Alexander. Sodann noch ein junger Professor der Medizin von Bonn, der aber früher in Landshut war; auch von Geburt, Sitten und Sprache ein echter Landshuter. Ich ging öfters lange mit ihm zu Fuß, oder er vielmehr mit mir; da er aber, seine medizinischen Kenntnisse abgerechnet, sehr unwissend war und überhaupt ohne Genialität, so konnte ich durchaus von seiner Unterhaltung wenig Genuß ziehen. Des Nachts wohnten wir gewöhnlich beisammen. Der Kurier, ein Mensch mit widerlich großen Augen, war interessant durch seine Anekdoten, teils erfahrene, teils gesehene, die er erzählte. Seine Frau war um einen Kopf größer als er und über die Maßen sparsam, sonst aber nicht ohne Verstand. Wir aßen zu Mittag in Stokkerau, einem kleinen Städtchen, und blieben nachts in Mallebern, ziemlich schlecht. Unweit der Linie passierten wir die große Brücke über den Hauptarm der Donau. Die Gegenden waren sehr malerisch, herrliche Laubwälder, die Straße außerordentlich besucht.

4. Oktober. – In Mähren und Böhmen findet man keine so schönen Landschaften als in Österreich, aber doch auch zuweilen reizende Aussichten in weit geöffnete Täler. Wir kampierten des Mittags in Hollabrunn und des Nachts in Znaim (Znogmo), eine freundliche mährische Stadt. Die Hauptwache war mir merkwürdig durch ein kleines Blumengärtchen vor derselben, an der Stelle, wo man sonst Kanonen setzt. Die Bauart ist alt und hat noch etwas Südliches.

5. Oktober. – Des Mittags in Budweis, wo ich

schon anfing, mich um die böhmische Sprache zu bekümmern, und mir die Gegenstände nennen ließ. Der schöne Klang dieser Sprache, besonders in weiblichem Munde, fiel mir hier schon auf. Des Nachts in Iglau, einer Stadt von zehntausend Einwohnern, unweit der böhmischen Grenze. Hier, sowie in allen diesen Städten und Städtchen, die wir passierten, sind die ungemein großen, im Quadrat gebauten Plätze inmitten des Orts merkwürdig. Der von Iglau ist der größte und übertrifft jeden von Wien bei weitem.

6. Oktober. – Des Mittags in Deutschbrod, des Abends in Jenikau. Zwei hübsche Kellnerinnen gaben sich viele Mühe, mir einige böhmische Redensarten beizubringen.

7. Oktober. – In Czaslau hielten wir uns nur kurze Zeit auf. In der Kirche suchte ich nach Ziskas Grab und kaufte mir dann ein böhmisches Abc-Buch mit Gesprächen, das, obgleich für Böhmisch-Deutsche geschrieben, mir doch gute Dienste tat. Des Mittags waren wir in Kollin; das Tal ist schön, von der Elbe durchflossen. Auf dem Wege nach Planin hin erstreckt sich das Schlachtfeld. Kollin ist ein hübsches Städtchen. Des Nachts in einem schlechten Neste drei Stunden von Prag.

8. Oktober. – Sonntag in Prag. Ich stieg ab in der Neustadt im «Hohen Hause», auf dem Platze, wo die Statue von König Wenzel steht. Schon ehe wir in die Stadt kamen, nahmen wir von einer auf einem Hügel gelegenen Ruine die unvergleichliche Aussicht von Prag. Diesseits der inselreichen, breiten Moldau die Altstadt, von der Neustadt umschlossen, jenseits der Insel die Kleinseite und auf der Höhe der Hradschin. Zweiundneunzig Kir-

chen und ein Gewühl von Türmen und Türmchen.
Prag ist nicht so schön gebaut als Wien, hat aber
einen altertümlichen Reiz. Das Wetter war außerordentlich schön, solange ich mich aufhielt. Ich
besuchte die Theinkirche, auf deren Türmen (einer
ist kürzlich abgebrannt) Tycho Brahe observierte,
ging über die herrliche Moldaubrücke, trat auf der
Kleinseite mit heiligem Schauer in die Nikolaikirche mit ihrer mächtigen Kuppel, stieg dann auf den
Hradschin und zu seinen Palästen empor und sah in
das weit umherliegende Paradies. Die Kathedrale,
im großen, herrlichen gotischen Stil, spricht sowohl innen als außen ganz eigentümlich an. Außen, weil im Siebenjährigen Krieg ein Teil der
Kirche verbrannte, so daß noch Trümmer davon
herumstehen, und die eine Wand der Kirche, von
wo sie losgerissen, bemalt ist mit der sonstigen
Gestalt dieses Teiles der Kirche, von innen besonders durch ihre wunderbare Helle, da die Fenster
im großen Halbkreis eng aneinander gereiht sind,
eine Helle, die gleichwohl das gotische Halbdunkel
nicht ausschließt, und durch die Feinheit ihres inneren Baues. Ich besuchte den Schloßgarten, der
zwar klein, aber doch eine artige Partie ausmacht,
ging sodann auf die Bastei, wo sich die Aussicht
über Prag und das ganze Tal am köstlichsten genießt. Abends im Theater, wo man die «Waise»
und den «Mörder» gab. Es war nichts Ausgezeichnetes. Madame Renner als die Waise und Herr
Lanius als Bildhauer waren früher am Münchener
Hoftheater. Was mir mehr Freude machte als das
Schauspiel, waren die Berliner, die ich dorten traf
und die eben angekommen waren.

   9. Oktober. – Wir gingen nun des Morgens

in Gesellschaft. Ich lernte noch einen interessanten jungen Mann kennen, namens Witschel, einen
Schlesier, der bei einer vornehmen Familie Hofmeister gewesen war und nun von Wien in sein
Vaterland zurückreiste. Er fuhr mit meinen früheren Freunden in derselben Chaise.

Wir stiegen auf den Hradschin und ließen uns
durch einen Kirchendiener in der Kathedrale um-
herführen, die von Merkwürdigkeiten wimmelt.
Viele Kaiser und sehr viele böhmische Herzoge
liegen darin begraben. Man zeigt sehr viele Reliquien. Über dem Grabe Johannes von Nepomuk ist ein großer silberner Altar gebaut. Manche
Denkmäler verherrlichen die Schlacht am Weißen
Berge (worüber jedoch alle gebildeten Böhmen
einig sind, daß sie der unglücklichste Tag ihrer
Geschichte gewesen). Ein großer Leuchter wird
unter anderem gezeigt, den die Bierbrauer weih-
ten, nachdem sie die Hussiten aus Prag vertrieben
hatten. Wir stiegen auf den Turm, um die Aussicht
zu nehmen. Auch waren wir gerade zu einer sehr
feierlichen Gelegenheit nach Prag und den Hradschin gekommen, weil eben der Landtag eröffnet
wurde. Großer Aufzug von Equipagen. Die zwei
Landeskollegien sind von schöner gotischer Bauart, das eine außerordentlich groß, doch versammelte man sich im kleineren. Wir kamen mit ge-
nauer Not und von der Menge getragen hinein. Es
ist derselbe Saal, aus welchem Graf Thurn den
Martinitz und Slawata sehr hoch hinunterstürzen
ließ. Der Graf Thurnsche Palast liegt gleichfalls auf
dem Hradschin. Die Versammlung ist nicht merkwürdig. Es wurden ein paar Reden des Kaisers in
böhmischer und deutscher Sprache verlesen, und

damit war's so ziemlich alle. Ich ging noch mit Middendorf auf die Bastei. Nachmittags ließen wir uns auf die Schützeninsel hinunterfahren. Merkwürdig ist noch in Prag die beispiellose Zudringlichkeit der Juden, vor der man sich kaum retten kann und die wir an diesem Nachmittage besonders erfuhren. Abends im «Landjunker» in der Residenz, der ziemlich gut gespielt wurde. Der Landjunker selbst, das Fräulein und der Lieutenant Silberhorst, der ein sehr schöner Mann war und besonders Ähnlichkeit mit Rotenhan hatte.

Wir aßen noch einmal zusammen in einem sehr eleganten Kaffeehause in der Nähe des Theaters, und ich mußte dann von Middendorf, Flemming und Valentiner Abschied nehmen. Bresler, der zu Fuß nach Dresden gehen wollte, blieb einen Tag länger. Von Middendorf und Flemming schied ich in der Tat sehr schwer. Middendorf war ein gebildeter Mensch und ein geistvoller Musikus, der auch selbst komponierte und in Wien seine erste Sonate drucken ließ. Flemming ein an Geist und Gemüt gleich liebenswürdiger Mensch und ein sehr großer Freund der Poesie. Valentiner ein hübsches, drolliges Männchen, nur manchmal ein bißchen anmaßend und borniert.

10. Oktober. – Des Morgens holten mich Bresler und Witschel ab. Wir besahen die schöne Kreuzherrnkirche, die Theinkirche und darin das Grabmal Tycho Brahes, wovon ich eine Abbildung mitgenommen, gingen sodann nach dem Wischehrad, wo das alte Schloß lag und wo man auch herrlicher Aussichten genießt. Nachmittags auf den Hradschin, sahen das Mosaikbild an der Kathedrale, das wir versäumt hatten, dann die stän-

dige Gemäldegalerie in sechzehn Sälen, die wir aber freilich nur fleißig durchlaufen konnten, doch viel Herrliches gesehen haben. Der kleine Sohn eines Malers Burde, ein äußerst unterrichteter Junge, führte uns umher. Die Galerie gehört den einzelnen Gliedern der Stände, die sie hier zusammentrugen und öffentlich machten. Weiter unten sahen wir den Wallensteinschen Palast und Garten, der ebenfalls öffentlich ist.

Wir besuchten einen Buchladen, wo ich böhmische Bücher nebst Wörterbuch und Grammatik kaufte, da ich mich fest nun zu dieser Sprache entschlossen hatte. Der junge Buchhändler war ein sehr gefälliger und gebildeter Mann und teilte uns viel über die böhmische Sprache und Nation (selbst ein Böhme) mit. Die Böhmen hängen überhaupt an ihrer Sprache mit vielem Enthusiasmus, da sie das einzige ist, was ihnen gelassen wurde.

Witschel reiste noch diesen Abend mit dem Postwagen ab. Bresler brachte ihn noch bei mir zu, worauf wir Abschied nahmen, wiewohl ich ihn des anderen Morgens noch sah. Ich fand ihn als einen würdigen, sehr kenntnisreichen jungen Mann. Er sagte mir, daß er sich besonders mit dem Leben des heiligen Bonifacius beschäftige und darüber etwas zu schreiben gedenke.

11. Oktober. – Ich fuhr zwar erst des Mittags von Prag weg, aber da ich nicht wußte, wann der Wagen abgehe, und daher öfters nachsehen mußte, konnte ich im ganzen nicht viel mehr in Augenschein nehmen. Ungefähr während meines Aufenthalts in Prag hatten mehrere tragische Unfälle statt, von denen viel geredet wurde. Ein edler Mann, der in Staatsdiensten war, wurde schon zum

andernmal und nun zugunsten eines ihm untergebenen Sekretärs präteriert und erschoß sich. Ein
anderer Bürger betet auf dem Grabe seiner jungen,
kaum verstorbenen Gattin, wie man sagt, um Hin-
wegnahme seines eigenen Lebens, und fiel tot auf
dem Grabe nieder. Ein junger Soldat, der ein unbe-
zwingliches Heimweh nach seiner Mutter hatte,
lief elfmal nacheinander zu ihr nach Hause, was als
Desertion angesehen und mit dem Tode bestraft
wurde.

Wir fuhren in zwei Chaisen nach Karlsbad ab. In
der meinigen saß eine Chirurgenfrau aus Karlsbad,
ein Kaufmann aus Augsburg und ein junger, beinahe stummer Mensch. Dessen Bruder jedoch, der
im anderen Wagen saß, den ich aber des Abends
und Morgens sprach, war ein gebildeter junger
Mann und gab sich viele Mühe mit mir in Hinsicht
der böhmischen Aussprache, besonders das *z*, das
er mir so lange vorsagte, bis ich es traf, ließ mich
auch lesen in meiner Grammatik.

Die Gegenden zwischen Prag und Karlsbad steigern sich oft zum schönen Malerischen. Das Merkwürdigste, was wir den ersten Tag sahen, war der
Weiße Berg, den wir passierten. Man hat oben zur
Dankbarkeit eine Kirche errichtet. Wir übernachteten schlecht, auf Stroh, in einem Dorfe.

12. Oktober. – Auch diese Nacht nicht besser,
obwohl in einem Städtchen, Buchau, noch zwei
Meilen von Karlsbad.

13. Oktober. – Wir waren bald in Karlsbad. Das
alte Schloß Engelhaus, wo man vorbeifährt, liegt
außerordentlich schön. Die Krümmungen, die die
Straße das Tal nach Karlsbad hinunter macht, nehmen kein Ende. Wenn sie ein Ende nehmen, sieht

man das Städtchen in seinen Bergen eingeengt, die
blaue Töpel fließt zwischen grünen Bäumen, bis
sie an die Straßen kommt, wo sich dann von beiden
Seiten die heißen Quellen in sie ergießen. Von den
Häusern hat jedes seinen Aushängenamen. Inwendig und in den Gasthöfen trifft man im allgemeinen
nur wenig Eleganz und Bequemlichkeit, im Vergleich mit anderen Bädern. Ich wohnte mit dem
Augsburger Kaufmann, der denselben Tag noch
abreiste, bei einem stummen Wirt in der «Weißen
Rose», der sich aber ziemlich deutlich zu machen
weiß. Des Abends ging ich in das neue Wirtshaus.
Wir hatten noch zusammen die Quellen und Bäder
in Augenschein genommen. Der Strudel ist besonders merkwürdig. Ich nehme mir Inkrustierungen
davon für mein Mineralienkabinett mit.

14. Oktober. – Ich ging einen großen Teil des
Weges nach Zwoda zu Fuß (eine gute Strecke fuhr
ich durch eine Gelegenheit), da ich aber viel zu
schwer zu tragen hatte, so nahm ich in Zwoda
Extrapost und kam sehr zeitig nach Eger. Es ist
eine alte und häßliche Stadt. Das Haus, worin
Wallenstein getötet worden, auf dem Markt, hat
aber eine andere Einrichtung durch einen der vorigen Kommandanten erhalten und wird nun vom
Bürgermeister bewohnt. In jenen famosen Zimmern ist nun seine Schlafstube und Bibliothek. Ich
ließ mir das alte Schloß zeigen. Ein uralter Turm
von Lana. Der Saal, in dem die Wallensteinschen
während der Tafel ermordet wurden, ist größtenteils verfallen, bildet aber eine herrliche Ruine.
Senis Observatorium. Ein kleines Gärtchen, von
dem man eine hübsche Aussicht hat. Am merkwürdigsten aber ist die Kapelle, die jedoch auch

nur zu den Ruinen gehört, wiewohl sie beinahe
ganz erhalten ist. Es sind zwei Kapellen übereinander, beide von Säulen getragen, durch eine Öffnung verbunden. Die Säulen (die oberen von Marmor, die in der unteren Kapelle von Granit), die
noch in frischester Jugend glänzen, als ob sie eben
gehauen wären, sind heidnisch, aus einem alten
Lunatempel in der Gegend von Eger entnommen,
die Kapitäle sind ganz mit Symbolen verziert, die
Decke hingegen und die Fenster der Kapelle sind
im edelsten gotischen Stil. Auf diese Weise scheint
auch das ganze Schloß gebaut gewesen zu sein.
Überall benützte man römische Trümmer.

Anmerkung am Rande: In dieser Kapelle wurde Friedrich der Rotbart getraut.

Von dort aus ging ich zum Scharfrichter, der von
allen Fremden besucht wird, weil er eine Mine-
raliensammlung, Münzsammlung und Raritäten-
sammlung besitzt, die allerdings interessant sind,
und überhaupt ein kundiger, erfahrener Mann ist.
Mitten unter den alten Waffen und Seltenheiten
hängt sein eigenes Richtschwert. Jetzt aber nicht
mehr gebraucht, weil der Kaiser Joseph die poetische Strafe des Hängens einführte. Der Scharfrichter hat auch eine kleine Bibliothek von numismati-
schen und historischen Schriften. Im Wirtshause
traf ich den Augsburger Kaufmann, den ich auch
später in Berneck wiederfand.

15. Oktober. – Ich ging früh morgens nach
Franzensbrunn, besah die Badanstalten, trank den
Brunnen und frühstückte. Es liegt in der Ebene
und ist freilich eleganter als Karlsbad, im ganzen
aber doch zu modern und leer. Von da aus besuchte

ich den Krater eines ausgebrannten Vulkans in der
Nähe und nahm einige Trümmer für mein Natura-
lienkabinett mit mir. Es war eben Sonntag, und die
Tracht der Eger Bürgerinnen hatte sehr viel Anziehendes für mich. Sie ist sehr fein und geschmackvoll und mag wohl aus einer sehr alten Zeit stammen. Ich nahm einen Boten, der meine Sachen
trug, und machte mich fort nach Bayern, dessen
Grenze ich bald passierte, nachdem der Weg noch
eine Zeitlang an der geschlängelten Eger fortge-
gangen. Das Fichtelgebirge hat, wenige Punkte
ausgenommen, einen einförmigen und reizlosen
Charakter.

Über Schirnding, Arzberg, Redwitz, wo uns der
Regen übereilte, ging's nach Alexandersbad, wo
ich blieb. Zum erstenmal wieder, nachdem ich
Böhmen verlassen hatte, fühlte ich mich in einem
hübschen Städtchen und reinlichen, guten Bette
recht behaglich. Was besonders reinliche Betten
betrifft, so möchten sie in der ganzen österreichischen Monarchie etwas sehr Seltenes sein.

16. Oktober. – Ich besuchte die Luisenburg, eine
allerdings sehr malerische und zur Anlage gut benutzte Felsenwildnis von großer Mannigfaltigkeit
und Umfang, nur durch eine Unzahl von Inschrif-
ten entstellt. Von da ging ich nach Wunsiedel, und
da ich dorten den Postwagen fand, vertraute ich
mich ihm an. Ich wollte die Zuckersiederei besehen, wurde aber dort mit einer so beispiellosen
Grobheit behandelt, daß ich unverrichteter Dinge
wieder umkehrte. In Gehaus mußte ich lange warten, da die Wagen wechselten und ich nun einen
ganz vollgepfropften besteigen mußte. Weil aber
die Nacht eintrat, so fuhr ich nur bis Berneck.

17. Oktober. – In Berneck blieb ich diesen ganzen Tag, da mir sowohl die Gegend als auch meine angenehme Wohnung im Posthause gefiel. Des Tags über ging ich teils das enge Tal, das der Perlenbach durchfließt, hinunter, teils erstieg ich die herrliche Ruine in der Nähe, oder ich schwatzte mit den Töchtern der Postmeisterin, oder ich unterhielt mich mit meinen Büchern. Hier wurde auch ein großer Teil jener Epigramme gemacht, die meine zweite Sammlung lyrischer Gedichte aufnahm.

18. Oktober. – Gegen Mittag fuhr ich mit der freundlichen Posthalterin nach Bayreuth, wo ich im «Anker» abstieg. Ich brachte den Abend im Lesezimmer der «Harmonie» hin, wo ich mich einführen ließ. Ich hatte lange keine Blätter mehr gelesen. Ich sah auch Jean Paul, der neben mir saß, fand aber nicht Gelegenheit, mit ihm zu sprechen.

19. Oktober. – Des Morgens wollte ich einen Besuch bei ihm ablegen, er ließ mich aber bitten, nachmittags um vier zu kommen. Das Wetter war schlecht, und ich sah in Bayreuth weiter nichts als den Schloßgarten. Um vier Uhr ging ich zu Richters. Ich traf zuerst bloß seine Frau und zwei Töchter, da er bei einem Diner war. Sie ist *une femme spirituelle* und sehr fein und gesprächig. Er kam endlich selbst und war in ziemlich guter Laune und ein wenig echauffiert. Den Abend blieb ich noch bei seiner Frau, und da sie mir sagte, daß sie eine große Freundin vom Vorlesen sei, so las ich ihr einen Teil von Le Bruns alexandrinierter «Maria Stuart»[1] vor, die in Paris so viel *bruit* machte, aber

---

[1] Pierre Antoine Lebrun (1785–1873); seine Tragödie «Marie Stuart» war im selben Jahre in Paris erschienen

sehr unverdientermaßen. Sie gab mir's auch mit
nach Hause, um es vollends auszulesen. Sie schien
mit meiner Unterhaltung, da ich so viel von meiner Reise zu erzählen hatte, zufrieden und bat mich,
bald wieder einen Besuch zu machen in Bayreuth.
Von ihr erfuhr ich auch die äußerst überraschend
angenehme Nachricht, daß Schelling nach Erlangen kommen solle.

   20. Oktober. – Ich fuhr bis Streitberg mit zwei
Frauen und einem jungen Manne, den ich von
Würzburg kannte. In Streitberg fand ich Sauber,
mit dem ich auch den folgenden und nachfolgen-
den Tag noch blieb, des schlechten Wetters wegen.
Wir mußten warten, bis die Chaise des Wirts nach
Hause kam. Wir waren nirgends, als einmal in
Muggendorf zum Jahrmarkt. Ich unterhielt mich
meist mit Lektüre. Im Burschenstammbuch fand
ich auch meine vier Berliner wieder. Flemming,
den ich gewöhnlich Flamingo nannte, hatte Verse
hineingeschrieben, von denen ich mir folgende
schöne Stelle merkte:

> Freudiger Jugend
> Feurige Wonnen
> Aus klarer Unschuld
> Perlenden Becher
> Vereint zu trinken,
> Brüder, wie schön!

   23. Oktober. – Fuhren wir endlich nach Erlangen zurück, wo ich denselben Abend noch einen
Besuch bei Engelhardt machte. Im vorigen Jahre
war ich einen Tag später, an meinem Geburtstage,
den Vierundzwanzigsten, zum erstenmal in Erlangen angekommen.

*

Hier folgen einige Notizen, das einzige, was ich auf dieser Reise, und zwar auf dem Schiffe, während der Donaufahrt, niedergeschrieben habe. Der Regensburger Dom gewährt von der Vorderseite einen köstlichen Anblick. Zwischen den beiden Haupttürmen, die leider kaum halb vollendet sind und deren moderne Dächer sich traurig ausnehmen, erhebt sich ein kleiner schlanker. Das Auge findet angenehme Ruhepunkte auf den Flächen, die mit wunderbarer Kunst zwischen die reichen Verzierungen der Stukkatur eingewoben oder vielmehr eingebreitet sind, um den letztern Relief zu geben. Das Portal ist eigentümlich und kunstvoll. Die Seitenflügel sind zwar an Masse gleich, in der Form der Fenster aber und den Verzierungen verschieden, ein Ebenmaß, von dem die gemeine Symmetrie nichts weiß, das aber von tiefem Blick in die Natur zeugt. So sind auch am menschlichen Körper die symmetrischen Teile, zum Beispiel die Hände, zwar im ganzen sich ähnlich, aber keineswegs gleich.

Das Innere der Kirche drei Hallen von schwindelnder Höhe, ein heiliges Helldunkel durch den Reichtum an Glasgemälden hervorgebracht, besonders in der großen Nische hinter dem Hochaltar. Dies Dunkel erhellt durch Fenster im herrlichsten Geschmack, mit rosettenartigen Verzierungen. Gleich schön gebaut ist der Ziehbrunnen in der Kirche, ebenso tief als der Dom hoch ist. Es fehlt auch nicht an Basreliefs und Gemälden, wovon letztere jedoch zu ungünstig plaziert sind.

Als wir bei Deggendorf angelandet, ging ich zuerst in die Stadt und besah die Hauptkirche, die nichts

Eigentümliches hat. Dann fragte ich auf der Post,
wo Hafners Pfarrei läge, denn ich wußte, daß sie
nicht weit von Deggendorf sei. Man sagte mir, an
der Donau abwärts, in Seebach, eine Stunde von
der Stadt. Ich eilte weg, um noch vor Einbruch der
Nacht in Seebach zu sein. Die Sonne schimmerte
untergehend über den Fluß, dem sich bald darauf
die Isar vereinigt. Der Weg zieht sich durch prächtige Laubwälder, unfern des Wassers. Bei ziem-
licher Dunkelheit kam ich an. Der Pfarrhof ist geräumig, die Besitzungen auch. Hafner war nicht zu
Hause. Man holte ihn. Er kam mit einem jungen
Menschen namens Reißinger, der bei ihm studiert.
Er freute sich, mich zu sehen, sagte, daß auch schon
Saporta und Yrsch ihn besucht hatten, und wies
mir seine Einrichtung. Bei katholischen Geistlichen muß gewöhnlich das Aussehen von Wohlstand und Behaglichkeit den Anblick von Fami-
lienhäuslichkeit ersetzen. Viel gastfreier sind sie als
protestantische und finden auch mehr ihre Rechnung dabei, da jeder Fremde etwas Leben in ihr
öderes Haus bringt.

Wir aßen zusammen, er wies mir ein Schlafzim-
mer an, und den anderen Morgen sehr frühe begleitete er mich eine gute Strecke auf dem Wege
nach Niederaltaich, wo ich am bequemsten das
Schiff abwarten konnte.

Hafner ist noch der alte. Ein braver Mann in
seiner Beschränktheit, aber eitel und empfindlich.
Als ich ihm erzählte, daß ich in der letzten Zeit
angefangen hätte, mich mit dem Persischen zu
beschäftigen, lachte er und sagte: «Noch immer
exzentrisch!» Was ich ihm aber um so weniger
verübelte, da ich während meines Pagenlebens al-

lerdings ein ziemlich exzentrisches Aussehen gehabt haben mag. In dieser Zeit des Knabenalters traten die Sonderlichkeiten meines Wesens in der seltsamsten Phantasterei hervor, weswegen ich auch ohne Umschweife «der Narr» hieß.

Der Volkscharakter in diesem Teile von Bayern kann auf meine Individualität nicht leicht günstig wirken. Ehrlichkeit und mitunter Treuherzigkeit kann man ihnen nicht absprechen. Aber diese beispiellose Ungefälligkeit und Trägheit, diese Harschheit des Gemüts, die selbst an den Frauen zurückschreckt, möchte man sonst nirgends wieder finden. Dies Volk ist ganz religiös, aber da sich ihre Religion ausschließlich aufs Äußere geworfen hat, so macht sie hartherzig, oder vielmehr sie läßt hartherzig, denn sie bildet nicht. Die Bayern sind im ganzen ein schönes Volk, ein gewisser unangenehmer Nationalzug kömmt aber häufig vor. Bei den Männern besteht er in einer dicken Nase, einer stupiden Aufgedunsenheit des Gesichts und etwas stierem Blicke; bei den Weibern in einer gewissen Schärfe und Strengheit in den Augen, die sehr abschreckend ist. Dieser Zug findet sich aber nicht überall.

In Straubingen konnten wir uns nur kurze Zeit aufhalten. Die Lage ist freundlich. Die Lage hat nichts Ausgezeichnetes, ausgenommen einige Glasmalerei. Schon hier fängt die eigentümliche Bauart an, die in Passau herrschend wird. Die Dächer senken sich auf der Rückseite, von vorne sieht es aus, als wären sie platt. In Passau blieben wir Abend und Morgen. Ich habe es nach allen

Richtungen durchkreuzt und vom Mariastiftsberg überschaut. In einem schönen, buschigen Tale, von drei Flüssen bewässert, liegt zwischeninne die freundliche Stadt, verbunden durch eine Donau- und Innbrücke.

In Niederaltaich angekommen, fand ich am Ufer Schiffbauleute. Als sie mich versicherten, das Regensburger Fahrzeug sei noch nicht vorbei, so nützte ich die Zeit, die ehemalige Abtei zu besehen, die reichste damals in Bayern. Die Kirche ist neu, doch hat sie etwas Eigenes, da durch die Decke der Seitenhallen von Zeit zu Zeit große, gerundete Öffnungen gebrochen sind, mit eisernen Geländern versehen, so daß oben noch eine zweite Kirche entsteht. Das sehr einfache, beinahe zu kleine, altertümliche Portal der Kirche gefiel mir.

Der Dom von Passau hat etwas Großartiges im Innern durch die ungemeine Höhe seiner Gewölbe, wiewohl im allgemeinen diese Bauart des sechzehnten und siebzehnten Jahrhunderts keinem gebildeten Geschmacke gefällt, wiewohl man eingestehen muß, daß diese Bauart sich mehr zu den ausgearteten Formen des jetzigen katholischen Zeremoniells und der Altarschmückung schickt. Der hintere Teil der Kirche hat von außen etwas Imposantes, da er, das Überbleibsel einer Feuersbrunst, noch aus einer ältern, wenn auch nicht der besten Zeit gotischer Baukunst zu stammen scheint.

Von Passau erheben sich die waldigen Ufer steil und felsig. Herrliche Partien. Die dichtesten Buchenwälder bedecken den ganzen Abhang. So eine

köstliche, dunkelfarbige Laubmasse denke ich nie
vorher gesehen zu haben. Am kühnsten erscheint
vielleicht der Krempenstein oder die Schneiderburg, die Sage davon habe ich bearbeitet[1]. Die
Schlösser Rheinach, Marsbach, Neuhaus liegen
alle wunderschön, hoch oben in der Wildnis.
Durch Krümmungen des Stroms bilden die Ufer
öfters ein Amphitheater, so daß man auf einem ge-
birgumschlossenen See zu fahren glaubt. An schönen Bäumen herrscht die größte Verschwendung.

Die Lage von Linz ist überaus reizend, ein Halb-
zirkel von Bergen umfängt es. Vom Altan unseres
Gasthofes konnten wir sie mit der Donau übersehen. Linz ist wohlgebaut, von den Kirchen ist keine
merkwürdig. An der Dreifaltigkeitssäule nur der
Marmor schön.

Die Gesellschaft auf dem Schiffe in einer großen
Menge Handwerksburschen nebst einigen Weibern. In unserem Passagierstübchen war ein Würz-
burger Kaufmann und ein Kommis von Wien (ein
äußerst gutherziger Mensch namens Kraus) und
zwei Studenten von Würzburg, wovon der eine,
ein Schweizer, keinen eigentlichen Paß hatte und
deshalb vielfachen Fatalitäten ausgesetzt war.

Lektüre: Shakespeare, «Venus and Adonis»; Wal-
pole, «Castle of Otranto»; Clara Beck, «Old eng-
lish baron»; Le Brun, «Marie Stuart»; die meisten
Sonette von Camões.

---

[1] zuerst in den «Lyrischen Blättern» erschienen

11. Januar 1821. Erlangen.

Ich habe noch nicht von Schelling[1] gesprochen, wiewohl er heute schon die vierte Vorlesung hielt. Ich scheute mich gleichsam, über einen so großen Gegenstand zu sprechen. Dieser außerordentliche Mann verbreitet ein reiches unabsehbares Leben über die ganze Universität. Sein erstes Kollegium hielt er den Vierten noch im Glückischen Hörsale, der aber die Menge nicht fassen konnte. Er liest von fünf Uhr des Abends an bis sechs oder sieben Uhr. Lange vor fünf Uhr waren alle Bänke voll Sitzender und alle Tische voll Stehender. Das Gedränge an der Türe war so groß, daß sie ausgehoben wurde. Viele, die nicht mehr herein konnten, hielten die Gangfenster offen, um von außen her zuzuhören. Fast alle Professoren waren gegenwärtig. Endlich kam er, und die Eintrittsrede, die er hielt, bezog sich auf seine bisherigen Verhältnisse, auf seine in der Stille gepflogenen Forschungen in München, und sein Verlangen, wieder öffentlich aufzutreten. Sodann begann er die Einleitung zu seinem Vortrage, den er als «initia universae philosophiae» angekündigt. Er erklärte zuerst, was ein System sei und wieferne es notwendig, und welche Forderungen man an dasselbe machen dürfe. Er schlug den Wert eines Systems aufs höchste an, verwahrte sich aber besonders gegen alle Heraushebung des Einzelnen, ja – er ging darin so weit, zu behaupten, daß das Kriterium eines wahren

---

[1] Schelling (1775–1854) las seit 1820 in Erlangen, bis er 1827 an die neue Universität München berufen wurde.

Systems kein anderes sei als die Falschheit jedes
einzelnen relativen Satzes an und für sich, so wie
beim menschlichen Organismus ein Glied kein
Glied sein würde, wenn es für sich allein bestehen
könnte. Den folgenden Tag beschloß er diese
Einleitung, indem er auf der anderen Seite von
den Forderungen sprach, die er an uns mache. Er
machte kein Geheimnis daraus, daß es Seelenstärke
und Anstrengung erheische, seinem Ideengange zu
folgen und das Ganze als Ganzes zu überschauen.
Er bestimmte eine Sonnabendstunde, um ihn zu
besuchen und ihm Zweifel und Einwürfe vorzu-
tragen, und fügte hinzu, daß er sich nicht schäme,
zu bekennen, durch die Einwürfe seiner Schüler
mehr gewonnen zu haben als durch Gelehrte, die
ganze Bücher gegen ihn geschrieben hätten. Alle
Irrtümer in der Philosophie erklärte er aus einer
Hemmung und einem Stehenbleiben bei relativen
Verhältnissen, statt das Absolute wieder zum Absoluten zurückzuführen, und in dieser Beziehung
sagte er, auf die Nebenbedeutung des griechischen
Wortes anspielend, könnte man allerdings manches System ein «gestandenes» nennen, ja manches
sogar ein «abgestandenes». Doch dies fiel noch in
seine erste Vorlesung. Er erinnerte sich mit Liebe
des wissenschaftlichen Zusammenlebens in Jena
und ermahnte uns, kleine Zirkel von Freunden zu
stiften, in welchen seine Ideen besprochen würden. Mit Wärme berief er sich auf den hohen Genuß einer intellektuellen Freundschaft, und gegen
geistlose Zerstreuungen gerichtet, wiederholte er
die schönen Worte: «Severa res verum gaudium.»
Gegen das Nachschreiben im Collegio und gegen
das Mitteilen der Hefte an Fremde erklärte er sich

nachdrücklich. Nach dieser Vorlesung folgte eine Pause von einigen Tagen, weil er sich um einen größeren Hörsaal umsehen mußte. Gestern und heute las er nun im großen Auditorio der Universität, wo die Disputationen gehalten werden, aber auch dieser große Raum ist ganz überfüllt. Von diesen Vorlesungen hoffe ich morgen etwas zu sagen. Nur dies *eine* noch. Schellings ganzer Vortrag ist, trotz der äußerlich anscheinenden Trockenheit, hinreißend. Er erfüllt den Geist mit einer unbeschreiblichen Wärme, die bei jedem Worte zunimmt. Eine Fülle von Anschaulichkeit und eine wahrhaft göttliche Klarheit ist über seine Rede verbreitet. Dabei eine Kühnheit des Ausdrucks und eine Bestimmtheit des Willens, die Verehrung erwecken. Von seiner kühnen Art sich auszudrükken, nur ein einziges Exempel von heute. Er sprach von dem Subjekte der Philosophie und von der Auffindung des ersten Prinzips, die nur erreicht werden könne durch eine Zurückführung seiner selbst zum vollkommenen Nichtwissen, wobei er des Heilands Worte anführte: «Wenn ihr nicht werdet wie diese Kinder, so könnt ihr nicht eingehen ins Himmelreich.» Nicht etwa, setzte er hinzu, muß man Weib und Kind verlassen, wie man zu sagen pflegt, um zur Wissenschaft zu gelangen, man muß schlechthin alles Seiende, ja – ich scheue mich nicht, es auszusprechen, *man muß Gott selbst verlassen*. Als er dies gesagt hatte, erfolgte eine solche Totenstille, als hätte die ganze Versammlung den Atem an sich gehalten, bis Schelling sein Wort wieder aufnahm und sich darüber verbreitete, um nicht mißverstanden zu werden, wobei er sich wieder des bildlichen Ausdrucks der Schrift

bediente: «Die alles behalten, werden alles verlieren, die alles dahingeben, werden alles gewonnen
haben.» Mir selbst fielen plötzlich bei dieser ganzen
Darstellung die Worte Hamlets: «To be or not to
be, that is the question» mit ihrer ganzen Zent-
nerlast aufs Herz, und es war mir, als wäre mir
zum ersten Male das wahre Verständnis derselben
durch die Seele gegangen.

5. September 1821. Erlangen.

Vorigen Sonntag den Zweiten war die Taufe von
Schellings jüngstem Kinde. Ich war dabei eingeladen. Es war eine schöne Zeremonie, nachmittags
um vier Uhr. Der Tauftisch, der nachher zum
Behuf eines frohen geselligen Mahles umgewan-
delt wurde, war rings mit Astern von allen Farben
und Gattungen belegt. Paten waren Pfaff und
Schuberts Frau. Außer Schuberts und Pfaff war
noch Döderlein zugegen, der seinen Stiefbruder,
den jungen Niethammer, der eben auf der Durch-
reise war, mitbrachte. Außerdem war noch ein
Pole da, Professor Goluchowsky aus Wilna (das *l*
auf die eigentümliche Weise der Polen ausgesprochen), ein sehr geistreicher und geselliger Mensch,
wiewohl er sich gar nicht zur Poesie neigt, der sich
schon einige Zeit Schellings wegen hier aufhält
und mit uns an einem Tische ißt. Gestern nach
Schellings vierter Vorlesung über das Wesen der
Mythologie, die ganz besonders herrlich war, sagte
er mir: «Ich kann den Eindruck, den solche Dinge
auf mich machen, nur mit dem einer galvanischen
Säule vergleichen: lauter Blitze aus der Tiefe!» Da
er im Theresianum zu Wien erzogen worden, so
versteht er vollkommen Deutsch. Sonst gehe ich

vorzüglich mit Schelling um. Aber so ehrlich er es
sonst meint, so gebildet er ist und so sehr man
seinen Charakter verehren muß, so flößt mir doch
zuweilen sein ungeheurer Skeptizismus und Ratio-
nalismus Ekel ein. Er läßt wohl so ziemlich alles
unter gewissen Bedingungen und Einschränkun-
gen gelten, aber ich wüßte nichts, wofür er eine
wahre und tiefe Ehrfurcht empfände.

Pfeiffer, den ich die letzte Zeit wieder mehr sehe,
hat Ähnlichkeit mit ihm, doch ist Pfeiffers Skeptizismus vielseitiger und richtet sich gegen alle Parteien; Schelling hat sich dagegen weit mehr Glauben bewahrt, wenigstens an das Poetische, wenn
auch nicht an das Religiöse und Wissenschaftliche.
Beide gehören aber keineswegs zu den gemeinen
Rationalisten.

Bülows lange Abwesenheit drückt mich sehr,
um so mehr, da ich deshalb ganz in Ungewißheit
über meine Ferienreise bleibe.

7. September 1821. Erlangen.

O der allzu wahren Weissagung meines Ab-
schiedsgedichts! Vorahnung einer vielleicht ewigen Trennung. Vorgestern nachmittags kam Bülow zurück. Wir waren diese wenige Zeit zum
Teile noch beisammen, aber heute reist er ab nach
Hannover und wird wahrscheinlich nicht mehr
zurückkommen. Er hat Ordre von seinem Regiment erhalten, sich zu einem Lager einzustellen,
das zu Ehren des Königs von England[1] bei Hannover, wohin er kommt, eingerichtet wird. Warum kommt dieser König? Sein Vater ist nie in

[1] Georg IV. (1762–1830) war am 19. Juli 1821 gekrönt
worden.

Deutschland gewesen. Warum kommt er und zerstört meine schönsten Hoffnungen? Ich hatte auf diesen Winter gerechnet und noch mehr auf diesen Herbst. Wir hätten eine so herrliche Reise zusammen gemacht. Vielleicht würde Bülow auch kommenden Sommer noch hier geblieben sein. Ich werde nun auch bald reisen, denn wie könnte ich's in diesem Augenblicke hier aushalten? Aber nun muß ich wieder auf meinen Paß warten, und wie werde ich diese Zeit hier zubringen in der Gewißheit: Er ist nicht hier, er kommt nicht hierher, es ist unmöglich, ihn zu sehen!

REISE · AUFENTHALT IN GÖTTINGEN
UND JENA · RÜCKKEHR

Nur mit Widerwillen ergreife ich die Feder, um einen Wechsel äußerlicher Umstände zu beschreiben, die innerlich von einem beständigen Mißbehagen, von einer steten Sehnsucht begleitet waren. Der Abschied, den ich in den letzten Zeilen, die ich hier niederschrieb, so sehr fürchtete, verschob sich noch um einige Tage, um vielleicht einen desto tieferen Eindruck zurückzulassen.

Der Polizeikommissär gab mir nämlich noch selbigen Tag einen Paß nach Gotha, Weimar, Jena, wo ich die Bibliotheken zu benützen hoffte. Und noch am 7. September abends verließ ich Erlangen, aber mit Bülow zugleich. Ich hatte eine große Freude über diesen unverhofften Zufall, als wenn eine so kurze Frist mein Glück auf immer begründen müsse.

Wir fuhren die Nacht über nach Bayreuth. Goluchowsky, der nach Karlsbad wollte, begleitete

uns bis dahin. In Streitberg wurde angehalten, wo
ich im Scherze noch einige orientalische Verse
ins Fremdenbuch einschrieb, mit der Unterschrift
«Sylvestre de Sacy» auf seiner Reise von Paris nach
Bayersdorf.

Die Nacht wurde sternhell, der Jupiter dem
Saturn sehr nahe, wie wir ihn noch sehen. Wir
hatten einmal die Unbequemlichkeit, den Wagen,
den der Kutscher vor eine durchlöcherte Brücke
gefahren hatte, ein gutes Stück zurückzuschieben.
Des Morgens besuchte Bülow sogleich seine Cou-
sine, die eben in Bayreuth war und die uns beide
zum Mittagessen nach dem nahen Landgute ihres
Vaters einlud. Ich sah noch einige Bayreuther Bekannte, unter anderen auch Deahna, den ich nun
Gelegenheit hatte, mit Bülow zu vergleichen, und
der mir so plump, so geistlos, so unbedeutend
gegen diesen vorkam. Goluchowsky fuhr unterdessen ab, und wir nahmen auf der Straße von ihm
Abschied. Bülows Oheim war unterdessen auch in
die Stadt mit einer Tante von ihm, die Stiftsdame,
ich glaube in Itzehoe ist. Wir fuhren nach dem
Gute, das bei der Eremitage liegt. Die ganze Einrichtung ist einfach, das Haus nur einstöckig, aber
freundlich. Nach Tische kamen noch mehrere
junge Leute, die Bülow noch einmal begrüßen
wollten. Man trank Kaffee, endlich Tee, und so
kam der Abend heran. Zuletzt mußten wir uns
entschließen abzufahren, wiewohl die Tante noch
gern einen eleganten Geldbeutel für ihren Neffen
fertiggestrickt hätte und mit dem sie so ziemlich
am Rande war. Bülow hatte sich Geld bei seinem
Onkel geholt, und in Bayreuth hielten wir uns im
Gasthofe nur noch kurze Zeit auf und nahmen

dann gegen acht bis neun Uhr des Abends Extrapost und setzten so unsere Reise Nacht und Tag
fort. Ein Gewitter schien uns überfallen zu wollen,
das sich aber wieder verzog.

Von dieser Reise, an deren kleinste Umstände
ich mich gern erinnern möchte, weiß ich wenig zu
sagen, eben weil sie so glücklich und kurz war. In
Lichtenfels schnitt Bülow seinen Namen in einen
Stock, den ich bei mir hatte, denselben, den ich
einmal Rotenhan abtauschte, aber ich ließ ihn entweder in Meiningen oder Schmalkalden liegen.
Nach Coburg gelangten wir noch vormittags.
Nachdem wir uns dekrottiert hatten, stiegen wir
nach der alten Feste, um der Aussicht ins Tal zu
genießen, das wirklich köstlich ist.

Rückert wohnt bei Rat Fischer, mit dessen
Tochter er versprochen ist, ziemlich weit von der
Stadt. Wir konnten ihn also nicht von dorther
besuchen, fuhren aber später, durch einen kleinen
Umweg, an dem Hause vorbei, und er wurde
herausgerufen.

In Hildburghausen tritt einem die Kleinstädterei
der sächsischen Herzogtümer beinahe widerlich
entgegen. Meiningen und Schmalkalden passierten
wir bei Nacht. Die Gegenden blieben angenehm
bis Gotha, wo die Öde eintritt. Mir gefiel es nicht
dort. Dabei wies man mir im Gasthofe ein dumpfes
Zimmer an, das mir auch nicht behagte. Auch die
Trennung von Bülow fiel mir schwer, dabei sehnte
ich mich nach dem nördlichen Deutschland, kurz,
als ich hörte, daß man im Norden keinen Paß nötig
habe, so entschloß ich mich augenblicklich, mit
Bülow bis Göttingen zu fahren.

Die Zeit verstrich nur zu schnell. In Langensalza

trafen wir einen alten Postillon, der noch unter Friedrich dem Großen als Soldat gedient hatte und von ihm erzählte. Es ist ein eigenes Leben in diesen Menschen, und der Geist, der sich von einem solchen Manne auf die ganze Generation verbreitet, auffallend.

Mühlhausen ist ein äußerst häßliches Nest, wiewohl einst sehr wohlhabend. Die schlechte, hölzerne Bauart der norddeutschen Städte wird immer merklicher. Von Heiligenstadt, das noch preußisch ist, kamen wir ins Hannöverische. Es war Nacht, aber Mondschein genug, um das liebliche Tal voll herrlichen Laubholzes zu beleuchten, das einen sogleich über der Grenze bewillkommt. Bülow drückte mir die Hand, als wir die Grenze passierten, gleichsam unser gemeinschaftliches Vaterland in gewissem Sinne; denn auch er ist nicht in Hannover geboren, sondern in Grabow im Mecklenburgischen.

Es war ungefähr zwei oder drei Uhr in der Nacht, als wir in Göttingen einfuhren. Traurig schien mir das Rollen des Wagens durch die langen Gassen, der Abschied so nahe. Bülow nannte mir die Weender Straße, dieselbe, in der wir (in der «Krone») abstiegen und in der ich zufällig den folgenden Tag eine Wohnung erhielt. Dies war der 11. September. Wir ließen uns eine Stube anweisen und legten uns zu Bette. Doch die nahe Trennung von Bülow und die große Anstrengung der ununterbrochenen Reise ließ mich nicht schlafen. Ich fühlte mich an allen Gliedern zerschlagen und hatte Mühe, mich innerlich aufrecht zu halten. Doch bezwang ich mich und stand ziemlich heiter auf. Bülow bestellte sich eine Chaise nach Hannover

und ich mir einen Lohnbedienten, der mir eine
Wohnung besorgte.

Wir frühstückten noch zusammen. Die Hoffnung des Wiedersehens stärkte mich, und ich
dachte mich mit Gewalt in meine Studien zu werfen. Hätte ich gewußt, daß wir uns nicht wiedersehen sollten, ich weiß nicht, wie ich diesen Abschied würde ertragen haben.

> Mühend versenkt ängstlich der Sinn
> Sich in die Nacht, suchet umsonst
> Nach der Gestalt. Ach, wie so klar
> Stand sie am Tag sonst vor dem Blick!
> [...]
> Ist ein Bemühn eitler? Gewiß
> Ängstlicher keins, schmerzlicher keins,
> Wie es auch streng Minos verfügt!
> Schatten ist nun ewiger Wert.[1]

Der gute Junge, sonst so männlich und fest, hatte
nasse Augen, als er von mir Abschied nahm.
Ich war noch weit bewegter. Er drückte noch
einen langen Kuß auf meine Lippen und ging die
Treppe hinunter. Ich sah ihm nach, bis er ver-
schwand.

Wie ich mich einsam fühlte, brauche ich nicht
zu sagen. Doch ermannte ich mich und ließ mich
sogleich nach meiner Wohnung führen. Sie war
schön gelegen. Anfangs hatte ich zwar ein Zimmer
in den Hof, nach ein paar Tagen aber konnte ich
eines vorne heraus beziehen. Die Aussicht ging
gerade nach der Nikolaikirche, deren Turm über
dem altertümlichen Portale, vor welchem sich ein

---

[1] Goethe, «Pandora»

kleiner, mit Bäumen besetzter Platz bildet, einen angenehmen Prospekt gewährte, wenigstens den schönsten in der Weender Straße. Ich verfügte mich auch gleich zu Professor Benecke[1], dem ich früherhin auf Thorbeckes Rat geschrieben hatte. Er beschied mich auch nach der Bibliothek, wo er mir einen «Diwan» von Hafis im Manuskript mit mehreren anderen darauf bezüglichen Sachen ge-fällig übergab.

Den folgenden Morgen wollte ich ein paar Be-kannte aufsuchen, der eine war August Meyer, mit dem ich einmal von Nürnberg nach Regensburg reiste. Seine Hausfrau sagte mir aber, daß er vor einer Stunde eine Fußpartie nach dem Harze an-getreten habe. Der andere war Dall'Armi, Offi-zier bei meinem Regimente, mit dem ich dann während meines vierwöchentlichen Aufenthalts in Göttingen am meisten umging. Er hat sich trotz heterogener Studien und politischer Bemühungen vielen Sinn für Poesie bewahrt, und sein Talent zur Musik und zum Zeichnen kommt ihm sehr zustat-ten. Ich habe ihm auch Abschriften meiner neuen «Ghaselen» geschenkt. Von ihm erfuhr ich, daß Schmidtlein in Göttingen sei und in einem Hause mit ihm wohne. Schmidtlein besuchte mich auch noch denselben Tag. Es war mir erfreulich, ihn öfters zu sehen, aber wie sehr verlor er, wenn ich ihn im Geiste mit Bülow zusammenstellte! Von früheren Bekannten fand ich noch einen Herrn von Petz aus Nürnberg, der früher hier studierte und

---

[1] Friedrich August Benecke (1798–1854), Philosoph und Gegner Hegels, war kurz zuvor, nach dem Verbot seiner Vorlesungen in Berlin, nach Göttingen gekommen und kehrte erst 1827 an die Berliner Universität zurück.

nun wieder hier ist (die beiden Oertzen nur flüchtig), sodann den jungen Harnier, den ich in München beinahe noch als Kind gesehen hatte. Durch
ihn erfuhr ich, daß die Aufnahme meiner «Ghaselen» in seiner Familie nicht die günstigste mag
gewesen sein, vielmehr beinahe eine Art von Per-
plexität, welche schon der fremde Titel begün-
stigte, erregt habe. Doch erfuhr ich über diesen
Punkt von anderer Seite wieder manches Auf-
heiternde. So war gerade der junge Professor der
orientalischen Sprachen in Heidelberg, Umbreit[1],
in Göttingen, der aber zu spät inne ward, daß ich
auch in Göttingen sei, sonst würde er mich aufge-
sucht haben; von diesem sagte mir einer seiner
Freunde, daß er meine «Ghaselen» sogar auswendig gewußt hätte.

Neue Bekanntschaften unter den jungen Leuten
machte ich beinahe gar nicht, nur ein paar fand ich
bei Schmidtlein und Dall'Armi, die uns auf Spaziergängen begleiteten. Darunter war ein Herr von
Arnim aus Dresden, der das Bergwesen studierte,
ein Franke Prinzing, Neffe des Professors Benecke,
der Philolog ist, und ein Pole, Graf Kraszewsky,
der sich mit den politischen Wissenschaften beschäftigte.

Noch einen jungen Kreuzhage[2] lernte ich kennen, der neben mir wohnte und den ich besuchte.
Thorbecke hatte mir von ihm erzählt, daß er sein
bester Freund in Göttingen gewesen und daß sie
vor seiner Abreise durch eine unangenehme Bege-
benheit in ein gespanntes Verhältnis geraten. Da

[1] Friedrich Wilhelm Karl Umbreit (1795–1860), Theologe
und Orientalist
[2] Albert Kreuzhage (1797–1848), Jurist und Philosoph

mir Thorbecke so uneigennützige Dienste geleistet
hatte, so hielt ich es für meine Pflicht, mit Kreuzhage zu sprechen, und dieser versprach mir auch,
an Thorbecke zu schreiben. Zu Benecke kam ich
öfters, und das Gespräch war altdeutsche und englische Literatur. Es war interessant, weil Benecke
sehr gründlich unterrichtet ist. Auch den alten
Neuß besuchte ich ein paarmal, weil er das Fakto-
tum der Bibliothek ist; doch war er weniger gefällig gegen mich als Benecke. Im übrigen versäumte
ich schmählich, mich mit einigen anderen Professoren bekannt zu machen. Meine Abreise kam zu
schnell, ehe ich noch Tychsen, Blumenbach und
Heeren gesehen hatte, wie ich mir wohl vorgenommen.

Von den Menschen gehe ich zur Natur über. Sie
stieß mich im Anfang ab, doch gewann ich sie
immer lieber. Mein gewöhnlicher Spaziergang,
wenn ich allein war, ging nach Weende auf der
Landstraße hin. Sie berührte noch Hannover, und
so kam ich dem Ziel meiner Wünsche wenigstens
eine halbe Stunde näher. Wie hatte ich mich nicht
als Kind nach Hannover gesehnt, wenn ich meinen
Vater von seiner Vaterstadt erzählen hörte. Von
dorther mußte mir das Liebste kommen, was
mir das Leben gewährte. Schon die hannöverische
Sprache war mir immer von allen Dialekten der
liebste, eine wahre Ohrenmusik. Wer spricht hier
wie Bülow? Allerdings wird auch in Göttingen
äußerst zierlich geredet.

Auf der Weender Straße war auch am meisten
von den Vorbereitungen zu sehen, die allenthalben
für die Ankunft des Königs von England getroffen wurden. Am 16. September besuchte ich mit

Dall'Armi und einigen anderen die Plesse, eine
Ruine bei Göttingen und zugleich eine der schönsten Ansichten dieser Art, die mir jemals aufge-
stoßen. Dies gilt sowohl von der Darstellung der
Plesse selbst, wenn man sie von Deppelshausen aus
besucht, wo sich die herrlichsten Laubwälder rings
um die großen edlen Trümmer dehnen, als auch
wenn man von der Ruine herunter in das Tal und
das nahegelegene Dorf sieht, das einer wahren
Idylle gleicht. Überhaupt sind die herrlichen Bu-
chen- und Eichenwälder im Hannöverischen, besonders mit unseren fränkischen Fichten vergli-
chen, äußerst freundlich und reich. Nur der Spes-
sart bietet etwas Ähnliches dar. Den Rückweg
nahmen wir über Mariaspring, auch ein lieblich
gelegener Luftort. Im neugebauten Wirtshause
freuten wir Süddeutschen uns besonders an der
Form der Fenster, die wie bei uns ins Zimmer
hereinwärts gingen. Interessant waren auch die
gemeinschaftlichen Spaziergänge nach der Weender Papiermühle, nach der Maschmühle und dem
kleinen Hagen, von wo man am schönsten Göttingen und die großen mit Vieh bedeckten Marsch-
wiesen übersieht, und nach der Bruck, einem
Waldbergrücken, der eine reiche Aussicht auf den
Seeburger See und den ganzen Harz gewährt. Von
den Gegenden, die ich gesehen, kaufte ich mir die
kleinen Riepenhausischen Kupferstiche. Mittags
aß ich zu Hause. Abends ging ich in irgendeine
Konditorei, wo man zu Nacht essen konnte, oder
wenn das Wetter gut war, nach dem Ulrichsgarten,
ein großer Sammelort der Studenten, wobei man
sich aber kein so gemütliches Verhältnis unter
ihnen denken darf, als auf den südlichen Universi-

täten stattfindet. Da mich des Abends die Melancholie und Sehnsucht am meisten ergriffen, so trank ich meist ein Glas Punsch, um meine Lebensgeister nur einigermaßen zu erhöhen.

Von größeren Exkursionen machte ich nur eine, nach Münden und Cassel, wohin ich mit Harnier am 23. September fuhr. Liebliche Täler mit Laubholz auf dem Wege. Hannöverisch Minden, wo Fulda und Werra sich zur Weser bilden, liegt sehr schön an seinen laubigen, hellgrünen Hügeln. Ich folgte der Fulda nach Cassel. Denselben Abend besuchte ich noch Jacob Grimm, den Verfasser der «Deutschen Grammatik». Den Maler, seinen Bruder, den ich in München gesehen hatte, traf ich auf der Treppe. Der andere Bruder, der über die Runen schrieb, war abwesend. Unser Gespräch betraf namentlich literarische Gegenstände, auch vieles über die spanische Poesie. Von Calderón meinte er, daß er überschätzt worden sei. Von Herrn von Malsburg[1], der gegenwärtig hessischer Gesandter in Dresden ist, sagte er, daß man ihn in Cassel gewöhnlich den Calderón mit dem Zopf nenne. Von Walter Scott und Byron wollte er auch nichts wissen, wie überhaupt sein Geschmack streng ist, zuweilen aber wirklich in ungerechte Herbheit untergeht, zum Beispiel sein Urteil über Tasso und Ariost in der Vorrede der «Deutschen Grammatik».

Den folgenden Morgen lud er mich nach der Bibliothek und war mir darin sehr gefällig. Sie hat ein schönes Lokal, und ich sah manches Merk-

---

[1] Freiherr Otto von Malsburg (1786–1824) veröffentlichte zwischen 1819 und 1825 in Leipzig eine sechsbändige Übersetzung der Schauspiele Calderóns.

würdige an Manuskripten und Büchern, eines mit
Bildern von Holbein. Auf der Straße nahm ich von
Grimm Abschied, der mir freundlich die Hand
drückte. An Gestalt ist er klein und schmächtig,
seine Augen scheinen etwas blöde und sein Mund
ist verzogen, was aber seine Physiognomie nicht
unangenehm macht.

Cassel liegt schön, doch die Ansicht selbst ist
unbedeutend, da es gar keine Türme hat. Die Bauart ist sehr regelmäßig, die Straßen und Plätze breit
und groß; im ganzen offenbart sich aber gleichwohl etwas Kleinstädtisches. Sittliche Verderbt-
heit und Verschrobenheit nebenbei scheint ziemlich eingerissen. So besuchte uns zum Beispiel des
Abends im Gasthofe und den anderen Tag eine
Deklamatrice und ein junger Gaukler, die einige
Belege dazu lieferten. Die Deklamatrice besonders
war ein Ideal von Verkehrtheit; von ihrer Kunst
hatte sie nicht den leisesten Begriff, wiewohl sie
sich sehr ihr gefiel. Ich traf noch ein paar mecklen-
burgische Offiziere im Gasthofe, wovon der eine
ein hübscher Kerl war. Nachmittags war ich auf
der Wilhelmshöhe. Die Anlagen haben manches
Anziehende, die Gebäude sind elegant. In der Stadt
hat der Kurfürst keinen Palast.

Den Rückweg machte ich zu Fuß und ging
denselben Abend, als es schon dunkelte, von Cassel
weg. Ich wollte noch bis Münden, aber die Finster-
nis und das schlechte Wetter, das mich auf der
ganzen Reise begleitete und die Wege sehr kotig
machte, ließen es nicht zu. Ich kam nur bis Land-
wehrhagen, wo ich freilich herzlich schlecht übernachtete. Gerade als ich unweit Cassel an den
Grenzstein mit der hannöverischen Krone kam,

ging der Jupiter mit dem Saturn gegenüber der
Säule auf, die ich wie ein Vaterlandsdenkmal umfaßte und an mein Herz drückte. Auf dem Wege
nach Münden ist der Lutterberg mit dem gleichnamigen Dorfe wegen der Schlacht im Dreißig-
jährigen Kriege merkwürdig.

Ich komme nun zu meinen Studien in Göttingen. Im ganzen darf ich sagen, daß ich fleißig war,
wiewohl vom Hafisischen nur wenig abgeschrieben wurde. Denn, obschon ich Owseleys «Miscellanies»[1] und Richardsons Lexikon bei der Hand
hatte, so fiel mir doch sehr schwer, ihn zu dechif-
frieren. Es war sehr gekritzelt und überhaupt im
einzelnen wie im ganzen nicht sehr vollständig.
Doch schrieb ich einiges daraus und kopierte auch
manches aus Hindley[2], Owseleys «Oriental Col-
lections»[3] und anderen Sammlungen. Ich holte mir
auch die «Sanskrit Grammar» von Wilkins[4], um
mich wenigstens mit den ersten Anfangsgründen
dieser Sprache bekannt zu machen. Ich übte mich
besonders im Schreiben, wobei denn der Name
«Bülow» unzähligemal wiederholt wurde. Sonst
hatte ich noch immer sehr viele Bücher aus der
Bibliothek im Hause. Die wichtigsten davon waren: der Roman von Cervantes, «Trabajos de Per-
siles y Sigismunda», den ich schon lange zu lesen
wünschte. Er ist an Erfindung noch reicher als
der «Don Quixote». Sodann das große Werk von
Drake, «Shakespeare and his Times» in zwei Quar-

---

[1] «Persian Miscellanies», London 1795
[2] John Haddon Hindley, «Persian Lyrics or scattered Poems
from the Divan-i-Hafiz», London 1800
[3] London 1797–99
[4] London 1808

tanten[1], das Beste, Reichhaltigste, was bisher über den Dichter erschienen ist. Im Hause hatte ich auch unter anderen das «Fintenleven» von Cats, den «Cancionero general»[2], in dem ich vieles las, die «Fairy Queen»[3], in der ich es jedoch nicht weit bringen konnte. Ebenso ging es mir mit den Komödien von Moreto[4], von denen ich eine angefangen. Ein paar Bände von Fletcher und Massinger fielen in die letzte Zeit, so daß ich sie wenig benutzen konnte. Von Fletcher las ich den «Humorous Lieutenant»[5], der mich wenig anzog. In diesem Stück ist wenigstens nichts von der «enchanting tenderness of Fletcher» zu finden. Von Massinger fing ich an «The Picture»[6], konnte es aber nicht vollenden. Aus der «Diana» von Gil Polo[7] schrieb ich einige Poesien ab, wie auch aus dem Roman «Menina e Moça» von Bernardin de Ribeyro[8]. An Büchern kaufte ich in Göttingen nichts als eine kleine Etui-Ausgabe von «Romeo and Juliet» und Lachmanns Übersetzung der Sonette Shakespeares[9], auf welche Übersetzung mich Benecke

[1] London 1817

[2] Sammlung spanischer Lieder und Lyrik aus dem 16. Jahrhundert

[3] von Spenser

[4] Don Agustín Moreto y Cavaña (1618–1669), spanischer Komödiendichter

[5] John Fletcher (1579–1625), «The Humorous Lieutenant», Komödie (1618)

[6] Philip Massinger (1583–1640), «The Picture», Tragödie (1630)

[7] Gaspar Gil Polo (um 1535–1591), «Diana enamorada», Schäferroman (1564)

[8] Bernardim Ribeyro (1482–1552), «Historia de Menina e Moça» (1554)

[9] Karl Lachmanns Übertragung erschien 1820 in Berlin.

aufmerksam gemacht hatte. Auf der Bibliothek
war ich häufig und musterte darauf, was sich vor-
fand. An orientalischen Sachen fand ich weniger,
als ich erwartet hatte. In Göttingen sind mehrere
und vielleicht die besten jener Ghaselen entstanden,
die den «Spiegel des Hafis» ausmachen. An Bülow
schrieb ich drei Briefe, auch an Gruber und Fugger.
Gruber lud mich dringend nach Jena ein, wo auch
Goethe sei. Ein Brief von Fugger, worin er mir mit
liebender Seele Hoffnung auf Bülows Wiederkehr
macht, war mir sehr tröstlich.

Ich verließ Göttingen des Morgens am 10. Oktober mit Dall'Armi, der uns begleitete, und Petz,
der denselben Weg wie ich machte. Schmidtlein
und Prinzing gingen noch eine Strecke mit uns.
Wir kamen ins Preußische, wo wir visitiert wurden. Den Hanstein, eine herrliche Ruine, ließen wir
zur Rechten. Die Gegenden, die wir durchkreuz-
ten, waren alle sehr lieblich. Zuweilen öffneten sich
köstliche Aussichten ins tiefe Werratal. Wir kamen
durch Allendorf, das mit seinen Salzwerken im
Tale liegt. Später ließen wir uns über den Fluß
setzen und waren noch vor der Nacht in Eschwege,
das eine wunderschöne Lage hat. Wir wohnten und
soupierten sehr gut und brachten überhaupt mit
dieser Fußreise ziemlich bequeme und vergnüg-
liche Tage hin, durch mannigfachen Scherz erheitert. Am anderen Morgen nahmen wir einen Boten, der uns über den Hundsrück gegen Netra hin
führte. Auf einem Berge sahen wir in der Ferne
das Grab des Bonifazius. In Netra trafen wir eine
Chaise und fuhren bis Eisenach, ein freundliches
Städtchen. Der große Platz mit seinen Schattenlin-
den im Hintergrunde nimmt sich sehr gut aus. Wir

bestiegen die Wartburg, schöne Punkte nach allen
Seiten zu, eigene Form der Berge und schöne
Wälder. Auch die Lutherischen und andere Merkwürdigkeiten wurden uns gezeigt. In Luthers Zimmer steht seine Büste; die Kapelle, in der er predigte, die Rüstkammer, der große Saal mit vielen
Herzogsbildern. Den anderen Tag nach Gotha,
wohin der Weg wieder langweilig wird. Gotha
liegt kahl, das Schloß von ferne nimmt sich gut aus,
in der Nähe ist es äußerst schofel. Große Lumperei
in diesen Herzogtümern. Nur die Gasthöfe sind
vortrefflich. Ich besuchte des Abends die Rätin
Gotter, Witwe des Dichters und Schwiegermutter
Schellings. Von den orientalischen Manuskripten,
von denen eine große Anzahl in Gotha vorhanden,
läßt der Herzog, der ein Narr ist, keine sehen.
Selbst dem Professor Kosegarten[1] in Jena wurde es
abgeschlagen, der gleichsam sein Untertan ist. Den
Herbst sahen wir in Gotha schon vorgerückt, da in
Göttingen noch alles grün war. Den folgenden Tag
nahm Dall'Armi von uns Abschied, der auf einem
anderen Wege wieder zurückkreiste. Wir gingen
nach Erfurt, wohin der Weg äußerst langweilig.
Doch hielten wir uns in dieser weitläuftigen, ziemlich belebten und von preußischen Soldaten vollgepfropften Stadt nicht länger auf, als um zu Mittag zu essen, und als wir hörten, daß in Weimar
Theater sei, nahmen wir eine Chaise, um noch zu
rechter Zeit hineinzukommen. Ich fühlte mich in
der Tat bewegt, als wir in Weimar einfuhren, das
durch den gelben Anstrich seiner kleinen Häuser
ein eigenes Aussehen gewinnt. Das Theater ist

---

[1] Johann Gottfried Ludwig Kosegarten (1792–1860), Historiker und Orientalist in Jena und Greifswald

nicht groß, aber freundlich und einfach. Man gab
eine Oper, «Die Wegelagerer». Den anderen Morgen besuchten wir Belvedere. Überall allerdings
findet man Erinnerungen an die großen Dichter.
Ich besah mir auch Goethes Haus von außen, das
auf einem kleine Platze nahe am Tore liegt, wo
man nach Belvedere geht. Nachmittags gingen wir
nach Jena, der Weg ist abscheulich langweilig, und
wir kamen spät an. Dies war am 14. Oktober,
Jahrestag der Schlacht bei Jena. Für Gasthöfe und
überhaupt für Wohnung, Kost und andere Lebens-
requisiten ist in Jena äußerst schlecht gesorgt.

Mit wenigen Worten will ich noch den Aufenthalt in Jena berühren, der zehn Tage dauerte. Den
anderen Morgen ließ ich Gruber holen, der uns
sogleich in die Bibliothek und zu anderen Merkwürdigkeiten umherführte. Nachmittags waren
wir auf der Rasenmühle, wo man einen angenehmen Überblick der Gegend hat. Den Sechzehnten
reiste Petz ab. Bei Gruber las ich «Die Ahnfrau»,
die mir gar nicht gefiel. Zusammen lasen wir in
Tiecks «Poetischem Journale»[1] und in den «Charakteren Wilhelm Meisters» von Jenisch[2]. Wir gingen zu Major von Knebel[3], der mich als ein alter
Freund meines Vaters empfing und sich überhaupt
sehr gerne an Ansbach und Franken erinnerte. Er
sagte mir, daß Goethe meine «Ghaselen» gelobt
habe. Er sieht Goethen täglich, entweder kommt

[1] Jena 1800
[2] «Über die hervorstechendsten Eigentümlichkeiten von
‹Wilhelm Meisters Lehrjahren›», Berlin 1797
[3] Karl Ludwig von Knebel (1744–1834), Offizier, Lyriker
und Übersetzer (Lukrez), Hofmeister beim Erbprinzen Konstantin von Sachsen-Weimar, lebte seit 1805 in Jena.

dieser zu ihm oder läßt ihn in seinem Wagen ab-
holen. Da er uns anmerken konnte, daß wir den
großen Dichter gern sehen möchten, so versprach
er, es zu besorgen. Gruber führte mich noch in
Griesbachs Garten, wo Wieland oft gewesen ist.
Abends ging ich zu Kosegarten, dem jungen
Orientalisten, der mir manches Interessante mitteilte. Seine persischen Abschriften, die er in Paris
gefertigt, sind außerordentlich schön. Des andern
Morgens, den 17. Oktober, war ich mit Gruber bei
Gries[1], dem Übersetzer des Tasso und Calderón.
Von letzterem war auch die Rede. Gries ist beinahe
ganz taub. Deshalb kommt er auch nicht mehr mit
Goethe zusammen, weil dieser, da er Zähne verloren, sehr leise spricht. Calderóns «Tochter der
Luft» hat Goethe sehr gerühmt. Mittags aßen wir,
wie auch die anderen Tage, bei Wesselhöft, Goe-
thens Buchdrucker, der (Goethe nämlich) seine
Sachen selbst korrigiert. Es ist eine angenehme
Familie, und mehrere Studenten essen dort. Von
den Söhnen, die in einem demagogischen Renom-
mee stehen, hatte ich einen in Erlangen kennengelernt. Da kam ein Bedienter Goethes und sagte
uns, daß wir den Geheimrat um drei Uhr sprechen
könnten. Wir waren in banger Erwartung, bis die
Stunde kam, doch wurde auch viel darüber gelacht
und gescherzt. Goethe wohnt außer der Stadt am
Botanischen Garten. Seine Aussicht beschreibt er
selbst einmal im «Diwan»[2]. Das Haus hat von

---

[1] Johann Diederich Gries (1775–1842) übertrug Tassos
«Befreites Jerusalem» (Jena 1800–03), Ariosts «Rasenden
Roland» (Jena 1804–08) und Calderóns Schauspiele in
7 Bänden (Berlin 1815–29)
[2] Im «Gegenwärtigen Vergangenes», Buch des Sängers, 12

außen etwas Altertümliches, innen ist es winklicht, die Treppe äußerst schmal. Das Eckzimmer, das er bewohnt, ist geräumig und ganz ohne Prunk.

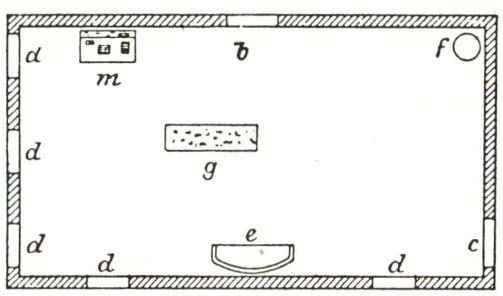

b Türe
c Kammertür
d Fenster; auf dem mittleren
   eine Flasche mit Wein

e Sofa
f Ofen
g Tisch mit Mineralien
m Schreibtisch

Von Goethes Person wage ich kaum etwas zu sagen. Er ist sehr groß, von starkem, aber gar nicht ins Plumpe fallendem Körperbau. Bei seiner Verbeugung konnte man ein leichtes Zittern bemerken. Auch auf seinem Angesichte sind die Spuren des Alters eingeprägt. Die Haare grau und dünn, die Stirn ganz außerordentlich hoch und schön, die Nase groß, die Form des Gesichts länglich, die Augen schwarz, etwas nahe beisammen und, wenn er freundlich sein will, blitzend von Liebe und Gutmütigkeit. Güte ist überhaupt in seiner Physiognomie vorherrschend. Er ließ uns auf das Sofa sitzen und nahm bei Gruber Platz. Bei der Feierlichkeit, die er verbreitet, konnte das Gespräch

nicht erheblich werden, und nach einiger Zeit ent-
ließ er uns wieder.

Abends war Gesellschaft bei Kieser[1], dem Ma-
gnetiseur, dessen Kur sich Gruber unterworfen
hat. Ich wurde mit eingeladen. Interessant waren
mir dabei einige Versuche mit Pendelschwingun-
gen, wodurch ich mich selbst überzeugte, daß der
Wille einige Gewalt über das Unbelebte ausübt.
Den anderen Tag, den Achtzehnten, war das bekannte Fest. Es wurde in Jena durch ein Feuerwerk
gefeiert, das Professor Döbereiner auf einem be-
nachbarten Berge veranstaltete. Knebel, von dessen Fenstern man das weiße Feuer bemerken konnte, lud eine Gesellschaft dazu. Wir waren auch dabei. Auf Goethen wartete man leider umsonst.
Kosegarten war zugegen. Am Zwanzigsten war
ich mit Gruber in Burgau, wo wir eine geistreiche
Rezension im «Hermes» über Wagners «Religion
und Staat» mitnahmen und lasen. Den folgenden
Tag entlehnte ich von Kosegarten einige orientalische Drucksachen, von denen ich mir Abschriften
nahm.

Am Zweiundzwanzigsten vormittags kaufte ich
im Buchladen ein Exemplar meiner «Lyrischen
Blätter», das erste, das ich davon sah, und brachte
es Knebeln, der eben in den Wagen stieg, um zu
Goethe zu fahren, und es mit sich nahm. Auf
Nachmittag lud uns Knebel ein. Ich mußte ihm
einiges aus meinem Lebenslauf erzählen. Dann

---

[1] Dietrich Georg von Kieser (1779–1862), ursprünglich
Arzt, dann seit 1812 Professor der Pathologie in Jena. Von
Schelling in seinen Anschauungen stark beeinflußt, war er
der erste, der die Lehre vom tierischen Magnetismus (Mes-
merismus) wissenschaftlich bearbeitete.

sprach er viel von Wieland, besonders seinen letzten Tagen und seinem Tod, der sehr heiter war. Er
starb an einer Unverdaulichkeit, die er sich durch
eine Gansleberpastete zugezogen hatte. Kurz vor
seinem Ende hatte er noch seine Enkel um sich, die
er durch seine Späße bis zu Tränen lachen machte.
Knebel las uns dann eine Lieblingsromanze vor,
den Ritter Wilibald aus Werners «Söhnen des
Tals». Sein Ausdruck und Anstand dabei waren
drollig, aber doch würdig zugleich. Zuweilen
stampfte er mit dem Fuße und zog das Gesicht in
die fürchterlichsten Falten, so daß wir vor Lachen
hätten ersticken mögen, wiewohl er es ernsthaft
meinte. Goethe sagt in seinem «Leben», Knebel
hätte seine Art zu lesen von Ramler angenommen.
Ich weiß nicht, ob dies die Ramlersche Manier war.
Wenigstens war sie sehr interessant.

Am Einundzwanzigsten morgens nahm ich von
Gries Abschied. Er hatte meine «Ghaselen» gelesen
und drückte mir die Hand darüber. Mit Freuden
erinnerte er sich der Tage, die er mit Schelling und
den Schlegels in Jena verlebte. Mit Knebel kommt
er manchmal hart hintereinander. Nachmittags
übereilte mich mein Schicksal. Auf einem Spaziergange nach Kunitz eröffnete ich vor Goethes Haus
einen Brief von Bülow, worin dieser mir meldet,
daß er nicht mehr nach Erlangen zurückkehren
könne. Damals tat ich das Gelübde, bis ich ihn
wiedersehen würde, keinen Wein mehr zu trinken
und keine Verse mehr zu machen; und hiermit
wurde der «Spiegel des Hafis» geschlossen. Mein
Glück konnte mein vierundzwanzigstes Jahr nicht
überdauern. Am Vierundzwanzigsten, meinem
fünfundzwanzigsten Geburtstage, waren wir bei

Knebel zu Tische gebeten. Seine Frau bemerkte,
daß dieser Tag, als der Geburtstag der alten Herzogin Amalia, in Weimar immer ein Musentag gewesen sei. Knebel las uns etwas aus dem von Goethe
empfohlenen Lustspiele in Straßburger Mundart
vor, wobei er sehr lachte. Er sagte mir, daß junge
Damen aus Weimar hier gewesen, auch Goethes
Schwiegertochter, mein neues Werkchen durchge-
blättert und gewünscht hätten, mich in Weimar zu
sehen, doch war meine Rückreise unwiderruflich
beschlossen. Ich ging den folgenden Tag zu Fuß
nach Saalfeld, doch da ich mich im Thüringer Wald
verirrte, so ward ich Gehens müde und nahm eine
Chaise nach Coburg, der erste Ort wieder, den ich
mit Bülow gemeinschaftlich betreten hatte. Die
ganze Reise war äußerst traurig. Abends kam ich
in Coburg an, nahm sogleich Extrapost, und den
folgenden Morgen um acht Uhr war ich in Erlangen.

29. Oktober 1821. Erlangen.

Sogleich einen Tag nach meiner Ankunft sprach ich mit Engelhardt über meinen literarischen Plan, den «Spiegel des Hafis» herauszugeben. Er billigte ihn, und ich habe heute bereits eine Abschrift der Gedichte genommen und sie in ein Heft in quarto zusammenbinden lassen. Es sind vierundzwanzig Ghaselen, ein paar kleinere Gedichte und eine Zueignung an Bülow. An diesen Gedichten hängt mein Herz; ihre Herausgabe ist die einzige angenehme Zerstreuung, die mir bei meinem jetzigen Zustande übrigbleibt. Ich glühe vor Verlangen, meine Verehrung und Liebe zu Bülow öffentlich an den Tag zu legen.

Die Stimmung, in der ich mich hier, besonders die erste Zeit hindurch, finden würde, war vorauszusehen. Mehr als sonst fällt mir an den langen Abenden der Gedanke meiner Abgeschiedenheit aufs Herz und des Unschätzbaren, was ich verloren habe.

Und nicht gedenk jener großen Entbehrung, war auch meine Ankunft hier mit anderen vereitelten Hoffnungen bezeichnet. Die persischen Bücher aus London, die ich nach so langem Harren nun endlich gewiß angekommen glaubte, fand ich nicht vor. Ein Brief von Bruchmann enthielt manches Unangenehme. Unter anderen, daß die Abschrift des Armeniers in Wien von den «Abenteuern Isfendiars», nach des Herrn von Wolfs Zeugnis, äußerst fehlerhaft geraten sei und mir kaum geschickt werden könne. Herr von Wolf machte

sich selbst anheischig, mir das Manuskript abzu-
schreiben, ja noch mehr, er versprach, mir ebenfalls unentgeltlich einen «Diwan» Dschelaleddins[1]
zu kopieren, und hatte deshalb schon bei der Akademie angesucht, als er plötzlich den Auftrag erhielt, nach Konstantinopel an seinen Posten abzureisen. Bruchmann hat ihm mehrere Exemplare
meiner Ghaselen an Freunde in Konstantinopel
mitgegeben.

31. Oktober 1821.

Wir haben herrliche Tage, der Himmel ist ganz
rein und durchsichtig; gleichwohl scheue ich mich,
viel ins Freie zu gehen. Aus jedem Winkel tritt mir
eine Erinnerung entgegen, und der Herbst, der mit
jedem Tage verliert, läßt mich meinen Verlust um
so wahrhaftiger empfinden. Wenn ich hinaustrete,
so weiß ich nicht, nach welcher Seite ich mich
richten soll, da ich nirgends etwas Erfreuliches
erwarten kann, und wenn ich zur Stadt zurückkomme, ist's dasselbe. Meine Bücher sind mir
toter als jemals, und das Studium ist überhaupt ein
saurer Behelf, wenn es nur dazu dienen soll, die
Seele vom Nachdenken über ihren Zustand abzu-
ziehen.

Ein Gedicht, das meiner jetzigen Stimmung
besonders zusagt, ist «Die natürliche Tochter».
Aus welcher Tiefe herauf ist hier das ganze Bild
menschlichen Jammers und irdischer Entbehrungen geschöpft, und durch welchen Zauber scheint
alles wieder ausgeglichen. So menschlich sind hier
die Menschen gezeichnet, daß wir selbst das Ver-

[1] Dschelâl ed-dîn Rûmi (1207–1273), der größte mystische
Dichter der Perser

worfene noch als unseresgleichen erkennen müssen und die Klarheit bewundern, mit der sich auch zweideutige Charaktere dem Drang der Umstände unterwerfen. Auch das Geheimnisvollste entwikkelt sich leicht in den klarsten und edelsten Worten, und was in der gewöhnlichen Menschenbrust als kaum geahnte Nuance des Gefühls erscheint, wird hier festgehalten und ausgesprochen.

20. November 1821.

Ein Brief von Rückert, den ich gestern erhielt, hat mir viele Achtung für ihn eingeflößt, der Aufrichtigkeit wegen, mit welcher er sich über meine «Lyrischen Blätter» äußert, wofür er mir dankt. Am wenigsten haben ihn die Romanzen angemutet, bei denen er Trivialitäten gefunden haben will. Sehr günstig äußert er sich über die Lieder und Ghaselen im Durchschnitte, nur meinte er, daß der Strophenbau bei den ersten zuweilen mißlungen, bei den letzten einzelnes Abgeschmackte vorkomme. Indem ich ihn bei dem Sonett unter meine Muster zählte, hätte ich ihm eine ungebührende Ehre angetan. Seine geharnischten seien mehr hoch als tief, wie Graf Löben schon bemerkt habe. Mein Charakter hingegen sei mehr das Tiefe und Sinnende. Mit den «Östlichen Rosen» sei er selbst auf keine Weise mehr zufrieden und überhaupt mit seiner Poesie zerfallen.

Ich antwortete ihm ebenso aufrichtig und mußte gestehen, daß seine «Östlichen Rosen» meine Erwartung getäuscht hätten und daß ich sowohl Bilderreichtum als Gedankenfülle darin vermisse. Er selbst spricht von ihrer Untiefe.

Da er, wie er sich ausdrückt, meine edle und

kühne Aufführung des schönen Freundes für etwas Rechtes anerkennt, wogegen weder sein eigener noch der Goethesche «Schenke» aufkommen
könnten, so nahm ich Gelegenheit, vom «Spiegel
des Hafis» zu reden, und erwähnte, daß die Gedichte, die er enthält, alle an den Freund gerichtet
seien. Ich erklärte mich über diese Idee ungefähr
folgendermaßen: Die Liebe zu einem Weibe, wenn
sie glücklich ist und der Vereinigung nichts im
Wege steht, ist gleichwohl einem Stufenwechsel
der Jahreszeiten unterworfen, hat ihren Sommer
und Winter.

Die Liebe zu einem schönen Freunde, nie gestört
durch Begierde, nie gestört durch Befriedigung,
erscheint mehr als ein beständiger Frühling. Es ist
eine Begeisterung für die schöne Form, und nur
durch diese letztere kann die Freundschaft einen
reichen poetischen Gehalt gewinnen. Indem nun
der Dichter, fügte ich hinzu, diese Verehrung der
Gestalt bis zur Vergötterung anwachsen läßt, setzt
er sich scheinbar über das sonst als göttlich Erach-
tete hinaus, und indem er sich auf das demütigste
beugt vor dem Gegenstande seiner Neigung, sieht
er stolz und verwegen über die Häupter der Menschen und ihre Satzungen weg.

Auf diese Weise mußten allerdings Gedichte im
hafisischen Geiste entstehen. Schließlich bemerkte
ich noch, daß diese aber keineswegs Schatten seien,
die der Wahn erzeugte, wie Goethes Tasso sagt,
sondern vielmehr hervorgegangen aus dem innersten Gefühle des Dichters für eine liebenswürdige
Persönlichkeit.

Rückert schreibt mir auch von hundert neuen
Ghaselen, die mir einst Achtung einflößen sollten,

ich empfahl ihm dabei eine strenge Auswahl. Er meint, daß ich einen sehr großen Schritt von meinen ersten zu meinen zweiten Ghaselen getan hätte.

5. Februar 1822.

Diesen Abend vollendete ich das erste Bändchen meiner Abschrift des Hafis, das jedoch nur die ersten sieben Buchstaben, nämlich siebenundneunzig Ghaselen enthält; ich wollte den Buchstaben Dal nicht trennen und werde daher mehr Bände als drei bekommen, der erste ist jedoch der dünnste. Auch ist es besser, sich die Arbeit soviel als möglich zu zerstückeln, die Mühe wird scheinbar vermindert und der Genuß vermehrt. Ich habe das Manuskript sogleich zum Buchbinder getragen.

Wegen der Eröffnung der Landstände ist allenthalben das politische Gespräch so sehr an der Tagesordnung, daß es mir äußerst lästig wurde. Ich suchte mich daher dagegen zu entladen, und dies geschah vorgestern durch ein Gedicht in Knüttelversen, das ich überschrieben habe: «Abschied von der Zeit, als Epilogus». So wünschte ich es nämlich in mein neuestes Werkchen aufgenommen. Ich las es denselben Tag bei Engelhardt vor noch ein paar anderen jungen Leuten vor, wo es guten Effekt machte.

27. Februar 1822.

Ich bin bereits im dritten Band meiner Abschrift, den ich am Anfang der künftigen Woche zu vollenden denke. Er geht bis zum Buchstaben Fe. Die zwei ersten Bände, elegant in Saffian gebunden, brachte ich vor einigen Tagen zu Schelling, der eine große Freude darüber bezeigte.

Einige Störung in meinen Studien veranlaßte
der Lärm und Aufruhr in der Stadt, der diese Tage
über stattfand, wozu ein Streit der Studenten mit
den Bürgern oder vielmehr mit den Handwerksburschen und dem Pöbel Gelegenheit gab, der
bald in derbe Tätlichkeiten ausbrach. Er begann
Sonntag und wurde Montag fortgesetzt, so daß
man eine Eskadron Chevauxlegers aus Nürnberg
mußte kommen lassen, und gestern, als diese noch
nicht hinreichte, auch Infanterie. Schon vorgestern
verließen die Studenten die Stadt in Masse, und
gestern fuhren die noch zurückgebliebenen teils
nach Nürnberg und Fürth, teils anderwärts. Doch
werden sie wahrscheinlich bald zurückkommen.

17. März 1822.

Nach Tische im «Walfisch», wo die ersten Tage
viele Studenten hinkamen, weil dies Haus vorher
lange im Verruf war, sprach ich Liebig zuerst. Ich
fragte nach Kastner, und die Unterredung ging
auf naturwissenschaftliche Gegenstände über, wobei auf mancherlei Exkursionen und Ferienreisen
Rücksicht genommen wurde und was sich sonst
noch darauf beziehen konnte. Liebig zeigte sich
in allem klar, bestimmt und solide. Wir machten
später noch einen Spaziergang, und nachdem ich
ihm meine Wohnung gezeigt hatte, führte er mich
in die seinige, wo wir den Abend zusammen zubrachten. Hier lernte ich ihn nun auch von Seite
seines Herzens kennen. Er zeigte sich sehr offen-
herzig, vertraute mir manche Lebensverhältnisse,
auch die Geschichte seiner chemischen Bildung,
die mir sehr merkwürdig schien, und gab mir
Beweise seiner so plötzlichen und entschiedenen

Zuneigung, daß ich wirklich darüber in eine Art
von Erstaunen geriet. So viele Liebe hatte mir noch
niemand, am wenigsten nach einer so kurzen Bekanntschaft, bewiesen. Ich konnte mich nicht der
Worte aus Goethes «Diwan» erwehren:

> Unmöglich scheint immer die Rose,
> Unbegreiflich die Nachtigall.[1]

Aber ich konnte zugleich abnehmen, daß je näher
sich zwei Menschen kommen, je mehr sie ihr
innerstes Wesen voreinander zu entfalten suchen,
nur um so rätselhafter werden sie einander; und
nur einer oberflächlichen Ansicht kann es einleuch-
ten, daß zwei Menschen sich verstehen können.

Übrigens, da die Ferien schon angefangen, wird
Liebig nur noch wenige Tage hier bleiben und auch
nicht wieder hierher zurückkehren. Um so mehr,
als er bei dem letzten Aufstande manchen Unannehmlichkeiten ausgesetzt war, wiewohl er sich
keiner Schuld bewußt war und der Landsmannschaft der Rheinländer angehört, die ohnedies hier
für die gebildetste Partei gilt. Es wurde in seiner
Abwesenheit sein Pult aufgebrochen und der Versuch gemacht, sich seiner Papiere zu bemächtigen.

21. März 1822.

Nicht mehr also als zehn Tage waren uns vergönnt
zu gegenseitig glücklicher leichter Mitteilung von
Munde zu Mund; und auch diese konnten nicht
ungestört genossen werden, zum Teil wegen der
Verhältnisse, in denen Liebig die letzte Zeit hier
leben mußte und denen auszuweichen durch eine

---

[1] «Buch Suleika», VIII

schnelle Abreise er von mehreren Seiten gewarnt wurde. Vorgestern abend brachten wir noch eine herrliche Stunde zusammen hin, besonders da ein kleines Mißverhältnis, an welchem ich ganz allein schuld war, vorherging. Wir versprachen uns oft zu schreiben, und so bald als möglich sollte ich ihn in Darmstadt aufsuchen.

Ohne eine solche Milderung des Gefühls der Trennung würde überhaupt kein Mensch es ertragen können, so sehr das Leben unaufhörlich an Entbehrungen gewöhnt.

Schon an jenem Abende, an dem wir uns beide ganz dem herrlichen Bewußtsein, von ganzer Seele geliebt zu sein, überließen, erfolgte eine Art von Abschied, der aber glücklicherweise noch oft wiederholt werden sollte.

*

29. Mai 1822. Frankfurt.

Den vorgestrigen Tag brachte ich noch mit Liebig[1] zu. Nach Tische führte er mich in seinen Garten, wo sich noch ein Student und ein Offizier, Hauptmann Heil, einfanden und wo Kaffee und Wein getrunken wurden. Im ganzen hatte ich hier Langeweile. Wir gingen von da in die Oper. Es war eine französische, «Rotkäppchen» von Boieldieu[2], doch immer interessant auf einem Theater wie das darmstädtische. Die Bauart ist heiter und elegant und ganz ohne Kleinlichkeit. Die großherzogliche Familie war zugegen. Später begleitete mich Liebig

---

[1] Der Chemiker Justus Liebig (1803–1873) studierte zu der Zeit in Erlangen.
[2] François Adrien Boieldieu (1775–1834), «Le chaperon rouge» (1818)

noch zu mir, und wir gingen dann noch in den
Straßen auf und nieder, die in der Neustadt sehr
breit und freundlich sind. Liebig war sehr melancholisch, und ich mußte ihn trösten. Der Schmerz,
mit mir diese Reise nicht machen zu können,
drückte ihn sehr, aber mich nicht minder; denn ich
wüßte mir in der Tat keine schönere Lage in der
Welt zu denken, als mit ihm zu reisen. Doch will er
mir, wenn sein Stadtarrest sollte gehoben werden,
bei meiner Rückkehr bis Mainz entgegen gehen,
um dort noch ein paar fröhliche Tage zu feiern.
«Alle meine Not», sagte er, «will ich dort vergessen, von allem abstrahieren, nur von dir nicht!» Ich
zweifle aber, daß uns auch nur dies vom Schicksale
vergönnt sein wird.

Mit Gesellschaft fuhr ich gestern morgens hierher. Von außen ist Frankfurt sehr schön, von innen
eng, finster, mit hölzernen Häusern und jedes Haus
ein Kaufladen. Doktor Böhmer traf ich nicht an, er
ist eben auf einer Rheinreise begriffen. Bei Harniers, wo ich gegen Abend hinging, wurde ich
auf das freundschaftlichste empfangen. Den älteren
Sohn wie die ältere Tochter fand ich im Hause. Die
jüngere ist seit sechs Wochen an den oldenburgi-
schen Gesandten verheiratet. Man lud mich sogleich ein, mit nach dem Jägerhause im nahen
ehemaligen Reichswald zu fahren, wo gestern am
Pfingstdienstag ein Volksfest der Frankfurter statt-
hatte. Es waren wirklich eine große Menge Menschen aller Art und unzählige Wagen auf allen
Wegen verstreut. Wir fuhren hindurch, ohne jedoch auszusteigen. Der Weg geht über die Main-
brücke nach Sachsenhausen und begreift den größten Teil des Frankfurter Gebiets. Zurückgekehrt,

führte mich Herr von Harnier noch durch die Anlagen um die Stadt, die allerdings köstlich sind, mit
den schönsten und seltensten Blumen und Blüten
zu allen Jahreszeiten besetzt. Ich aß mit ihm und
seinem Sohne zu Nacht, da die beiden Frauen zu
Gast gebeten waren. Als sie wiederkamen, nahm
ich Abschied. Nur mit der größten Mühe konnte
ich loskommen, um heute wieder abzureisen. Wenigstens mußte ich versprechen, auf der Rückreise
Frankfurt wieder zu besuchen, mich länger aufzuhalten und bei ihnen zu wohnen. Auf dieser Reise
beschränkt mich nun freilich nichts als das Verlangen, den schönen Freund bald wiederzusehen, aber
dies ist eine schöne Beschränkung.

In einen Buchladen ging ich gestern zufällig und
kaufte Byrons «Cain»[1] und die «Cooke's edition»
der Shakespeareschen Gedichte[2]. Man findet darin
die Sonette vollständig und in der ursprünglichen,
sinnvollen Ordnung, die spätere Ausgaben ver-
hunzt haben. Nach Tische ging ich mit einem
Fremden, den ich an der Tafel traf, in der Stadt
umher und besah unter anderem den «Römer».

1. Juni 1822. Cöln.

Zuerst von hier, von Cöln, da es mich doch auf
meiner Reise am meisten anzog, wiewohl ich den
Dom noch nicht gesehen, den ich erst heute nachmittag besuchen werde. Die Größe und Verwor-
renheit dieser Stadt zu bezeichnen, dient zu sagen,
daß ich diesen ganzen Morgen, nachdem ich an
Liebig geschrieben hatte, mit einem Lohnbedienten herumging, Kirchen und anderes Sehenswür-

[1] London 1821
[2] London 1797

dige besuchte, gleichwohl den Dom, das Hauptge-
bäude derselben, noch mit keinem Blicke gesehen
habe.

Den Herrn v. Harthausen, an den ich empfohlen
war, traf ich nicht. Sankt-Severin-Kirche war verschlossen, doch der mit gotisch verzierten Arkaden
umzäunte Kirchhof, nun eine Bleiche, ist eigentümlich. Auch andere Kirchhöfe haben ein ähnliches Aussehen. Sie sind nun meist zu Gärten
verwandt. Auch sonst liegen eine Unzahl Gärten
innerhalb der Stadtmauer und Straßen. Von den
dreihundertfünfundsechzig Kirchen, die man sonst
zählte, sind nun freilich sehr viele demoliert, wodurch jedoch viel freie Plätze entstanden. Lauter
enge Gassen, Bauart größtenteils eng und abscheulich, aber doch sehr mannigfaltig. Steinkohlenge-
ruch auf den Straßen, da hier kein Holz gebrannt
wird. Das Pflaster von den sogenannten Unkelstei-
nen, ein metallisches Fossil, das zäh ist wie Eisen
und schwärzlich. Die Börse modern in der Mitte
des Heumarkts, das Rathaus sehr alt mit einem
gotischen Turme. Die Kirche «Maria am Kapitol»
ganz im Kreuz gebaut, mit schönen Glasmalereien,
bloß durch Beklecksung der Säulen verunziert. Es
war eben Leichengottesdienst, und der Katafalk
stand in der Mitte der Kirche, alles schwarz geklei-
det. Die Peterskirche im einfachen alten Stil mit
hohen Bogen und vielen Glasgemälden. Da eben
Messe gehalten wurde, mußten wir bis zum Ende
derselben warten, ehe man uns das Bild von Rubens, die «Kreuzigung Petri», zeigte, da gewöhnlich nur die Kopie der Kehrseite sichtbar ist. Er hat
es dieser Kirche zum Geschenk gemacht, in der er
getauft wurde. Soviel ich von Rubens gesehen,

habe ich doch noch zu wenig Sinn für ihn, um unmittelbar davon angesprochen zu werden. Er wirkt bloß negativ auf mich, indem ich nichts finde, was mir unnatürlich scheint.

3. Juni 1822. Bonn.

Ich sah den Dom von Cöln, das heißt, ich sah das Größte, was der deutsche Geist zu denken wagte, aber was auszuführen ihm auch nicht zur Hälfte vergönnt war. Noch ragt der Kranen auf der Höhe des begonnenen Turms, aber über das Grab des Baumeisters, der jene Steinmassen hinaufwinden ließ, gingen Jahrhunderte. Rosenbüsche blühen auf den Ruinen, sonst möchte man glauben, erst gestern hätte die Maurergilde ihr frisches Werk verlassen, so sehr trotzend aller Zeit stehen diese Steinkolosse vor unseren Augen. Die ungeheuren Hallen sind nicht gewölbt, nur das Chor ist vollendet.

Nun bin ich hier, auf dem Sprunge abzureisen, nur einen Tag hier gewesen, wo Menschen und Bücher mich ein Jahr würden festhalten können, oder vielmehr ein Leben.

4. Juni 1822. Ems.

Ich werde etwas von der Main- und Rheinreise nachholen. Frankfurt verließ ich den 29. Mai und fand auf dem Marktschiffe niemand, der mich hätte interessieren können, einen, wie es schien, Studenten ausgenommen, der sich nun schon fünf Vierteljahre auf der Reise befand, einen Teil Italiens, Frankreichs, die Schweiz und Deutschland gesehen hatte. Sonst zwar konnte ich keinen Berührungspunkt mit ihm finden. Wahrscheinlich ist

er Mediziner gewesen. Die Fahrt auf dem Main
hat im ganzen nur wenig Anmutiges. In Höchst,
einem hübschen nassauischen Städtchen, wo man
zu Mittag aß, gesellte sich eine Bande österreichischer Hoboisten zu uns, die während den Feier-
tagen sich anderwärts Geld verdient hatten und die
uns nun angenehm unterhielten. Es waren Böhmen und Ungarn. Eine schöne Wasserfläche entsteht, wo der Main in den Rhein fällt. Mainz bietet
einen traurigen Anblick dar. Alles ist in Verfall,
viele schöne Kirchen liegen als Schutt auf den
Straßen. Der Dom ist großartig und scheint aus
einer sehr alten Zeit zu stammen. Ich fand Lüder
nicht, was mir sehr leid war, er war eben auf einer
kleinen Reise begriffen. Deshalb fuhr ich auch
gleich den folgenden Tag mit der Wasserdiligence
um sechs Uhr des Morgens ab.

Die Rheinufer haben viele Ähnlichkeit mit denen der Donau, wiewohl ich die letztere vorziehen
würde. Bingen, St. Goar, Koblenz liegen ausnehmend schön. Auf der einen Seite sieht man meist
Weinberge, auf der anderen Laubwälder die Hügel
hinauf. Sehr häufig sind ihre Gipfel mit alten Bur-
gen bekrönt. Die Hitze jedoch auf dem Verdeck
war außerordentlich groß. In Koblenz, wo über-
nachtet wurde, kamen wir spät erst an. Den folgenden Tag machte die Luft, die sich erhob, wiewohl
uns entgegen, die Fahrt angenehmer. Die Sieben-
berge mit dem Drachenfels zeigen sich in immer
neuen Prospekten. In Bonn wurde nur eine Viertelstunde angehalten, ich benutzte die Zeit, um
einen Augenblick lange die Aussicht von der Terrasse des Schloßgartens zu genießen, deren Goethe
in «Kunst und Altertum» Erwähnung tut.

Die Reisegesellschaft bestand unter anderen aus einigen Russen, drei Engländern, zwei badischen Offizieren, Kaufleuten, einigen Frauenzimmern und so weiter. Im ganzen zog mich niemand von ihnen an. Erst am letzten Abend kam ich mit dem einen der Engländer in ein Gespräch über Shakespeare, das, so gut es ging, englisch geführt wurde. Ich hatte Shakespeares «Sonette» bei mir, die er aber, wie die meisten seiner Landsleute, nicht kannte. Er war Arzt, und sonst gebildet und gefällig, allein über Shakespeare hatte er nur die gewöhnlichen Ansichten, daß man viele Menschenkenntnis aus ihm schöpfen könne und so weiter.

In Cöln wohnte ich im «Wiener Hof». Außer den erwähnten sah ich noch einige andere Kirchen, zum Beispiel die zu St. Gereon, die älteste in Cöln. Sie ist, wie noch eine andere am Rhein, aus Tuffsteinen erbaut, inwendig sehr bunt bemalt, aber doch dem Auge wohlgefällig. Einen großen Schatz verwahrt noch der Dom in der Madonna von Calw. Auf der äußeren Wand des Bildes zeigt sich eine Mariä Verkündigung, nach der alten einfachen Darstellung der altspanischen Romanzen, die mir immer dabei einfallen. Maria liegt knieend an einem Pulte und weist bescheiden mit der Hand die Ehre des Himmels zurück. Der Himmel öffnet sich aber erst, wenn man die äußere Wand zurückschlägt. Es zeigt sich nun ein dreifaches Gemälde. In der Mitte die drei Könige, zur Rechten Gereon mit der Kreuzfahne und seinen Rittern, zur Linken die heilige Ursula mit einem Teil ihrer Jungfrauen. Sie schlägt die Augen nieder und lächelt, man sollte meinen, sogar schalkisch, doch die Reinheit ihrer

Züge verwischt diesen Ausdruck wieder, und es
entsteht eine unerklärliche Mischung auf ihrem
frommen Gesicht. Die Klarheit aller weiblichen
Angesichter ist unbeschreiblich, wiewohl die Madonna selbst, von allen Weiberschwächen allein
frei, sich am reinsten zeigt. Man wünschte nichts,
als daß sie die Augen aufschlüge.

Ems ist eine eigene kleine Welt und gewährt, wenn
man vom großen, städtebauten Rhein hinüber-
kommt, eine schöne Beschränkung. Das enge Tal,
von hohen Bergen umschlossen, die teils mit Wein
und Laubholz bewachsen, teils in malerische Felsen
gezackt sind; die dunkelgrüne Lahn mit einer kleinen Schiffbrücke, ihre schmalen Ufer mit Kur-
gebäuden, Gärten, Alleen geschmückt, die hohen
Pappeln gegen Nassau hin, die blühenden Linden,
die ihren Duft unter meinem Fenster ausgießen, die
warmen Heilquellen endlich, die eine bunte Menge
hierher locken – alles das drängt einen gefälligen
Eindruck hervor. Ich ging diesen Abend am linken, einsamen Ufer spazieren und las Shakespeares
«Sonetten», während vom rechten Ufer eine frohe
Musik herüberkam und die Verse begleitete.

Gestern abend ging ich noch um dieselbe Zeit
am rechten Rheinufer bis Ehrenbreitstein, wo ich
übernachtete und woher ich diesen Morgen zu
Fuße kam. Den Tag über ließ sich, der großen
Hitze wegen, nichts tun.

9. Juni 1822. Mainz.

Ich bin hier seit Sechsten dieses, wo ich morgens
von Wiesbaden herüberging. Ich wohne hier bei
Lüder, der mich auf das freundlichste empfing, und

nun bringe ich hier einige Tage auf die bequem-
ste und angenehmste Weise hin, höchstens durch
einige Zwistigkeiten unterbrochen, welche daraus
entstehen, daß Lüder sehr den französischen Philosophen, besonders dem Helvetius, zugetan ist,
was mich oft schockiert. Von Liebig habe ich keine
Nachricht. Ich fuhr von Ems weg mit einem Russen, der nach Frankfurt wollte und etwas Deutsch
verstand. In Deusenen jedoch, eine Stunde von
Ems, gesellte sich noch eine Frankfurterin mit
zwei kleinen Mädchen zu uns, die uns sehr genier-
ten.

Die Lage von Nassau ist außerordentlich schön.
Man passiert hier die Lahn. Das Tal ist etwas erweitert, und der Fluß schlängelt sich in schönen
Krümmungen. Ich hatte einen Empfehlungsbrief
an den Minister Herrn von Stein, den ich aber nicht
wohl abgeben konnte. In Schwalbach aßen wir zu
Mittag und besahen nachher die Anlagen und die
Brunnen, deren Geschmack sehr angenehm ist.
Die Lage selbst ist kahl. In Wiesbaden stiegen wir
in den «Vier Jahreszeiten» ab, einem Palast von
Wirtshaus, und wir besuchten noch des Abends
die eleganten Anlagen, schon ziemlich von Gästen
belebt. Morgens nahm ich ein Bad und ging hierher.

Die Hitze ist freilich außerordentlich groß, dafür
verspricht man sich aber einen ausgesuchten Wein,
da die Reben alle schon abgeblüht, und ich hatte
noch niemals schlechtes Wetter auf dieser ganzen
Reise.

Hier waren wir des Abends zum Teil in Garten-
feld, zum Teil in Zahlbach, wo man die Trümmer
einer römischen Wasserleitung und viele römi-

sche Grabsteine bemerkt. Im ganzen trägt die Gegend Zeichen der Zerstörung, weit und breit kein Baum, ausgenommen junge Sprößlinge, dabei sind die Festungswerke weitläufig, und man braucht lange, um nur aus der Stadt zu kommen.

12. Juni 1822. Heidelberg.

Ich bin nun hier, eben hier angekommen, aber vielleicht in einer traurigeren Stimmung als je vorher auf dieser Reise. Ich brachte die letzten Tage noch mit Lüder zu, den ich erst heute morgen verlassen. Vorigen Sonntag fuhren wir auf dem Rhein nach Biberich, besahen das Schloß, den Garten und gingen zu Fuß den Fluß entlang zurück. Gestern führte er mich durch die sogenannte Rheinallee nach der Hartmühle, und so an mehrere Orte. Im ganzen aber ist die Gegend von Mainz kahl, die Franzosen ließen alle Bäume umhauen. Zu Mittag aß ich mit Lüder im «Römischen Kaiser», wo sein Oberst und noch einige Personen waren. Gelesen habe ich in Mainz besonders die hundertvierzig ersten Nächte von «Tausend und eine Nacht» in einer englischen Übersetzung. Sie haben mich außerordentlich angezogen.

Den Brief aus Wiesbaden erhielt ich noch vorgestern abend. Liebig schreibt nur ein paar Zeilen, er hätte Darmstadt verlassen müssen, weil jener Prozeß in Erlangen eine schlimme Wendung genommen. Wenn ich ihn nicht in Wiesbaden oder Mainz fände, so würde ich ihn in Heidelberg da und da erfragen können. Heute fuhr ich von Mainz ab. Lüder begleitete mich bis Nierstein. In Worms sah ich den Dom, der hell und großartig gebaut ist, die Altäre und anderen Verzierungen jedoch verraten

die größte Armut, da die Kirche von den Franzosen
ganz beraubt worden. Worms ist ein freundliches
Städtchen, so wie Frankenthal und Oggersheim,
die ich schon kannte. Von Oggersheim ging ich
zu Fuß, da der Wagen nach Speyer fuhr. Das bayrische Gebiet verließ ich vor Mannheim an der
Rheinbrücke, und dort verließ ich auch den Rhein,
den ich so bald nicht mehr sehen werde. Mannheim sah ich wieder nach sieben Jahren, doch hielt
ich mich nicht auf. In Heidelberg kam ich an, als es
schon dunkel war. Doch kaum war ich abgetreten,
so suchte ich das Haus auf, das mir Liebig als das
rheinländische Kommershaus bezeichnet hatte; ich
fand zwar einige Studenten, allein keiner wollte
von Liebigs Ankunft und Anwesenheit etwas wissen. So ist auch der letzte Versuch vereitelt, und
von dieser Reise, deren Hauptmotiv Liebigs Umgang war, kann ich sagen: sie hätte nicht unter-
nommen werden sollen.

15. Juni 1822. Heidelberg.

Man kann sich hier leicht gefallen, ich habe ein
freundliches Zimmer, die Aussicht auf einer Seite
nach dem alten Schlosse, auf der anderen nach dem
Markt. Das alte Schloß besuchte ich gleich vorgestern früh. Es ist voll der herrlichsten Partien und
bietet unzählige schöne einsame Plätze dar. Von
dort aus besuchte ich Professor Umbreit, einen
jungen Orientalisten, von dem ich in Göttingen
gehört hatte. Er nahm mich freundlich auf und
sprach viel von meinen «Ghaselen». Doch hat er
sich mehr mit den semitischen Sprachen beschäftigt, da mit dem Persischen auf einer Universität,
wo bloß Brotstudien gelten, nichts zu machen ist.

Er ist ein großer Verehrer Hammers[1], mit dem er
in Verbindung steht.

Von ihm ging ich zum alten Voß[2]. Ich wollte
zuerst dessen Sohn besuchen, der aber nicht zu
Hause war. Der Übersetzer Homers empfing mich
an der Türe seiner Stube. Ich fand einen großen,
sehr hageren Mann mit etwas verzerrten Zügen.
Doch verlor sich der unangenehme Eindruck während des Gesprächs gänzlich, ich fühlte mich im
Gegenteil angezogen. In der Sprache hat er die
Eigenheit, daß er das *s* sowohl im Anfange als in
der Mitte und am Ende der Worte mit einem
auffallend starken Zischlaute ausspricht. Ich sah
auch seine Frau. Er spricht sehr gerne und läßt
einen nicht viel zu Worte kommen. Anfangs klagte
er über die Schlechtigkeit der Zeit in mannigfacher
Hinsicht, und dann redete er über Sprachen, wodurch er mir sehr interessant wurde. Ich wäre
gerne noch länger geblieben, aber es war nur zu
sehr Mittagszeit.

Des Abends holte ich Umbreit zum Spazierengehen ab. Er führte mich nach dem Wolfsbrunnen,
einem einsamen Ort mit schönen Baumgruppen,
und er zeigte mir die Stelle, wo er zuerst meine
«Ghaselen» gelesen habe. Sodann gingen wir aufs
Schloß und begegneten unterwegs einem Freund
Umbreits, Professor Ullmann[3], der aus hiesiger

---

[1] Josef Freiherr von Hammer-Purgstall (1774–1856), der
bedeutendste Orientalist seiner Zeit

[2] Johann Heinrich Voß (1751–1826) war seit 1805 Professor
in Heidelberg. Seine Homer-Übersetzungen waren erstmals
vollständig 1793 erschienen.

[3] Karl Ullmann (1796–1865), seit 1821 a. o. Professor für
Theologie in Heidelberg

Gegend ist. Ich habe ihn von einer vorteilhaften
Seite als großen Verehrer Goethes kennengelernt.
Überhaupt machte ich auf dieser Reise abermals
die Bemerkung, wie sehr Goethes ungemeines
Verdienst unter den Geistreichen in ganz Deutschland anerkannt ist. Des Nachts aßen wir bei Umbreit, der erst vor kurzem eine junge, hübsche,
reiche Frau geheiratet. Ich mußte einige Ghaselen
von Hafis vorlesen und übersetzen, und man fand
die persische Sprache, wie billig, sehr wohllautend. Gestern morgen ging ich wieder aufs Schloß,
durchstrich die vielen inneren Räume desselben,
die alle malerisch bewachsen sind, und las im Hafis.
Von Umbreit holte ich mir den sechsten Band der
«Fundgruben» nach Hause. Abends kam Umbreit
und später Harnier, der jüngere nämlich, der hier
studiert, und den ich zuletzt in Kastel gesehen und
nun gestern morgen auf der Straße traf. Wir gingen
zusammen aufs Schloß, das Heidelberger Faß zu
sehen. Vorher gesellten sich noch zwei Freunde
Harniers zu uns, die gebildete Leute schienen und
die wahrscheinlich etwas von mir gelesen hatten
und mich sehen wollten. Der eine heißt Herr von
Löw, der andere Genth, beide aus Weilburg. Beide
schienen sich sehr für Poesie zu interessieren, besonders Genth. Umbreit ging bald nach Hause.
Wir anderen gingen vom Schloß nach dem Neckar
hinunter, auf dem wir in die Stadt zurückfuhren.
Harnier lud mich zum Tee. Es wurde zuerst Musik
gemacht, Löw spielte Klavier und Harnier sang.
Sodann spielte Löw einiges aus der neuen beliebten
Oper «Der Freischütz». Genth blieb länger da, und
wir sprachen noch viel über Goethe, besonders den
«Faust». Es werden hier Vorlesungen über dies Ge-

dicht von Hinrichs[1] gehalten, aber freilich abstrakt genug und im Geiste der Hegelschen Systemerei.

Heute morgen war ich bei Kaufmann Fries, einem Schwager Kastners, an den ich ein Briefchen hatte. Er zeigte mir Zeichnungen aus dem südlichen Deutschland, die sein Sohn gemacht hatte. Dieser war auch in Erlangen gewesen und hatte dort Louis und Liebig abgezeichnet. Die große Anmut von Liebigs Gesicht vergegenwärtigte mir schmerzlich genug dies Bild, das mir der Zufall wies. Gott weiß, ob und wann ich ihn wiedersehen werde! O warum durften wir nur so gar kurze Zeit beisammen sein? Und warum mußten wir uns auf dieser Reise so sehr verfehlen? Wie glücklich könnte ich eben hier sein, wenn Liebig hier wäre, und wie große Hoffnung hatte ich dazu!

Ich aß heute mit Harnier, Löw, und nach Tische ging ich mit Umbreit zu Hofrat Creuzer[2]. Sein Gesicht wird etwas entstellt durch eine rote Perücke, die die Stirne zu sehr bedeckt, doch fühlt' ich mich bald hingezogen. Ich fand einen freundlichen, teilnehmenden und für alles Schöne leicht zu begeisternden Mann.

Abends führte mich Harnier auf den Riesenstein, einer hochgelegenen Felsgruppe, und dann auf der rechten Neckarseite nach der Stiftsmühle, wo wir saure Milch nahmen. Den größten Teil des

---

[1] Hermann Friedrich Hinrichs (1794–1861), seit 1819 Privatdozent in Heidelberg, 1822 als Professor nach Breslau berufen. Seine «Ästhetischen Vorlesungen aus Goethes Faust» erschienen 1825 im Druck.

[2] Georg Friedrich Creuzer (1771–1858), seit 1807 Professor für Philologie und alte Geschichte in Heidelberg. Verfasser der einflußreichen Studie «Symbolik und Mythologie der alten Völker» (1810–12), der Voß heftig entgegentrat.

Rückwegs fuhren wir auf dem Wasser. Ein Gewitter erhob sich und erleuchtete die Stadt. Viele
Johanniswürmchen flogen hoch über dem Neckar
und in den Feldern.

19. Juni 1822. Heidelberg.

Auch diese Zeit brachte ich sehr angenehm hin und
verschob meine Abreise von Tag zu Tag. Ehevorgestern fuhr ich mit Harnier und Genth nach
Schwetzingen, und wir besahen den Garten, den
ich seit sieben Jahren nicht mehr betreten hatte,
wiewohl meine Vorstellung davon noch ziemlich
deutlich war. Genths Umgang war mir äußerst
angenehm, er ist nach langer Zeit wieder der erste
Mensch, den ich finde, der sich so recht unmittelbar für Poesie interessiert und mit Geist über Goethe spricht, wiewohl der Kreis seiner Kenntnisse
sich nicht weit über die vaterländische Literatur
hinaus erstreckt, da er noch sehr jung ist. Manches
muß er sich seiner juristischen Studien wegen versagen. Er war in Bonn und hörte bei Schlegel
Literaturgeschichte und anderes, wovon er mir viel
Interessantes mitteilte.

Ich habe selbst bisher vergessen, von meinem
kurzen Aufenthalte in Bonn etwas zu sagen, was
ich nachholen will. Als ich des Morgens mit dem
Postwagen von Cöln ankam, trat ich im «Cölni-
schen Hof» ab und ließ mich sogleich zu A. W.
Schlegel führen. Er bewohnt ein ganzes Haus
für sich allein, das sehr elegant eingerichtet. Man
führte mich zuerst in die Visitenzimmer zu ebener
Erde, doch ließ er mich bald bitten, hinaufzukom-
men, da er nicht angezogen sei. Ich fand einen
Mann von mittlerer Größe, mit edler Stirn und

braunen, großen, wiewohl etwas matten Augen.
Er scheint überhaupt sehr mild und umsichtig
geworden zu sein. Er war so ganz mit seinen
Sanskrittypen, die er mir in natura und in Abdruck
zeigte, beschäftigt, daß er nicht leicht auf ein anderes Gespräch zu bringen war. Er zeigte mir alle
bisher erschienenen Druckschriften in England
und Indien, und seine Lettern erschienen allerdings
als die schönsten. Er gab mir das dritte Heft der
«Indischen Bibliothek»[1] für Schelling mit. Gegen
Goethes «Diwan» zeigte sich immer noch eine
Art Opposition, und er meinte, die Verse könnten besser sein. Er bedauert sehr, kein Persisch zu
verstehen, da dies eine bedeutende Lücke in seinen Studien ist. Nun ist er damit beschäftigt, einen Setzer wenigstens notdürftig abzurichten, um
etwas Zusammenhängendes drucken zu können.
Sein Fleiß ist in der Tat bewundernswert. Er würde
allein durch das, was er für das Indische tut, seinen
Namen berühmt machen, wenn dieser nicht schon
längst in Europa berühmt wäre. Nachmittags besuchte ich den älteren Welcker[2], den bekannten
Archäologen, und auch in ihm fand ich einen milden, äußerst interessanten Mann. Es lag ein Roman
von Scott auf dem Tische, wodurch das Gespräch
auf die neuere englische Literatur gelenkt wurde.
Er gab mir ein Billet mit, um des anderen Morgens
vor meiner Abreise noch die Bibliothek, deren
Vorstand er ist, besehen zu können.

[1] «Indische Bibliothek», Zeitschrift von August Wilhelm
Schlegel, Bonn 1820–30
[2] Friedrich Gottlieb Welcker (1784–1868), seit 1809 Professor für griechische Literatur und Archäologie an der neu-
gegründeten Bonner Universität

Nachher wollte ich Nees aufsuchen, der eine kleine Viertelstunde von Bonn auf dem Schlosse von Poppelsdorf wohnt, wo die naturhistorischen Sammlungen sind. Ich fand nur seine Frau, die ich noch nicht kannte, und seine Kinder. Sie führte mich später in den Botanischen Garten hinunter, der schön eingerichtet und die Aussicht auf die Siebengebirge gewährt, da er überdies statt mit einer Mauer mit einem Bache umzäunt ist. Neesens Frau ist mannigfaltig unterrichtet, in den südlichen und auch in den nordischen Sprachen bewandert und mit den großen Dichtern wohlbekannt. Ich brachte den ganzen Nachmittag auf die angenehmste Weise mit ihr hin. Sie bat mich, ihr eine Idee vom Klang der persischen Sprache zu geben, und da ich meinen Hafis immer bei mir führe, so las ich einige Ghaselen vor und übersetzte einiges. Sie fand die Sprache ausnehmend wohllautend und bat mich, mehreres zu lesen.

20. Juni 1822. Heidelberg.

Ich fahre von Bonn fort. Den folgenden Morgen sehr frühe ging ich abermals nach Poppelsdorf hinaus, um Nees selbst zu sprechen, da ich ihn nicht angetroffen. Er empfing mich recht freundschaftlich, sprach von meinen Ghaselen und bat mich, daß ich länger bleiben sollte. Dies nicht getan zu haben, bereue ich nun sehr, denn als ich später Arndt[1] besuchte, der sich ein Haus am Rhein baute,

---

[1] Ernst Moritz Arndt (1769–1860); ihm war 1820 die Lehrtätigkeit, als politisch verdächtig, untersagt worden, nachdem man ihn 1818 als Professor der Geschichte an die Universität berufen hatte. Arndt blieb in Bonn und wurde im Jahre 1840 rehabilitiert.

gegenwärtig aber sich bekanntlich in einer sehr
inquisitorischen Lage befindet, fand ich auch in
ihm einen frohen, herrlichen, kräftigen Mann, der
mich sehr anzog und der mich sehr freundlich
aufnahm. Er hatte etwas von mir gelesen und
sagte, daß er mich dabei immer für einen Hannoveraner gehalten hätte. Als ich von ihm aus noch
die Bibliothek besuchte, fand ich auch dort mehr
als vormals in Göttingen, und was außer Berlin
und Wien schwerlich in Deutschland zu finden ist,
nämlich eine ganze Reihe persischer Drucksachen
aus Indien und England. Wie gerne hätte ich dabei
verweilt, aber mein Unstern trieb mich fort, und
ich stieg in den Wagen. Dafür war es mir vergönnt,
hier in Heidelberg mich aufzuhalten, wo freilich
für meine Studien nichts zu finden ist. Von Umbreit entlehnte ich den sechsten und letzten Band
der «Fundgruben des Orients» und Meninskys
«Türkische Grammatik», worin ich auch für das
Persische viele Aufklärung finde.

  Diese Tage her war ich einmal des Abends mit
Ullmann und Umbreit auf dem Schlosse, letzterer
lud mich vorgestern mit Harnier zu Tische ein, mit
diesem letzteren war ich des Abends in Neuen-
heim, nachdem wir über den Philosophenweg gegangen waren, wo man Speyer und die Vogesen
sehr deutlich sieht. Gestern war ich mit Harnier,
Löw und Genth spazieren. Wir hatten einen Band
von Goethe mit uns, aus dem das Gedicht «Ilmenau» gelesen wurde. Harnier und Löw, veranlaßt durch ihren Lehrer, den hiesigen Historiker
Schlosser, bildeten die Opposition gegen Goethe.

5. September 1822.

Alles wurde heute morgen zu meiner Abreise[1]
vorbereitet. Meine Bücher übernahm Engelhardt,
meine Mineralien Hermann, andere Habseligkei-
ten, die ich nicht mit mir nehmen kann, Schelling.
Als nun dies alles geschehen war, ging ich nachmittags zum Baden und besuchte jene weidenbe-
pflanzte Wieseninsel noch einmal. Von da zurückgekommen, wollte ich Cardenio Lebewohl sagen
und wollte ihm noch ein Exemplar meines letzten
Werkchens schenken. Aber, o Gott, ich erfuhr, daß
er diesen Mittag bereits abgereist! Nicht einmal
mit ein paar Worten würdigte er mich, von mir
Abschied zu nehmen. Was bleibt mir nun anders
als ein unsäglicher Schmerz und die ganze Unerträglichkeit der Existenz. Ich würde beruhigter
sein, wenn er mir ein einziges Lebewohl gesagt
hätte. Schwerlich werden wir uns jemals wiedersehen. Und wenn auch je, er liebt mich nicht. Die
höchste Schönheit, die höchste Milde, die mir je
begegnete, begegnete mir so unfreundlich! Und
nun ist aller Trost, recht bald über hundert Meilen
von ihm entfernt zu sein. Wie soll mir etwas anderes genügen? Muß ich mich wieder hinschleppen
und lächeln mit zerrissener Seele? O Gott! Nimm
ein Leben von mir, das du mir unter fürchterlichen
Bedingungen gegeben hast.

*

6. August 1824. Erlangen.

Gestern abends erhielt ich einen sonderbaren Brief
von Liebig, worin er mir zwar für meine «Schau-

---

[1] nach Linz

spiele» dankt, sonst aber wenig mit mir zufrieden
ist und eine Charakteristik aus meinen Schriften
von mir entwirft, die im ganzen eben nicht schmei-
chelhaft ist. Der Brief soll zwar vielleicht im Scherz
geschrieben sein, aber ein gewisser bitterer Ernst
scheint daraus hervorzubrechen, und Liebig beklagt sich nicht ganz mit Unrecht über das Wan-
kelmütige meiner Gemütsart; denn wiewohl er
mir immer wert war, so war ich im Begriff, ihm
andere vorzuziehen. Freilich habe ich umsonst einen Freund zu finden gehofft wie ihn, und so hatte
ich immer Ursache, zu ihm zurückzukehren. Ich
weiß übrigens nicht, ob dies Verfahren in jeder
Hinsicht unter Freunden getadelt werden kann.
Man bedarf augenblicklicher Mitteilung, und ein
so weit Entfernter versagt sie uns. Die Treue ist
achtungswert; aber sie darf nicht bloß ein hohler
Begriff sein. Liebig hat, ich weiß nicht durch welchen Ohrenbläser, mein Verhältnis zu Cardenio
erfahren und beklagt sich darüber. Er nennt ihn die
trockenste Natur, die ihm jemals vorgekommen,
und hierin hat er vollkommen recht. Es war ein
höchst albernes, befangenes Verhältnis, von einer
Art, wie ich sie hoffentlich in meinem Leben nicht
wieder eingehen werde. Einen Freund zu finden,
war immer ein idealer Wunsch seit meiner Jugend
in mir; welche Klötze ich jedoch dafür gehalten
habe, weiß der Himmel. Gegen Liebig aber bin ich
nie anders als wahrhaftig gewesen.

Bei Engelhardt habe ich mir einige Bände von
Goldoni geholt, um doch die italienische Konver-
sationssprache ein wenig einzulernen; aber er ist so
schleppend und langweilig und dabei so nüchtern
und oft so ungeschickt in der ganzen Komposition,

daß man nicht sehr davon erbaut wird. Heute ging
ich früh morgens in meinen Garten, wo ich in den
«Nibelungen» las.

8. August 1824. Erlangen.

Ich sprach heute mit Fabri und später mit Engelhardt, wie herrlich es wäre, wenn man hier unter
den Studenten ein Liebhabertheater zusammen-
bringen könnte und wie bildend es für die ganze
Universität werden würde. Es versteht sich, daß
nur edle und wahrhaft poetische Produktionen
gegeben würden; aber diese würden dann einen
größeren Genuß gewähren, als es bei den gewöhnlichen Schauspielern, zumal nach dem jetzigen
Zustande des Theaters, der Fall sein würde. Ich
würde, für meine Person, den großen Vorteil haben, meine Stücke hier zuerst aufgeführt zu sehen,
ehe ich sie den öffentlichen Theatern überschickte.
Die Shakespeareschen und Schillerschen Stücke
würde man ihres großen Personals wegen auf eine
spätere Zeit versparen, wo das Theater sich schon
mehr Freunde und innere Bildung und Gewandtheit der einzelnen erworben hätte. Stücke von
Calderón hingegen, deren Personal meistenteils
mäßig ist, würde man nach den schönen Schlegel-
schen und Griesschen Übersetzungen früher produzieren können, und sie würden eine außerordentliche Deklamationsschule, besonders in bezug
auf Deklamation des Verses und Reimes werden.
Die Frauen, dem Vorurteil und den hiesigen spe-
ziellen Verhältnissen gemäß, würden sich zwar nie
entschließen mitzuspielen. Aber es würde nichts
leichter sein, wenn die Studenten einmal dafür
gewonnen wären, unter den jüngeren Leute zu

finden, welche Mädchenrollen übernehmen könnten, wie es bei den Alten, wie es noch zu Shakespeares Zeiten der Fall war. Viele Ziererein, Kabalen, Intrigen würden ohnedem durch Aufhebung
des Geschlechtsverhältnisses wegfallen, und alles
könnte sich frei, ohne Zwang und Privatinteresse
bewegen. Dazu kommt, daß die äußeren Bedingungen bereits gegeben wären. Es ist hier ein
geräumiges Schauspielhaus, das noch dazu der
Universität gehört. Es hat Dekorationen genug,
um damit auszureichen. In diesem Punkte würde
man ohnedies keinen Aufwand machen. Leider
fehlt es vorerst an einer Handhabe, um die Sache
unter die Leute, zumal unter die Studenten, zu
bringen. Engelhardt, als Theologe, kann hierin
nicht den Anfang machen, und ich selbst habe
keine eigentliche vertraute Bekannte unter ihnen.

Auch in München habe ich nun, besonders in
bezug auf mein neuestes Stück, einige Hoffnung.
Der Graf Weichs, der meinen «Gläsernen Pantof-
fel» zurückgewiesen hat, ist nicht mehr Intendant
des Theaters. Gegenwärtig ist es ein Herr Poissl[1],
ein Komponist, der sich auch für Poesie interessieren soll. Kerstorf kennt ihn und glaubt einigen
Einfluß auf ihn zu haben. Auch will er, wenn ich
auf meiner Rückkehr von Venedig durch München komme, meine Komödie im Hause seines
Vaters vor einer bedeutenden Gesellschaft, wobei
auch Poissl geladen sein soll, vorzulesen. Dies steht
mir übrigens auch bei Stunz und Kleinschrod offen, denn Luise Kleinschrod ist gegenwärtig bei
ihrer Schwester in München, wohin ihr Mann

---

[1] Johann Nepomuk Poissl (1783–1853) war 1824–33 Hof-
theaterintendant.

versetzt worden. Von solchen, vielleicht nichtigen
Hoffnungen lebe ich gegenwärtig; denn sonst ist
mein Leben unbedeutend und zersplittert, zumal
durch die Vorbereitungen der beschlossenen Reise.

19. August 1824. Erlangen.

In der letzten Zeit beschäftigten mich in meinem
Gartenhause besonders die «Nibelungen», die ich
vor ein paar Tagen zu Ende brachte. Es ist eigentlich das erste Mal, daß ich sie in der Urschrift
von Anfang zu Ende gelesen habe. Vielleicht finde ich morgen noch Zeit, oder doch wenigstens
nach meiner Rückkehr, um noch am Schlusse dieses neunundzwanzigsten Buches meine Gedanken
über dies außerordentliche deutsche Gedicht mitzuteilen.

21. August 1824. Erlangen.

Der Morgen der Abreise ist angebrochen. In einer
Stunde werde ich nach Nürnberg fahren, wo ich
für heute bei Hermann bleibe und noch mehrere
Geschäfte zu besorgen habe. Mit einer kleinen
Geldsumme, die ich dort einzunehmen habe, führe
ich nun im ganzen, den Kreditbrief mit einge-
schlossen, 461 Gulden mit mir auf diese Reise,
wofür sich hoffentlich nach Venedig und wieder
zurückkommen läßt. Sonst führe ich ein Ränzchen
und meinen Mantelsack mit mir, welch letzteren
ich von Salzburg aus, wo ich den Postwagen verlasse, nach Triest voranschicken werde. Den gestrigen Vormittag brachte ich mit Packen zu. Nachmittags nahm ich noch einen Augenblick von Sta-
chelhausen Abschied und ging dann zu Puchtas,
wo ich den «Rhampsinit» vor seiner Frau, die ihn

noch nicht kennt, vorlesen sollte. Es waren auch ein paar recht angenehme Mädchen, die beiden Fräulein Rudel, eingeladen. Sonst war noch Puchtas jüngerer Bruder gegenwärtig. Die Vorlesung scheint vielen Eindruck gemacht zu haben. Die Frauen waren gerührt und dankten mir auf das freundlichste, indem sie mir glückliche Reise wünschten. Doch mußte ich mich auf der Stelle entfernen, da ich noch Besuche zu machen hatte und es schon sehr spät war. Ich nahm bei Schelling Abschied, ging dann zu Schubert, der mir auf meine Bitte noch einige geognostische Bemerkungen über die Gebirgsreise mitteilte, und dann zu Engelhardt, dem ich zuletzt Lebewohl sagte. Wenn es gut geht, so hoffe ich nun, in vier Wochen auf dem Markusplatze zu stehen. Puchta sagte zum Scherz, wenn ich einmal die Werke des Palladio gesehen hätte, so würde das gotische Element aus meiner Poesie verschwinden.

*

APHORISMEN
besonders über dramatische Kunst

I.

Das Theater muß durchaus als Nationalangelegenheit behandelt werden, wenn es gedeihen soll. Es muß zuerst der Grundsatz aufgestellt werden, daß nur die Poesie das Recht habe, auf dem Theater einer Nation zu erscheinen. Sodann müßten Richter niedergesetzt werden, die des Urteils fähig sind und die ein Stück der Aufführung würdig oder unwürdig erklären müßten. Wenn hierbei auch

manchmal ein falsches oder schiefes Urteil mit-
unterliefe, so würden doch einzelne Ungerechtig-
keiten weit eher zu ertragen sein als ein Theater, auf
welchem Barbarei und Trivialität herrschen.

2.

Keineswegs dürften aber die bestellten Kunstrichter dem Künstler die Art des Stoffs oder sonst
etwas vorzuschreiben sich anmaßen; sie haben
nichts zu tun, als das fertige Produkt aus der Hand
des Dichters zu empfangen und den Maßstab der
Kunst daranzulegen.

3.

Die Kunst bedarf einer gewissen Beschränkung,
wenn sie sich wahrhaft konzentrieren soll, worauf
zuletzt alles ankommt. Die poetische Form müßte
als wesentlich festgesetzt, ein ganz in Prosa oder in
stümperhaften Versen und Reimen geschriebenes
Drama müßte zurückgewiesen werden, auch wenn
es Genie verriete. Es kann dem Genie selbst kein
größerer Dienst erzeigt werden, als es zur höchsten
Vollendung anzureizen. Nur derjenige, der Form
und Sprache vollkommen überwunden hat, wie
wir es bei Sophokles, Aristophanes, Calderón
sehen, darf behaupten, daß er durch und durch
Künstler ist. Die höchste Vollendung der Form ist
die Schönheit selbst und fällt mit der Seele der
Kunst in eins zusammen.

4.

Es kommt nicht darauf an, daß alle deutschen
Theater zu einer hohen Kunstvollendung gedeihen; eines reicht hin für die Motive und den Dich-

ter. Denn niemals hat es ein griechisches, französisches oder spanisches Theater gegeben, sondern bloß ein Atheniensisches, ein Pariser, ein Madrider Theater. Die übrigen mochten sich dann auf ihre Weise zurechtfinden und dem eigentlichen Muster nacheifern.

5.

Daher ist es eine bescheidene Hoffnung, daß unter den vielen Theatern Deutschlands wenigstens eines die höchste Ausbildung erstreben möge und ein strenges Regiment einführen. Welchen Ehrgeiz würde es bei den Dichtern erregen, ihr Stück auf das eigentlich klassische Theater zu bringen! Freilich dürfte hier von keiner Intendanz die Rede sein und keine Kabalen geschmiedet werden. Das schon erwähnte Kollegium dramatischer Kunstrichter, aus den ersten Männern der Nation zusammengesetzt, würde für alles bürgen. Ein Dichter von Profession jedoch dürfte ein Mitglied dieses Kollegiums sein.

6.

Das Theater ist heilig und allein der Kunst geweiht. Politische und Hofrücksichten dürfen nie Einfluß auf die Bühne haben. Freiheit ist das Element der Kunst.

7.

Schauspiel und Oper müssen auf das strengste geschieden werden, wenn je die dramatische Kunst in Deutschland gedeihen soll. Das Beispiel der Oper hat uns gelehrt, Abgeschmacktheit und Unsinn auf der Bühne erträglich zu finden, und dies ist das Schlimmste, was eine Nation lernen kann.

8.

Persönliche Satire sollte allein vom deutschen
Theater verbannt sein, wiewohl bei einer wahrhaft
liberalen und gebildeten Nation auch persönliche
Satire auf dem Theater möglich ist. Friedrich der
Große würde es einem geistreichen Dichter vielleicht verziehen haben, wenn er ihn auf der Bühne
lächerlich gemacht hätte, denn er wußte wohl,
daß der Witz eines Dichters seinem eigentlichen
Ruhme nicht schaden könne. Ebenso willig ertrug
Sokrates die Satire des Aristophanes. Wir aber
wollen unseren Großen nicht zumuten, Sokratesse
und Friedriche zu sein.

9.

Religion, Kunst und Wissenschaft gehen ineinan-
der über und sind ihrem Gehalte nach dasselbe,
denn Gott und die Welt ist der Inhalt von allen
dreien. Aber in ihrer Weltansicht, in der Art ihrer
Offenbarung sind sie durchaus verschieden, und in
ihrer höchsten Potenz betrachtet, schließen sie sich
aus. Darum ist es dem religiösen Zeloten nicht zu
verargen, wenn er weder die Künstler noch den
Philosophen anerkennen will, und auch dem Philosophen nicht, wenn er Religion und Kunst unter
sich zu erblicken glaubt. Auch die Kunst sucht das
Göttliche unmittelbar darzustellen und wird nie
die Dienerin der Religion oder der Wissenschaft
sein. Der Künstler wird freilich nie ein Anathem
über Glauben und Wissen aussprechen, aber er
richtet sie stillschweigend durch sein Kunstwerk.
Denn jedes wahre Kunstwerk hebt die religiöse
und philosophische Weltansicht auf; versteht sich,
nicht an sich selbst, sondern bloß im Augenblicke

des Kunstgenusses. Bei der Darstellung eines guten Dramas wird jeder Denker seine Philosopheme und jeder Zelot seinen Katechismus vergessen, und Raffael hat der Idee nach das Christentum vernichtet, indem er es in das Gebiet der höchsten Schönheit herüberzog, oder vielmehr, indem er es mit der Schönheit, die nur den Sinnen anschaulich ist, identifizierte. Der Vernünftige, der wohl weiß, daß Religion, Kunst und Wissenschaft jedes auf seine Weise nach dem einen Höchsten streben, wird sie ruhig nebeneinander bestehen lassen.

10.

Gerade der Konflikt ist es, der das Genie entwickelt. So hat sich Lord Byrons Talent durch den scheinbaren Widerspruch gegen den streng religiösen und moralischen Zelotismus seines Vaterlands entfaltet, und so ist in Deutschland noch am ersten Poesie möglich, eben weil hier zugleich die religiöse und philosophische Weltansicht ausgesprochen sind. So war in Frankreich während der Napoleonischen Herrschaft gar keine Poesie möglich, weil Religion und Wissenschaft soviel als vernichtet waren und nur noch äußerlich betrieben wurden. Jetzt, wo Religionseifer und philosophische Studien wieder zu den Tendenzen der Nation gehören, scheint auch die Kunst wieder zu erwachen. In Italien scheinen alle religiösen und philosophischen Regungen einzuschlummern, und so finden wir gegenwärtig auch keine großen Dichter in Italien.

11.

Das Genie ist angeboren und geht dem Leben
voraus; die Kunst muß gelernt werden und ist die
höchste Aufgabe des Lebens für den, der Genie
besitzt.

12.

Die höchste Aufgabe der Kunst ist nicht, das Genie
zu zeigen, sondern vielmehr hinter der Kunst selbst
zu verbergen. Dies ist die große Kunst der Griechen, denen es gelang, durch die Vollendung der
Form gelang, das Allergenialste und Individuellste
als das Allgemeinste erscheinen zu lassen, so daß sie
das, was ihnen allein gehörte, der ganzen Nation
zuwandten.

13.

Alles Stümperhafte ist individuell, und bei jeder
Stümperhaftigkeit im einzelnen eines Kunstwer-
kes tritt das Individuum hervor. Die Vollendung
der Form hingegen ist die höchste Selbstverleugnung des Künstlers.

14.

Die Sentenz im Drama ist, was das Gleichnis im
Epos ist; es läßt den Dichter aus dem Hintergrund
des Gedichts hervortreten.

27. August 1824. Salzburg.

Mich überfällt hier ein Gefühl von Einsamkeit, das
unbeschreiblich ist. In einer volkreichen Stadt habe
ich noch mit niemanden gesprochen als mit dem
Polizeikommissär, der mich holen ließ, weil in
meinem Paß kein Charakter und Reisezweck angegeben war, und in einem stark besetzten Gasthofe,
wo ich übrigens ein herzlich schlechtes Zimmer
erhalten, mit niemanden als mit den Kellnern. Es
kommt daher, weil hier keine eigentliche Table
d'hôte existiert und fast alles auf dem Zimmer
speist.

Heute morgens ging ich zuerst zum Michaelstor
hinaus, wo ich den breiten, reißenden Fluß und die
schönen Buchenlauben des Kapuzinerbergs übersehen konnte. Der ziemlich geschmacklose Brunnen auf dem Domplatze besteht aus einem grob-
körnigen Marmor. Von derselben Steinart, die
ohne Zweifel in der Gegend vorkommt, ist die
vordere Fassade des Doms, die Hauptmasse der
Kirche aber aus Quadern von Nagelfluh. Der
Dom, der nach dem Modelle der Peterskirche erbaut sein soll, erregt nicht die mindeste Sehnsucht
nach Rom, um das Original zu sehen. Es steht zu
hoffen, daß mich bald Palladio und Scamozzi eines
Bessern über eine modern antike Kunst belehren
werden, deren Denkmäler in Deutschland wenigstens unerträglich sind. Recht eigentlich geschmacklos ist die Kollegienkirche. Welche Fülle
von Leerheit spricht aus einer solchen Architektur.
Das einzige Übrigbleibsel alter Kunst in Salzburg

ist die Pfarrkirche, deren Inneres jedoch dergestalt durch moderne Schnörkel verdorben ist, daß das Auge beständig an den hohen Gewölben haften muß, um nicht gestört zu werden, und auch hier hat der Ungeschmack alles mit weißer Tünche überschmiert. Die Kirche ward gegen Ende des fünfzehnten Jahrhunderts erbaut. Daß die Säulen noch kunstloser ausgefallen sind als die der Martinskirche in Landshut, daran ist hier wie dort das schlechte Material schuld.

Der Eindruck, den das Steintor immer wieder hervorbringt, ist immer wieder groß. Die Inschrift und die beiden Medusenköpfe entschädigen für die Verzierungen der erzbischöflichen Brustbilder. Die Obelisken auf der anderen Seite, wiewohl sie mit dem Felsen unmittelbar zusammenhängen, nehmen sich nicht sonderlich aus. Die Nagelfluh ist ein allzu hartnäckiges Material für Kunstwerke. Ich ging längs der Felsenmauer fort bis ans Klausentor. Wodurch, fragt es sich, wurden diese Kalktrümmer, die auf der bayerischen Ebene als Geschiebe zerstreut liegen, in so feste Massen zusammengebacken? Und wie geht dies Konglomerat in eine selbständige Gebirgsart über? Die letztere Frage wird sich wohl auf dem Wege nach Werfen einigermaßen beantworten lassen.

Von da ging ich, an der Festung vorüber, auf den Mönchsberg, wo man einen vollständigen Überblick über die Stadt gewinnt und sich von der absonderlichen Bauart der Dächer näher unterrichten kann. Dies Nagelfluhgebirge prangt allenthalben mit den schönsten Laubwäldern.

Der Regen hielt heute zurück; doch blieb der Himmel trübe, und die Wolken hingen über den

Gipfeln des Untersbergs. Nach Tisch wollte ich
nach Aigen, da ich diesen Lustort das vorige Mal in
einer zu ungünstigen Jahreszeit besucht hatte; doch
ward mir der Weg zu kotig, und ich begnügte
mich, die ausgegrabenen Altertümer in der Stein-
gasse zu besichtigen und den schönen Kapuziner-
berg zu besteigen. Jene vom Jahre 1815 an ausgegrabenen Urnen und andere Geräte geben mancherlei Aufschluß über die Leichengebräuche der
Römer; ihren Kunstwert lassen wir mehr oder
weniger dahingestellt sein. Die guten Alten in
Juvavien mußten sich zu ihren plumpen Aschen-
krügen ebenfalls der Nagelfluh bedienen. Doch
sieht man auch den schon erwähnten grobkörni-
gen Kalkstein, ja sogar Alabaster und Siegelerde.
Tränenfläschchen und Glasurnen, Ringe und Lampen, Schlüssel und Opfermesser haben sich ziemlich gut erhalten; die ägyptischen Götter sind nicht
scheußlicher geworden, als sie ursprünglich waren, und es zeigen sich diese Menschengebeine
nach einem Jahrtausend noch immer nicht ganz
vermorscht.

29. August 1824. Werfen.

Der Weg von Hellbrunn war über die Maßen
sonnig, und ich fühlte mich glücklich genug, als bei
Kaltenhausen die Berge sich an die Straße heran-
drängten. Nun zeigte sich Hallein mit seiner ganzen Umgebung, deren Reichtum unabsehbar ist.
Im Hintergrunde erheben sich die Steyrer Gebirge
in unnahbarer Majestät. Die Salzach schlängelt sich
durch üppige Wiesen, hellgrüne Buchenwälder
hängen von Bergen und Hügeln ins Tal herab, wo
die Esche, der Ahorn und der Lärchenbaum hei-

misch sind. Ich trat in der «Post» ab und bestieg
sogleich den Dürrenberg, um die Salzwerke zu
sehen. Der Weg führt an einem Gießbache vorbei
von der Art, wie man so viele im bayerischen
Gebirge sieht, wenn ein Bergwasser sich zwischen
großen Kalkgeschieben Platz macht, hier fühlte ich
mich eigentlich erst recht im Gebirge.

Die Kirche von Dürrenberg ist aus rotem Marmor erbaut. Ringsum sind die Wohnungen der
Bergleute. Ich ging ins Wirtshaus, und der Steiger
Anton wurde beauftragt, mit mir einzufahren. Ich
fand in ihm einen gesetzten und wohlunterrichte-
ten Mann, der mich manches merken ließ, was mir
sonst vielleicht entgangen wäre. Ich setzte die
runde Bergmannsmütze auf, zog Hosen und
Wams an und noch ein drittes Kleidungsstück, das
mit einem Gürtel um den Leib befestigt wird, und
der Steiger steckte mir selbst den Handschuh in
den Gürtel. Auf dem Weg nach dem Grubeneingang zeigte er mir ein Stück Jaspis, der aber selten
vorkommt. Es ist kein geringer Genuß für einen
angehenden Geognosten, mitten ins Eingeweide
der Erde versetzt zu werden. Auch muß wohl
etwas Dämonisches in meiner Natur sein, da ich
mich unter der Erde so unbeschreiblich wohl
fühlte. Die Kühlung war so erquickend nach einem
heißen Tage, es herrschte eine so feierliche Ruhe in
diesen einsamen Stollen, und ich fand hier, was
man selten findet, unmittelbare Belehrung.

Die Gewinnung des Salzes beruht auf einem
sehr einfachen Chemismus. Das süße Wasser wird
von oben in die großen ausgehauenen Salzkammern, deren sich dreißig in Dürrenberg befinden,
geleitet. Das Wasser, das die Kammern bis an die

Decke erfüllt, löst das Salz auf und läßt den Ton zurück, der mit ihm vorkommt. Das Salz wird nun als Sole in Rinnen nach Hallein geführt, der Ton wird als Letten benützt, um das Hinausdringen der Sole aus den Kammern zu verhüten; das Überflüssige wird auf zweirädrigen Karren aus dem Berg hinausgebracht und in den Fluß geworfen, der es weiterschwemmt.

Der Berg hat siebzehn Ausgänge und also ebenso viele Hauptstollen. Der unterste davon ist in Kalkstein eingehauen und erforderte eine Arbeit von vierzig Jahren. Er ist drei viertel Stunden lang. Durch diesen fuhren wir wieder ans Tageslicht, das zuerst, noch vierhundert Klafter entfernt, wie ein kleiner Stern glänzte.

Über dem Kalkgebirge also liegt der Tonschiefer, der teils hart, teils weich und zerbröckelt vorkommt. In Verbindung mit ihm erscheinen Salz und Gips, die zuweilen kristallisiert sind. Eine Mischung mit faserigen Holztrümmern zeigt sich an mehreren Orten. Die Bergleute nennen es Heidengebirge, weil es von den alten Schachtzimmerungen der Römer herkommt. Die Zimmerung, die nur bei Stollen von unhaltbarer Struktur angebracht wird, besteht aus drei Balken, wovon zwei an den Wänden aufgesteift sind und einer quer zwischen ihnen über der Decke läuft. Alle zwei Jahre, weil das Salzgebirge immer wieder anwächst, muß die Zimmerung abgenommen und der Stein aufs neue behauen werden. Sonst erliegt der künstliche Bau der Last organischer Fortbildung. Der Steiger zeigte mir einen eingezogenen Stollen, in welchem die Pfeiler schon halb erdrückt und zermalt waren. In den Stollen sind alle fünfzig

Klafter erweiterte Hallen zum Ausweichen angelegt.

Ich sah auch die Stelle, wo des Morgens die
Bergleute sich vor einem Muttergottesbilde zum
Gebet vereinigen, und die kleine ortgemäße Mine-
raliensammlung von allen Vorkommnissen des
Berges, worunter sich schöne Gipskristalle und
Muschelkalke auszeichnen.

Sehr lustig ist das Hinunterglitschen auf den sogenannten Stollen und die Ausfahrt selbst auf einem
Karren, der von zwei Bergknappen gezogen wird.

Der Steiger mochte mit meinem Trinkgelde
zufrieden sein und gab mir noch eine Schachtel mit
in den Kauf, die in Hallein gebräuchlich sind und
die verschiedenen Salzsteinarten enthalten. Einige
schöne Streifen von Tonschiefer, Gips und rotem
Salz hatte ich mir in der Grube selbst gebrochen
oder brechen lassen. Ich schickte den größten Teil
davon mit dem Postwagen nach Ansbach, um sie
nicht tragen zu müssen.

Der Weg von dem Ausfuhrplatze bis Hallein
beträgt keine Viertelstunde, ist aber ganz unbeschreiblich schön. Über den Gießbächen, die von
den Kalkfelsen herabgleiten, erheben sich die üppigsten Buchenwälder mit den hellsten, frische-
sten, lachendsten Schattierungen. Ich stand er-
staunt vor diesem Meer von Grün, vor dieser
verschwenderischen Fülle des Laubs, das sich so
malerisch, so reich, so gefällig gruppiert. Es war
der schönste Anblick, dessen ich bisher auf dieser
Reise genossen hatte, wiewohl die Umgebungen
von Salzburg schon so reich an herrlichen Buchen-
wäldern sind. Zum erstenmal wünschte ich recht
lebhaft einen Gefährten, nicht aus Langeweile wie

in Salzburg, sondern um diesen Schatz von Anschauungen zu teilen.

Ich verließ Hallein heute morgens frühzeitig. Die Nebel senkten sich allmählich, und verklärt standen alle Gipfel. Als die Sonne aufging, zog sich wieder ein Flor um die Gegend, und später bildete sich, der Sonne gegenüber, ein bleicher Nebelbogen. Es war Sonntag, und die Wege wurden voll von Kirchengängern und Kirchengängerinnen. Die weibliche Tracht nähert sich hier schon sehr der männlichen, wodurch die Weiber nicht hübscher werden, als sie überhaupt sind. Da weder die Salzburger noch Salzburgerinnen wegen der Schönheit ihrer Gestalt berühmt sind, so habe ich auch nicht nötig, einzustimmen.

Das Kalkgerölle, womit die Landstraße gepflastert wird, dauerte fort. Zur Rechten erhob sich ein Berg, den die Gollinger «zum ewigen Schnee» nennen und der mit seinen Rinnen und kahlen Zacken aus der Ferne hervorragt. Er gehört zur Kalkformation, die mich überhaupt bisher nicht verließ und vor Hallein beginnt. Schon der Untersberg ist ein Kalkgebirge.

Das erste Haus in Golling ist das neue Haus eines Schusters. Da diese Professionisten von jeher Poeten und Philosophen waren, so hat auch unser Schuster von Golling einen philosophischen Reim über sein Haus gesetzt, den ich auswendig behielt:

Das Haus gehört mein und gehört nicht mein,
Dem Zweiten gehört's auch nicht sein;
Dem Dritten wird es übergeben,
Doch der wird auch nicht ewig leben;
Den Vierten trägt man auch heraus,
Nun frag' ich, wem gehört das Haus?

Die Lage von Golling ist keineswegs so reizend als die von Hallein. Das Laubholz ist fast ganz verschwunden. Tanne und Lärchenbaum herrschen vor. Ich ließ mich durch einen Bauernjungen zu dem bekannten Wasserfall führen. Die Umgebung ist nicht reich und der Bach unbedeutend, besonders der mittlere Fall aber gewährt immer ein anmutiges Schauspiel. Die Flüsse haben ihre Lebensalter wie die Menschen. Als harmlose Kinder lallen sie aus dem Felsen hervor, als Jünglinge brausen sie in die Tiefe und durchwallen dann männlich als ruhige Ströme die Ebene, bis sie zuletzt im Allgemeinen verschwinden. Jede dieser Perioden ist in sich selbst vollendet und gewährt eine herrliche Anschauung.

6. September 1824. Triest.

Ich unterließ nicht, in Görz die Kirchen zu besehen. Die Jesuitenkirche ist unbedeutend; aber die Domkirche gewährt einen eigenen Anblick, wiewohl sie auch aus einer Mischung des Gotischen und Modernen besteht. Aber nur die hintere Halle des Hochaltars, die sonst wahrscheinlich die ganze Kirche ausmachte, ist gotisch, und das eigentliche Schiff der Kirche schließt sich durch einen Bogen auf eine geschmackvolle Weise an jenes Gewölbe an. Die Seitenaltäre, die, anstatt wie bei uns die Richtung des Hochaltars anzunehmen, an die Wände nebeneinander gereiht sind, die reichen und doch einfachen Verzierungen, die Freskomalereien, alles dies gibt diesem Tempel ein sehr heiteres Ansehen. Hierzu kommt das in einzelnen Teilen sehr gelungene Bild eines jungen Görzer Malers über dem Hochaltar.

Ich stieg sodann in den Palast des Grafen Coro-
nini hinauf, um die weitläufigen Gärten zu sehen;
aber sie sind einzig auf den Gebrauch berechnet
und bestehen aus Reisfeldern, Reben und Maul-
beerbäumen. Diese letzteren sind überhaupt in der
Gegend vorherrschend, jeder Winkel, sogar der
Kirchhof ist für ihre Fortpflanzung benützt. Aus
einem Klostergarten sah ich einige schöne Zypressen vorragen; auch sieht hie und da ein Lorbeer
über die Mauer. Für eigentliche Gartenkunst scheinen die Görzer übrigens keinen Sinn zu haben. Es
gibt in diesen reichen Umgebungen keinen öffentlichen Garten oder Spaziergang, wo man des
Schattens und der fruchtbaren Landschaft in Ruhe
bei einem Glas Wein genießen könnte. Das Schönste, was mir in Görz zuteil wurde, ist die Aussicht
vom Kastell herab, das ich des Abends bestieg,
während vom Hauptplatze her eine militärische
Musik heraufklang. Eine solche Fülle von Grün in
allen seinen Schattierungen war mir eine neue Erscheinung. Im ganzen, nach allen Richtungen hin,
war nicht eine einzige Stelle leer oder kahl, wo man
den Boden des Feldes gesehen hätte. Bis zu den
höchsten Hügeln erstreckte sich diese Rebendecke,
mit Weiden und Fruchtbäumen durchflochten. Im
Hintergrunde ragten die herrlichen Formen der
Kalkgebirge empor und bildeten eine schöne
Kette. Gestern morgens fuhr ich von Görz mit
einer gewöhnlichen Gelegenheit hierher. Ein gutmütiger Italiener, ein ungarischer Offizier, der
deutsch verstand, und ein junger Mensch, der nach
Cherso sollte, machten die Gesellschaft aus. Der
Weg hierher, wiewohl mit Ortschaften besät, ist
fürchterlich, ein wahrhaft steiniges Arabien, zwi-

schen welchem von Zeit zu Zeit Weinberge und
Maulbeerpflanzungen hervortraten. Alles hängt
voll teils dichter, teils seltsam zerklüfteter Kalk-
steintrümmer, die zum Teil zu Mauern und Stein-
haufen aufgeschichtet sind. Schon vor Monfalcone
gewahrt man einen Streifen des Meeres. In Monfalcone, wo wir anhielten, erstieg ich den Berg, auf
welchem die Ruinen des ehedem herzoglichen
Schlosses stehen, und sah gegen das Meer hinüber,
über welchem der Dunst des heißen Tages lag.
Auch bei Duino sieht man mehr bloße Kanäle und
Lagunen als das hohe Meer selbst, das erst von
Opschina aus in seiner Pracht sich ausbreitet. So
sah ich es zuerst in seiner tiefsten Stille, durch kein
Lüftchen bewegt. Die Abendsonne, die hinter
einer lichten Wolke stand, warf einen blendend-
weißen Schimmer über dasselbe. Nun ging's den
steilen Berg hinunter, in die vollen Gassen von
Triest. Zuerst fiel die Tracht der Bauern – es war
gerade Sonntag – auf, die dem Klima gemäß ist.
Der Filzhut ist mit einem ungemein breiten Rande
versehen, die Jacke hängt mit ihren Ärmeln über
den Schultern, die kurzen Hosen schlottern unge-
bunden um die Kniee.

Triest überfällt und betäubt zu sehr, um ein
vollständiges Bild davon zu geben und die Anschauungen des ersten Abends einigermaßen zu
ordnen und zu vergegenwärtigen. Ich stieg in der
«Locanda grande» ab, die auf einer Seite nach dem
eigentlichen Markt, der Piazza grande, gerichtet
ist, auf der anderen nach dem Hafen. Ich erhielt ein
schönes, geräumiges Zimmer mit der Aussicht auf
das Meer und die unzähligen Masten, die hier vor
Anker liegen. Wenn ich meine Stubentür öffne, so

sehe ich über einen Balkon weg nach der Piazza.
Ich fühlte zuerst ein großes Bedürfnis, mich zu
baden, und ließ mich auf den «Soglio di Nettuno»
führen, ein sehr schön eingerichtetes Badeschiff,
durch eine Schiffbrücke mit dem Lande verbunden. Die Bäder gehen vermittelst eines geländerten
Bretterbodens ins Meer hinunter, und man kann
höher und tiefer schrauben, sich erheben und ver-
senken. Das Wasser dringt beständig durch die
Öffnungen des Geländers ein, und man kann sich
in eine schwankende Bewegung versetzen. Hier
lernte ich nun die Natur des Meerwassers kennen.
Es ist durchsichtig wie Glas, und der Körper unter
dem Wasser erscheint wie der weißeste Marmor.
Nach dem Bade verbreitet sich eine gewisse Hitze
über den Körper. Im Geschmack schien es mir dem
Solewasser in Hallein ganz gleich zu kommen. Aus
dem Bade steigend, ging ich aufs Verdeck, das mit
Sitzen versehen ist, um Erfrischungen zu sich zu
nehmen. Der Mond stand bereits über dem Palaste
des Hieronymus Buonaparte, und von Süden her
kam ein abwechselndes Wetterleuchten. Der späte
Anfang des Theaters erlaubt noch vorher, den
Abend zu genießen.

Welch eine Regsamkeit des Lebens entfaltet ein
solcher Abend in Triest! Die elegante Bauart der
Stadt, die Börse, das Theater und hundert andere
schöne Gebäude, die vielen großen Plätze, die
prächtig erleuchteten Kaffeehäuser und das schöne
Pflaster von Quadersteinen, auf welchem man so
angenehm als in der Stube geht, das Tor nach dem
Hafen zu, des darin befindlichen Muttergottesbil-
des wegen tausendfach illuminiert und von Betern
besucht, der Hafen selbst mit all seinen Schiffen,

auf denen einsame Lichter brennen, der Canal
grande, dessen Masten sich mitten unter den Häusern von Triest erheben, die mannigfaltigen Trachten verschiedener Nationen, zumal der Griechen
und Armenier, der Obstmarkt mit seinen Melo-
nenkörben und Orangenpyramiden, neben denen
überall Lichter und Lampen brennen, die Volksmenge endlich, die sich durch alle Gassen wälzt,
imponieren dem fremden Ankömmling überaus.
Um halb neun Uhr ging ich ins Theater. Man
findet zuerst herrliche Vorsäle, welche teils zu
Büfetts bestimmt sind, zum Teil zum Versamm-
lungsort dienen, die Hereinpassierenden vorübergehen zu sehen. Das Theater selbst ist groß und
geschmackvoll gebaut mit einem Kostenaufwand,
wie man in Deutschland selten finden wird. Der
Vorhang stellt den Tempel des Herkules vor, und
er selbst als Herkules Musagetes in der Mitte. Man
gab «Le Gelosie di Zelinda e Lindoro». Es werden
hier bloß große Zettel mit Foliobuchstaben an das
Theater und noch ein paar Hauptsammelplätze der
Stadt angeschlagen, eigentliche Komödienzettel
mit Personenverzeichnissen usw. gibt es nicht. Das
Stück selbst war eine Comedia di carattere und
unter aller Kritik langweilig und abgedroschen.
Doch da ich dabei noch Nebeninteressen hatte und
doch einige italienische Phrasen lernte, so unterhielt ich mich ziemlich. Von Dekorationen kamen
bloß zwei gewöhnliche moderne Wohnstuben vor,
aber so prächtig und geschmackvoll gemalt und
ausgeziert, daß ich mich nicht satt daran sehen
konnte, da mir in Deutschland dergleichen niemals
vorkam. Denn bei allem Aufwand für Dekorationen fehlt doch Geschmack und Kunst. Über der

Bühne ist eine Uhr in Transparent angebracht, welche Stunden und Minuten anzeigt, wenn sich irgend jemand früher zu einer bestimmten Zeit entfernen will. Unter den Schauspielern war bloß die Zelinda erträglich. Wie froh wäre ich gewesen, wenn doch wenigstens eine Komödie von Goldoni gegeben worden wäre! Denn heute war leider kein Schauspiel. Es sollte in der Arena, einem Platz unter freiem Himmel, der beleuchtet werden sollte, gespielt werden, wie es ein über den anderen Tag zu geschehen pflegt. Allein man befürchtete gegen Mittag einen Regen, und der Zettel wurde abgenommen. Angekündigt war: «Elisabetta, regina d'Inghilterra, ossia il gran Parlamento di Londra, istorica, dramatica, spettacolosa representazione». Noch habe ich im Theater und seitdem auch auf den Gassen bemerkt, daß ein bei uns längst abgeschafftes Stück der Damenkleidung hier noch ganz allgemein ist, nämlich der Fächer.

Als ich heute morgens aufwachte, war der Himmel noch wolkig, da es die Nacht über geregnet hatte, und es ging der Scirocco, ein Wind, der den Schiffen günstig ist, die in den Hafen von Triest einlaufen wollen. Auch glänzte alles in der Ferne von weißen Segeln, und Möwen flogen über das Wasser.

Als ich aufstand und ausging, fand ich den Theaterplatz voll von Kaufleuten, die sich vor der Börse versammelt hatten; denn die Börse reicht von der Piazza della Borsa bis zur Piazza del Teatro, wo zwar nicht der Haupteingang, aber der besuchteste ist.

Ich kam an einem Buchladen vorbei und erfuhr da, daß der «Carmagnola» des Manzoni zu den verbotenen Büchern gehört[1]. Ich kaufte eine kleine Raccolta von neueren italienischen Dichtungen und eine Duodezausgabe des «Decamerone» in einem Bande. Nachmittags führte mich der Lohnbediente zu den beiden Promenaden von Triest, dell'Acquadotto und di St. Andrea. Die Anpflanzung besteht aus Akazien. Der letztere Spaziergang läuft am Meere hin und gewährt herrliche Prospekte. Wir kamen an dem schönen Palast Baciocchi vorüber, der Napoleons Schwager gehört. So besuchte ich auch den Molo di S. Carlo, wo man zu beiden Seiten die großen Kauffahrteischiffe sieht und vielen Griechen begegnet, die hier zu spazieren lieben, um von ankommenden Schiffen Nachrichten aus ihrem Vaterlande zu erhalten.

7. September 1824. Triest.

Als ich heute aufstand, ging der Maestrale, und der Himmel war ganz rein; nun scheint er wieder in den Scirocco umzukehren. Doch ist dieser dem Dampfschiffe nicht ungünstig, mit dem ich heute nacht um neun Uhr von hier nach Venedig abzureisen gedenke.

Ich ging ziemlich frühe mit dem Lohnbedienten aus. Vom Kastell herab sah ich Triest, das Meer und in der Ferne Aquileja durch ein Perspektiv. Man zeigt in der Altstadt auch ein altes römisches Tor. So ist auch die Kirche von St. Just uralt und bewahrt noch einige Hallen von Mosaik neben dem Hochaltar. Genau genommen ist sie fünf- anstatt dreiteilig, doch sind die beiden äußersten

[1] Gemeint ist Manzonis Drama «Il conte di Carmagnola», Mailand 1820. Die Chöre in diesem Drama riefen zur politischen Einigung Italiens auf.

Räume an den Wänden keine eigentlichen Gänge
mehr. Die Minoriten- und Jesuitenkirche sind unbedeutend. Im Hospital existiert ein Institut, wo
man die unehelichen Kinder aufnimmt. Es ist ein
drehbares, rundes Kissen in der Mauer angebracht,
dort legt man die Kinder hinein, läutet eine Glocke
und entfernt sich, worauf der Portier das Kind in
Empfang nimmt. Sehr merkwürdig waren mir die
illyrischen und griechischen Kirchen, beide dem
griechischen Gottesdienst geweiht, der Einrichtung nach gleich, nur in der Sprache, die darin
geredet wird, verschieden. Sie mag noch einige
Ähnlichkeit mit dem griechischen Tempel beibe-
halten haben. Der mittlere Raum, wo unsere Kir-
chenstände angebracht, ist leer und frei, die Sitze
von Schnitzwerk für die Männer befinden sich an
den Wänden. Oben ist eine Tribüne für die Frauen,
über dem Eingang der Kirche. Dieser Tribüne
gegenüber ist eine Wand aufgerichtet, die beinahe
bis an die Decke reicht und oben mit einem Kreuze
geschmückt ist. Sonst ist sie ganz mit Zieraten und
Gemälden auf Goldgrund ausgefüllt, so wie auch
die Seitenwände der Kirche und die Decke bemalt
sind. Hinter jener Wand befindet sich der Altar, auf
beiden Seiten durch Vorhangstüren zugänglich.
Vor jener Wand sind kleine Pulte für die Priester
bei gewöhnlichen Gottesdiensten und eine Reihe
großer Wachskerzen, drei zu drei auf einem Kan-
delaber.

Ich war wieder auf dem Molo di S. Carlo, wo
man die größten Schiffe sieht, und zur Rechten die
Barken, die zum Spazierenfahren auf der See bestimmt sind, und wo man häufig von den Barkaro-
len das «Commanda la barchetta?» hört. Auch von

diesen kleinen Barken ist jede benamst. Unweit des
Molo steht das größte Haus in Triest; es gehört
einem Griechen, dem Demetrio Carciotti. Es hat
sieben Eingänge ohne die Türen der Magazine. Ich
fand auf der Post einen Brief meiner Mutter, den
ich erst auf dem Schiffe mit rechter Muße lesen
will, und ging dann mit dem Lohnbedienten nach
der Promenade St. Andrea, wo wir ins Meer hin-
unterstiegen, da eben Ebbezeit war, und Muscheln
und Krebse suchten. Was wir fanden, ließ ich in
eine Schachtel packen, und auf dem Fischmarkt
kaufte ich noch einige wunderliche Seeschnecken
dazu, von denen man um einen Kanentan oder
Kreuzer eine Menge bekommt. Dies ist nun schon
die dritte Schachtel, die ich mit Naturalien anfülle,
und es wird wohl noch eine vierte und fünfte
dazukommen. Der Fischmarkt ist auch ein neuer
Anblick für einen Fremden. Ich sah hier den Thun-
fisch zum erstenmal und hundert andere, die ich
nicht zu nennen weiß. Die Versendung der Stock-
fische, die in dem zusammengeschrumpften Zustand, in welchem sie sich befinden, in große Bün-
del geschnürt werden, war mir ebenso neu. In allen
diesen Teilen der Stadt ist ein sonderlicher Geruch,
der zur Zeit der Ebbe noch durch die Ausdünstung
der unterirdischen Kanäle vermehrt wird.

Von dort ging ich in die Arena oder das sogenannte Tagstheater. Es ist ein ziemlich großer
Raum, wo unter freiem Himmel meist von fünf bis
sieben Uhr gespielt wird. Die Bühne ist klein, doch
ziemlich artig dekoriert. Das Stück «Stanislao Re
di Polonia» war ein Fabrikstück. Ein großmütiger
König bestraft den seine Gewalt mißbrauchenden
Schurken von Statthalter und rettet die Unschuldi-

gen. Der Souffleur war sehr beschwerlich. Ein paar Schauspieler suchten etwas aus der Sache zu machen und affektierten einen Affekt, der durch das Stück nicht in sie kommen konnte.

Als ich in meine Stube zurückkam, umgab ein großer Kranz von Abendrot das Meer, und dies ist mein Abschied von Triest, denn um neun Uhr geht das Dampfboot ab.

14. September 1824. Venedig.

Seit einer Woche in Venedig, habe ich noch nichts geschrieben, und ich weiß nicht, ob ich meinen Fehler werde wieder gutmachen. Die Fülle der Gegenstände ist zu groß, um in der bisher beliebten Art fortfahren zu können. Manches Herrliche sieht man nur so flüchtig, daß man kaum wagt, davon zu sprechen, und lange Zeit ging ich hier wie im Traume herum, aus dem ich mich langsam erhole.

Auch fehlen die äußeren Bedingungen, um Zeit zu finden, etwas auf dem Papiere festzuhalten. Den Tag über bringt man mit tausenderlei Sehenswürdigkeiten zu und die Hälfte der Nacht auf dem Markusplatze.

Eine große Entbehrung ist es für mich, daß gegenwärtig auch nicht eine Schauspielergesellschaft sich hier befindet und in keinem der sieben Theater gespielt wird. Ohne Zweifel ein unerhörter Fall in Venedig, der sich nun aber bei dem Abnehmen der Stadt noch öfter, im Sommer wenigstens, ereignen wird. Denn gegenwärtig befinden sich die vornehmsten Familien auf ihren Landgütern. Ein einziges Theater, S. Benedetto, habe ich bereits gesehen bei Gelegenheit eines Konzerts,

das der berühmte Violinspieler Paganini gab. Es ist
geräumig und sehr elegant, mit einer transparenten
Uhr, wie das zu Triest, versehen.

Von Triest fuhr ich des Abends beim schönsten
Mondlicht ab. Eine große Volksmenge war auf
dem Molo di S. Carlo versammelt. Der Dampf
wehte in dichten Wolken über unser Schiff, dessen
Räder lange, regelmäßige Furchen in der Flut zurückließen. Der Sonnenaufgang war schön, wie es
die gestirnte Nacht war. Eine Flasche Cyperwein,
die ich etwas schnell, im lauten Gespräch, ausge-
trunken, zog mir auf kurze Zeit die Seekrankheit
zu, von der ich sonst wahrscheinlich frei geblieben
sein würde. Ich hatte nämlich die Bekanntschaft
eines jungen Schottländers namens Dalrymph gemacht, mit dem ich über Lord Byron sprach, welchen er weit über Schiller und Goethe setzte. Denn,
durch Deutschland gereist, verstand er ein bißchen
Deutsch, war aber Brite genug, um von National-
vorurteilen petrifiziert zu sein. Ich habe hier außer
ihm noch einen anderen Engländer kennengelernt,
der mich aber auch nicht interessierte. Dasselbe
war mit einigen Deutschen der Fall, die ich in
der ersten Zeit meines Hierseins fand. Teils lernte
ich sie bei einem deutschen Traiteur, «Zur Stadt
Graz», kennen, wo ich gewöhnlich zu Mittag esse,
teils waren sie mit auf dem Dampfboot. Unter
ihnen ist ein Mediziner namens Lachmann, ein
Bruder desjenigen, der mir als Philolog, als Kenner
der altdeutschen Literatur und als Übersetzer der
Shakespeareschen «Sonette» bekannt ist[1]. Dieser

---

[1] Karl Lachmann (1793–1851), der Begründer der deutschen Philologie

Bruder aber hat keinen Sinn für Kunst, wiewohl er auch die Gemälde besieht und vieles aufschreibt, wahrscheinlich um eine Reisebeschreibung daraus zustande zu bringen. Er mag übrigens ein guter Naturforscher, zumal Botaniker sein, wie ich auch bemerken konnte, als wir zusammen auf die Murazzi fuhren, wo er bei eintretender Ebbe mehrere Seepflanzen fand. Auf dieser Fahrt nach jenen riesigen Schutzmauern der Republik Venedig gegen das Meer erhielt ich erst einen richtigen Begriff von den Lagunen und den Meerströmen, von welchen sie bespült werden. Es war auch noch ein Italiener und ein Engländer dabei, wie ich denn überhaupt vieles in Gesellschaft, vieles auch allein sah.

Das erste Anlanden unseres Dampfboots an der Piazzetta war imposant genug. Die Aussicht auf die Seufzerbrücke und die schöne Brücke vor ihr auf dem Palazzo ducale, auf die beiden Säulen der Piazzetta sowie auf den jetzigen Palazzo reale mit seinen Gärten ist kein geringer Vorgeschmack von Venedig. Ich ging über den Markusplatz, aber noch den Schwindel des Schiffs im Kopf, und trat im «Pellegrino» ab, einem Gasthof, der auf eine Nebenvertiefung des Markus liegt, welche Piazza dei Leoni, wegen der dort aufgestellten Löwen, heißt. Meine Fenster gehen auf die Merceria. Die einfache Einrichtung eines venetianischen Wirtszimmers besteht aus einem sehr großen und schwer ersteigbaren, übrigens guten Bett, das die Hälfte der Stube, ja noch mehr einnimmt, einem kleinen Tisch, einem Waschtischchen, einem Wandschrank und einem Nachtstuhl. Sehr gut nimmt sich das sogenannte venetianische Pflaster aus, das man hier überall als Stubenboden findet.

Statt des Kleiderputzers hat man eine Art Bür-
ste, und die Schuhe läßt man sich des Morgens
beim Ausgehen auf der Straße von den Schuhput-
zerjungen, die in Menge herumlaufen, reinigen. So
muß man auch sein Frühstück in einem Kaffeehause nehmen. Ich bin bei solchen Gelegenheiten
immer auf dem Markus, wiewohl dort alles viel
teurer ist als in anderen Teilen der Stadt. «Antonio
Sutil» heißt das Kaffeehaus unter den neuen Proku-
ratien, das ich noch des Abends am meisten besuchte. Hierher, wie in das daranstoßende «Flo-
rian», kommen viele Nobili, und diese Buden sind
so besucht, daß sie das ganze Jahr durch niemals
geschlossen werden, da es ohnedem bis gegen
Morgen, wo neue Gäste kommen, von Gästen nie
leer wird. Denn ist Theater in Venedig, so fängt
dieses erst um elf Uhr an, und dasselbe gilt von
den Gesellschaften. Die Damen sind besonders an
Sonntagen in Menge da. Ich kam an einem Feiertage hier an und konnte daher sogleich die Flaggen
der drei sonstigen Königreiche auf dem Markusplatze wehen sehen. Es sind Cypern, Kandia und
Morea. Gegenwärtig sind sie mit den österreichischen Farben dekoriert.

19. September 1824. Venedig.

Als ich gestern morgens nach der Lorenzokirche
ging, um den schönen großen Altar von Campagna zu sehen, traf ich einen Franzosen, den ich
anfangs für einen Italiener hielt und der mich an-
redete, um Aufschluß über ein Bild zu erhalten,
dessen Meister ich auch nicht nennen konnte. Ich
lud ihn ein, nach der Kirche Francesco della Vigna
zu kommen, wohin ich eben gehen wollte. Im

Gespräch gab es sich, daß er bereits ein Jahr in
Italien reise und früher sich ebenso lange in
Deutschland aufgehalten habe. Er sprach etwas
Deutsch, zwar unbehilflich, aber mit dem Ton eines
Gebildeten. Wir kamen noch an einigen kleineren
Kirchen vorbei, die wenig darboten. In Francesco
della Vigna findet man viele Gemälde und Skulpturen, doch wüßte ich nicht, daß mich etwas besonders angezogen hätte, es wären denn einige alte
Bilder a tempera von Jacobello und Negroponte.
Ein Gian Bellin findet sich in einer dergestalt finsteren Nebenkapelle und ist, der über ihm angebrachten Reliquien wegen, mit einem Glas über-
zogen, so daß es unmöglich ist, etwas davon zu
erkennen. In der Kirche Giovanni in Bragora sind
einige Vivarini. An der Piazzetta nahmen wir eine
Gondel und fuhren nach der Akademie, die man
nicht oft genug besuchen kann. Hier tritt alles
zurück vor dem großen Tizian. Sein «Johannes der
Täufer», seine «Vorstellung der kleinen Maria im
Tempel» und endlich seine «Himmelfahrt Mariä»,
die er im sechsunddreißigsten Jahre gemalt hat,
entfalten seine ganze Kraft und die ganze Stärke
seines Kolorits. Wegen dieses Vorzugs hat der
König von Frankreich den Befehl erteilt, daß ein
junger französischer Künstler ein Jahr in Rom
bleiben solle und drei Jahre in Venedig. Mein
französischer Begleiter, der eben aus dem südlichen Italien, von Raffael herkam, war nicht abgeneigt zuzugestehen, daß selbst Raffaele neben
Tizians «Himmelfahrt» verlieren müßten, denn,
sagte er, «la force l'emporte sur tout, même sur la
beauté». Trotz dieses Bildes aber ist die Sammlung, wiewohl sie nicht viele Gemälde besitzt, so

reich, daß man auch noch außerdem Meisterwerke
findet, die eines jahrelangen Studiums wert wären.
Hierher gehört das beste Bild, das ich von Tintoretto gesehen habe und das die Befreiung eines
christlichen Sklaven durch den heiligen Markus
darstellt. Sodann der erste Patriarch von Venedig,
Lorenzo Giustiniano von Pordenone. Ein Basaiti,
ein Carpaccio, ein Cima da Conegliano, der dem
Bellino sehr ähnelt, ein schöner Bellini selbst. Auch
die «Hochzeit von Kana», von Padovanino, ist
ausgezeichnet. Man sieht noch zwei Lukas von
Leyden; doch keiner so vorzüglich als der im Man-
frin. Sodann ein großes Gemälde a tempera, das
man ehemals für einen Jacobello hielt; er wird jetzt
für einen Vivarini oder auch Antonio da Murano
und Giovanni d'Allemagna ausgegeben; denn man
ließ damals deutsche Maler nach Italien kommen,
wenn man Gras, Blumen und ähnliche Naturge-
genstände in einem Gemälde anbringen wollte.
Dies Bild gehörte schon ursprünglich der Scuola
della carità, die zur Akademie eingerichtet worden.
Leider hat man jetzt eine Akademie der schönen
Künste, aber keine Künstler mehr.

Ich führte den Franzosen in das deutsche Speise-
haus, wo ich meine bisherigen Begleiter fand. Mit
ihnen ging ich in die Kirche S. Crisostomo. Der
Gian Bellin war eben abgenommen, um restauriert
zu werden. Dafür sahen wir ein schönes Gemälde
von Fra Sebastiano del Piombo und einen Onofrio
von Vivarini nebst anderen Bildern dieses alten
Meisters. Ich ging sodann allein auf den Rialto,
wohin ich eigentlich seltener komme, als ich sollte,
da er ziemlich entfernt von S. Marco ist. Er imponiert durch seine Breite und Solidität, und dies

Quartier der Stadt ist äußerst lebhaft. Auf dem
Rückweg besuchte ich S. Salvatore wieder. Dieser
Tempel ist, wie S. Maria dei Frari und S. Giovanni
e Paolo mit schönen Grabmälern von Dogen angefüllt. Eine Madonna von Campagna: das Mausoleum der Regine Cornaro von Contino mit einem
herrlichen Basrelief, worauf ein Doge der Königin
die Krone überreicht. «Christi Himmelfahrt» von
Tizian, in seinem Alter gemalt, hat keinen eigentlichen Eindruck auf mich gemacht. Weit mehr
«Christus in Emmaus» von Gian Bellin, wiewohl
man von diesem Meister am liebsten Madonnen
und Kinder sieht; Alessandro Vittoria, in dessen
Statuen häufig eine gewisse Üppigkeit herrscht,
interessierte mich wenig, bis ich hier seinen heiligen Sebastian sah. Diese herrliche, von Schmerz
zurückgebeugte Gestalt, mit dem Pfeil in der
Brust, ergreift unmittelbar und lebendig. Die Statue des heiligen Hieronymus von Tommaso Lombardi ist nicht weniger gelungen, wiewohl mir der
Gegenstand nicht recht plastisch vorkommt. Das
Monument des Dogen Lorenzo und Girolami
Priuli von Cesare Franco ist ebenso grandios in der
Ausführung, als der Gedanke, worauf es beruht,
sinnvoll ist.

Heute morgens gingen wir über den Rialto nach
der Kirche S. Maria dei Frari, eine der ältesten
Kirchen in Venedig, die Säulen sind denen von
Giovanni e Paolo ähnlich. Über Tizians Grab ward
eben Messe gelesen, und wir konnten die Verse
nicht lesen, die auf den Stein geschrieben sind. Der
dortige Gian Bellin war beim Restaurieren in der
Akademie. Eine Madonna von Tizian mit anderen
Heiligen ist seiner würdig. Das Monument des

Dogen Pesaro von Longhena verrät, so kolossal es ist, den schlechten Geschmack der Zeit. Aber das schönste Werk in dieser Kirche, und gewiß eines der größten in Venedig überhaupt, ist das Grabmal des Dogen Niccolò Tron, gestorben 1472. Man schreibt es der Schule der Bregni zu. Nie ist vielleicht die Klippe antiker Manieriertheit so glücklich umgangen worden als hier. Aber dies ist kein Werk, um einige Minuten davor zu verweilen, wie wir getan haben. Es verdient, bis aufs kleinste seiner Einzelheiten verfolgt zu werden; denn ohne Zweifel entspricht auch das Einzelne der Größe des Gedankens. Überhaupt ist diese Kirche so reich an Kunstwerken, daß man kaum die Hälfte davon betrachten, geschweige darüber sprechen kann, und so ist es in Venedig selbst im allgemeinen. Ein Aufenthalt von vierzehn Tagen ist ein Tropfen im Ozean.

In der Kirche S. Rocco sieht man unter anderen eine Verkündigung von Tintoretto, worin er sich übertroffen hat; denn sonst hat die Unzahl von Bildern, die ich hier von diesem Meister gesehen habe, nichts bei mir zurückgelassen, das schon erwähnte Gemälde in der Akademie ausgenommen. Sodann ein S. Martino und Cristoforo von Pordenone.

Nach dem Platz zurückgekommen, ließen wir uns auf die innere und äußere Galerie der Markuskirche führen, dieses kolossalen Monstrums, aus dem man niemals klug wird. Die Unterhaltung eines solchen Gebäudes, das von Backsteinen gebaut und ganz ausgelegt mit Mosaik ist, mag ungeheure Summen kosten. Wir sahen nun die berühmten vier Pferde in der Nähe. Aber man bemüht sich vergebens, sie eigentlich schön zu finden. An beiden Enden der vorderen Galerie flatterten die Fahnen, weil es heute Sonntag ist.

Von da ließen wir uns das Theater La Fenice zeigen, worin nur während des Karnevals gespielt wird. Es ist sehr groß und elegant, am Ende des vorigen Jahrhunderts von einer Gesellschaft erbaut.

28. September 1824. Venedig.

Ich befinde mich in einem sonderbaren Zustande, den ich nicht zu definieren weiß. Venedig zieht mich an, ja, es hat mich mein ganzes früheres Leben und Treiben vergessen lassen, so daß ich mich in einer Gegenwart ohne Vergangenheit befinde. Dennoch bin ich gezwungen, diese neue Welt, über deren Grenzen ich nicht hinausblicken mag, in wenigen Tagen zu verlassen. Ich fühle eine unendliche Trägheit, mich vom Platz zu bewegen, und doch empfinde ich auf der anderen Seite, wie wenig Italien die Heimat eines Deutschen sein kann, wie gleichsam seine ganze Natur sich ändert, und wie gedankenlos ich mir selbst in dieser Periode meines Lebens vorkomme. Auch die poetische Ader scheint gänzlich versiegt zu sein, nur eine kleine Reihe zum Teil noch unvollendeter Sonette ist entstanden, die ganz auf Venedig beruhen.

29. September 1824. Venedig.

Heute morgens nahm ich eine Gondel und ließ mich nach mehreren Kirchen führen, die ich noch nicht gesehen hatte, und die, ziemlich abgelegen, im nordöstlichen Teil der Stadt, selten besucht werden. Die Kanäle sind dorthin zu mehr oder

weniger anmutig, da sie hie und da frei Aussichten
darbieten, oder ein Weinstock, Lorbeer und Olean-
der über Gartenmauern hervorragen. Gute Gemälde sah ich wieder in Menge. Die Kirche Li
Gesuiti ist reich an Vergoldungen und Marmor,
und in dieser Beziehung Ähnlichkeit mit den
Scalzi. Das Grabmal von drei Brüdern aus der
Familie da Lezze über dem Haupteingang ist überaus einfach und schön. Weniger als Architektur ist
das Grab des Dogen Pasquale Cicogna (1595)
merkwürdig als vielmehr durch die schlafende Gestalt des Dogen selbst von Meister Campagna.
«Das Martyrtum des heiligen Lorenzo» von Tizian
scheint sich mir an die herrlichsten Bildungen dieses großen Malers anzureihen. S. Maria dell'orto ist
eine alte, wenn man sie so nennen will, gotische
Kirche und hat mit der de' Frari einige Ähnlichkeit.
Doch fehlt auch hier, wie bei allen venetianischen
Kirchen, die Schönheit des Gewölbes, und hierin
sind die deutschen Kirchen aus derselben Zeit weit
voran. Der Plafond von S. Maria dell'orto war in
Fresko gemalt, wovon man, wie fast überall in
Venedig, wenig oder nichts mehr sieht. Hier befinden sich Gemälde von J. Tintoretto, vielleicht die
besten, die er je gemacht hat. Ein Bild von Cima da
Conegliano, das Johannes den Täufer mit anderen
Heiligen vorstellt, die in einem zertrümmerten
heidnischen Tempel versammelt sind, ist ausgezeichnet. Unter der Orgel ist eine Madonna mit
dem Kind, das man für einen Gian Bellin hält. Der
Meister hätte sich dieses Bildes wenigstens nicht zu
schämen. Das Kind ist überaus naiv, doch das
Gesicht der Mutter ist weit sanfter als die Madonna
des Bellin. Auch ist das Bild, wenn ich recht sah,

a tempera gemalt. Die Hände der Madonna sind
sehr verzeichnet, doch hat auch die Madonna von
Gian Bellin zuweilen ähnliche Hände.

In der Kirche S. Marcilian wollte ich nichts anderes sehen als Tizians «Tobias, vom Engel geführt», ein Gemälde, vor welchem man tagelang
verweilen könnte und das den Stempel der Meisterschaft in sich trägt.

Ich ließ mich zurück durch den Canal grande
führen, um besonders dem herrlichen Palast Pisani
meine Ehrfurcht abermals zu bezeigen.

30. September 1824. Venedig.

Ich stand heute spät auf, da ich die Nacht nach dem
Theater, wo abermals ein albernes Stück, aus dem
Französischen übersetzt, gegeben wurde, noch bis
zwei oder drei Uhr bei «Sutil» sitzen blieb, wo ich
einer Konversation von Nobilis zuhörte, soviel ich
davon verstehen konnte; denn sie sprachen schnell
und meist im venetianischen Dialekt. Übrigens
waren die Gegenstände nicht sonderlich wichtig
und betrafen meist das Theater.

Zuerst ging ich heute nach S. Giulian, sodann
über die Riva de'Schiavoni nach dem Palazzo Tre-
visan, den ich als ein Bauwerk, das zwischen der
alten und neuen Kunst einen Übergang macht,
besah. Bei einem Antiquar, der, wie viele, seine
Bücher auf einem Brückengeländer ausgebreitet
hat, kaufte ich ein populäres Gedicht in Stanzen:
«La Rotta di Roncisvalle». Sodann stieg ich auf den
Markusturm, betrachtete mir wieder die Stadt, den
Platz, die Lagunen, die Inseln, das hohe Meer auf
der einen und die Alpen auf der anderen Seite.

Um drei Uhr ging ich zu Tisch und traf ein paar

Bekannte, mit denen ich später einige Säle im
Palazzo Ducale besuchte, den ich das erste Mal in
einer etwas ermüdeten Stimmung gesehen hatte.
Von außen gehört dieser Palast gewiß zu den imposantesten Gebäuden der Welt. Schon die Lage
am Meer und an der Piazzetta, die Größe und ungemeine Gediegenheit des Baues, die doppelten Säu-
lengänge mit ihren Rosetten, die Schönheit der
Säulen und Kapitäle selbst, das herrliche alte Portal
von Bartolommeo, das an die Markuskirche stößt,
die Zinnen mit ihren Bleidächern, den sonst so
furchtbaren Gefängnissen der Republik, alles dies
vereinigt sich zu einer Fülle, die ohne die harmonischen Verhältnisse des Ganzen nicht zu ertragen
sein würde. Hierzu kommt der innere Hofraum
mit seinen herrlichen Fassaden und Statuen und
Zisternen von Bronze, der schöne Marmor der
Riesentreppe, auf welcher ehedem die Dogenkrö-
nung vollzogen wurde, die beiden Riesen selbst
und hinter ihnen die Öffnungen der sonstigen
Drachenmäuler, in deren Rachen der Angeber
seine heimlichen Zettel warf. Die Franzosen zer-
schlugen sie, so wie sie auch die Eingänge der
Bleigefängnisse vermauerten.

Die Gemälde, die man im Palazzo Ducale findet,
sind von einer solchen Vortrefflichkeit, daß selbst
die weniger geachteten Meister hier in einem
neuen Lichte erscheinen. Nur weniges läßt sich
anführen. In der Sala delle quattro porte ist ein
großes, gestaltenreiches Gemälde von Tizian, das
«La Fede» vorstellt, zu deren Füßen der Doge
Antonio Grimani kniet. Es ist ganz Leben und
Kraft. Die Ankunft des Königs Heinrich III. am
Lido von Vicentino ist ebenfalls von unbeschreib-

licher Wahrheit. So auch die beiden Bilder von
Contarini, die Schlacht bei Verona und der Doge
Marino Grimani vor dem heiligen Markus. Einen
ähnlichen Eindruck machen zwei Stücke von Car-
letto Calliari, wovon das eine den Dogen Cicogna
vorstellt, der die persischen Gesandten empfängt.
Im Anticollegio der «Raub der Europa» von Paolo
Veronese. In der Sala del Collegio mehrere schöne
Votivgemälde mit knieenden Dogen von J. Tinto-
retto. Ein herrliches Bild von Paolo, das den Sieg
des nachmaligen Dogen Seb. Venier verherrlicht,
der mit Agostino Barbarigo darauf abgebildet ist.
Auf dem Kamin befinden sich zwei kleine Statuen,
Herkules und Merkur, die gewiß zu den schönsten
Arbeiten von Girolomo Campagna gehören.

In der Sala del Senato befindet sich ein großes
Bild von J. Palma, das die Dogen Girolamo und
Lorenzo Priuli vorstellt, die den Heiland anbeten.
Auch von diesem Gemälde sowie von den übrigen
dieses großen Saals trennt man sich ungern. Der
Saal des Rats der Zehn eröffnet einen neuen Tem-
pel der Malerei. Es befinden sich hier drei große
Bilder. Eine Anbetung der Weisen von Aliense, der
Kongreß zu Bologna von Marco Vecellio und die
Begegnung des Papstes Alexander III. mit dem
Dogen Seb. Ziani, nachdem dieser den Sohn des
Friedrich Barbarossa gefangengenommen. Beson-
ders dies letzte Bild ist von einer unbeschreiblichen
Kraft der Darstellung und wahrscheinlich das be-
ste, das Leandro Bassano gemalt hat. Der Plafond
enthält ein paar oder wenigstens einen Paolo Vero-
nese; aber auch die übrigen Stücke von Zelotti in
Bazzacio sind so schön, daß sie neben Paolo nichts
verlieren.

Auf dem Rückwege ließen wir uns nach dem Ponte de'Sospiri führen, durch dessen Mauergittern Palladios Kirche auf der Insel S. Giorgio einem gerade entgegenleuchtet.

Von den anderen Teilen des Palazzo Ducale werde ich sprechen, wenn ich sie noch einmal besucht haben werde.

19. Oktober 1824. Venedig.

Der heutige Tag war wieder unbeschreiblich schön und die Luft so durchsichtig, daß auch die entferntesten Gegenstände sich mit Klarheit vor das Auge stellten. Palladios Kirchen in S. Giorgio und auf der Giudecca sieht man dann von der Riva aus so deutlich, als ob man unmittelbar davor stünde.

Ich ging heute zuerst nach S. Giacomo dall'Orio, hauptsächlich, um den «Sebastian» von Marescalco zu sehen. Der eigentliche Name dieses Malers ist Giovanni Buonconsigli. Ich war zu nah an S. Rocco und Maria de'Frari, um vorüberzugehen, um so mehr, als ich erstere Kirche erst ein einziges Mal gesehen hatte. Sie ist eine der einfachsten und geschmackvollsten Venedigs. Im Innern zeichnet sie sich durch Reinlichkeit und große Sorgfalt für die Kunstwerke aus, wie mich denn auch einer der Geistlichen selbst, ein vortrefflicher Cicerone, herumführte. Hier würde nicht geschehen, was in S. Polo, wo ich noch heute morgens gewesen, geschehen ist, wo man nämlich mitten in ein schönes, wenn auch sehr berauchtes Bild von Paolo Veronese ein Glas mit einer abscheulichen Puppe von Mutter Gottes hineinklebte. Überhaupt bedecken dergleichen geputzte Puppen in den weniger besuchten Kirchen oft die schönsten Gemälde.

Das Merkwürdigste in S. Rocco ist Tintorettos «Verkündigung», wo er sich selbst übertroffen hat, ein «Christus mit dem Henker», berühmtes, aber zum Teil zerstörtes Bild von Tizian, sodann «S. Martin» und «S. Christoph» von Pordenone. Dies Bild besteht eigentlich aus vier verschiedenen Partien. Zu beiden Seiten zeigt sich vieles Volk in einer Säulenhalle, und diese Stücke hat Pordenone in Fresko gemalt, wobei ihn, den Jüngling, der Tod überraschte. S. Martin und S. Christoph waren ursprünglich auf den Flügeltüren der Orgel. Man hat sie glücklich zusammengesetzt und eine schöne Wirkung hervorgebracht, da die Bilder selbst vortrefflich sind.

In S. Maria de'Frari, einer der allergrößten und am meisten gotischen Kirchen Venedigs, könnte man ein Jahr füglich zubringen, wenn man Malerei, Architektur, Skulptur und Schnitzwerk bis ins einzelne verfolgen wollte. Der Chor, der ungemein großartig gebaut ist, besteht aus einer großen Kapelle und sechs kleineren, drei zu beiden Seiten. Ich habe früher schon von dieser Kirche gesprochen. Sie enthält sehr schöne Salviati. Unter den Grabmälern zeichnen sich, außer dem des Dogen Tron, noch das von Foscari und das von Pietro Bernardo, gestorben 1560, aus. Er hat es selbst zu seinen Lebzeiten errichtet. Es gehört zu den schönsten Venedigs, aus der herrlichsten Periode seiner Kunst.

In S. Polo bemerkte ich zuerst die beiden liegenden Löwen von Campanili, wovon einer von einer Schlange umwunden ist, der andere ein abgeschlagenes Haupt in den Klauen hält, wie man vermutet, das Haupt des Carmagnola.

Von da aus ging ich in den Palazzo Pisani und
habe nun heute zwischen zwölf und ein Uhr den
Alexander von Paolo in einer Beleuchtung gesehen, wie ihn schöner zu sehen unmöglich ist. Der
Genuß war unbeschreiblich, und das ganze Bild
schien von wirklichem Leben zu wimmeln.

Vor Tische stieg ich noch auf den Markusturm.
Ich esse etwas nach vier Uhr im «Cavalletto» und
gehe dann gewöhnlich noch etwas auf der Riva
de'Schiavoni spazieren.

20. Oktober 1824. Venedig.

Heute habe ich die zwölf Sonette abgeschlossen,
die das Leben Venedigs darstellen sollen. Sie können nur für diejenigen Interesse haben, die es gesehen haben. Auch einige Ghaselen sind unter der
Zeit entstanden.

In der Tat, Venedig zieht mich täglich mehr an,
und ich kann kaum denken, daß meine Abreise so
unbeschreiblich nahe ist. Ich bereue nicht, sie so
lange als möglich aufgeschoben zu haben, da ich
diese Tage noch so viel Schönes gesehen habe. Von
der Schönheit dieser heiteren Oktobermorgen gibt
unser deutscher Himmel keinen Begriff.

Ich ließ mich heute ziemlich früh über den Canal
grande setzen, ging um die Ecke der Dogana
herum und kam so auf die sogenannte Riva delle
Zattere, die der Giudecca gegenüberliegt. Die Aussichten auf das Meer, besonders, wo der Kanal der
Giudecca aufhört, sind ungemein anziehend. Ich
kam in die Kirche del Spirito santo, wo sich ein
Bild von Buonconsigli befindet, das aber seinem
Sebastian nicht gleichkommt. Die Riva verfolgte
ich, soweit sie reicht, und ging dann in das Innere

des Sestier di Dorso duro, einen der ödesten Teile von Venedig, in welchem man bloß gemeines Volk sieht, das aber eben durch diese Verödung einen eigenen Reiz hat. Auch werden die Freunde der Kunst ihn ewig besuchen, denn der große Paolo Veronese hat in diesem Winkel Venedigs seine ganze Meisterschaft niedergelegt. Der Weg führte mich zuerst nach der Kirche dell'Angelo Raffaello, die ich noch nicht kannte. Sie enthält einige gute Sachen, aber es waren alle Fenstervorhänge vorgezogen und daher wenig Licht in der Kirche. Auf der einen Außenseite sieht man ein altes, kindlich gedachtes Basrelief, das den Erzengel mit dem jungen Tobias vorstellt. Gegenüber ist ein uralter Brunnen, in Form eines heidnischen Altars. Solche Brunnen, oder vielmehr Zisternen, denn sie enthalten nur Regenwasser, sieht man viele im Sestier di Dorso duro. Hier sei beiläufig gesagt, daß das Wasser in Venedig nicht ungemischt getrunken werden kann. Man vermengt es mit einer Anisessenz, und es heißt dann Mistrà. In den Kaffeehäusern und ähnlichen Orten pflegt man deswegen zu allem, was man verlangt, ein solches Glas Wasser beizugeben. Es wird auch im Theater ausgeboten, und die Wasserverkäufer tragen es allenthalben mit vielem Geschrei durch die Stadt.

Ich ging nun nach S. Sebastian. Ich muß blind gewesen sein, als ich diese Kirche zum erstenmal besuchte, da ich mich keineswegs des außerordentlichen Eindrucks entsinne, den sie heute durch ihre Paolo Veroneses auf mich gemacht hat. Vielleicht war auch damals die Beleuchtung den ohnedem etwas verrauchten Bildern ungünstig, während ich

heute der schönsten Sonne genoß. Leider sind
mehrere Paolos sowie der heilige Nikolas von
Tizian in der Akademie, um restauriert zu werden.
Paolo ist in dieser Kirche begraben. Er starb 1588.
Seine Büste ist von Bozzetti. Seine Bilder auf den
Türen der Orgel, und besonders der Christus am
Kreuz, mit den Frauen zu seinen Füßen, offenbart
sein ganzes Genie, noch mehr die beiden großen
Seitengemälde in der Capella maggiore, vorzüg-
lich das zur Linken, wo der heilige Sebastian, in
ritterlicher Kleidung, einigen anderen Märtyrern
Mut zuspricht. Es hat unbeschreiblich viel Aus-
druck. Man findet darauf denselben Kopf, der auf
dem Alexandergemälde den Hofmeister der kö-
niglichen Kinder vorstellt. Er ist ohne Zweifel ein
Porträt, wie vielleicht auch die übrigen Köpfe jenes
Bildes im Palast Pisani.

Aber wenn man nun auch von diesen herrlichen
Bildern absieht und sich nach dem Hochaltar selbst
wendet, um dort den Sebastian zu sehen, an eine
Säule gebunden, von anderen Heiligen umgeben,
den Blick nach dem Himmel gerichtet, wo die
Mutter Gottes mit ihrem Sohne, in Mitte der Engel, voll ewiger Glorie sitzt, dann fühlt man erst
mit ganzer Lebendigkeit, daß dieser Paolo, wie es
auf seinem Grabstein heißt, das Wunder der Kunst
war. Das Bild übte eine Art Magie auf mich aus,
und ich mußte immer wieder danach zurückkehren. Hier ist nicht Tizians Kraft und Kolorit voll
Glut, aber eine Wahrheit und Anmut, die unwiderstehlich fesseln.

Sonst befinden sich noch in dieser Kirche das
geschmackvolle Mausoleum des Livio Podaca-
taro, Erzbischofs von Cypern, von der Hand San-

sovinos, und eine meisterhafte Büste von Vittoria, den Marc Antonio Grimani vorstellend.

Von S. Sebastian kommend, konnte mich die Kirche von S. Nicolo nicht sehr interessieren. Doch gehört sie unter die bedeutenderen, und ich hatte sie noch nicht besucht. Sie enthält unter anderem einen Altar von einer eigentümlichen flockigen Marmorart aus Korfu. Sodann viele gute Gemälde aus der Schule Paolos und von Alvise dal Friso.

Ich ging nun noch gegen die Landzunge hinaus, die hier Venedig bildet. Man kommt wieder an die Lagune, und zwar auf die sogenannte Spiaglia di S. Marta, einen ziemlich großen Platz, zum Teil mit Gras bewachsen und, nach den vielen Fischerkähnen zu urteilen, eine Niederlassung der Fischer. Die Kirche S. Marta ist gegenwärtig ein Strohmagazin. Über dem Portal ist noch die Statue der Heiligen.

Ich kehrte nach der Riva delle Zattere zurück. Dort ist noch zu bemerken der Palast Giustiniani und die alte Kirche der Gesuati, welche, nach der Fassade zu urteilen, mir besser gefällt als die neue. Erstere ist aus der Zeit der Lombardi und überaus rein und zierlich.

Ich ließ mich nach der Giudecca übersetzen, um einmal das Innere dieses Nebenstücks von Venedig zu sehen, das meist in Gärten besteht. Gegen den Kanal zu ist eine schöne Riva, der ganzen Länge der Insel nach. Ich trat zuerst im Redentore ab und konnte nun das schöne Bild von Gian Bellin, meine erste Liebe in Venedig, bei glücklichster Beleuchtung sehen. Dann verfolgte ich die Riva, bis wo sie in einer kleinen Landzunge endigt, die mit einem

Lorbeergärtchen bepflanzt ist. Die Aussicht auf die
Lagune war so schön, als sie zur Zeit der Flut nur
sein kann. Doch fing das Wasser schon an abzuneh-
men, und ich sammelte einige hübsche Muscheln
und hätte auch Krabben haben können, wenn ich
Lust dazu gehabt hätte.

Ich kam in den Redentore zurück, den ich noch
offen fand. In der schönen Kirche sah ich mich ganz
allein, und hinter dem Chor sangen die Kapuziner.
Die Großartigkeit und Notwendigkeit der Verhältnisse dieses Tempels fällt bei längerer Beschauung immer mehr in die Augen.

Gestern gab man in S. Benetto eine Komödie
von Casari, «Punizione sanza delitto», welche ausdrücklich für die Truppe Fabbrichesi geschrieben
worden. Sie wurde sehr gut aufgeführt, war aber
mittelmäßig. Heute war ich in der Oper. Man gab
den zweiten Akt des «Barbiers von Seviglia» und
eine sogenannte Farsa, «Il Curradino» von Pareni,
die aber nicht gefiel. Die meisten entfernten sich in
der Mitte des Stücks.

21. Oktober 1824. Venedig:

Meine Verwunderung für Tizian wächst mit jedem Tage. Heute war ich in der Akademie, um die
«Himmelfahrt» und den «Johannes Baptista» wieder zu sehen. Da ich des Morgens schon in S. Marcilian und S. Giovanni e Paolo gewesen war, so traf
es sich, daß ich heute die vier schönsten Gemälde
dieses Meisters kurz nacheinander gesehen habe.
«Johannes in der Wüste» hat vielleicht darum den
größten Eindruck auf mich gemacht, weil ich ihn
in einer unvergleichlichen Beleuchtung sah. Es ist
ein Bild, das unwillkürlich die Kniee beugt. Das

Edle der Gestalt, das Erhabene der ganzen Stellung, der ausgestreckte Arm, der nach dem zu
deuten scheint, der da kommen soll, die Schönheit
und Gewalt der Züge und endlich der Blick, der
ernste, göttliche Blick, von einer heiligen Träne
glänzend, welche Wahrheit, welche Vollendung!
Wollte man diese Tetras Titianischer Meisterschaft
in eine Siebenzahl verwandeln, so müßte man noch
dazu rechnen: die «Vorstellung der Maria im Tempel» in der Akademie, den «S. Lorenzo» in den
Gesuiti und in der Signoria das Bild, das man «La
fede del Doge Grimani» nennt. Ein altes Weib, das
mich heute in S. Giovanni e Paolo so lange vor dem
«Petrus Martyr» von Tizian stehen sah, fragte
mich, was es für Heilige wären. Als ich ihr Aus-
kunft gegeben, hielt sie eine große Lobrede auf die
Heiligen, bedauerte voll Herzlichkeit ihre Leiden
und entfernte sich endlich mit dem Ausrufe: «O
santi benedetti!»

30. Oktober 1824. Venedig.

Da ich nicht sehr weit von S. Giacomo dell'Orio
war, so wollte ich doch Marescalos «Sebastian»
wieder sehen. Der Weg war etwas verwickelt,
doch voll schöner Aussichten, sowohl auf den
Fondamenten am Rio delli Tolentini als auf den
Fondamenten, die eine Strecke weit am Canal
grande fortlaufen. Ich kam nun an der Kirche
S. Simeon Piccolo vorbei, die ich auch im Innern
besah. Sie ist modern, aber eigentümlich und elegant. Der Campo dei Tedeschi, den ich passieren
mußte, macht den Deutschen nicht viel Ehre, zumal wenn er, wie heute, voll zerrissener Wäsche
hängt. Wie ganz anders hat der alte Maler Buon-

consigli den Sebastian aufgefaßt als Paolo Veronese. Bei jenem ist bloß irdischer Schmerz, ohne
himmlische Beruhigung; aber dieser Schmerz ist
so schön. Von S. Giacomo aus ließ ich mich an der
Riva di Biasio über den Canal grande setzen, besuchte hier die Kirche S. Geremia, die aber weder
von innen noch außen vollendet ist, wiewohl Gottesdienst darin gehalten wird. Sie ist modern und
geschmackvoll. Ich ging nun über den Campo
Geremia, wo ich den Palazzo Labia recht besehen
konnte, und wollte von da nach S. Lucia, einer
Kirche Palladios, die so entlegen ist, daß ich noch
nicht dazu kam, sie von innen zu sehen. Sie war
aber schon verschlossen, und ich konnte niemand
finden, der sie mir aufgemacht hätte, und werde
nun morgen oder übermorgen dahin zurückkehren. Die schöne Brücke des Canareggio führt in
die breiteste Straße Venedigs, wahrscheinlich ein
überbauter Kanal. S. Lunarda ist eine kleine nied-
liche Kirche, die nicht mehr gebraucht wird.
S. Maddalena ist sehr wunderlich als Rotunde gebaut, sie war schon verschlossen. Nun kam ich
nach S. Josea, und von hier aus wußte ich mich mit
Leichtigkeit nach den Fondamenta nuove zu finden. Der Himmel war ganz rein; aber die Tramontana hatte die Lagune in eine schäumende Bewegung gebracht und trieb sie von den Gebirgen
her, die vollkommen klar beleuchtet waren. Bei
S. Francesco della Vigna besah ich mir die Fassade
Palladios noch einmal und traf dort einen jungen
Italiener, den ich für einen Schottländer hielt und
dem ich den Weg nach dem Platze zeigte, wohin ich
zurückkehrte, nachdem ich Venedig so ziemlich
von einem Ende zum anderen durchlaufen hatte.

2. November 1824. Venedig.

Ich war heute morgens in S. Giovanni in Bragora,
einer Kirche, in die ich lange nicht mehr gekommen bin. Früher habe ich einmal eine Leichenfeier
darin angesehen, wobei mir auffiel, daß einige sich
die Augen mit Weihwasser rieben, um verweint
auszusehen. Ein sehr zarter Gebrauch scheint mir,
daß ein Herr, der mit einer Dame kommt, die
Hand in den Kessel tunkt und dann der Dame das
Weihwasser bloß durch Berührung der Fingerspit-
zen mitteilt. Etwas, was aber in den hiesigen Kirchen unangenehm auffällt, ist das Küssen der Reliquien, die gewöhnlich an einem Kästchen angebracht sind, auf dessen Kehrseite sich eine Spar-
kasse befindet, so daß der Geistliche durch Umkehren der Hand unmittelbar hintereinander küssen und bezahlen läßt.

Es ist hier wider die Sitte, daß die Frauen mit
unbedecktem Kopf in die Kirchen gehen. Diejenigen, die keinen Hut haben, tragen einen schwarzen
Schleier oder bei den niederen Ständen das sogenannte Fazziol, ein weißes Stück Leinwand, mit
Spitzen oder Fransen besetzt, welches um die Mitte
des Leibes befestigt und so kapuzenartig über den
Kopf gezogen wird.

In einer Seitenkapelle von S. Giovanni e Paolo
wohnten wir auch einmal einer sogenannten Dis-
puta bei. Es ist eine Art von religiöser Unterhaltung und Katechisation der Mädchen. Vier alte,
dicke Frauen mit Fächern in den Händen, ein un-
entbehrliches Möbel der Venetianerinnen, saßen
unter einer Menge mehr oder minder erwachse-
ner Mädchen und befragten sie über Glaubens-
sachen.

Da ich einmal ins Kapitel der Volksgebräuche
gekommen bin, so will ich noch eine andere Feierlichkeit erwähnen, die mehrere Wochen während
meines hiesigen Aufenthalts gedauert hat. Es war
das Theriakbereiten in einer Apotheke am Rialto,
die ein besonderes, wahrscheinlich nur nach einer
Reihe von Jahren auszuübendes Privilegium zu
besitzen scheint, den Theriak zu bereiten. Die
ganze Arbeit wird auf der Straße verrichtet und
teilt sich in mehrere Epochen. Zuerst standen dreißig bis vierzig Kerls in sonderbarer Kleidung in
einem Zirkel und stießen unter fürchterlichem Geschrei in ihre Mörser. Sie trugen rote Mützen mit
einer blauen Feder. Später ward ein Theater auf den
untersten Stufen des Rialto errichtet.

Um aber wieder auf den Sankt Johannes in
Bragora zu kommen, so befinden sich in dieser
Kirche mehrere schöne Stücke der alten Maler
Carpaccio, Cima und Vivarini, sodann ein paar
gute Stücke vom alten Palma, endlich ein schönes
Bild, das die Legende der heiligen Veronika vor-
stellt, von einem unbekannten Meister. Ich war
außerdem noch in mehreren Kirchen. Heute, am
Allerseelentage, war in der Markuskirche die Ka-
pelle des heiligen Zeno offen, dessen Grabmal ein
schönes Werk der Kunst ist. Außerdem war ich im
Palast Pisani und hatte das Vergnügen, den Paolo
Veronese in einer ebenso schönen Beleuchtung zu
sehen als das letzte Mal.

4. November 1824. Venedig.

Teils aus Vergessenheit, teils aus Abneigung gegen
Longhenas Architektur habe ich seit länger als
einem Monat die Kirche della Salute, so nahe sie

auch dem Markusplatz ist, nicht mehr besucht.
Aber indem ich Longhena fliehen wollte, vergaß
ich Tizian zu suchen, von dem sich in dieser Kirche
und Sakristei fünf große Bilder befinden. Auch hat
die Bauart dieser Kirche, wenn auch geschmacklos
überhäuft, doch etwas sehr Großartiges, und sie
wird doch immer den schönsten und größten Kirchen Venedigs beigezählt. An den Bildern von
Luca Giordano, Liberi und Padovanino konnte ich
mich nicht sonderlich erbauen. Am besten davon
hat mir noch die «Venezia vor dem heiligen Anto-
nius» von Liberi gefallen. Salviati, der viel in diese
Kirche geliefert hat, hält auch nicht recht stand;
doch mögen die drei Deckengemälde im Chor
zu seinen Meisterwerken gehören. In der Kirche
selbst befindet sich von Tizian die «Ausgießung
des Heiligen Geistes», worüber ich mir noch kein
Urteil zutraue. Es scheint mir nicht mehr die Kraft
seiner früheren Bilder zu atmen; doch kann ich
mich hierin irren, da ich aus Erfahrung weiß, wie
viele Sachen von Tizian durchaus einer vielfachen
und langen Anschauung bedürfen, um ihren außerordentlichen Wert zu fühlen. Genug, daß man
jenes Gemälde niemanden anders zuschreiben wird
als ihm. In der Sakristei sind drei (leider!) Deckengemälde von Tizian, die die ganze Kraft seines
späteren Alters offenbaren. Ich glaube, daß sie eine
große Anziehungskraft ausüben würden, wenn
man sie bequemer beschauen könnte. Es ist «Kain
und Abel», «Abrahams Opfer» und «Goliaths Ent-
hauptung». Sodann sieht man an einer Seitenwand
ein Gemälde seiner jüngeren Jahre, welches den
heiligen Markus auf einem Throne vorstellt, vier
andere Heilige um ihn her, worunter Sankt Rochus

und Sankt Sebastian. Es ist unglaublich, wieviel Jugendfrische und Selbstgefühl bis zum Trotz aus diesem Bilde anspricht. Diese Heiligen sind im eigentlichen Sinne des Worts wunderliche Heilige; aber alles ist höchst wahr und lebendig. In derselben Sakristei hängt eine «Hochzeit zu Kana» von Tintoretto; das Bild hat sehr wahrscheinlich durch Feuchtigkeit gelitten, gewährt aber noch immer einen heiteren wohlgefälligen Anblick. Nicht weit davon ist ein Sebastian von Basaiti, der in Erstaunen setzt. Denn wenn ich bei dem schönen Gemälde dieses Malers in der Akademie den Reichtum seiner Phantasie und sein unvergleichliches Kolorit bewunderte, so sind die Gestalten doch noch so trocken, daß man so schöne Formen wie dieser Sebastian nicht bei ihm suchen sollte. Welcher Maler der venetianischen Schule hätte den Sebastian nicht gemalt, und vielen hat er zur Entwickelung ihres ganzen Talents gedient. Tizian hat ihm seine letzten Stunden geweiht, Paolo Veronese ihn mit der höchsten Glorie der Poesie umgeben, Palma hat ihn seiner «heiligen Barbara» an die Seite gestellt, Gian Bellin und die alten Maler kommen immer wieder auf ihn zurück. Vittoria hat ihn zweimal in Stein gehauen. Ist es der poetische Wert der Legende, die sie dazu vermochte, oder ist es vielmehr die Nacktheit der Gestalt, die in der christlichen Legende so selten ist? Sonach ist die bildende Kunst mit dem eigentlich sinnlichen Element verwandt.

Später war ich in der Akademie. Des Abends in der Dunkelheit ging ich noch nach den Fondamenta nuove. Ich fand den Weg ohne Anstoß; aber Venedig hat bei Nacht etwas Schauerliches. Die

engen Gassen, die Kanäle, die Brücken, die Sotto-
portici und endlich die Lagune selbst, die so ruhig
war, daß man versucht war, sie für festes Land zu
halten und darauf herumzugehen. In S. Benedetto
gab man «Mathilde», ein Drama aus dem Französischen. Man muß gestehen, daß unter diesen Fabrik-
stücken die französischen immer noch die besten
sind. Die deutschen sind so charakterlos, daß sie in
einer Übersetzung unwiderstehlich einschläfern.

Ehe ich gestern in La Salute ging, trat ich zuerst
in die nahegelegene Kirche S. Giorgio hinein, die
jetzt, wie S. Giustina und andere Kirchen Venedigs, eine Werkstatt ist. Der Chor von S. Giorgio,
soviel sich noch davon sehen läßt, gehört unter das
Allervorzüglichste, was die gotische Baukunst in
Venedig geleistet hat. Heute war ich in S. Zaccaria,
in S. Fantino und in S. Maria formosa.

Heute gab man in S. Benedetto «Da burla e da
vero?», aus dem Deutschen übersetzt, und eine
kleine Farce. Diese italienischen Farcetten in einem
Akt sind meist sehr unterhaltend und artig durch-
geführt.

6. November 1824. Venedig.

Ob ich übermorgen oder einen Tag später abreisen
werde, kann ich noch nicht bestimmen. Gestern
sah ich Paolos «Sebastian» noch einmal, wahrscheinlich zum letztenmal. Sodann ging ich in die
Akademie. Der Kustode führte mich in die Scuola
dell'Incisione und stellte mich dem Professor Ci-
priani, einem Schüler Morghens, vor, um Tizians
«Johannes Baptista» zu sehen, den ersterer gestochen. Er entsprach aber meiner Erwartung nicht
ganz, so wenig als ein anderer Kupferstich, den ich

früher davon gesehen. Es ist schade, daß diese
Sachen in die Welt kommen, um einen so unvoll-
kommenen Begriff von jenem Meisterstück zu
geben. Ich befand mich daher dem Professor Ci-
priani gegenüber in einiger Verlegenheit. Er zeigte
mir auch seine übrigen Werke. Im Saal der Schule
sieht man einige schöne Stiche von Morghen und
anderen Meistern, unter anderen einen Tizian, wovon das Original in Brescia ist, gewiß eines der
außerordentlichsten Werke dieses großen Malers.

Ehe ich nach der Akademie ging, war ich in der
Kirche S. Trovaso. Es ist ein Gian Bellin da, aber
sehr verdorben und so hoch, daß er kaum zu sehen
ist.

In S. Benedetto gab man gestern «Il duca d'Os-
suna» von Federici[1]. Es war unter aller Kritik, und
ich habe nun diesen Komödienschreiber für mein
Leben kennengelernt.

Heute war ich zuerst in S. Giulian, um Campa-
gnos «Christus» noch einmal zu sehen, sodann im
Salvatore, wo ich mich noch recht an Gian Bellins
«Christus in Emmaus», an Vittorias Statuen, am
Monument Priuli und an jenem der Königin von
Cypern erfreute. Sodann ließ ich mich nach der
Kirche La Salute übersetzen und gewann schon
mehr Sinn als vor ein paar Tagen an Tizians «Ausgießung des Heiligen Geistes», nur leider zu spät.
Ich fuhr von da nach der Giudecca hinüber, wan-
delte noch einmal in den Hallen des Redentore und
betrachtete Gian Bellins lieblichste Schöpfung. Ich
nahm eine Barke nach der Piazzetta zurück und ging

[1] Camillo Federici, d. i. Giovanni Battista Viassolo (1749
bis 1802), beliebter Lustspielautor

zu Fuß nach S. Giovanni e Paolo: Tizian, Gian
Bellin, Bergamascos «Magdalena». Später ging ich
in den Palazzo Ducale, und zwar in die Bibliothek,
wo ich die Antiken besah. Der Ganymed ist mir nie
so schön vorgekommen als heute. Gestalt und
Gesicht, beide sind über allen Ausdruck edel.

10. September 1825. Locarno.

Val Misocco ist ein äußerst enges, aber anmutiges Tal. Die Berge verlieren ihre Kahlheit, und herabstürzende Wasserfälle befruchten diese Schwelle Italiens. Unweit Misocco zeigt sich bereits der Kastanienbaum mit seinen stachelschweinborstigen Früchten; er kommt nun ununterbrochen in unzähliger Menge vor. Esche und Eiche erscheinen wieder und später auch das hellgrüne Buchenlaub. Bei Cabiolo sah ich die ersten Reben seit Chur. Sie sind hier wie im südlichen Tirol in Lauben geordnet, und öfters führt die Landstraße unter diesen Bogengängen hindurch, da man jeden Raum benutzt hat. An mehreren Orten war eben Weinlese. Eine Gruppe von Myrtenbäumchen sah ich in Cabiolo. Die Feige und der Maulbeerbaum folgen, und nun sieht man bald alles von jener üppigen, um sich wuchernden Vegetation bedeckt, welche die italienische Natur eigentlich zu reich und zu voll machen, um sie ruhig genießen zu können. So sehr ich mich gestern aus den Einöden des St. Bernhardin hinwegsehnte, so gestehe ich doch, daß ich heute jene stillen und leicht übersehbaren Anschauungen zwar nicht zurückwünsche, aber doch besser zu schätzen weiß.

Bellinzona liegt mitten in diesem Garten, wo die Moesa in den Ticino fällt. Ich fand, als ich dort ankam, auf der Stelle eine Gelegenheit nach Locarno, die ich benutzte. Ich fuhr mit zwei Schweizer Offizieren, die an einem Kadettencorps in Thun angestellt sind und den Kanton Tessin berei-

sen. Einer von ihnen sprach deutsch, und ich fand
in ihm einen sehr unterrichteten und angenehmen
jungen Mann. Bald offenbarte sich der Lago Maggiore mit seinen Hochgebirgen zu beiden Seiten,
mit seinen Villen und Flecken und den tausendfach
verschlungenen Rebengirlanden seiner Ufer, die
sich an den Bäumen hinaufwinden und über sie
hinwegragen. Locarno ist freundlich. Italienische
Bauart mit Säulen und offenen Balkons. Ich traf
den Oberst des Kadettencorps mit noch vier anderen Offizieren und mehreren Zöglingen. Ersterer leitet hier auch den Bau eines Dampfboots, dessen Rudimente wir sahen. Ich habe heute in Gesellschaft dieser Militärs zu Mittag gegessen. Sie
scheinen mehr oder weniger in der französischen
Schweiz zu Hause zu sein und sprachen fast nur
französisch. Doch sind sie mir schon bis jetzt sehr
nützlich gewesen, da sie mir bei der Obrigkeit des
Kantons einen Paß in die Staaten des Königs von
Sardinien visieren ließen, die ich morgen betreten
muß, da schon die Borromäischen Inseln sardi-
nisch sind.

Unweit unseres Gasthofs, der, wie sich denken
läßt, sehr voll ist, ist ein Franziskanerkloster, dessen Garten ich heute sogleich nach meiner Ankunft
besuchte. Er hat eine schöne Laube von Lorbeer,
welche die Aussicht nach dem See zu hat. Alles
ist voll herrlicher Spaziergänge. Der Abend war
schön, die Nacht ist gestirnt.

12. September 1825. Domo d'Ossola.

Gestern endlich betrat ich auch jene Gärten der
Armida, der Borromäischen Inseln, welche den
Süden Italiens hervorzaubern. Wir fuhren in zwei

Fahrzeugen von Locarno weg. Der Weg ist reizend, aber einförmig. Freundliche Dorfschaften
von italienischer Bauart, schöne Landhäuser und
zu beiden Seiten jene hohen Bergketten, die ich
nun schon seit Vorarlberg gewohnt bin, so daß ich
wohl wünschte, wieder einmal in die offene Welt
hineinzublicken. Wir aßen auf den Barken, und
gegen Abend landeten wir zuerst auf Isola Madre
und sodann auf Isola Bella. Letztere ist ein mehr
nach altfranzösischer Art angelegter Garten. Er
enthält, sowie das Schloß selbst, noch viel Ge-
schmackloses, was man aber bei dem reichen Leben und Weben der dortigen Pflanzenwelt und bei
den beständig wechselnden Aussichten auf den See
und die Alpen vergißt. Auch Isola Madre besteht
aus Schloß und Garten; aber letzterer ist wilder und
freier und ersterer einfacher, wiewohl es unter
anderem auch ein schönes kleines Theater enthält,
was für mich immer etwas Magisches hat. Kaum
ist man die felsigen Ufer, wo nur wilde Feigen
wuchern, hinaufgestiegen, so wird man vom Duft
der Zitronenblüten empfangen, neben denen die
gelben Früchte hervorsehen. Reben und Kirsch-
lorbeer bilden schöne Bogengänge. Die Passions-
blume, der Jasmin und der Rosenlorbeer, die ägyptische Zypresse erhebt sich, wohin der Blick ihr
nicht folgen kann, die Aloe und das Zuckerrohr
wachsen in freier Erde, die Platane, die Steineiche
und seltene Akazienarten werfen ihren breiten
Schatten, und zwischen den Hortensienstauden
wandeln schöngefärbte Fasanen. Auf Isola Bella
sieht man ein Lorbeerwäldchen und Alleen von
Orangenbäumen. Der Kaktus blüht sowie die
Palma Christi, und tausend Wohlgerüche waren

verbreitet. In einer Zeder findet man Napoleons
Handschrift, nach der Schlacht von Marengo ein-
gegraben. Vielfältige fremde Gewächse begegnen
dem Auge überall; unter ihnen der köstliche Baum,
von dem der Gummi Arabiens tröpfelt. An den
Mauern des Hafens sahen wir die Blume der Ka-
pern. Die schönsten Zypressen allenthalben, das
frische grüne Laub der Stechpalme, blühende Gra-
naten, der Geranien und des Jasmins feinste Wohlgerüche.

14. September 1825. Turtmann in Wallis.

Vorgestern von Pflanzen, heute von Menschen.
Ich befand mich im ganzen sehr behaglich in der
Gesellschaft der Schweizer Militärs, die ich in Baveno verließ, wo ich ihrem Obersten noch meinen
besonderen Dank für seine Aufnahme abstattete.
Derjenige unter den Offizieren, den ich zuerst
kennenlernte und der zugleich der gebildetste von
allen war, hieß Hauptmann Effinger und lebt in
Bern. Er gab mir seine Adresse und ich ihm ein
Exemplar der «Sonette» aus Venedig, das ich in
meinem Ränzchen hatte. Da er in Göttingen studiert hatte, so sprach er deutsch; aus den anderen,
wiewohl mehrere Berner dabei waren, war kein
deutsches Wort herauszubringen, da sie sich ihres
vaterländischen Dialektes schämen. Ein anderer
von den Offizieren, den ich mit Namen kennenlernte, hieß Rougemont, und zwei junge Leute, mit
denen ich abwechselnd in Locarno und Baveno
mein Zimmer teilen mußte, Jacquenod und Saussure. Letzterer, wiewohl ich ihn nicht näher kennenlernte, hatte wenigstens ein sehr vorteilhaftes
Äußeres und viele Gutmütigkeit.

Auf dem Weg nach Domo d'Ossola bemerkte
ich die Sitte, daß die Weiber ihre Kinder samt der
Wiege auf der Schulter mit sich aufs Feld tragen.
Ich habe gegen ein Dutzend solcher Mütter begegnet, so daß es eine allgemeine Gewohnheit sein
muß. Die Sprache ist sehr gemischt; man versteht
Italienisch und Französisch und vermengt beides.
In Domo d'Ossola aß ich mit einem Franzosen aus
Orléans zu Mittag, der sehr gesprächig und gefällig
war, und lernte zugleich eine englische Familie, die
aus einem Herrn und zwei Damen besteht, kennen.
Sie machen dieselbe Route als ich, und ersterer bot
mir den anderen Morgen an, mein Ränzchen mit in
die Chaise zu nehmen. Ich begegnete ihnen einige
Stunden darauf, ging einige Zeit mit dem Engländer zu Fuß, worauf er mich nötigte, mit einzustei-
gen. Die Damen sind beide brünett und beide
interessant. Sie sprachen wenig französisch, und
ich war genötigt, mein Englisch hervorzusuchen.
Mit ihrem Begleiter sprach ich französisch. Wir
waren in Simpeln über Nacht, und da es heute
regnete, so mußte ich wieder mit ihnen bis hierher
fahren.

Die Simplonstraße hat im ganzen nichts vor der
Via Mala und der Straße über den Bernhardin
voraus. Am merkwürdigsten ist die große Galerie,
wo die Straße eine sehr bedeutende Strecke unter
den Felsen weggeht, indes man von Zeit zu Zeit
große Luftlöcher von oben eingesprengt hat, um
den Tag hereinzulassen. In Simpeln fanden wir
zwei andere Engländer, zwei Schweizer Zeichner
und fünf norddeutsche Studenten, die aber alle, wo
wir herkamen, hingingen. Die Engländer waren
unausstehlich und lächelten über alles auf das vor-

nehmste. Das frische Aussehen und der bequeme, einfache Anzug der Studenten gefielen den englischen Damen. Jene schienen Leute von Bildung, zum Teil Naturforscher. Besonders war einer darunter, von dem es mir wehe tat, mich so schnell trennen zu müssen. Das Wallisische Tal hat etwas Anziehendes, wenn man vom Simplon herunterkommt, der sehr einförmig ist. Die Rhone ist breit und reißend.

19. September 1825. Genf.

Genf hat viel Anziehendes, besonders durch seine Lage zwischen See und Gebirg, an der Rhone und Arve. Doch verlass' ich es morgen wieder und habe hier in der Tat mehr Unangenehmes als Angenehmes erfahren. Ich kam gestern abend in guter Gesellschaft hier an, da ich mit dem Professor aus Dijon, mit dem ich den Montanvert bestiegen, und mit einem englischen Kapitän namens Gowan, der in Indien gedient hat, an einem Tage von Chamounix hierherfuhr. Meine Reisegefährten waren kränklich, aber gut gelaunt. Besonders wurde viel über die Art gelacht, mit der Gowan das Französische räderte. Der Weg ist durchaus anmutig. Bis St. Martin fährt man mit Maultieren, da die Wege in Savoyen meist zu schlecht sind. Man hat hier zu Land mehrere Arten von leichten Fuhrwerken, besonders eine Art Chaisen, in denen man nach einer Seite hinaussieht, wie die Damen zu Pferd sitzen. Die Lage von Cluse ist außerordentlich schön. Herrliche Buchenwälder belauben hier wieder die kahlen Felsen. In allen Ortschaften auf dieser Route findet man kleine Naturalienkabinette, wo die verschiedenen Gebirgsprodukte, roh

und bearbeitet, zum Verkauf ausgeboten werden.
Ebenso kleine Jungen oder Mädchen, von denen
man besonders in Chamounix verfolgt wird und
die teils Kristalle, Amiant und andere Steinarten,
teils Milch, Branntwein oder Früchte zum Verkauf
bieten. Auch solche, die einen kleinen Böller bei
sich haben, den sie für Bezahlung losbrennen, um
das Echo hören zu lassen. So spekuliert alles bloß
auf die Reisenden, und jeder nimmt, so viel er
kann. Genf ist gegenwärtig außerordentlich mit
Fremden angefüllt, da jetzt alle Engländer, die
durch Frankreich nach Italien gehen, hier durch-
kommen. Wir fuhren daher in fünf verschiedenen
Gasthöfen vergebens vor, und erst im sechsten,
«Au coq d'Inde», wies man mir und dem Engländer ein Zimmer an, wiewohl das letzte noch übrige
im letzten Stock, unreinlich, die Betten mit Wanzen und Flöhen bevölkert. So entbehren wir in
einer Stadt wie Genf alle Bequemlichkeit. Die Im-
pertinenz der Polizei, mit der wir eine Dispute
hatten, machte uns noch den ersten Abend zu
schaffen, und ich hatte Genf in der ersten Stunde
satt, wiewohl die eigentümliche Bauart der Stadt,
die Aussichten auf den See, die Rhonebrücken, die
vielen erleuchteten Kaffeehäuser, die, nach der
Straße zu meist offen, an ein südlicheres Klima
erinnerten, sich bei Nacht gut genug ausnehmen.
Zu mehreren kleineren Unglücksfällen am anderen Morgen kam noch, daß ich vergebens mehrere
Briefe erwartete, die sich wahrscheinlich in Lausanne befinden werden, da ein reisender Schwede,
der meinen Namen trägt, die seinigen dorthin hat
adressieren lassen, was zu einer Verwechslung Anlaß gab. Diesen Morgen war ich mit dem Franzo-

sen, der sich bei einem Restaurateur ein Unterkommen zu verschaffen wußte, in einigen Buchläden und kaufte sechs verschiedene Broschüren von
Lord Byron, die ich noch nicht kannte, und worunter seine frühesten Jugendwerke, sodann die
«Obras de Garcilaso» die ich schon lange gesucht
habe.

30. September 1825. Bern.

Den Abend vorher, ehe ich Genf verließ, besuchte
ich noch die Brüder Pictet, an deren einen ich einen
Gruß von Schelling auszurichten hatte. Sie wohnen im Sommer auf dem Lande in Taney, in einem
wahren Palast, von dessen großem Balkon, wo wir
uns aufhielten, man eine sehr schöne Aussicht
genießt. Adolphe Pictet[1] spricht sehr geläufig
deutsch. Er hat sich mit den keltischen Sprachen
beschäftigt, worüber er mir manches Interessante
mitteilte.

Am Zwanzigsten des Morgens fuhr ich mit dem
Dampfboot «Winkelried» von Genf nach Lausanne. Es ist sehr elegant eingerichtet. Ein großes
Spiegelzimmer mit einer kleinen Bibliothek, das
Verdeck durch einen Baldachin vor der Sonne
geschützt, eine Glocke unweit des Kiels, um den
größeren Landungsplätzen ein Zeichen zu geben,
worauf ein Kahn von dorten abfährt, um die jedes-
maligen Passagiere ans Land oder an Bord zu
bringen. Ich sah im Vorüberfahren Gentod, Coppet, Nyon, Prangins, Rolle und Morges. Wiewohl

---

[1] Adolphe Pictet (1799–1875), nachmals bedeutend auf dem
Gebiete der vergleichenden Sprachforschung. Er hatte kurz
vorher «Du culte des Cabires chez les anciens Irlandais», Genf
und Paris 1824, herausgegeben.

sonst dergleichen Ortsbeziehungen auf mich wenig Eindruck machen, so konnte ich doch nicht
umhin, mich recht lebhaft an Johannes Müller[1], an
Frau von Staël und den Kreis, den diese geistvolle
Frau einst in Coppet um sich versammelt hatte, zu
erinnern. Ferney ist leider vom Ufer zu sehr entfernt. Ich landete in Ouchy, eine kleine halbe
Stunde von Lausanne, das die Anhöhe herunter
gebaut ist, und fragte sogleich nach Montchoisi,
wo Madame de Cerjat wohnt. Es liegt seitwärts,
von Lausanne und Ouchy ungefähr gleich weit
entfernt. Ich ward sehr gut empfangen und lernte
in der Jugendfreundin meiner Mutter eine vortreffliche Dame kennen, die ich täglich mehr schätzen
lernte. Ich blieb bis gestern morgens, wo ich mit
der Messagerie über Milden, Wiflisburg und Mur-
ten hierherfuhr. Man sieht den Neuenburgersee in
der Ferne, in der Nähe den Murtenersee, dessen
Ufer auf einer Seite ziemlich flach sind. Bern war
seit Lindau der erste Ort wieder, den ich schon
kannte. Die Lage von Bern übertrifft an Schönheit
und Mannigfaltigkeit alles, was man in der französischen Schweiz zu sehen bekommt. Ich brachte
einen Teil des Vormittags unter den Kastanien-
schatten der Plattform zu, wo man die untere
Stadt, den Lauf der Aare durch anmutige Haine
und Landhäuser und im Hintergrunde die Jungfrau
mit ihrem ganzen Schneegefolge wahrnimmt. In
einem Buchladen kaufte ich den «Chant du Sacre»
von Lamartine, in welchem ich aber nichts Ausgezeichnetes fand. Nach Tische besuchte ich mit

---

[1] Der Historiker Johannes von Müller (1752–1809) schrieb
als Privatlehrer in Genf den ersten Band seiner «Schweizer-
geschichte», Bern 1780.

einem Briefe von Madame du Cerjat eine andere
Jugendfreundin meiner Mutter, Frau Fischer, die
einst in derselben Pension zu Lausanne war. Ich
fand eine rechtschaffene, noch rüstig aussehende
Schweizerin im Kreis ihrer Familie. Sie lebt gegenwärtig, wie alle wohlhabende Berner Familien,
noch auf ihrem Landgute, das nah an der Engi liegt,
wohin ich mit ihr und einer ihrer Töchter spazieren
ging. Effingern verfehlte ich; doch habe ich ganz
wider mein Vermuten noch den Abend vor meiner
Abreise von Lausanne Hippolyt Saussure gesehen.
Madame de Cerjat hat mich damit überrascht. Sie
wußte, daß ich jenen jungen Mann, der der Sohn
ihrer Freundin ist, kennengelernt hatte. Sie ließ
nach Tisch, das heißt um fünf Uhr, wie gewöhnlich anspannen, und wir fuhren eine Stunde weit
nach dem Landgute der Saussures, ohne daß sie mir
sagte, wohin oder wo ich wäre, nachdem ich schon
der Frau von Saussure vorgestellt war, bis ihr Sohn
hereintrat. Ich hätte gewünscht, ihn länger als eine
Viertelstunde sehen zu können. Er soll sehr fleißig
und geistreich sein, versteht mehrere Sprachen und
will Diplomat werden.

   Auch sonst machte ich viele Spaziergänge und
Spazierfahrten mit Madame de Cerjat, zuerst auf
die nahen Landgüter ihrer beiden Brüder, Bellerive
und Rovéréaz, sodann einmal nach Morges, einem
sehr freundlichen Städtchen, und endlich nach dem
schönen Vevey und über Clarens und Montreux
nach Chillon, dem östlichsten Punkt am Genfersee
und für mich der einsamste und anziehendste. Wir
besahen die Gefängnisse dieses Inselschlosses, die
keineswegs solche tagsscheue Löcher sind, wie sie
Lord Byron beschreibt, deren edle Architektur

vielmehr den Geist zu erheben scheint. Die Hand
der Kunst hat in der Schweiz so wenige Spuren
gezeichnet, daß man diese wenigen gern verfolgt.
In Italien lernte ich, daß es etwas Höheres gibt als
die Anschauung der Natur, und die Schweiz be-
friedigt mich eigentlich nicht mehr. Wie wäre es
auch möglich, daß die menschliche Seele und das
Höchste, was sie hervorbringt, nicht göttlicher
wären als Pflanzen und Steine, Berge und Täler?

4. Oktober 1825. Müllimatt bei Thun.

Der Genfersee entsprach meiner Erwartung nicht
ganz. Er ist sehr breit, und wiewohl ich in Montchoisi das Städtchen Evian und die Felsen von
Meillerie immer vor Augen hatte, so sind sie doch
gar zu sehr entfernt. Lausanne besuchte ich öfters.
Die Stadt selbst ist äußerst häßlich und steiler, als
ich irgendeine gesehen habe. Die Aussicht von der
Terrasse und einigen Spaziergängen außerordentlich reizend. Noch einmal erwähne ich das Schloß
von Chillon als meinen Lieblingspunkt, der tausend Gedanken in mir aufregte und in dessen herrlichen Kerkern ich gern einige Wochen hätte verweilen mögen, um eine Tragödie zu schreiben,
wozu ich keinen besseren, zerstreuungsfreieren
und doch dabei anziehenderen Schauplatz wüßte.
Leider lebe ich in einer großen Unfruchtbarkeit,
woran besonders der Mangel an Stoff schuld ist, da
ich hier manches, was ich brauche, nicht nachzule-
sen imstande bin. Ich erinnere mich nicht, während
dieser ganzen Reise auch nur einen einzigen Vers
gemacht zu haben.

Montchoisi liegt in einem schönen Park. Das
Haus selbst ist von Jasmin, Reben und anderen

Rankengewächsen ganz verhüllt. Außer dem Jasmin gedeihen noch andere Gewächse am Genfersee, die an einen südlicheren Himmel erinnern: kleine Zypressen und einige Lorbeerarten. Das Obst, besonders die Trauben, sind von großer Güte. Leider sind die Berge und das ganze Seeufer mit Landhäusern dick besät, und der Spaziergänger findet wenig andere Fußpfade, als die zwischen den Hecken und Obstbäumen der Gutsumzäunungen hinlaufen. Engländer überall in Menge, und die englische Sprache sehr verbreitet, besonders im Hause der Cerjats, deren Mutter eine Engländerin war. Ich habe bei Madame de Cerjat ebenso oft englisch als französisch vorgelesen. Ich machte die Bekanntschaft mehrerer ihrer Freundinnen, bei denen zum Teil noch das Andenken meiner Mutter lebte, und sah auch Herrn von Crousaz, seine Frau und seine Mutter, die bekannte Romanübersetzerin Madame de Montolieu. Ich erfreute mich sehr, sowohl in Montchoisi als bei Frau Fischer in Bern sowie auch hier so viel Schönes und Lobenswürdiges von meiner Mutter zu hören, die sich, immer tätig, verständig und teilnehmend, die Liebe ihrer Jugendfreundinnen nicht bloß zu erwerben, sondern auch durch vierzig Jahre hindurch zu erhalten wußte.

9. Oktober 1825. Brienz.

Heute morgens schied ich von der Müllimatt, einem Landhause von Thierachern bei Thun, wo ich acht herrliche Tage verlebt habe, in einem grünen, breiten, von einem lieblichen Bach durchschnittenen Tale; vor meinem Fenster Thun mit seinen Türmen, zur Rechten das Schreckhorn, die beiden Eiger, die Jungfrau mit ihrem Silberhorn, weiterhin die Blümlisalp und mehr im Vordergrunde die Niesen, an welchen sich die herrliche Bergreihe des Stockhorns anschließt. Dieser schöne Rahmen umfaßte die schönsten Bilder. Ich fand hier weder Pracht noch Luxus wie in Montchoisi, aber das wahre Gefühl des Landlebens und eine freundliche Wohnung, deren offene Galerien mit Blumentöpfen verziert waren, umgeben von Gärten und lieblichen Hügeln, von denen man die Aussicht auf den See hat. Doch würde dies alles ohne die Herzlichkeit der Bewohner wenig Wert gehabt haben. Doch ward ich nicht nur von der Oberstin Weiß, der Freundin meiner Mutter, und ihren Töchtern, als auch von ihrem Schwager, dem Ratsherrn Stürler, dem das Gut eigentlich gehört, und dessen Söhnen auf das zuvorkommendste, wiewohl einfachste aufgenommen. Ich befand mich im Kreise einer vorzüglichen und wahrhaft glücklichen Familie, die ich nie vergessen werde. Wiewohl die französische Sprache in den vornehmen Berner Familien die herrschende ist, so war man doch nicht unbekannt mit der deutschen Literatur, ja sehr dafür eingenommen; unter den Damen besonders die jüngere Tochter Henriette. Sie sprachen übrigens nur französisch, da die Bernerinnen ihren Dialekt nicht leicht zum besten geben. Von den Männern hörte man zuweilen auch Bernerdeutsch, zuweilen Hochdeutsch, und zumal der zweite Sohn des Herrn von Stürler, Moritz, sprach sehr rein und zierlich, da er bei Fellenberg[1] erzogen worden. Da das Schweizer Organ vieler Anmut

---

[1] Der Reformpädagoge Philipp Emanuel von Fellenberg (1771–1844) leitete die Schule von Hofwyl im Kanton Bern.

fähig ist und das Hochdeutsche als eine von dem
Landesdialekt ganz abgesonderte Sprache erlernt
wird, so wird sie von einigen vorzüglich gut gesprochen. Die Oberstin selbst ist eine herzliche,
geistreiche und für ihr Alter sehr lebhafte Frau. Ihre
älteste Tochter, eine geschiedene Cordey, könnte
noch jetzt für eine Schönheit gelten. Ihr Umgang
ist einfach, anmutig, naiv mit Feinheit und doch
ohne alle Affektation. Die jüngere Schwester Henriette nähert sich mehr einer deutschen Bildung.
Sie ist hübsch und angenehm, und ohne daß sie im
mindesten gelehrt und belesen wäre, hörte ich oft
aus ihrem Munde jene feinen, treffenden Urteile
über Geistesprodukte und Lebensverhältnisse, welche mir den Umgang mit Frauen immer am angenehmsten gemacht haben. Der alte Stürler ist
ein redlicher und dabei verständiger und sinnvoller
Geschäftsmann, der alles, auch das Poetische, auf
seine Weise sich anzueignen weiß. Weniger lernte
ich seine Söhne kennen, die meist mit der Jagd
beschäftigt waren, besonders der ältere, August,
der in holländischen Diensten, und der jüngste,
Julius, der still und gutmütig vor sich hin lebt und
sich für den geistlichen Stand bestimmt hat. Weit
mehr zog mich der mittlere, der Moritz heißt, an
sich, der mehr eine wissenschaftliche Bildung besitzt und sich mit den alten Sprachen beschäftigt
hat, wiewohl er die Jagdgenossenschaft seiner Brüder keineswegs verschmähte und sich meist im
Freien herumtummelte. Wenige Menschen haben
mir eine so leise und doch so entschieden wirkende
Neigung eingeflößt. Sein Äußeres ist kräftig und
angenehm, ohne schön zu sein, das Auge nicht
groß, aber ungemein geistreich. Wir haben uns nie

ein schmeichelhaftes Wort gesagt, auch in dieser
so kurzen Zeit nur wenig zusammen konversiert;
aber es war eine unzerstörbare Sympathie zwischen uns, die fortwirken wird, ohne daß wir uns
wiedersehen. Ich wurde öfters des Abends gebeten, von meinen Sachen vorzulesen. Ich las mehreres aus den «Venetianischen Sonetten», aus den
«Neuen Ghaselen», ich las «Treue um Treue», das
großen Beifall fand. Da man mehrere Tage hintereinander sehr unglücklich auf der Jagd war und
eben Regen einfiel, als man auf dem Niesen eine
Gemsjagd veranstalten wollte, so wurde ich im
Scherz gebeten, eine Ode an Diana zu dichten und
sie um ihren Beistand anzuflehen. So entstand ein
Gedicht, dessen Strophenbau vielleicht kunstvoll
genannt werden darf, das an Ort und Stelle den
größten Eindruck machte und das mir teuer ist, da
ich zugleich alles darin niederlegte, was mir jenen
Aufenthalt so wert gemacht, an dem es entstand.

> Jenes süße Gedränge der leichtesten irdischen
>   Stunden,
> Ach, wer schätzt ihn genug, diesen vereilenden
>   Wert![1]

Größere und kleinere Spaziergänge wurden häufig, größtenteils in Gesellschaft der Frauen, vorgenommen. Einmal nach der Kartause, einem ge-
schmackvollen Landhause des Herrn von Mülli-
nen, einmal nach Ansoldingen an einem kleinen
See, dessen Ufer ein unbeschreibliches Gemisch
von Anmut und düsterer Einsamkeit darstellen,
am Fuße des Stockhorns. Doch wo man sein

---

[1] Goethe, Elegie «Euphrosyne»

mochte, viermal des Tags wurde die Familie durch
den Ton einer Glocke versammelt, um acht zum
Frühstück, zu Tisch um ein Uhr, um sechs Uhr zu
Tee und Obst, um neun Uhr zum Abendessen. Die
Zeit zwischen dem Vesperbrot und Nachtessen
war zur Lektüre bestimmt und, wenn es tunlich
war, zur Musik.

Daß ich heute morgens das schöne Thierachern
nicht mit leichtem Herzen verließ, läßt sich denken, und es drängten sich einige Verse von Lord
Byron meinem Gedächtnis auf, die ich gern gesagt
haben würde, wenn man sie verstanden hätte:

> Ye friends of my heart,
> Ere from you I depart,
>   This hope to my breast is most near:
>
> If again we shall meet
> In this rural retreat
>   May we meet, as we part, with a tear![1]

Ich schiffte mich ein in Thun, und meine Blicke
waren noch lange nach dem Kegel des Stockhorns
und der Pyramidenspitze des Niesen gerichtet. Ich
traf auf dem Postschiff einen Deutschen, mit dem
ich bis hierher ging. Wir hatten den Einfall, noch
den Gießbach sehen zu wollen, und schifften uns
ungefähr eine Stunde von hier dahin ein; doch war
es fast Nacht, ehe wir am jenseitigen Ufer ankamen. Das mühsame Ersteigen des Bergs, um die
beiden vorzüglichsten Fälle des Gießbachs zu se-

---

[1] «Hours of Idleness»: «The Tear» (10): «Ihr Freunde meines Herzens, da ich euch verlasse, ist diese eine Hoffnung mir
besonders nah: wenn wir uns wiedersehen in dieser ländlichen Abgeschiedenheit, mögen wir uns wiedersehen, wie
wir jetzt scheiden – mit einer Träne.»

hen, die wir kaum noch sehen konnten, der gefährliche Rückweg, die traurige Wasserfahrt bis hierher zwischen den wilden, wandsteilen Ufern des Brienzersees, alles dies nährte meine Melancholie und vermehrte mein Heimweh nach der Müllimatt.

11. Oktober 1825. Knonau im Kanton Zürich.

Gestern bestiegen wir zuerst den Brünig; ein beschwerlicher, aber abwechselnder und anmutiger Weg mit schönen Aussichten. Man sieht den Lungernsee, sobald man das Gebirg herunterkommt, und dieser gewährt trotz seiner Einsamkeit einen freundlichen Anblick. Besonders durch die lieblichen Buchenwäldchen an seinen Ufern. Hierauf steigt man sehr tief bis zum Sarnersee hinab, der mir aber einförmiger vorkam. Die Grenze von Unterwalden ist auf dem Gipfel des Brünigs. Wir gingen bis Alpnach an einer Bucht des Vierwaldstättersees. Es war aber Kirchweih und der Gasthof sehr voll. Ich schrieb an Frau von Weiß. Heute morgens um vier Uhr fuhren wir mit dem Postschiff bis nach Winkel hinüber. In Luzern blieben wir nur einige Stunden. Der Himmel war bewölkt, die Vegetation wird immer herbstlicher, und ich muß gestehen, daß die Stadt mich anfinsterte. Nur das kolossale Monument zu Ehren der am 10. August 1792 in Paris gefallenen Schweizer[1] macht einen großen Eindruck, und der Ort, an welchem es in den Felsen gehauen ist, ist sehr gut gewählt. Das Reußtal ist mannigfaltig und fruchtbar. Wir durchschritten den Kanton Zug und kamen über St. Wolfgang hierher.

---

[1] von Thorwaldsen, 1821 errichtet

14. Oktober 1825. Schaffhausen.

Der Nebel, der jetzt jeden Morgen eintritt, verhinderte uns, auf dem Albis, wo man sonst sogar die Jungfrau und den Niesen sehen kann, eine ausgebreitete Aussicht zu haben; doch sahen wir wenigstens den Züricher See in seiner ganzen Länge. Zürich hat einen angenehmeren Eindruck als Luzern auf mich gemacht, wiewohl es mir nicht mehr so bezaubernd schien wie vor neun Jahren. Ich besuchte die obere Promenade und die schönsten Spazierorte, machte auch einen Besuch bei dem Chorherrn Bremi, dem ich einen Brief von Professor Heller zu bringen hatte. Ich fand einen alten, weißhaarigen Mann, klein und bucklig, der aber von seiner Studierstube aus das Treiben der Welt noch mit Anteil zu betrachten scheint. Gestern ging ich bis Winterthur, wo eben ein großer Viehmarkt und alles voll Wagen, Menschen und Bestien. Man trifft unterwegs jetzt nichts mehr als Kaufleute, da die Schweizer Reisenden schon alle zurückgekehrt, und so habe ich überhaupt Langeweile, da ich in den letzten Wochen an gute Gesellschaft gewöhnt und fast immer allein oder schlimmer als allein bin. Winterthur ist häßlich, die Umgebungen anmutig. Es ist die Zeit der Weinlese. Meinen Reisegefährten, der auch ein Negoziant war, verließ ich in Zürich, fand aber heute auf dem Wege wieder einen jungen Mann, der morgen mit mir weiter gehen will und von dem ich noch nicht weiß, was ich aus ihm machen soll. Wir waren zusammen am Rheinfall und im Laufener Schloß. Es ist eines der größten Schauspiele, das die Schweiz darbietet und das durch eine wiederholte Anschauung nicht verliert. Ich sollte hier eine alte

Freundin meiner Mutter besuchen, sie ist aber
seither gestorben, und meine Hoffnung, hier einen
geselligen Abend zuzubringen, war eher vereitelt,
als sie gefaßt wurde. Ich habe jene Frau verfehlt, als
ich vor neun Jahren hier war, und heute war es
leider zu spät.

16. Oktober 1825. Balingen.

Ich ging gestern allein von Schaffhausen weg. Der
lang anhaltende Nebel verhüllte mir großenteils
die anmutige Gegend und ihre schönen Buchenwälder. Ich ging bis Tuttlingen und also an einem
Tage vom Rhein an die Donau. Die Lage von
Tuttlingen in einem breiten, getreidereichen, von
mäßigen Hügeln eingeschlossenen Tale, mit einer
alten Burg auf der Anhöhe, überraschte mich um
so mehr, als nach einem kurzen Regengusse der
heiterste Himmel eingetreten war. Auch das Innere
des Städtchens und die vielen stattlichen Gasthöfe
machen einen angenehmen Eindruck. Es war wieder die erste deutsche Landschaft und deutsche
Preise im Wirtshaus. Heute hingegen hatte ich
einen sehr öden und langweiligen Marsch bis hierher, von Meilenzeiger zu Meilenzeiger, die einen
auf das gewissenhafteste an die Länge der Zeit
erinnern.

18. Oktober 1825. Tübingen.

Ich ging gestern von Balingen über Hechingen
hierher. Schon von Balingen aus sieht man das
Schloß Hohenzollern auf seinem Hügel. Tübingen ist eine sehr häßliche Stadt, die Umgebung
ziemlich anmutig. Weinberge, Wäldchen, Wiesen,
durch welche sich der Neckar schlängelt, der hier

noch klein und seicht ist. Von einem reisenden Handwerker, dem ich gestern auf dem Wege begegnete, erfuhr ich, ziemlich spät, den Tod des Königs von Bayern[1], der am Dreizehnten gestorben ist. Es steigt ein Fürst auf den Thron, der die Künste liebt[2]; der Erfolg wird lehren, ob sich auch die Dichtkunst seines Schutzes wird zu erfreuen haben.

22. Oktober 1825. Stuttgart.

Ich bin am Achtzehnten abends hier angekommen und werde morgen mit dem Postwagen nach Ansbach abfahren, wo ich übermorgen, an meinem neunundzwanzigsten Geburtstage, bei meinen Eltern einzutreffen hoffe. Ich würde ohne dies Zusammentreffen einige Tage länger geblieben sein; so aber ist es mir sehr erfreulich, meinen diesmaligen Geburtstag zu Hause zu feiern, was ich nicht mehr gehofft habe. Ich glaube behaupten zu können, die vier Tage, die ich hier war, gut angewandt zu haben, wenn ich sage, daß ich während dieser Zeit die Boisseréesche Sammlung[3] zweimal besucht, in Danneckers Werkstatt gewesen, Gries wiedergesehen und öfters mit ihm konversiert habe, die sehr interessanten Bekanntschaften von Schorn, Sulpiz Boisserée, Uhland, Gustav Schwab, des Medizinalrats Schelling[4] und seiner

[1] Maximilian I. Joseph (1756–1825), regierte 1805–25
[2] Ludwig I. (1786–1868), regierte 1825–48
[3] Gemeint ist die von den Brüdern Sulpiz (1783–1854) und Melchior Boisserée (1786–1851) seit 1804 zusammengetragene Sammlung von Werken altdeutscher und flandrischer Maler.
[4] Karl Eberhard Schelling (1783–1855), ein jüngerer Bruder des Philosophen

Familie gemacht und auch Matthisson gesprochen
habe; sodann im Theater und so ziemlich an den
vier Enden der Stadt gewesen bin und diesen
Abend noch «Treue um Treue» bei Schorn, in
Gegenwart von S. Boisserée, Uhland und Herrn
Lauter, vorgelesen habe. Das Nähere nächstens.

28. Oktober 1825. Ansbach.

Die Boisseréesche Gemäldegalerie würde mir unendliches Vergnügen gemacht haben, wenn ich sie
vor meiner Reise nach Venedig gesehen hätte.
Auch so hatte ich vielen Genuß davon, und ich
hätte nur gewünscht, mich durch einen längeren
Aufenthalt mehr mit ihr bekannt zu machen und
sie bei besserem Lichte sehen zu können, als dies
der Fall war. Schoreel, van Eyck und Hemmelink
sind die großen Meister, die man hier kennenlernt.
Der verklärte Tod der Maria hat auf mich den
meisten Eindruck gemacht, besonders das Gesicht
der Madonna selbst. Er ist von Schoreel[1]. Von
Hemmelink[2] ist der heilige Christoph das schönste
und berühmteste. Nur wollte mir die Farbe des
Wassers nicht recht gefallen, und so auch das grelle
Grasgrün, das van Eyck beinahe noch stärker hat,
wiewohl im ganzen die Färbung dieser Bilder außerordentlich kunstvoll ist. Die Tafeln van Eycks
stellen den Besuch der Heiligen Drei Könige und
Sankt Lukas mit der Madonna vor. Alles ist charakteristisch, die Perspektive erscheint in großer
Vollkommenheit, die Häßlichkeit der Jesuskinder

---

[1] Jan van Scorel (1495–1562); der «Tod der Maria» stammt
nicht von ihm.
[2] d. i. Hans Memling (1440–1494)

schreckt ab. Man bedauert, daß jene Künstler nur
kleine Bilder gemalt haben.

Dannecker[1] ist ein schlichter, freundlicher
Mann; er erinnert mich an Christen. Die Büste
Schillers war mir sehr erfreulich und ist herrlich
gearbeitet. Dem Christus aber, dem Johannes und
selbst der Psyche konnte ich keinen rechten Geschmack abgewinnen, wovon die Schuld wohl an
mir liegt. An beide Orte führte mich Schorn[2], der
Herausgeber des «Kunstblatts», der vertraute
Freund Engelhardts, und mit dem ich in Stuttgart
am meisten umging. Mit ihm suchte ich auch
Matthisson, mit dem er sehr liiert ist, in der Bibliothek auf. Er war freundlich gegen mich, fragte
nach meinen «Ghaselen» und sagte, daß er mir
nächsten Sommer meinen Besuch in Erlangen wie-
derzugeben hoffe. Er ist nicht groß von Statur,
ziemlich gealtert, blaue Augen wie Dannecker,
aber mehr getrübt.

17. November 1825. Erlangen.

Eine traurige Nachricht kommt selten allein.
Heute erfuhr ich, daß Rückert die orientalische
Professur nicht erhält und daß Jean Paul am Vier-
zehnten dieses gestorben ist. Dies war nicht unvor-
bereitet. Schellings sahen ihn diesen Herbst und
erzählten mir von seinem Zustande und dem gänzlichen Nachlassen seiner Kräfte. So auch Schröder,
ein junger Schwede und Bekannter Kernells, der
sich gegenwärtig hier befindet und Jean Paul kürz-

---

[1] Der Bildhauer Johann Heinrich Dannecker (1758–1841)
war seit 1790 Professor der bildenden Künste an der Karls-
akademie.

[2] Ludwig Schorn (1793–1842), Kunsthistoriker

lich gesprochen hatte. Vielleicht war der Mensch in ihm noch außerordentlicher als der Schriftsteller. Sein Gemüt war unüberschwenglich, voll Milde und Liebe und Anerkennung. Und was ist am Ende das Los eines großen Mannes? Der Körper schrumpft zusammen, und die schöne Seele entflieht. Wenn die Dichtkunst nicht wie ein Zwang auf dem Menschen läge, wer wollte sich ihr unterziehen? Wer wollte nicht lieber sein Leben in stiller Verborgenheit zubringen, anstatt beneidet und angefeindet zu werden, um zuletzt zu vergehen wie andere und die Welt mit Wehmut zu erfüllen? Ich hatte mich so gefreut, dem vortrefflichen Manne ein Gedicht (das gerade an seinem Todestage gedichtet wurde) zuzuschicken. Es ist an den jetzigen König gerichtet[1] und gegenwärtig schon in der Druckerei. Schelling hat mir dazu geraten, und ich habe die Aufgabe zu seiner Zufriedenheit in einer alkäischen Ode gelöst.

22. November 1825. Erlangen.

Meine Aspekten sind günstig, wenn sie nicht eine unerwartete Wendung nehmen. «Treue um Treue» soll nächstens in Nürnberg mit Aufwand und Sorgfalt gegeben werden. Durch meine Bekanntschaften in Stuttgart hoffe ich auch Cotta zu gewinnen, damit er dieses Stück und somit auch die folgenden verlegt. Mein Gedicht an den König ging gestern an Doktor Ringseis ab, der es übergeben soll. Wenn es günstig aufgenommen wird, so wird es auch nicht ohne Effekt in bezug auf das Theater bleiben, und sobald ich einmal eines Thea-

---

[1] die Ode «An König Ludwig», Erlangen 1825

ters und eines Verlegers gewiß bin, so ist mir in vielem geholfen, und ich rücke auch meinem ersten und letzten Wunsch, nach Rom zu gehen, näher.

26. Dezember 1825. Erlangen.

Über Mangel an Umgang darf ich mich diesen Winter nicht beklagen. Zuerst bleibt jener Schwede noch einen Monat hier, den ich täglich bei Tisch, bei mir und auf dem Spaziergange sehe und der sehr mild und geistreich ist. Sodann ist schon am Vierundzwanzigsten vorigen Monats ein junger Mann aus Lugano im Kanton Tessin hier angekommen, der hier Deutsch lernen will. Er hat mit zwei anderen Italienern, die dieselbe Absicht hatten, um drei verschiedene deutsche Universitäten gelost, und so traf ihn Erlangen. Gleich den folgenden Tag sahen wir ihn, Schröder und ich, im «Walfisch» bei Tische und bewunderten seine schöne italienische Gesichtsbildung. Da er eine Wohnung in dem Hause, wo ich wohne, genommen hat, so ward ich sehr bald mit ihm bekannt, und in ein paar Tagen waren wir schon, als ob wir uns immer gekannt hätten. Es läßt sich denken, daß ich sehr viel italienisch spreche, was mir bei meinem projektierten Reiseplan mehr als alles andere zustatten kommt. Joseph Quadri, so heißt der Italiener, hat in Padova und Pavia studiert und ist der Sohn eines sehr wohlhabenden Güterbesitzers und Landammanns im Kanton Tessin. Er ist ein naher Verwandter jenes Quadri, dessen «Otto giorni in Venezia» mir so vortreffliche Dienste während meines Aufenthalts in Venedig geleistet haben.

3. Januar 1826. Erlangen.

Ich habe das neue Jahr mit glücklichen Auspizien
angefangen, und meine Ode an den König scheint
allerdings Wunder gewirkt und die Stimmung in
Deutschland zu meinen Gunsten gelenkt zu haben.
So viele Zeichen von Anerkennung habe ich von
vielen Seiten her erhalten. Die Königin hat mir
freundlich gedankt, ebenso der König, welcher
sagt, daß er diese geistreiche Dichtung mit wahrem
Wohlgefallen gelesen habe. Ich kann nun sicher
sein, daß er mir nicht abschlagen wird, was ich
allenfalls bedürfen könnte. Gustav Schwab hat mir
in bezug auf jene Ode ein Sonett zugeschickt, in
welchem es unter anderem heißt:

> Du bist, du bist der heiligen Sänger einer,
> Vor deren Geist der meinige sich beuget.

So hat Gustav Schwab auch mit Cotta gesprochen,
der meine Schauspiele verlegen will und mich
einladet, mit ihm in Unterhandlung zu treten.
Auch von München habe ich gute Nachrichten, da
Herr von Poissl zwar den «Rhampsinit» nicht
aufführen, aber doch bezahlen will, ohne daß er
sich ferner dem Druck widersetzen könnte. Der
«Schatz des Rhampsinit», der «Turm mit sieben
Pforten» und «Treue um Treue» werden in einen
Band kommen.

Auch Sione, die sich aber diesmal F. v. S. unter-
schreibt, hat sich wieder hören lassen (wenn es
anders dieselbe ist). Ihr Gedicht beginnt:

> O du, den wir gleich jenen Engeln ehren,
> Die nur in Träumen noch zur Erde kehren

und enthält folgende schöne Strophe:

> Was du vernahmst mit des Entzückens Leben,
> Du durftest kühn der Dichtkunst es verweben,
> Denn, was du fühlst, weißt du im Lied zu sagen.
> Wohl glüht in mancher Brust geheimem Leben
> Ein dir verwandtes, höhres Sehnsuchtsstreben,
> Doch kann sie's nicht in Klängen zaubrisch klagen.

Ich war einige Tage in Nürnberg, wo ich am Neujahrstag anfing, eine Tragödie «Tristan und Isolde» zu schreiben, die mir lange genug im Kopfe herumging. Doch fühle ich mich hier nun wieder zerstreut und unterbrochen. Sie ist in Trimetern und stimmt einen weit höheren Ton an als alles mein Bisheriges.

9. März 1826. Erlangen.

Ich habe über zwei Monate nicht geschrieben, auch schleppte sich mein Leben ziemlich bedeutungslos und ganz ohne dramatische Produktion hin. Jetzt rufen mich Frühling und Liebe wieder ins Leben. Die Tage sind unbeschreiblich schön, der Himmel blau, die Knospen brechen hervor. Ich habe in dieser schönen Zeit einen Freund gefunden, auf den ich später zurückkommen werde. So oft ich mich in diesem Punkte getäuscht habe, so hoffe ich mich diesmal nicht zu täuschen. Und wie könnte ich die Ideale aufgeben, die mich seit meiner Kindheit begleiten? Gesehen habe ich ihn schon im November vorigen Jahrs, am 30. Januar auf einem Balle zum erstenmal mit ihm gesprochen; aber die Umstände verhinderten uns, einander näherzukommen, und näher kennengelernt habe ich ihn erst gestern abend, wo ich ein paar Stunden bei ihm zubrachte. Da dieser Besuch zufällig war, so hat es mich hinterher gefreut, daß es am Jonathanstage geschehen ist. Heute morgens schickte ich ihm mehrere meiner gedruckten Sachen, wovon ich gerade Exemplare vorrätig hatte, und legte ein gestern entstandenes Sonett über den Tod Pindars bei, das an ihn selbst gerichtet ist, wiewohl ich ihn dies nicht erraten ließ. Es ist das zwanzigste Sonett, das ich an ihn geschrieben, und so habe ich ihn mehr als irgendeinen früheren Freund gefeiert und durch Gedichte, die meine früheren hinter sich lassen. Gott mag wissen, weshalb dieser Mensch mich so sehr begeistert; aber aus den Sonetten geht hervor, daß ich nie so ganz, so edel, so uneigennützig geliebt habe. Leider wird er diese Tage eine Ferienreise antreten. Er heißt Karl Theodor German und ist in Rheinbayern zu Hause. Er studiert Theologie. Unglücklicherweise hat er sich an eine Landsmannschaft angeschlossen, was unseren Umgang außerordentlich erschwert.

Was ich in kurzem aus der verflossenen Zeit nachholen könnte, wäre, daß «Treue um Treue» in Nürnberg am 15. Januar mit Beifall gegeben worden, wobei auch Schröder gegenwärtig war, der aber in den letzten Tagen Januars nach Italien abreiste und mir seitdem einen schwedischen Brief von München aus geschrieben hat. Sodann kam ich mit Sione zusammen und machte die Bekanntschaft ihrer Schwester, die die meinige zu machen wünschte. Sie waren hier auf einem Balle und scheinen beide Dichterinnen zu sein.

Ich habe mich mit Schriften über das griechische Theaterwesen beschäftigt, mit Genelli[1] und Kan-

---

[1] Hans Christian Genelli, «Das Theater zu Athen», Altenburg / Leipzig 1818

negießer[1]; sonst viel auf Kunst Bezügliches gelesen, zum Beispiel den Fiorillo[2], und jetzt macht
Winckelmann meinen Genuß aus. Auch Jean Pauls
«Hesperus» habe ich in der letzten Zeit gelesen.
Außer den Sonetten an Jonathan (so will ich ihn
nennen) sind auch noch andere von verschiedenen,
meist polemischem Inhalt entstanden.

25. Juni 1826. Erlangen.

Ich habe nun um Urlaub nachgesucht und auch an
Cotta in betreff meines Reisegelds geschrieben.
Gestern erhielt ich die letzten Aushängebogen mei-
ner Komödie und habe mir sogleich ein Exemplar
binden lassen, auch sogleich den letzten Bogen an
Rückert und Bruchmann geschickt, denen ich die
früheren bereits mitgeteilt. Schelling meint, daß
Goethe viel Freude an der Komödie haben würde.
Die Parabasen nannte er die Blüte des Werks.

19. Juli 1826. Erlangen.

Wie freudlos und regungslos auch mein jetziges
Leben ist, wodurch auch meine körperliche Gesundheit gelitten hat, so ward mir doch wenigstens
vorgestern eine freudige Aufregung zuteil, die
mich freilich auch nur auf ganz kurze Zeit elektri-
siert hat. Ich war nachmittags auf dem Ratsberg bei
Schelling. Dieser hatte unterdessen die «Verhängnisvolle Gabel» mit Muße gelesen (ich erhielt die
Freiexemplare schon am Anfange dieses Monats)
und sagte mir darüber ein großes Lob. Er meinte,

---

[1] K. F. L. Kannegießer, «Die alte komische Bühne in
Athen», Breslau 1817
[2] Joh. Dom. Fiorillo, «Geschichte der zeichnenden Künste»,
Göttingen 1798–1808

daß ich das Wahre und Echte der Komödie gefunden und daß es keinem vor mir gelungen, den Aristophanes auf diese Weise zu reproduzieren. Nur wäre zu wünschen, daß nicht die anderen sich etwa einbilden, sie könnten dasselbe machen. Als ich nach Hause kam, fand ich einen Brief von Cotta vor. Dieser will nicht nur meine anderen Schauspiele so bald als möglich drucken lassen, er hat mir auch jährliche tausend Gulden für meinen zweijährigen Aufenthalt in Italien zugesagt, wovon ich vierteljährlich zweihundertfünfzig Gulden bei meinem Bankier in Rom erhalten kann. Puchta will bis Florenz mitgehen. Ohne daß ich mich gerade nach dieser Reise sehnte, so wird mir doch der Aufenthalt hier mit jedem Tag unerträglicher. Seit beinahe zwei Monaten besuche ich keinen öffentlichen Ort mehr, das Theater ausgenommen, wo German nicht ist. Seitdem ich gar keine Hoffnung mehr auf seinen Umgang habe (denn seit unserer letzten Unterredung grüßt er mich nicht einmal mehr), wird mir jede andere Gesellschaft auf eine Art zur Last, die ich nicht auszusprechen vermag, und alles ist mir wie abgestorben. Wenn ich ihm vollends, was jedoch selten geschieht, begegne, so falle ich in die gehässigste Stimmung von der Welt. Unglücklicherweise sehe ich ihn täglich, wenn er seine Kollegien besucht, vorübergehen, und er verfehlt nie, wenn er allein ist, zu mir heraufzublicken. Dennoch liebt er mich nicht, und dennoch hat mir nie ein Mensch ein so himmelschreiendes Unrecht hinzugefügt wie dieser, der mir die gemeinsten Saufbrüder unter den Studenten vorzieht. Ich kann ihn als ein personifiziertes deutsches Publikum betrachten. Einer behandelt

mich wie der andere. Und so wurde mein Leben
in den innersten Wurzeln angegriffen, und Ruhm
und Freundschaft, wovon eines wenigstens für das
andere trösten könnte, mir auf gleiche Weise ver-
weigert.

There died the best of passions, love and fame.[1]

Wer kann sich wundern, daß mir jeder Tag in
Deutschland zu lang wird? Ich habe halb und halb
den Plan zu einer neuen Komödie, «Pan und
Apollo», entworfen, die aber erst jenseits der Alpen ausgeführt werden soll. Jedermann will übrigens, daß ich bald ein Trauerspiel schreiben solle.

Ich habe an Goethe, Tieck, Umbreit, Grimm,
Nees und andere Exemplare von meiner Komödie
geschickt. Vor einiger Zeit machte ich die Bekanntschaft des Buchhändlers Frommann aus Jena,
der mich besuchte. Er war mit den ausgezeichnet-
sten Männern seiner Zeit und Umgebung bekannt.
Einen flüchtigen, aber hohen Genuß gewährten
mir vor kurzem die plastischen Darstellungen
eines Pariser Athleten namens Lebesnier, ein Mann
von der höchsten Schönheit in seiner Art und das
wirkliche Ideal einer Ajax- oder Gladiatorenge-
stalt. Seine Körperstärke erregte Verwunderung,
und seine Stellungen nach Antiken waren hinreißend.

---

[1] Pope, «Eloisa to Abelard», Vers 40: «Dort starben die
Besten in Leidenschaft, Liebe und Ruhm.»

10. September 1826. Brixen.

Ich fühle mich sehr melancholisch gestimmt in diesen Gebirgen, und ich fürchte auch, daß das Glück in Italien so wenig wohnt als anderwärts. Heute habe ich wenigstens den Brenner überschritten und die ersten Vorboten einer südlicheren Natur gesehen. Etwa eine Stunde von hier teilten sich die Straßen. Auf der einen Tafel las man: «Nach Italien!» Auf der anderen: «Nach dem Pustertal!» Ich weiß nicht, ob ich nicht lieber den Weg ins Pustertal eingeschlagen hätte, so gleichgültig scheint mir in diesem Augenblicke, wonach ich mich so sehr gesehnt habe. Jener Punkt, wo die Wege sich scheiden, ist übrigens sehr interessant. Eine einsame Kirche, eine hohe Brücke über die Eisack, die sich durch eine Felsenschlucht wälzt, die ersten Weinberge, die ersten Nußbäume und Kastanien, dabei zugleich noch Tannen und Lärchenbäume, alles dies gibt ein schönes und mannigfaltiges Bild. Überdies kam ein kurzer Regenguß, von beständigem Sonnenschein begleitet, so daß wir gleichsam durch die Tore eines Regenbogens in das gelobte Land einzogen; denn von hier an ist die Natur im immerwährenden Zunehmen. Ich verließ das schöne Innsbruck erst gestern nachmittags mit einem Vetturin, der mich bis Verona führt. Mir blieb daher des Vormittags noch Zeit, die schon erwähnten Basreliefs von Colin von Mecheln und das geschmackvolle Grabmal des Herzogs Ferdinand nebst dem der Philippine Welserin in Augenschein zu nehmen. Brixen ist öde.

Ich besuchte die Kirchen, die wenig oder nichts
darbieten. Auch das bischöfliche Schloß ist im
Verfall; der Fürstbischof ein uralter Greis, der bessere Zeiten gekannt hat. Die Aufhebung aller dieser Stifter und geistlichen Höfe, die eine unbe-
schränkte Gastfreiheit übten, erregt mir immer ein
peinliches Gefühl, so oft ich daran erinnert werde. An einem solchen Hofe wäre eigentlich ein
sehr glücklicher Aufenthalt für einen Dichter oder
Künstler gewesen.

11. September 1826. Salurn.

Hier ständ' ich nun auf der Grenzscheide der deutschen und italienischen Sprache, und übermorgen
werd' ich auch die politischen Grenzen Italiens
überschreiten. Die zunehmende Hitze war heute
schon sehr merklich; so auch die wachsende
Schönheit der Weiber und abnehmende der Männer. Wir kamen durch Klausen und Bozen, ein
Mönchsnest, dessen sonst blühender Handel durch
die österreichischen Mauteinrichtungen zerstört
ist. Die Hauptkirche ist in einem guten gotischen
Stil. So sehr mir auch Innsbruck wieder gefallen
hat, das in einem großen und freien Talgrunde
liegt, so beengt fühl' ich mich bisher, wo wir
immer zwischen zweien Bergen eingeklemmt waren. Sie drückten zugleich mit dem Bewußtsein
einer gänzlichen Einsamkeit auf mein Gemüt. Bis
Bozen hatte ich zwar einen jungen Kaufmann namens Keck, der von Innsbruck auf die Bozener
Messe fuhr, zum Reisegefährten. Er war auch in
vaterländischen Gegenständen ziemlich unwissend; doch hatte er noch mehrere Kindererinnerungen aus dem Feldzug Anno 1809 und gab mir

auch über die Sitten des Landvolkes manchen Aufschluß. Besonders interessierte mich aber, was er
mir von einem jungen Innsbrucker Bildhauer oder
vielmehr Bildschnitzer erzählte, der ein Mensch
von außerordentlichen Anlagen sein soll. Man hat
ihn deswegen ein paar Jahre nach München geschickt; doch verlangte er zu seinen Eltern zurück,
die auf einem Dörfchen nahe an der Stadt leben.
Das Innsbrucker Museum besitzt ein Basrelief von
ihm, das die Rückkehr der Genoveva aus der Wildnis vorstellt, und gegenwärtig arbeitet er an einer
Bestellung des Königs von Bayern. Man wünscht
allgemein, daß er nach Rom gehen möchte und
könnte. Dabei ist er höchst einfach und liebenswürdig an Gemüt und Geist und hat weder seine
Tiroler Tracht noch Lebensart abgelegt, geht noch
immer wie seine Landsleute mit nackten Knieen
und kurzen Lederhosen einher und zeichnet sich
nur durch eine edlere Gesichtsbildung und reinere
Sitten aus, da er weder den Wein noch die Weiber
liebt. Dieser originelle Mensch heißt Johann Hell,
und es tut mir sehr leid, daß ich weder ihn noch
etwas von seinen Arbeiten gesehen und also das
Interessanteste in Innsbruck versäumt habe. Doch
gebe ich die Hoffnung nicht auf, ihn in Rom zu
treffen, wo ein solcher Mensch Riesenschritte der
Bildung machen könnte. Das Genie im Bauern-
kittel muß ein wahrhaft erhebender Anblick sein.
Auch der Vater des Künstlers gilt für einen merkwürdigen, wiewohl wilden und dem Trunke erge-
benen Mann. Auch er schnitzt in Holz. Was könnte
nicht in der Plastik gerade von einer derben und
einfachen Natur geleistet werden, wenn sie durch
Übung einen hohen Grad von Kunstfertigkeit er-

reichte! Er soll übrigens sein Vaterland nicht gerne
verlassen wollen.

18. September 1826. Mantua.

Das schöne Geblüt der Veroneserinnen ist berühmt; doch, glaube ich, dürfen ihnen die Mantua-
nerinnen an die Seite gesetzt werden. Was eigentlich Schönheit, und zumal, was Anmut und Anstand vermögen, lernt man erst in Italien kennen.
Wie höhere Wesen erscheinen diese Gestalten, und
ein unsichtbares Etwas umschwebt sie, das man
fühlt, ohne es zu beschreiben. Auch unter den
Männern sieht man die schönsten Profile und Gesichtszüge bis zu den gemeinsten Ständen herab,
unter denen ich mich nicht entsinne schöne Frauen
gesehen zu haben. So viel ist gewiß, daß man ein
Jahr in Deutschland reisen kann, ohne so viele
reizende Gesichter zu sehen als an einem Abend in
Italien. Dazu trägt nun freilich auch das öffentliche
Leben der Italiener bei. Alles ist, alles geschieht auf
der Straße. Die Handwerker treiben ihr Geschäft
vor aller Welt; man ißt, man trinkt, man spielt bei
offenen Türen. Wie bequem ist es besonders für
den Fremden, in jeder Kirche, vor jedem Kaffeehaus Platz nehmen, ausruhen, lesen oder ein Gespräch anfangen zu können. Nichts fällt hier auf,
wo die persönliche Freiheit ungestört ist. Diese republikanischen Sitten begünstigen auch das
Theater, denn ein solches Volk will häufig in
Masse zusammenkommen. Das Amphitheater in
der «Virgiliana», wo bei Tag gespielt wird, sah ich
gestern. Man gab eine Komödie von Alberto Nota;
heute ein paar Stücke von Kotzebue im Abend-
theater, das sehr geschmackvoll gebaut und deko-

riert ist. Besonders geschmackvoll war der Vorhang, und ich glaube, daß in diesen Dingen das kleinste Provinzialtheater es dem größten bei uns zuvortut, soviel auch dabei verschwendet werden mag. In Italien sucht man weniger durch Pracht als durch Schönheit zu glänzen.

Das hiesige Museum konnte ich wegen eingetretener Ferien nicht besuchen. Es enthält eine Antikensammlung. Gestern bestieg ich aber noch den sogenannten Käfigturm, von dem man eine weite Aussicht über den See, der die Stadt umgibt, und die Berge, die den Hintergrund bilden, genießt. In diesem Turm befindet sich noch an einem der Fenster ein eiserner Käfig, wo man sonst die Verbrecher, den Augen aller Welt und den Sonnenstichen, den Insekten und Raubvögeln bloßgestellt, einsperrte.

31. Dezember 1826. Rom.

Wir haben seit einiger Zeit das heiterste Wetter, und dabei ist es nicht kälter als bei uns im Oktober. Ich habe viele und tüchtige Spaziergänge gemacht, besonders die äußeren Tore und Mauern Roms kennengelernt, gestern die Kuppel der Peterskirche bestiegen und von da aus das Meer gesehen. Sodann war ich in den Studien Thorwaldsens, wo man sehr schöne Sachen sieht, und heute mit mehreren Deutschen in der Villa Albani. Das Andenken Winckelmanns, Fresken von Mengs und herrliche Antiken; unter vielen anderen ein kolossaler Jupiterskopf von Basalt von der größten Schönheit. Die Lage der Villa selbst ist sehr anmutig, und besonders der heitere freie Portikus vor derselben. Die Neujahrsnacht feiere ich nun in Rom, aber

freilich einsam. Von interessanten Bekanntschaften wüßte ich wenig zu sagen. Am meisten bin
ich mit den schon erwähnten Marchesino Giulio
di Bagno umgegangen, durch den ich auch einen Architekten aus Forli kennenlernte. Sodann
machte ich die Bekanntschaft eines großen, blon-
den, schönen Römers, der Kapitän bei einem hiesigen Regiment ist. Aber wie alle Römer ist er
einsilbig und zurückhaltend im Gespräch, wiewohl sonst sehr freundlich. Ein paar Griechen
kenne ich, wovon einer Maler aus Konstantinopel,
der andere Geistlicher; so auch einen armenischen
Geistlichen. Ebenso zwei Irländer desselben Standes und noch ein paar andere Herren, mit denen ich
Mittag esse. Doch sind alle diese Bekanntschaften
sehr oberflächlich geblieben, und ein eigentliche
Unterkunft des Abends, das langweilige Café
«Ruspoli» ausgenommen, habe ich nicht gefunden. Jetzt werden zum Glück die Theater nächstens
wieder eröffnet werden, welche die ganze Advent-
zeit geschlossen waren. Es haben bereits sechs
Theater, ohne die Marionetten, ihre Ankündigun-
gen angeschlagen.

Am Weihnachtsabend war das Innere der Kirche
S. Maria Maggiore, eine der schönsten Kolonna-
den Roms, erleuchtet, und der Papst las die Messe
drin. Das Poetische will sich noch nicht hervortun.
Bloß zwei Oden sind entstanden, die ich bereits an
Fugger für das «Morgenblatt» geschickt habe.

16. Januar 1827. Rom.

Rom ist so reich, daß ich viele der schönsten
und merkwürdigsten Gegenstände erst in diesem
neuen Jahre gesehen habe. Dazu gehört der be-

rühmte Moses von Michelangelo in S. Pietro in
Vincoli, eine Kirche, auch durch ihre schönen antiken Säulen ausgezeichnet. Als ich vor ein paar
Tagen das zweite Mal dort war, machte ich die
Bekanntschaft eines jungen Württembergers namens Waiblinger[1], der mir schon dem Namen nach
bekannt war durch eine satirische Broschüre, die in
vieler Hinsicht geistreich ist. Leider fühle ich nicht
den mindesten Drang, meine deutschen Bekanntschaften zu kultivieren. Nur in Bandels Studium
komme ich öfters, und heute waren wir zusammen
im Palast Rospigliosi, um das Meisterstück Guido
Renis, die «Aurora», zu sehen. Auch von Ludovico
Caracci ist ein vorzügliches Bild dort, ein Simson,
der die Säulen zerbricht.

Vorgestern habe ich einen schönen jungen Römer, der ein Maler ist, kennengelernt, und den ich
schon öfters mit einem griechischen Maler, den
ich zuweilen spreche, gesehen hatte. Durch einen
schon älteren Mann, den Marchese Alessandro
Ugolini aus Macerata, den ich ebenfalls bei Lepri in
der Trattoria sehe, machte ich die Bekanntschaft
zweier Brüder, seiner Verwandten, zweier Grafen
Roberti, von denen der ältere, ein Kanonikus, mich
nicht interessiert, der jüngere aber, Ermenegildo,
bei der päpstlichen Nobelgarde dienend, eine sehr
originelle Natur ist und neben dem Marchesino di
Bagno der einzige, mit dem ich in ein freundschaft-
liches Verhältnis gekommen bin. Er hat eine feine
Gestalt, das Gesicht mehr pikant als eigentlich

---

[1] Wilhelm Waiblinger (1804–1830) war, von Cotta unterstützt, ein Jahr zuvor nach Rom gekommen, um dort zu
bleiben. Die «satirische Broschüre» wohl «Drei Tage in der
Unterwelt», Stuttgart 1826.

schön, aber das ganze Wesen ebenso launisch als liebenswürdig. Wir sind öfters ganze Nachmittage zusammen herumgelaufen, und einmal waren wir mit seinem Bruder und Vetter in S. Onofrio, wo in der Kirche Tassos Grab nebst einigen Gemälden und vor derselben die herrliche Aussicht über Rom sehenswürdig. In diesem Kloster starb der unglückliche Dichter und wurde nach seinem Tode bekrönt. Später stiegen wir auf die obersten Zinnen der Engelsburg, von welcher die Aussicht auch den seltenen Vorteil gewährt, die Fassade der Peterskirche übersehen zu können.

Sieben größere Theater sind eröffnet, und ich habe bereits alle besucht. Nirgends ist etwas Ausgezeichnetes; am besten hat mir die Gesellschaft Taddei im Theater Capranica gefallen, wo sie Goldonis «Torquato Tasso» weit besser als in Florenz aufführten. Bloß der, der den Römer machte, spielte schlecht; die Marchesa Eleonora hingegen war ausgezeichnet. Nach dem Theater, um Mitternacht, gehe ich gewöhnlich noch in eine Trattoria auf dem Monti Citorio, die länger als die anderen offen bleibt. Die Roberti sind gemeiniglich dort, auch lernte ich dort einen jungen Impiegato kennen, der mich interessierte und der unterrichteter scheint, als es hierzulande gewöhnlich der Fall ist. Da mein Hauptstudium gegenwärtig die italienische Sprache ist, so sind mir alle diese Bekanntschaften höchst willkommen. Es gehört viel Übung dazu, diese feine und so sehr kultivierte Sprache richtig und geläufig zu sprechen. Ich habe deswegen auch angefangen, eine Grammatik durchzugehen. Bis in drei Monaten, wo ich, aufs längste gerechnet, Rom verlasse, hoffe ich so ziemlich alle Schwierigkeiten besiegt zu haben.

Einige Oden sind entstanden, die letzte veranlaßt durch ein sehr schönes männliches Modell, das ich in einem Künstlerkreis gesehen, und aus dem Bandel einen Paris machen will.

16. Februar 1827. Rom.

Morgen endlich fängt der Karneval an; schon sind die Gerüste im Korso aufgeschlagen, schon ritten heute die Kapitolswächter in ihren bunten Livreen und ihren noch bunteren Fahnen herum, um die festliche Zeit anzusagen und anzutrompeten. Ich selbst verspreche mir wenig, ja nichts von ihr. Ich bin jetzt fast ganz wieder ohne Umgang. Roberti und Giulio di Bagno haben andere Freunde, und ich sehe sie selten; auch aus meinen übrigen Bekanntschaften will sich nichts gestalten, wiewohl ich noch mehrere neue machte, zum Beispiel die eines spanischen Malers, den ich bei Lepri und im Café gerne sehe, wo ich nach Tisch hingehe. Cochetti (so heißt der junge schöne Maler, von dem ich früher gesprochen) sehe ich zuweilen, und er hat mich einmal zu einem Liebhabertheater eingeladen, wo eine Tragödie von Alfieri gegeben wurde, in welcher er selbst den Helden, nämlich den König Saul, spielte. Es war ganz in der Art, wie ich die Trauerspiele desselben Dichters in Florenz spielen sah, übertrieben und steif. Vielen Genuß jedoch gewährt mir die komische Gesellschaft im Theater Capranica, das ich am meisten besuche. Die Familie Taddei, nach welcher sie benannt ist, liefert allein vier ausgezeichnete Individuen, unter welchen Luigi Taddei der beste Schauspieler, den

ich in Italien gesehen habe. Ein außerordentliches
Talent ist seine Schwester Rosa, die ich vorgestern
in dem obenerwähnten Theater improvisieren hörte und die mir dadurch die genußvollsten Stunden bereitete, die ich in Italien zugebracht habe,
und einen weit größeren Eindruck in mir zurückließ als der berühmte Sgrizzi, den ich wenige Tage
vorher im Theater Argentina eine Tragödie in fünf
Akten über den Tod des Turnus improvisieren
hörte. Der Stoff war steril genug, und es war
schwer, dem Inprovisator zu folgen, teils wegen
seiner monotonen Rezitation, in der er während
des ganzen Stücks nicht einen Augenblick inne-
hielt, teils wegen des schnellen Wechsels des Dia-
logs. Schon daß die *versi sciolti* nicht gesungen
werden können, stört den Eindruck. Es war gar
keine Musik im Theater, und auch die schönen
Chöre, die Sgrizzi am Ende der Akte anbrachte,
rezitierte er bloß. Es fanden sich über hundert
Argomente in der Urne, die alle verlesen wurden
und zum Teil äußerst interessant gewesen sein
würden. Leider entschied das Los für den unglück-
seligen König der Rutuler und den langweiligen
Äneas. Die Rosa Taddei hingegen trug ihre episch-
lyrischen Dichtungen singend vor, bei leiser Begleitung eines Klaviers, das hinter ihr gespielt wurde,
in langsamem Takt und einer höchst einfachen,
aber zauberisch ins Ohr fallenden Melodie; wahrscheinlich uralt und traditionell für jene Versarten.

22. Februar 1827. Rom.

Die ersten Tage des Karnevals haben sich ziemlich
regnerisch angelassen; bloß heute war es heiterer.
Ich habe mich an diesen Torheiten und Maskera-

den ergötzt und weidlich mit den sogenannten
Confetti umhergeworfen; weit mehr aber erfreute
mich's, eine Bekanntschaft gemacht zu haben, die
ich immer wünschte, aber immer als eine schöne
Unmöglichkeit ansah. Es ist ein junger Maler aus
Cremona, dessen Namen ich noch nicht weiß. Ich
habe ihn einmal schon im November vorigen Jahres in einer Trattoria gesehen, und seit jenem Augenblick schien er mir immer der schönste Mann
und das nationellste Gesicht, das mir jemals in
Italien, wo die Schönheit alltäglich ist, vorgekommen. Viele Wochen hindurch begegnete er mir
äußerst selten, auch wußte ich nicht, wo ich ihn
aufsuchen könnte; seit einiger Zeit jedoch sehe ich
ihn fast täglich im Café «Ruspoli», und gestern traf
es sich, daß ich neben einen seiner Freunde zu sitzen
kam, mit welchem ich mich unterhielt, worauf
auch er mich im Weggehen grüßte. Heute nun,
während der Festlichkeit, traf ich ihn im Korso, wo
ich zum erstenmal mit ihm sprach und ihm die
Hand reichte. Später fanden wir uns im Café «Ruspoli» wieder, unter anderen Freunden. Die meisten
gingen jedoch auf das Festino im Theater Argentina; wir beide und noch ein Dritter blieben beisammen, gingen sodann in eine Trattoria, um zu
Nacht zu essen, und machten noch einen nächt-
lichen Spaziergang über das Kapitol nach dem
Forum bis ans Kolosseum. Auf diesem Weg kam
manches zur Sprache, und ich lernte in diesem
Freund einen Mann kennen, der, was Gelehrsamkeit betrifft, so wenig über seine Sphäre hinaus-
geht, als es die Italiener überhaupt tun, aber nichtsdestoweniger ebenso geistreich als edel ist und wie
viele seiner Landsleute eine große Beredsamkeit

hat. Diese Gaben, vereint mit einer unbeschreiblichen Wohlgestalt und jenen tiefen, schwärmerischen Feueraugen, die ich nie in solcher Vollkommenheit gesehen habe, würden mir nichts zu wünschen übrig lassen, wenn ich hoffen dürfte, die
Freundschaft eines solchen Jünglings zu erwerben,
in welchem ich mich bloß insofern getäuscht haben
kann, als er mich nicht liebt, aber nicht insofern, als
er nicht höchst würdig jeder Liebe und jeder Achtung wäre. Überhaupt bewundere ich die Italiener,
je mehr ich sie kennenlerne, und ich habe in diesen
letzten Tagen unter den Künstlern und anderen
jungen Leuten mehrere sehr interessante Bekanntschaften durch Canonieri gemacht, der seit einigen
Tagen hier ist.

12. März 1827. Rom.

Das Gute zum Schlimmen. Das Gute wäre, daß der
März, bei uns der traurigste Monat im Jahr, hier in
Rom die schönste und köstlichste Jahreszeit ist. Die
mildeste Frühlingswärme und die klarste, durch-
sichtigste Luft erhöhen jeden Genuß und die Anschauung aller jener Kunstwerke, an denen Rom
nicht bloß unendlich reich, sondern wahrhaft uner-
schöpflich ist. Täglich lernt man neue Herrlichkei-
ten kennen, täglich die schon gekannten noch höher schätzen. Heute war ich auf dem Kapitol, wo
ich einen unbeschreiblichen Genuß hatte; gestern
in der Galerie Borghese. Vor einigen Tagen besah
ich die «Galatea» und übrigen Fresken Raffaels in
der Farnesina und die der Caracci im Palast Farnese; alles Meisterstücke der Kunst, die man jeden
Tag sehen könnte und wegen der Masse an schönen Gegenständen nicht einmal jeden Monat sieht.

Auch an literarischen Genüssen fehlt es nicht, und die italienischen Dichter, zumal Dante und Alfieri, erschienen mir in immer schönerem Lichte. Vor einigen Tagen hörte ich auch Sgrizzi, und zwar im Palast Sinibaldi, wieder eine Tragödie improvisieren. Das Los traf den Sejanus; doch schien das Ganze sich nicht über die Mittelmäßigkeit zu erheben, wiewohl einzelne treffende Züge in den Charakteren waren. Die Theater haben leider mit dem Karneval aufgehört. Von diesem Karneval selbst habe ich eigentlich nur in der letzten Stunde desselben, als es ans Lichterauslöschen ging, eine eigentliche Aufregung empfunden, desto mehr aber die Gesellschaft meines neuen Freundes genossen, und dies ist das zweite Gut, das ich zu erwähnen habe. Er heißt Antonio Bottazzi und ist ein durchaus liebenswürdiger Charakter. Wir essen zuweilen zusammen in den «Cinque Lune» oder gehen spazieren, oder ins Vatikanische Museum, oder sehen uns im Kaffeehaus, und noch häufiger komme ich in sein Studium, wo er malt und ich ihm gewöhnlich vorlese, sei es im «Tasso» oder Montis «Homer», oder auch im Dante und Alfieri. Mit der Zeit will er auch mein Bild malen, und vielleicht werden wir diesen Frühling gemeinsam nach Neapel gehen.

Nun aber auch das Schlimme und Schlimmste. Mein Nervensystem wurde durch das hiesige winterlose Klima, vielleicht auch durch den häufigen Genuß von Wein und Kaffee gereizt und geschwächt, da es nie sehr stark war, und es kam am Dritten dieses Monats gegen Abend zu einem förmlichen konvulsivischen Nervenanfall. Ich ging mit Bandel und Städler, einem Architekten aus Bern, unweit S. Maria Maggiore von der Villa

Massimi herein, wo wir die Fresken einiger lebenden deutschen Maler gesehen hatten, und ich war
mit meinen Begleitern in einen heftigen Streit geraten, als ich plötzlich das Bewußtsein verlor und
mit Gewalt zu Boden stürzte. In einem Wagen
wurde ich nach Hause gebracht, wo ich erst wieder
zu mir selbst kam. Es wurde ein junger deutscher
Arzt aus Göttingen, namens Gustav Himly, geholt, der mir einiges verschrieb, und heute habe ich
mit dem Leibarzt des Grafen Esterhazy gesprochen, der eine homöopathische Kur versuchen
will. Während der ersten Tage nach diesem Vorfall
war ich in eine grenzenlose Melancholie verfallen.

28. März 1827. Rom.

Bottazzi habe ich diese letzten Tage weniger und
fast nur im Café «Ruspoli» gesehen. In seinem
Studium habe ich ihm vor einiger Zeit den «Saul»
von Alfieri vorgelesen. Er ist ein großer Bewunde-
rer Alfieris, ich selbst nicht minder, und ich fühle
immer mehr meinen eigenen Trieb zur Tragödie
erwachen, in der ich eigentlich das Beste zu leisten
imstande zu sein glaubte. Ich bin dreißig Jahre alt
und fühle mich nun hinlänglich reif dazu. Auch ist
ein neuer Plan zu «Tristan und Isolde» gemacht,
doch an der Ausführung hindert mich der Zustand
meiner Gesundheit, der mir keine Exaltation erlaubt. Die homöopathische Kur ist mir, so wie ich
glaube, gut bekommen und hat wenigstens auf
mein Nervensystem einen sehr starken Effekt gemacht; doch bin ich noch schwach und schreck-
haft.

Ich habe eine Revision meiner lyrischen Gedichte vorgenommen, eine strenge Auswahl ge-

troffen und auch das Ausgewählte soviel als möglich gefeilt und alles Ungehörige gestrichen. Das Ganze, dessen Schluß meine Oden machen sollen, ist in drei Bücher geteilt und soll eine gediegene Sammlung geben.

Das Wetter ist schön, und ich gehe viel spazieren; des Morgens gewöhnlich mit einem Buch in die Villa Massimo, die in meiner Nähe liegt. Vor einigen Tagen war ich in den Thermen des Caracalla, den größten Ruinen Roms, und heute nachmittag in der Villa Pamfili, einem Garten, wie man sich in der Kindheit die Aufenthalte der Feen denkt, voll ewig grüner Schatten und unzähliger Springbrunnen.

2. April 1827. Rom.

Gestern habe ich einen verunglückten Improvisator namens Giustiniani aus Imola gehört, der seine Themas nicht einmal zu Ende bringen konnte, da das Gelächter zuletzt allgemein wurde. Am Ende, als alles aufstand, bat er sich noch einige Schlußreime aus, um sich zu entschuldigen, wo er dann unter anderem sagte:

> Io non son caldo d'Apollineo ardore,

und vom Apollo selbst:

> Invece di una cetra da un feretro.[1]

Die Rosa Taddei hingegen habe ich vorgestern zum fünftenmal gehört, da sie die Fasten über mehrmals in einem Saal improvisierte. Besonders

---

[1] Ich wärme mich nicht am apollinischen Feuer, statt dessen an der Leier auf der Bahre.

gefiel sie mir das letzte Mal. Sie trug die Klagen des Apoll über die Verwandlung der Daphne in verschiedenen Versmaßen vor, sodann einen Hymnus an die schönen Künste, Tasso im Kerker, die Beredsamkeit beim Tode des Cicero, die Schlacht des Konstantin und Maxentius und, was ihr vorzüglich gelang, Alexander am Grabe des Achill in Oktaven, wobei sie mit den schönen Versen schloß:

> E quì dove un Omer suonò la tromba
> L'alloro io poserò su questa tomba.[1]

Bei den Themen mit Intercalarversen kam abermals ein Reim auf «iglio» und das Wort «coniglio» vor, wobei sie sich abermals sehr gut aus der Schlinge zog. Die Intercalarverse waren:

> Risiede in quel ciglio
> La forza d'amor.[2]

und das Thema: «La bellezza di Nice». Sie führte gleich im Anfange den Liebhaber dieser Nice als einen Schäfer ein und bediente sich auch in den anderen Strophen vieler ländlicher Bilder und Tiernamen. Als die verhängnisvolle Strophe kam, ließ sie den Hirten sagen, daß ihn die spröde Grausamkeit der Geliebten demütige und zurückschrecke, und fuhr dann fort:

> Se audace fui prima,
> Or sono coniglio:
> Risiede in quel ciglio
> La forza d'amor.[3]

---

[1] Hier stieß Homer in die Fanfare, dort leg' ich sie auf dieses Grab.
[2] Es ruht in diesem Blick die Kraft der Liebe.
[3] Wenn ich erst kühn war, bin ich nun ein Hase: Es ruht in diesem Blick die Kraft der Liebe.

23. April 1827. Rom.

So naht denn mein Abschiedstag von Rom heran,
wo ich nun sechs Monate zugebracht, manches
Merkwürdige jedoch noch ungesehen gelassen, in
der letzten Zeit aber die Feier der Kar- und Oster-
woche mitgemacht habe, bei welcher mir besonders das Feuerwerk auf der Engelsburg, die sogenannte Girandola, großartig vorkam und einen
entschiedenen Eindruck in mir zurückließ. An jenem selben Tage bin ich auf dem Monte Mario
zum erstenmal gewesen, von wo die Aussicht von
unbeschreiblicher Schönheit ist. Auch die Vatikanische Bibliothek, gewiß die prachtvollste in Europa, habe ich in der Karwoche zum erstenmal
gesehen, da die Gemächer des Vatikans in den
letzten Tagen der Woche allem Volk offenstehen.

Was meinen Umgang betrifft, so ist mein Verhältnis zu Bottazzi in etwas erkaltet; doch werden
wir uns, wenn ich in Neapel bin, schreiben. Er ist
ein höchst edler Mensch, der von den anderen
lombardischen Malern, die ihn, weil er mehr Bestellungen hat als sie, beneiden, schon manches hat
erdulden müssen. Jetzt hat er den Karton zu einem
in einer Versammlung rezitierenden Homer angefangen, den ein gewisser Herr von Valdem, ein
Milanese, bei ihm bestellte. Diesen, sowie seinen
jüngeren Bruder, die beide angenehme und gebildete Menschen sind, kenne ich, da sie längere Zeit
hier waren und jetzt nach Neapel sind. Ein anderer
vertrauter Freund Bottazzis heißt Romani und ist
Architekt. Übrigens bin ich mehr mit Deutschen
umgegangen als sonst, unter anderem mit einem
Maler aus Hanau, namens Cüstin. Auch in Bandels
Studium kam ich in den letzten Tagen öfters und

erfreue mich sehr an seinem Talent und seinen Arbeiten. Auch mit Waiblinger kam ich häufig zusammen; ein junger Mensch von viel poetischem Talent, der einige halbverrückte satirische Romane und ähnliches geschrieben hat, ein ziemlich wüstes, durch Universitäts- und Liebeshändel zerrüttetes Leben geführt hat und auf diese Weise vielleicht nicht das wird leisten können, was er sich einbildet. Er will nämlich die ganze Geschichte der Hohenstaufen in einer Reihe von Dramen bearbeiten. Gegenwärtig befindet er sich in einer sehr traurigen, ja verzweifelten Lage, da ihn Cotta, der ihn bisher unterstützte, verlassen hat und er nun nicht weiß, woher er seinen Unterhalt nehmen soll. Er schreibt nun wieder einen Roman, der etwas werden kann, wenn er sein Talent zu Rate hält und ein Hintergrund wie Rom dem Ganzen einige Haltung gibt.

Die zwei ersten Bücher meiner Gedichte habe ich nach Deutschland abgeschickt, von dorther auch meist günstige Nachrichten erhalten. So schickt mir Puchta einen Auszug aus dem Brief eines Professors juris namens Hasse in Bonn, aus dem hervorgeht, daß die «Verhängnisvolle Gabel» dort Furore gemacht hat. Pfeiffer ist mit seiner Frau, die mir geschrieben hat, in München; Vorlesungen zu halten, wurde ihm aber, wahrscheinlich weil er Protestant ist, nicht erlaubt. In München sieht es, trotz aller Kunstliebe des Königs, doch traurig genug aus, und nichts will recht gedeihen. Besonders ist das Theater fortwährend schlecht bestellt. Der König wird nächstens hierherkommen; da er aber doch nichts für mich tun würde, so habe ich keine Verpflichtung, ihn abzuwarten.

25. April 1827. Rom.

Morgen trete ich die Reise nach Großgriechenland
an. Ich war heute noch in Bandels Studium, sah
Cüstin beim Abendessen und sprach Romani und
Bottazzi im Café «Ruspoli». Hier ist man beinahe
wie auf einer deutschen Universität, und es ist mir
in vieler Hinsicht recht, von den Deutschen weg-
zukommen. Mein künftiges System sei, griechisch
zu lesen, italienisch zu sprechen und deutsch zu
schreiben. Kann ich mich mit der Zeit ganz nach
Sizilien zurückziehen, so wird es für mich am
besten sein. Der Mangel an historischen Schriften,
die mir für meine dramatische Laufbahn unumgänglich nötig sind, ist das einzige, was ich dort
befürchte. Ich würde dann aber Catania zu meinem
Aufenthalte wählen, das als Universitätsstadt in
dieser Hinsicht etwas mehr darbietet. Der Ätna
und das Meer können wohl zu Tragödien begeistern.

30. April 1827. Neapel.

Seit gestern abend bin ich hier in dieser wahrhaft
herrlichen, bewegten und schönen Stadt und habe
mich bald zurechtgefunden. Gleich am Abend
meiner Ankunft kam ich in der Trattoria di Milano
mit Städler und einigen anderen Bekannten aus
Rom zusammen, die mir ein helles, freundliches
und geräumiges Zimmer in dem Hause, wo sie
selbst wohnen, verhältnismäßig für einen sehr billigen Preis verschafften. Das Haus hat eine höchst
günstige Lage, nahe am Largo di Castello, zwischen dem Toledo und dem Molo am Hafen im
Zentrum Neapels. Post und Polizei, mehrere Bäder, Speise- und Kaffeehäuser sind ganz in der

Nähe, und von dem Balkon meines Fensters aus (denn hier haben fast alle Fenster Balkons) sehe ich auf einer Seite bis an das Kastell S. Elmo hinauf, auf der anderen das Castell Nuovo, das nach dem Modell der Bastille erbaut ist, bis an die Spitze des Leuchtturmes am Molo. Diese Wohnung trägt dazu bei, mich noch früher heimisch in Neapel zu machen, was man hier ohnedem gleich wird. Alles ist Heiterkeit und Bewegung, und die Stadt ist wie das Meer offen und frei und geräuschvoll; die Bauart im Durchschnitt solid und edel, die Straßen breit und hell. Nur die ersten Stunden ist es mir etwas sauer geworden; denn sich mit Wirt und Kellner und den Lazzaroni herumzuzanken, bis man nur eine bleibende Stätte findet, ist keine Kleinigkeit. Ich war gänzlich erschöpft und fürchtete für meine Nerven.

Auch meine viertägige Reise war durch schönes Wetter und erträgliche Gesellschaft begünstigt. Sie bestand in einem römischen Kapellmeister, einem Kaufmann aus Triest, einem naseweisen jungen Engländer und dem Sohn eines hiesigen Ministers, des Duca di S. Severino aus der Familie Minutolo. Durch ihn erwuchs uns der Vorteil, daß uns die Doganen respektierten und wir gar nicht visitiert wurden.

2. Mai 1827. Neapel.

In Albano sahen wir zuerst das Meer von ferne; das Städtchen selbst hat ein ärmliches Aussehen. Ebenso Genzano. Der See in der Nähe ist anmutig; Ariccia reizend durch seine Laubwälder. Das Vorgebirg der Circe behält man immer im Gesicht. Velletri, wo wir übernachteten, ist finster mit an-

genehmen Umgebungen. An Altertümern fehlt es
nicht auf dem ganzen Wege. Einen ganzen Tag
lang geht es nun durch die Pontinischen Sümpfe.
Sie sind einförmig, aber nicht öde. Auf einer Seite
rücken die Gebirge nahe heran, die Straße ist mit
Ulmenalleen besetzt, die Wiesen haben das schönste Grün mit gelben Blumen. In Terracina, wo wir
blieben, kommt man ans Meer, und die ganze
Natur Italiens und der Menschenschlag verändern
sich. Man sieht einzelne Palmbäume, die Felsen
sind mit Kaktus bedeckt, überall die schönsten
Zitronengärten. Die Zypresse wird nun ein gewöhnlicher Feldbaum. Noch weit reizender ist die
Lage von Molo di Gaeta, der Stadt der Lästrygo-
nen; unbeschreiblich schön die Gärten und Terrassen am Meer. In einem derselben sahen wir die
Bäder des Cicero, merkwürdige Ruinen. Nun
kommt die Aloe an der Landstraße als Unkraut
vor. Den Liris passiert man auf einer Schiffbrücke.
S. Agate war unser Nachtquartier. Die Gegend
wird gegen Neapel zu einförmiger, wiewohl immer sehr fruchtbar. Doch sieht man fast nichts als
Ulmenwäldchen, an denen die Reben hinaufran-
ken und von Baum zu Baum geschlungen sind.

19. Juni 1827. Neapel.

Ich habe hier schon in der Mitte des vorigen Monats angefangen, Seebäder zu nehmen. Das Wasser
war warm, doch hatten wir viel Regen, so daß ich
oft verhindert worden bin. Gestern habe ich meine
erste Schwimmstunde genommen bei demselben
Schiffer, dessen Barke ich mich bediene, um an
einen einsamen Badeort zu fahren. Sonst bin ich
wenig herumgekommen. Im vorigen Monat war

ich mit Gündel, einem Sachsen, mit dem ich öfters zusammenkomme, in Sorrent, und vor einigen Tagen mit einem Frankfurter Kaufmann in Pompeji, das einen eigentümlichen Eindruck in mir zurückgelassen hat. Das Leben geht hier, ohne daß man es bemerkt, vorüber, und ohne daß etwas geschieht, was man besonders aufzeichnen könnte. Ich habe den Plan zu einer «Iphigenie in Aulis» niedergeschrieben, doch fehlt mir noch der Mut zur Ausführung. In Briefen aus Deutschland finden sich öffentliche Urteile über die «Verhängnisvolle Gabel» mitgeteilt, die meistenteils günstig sind.

Ein Berliner Dichter und Jude namens Michel Beer[1], der gegenwärtig in München lebt, hat ein Gedicht an mich ins «Morgenblatt» einrücken lassen. Unter den hiesigen Deutschen hat Gündel die «Verhängnisvolle Gabel» verbreitet, ohne mein Wissen und Zutun. Da hat nun ein preußischer Geheimrat, Semler, ein Gedicht an mich geschickt, worin er mich lobt, aber zum echten Christentum von der Kunstreligion bekehren will. Savigny, der berühmte Jurist, der ebenfalls seiner Gesundheit wegen hier ist, hat die Komödie zu selbstgefällig gefunden. Auch der preußische Gesandte, Graf Flemming, hat sie gelesen, und dessen Sekretär, ein Herr von Arnim, soll sie, wie mir Gündel sagt, am günstigsten aufgenommen haben. Das Manuskript meiner Gedichte ist glücklich in Augsburg angekommen.

---

[1] Michael Beer (1800–1833), der Bruder des Komponisten Meyerbeer, vor allem Verfasser von Trauerspielen, darunter «Paria» (1823). In Italien schrieb Beer seine «Genuesischen Elegien».

11. Juli 1827. Neapel.

Schon im vorigen Monat, am Geburtstage meines
Vaters, habe ich den Plan zu «Tristan und Isolde»
niedergeschrieben; doch denke ich noch nicht an
die Ausführung, und es hemmt mich auch, daß
noch so viel Ungedrucktes von mir in Deutschland
liegt. Seit einiger Zeit ist Bandel aus Rom hier, der
nächstens nach Deutschland zurückkehrt; da er
aber mit seinen Reisegefährten beständig Ausflüge
macht und ich den Deutschen überhaupt nicht
nachlaufe, so habe ich ihn erst ein einziges Mal
gesehen. Doch bin ich überhaupt meinem Gelübde, nicht mit Deutschen zu gehen, öfters untreu
geworden und hab' es jedesmal büßen müssen.
Gündel hat mich beredet, den Geheimrat Semler zu
besuchen. Ich fand einen würdigen und trotz seiner
beständigen Leiden heiteren Mann, der besonders
ein vortreffliches Gedächtnis hat und unerschöpf-
lich in Erzählung von Anekdoten und eigenen
Lebensereignissen ist. Nun wollte mich Gündel
auch mit einem Schlesier namens August Kopisch[1]
bekannt machen, der aus Sizilien kommt und sich
schon drei Jahre in Italien aufhält. Er ist Maler und
Dichter und soll neuerdings ein Trauerspiel über
«Chrimhildens Rache» geschrieben haben. Diesmal weigerte ich mich standhaft; aber Semler lud
mich ehevorgestern zu Tische und brachte mich
auf diese Weise mit Kopisch zusammen. Ich erwartete wenigstens bloß eine trockene, gewöhnliche
Bekanntschaft zu machen, aber es kam noch viel

[1] Der Maler und Dichter August Kopisch (1799–1853) lebte
1824–28 in Italien, wo er vor allem die verschiedenen Formen der Volkskunst studierte. 1826 entdeckte er zusammen
mit Ernst Fries die «Blaue Grotte» bei Capri.

schlimmer, da jener schöne, heitere und liebenswürdige junge Mann einen nur zu tiefen Eindruck
auf mich machte, einen Eindruck, den ich eigentlich nie in Italien erfuhr, wiewohl die Italiener so
viel schöner sind als wir Deutsche und wiewohl
hier in Neapel die Liebe zwischen Männern so
häufig ist, daß man selbst bei den kühnsten Forderungen keinen Korb zu gewärtigen hat. Vielleicht
eben deswegen artet hier die Liebe nie zur Melancholie aus. Ich aber war nicht wenig bestürzt, mich
aufs neue in einem Zustande zu sehen, in welchen
ich nach German nie mehr zu geraten hoffte. Kopisch las einige scherzhafte Gedichte vor, und nach
Tische wurde eine Spazierfahrt am Meer hin gemacht, bis wo man die Insel Nisida im Gesichte
hat. Diese zauberischen Gesichtspunkte, ihm gegenüber genossen, waren verführerisch, er selbst
artig und zuvorkommend gegen mich, ich aber
hütete mich aufs äußerste, mich bloß zu geben.
Gestern abend begegnete ich ihm, Gündel und
Semler auf dem Molo, und wir gingen zusammen
in ein Kaffeehaus im Toledo. An beiden Abenden
war ich eine Zeitlang allein mit ihm, da wir denselben Weg nach Hause zu gehen hatten. Gestern
ward mir aber ganz deutlich, daß ich ihn fliehen
muß, da es noch Zeit ist. Bis nach Mitternacht ging
ich noch allein auf dem Molo spazieren und ließ
mich dann von meinem Schiffer hinausfahren, um
ein Meerbad im schönsten Mondenschein zu nehmen. Der König befand sich auf einem Schiffe
unweit des Hafens, und seine Tafelmusik klang
über das stille beleuchtete Meer.

16. Juli 1827. Neapel.

Aus Briefen habe ich Erfreuliches mitzuteilen. Der
König schrieb mir aus der Villa Colombella bei
Perugia, er hätte längst gewünscht, mir zu sagen,
wie sehr er mein Talent anerkenne und schätze, wie
ihm unter allen Gedichten bei seiner Thronbestei-
gung nur das meinige wohlgefallen, daß er im
«Morgenblatt» meine römischen Oden gelesen
und mich in Rom zu finden geglaubt. Er fügt
hinzu, daß ein Aufenthalt in Italien für jeden Deutschen ratsam und für das ganze Leben fruchtbrin-
gend sei. Semler meinte, solch ein Brief, der die
höchste Zufriedenheit des Monarchen ausdrückt,
wäre mehr als ein Orden wert, und ich könnte nun
keck ihn um jede Art von Unterstützung bitten.
Jener Brief ist eigenhändig und am Pfingstsonntag
geschrieben.

Fugger schreibt mir, daß bereits in den Londo-
ner «Foreign Reviews» eine Rezension der «Verhängnisvollen Gabel» befindlich sei. Sodann meldet er durch Rugendas[1], einen Maler, der aus Paris
kommt, wie auch dort meine Sachen bekannt geworden, wie sie Rugendas bei Benjamin Constant
gefunden, wie De Sacy sich mit vielem Anteil über
die «Ghaselen» geäußert habe. Ebenso die deutschen Orientalisten in Paris, besonders Professor
Ohlshausen aus Kiel. Rugendas wünschte sehr,
mein Porträt zu haben. Da damals Bandel noch
hier war, der ein Freund Rugendas ist, so ließ ich
mich von diesem zeichnen. Doch will man es nicht

---

[1] Moritz Rugendas (1802–1858) bereiste 1821–25 Brasilien,
1827–29 Italien und 1831–46 ganz Südamerika. Sein mehr-
bändiges Werk «Malerische Reisen in Brasilien» erschien
1828–35 in Paris.

ganz ähnlich finden, besonders ohne den eigentlichen Ausdruck der Seele. Nun haben Kopisch
und ein anderer Maler namens Großpietsch, beide
Schlesier, versprochen, mich abzuzeichnen.

26. Juli 1827. Neapel.

Mein Verhältnis zu Kopisch hat sich auf das schönste und freundlichste entwickelt. Er ist einer der
edelsten und liebenswürdigsten Charaktere, die
mir jemals vorgekommen, voll mannigfaltiger
Talente, äußerst unterhaltend im Gespräch und
immer heiter scheinend, wiewohl er noch aus
Deutschland, wohin er nach dreien Jahren Abwesenheit wieder zurückzukehren denkt, einen stillen
Kummer mit sich brachte, dessen Geschichte er
mir vertraute, und der in dem unglücklich verwik-
kelten Verhältnis zu einem Mädchen seinen Grund
hat, die seine Verwandte ist. Wenn er darauf zu
reden kommt, so laufen diesem Menschen, der
sonst die Lustigkeit selbst scheint, die Tränen über
die Wangen. Da er bei allen seinen Vorzügen auch
Dichter ist, und zwar einer, der es ernsthaft mit sich
selbst meint, so läßt sich leicht denken, daß dadurch tausendfache Berührungspunkte zwischen
uns entstehen. Eine ähnliche Freundschaft kann im
Leben kaum zweimal vorkommen. Sie ward uns
gegönnt, aber nur eine kurze Zeit des Zusammen-
seins. Über seine Gedichte war ich immer ganz
aufrichtig gegen ihn, und er hat es immer gut
aufgenommen. Von der «Chrimhilde» kenne ich
bis jetzt bloß zwei Akte. Die zu epische Behandlung entspricht mir nicht; auch Stil und Versifikation, deren Schwächen er selbst zugibt, habe ich
stark getadelt. Hingegen hat er mir einen Dithy-

rambus rezitiert, der einen wahrhaft pindarischen
Schwung hat, wiewohl ich auch hier das Regellose
in den Rhythmen nicht billigen konnte. Er hat die
Gabe, sehr schön und lebendig zu rezitieren, und
ein außerordentliches Gedächtnis. Jene Dithyram-
be rezitierte er mir verwichenen Zwanzigsten, wo
ich zum erstenmal auf längere Zeit bei ihm war
und er mir zum erstenmal um den Hals fiel, mit
Tränen in den Augen. Schon zwei Tage vorher
hatte ich eine Ode an ihn gedichtet. Diese ward
ihm aber erst am Dreiundzwanzigsten spät abends
übergeben, als er mich auf mein Zimmer begleitete, um sich die «Verhängnisvolle Gabel» zu holen, die er noch nicht gelesen hatte. Er wurde so
davon ergriffen, daß er sie zweimal nacheinander durchlas und die ganze Nacht nicht schlafen
konnte. Von der Ode sagt er selbst in seiner Antwort, daß sie

> Dem Leibe Ruh' nahm
> Und Entzückung der Seele gab.[1]

Diese Antwort übergab er mir des anderen Tages
auf der Straße, da er mich eben zu Tisch abholen
wollte, wie er gewöhnlich tut, und ich ihm zufällig
zuvorkam. «Ach, welche Freude haben Sie mir
gemacht!» sagte er, indem er mir beide Hände
drückte. Wie wohl tat es mir, jemandem durch ein
Gedicht eine persönliche Freude gemacht zu haben, was mir bis jetzt, besonders bei German, so
schlecht gelang! Bei Tische fühlten wir uns geniert,
noch zueinander mit «Sie» zu sprechen, und als ich
nach Tisch bei mir allein auch sein Gedicht gelesen

---

[1] «Gesammelte Werke», Band 2,62

hatte und wieder zu ihm kam, fingen wir an, uns
«du» zu nennen. Des Abends waren wir noch im
Kastell der Königin Johanna, einer schönen Ruine
am Meer. Zum Geheimrat kommen wir gewöhnlich später des Abends und gehen dann mit ihm in
eine Sorbetterie an der Paulskirche. Wir beide gehen dann immer zusammen nach Hause, da Kopisch in meiner Nähe wohnt. So geschah es auch
gestern, nachdem wir erst das Grab Virgils auf dem
Posilippo besucht hatten, das in einem Weingarten
zwischen Felsen und Feigenbäumen liegt. Wir nahmen dann ein Bad an der Villa Reale, und Kopisch
fing an, mich im Schwimmen zu unterrichten, da
er, in allen gymnastischen Künsten Meister, ein
sehr guter Schwimmer ist und ich noch sehr ein
Anfänger in dieser Kunst. Heute morgen standen
wir ziemlich früh auf, nahmen ein Schiff an der
Villa und fuhren nach der sogenannten Scuola di
Virgilio, einer entzückenden Felspartie, von wo
man das Vorgebirg Misenum, die Inseln Ischia,
Procida, Nisida und noch eine andere kleine Felseninsel vor sich sieht. Überall hat das Meer den
Posilipp ausgehöhlt und die herrlichsten Grotten
gebildet. In einer von ihnen, die die Schiffer S. Giovanni nennen, haben wir uns gebadet.

29. Juli 1827. Neapel.

Gestern habe ich einen schönen Tag mit Kopisch in
Pozzuoli und den dortigen Umgebungen zugebracht, wohin wir vorgestern abend in Gesellschaft
eines Sängers, der Fischer heißt, fuhren. In Pozzuoli waren mir besonders die Trümmer des Sera-
pistempels merkwürdig. Wir fuhren zu Schiff bis
an die Bäder des Nero, ritten dann auf Eseln nach

dem alten Cumä und der Grotte der Sibylle und
besahen alle, wiewohl ganz zerstörten Überreste
jener Landschaft bis Bajä. Dort sind drei Tempel-
ruinen von großer Schönheit. Im Tempel des Merkur ein Echo, das ganze Sätze wiederholt. Wir
sahen, nachdem wir uns wieder eingeschifft und
am Ufer hingefahren waren, mehrere Gräber und
die Piscina mirabile. Am alten Acheron setzten wir
uns wieder zu Schiff und fuhren um das Kap Misen
herum, das viele Grotten und wunderbare Fels-
wände darbietet. Das Schönste auf dieser Reise war
überhaupt die Natur und das Meer mit allen seinen
Farben. Fischer ist ein angenehmer und gesprä-
chiger Gesellschafter, und mit Kopisch fühlte ich
mich ganz glücklich, wiewohl diese Tage nicht
ohne Mißhelligkeiten zwischen uns abliefen, wenn
auch nie ein eigentlicher Streit entstand und die
Liebe bei allem vorherrschte. Aber da Semler, der
ein Pietist ist, gegen Kopisch auf eine feine Art
äußerte, daß ihn der Umgang mit mir, als einem
halben Heiden, für sein Seelenheil besorgt mache,
so fühlte ich mich in vieler Hinsicht gereizt, um so
mehr, da Semler Kopischen ganz unter seine Pro-
tektion genommen, ihn tausendfältig in Berlin,
wohin Kopisch gehen will, empfohlen hat und ihm
dort auch eine Stelle am Theater zu verschaffen
hofft. Ich mochte mich daher, besonders gestern
abend, als wir aus einer Trattoria nach Hause gingen, etwas zu scharf geäußert haben und hatte
keine Ahnung, daß Kopisch sich die Sache so sehr
zu Herzen nähme, als er plötzlich, nachdem er, wie
es scheint, lange an sich gehalten, in heftige Tränen
ausbrach, was mich nicht wenig bestürzt machte.
Er lebt noch zu sehr in jener früheren unglück-

lichen Liebe, und das Gedächtnis daran mischt sich in alles. Er glaubte in meiner Freundschaft eine Art von Ersatz zu finden; daher verletzt ihn der geringste Zweifel in die seinige, da er fühlt, daß er nicht mehr so lieben kann, wie er möchte und wie er sonst liebte, und daß er seine besten Empfindungen, die sich niemand wiedergeben kann, verloren hat.

19. August 1827. Neapel.

Seit ich nicht mehr geschrieben habe, ist ein Streit zwischen mir und Kopisch vorgefallen, so daß wir uns acht Tage lang nicht gesehen haben. Der geheime Rat hat uns wieder zusammengebracht, und scheint zwar alles wieder beim alten; doch ist die alte Eintracht und Liebe nicht eigentlich zurückgekehrt, wiewohl ich mich während jener acht Tage in einem Zustand von Leerheit, Langeweile und selbst körperlichen Leiden befand, der nicht traurig zu beschreiben ist. Vor ein paar Tagen waren wir zusammen in Sorrent, einem Paradies, das mir diesmal noch weit paradiesischer als das erste Mal vorgekommen. Besonders sind die Badeplätze gesund und angenehm im Vergleich mit hier, und ich glaubte, dem Gewühl und Staub Neapels und allen seinen Ausdünstungen entronnen, in jener schönen Landluft neu aufzuleben. Wir haben auch eine sehr hübsche und billige Wohnung gefunden, und ich werde wahrscheinlich schon morgen auf längere Zeit nach Sorrent gehen, nur bereuend, daß ich nicht den ganzen Sommer dort zubrachte, was meine Gesundheit sehr gestärkt haben würde.

20. September 1827. Sorrent.

Es ist heute ein Monat, seidem ich hier in Sorrent
bin. Wir hatten viele Stürme, die jetzt in der Äqui-
noktialzeit von neuem zu beginnen scheinen. Sonst
sind die Spaziergänge herrlich, und meine Wohnung läßt nichts zu wünschen übrig. Die poetische
Unfruchtbarkeit, die mich in Italien bisher begleitet hat, dauert fort. Die «Iphigenia» habe ich zwar
angefangen; aber ich fühlte, daß ich den Trimeter
noch nicht so bemeistern kann, wie ich wünschte.
Nun brüte ich über einer neuen Komödie, die mich
dem Trauerspiel näherbringen soll. Sie heißt der
«Romantische Oedipus», die Geschichte des Ödi-
pus nämlich, wie sie von einem deutschen Romantiker behandelt wird. Sonst sind ein paar Oden
entstanden; eine an Kopisch, den ich seit Neapel
nicht mehr gesehen habe. Diese Ode gab aber
Anlaß zu einer neuen Entzweiung, die nicht leicht
mehr gehoben werden kann, und ich wünsche es
auch nicht. Ich bin hier, wenn auch allein, vollkommen zufrieden, wenn ich nur etwas mehr Bücher hätte. Gegenwärtig lese ich die «Odyssee», die
mir besonders in diesem Klima den größten Genuß
gewährt. Auch mit Horaz bin ich in diesen vier
Wochen viel umgegangen. Die Seebäder habe ich
des Wetters wegen schon seit längerer Zeit aussetz-
zen müssen. Sie haben in mir die Hämorrhoiden
entwickelt, die aber meinen Gesundheitszustand
eher erhöht als verschlechtert haben: Aus Deutschland habe ich nicht die besten Nachrichten. Cotta[1]
antwortet weder mir noch Fugger. Er weiß, daß

---

[1] Johann Friedrich Cotta (1764–1832), der große Verleger
der deutschen Klassik

ich in Geldverlegenheit bin, und schickt nichts,
seinem Versprechen zuwider. Nun bin ich Kopisch
an fünfunddreißig Taler schuldig und muß warten,
bis ich Geld von zu Haus erhalte. Über den Druck
meiner Schauspiele und Gedichte verlautet ebenfalls nichts. In Ansbach ist meine Tante Lindenfels
gestorben und hat mir nach dem Tode meines
Onkels ihr dortiges Haus vermacht. Dieser Todes-
fall ist mir schmerzlicher, als ich mir's vorstellte.
Das Bild dieser Frau, die bis in ihr Alter ein freundliches und schönes Aussehen hatte, ist so tief in
meine frühesten Kindererinnerungen verwebt; ich
hätte sie so gerne wiedergesehen, und der Tod ist
mir bisher nie so nahegetreten.

8. Oktober 1827. Capri.

Sorrent ist in dieser Jahreszeit zu feucht und wurde
mir auch durch einige Umstände verleidet. Ich
hatte einen Jungen, der mir ohne alle Ursache
nachlief und mit Steinen warf, durchgeprügelt,
worauf mir der Vater Rache schwur und die ganze
Jugend, die sowohl in Sorrent als hier über allen
Ausdruck ungezogen ist, auf mich gehetzt wurde.
Interessant war mir in Sorrent die Bekanntschaft
eines Arztes, der Don Vincenzo hieß, und einer
Gräfin Manteuffel aus Livland, die sich mit Land-
schaftsmalerei beschäftigt und in Begleitung einer
älteren Frau, aus der französischen Schweiz gebür-
tig, reist. Sie wohnten in demselben Gasthofe, und
ich las ihnen das Gedicht von Watelet, «L'art de
peindre», vor, das ich zufällig zu kaufen bekam.
Mein liebster Spaziergang war nach dem Kap Minerva, wo sich noch Trümmer des alten herrlichen
Tempels erhalten haben und die Aussicht reizend

ist. Dort, am Rand des Meers, in einer halb zerfalle-
nen Halle, habe ich viel über den «Romantischen
Oedipus» nachgedacht, von dem der erste Akt und
ein Teil des zweiten noch in Sorrent geschrieben
wurden. Hier geriet er mir aber ins Stocken. Doch
scheint sich nichtsdestoweniger meine alte Okto-
berfruchtbarkeit eingestellt zu haben; ich habe eine
Ekloge, «Die Schiffer auf Capri», und zwei alkäi-
sche Oden gedichtet. Gelegenheit zur zweiten gab
ein Geburtstagsbesuch, den unser König sehr uner-
wartet und plötzlich bei Goethe am vergangenen
28. August machte. Er kam die Nacht vorher in
Weimar an und reiste den Neunundzwanzigsten in
aller Frühe wieder ab. Meine Ekloge halte ich
durch die Wahrheit der Darstellung, die glückliche
Verschmelzung der Kontraste und die Muster-
haftigkeit der Hexameter für eins meiner besten
Gedichte. Schon früherhin habe ich eine andere
Ekloge, «Die Bilder Neapels», ins reine geschrieben, mit der ich mich eigentlich den ganzen Sommer herumgetragen.

Noch vor meiner Abreise von Sorrent erhielt ich
einen sehr freundschaftlichen Brief von Kopisch,
der unsere Mißverständnisse ziemlich beseitigt hat.
Ich habe ihn sogleich beantwortet, bin aber seitdem ohne Nachricht, woran zum Teil das stürmische Wetter schuld sein mag, das den Verkehr mit
Neapel unterbrochen hat. Ich kam hier am letzten
September an, und die ersten Tage, die ich hier
zubrachte, waren heiter. Die Insel ist höchst reizend und malerisch; Trümmer der Tiberischen
Paläste, von allen Seiten Aussichten, die alles übersteigen, was mir bisher vorgekommen. Von einem
meiner Fenster kann ich aufs hohe Meer sehen, was

in seiner Unermeßlichkeit doch ein ganz anderer
Anblick ist als der Golf von Neapel, so schön er ist.
Die Bequemlichkeiten des Lebens entbehre ich
keineswegs, und in dem Hause des Notars der
Insel, Giuseppe Pagano, bin ich ziemlich gut aufgehoben. Er hat einen Bruder, der Kanonikus ist,
ein drolliger alter Mann, den ich gestern predigen
hörte. Heute habe ich im Hause dem Ölpressen
zugesehen, was mir neu war.

17. Oktober 1827. Capri.

Ich habe einige Tage in Gesellschaft zugebracht.
Levinan, der von Sizilien zurückgekommen, war
hier mit einem Maler aus Holstein, namens Rehbenitz, der, noch aus der altdeutschen Schule, mit
Cornelius und Overbeck gut bekannt und auch
noch zugleich mit Rückert und Atterbom im Rom
gewesen ist. Wir haben zu Wasser die Fahrt um die
ganze Insel gemacht, welche an Grotten und Fels-
partien viel Malerisches darbietet. Gestern war ich
zu Esel auf dem Monte Solare, dem höchsten
Punkt der Insel, von wo aus man eine Aussicht
nach allen Seiten genießt. Nun bin ich gezwungen,
bald nach Neapel zurückzukehren, da ich doch vor
meiner Abreise nach Rom noch so manchen der
interessantesten Ausflüge machen möchte, die ich
bisher versäumt habe.

24. Oktober 1827. Neapel.

Mein heutiger einunddreißigster Geburtstag verstrich mir einsamer und trauriger als irgendeiner
meines Lebens. Es war ein starkes Gewitter und
regnete den ganzen Tag, so daß man keinen Augenblick genießen konnte. Ich bereue fast, daß ich

Capri verlassen habe, was am Neunzehnten geschah. Hier bin ich nun vollends aus aller Andacht,
und wer weiß, wann meine Komödie fortgesetzt
werden wird. Den Tag meiner Ankunft war das
Wetter unbeschreiblich schön, und Neapel gefiel
mir sehr. Aber diese Stadt ist ein für allemal zu
zerstreuend und verführerisch. Es ist nicht möglich, hier ruhig zu sein. Kopisch habe ich erst ein
einziges Mal gesehen. Er wohnt gegenwärtig sehr
weit von mir. Vor einigen Tagen waren wir zusammen in den Fiorentini, wo ein Trauerspiel des
hiesigen Duca di Ventignano, «Romeo und Giu-
lietta», gegeben wurde. Es ist nicht schlecht, nur
die Grabszene verfehlt, wodurch der Eindruck erkaltet. Die Tessari spielte, wie gewöhnlich, bewunderungswürdig.

Ich habe nicht Ursache, mit mir zufrieden zu
sein, und bin in diesem Jahre weniger vorwärts-
als zurückgekommen. Mit meiner Gesundheit ohnedem; aber auch überhaupt. Die poetische Unfruchtbarkeit war groß, Rom zerstörte mich, und
was soll ich von Neapel sagen, wo alles Reiz ist und
doch so wenig Genuß.

12. November 1827. Neapel.

Aus einer lange projektierten Reise nach Benevent
ist nichts geworden; doch bin ich in Salerno, Pä-
stum und Amalfi gewesen. An letzterem Ort blieb
ich eine Woche in einem aufgehobenen Kloster
nahe bei der Stadt, und ich habe diesen unvergleichlichen Aufenthalt in einer Idylle gefeiert, in die ich
auch meine Anschauungen der Tempel von Pä-
stum eingewoben. Ich habe die Tour dahin von
Eboli aus zu Pferd gemacht, von Salerno nach

Citara in einem Fischerkahn und weiter nach
Amalfi zu Fuß, mußte aber der einbrechenden
Dunkelheit und des Regens wegen in Majuri übernachten, einem äußerst stattlichen Ort, aber ohne
Gasthof. Ein Apotheker nahm mich für Geld auf.
Von Amalfi ging ich zu Fuß übers Gebirg bis
Castellamare, wo ich unvermutet die Gräfin Manteuffel antraf. Ich brachte die Nacht in Torre
dell'Annunziata zu, besuchte den anderen Morgen Pompeji, wo mich diesmal besonders einige
herrliche Fresken ansprachen, und fuhr nach Neapel
zurück, von wo ich am Achtundzwanzigsten vorigen Monats abgereist und am Neunten dieses wieder angekommen bin.

Es bliebe mir noch vielerlei von der Gegend zu
sehen übrig; doch denke ich Neapel bald zu verlassen und den Winter in Pisa zuzubringen, was für
meine Gesundheit als besonders heilsam angeraten
worden ist. Gleich am Abend meiner Zurückkunft
traf ich zufällig in einer Trattoria mit Kopisch und
Gündel zusammen, und bei letzterem machte ich
den folgenden Tag die Bekanntschaft des Doktor
Bernhard, eines Arztes und Mannes von stupender
Gelehrsamkeit, vielem Geist und nach seiner Art
die Schellingsche Philosophie für seine Zwecke
drehend und modelnd. Er hat sich auch vorzüglich
mit den semitischen Sprachen beschäftigt, ist überall zu Hause und hat einen großen Teil von Europa
gesehen. Gegenwärtig begleitet er einen kranken
Engländer. Gestern abend waren wir zusammen
im Theater S. Carlo, das ich noch nicht gesehen
hatte. Wenn es nicht beleuchtet ist, macht es keinen
außerordentlichen Eindruck. Dem Doktor habe
ich einige Oden vorgelesen, auch die «Verhängnis-

volle Gabel» auf sein Verlangen zu lesen gegeben;
doch schien er mit nichts zufrieden, und es scheint,
daß er meine Sachen für die Ausgeburt einer
kränklichen Phantasie hält.

Meine «Ghaselen» kannte er von Wien aus, wo
sie ihm Bruchmann, von dem ich durch ihn Nachrichten erhielt, mitteilte. Bruchmann hat sich resigniert, ein österreichischer Staatsbeamter zu werden, wird aber nicht einmal eine Anstellung erhalten, da er, bloß weil er eine Reise nach Erlangen
gemacht hat, höchst verdächtig ist und einer beständigen Inquisition unterliegt.

15. November 1827. Neapel.

In Amalfi habe ich die «Georgica» und die vier
ersten Bücher der «Äneis» gelesen, die ich in einem
Bändchen bei mir hatte. Vor meiner Reise nach
Sorrent habe ich die «Storia d'Italia» von Botta[1]
gelesen, die mich sehr interessierte; nach meiner
Zurückkunft von Capri Jacobis «Woldemar»[2], der
mir wenig gefiel.

25. November 1827. Rom.

Vorgestern abends kam ich hier an und weiß vorerst nichts anderes zu sagen, als daß mich Rom
nicht sonderlich affiziert und daß ich ein großes
Heimweh nach Neapel empfinde, welche Stadt ich
zwar gern und freiwillig, aber ziemlich gedanken-

---

[1] Carlo Botta (1766–1837); seine vierbändige «Storia d'Italia dal 1789 al 1814» erschien 1824 in Paris und wurde schon
1827–31 ins Deutsche übersetzt.
[2] Friedrich Heinrich Jacobi (1743–1819), Philosoph und
Freund Goethes; sein Roman «Woldemar» (1779) war 1826
in einer Ausgabe letzter Hand erschienen.

los und unüberlegt verließ. Kopisch brachte mir
den Abend vorher noch schöne Sorrentiner Oran-
gen und ein Gedicht, worin er über meine Kälte in
der letzten Zeit klagt und den Tag heranwünscht,
der uns einmal wirklich vereinen solle. Wirklich
habe ich mir viel gegen ihn vorzuwerfen, und ich
fühle in diesem Augenblick mehr als je, was ein so
treuer und zärtlicher Freund wert ist, und hätte
noch in Neapel verweilen sollen. Gleichwohl weiß
ich nicht, ob wir zusammen taugen. Hier habe ich
zuerst Waiblinger wiedergefunden, dessen Persön-
liches mich weit weniger anspricht, der aber ver-
wünscht viel Geist hat und der mir auch viele
Gedichte vorgelesen, die großes Talent verraten,
wiewohl sie doch eigentlich nichts taugen und
keinen klassischen Wert haben. Er ist nun in etwas
besseren Umständen, und Reimer will seinen projektierten Almanach aus Italien[1] drucken. Heute
morgens war ich mit ihm und einigen anderen in
der Galerie Barberini und der des Malers Camuc-
cini. In ersterer ist unter anderem ein vorzüglich
schöner Albrecht Dürer, der Knabe Jesus unter den
Schriftgelehrten, und in letzterer als höchst merkwürdig eine Gesellschaft von Nymphen und
Frauen von Gian Bellin, die Landschaft dazu von
Tizian gemalt.

Meine Reise war nicht sehr begünstigt. Der erste
Tag finster wie Capua, der zweite Abend klar und
hell wie Molo di Gaeta, der dritte, wo wir in dem
abscheulichen Cisterna übernachten mußten, den
Pontinischen Sümpfen ähnlich, und der vierte voll-

---

[1] «Taschenbuch aus Italien und Griechenland auf das Jahr
1829», herausgegeben von Wilhelm Friedrich Waiblinger,
Berlin 1828

ends abscheulich. Bei der nächsten Einfahrt sah ich einen großen Teil von Rom und fuhr unter anderem bis in den Palast Farnese, wo jemand abzusetzen war. Die Gesellschaft bestand in einem vollgepfropften Wagen fast bloß aus Weibern, was jedoch wegen des Charakteristischen der Neapolitanerinnen nicht ganz ohne Interesse, wiewohl doch etwas langweilig. Vorne im Kabriolett saß ein Florentiner Mönch und ein Zahnbrecher. Der letztere war unausstehlich, der erstere wenigstens durch seine sonore Stimme und schöne Aussprache angenehm.

30. November 1827. Rom.

Ich beschloß um so mehr, einige Zeit hier zu bleiben und dann nach Neapel zurückzukehren, als ich eine freundliche und angenehme Wohnung auf dem Pincio in der Via Felice fand und die Jahreszeit zum Reisen wenig geeignet ist. Nun aber könnt' ich ohnedem nicht von der Stelle; denn als ich bei Torlonia war, um das mir von Cotta angekündigte Geld zu holen, erfuhr ich, daß nichts für mich vorhanden sei und daß also Cotta mich auf eine ganz gewissenlose Art bei der Nase herumgeführt hat. Wo ich nun Geld hernehmen soll, weiß ich auch nicht, und meine Laune ist nicht die beste. Gestern war ich zum erstenmal wieder in der Peterskirche und vorher im Studium Bottazzis, der ein großes Bild angefangen. Er empfing mich sehr herzlich. Vorgestern war ich von einem Berliner Maler namens Magnus[1] zum Mittagessen gebeten,

---

[1] Eduard Magnus (1799–1875). Der später berühmte Porträtmaler weilte von 1826–31 in Italien und schloß sich dort der nazarenischen Richtung an.

das vorzüglich dem Altertumsschriftsteller Dorow[1], der hier angekommen, zu Ehren gegeben
wurde, dessen Bekanntschaft ich machte. Noch
interessanter war es mir, Thorwaldsen kennenzulernen, zu dessen Rechten ich saß. Sonst war noch
ein preußischer Husarenoffizier zugegen, der wieder abgereist, der Astronom Westphal, der unter
dem Namen Tommasini eine Reise durch Sizilien[2]
geschrieben hat, Cüstin, Weißenberg, ein Architekt, der mir viel zum Lobe der «Verhängnisvollen
Gabel» sagte, der Landschaftsmaler Reinhard[3], der
Bildhauer Wolf[4] und noch ein paar andere. Heute
morgens war ich unten in meinem Hause bei einem
sehr geschickten jungen Stempelschneider aus Berlin, namens Voigt, den ich schon vom vorigen
Winter kannte. Sonst bringe ich die meiste Zeit zu
Hause zu.

30. Dezember 1827. Rom.

Etwas Eigenes ist mir gestern passiert. Es war
gerade ein Jahr, seit ich auf S. Pietro in Montorio
jenen Knaben gesehen hatte, der Veranlassung zu
der Ode «Warm und hell dämmert in Rom die
Winternacht» gab. Ich hatte es zufällig aufgeschrieben, dachte aber nicht mehr daran und ging nach

---

[1] Wilhelm Dorow (1790–1846), Diplomat und Archäologe;
Gründer des Bonner «Museums für vaterländische Altertümer»
[2] Justus Tommasini (Theodor Heinrich Westphal), «Briefe
aus Sizilien», Berlin 1825
[3] Johann Christian Reinhard (1761–1847), seit 1789 in Rom
und als Freund von Carstens und Koch einer der Mitschöpfer
der nazarenischen Kunst
[4] Emil Wolf (1802–1879) hatte 1822 nach Rudolf Schadows
Tode dessen Altelier in Rom übernommen.

Tische vor der Porta Angelica, wie ich häufig tue,
spazieren. Aber da es den Tag vorher geregnet
hatte, so war es sehr schmutzig, und ich mußte
umkehren. Ich ging daher in die Peterskirche zurück und von da durch die Porta Cavallegeri nach
der Porta S. Pancrazio, wo ich wieder in die Stadt
hineinging. So mußte ich den Klosterplatz auf dem
Janiculus passieren, und ohne an etwas zu denken,
ging ich in die Kirche hinein, um etwas von Michelangelo aufzusuchen. Es ist dieselbe Kirche, in
welcher ursprünglich Raffaels «Verklärung» hing.
Da sah ich vor dem Altar einen wunderhübschen
jungen Menschen knien, der meine ganze Aufmerksamkeit fesselte. Als wir später die Kirche
verließen, unterhielt ich mich mit ihm, und er
begleitete mich eine weite Strecke über den Ponte
S. Bartolomeo, über das Forum gegen den Lateran
zu und über den Monte Celio zurück. So ist mir an
demselben Tag und Ort, ja zur selben Stunde ganz
dasselbe widerfahren, nur so, daß das Abenteuer
des vorigen Winters eine bloße Vorbedeutung des
gestrigen schien; denn Innocenz – so heißt der
junge Mensch – ist weit hübscher, lieblicher, un-
schuldiger, als jener andere war, und ich habe auch
Hoffnung, ihn öfters wiederzusehen. Er ist aus
Sinigaglia und kam nach Rom, um hier Arbeit zu
finden, hat auch in der Villa Corsini und anderwärts als Gärtnerjunge gearbeitet. Er ist fünfund-
zwanzig Jahre alt, sieht aber weit jünger aus. Für
seinen Stand hat er eine sehr feine Gesichtsbildung
und spricht das reinste Italienisch, was unmöglich
der Dialekt von Sinigaglia sein kann und was von
einer ungewöhnlichen Bildungsfähigkeit zeugt.
Im übrigen hab' ich mich schon viel hier umgese-

hen, war öfters im Vatikan und Kapitol und unter anderem auch in S. Lorenzo fuori le mure, was ich bei meinem vorigen Aufenthalte versäumt hatte.

In den letzten Tagen ist das beste meiner lyrischen Gedichte entstanden, das den Beschluß meiner Sammlung machen soll. Es ist ein pindarischer Hymnus, den ich «Abschied von Rom» betitelte. Meinen «Turm mit sieben Pforten» hat Cotta in einem Almanach ohne mein Wollen und Wissen abdrucken lassen. Fugger schreibt auch aus München, wo er gegenwärtig ist, daß Schelling dort Vorlesungen hält und einen großen Enthusiasmus erregt. Herr von Schenk[1] hat mir eine Stelle in seinem Departement angeboten; was soll ich aber damit machen? Rugendas, der einen ungewöhnlichen Anteil an mir nimmt, ist gegenwärtig in Paris und wird später nach Italien kommen. Kopisch befindet sich noch ruhig in Neapel; Gündel hat mir von dort einen Wechsel von fünfzig Scudi geschickt, von dem ich jetzt lebe.

31. Dezember 1827. Rom.

Dieses verflossene Jahr würde ich als poetisch unfruchtbar für mich ansehen müssen, wenn ich nicht bedächte, daß Reise und Ortswechsel, vor allem aber meine Gesundheitszustände mich vielfach gehindert. Ich kann mir nun wenigstens die vollständige Sammlung und Anordnung meiner lyrischen Gedichte zugute schreiben, von denen ich die drei ersten Bücher vielfach verbessert und ausgewählt, das vierte aber fast ganz in diesem Jahre geschrie-

---

[1] Eduard von Schenk (1788–1841), als Ministerialrat Vorstand der Schul- und Kirchensektion

ben habe. Außerdem ist nun freilich gar nichts
entstanden als die zwei ersten Akte des «Romantischen Oedipus» und die Pläne zu «Tristan und
Isolde» und zur «Iphigenia». Bei der Komödie
werde ich nicht stehenbleiben können; denn gesetzt auch, daß die Zeit von der Art wäre, um
aristophanische Komödien zu begünstigen, was sie
in politischer Hinsicht besonders gar nicht ist, so
müßte ich dazu in jedem Falle in Deutschland
leben, um die Torheiten selbst mit Augen zu sehen,
die Stoff zu Lustspielen allenfalls liefern könnten.
Ob ich Tragödien schreiben kann, sie so schreiben
kann, wie es mir vorschwebt, ob solche Tragödien
wirklich das deutsche Theater mit einigem Beifall
werden betreten können, das wird sich vielleicht in
dem neu angehenden Jahre entscheiden. Bis jetzt
sind meine Hoffnungen ziemlich kleinlaut. Dabei
habe ich eine starke Portion von Trägheit, meine
Gesundheit erlaubt mir auch keine großen An-
strengungen, und der gänzliche Mangel an Liebe,
deren ich geistig und körperlich bedürfte, macht
mich niedergeschlagen und mißmutig.

11. Januar 1828. Rom.

Gestern habe ich die schönste Bekanntschaft meines Lebens im Theater Fiano gemacht, eine Bekanntschaft, die meine kühnsten Wünsche befriedigen würde, wenn sie nicht wahrscheinlich
ebenso flüchtig als schön wäre. Aber wie und wo
sich wiedersehen? Ich weiß, wie abgeneigt mir in
ähnlichen Dingen das Glück ist. Auch den schönen
Innocenz habe ich trotz aller Bemühungen nicht
wieder gesehen. Mein Leben so ganz ohne Liebe,
oder wenigstens ohne Gegenliebe hinzuschleppen,

ist mir fürchterlich. Sonst erhalte ich aus Deutschland gute Nachrichten. Eine Gesellschaft Theater-
freunde in Berlin hat mir jährliche zweitausend-
fünfhundert Taler angeboten, um nach Berlin zu
ziehen und ein Wochenblatt über das dortige Theater herauszugeben. Ich habe es aber aus mehr als
einem Grunde ausgeschlagen und dafür Waiblinger
vorgeschlagen, der eine solche Stelle als das höchste Glück seines Lebens betrachten würde, besonders um Einfluß auf das Theater zu erhalten und
sich selbst zum Dramatiker zu bilden. Schwab
schreibt mir von einem ausgezeichnet schönen Gedicht[1], das jemand an mich gerichtet und ins «Morgenblatt» eingeschickt hat. Rugendas wird nächsten Sommer hierherkommen. Uhland hat sich um
die Professur der altdeutschen Literatur in Tübingen beworben. Sonst habe ich noch einen Herrn
Schlosser[2] aus Frankfurt besucht, dessen Sekretär
ich schon früher kannte. Er hatte zuerst meine
poetische Bekanntschaft durch Wippert in Schwalbach gemacht, der ihm meine «Ghaselen» lieh. Er
ist ein von Werner bekehrter katholischer Proselyt,
sonst aber ein sehr geistreicher und liebenswürdiger Mann. Leider ist er in hohem Grade schwind-
süchtig und wird schwerlich dies Jahr überleben.
Außerdem lernte ich durch eine Schwedin, die
hier im Hause wohnt, den schwedischen Dichter
Nikander kennen, von dem ich früherhin einiges
gelesen habe. Er war mit Kernell und jenem ganzen
Kreise gut bekannt. Er hat mir eine kleine Samm-

---

[1] «An Graf Platen». Der «Zuruf» war von Anselm Feuer-
bach.
[2] wohl Christian Schlosser, gestorben 1829, ein Neffe des
Jugendfreundes Goethes, Johann Georg Schlosser

lung von ihm bearbeiteter schwedischer Sagen zu
lesen gegeben, die nicht schlecht sind, aber auch
nicht bedeutend.

Durch ihn habe ich auch die Tragödie von Nico-
lini, «Antonio Foscarini», zu lesen bekommen;
eine sehr berühmte und sehr unbedeutende Arbeit.
Unglücklicherweise hatte ich unmittelbar vorher
«Die zwei Foscari» von Byron[1] gelesen, ein wahres
Meisterstück und vielleicht die beste englische
Tragödie, was unmittelbare Wirkung anlangt. Die
sämtlichen Werke von Byron hat mir Schlosser
geliehen. Hier im Hause sehe ich öfters die Brüder
Riepenhausen und den Kupferstecher Ruscheweih[2]. Im Studium Thorwaldsens war ich mehrmals; sonst hab' ich im ganzen noch wenig hier
gesehen. Besonders gefallen haben mir die Fresken
von Domenichino und Guercino im Palast Costaguti.

3. Februar 1828. Rom.

Den vorletzten Tag des vorigen Monats ging ich
zu Fuß nach Frascati und habe auch das alte Tusculum erstiegen. Die Aussicht mag paradiesisch
sein; doch war der Horizont unklar, wiewohl das
Wetter im ganzen sehr schön war, wie überhaupt
diesen Winter, wo es fast noch gar nicht geregnet
hat. Die Ruinen von Tusculum sind unbedeutend.
Frascati mit allen seinen immergrünen Villen mag
im Sommer einen schattigen Aufenthalt gewäh-

---

[1] «The Two Foscari» war 1821 erschienen.
[2] Ferdinand Ruscheweih (1785–1845) kam 1808 nach Rom,
schloß sich wie die Brüder Franz (1786–1831) und Johannes
Riepenhausen (1788–1860) der dortigen deutschen Künstlerkolonie an.

ren. Den anderen Morgen ging ich nach Grotta
Ferrata, um in dem dortigen griechischen Kloster
die herrlichen Fresken von Domenichino zu sehen.
Der Weg dahin mag in der schönen Jahreszeit sehr
anmutig sein; jetzt ist er entlaubt. Abends fuhr ich
nach Rom zurück, da kein nebelfreier Horizont zu
hoffen war, um etwa nach Palestrina oder auf den
Monte Cavo zu gehen, wie ich vorhatte. Außer
einem Tuchfabrikanten fuhr ich noch in Gesellschaft einer frascatanischen Bäuerin, die in ihrer
Jugend als Poëtessa berühmt war. Auch ihre Brüder, bereits verstorben, die sich dem geistlichen
Stande gewidmet hatten, waren als Improvisato-
ren in der ganzen Umgegend berühmt. Sie selbst
mochte nun nahe an den Sechzigern sein, hatte mit
achtzehn Jahren einen Fleischer geheiratet, wodurch bei einer kinderreichen Ehe die Poesie ins
Stocken kam. Als aber nach zehn glücklichen Jahren ihr Gemahl ihr untreu ward, suchte sie Trost in
der Poesie und verfaßte ihr Leben in *ottava rima*. Sie
hat es uns während der Fahrt ganz rezitiert.

Es war sehr schlicht und einfach und mit der
größten Leichtigkeit versifiziert. Die Stanzen hatten noch das künstlich Eigentümliche, daß die
Reime einer und derselben Oktave allitterier-
ten, was dem Landvolk durch die Komposition
der Ritornelle mag geläufig sein. Die Biographie
reichte bis in ihr dreißigstes Jahr, welches das letzte
ihres Glücks war, denn kurz nach jener Untreue
starb ihr Mann in der Blüte seiner Jahre. Späterhin
scheint ihre Muse noch einigemal erwacht zu sein,
und sie hat uns auch ein Gedicht auf die Rückkehr
Pius' VII. hergesagt.

Als ich nach Hause kam, fand ich auf meinem

Tische ein an mich gerichtetes Gedicht von Waiblinger in drei Liedern. Es hat mich in mehrfacher
Hinsicht erfreut, da ich nie eine so gelungene Komposition von ihm gelesen hatte und es überhaupt
das beste Gedicht ist, was mir jemals gewidmet
worden wäre. Es fordert mich mit einigem Unge-
stüm zu einem Gegenlied auf; doch konnte ich bis
jetzt weder Stoff noch Form dazu finden, und ich
werde es wohl auf eine andere Gelegenheit versparen müssen. Im verwichenen Monat sind übrigens
zwei meiner besten Oden entstanden, wovon ich
eine an Kopisch adressiert habe, sowie auch eine
Ekloge aus Rom, «Hirte und Winzerin». Dergleichen Produktionen machen mir von Zeit zu Zeit
fühlbar, daß ich noch lebe; sonst komme ich mir an
Leib und Seele erbärmlich vor. Wenn nicht ein
Wunder geschieht, so sehe ich nicht ein, wie ich
nicht mit raschen Schritten zugrunde gehe.

Die Theater, die jetzt noch vierzehn Tage dauern, bieten wenig dar. Goldonis «Tasso» sah ich
von der Gesellschaft Taddei wieder ziemlich gut
aufführen. Auch hörte ich die Rosa Taddei im
Theater Argentina improvisieren; doch waren die
Argumente gar zu unbedeutend, um etwas daraus
zu machen. Bottazzi hat mir einen jungen Arzt, der
Tragödien improvisiert, ins Haus gebracht. Er
heißt Cicconi und ist hier öfters in Privatzirkeln
mit Beifall aufgetreten. Wahrscheinlich werde ich
ihn auch noch zu hören kriegen.

14. Februar 1828. Rom.

Meine Stimmung hat sich um vieles gebessert,
wiewohl der Karneval, der seit einigen Tagen angefangen, wenig dazu beigetragen, da er nicht

einmal von schönem Wetter begünstigt war. Desto
mehr eine große Anzahl Briefe, die ich in der
letzten Zeit erhalten. Cotta ist vermöge der Dro-
hung, einen anderen Verleger zu nehmen, zu Kreuz
gekrochen und will bezahlen, zugleich auch Schauspiele und Gedichte so bald als möglich drucken
lassen. Was ich noch von letzteren an Fugger geschickt, ist bereits angekommen. Mehrere nötige
Bücher soll ich nächstens erhalten. Kopisch hat mir
auf meine letzte Ode in einer ähnlichen geantwortet. Schwab schickt mir das Gedicht aus dem
«Morgenblatt», welches freilich das von Waiblinger weit hinter sich läßt und mich sogleich zu einer
Antwort begeisterte, die ich zu meinen besten
Sachen rechne. Außerdem ist noch eine meiner
gelungensten Oden und eine brillante rhetorische
Diatribe, der Verstand an Nimmermann, zum
fünften Akt des «Oedipus» entstanden. Meine
Mutter schickt mir eine sehr geistreiche Rezension
der «Verhängnisvollen Gabel» aus der Dresdener
«Morgenzeitung». Von Puchta höre ich, wie vielen
Anteil meine Poesie auch bei Juristen erweckt hat.
Durch einen Professor Schwenck[1] aus Frankfurt
erfuhr Schlosser, wie sehr Welcker in Bonn durch
mein Lustspiel erfreut worden, und er versichert
dasselbe von Böckh und anderen Berliner Philologen. Der Geheimrat Semler schickt mir ein Billet
von Schleiermacher, worin derselbe große Teilnahme an meinen Produktionen bezeugt. Dieses
Billet wurde veranlaßt durch eine weitläufige Be-
urteilung aller meiner Arbeiten in der Zeitschrift

---

[1] Konrad Schwenck (1793–1864), Philologe und Kompa-
ratist

«Iris», welche der Geheimerat Schleiermacher zu-
sandte. Mit Schlossern habe ich mich sehr befreun-
det. Er ist voll der äußersten Gefälligkeit gegen
mich, dabei höchst geistreich und auch dadurch
sehr interessant, als er nicht nur Goethe, sondern
fast alles, was gleichzeitig in der deutschen Literatur sich berühmt machte, persönlich gekannt hat.
Rechne ich hierzu noch die Fortsetzung einer in
hohem Grade angenehmen Bekanntschaft in der
Person eines römischen Offiziers, in welchem ich
mein Schönheitsideal wieder verkörpert sehe oder
zu sehen glaube, so kann ich wohl sagen, daß ich
mich nicht ohne Grund emporgerichtet und er-
leichtert fühle.

7. März 1828. Rom.

Die Stimmung hat sich zwar nicht so glücklich
gehalten, doch habe ich nur Gutes zu berichten.
Die Bekanntschaft Schwencks, der öfters zu mir
kommt und dem ich manches meiner neuen Sachen vorgelesen, war mir äußerst angenehm, sowie auch seines Reisegefährten, eines Architekten
aus Frankfurt. Neulich waren wir zusammen in
den Katakomben, in dem Zirkus des Caracalla und
dem nahegelegenen Bacchustempel, jetzt zu einer
Kirche eingerichtet, von innen ein höchst elegantes
Bauwerk. So ist nun auch der Fürst Taxis und Graf
Larosée angekommen, Fuggers Freunde, die ich
schon früher in Augsburg kennengelernt. Sie haben mir Raumers «Hohenstaufen»[1] mitgebracht,
ebenso den «Äschylos» von Voß[2] und das von

---

[1] Friedrich von Raumer (1781–1873), «Geschichte der Hohenstaufen und ihrer Zeit», 6 Bände, Berlin 1823–25
[2] Heidelberg 1827 (erstmals 1799)

Tieck sehr gelobte Trauerspiel «Alexander und
Darius» von Uechtritz[1]. Es ist jedoch ziemlich
modern und unbedeutend.

Gestern hörte ich einen piemontesischen Improvisator namens Clapiè, ein bejahrter Mann, der
sehr viel Übung und sehr viele Kenntnisse verriet.
Schlossern habe ich den ersten Akt des «Romantischen Oedipus» vorgelesen, der ihm besonders
wohlgefiel. Dieser Mann besitzt eine große Anziehungskraft und hat einen Kreis von geistreichen
Menschen um sich her, worunter aber die Italiener
meistens Geistliche und Jesuiten. Er hat mich vielfach in den Plänen zu meinen Tragödien bestärkt,
er kennt die ganze Schwierigkeit der Aufgabe, aber
auch das einzige Mittel, wodurch sie gelöst werden
kann, und ich freute mich, mit ihm hierin überein-
zustimmen. Aus Deutschland habe ich insoferne
gute Nachrichten, als Cotta zu Kreuz gekrochen
und mir tausend Gulden angewiesen hat. Auch
kann der Druck meiner Gedichte nicht wohl länger
verschoben werden.

12. März 1828. Rom.

Mit meinen neuen Freunden bin ich viel in Rom
herumgekommen und habe vieles gesehen, was
mir bis jetzt fremd geblieben war. So war ich
vorgestern mit Schwenck in der Fiesolekapelle im
Vatikan, der großen Malerschule der altdeutschen
Künstler, die aber, absolut betrachtet, keine son-
derliche Wirkung hervorbringt. Heute habe ich
mit dem Fürsten und Larosée eine große Tour

---

[1] Friedrich von Uechtritz (1800–1875); seine Tragödie
«Alexander und Darius» erschien mit einer Vorrede von
Tieck 1827 in Berlin.

September 1826 – April 1828

gemacht. Wir sahen die Fresken im Palast Farnese, die Statuen im Palast Spada, worunter der berühmte Koloß des Pompejus, die schöne Galerie und die herrlichen Fresken im Costaguti, gingen dann gegen das Forum und bestiegen die kolossalen Ruinen der Kaiserpaläste, von deren berghohen Terrassen und Mauerbogen die schönsten Aussichten über das alte Rom sich darbieten, und besuchten dann noch außer einigen Kirchen den herrlich gelegenen Klostergarten auf dem Cölius mit seinen Lauben und der höchsten Palme, die in Rom steht. Vor einigen Tagen habe ich diese Fremden nach S. Pietro in Montorio und der Villa Pamfili, vorher aber in die Farnesina und die Galerie im Palast Corsini geführt, die ich selbst noch nicht kannte. Sie enthält einen schönen Fra Bartolommeo, ein paar ausgezeichnete Guidos, zum Beispiel ein Ecce Homo und die Herodias mit dem Haupt des Täufers, und einige vorzügliche Porträts von Tizian, worunter ein Philipp II. Der schönste Tag war jedoch der gestrige, wo ich durch den Einfluß des Fürsten in die Villa Ludovisi kam, die sonst allen Fremden verschlossen ist. Sie enthält nicht nur ein paar meisterhafte Fresken von Guercino (worunter seine «Aurora») und eine der wertvollsten Antikensammlungen der Welt, sondern ist auch an sich selbst sehr reizend, besonders die Landschaften, die sich von dem Dach des einen Kasinos darbieten. Das Wetter war, wie überhaupt seit einiger Zeit, außerordentlich schön. Wir sahen sodann auch die Ruinen in den Orti Sallustiani und die Galerie Albani bei den Quattro Fontane. Sie würde außerhalb Roms sehr bedeutend sein, enthält Handzeichnungen und Skizzen von Raffael

und Michelangelo, schöne Porträts von Tizian und
mehreres andere, was aber für Rom nicht hin-
reicht, eine Galerie der Mühe wert zu machen. Die
alten Dienstboten im Palast hatten Winckelmann
noch gekannt.

22. März 1828. Rom.

Mit den beiden Freunden bin ich dieser Tage weniger beisammen gewesen und habe viel am «Oedipus» geschrieben. Jedoch war ich zweimal im Palast Braschi, um den kolossalen Antinous zu sehen,
der von der größten Schönheit ist. Schwenck ist
abgereist. Waiblinger fällt mir zuweilen zur Last;
übrigens hat er Talent und Verstand und ist nicht
ohne Gutmütigkeit. Heute abend werde ich die
Rosa Taddei das vierte Mal in diesem Jahre hören.
Auf Taxis und Larosée hat sie vielen Eindruck
gemacht, wiewohl sie das wenigste verstanden.
Einmal habe ich selbst ein Thema gezogen; es war
gerade eines von den schönsten: «La vecchiaia di
Omero», das sie in Terzinen behandelte. Die Melodie, in welcher die Terzinen gesungen wurden, ist
für mein Ohr besonders angenehm.

Aus Deutschland erfahre ich, daß man sowohl
meine Schauspiele als meine Gedichte zu drucken
angefangen hat. Die Fragmente des «Oedipus»
sollen in München, wie ich höre, sehr gefallen
haben, und auch Schelling hält sie für gediege-
ner als die «Verhängnisvolle Gabel». Rugendas
schreibt an Fugger, daß meine Sachen anfangen, in
Paris bekannt zu werden.

Bei Bottazzi las ich heute ein paar versifizierte
Novellen im mailändischen Dialekt, die naiv und
voll Empfindung waren. Ich denke selbst diesen

Sommer nach Mailand zu kommen, da ich dem
Wunsch nicht länger widerstehen kann, das nördli-
che Italien, das ich noch so wenig kenne, zu sehen,
um auch mehr Vergleichungspunkte für den Süden zu haben.

28. März 1828. Rom.

Gestern war ich zum erstenmal im Tempel der
Minerva Medica und in den Thermen des Titus,
besuchte auch S. Martino, eine der elegantesten
Kirchen, und blieb lange in dem einsamen S. Pietro
in Vincolis vor dem Meisterstück Michelangelos.
Von Kopisch erhielt ich eine schöne Ode über den
Ausbruch des Vesuvs, den ich nun leider versäumt
habe. Der Fürst Taxis mit einigen anderen ist hin-
gefahren, um noch etwas davon zu erwischen.
Cotta schickt mir die drei ersten Bogen meiner
Gedichte, die er auf Velinpapier drucken läßt. Das
Ganze wird ungefähr zwanzig Bogen geben.

12. April 1828. Rom.

Taxis und sein Freund sind zum zweitenmal nach
Neapel abgereist. Ich begleitete sie ehevorgestern
bis Tivoli und Frascati; doch hatten wir schlechtes
Wetter. Der zweite Tag in Tivoli jedoch war ziemlich schön. Wir sahen die Neptunsgrotte, die Si-
byllentempel, die Cascadellen, die Villa d'Este und
manches andere. Die ganze Umgebung gehört
vielleicht zu den reizendsten in der Welt, besonders
von Villa d'Este aus besehen. Die Villa des Hadrian
hatten wir auf dem Hinwege besucht. Der Weg
nach Frascati, der kaum fahrbar zu nennen ist und
auf dem wir auch den Wagen zerbrachen, war
interessant durch die menschenleeren und selten

von Fremden durchstreiften Campagnagegenden,
durch die er führte. Der Zauber der Farben in
diesen grünen, von einzelnen baumreichen Oasen
und felsigen Hügeln bestreuten Steppen ist besonders in dieser Jahreszeit groß und durch den Kon-
trast, den die tiefdunkeln entfernteren Berge bilden, noch hervorstechender.

Gündel ist gegenwärtig hier und hat bereits die
Karwoche hier zugebracht. Peters Beleuchtung
und Girandola waren vom Wetter begünstigt.
Ebenso der päpstliche Segen am Morgen des Oster-
sonntags, und diese Szene hat mir doch von allen
Feierlichkeiten am meisten imponiert.

Ich muß in diesem Monat über poetische Unfruchtbarkeit klagen und habe noch kaum einen
Vers gemacht. Der «Oedipus» bleibt liegen. Von
meinen Gedichten habe ich nun bereits die ersten
elf Bogen in Händen. Es fehlt nicht an Druckfehlern. Gegenwärtig lese ich den «Ajax» von Sophokles, und diese Zeit her habe ich Schmidts
«Deutsche Geschichte bis zum Untergang der Hohenstaufen» durchgelesen. Tragische Stoffe fand
ich gar keine; das ganze Resultat überhaupt ziemlich demütigend.

Heute war ich zum erstenmal an der Aqua Ace-
tosa vor der Porta del Popolo. Die Aussicht auf
Gebirg, Fluß und Campagna ist entzückend und
trägt ein eigenes Gepräge von Ruhe. Mein einziger
Genuß besteht eigentlich im Spazierengehen.

23. April 1828. Rom.

Noch in dieser letzten Zeit habe ich zwei der
schönsten Plätze Roms besucht, die ich bisher versäumt hatte. Ich war mit Gündel in der Villa Spada

auf dem Palatin. Sie gehört gegenwärtig einem
Engländer, der sie sehr freundlich ausgeschmückt
hat und die alten Mauern der Kaiserpaläste mit
Rosenhecken bekleidet. Durch einen antiken Fen-
sterbogen sieht man die Pyramide des Cestius
wie in weiter Entfernung, und man glaubt in eine
ägyptische Landschaft zu blicken. Unter der Villa
befinden sich ungeheure Gewölbe und Säle, die gut
erhalten sind und sich zum Teil wiederherstellen
ließen. Sodann war ich vorgestern in der Villa
Lante, um Bottazzi zu besuchen, der dort einige
Amorinen, von Giulio Romano al fresco gemalt,
kopiert. Die Villa, die jetzt dem Prinzen Borghese
gehört, liegt auf dem Gipfel des Janiculus und
bietet eine Aussicht über ganz Rom dar, wie ich nie
eine ähnliche gesehen habe.

Ich habe jetzt nicht nur den «Rhampsinit» gedruckt in Händen, sondern auch meine Gedichte
vollständig und eingebunden. Es sind neunzehn
Bogen, wobei kein Mangel an Druckfehlern.
Puchta schreibt sehr begeistert über den ersten Akt
des «Oedipus» und das Gedicht an den Unbekannten, die er gelesen hat. Fugger muntert sehr zur
Tragödie auf. Wenn auch die deutschen Kaiser
nichts bieten sollten, so wären doch noch andere
tragische Charaktere in unserer Geschichte, zum
Beispiel Heinrich der Löwe. Auch wären noch
viele antike Stoffe übrig, wie etwa Meleager. Vor
einiger Zeit hat mir ein Braunschweiger Medizi-
nalrat ein miserables Trauerspiel, das noch dazu
«Oedipus» heißt, zur Durchsicht zugeschickt, und
zwar mit der Briefpost, so daß mich dieses ohn-
mächtige Produkt neun Scudi sechzig Bajochi
Porto kostete. Der Mann heißt Sander.

Ich bin nun auf dem Sprunge, eine größere Reise anzutreten, so daß ich wahrscheinlich unter Jahr und Tag nicht nach Rom zurückkehren werde. An Büchern muß ich mich sehr beschränken; doch nehme ich immer noch genug für ein jahrelanges Studium mit mir: den Homer und die Bibel, drei Stücke von Sophokles, den Äschylus, die vier großen italienischen Dichter in einem Bande, Raumers «Geschichte der Hohenstaufen», die «Numancia» von Cervantes, die «Lusiade», Atterboms «Blomorna»[1], Ovids «Metamorphosen», die letzten acht Gesänge der «Äneide» und meinen «Hafisauszug».

Dieser Monat ist fortdauernd unfruchtbar, und der «Oedipus» ist immer noch nicht vollendet. An. Kopisch habe ich durch Taxis den «Turm mit sieben Pforten» geschickt, der ihm gefallen hat. Er sagt, daß die List darin durch ihre Kühnheit geadelt werde. Er will übrigens anfangen, Griechisch zu lernen.

25. April 1828. Rom.

Gestern war ich noch einmal im Vatikan und heute mit Gündel im Palast Rospigliosi, wo wir die «Aurora» von Guido in einer schönen Abendbeleuchtung sahen. Sonst sind an Ölgemälden noch ein paar schöne Domenichinos da, Davids «Triumph» und «Adam und Eva», wie auch ein Ludovico Carracci, «Simson, der die Säulen umreißt». Von kleineren Sachen ein sehr schöner Volterra, «Christus, der das Kreuz trägt», und eine

---

[1] Per Daniel Amadeus Atterbom (1790–1855), «Blomorna» («Blumen»), Gedichtzyklus (1812)

herrliche «Andromeda» von Guido. Wenn ich
mich unter den drei großen bolognesischen Meistern entscheiden sollte, so würde ich doch Guido
sowohl dem Hannibal Carraci als dem Domenichino vorziehen. Er ist voll Seele, Leichtigkeit und
Anmut und hat das Kolorit in seinen schönsten
Werken keineswegs vernachlässigt. Dabei hat er
weit mehr Geschmack als Domenichino.

27. April 1828. Rom.

Der Abschied von Rom ist immer melancholisch,
besonders wenn man nach Norden reist. Morgen
werde ich zur Porta del Popolo hinausfahren. Die
letzten Tage habe ich noch zum Teil benutzt. Gestern war ich mit Gündel in der Galerie Doria, die
einige herrliche Claude Lorrains und ein unvergleichliches Porträt von Leonardo da Vinci enthält.
Es stellt die Königin Johanna von Neapel vor.
Dergleichen Bilder scheinen von Raffael und Tizian zugleich zu sein und sind die Vollendung
selbst. Ausgezeichnet sind noch eine «Pomona»
und eine «Semiramis» von Paolo Veronese und
noch vor allen das «Opfer Abrahams» von Tizian.
Heute waren wir zuerst im Palast Massimi, der
nichts als den berühmten Diskuswerfer enthält,
von dem eine weniger gut erhaltene Kopie im
Vatikan ist; sodann im Palast Spada. Hier sieht man
zuerst sehr anmutige Fresken von Giulio Romano
und in der Galerie selbst wieder einen unbeschreiblichen Leonardo, «Christus als Knabe unter den
Schriftgelehrten». Leider ist das Bild wie die meisten übrigen aufs äußerste schwarz und schmutzig.
Sonst ist noch eine Madonna von Rubens und das
«Kind, das mit einem Vogel spielt», vom höchsten

Ausdruck der Liebenswürdigkeit bemerkenswert;
mehrere gute Guidos und Guercinos, von letzterem ein «David» und einer der besseren Lanfran-
cos, «Kain und Abel». Die Statuen, worunter der
berühmte Pompejus, hatte ich schon früher gesehen. Heute morgens war ich noch einmal in der
Peterskirche.

1. Mai 1828. Perugia.

Seit gestern abend bin ich hier, und zwar in dem
Hause Zanetti, wohin mich Rehbenitz empfohlen
und wo er selbst mehrere Jahre gewohnt hat. Ich
habe hier einen Freund von ihm, den Doktor Röstell, getroffen, der aber diese Tage schon wieder
abreist und in dem ich einen kurzen, aber angenehmen Umgang verliere. Er ist in Rom an Bunsen[1],
den preußischen Gesandten, attachiert und arbeitet
an dem großen beschreibenden Werk über Rom
mit, das von den dortigen deutschen Gelehrten
erscheint. Heute morgens hat er mich in mehrere
Kirchen geführt, wo man meist schöne Peruginos
und auch Stücke von seinem Meister Buonfigli
findet; überall vieles von alten Malern. Berühmt
sind Peruginos Fresken im Cambio, besonders die
«Verklärung», in der man wirklich Spuren der
Raffaelschen findet, wie man überhaupt besonders
an die älteren Bilder von Raffael häufig erinnert
wird. Ich war diesen Winter in Rom durch gute
Gesellschaft, besonders durch Schlosser, verwöhnt
und fühlte mich bei dem Antritt dieser Reise wirklich etwas einsam. Meine Reiselust war auch gerade nicht kulminierend, als ich sie antrat. Übrigens hatte ich jene drei Tage das schönste Wetter
von der Welt, sonst aber eine vollkommen phili-

---

[1] Christian Karl Josias Freiherr von Bunsen (1791–1860)
war 1818 Sekretär bei Niebuhr geworden und wurde nach
dessen Rücktritt (1824) Ministerresident in Rom. Seine «Beschreibung der Stadt Rom» erschien in 3 Bänden, Stuttgart
1830–43.

sterhafte und gleichgültige Reisegesellschaft. Sonst
ist der ganze Weg in hohem Grade abwechselnd
und interessant. Nepi mit seinem Tal und seinen
romantischen Ruinen einer Wasserleitung, Civita
Castellana mit seiner Schlucht, seiner Brücke, seinem alten Kastell, das Tibertal, Narni, Terni, das
durch seinen Wasserfall und seine ganze Umgebung an die Schweiz erinnert, endlich die paradie-
sische Lage von Spoleto, das ich leider nicht näher
besehen konnte, und Perugia selbst auf seinen steilen Anhöhen, alles dies bildet ein fortlaufendes
Gemälde; hier im Hause habe ich von meinen
Fenstern eine sehr anmutige Aussicht.

3. Mai 1828. Perugia.

Gestern bin ich noch viel mit Röstell umhergelau-
fen, der diesen Morgen nach Rom gereist ist. Ich
hatte nichts an ihm auszustellen als einen gewissen
Rest von Altdeutschelei und den damit zusammenhängenden Studententon. Er sprach immer von
der Tiefe der vorraffaelischen Meister und konnte
vor den hölzernsten Bildern halbe Stunden lang
bleiben. Nicht selten erwähnte er auch ihre schönen Formen, wobei einem dann freilich der Verstand stille steht. Von meinen Gedichten, die ich
ihm gab, scheinen ihm die Sonette am besten gefallen zu haben, so daß er sich nicht bis zu den Oden
erhob. Er las auch das Gedicht des Ungenann-
ten im «Morgenblatt» und meine Antwort. Doch
scheint es ihn kalt gelassen zu haben, und er fragte
mich in einem kuriosen Tone: «Sie wollen also
nicht nach Deutschland zurückkehren, bis Sie nicht
etwas Großes getan haben?» Gleichsam als wollte
er mir sagen, daß es dann mit meiner Rückkehr

gute Zeit hätte. Ich ließ meine Empfindlichkeit nicht merken und erwiderte ganz kurz, daß ich niemals nach Deutschland zurückzukehren gedächte.

In S. Anna sah ich heute ein artiges Gemälde, das den heiligen Simon vorstellte, ein Kind, das von den Juden gefangen und gemartert wurde. Ein schöner Perugino befindet sich in S. Girolamo, ein ähnlicher in S. Pietro fuori le mure, einer der größten und interessantesten Kirchen der Stadt. Die Peruginos haben jedoch alle eine gewisse Einförmigkeit; die Fresken im Cambio sind das Beste. In S. Pietro sind schöne Kopien nach Raffael von Sassoferrato, auch eine schöne «Anbetung der Könige» von Adone Doni, einem alten Maler, den ich noch nicht kannte, eine «Auferstehung» von Orazio Alfani, die nicht ohne Eigentümlichkeit ist, nebst vielem anderen. Auch war ich im Palast Penna, wo sich eine große Bildergalerie befindet. Doch ist mir nichts Besonderes aufgefallen als eine Flora und ein Herkules von Guercino, eine Landschaft von Gasparo Poussin, ein guter Perugino und ein Faun, der eine Venus geißelt, von Augustin Carracci. Eine der reizvollsten Aussichten ist bei der Kirche S. Girolamo. Man hat zu den Füßen ein kleines, aber üppiges Tal, wo das helle Grün der Ölbäume von dem dunkeln Wiesengrund so zauberisch absticht, man übersieht zugleich einen Teil der aufgetürmten Stadt, das große gotische Fenster von S. Domenico und das schöne Tor S. Pietro, von Augustin della Robbia gebaut. Der hiesige Menschenschlag scheint gutmütig, doch nicht gerade wohlgebildet; besonders sind die Augen sehr grell.

5. Mai 1828. Perugia.

Wir hatten Regentage, die ich ziemlich langweilig zubrachte; doch las ich einiges von Goethe, da sich im Hause eine kleine deutsche Bibliothek befindet. Diesen Nachmittag besuchte ich die Kirche S. Giuliana, in der sich ein schöner Perugino befindet, und dann den hiesigen Zirkus, wo im Sommer die Ballspiele und Stiergefechte gehalten werden. Rom, Perugia und Ancona sind wegen der Stiergefechte berühmt; sonst scheinen sie in Italien wenig vorzukommen. Gestern hörte ich eine Missionspredigt auf dem Platz der Kathedrale, die durch den Anstand und die Suade des Redners und durch das altertümliche Lokal und die Menge des Volks auf demselben wirklich feierlich war. Sonst ist meine Stimmung im ganzen noch immer niedergeschlagen und lebenssatt und besonders auch poetisch unfruchtbar.

6. Mai 1828. Perugia.

Heute war ich in der Kirche S. Angelo, eine antike Rotonde mit alten Säulen, die sehr an S. Stefano Rotondo in Rom erinnert. Eine uralte Freske, die heilige Veronika mit dem Christuskopf vorstellend, ist merkwürdig. Vorher besuchte ich die Pinakothek in der Universität, die an alten Gemälden Interessantes besitzt. Doch sind die Namen der Maler zu unsicher, um darauf bauen zu können. Was man für einen Giotto ausgibt, scheint beinahe gar zu unförmlich. Bloß die Peruginos sind kenntlich; aber diese wird man doch nach und nach satt, da sie sehr monoton sind. Ein kleines Bild mit den Brustbildern zweier Heiligen, eines nackten und eines anderen in der Kutte, wird für eine Jugendarbeit Raffaels ausgegeben. Es ist wenigstens nicht unwahrscheinlich; die Köpfe sind äußerst charakteristisch und so national, daß man wirklich zwei echte Peruginer zu sehen glaubt, wie sie jetzt noch auf den Straßen umherlaufen.

Sonst ist Perugia reich an Spaziergängen und die Stadt selbst durch ihre wunderliche Bauart zwischen Berg und Tal, und häufig durch Brücken verbunden, die über die Straßen weggehen, sehr abwechselnd. Doch habe ich Langeweile und habe überhaupt die kleinen Städtchen verschworen. Man muß in großen Städten oder lieber ganz auf dem Lande wohnen. Leider will sich bis jetzt keine Gelegenheit finden, mich weiterzuschaffen.

9. Mai 1828. Perugia.

Vorgestern habe ich eine kleine Reise nach Assisi gemacht, die mir aber teuer zu stehen kam, indem ich gestern auf dem Rückweg in einen anhaltenden und alles durchweichenden Regen geriet und Perugia erst bei Nacht erreichte. Das Tibertal ist sehr schön. In Bastia in der Kirche ist eine Madonna al fresco, die man nicht ohne Interesse sieht. Die große Kirche von Vignola in Madonna degli Angeli ist auch dadurch merkwürdig, daß sie über der alten Einsiedelei des heiligen Franziskus gebaut ist, die sich eigentümlich genug in diesem modernen Bauwerk ausnimmt. Einen besonders schönen Anblick gewährt diese Kirche von Assisi aus, in der Mitte des großen fruchtbaren Tals, das einem Garten gleicht.

Assisi ist eine entvölkerte, aber gut gebaute und schön gelegene Stadt am Abhang eines Bergs, auf dem ein altes Kastell steht. Am Dom S. Rufino ist

die gotische Fassade merkwürdig, das Innere jedoch modernisiert und aus der verworfensten Zeit
der Unkunst, S. Chiara hingegen in einem edlen
altertümlichen Stil. Ich fand sie wie die meisten
anderen Kirchen leer und ohne eine menschliche
Seele, wie fast auch die Straßen der Stadt. Aus
demselben Zeitalter ist S. Pietro, doch weniger
bedeutend, und S. Francesco selbst, von einem
Deutschen erbaut. Diese Bauart grenzt noch ans
Byzantinische; das Beste daran ist die Einfach-
heit der Gewölbe und die schönen Glasmalereien.
S. Francesco besteht aus drei Kirchen übereinander, wovon die beiden oberen ihren eigenen Eingang zu verschiedenen Seiten haben. Die mittlere,
worin der tägliche Gottesdienst gehalten wird, war
ursprünglich zur Gruft des Heiligen bestimmt. Sie
ist groß, mit einer Unzahl von alten Fresken geschmückt, aber niedrig und finster. Zwei Treppen
führen in die untere Kirche, die das Grab enthält.
Sie ist ganz neu, im antiken dorischen Stil und
macht mit ihren hängenden Lampen einen feierlichen Eindruck. Die oberste gotische Kirche ist hell
und großartig, mit vielen Fresken von Cimabue
und Giotto, die das Leben des Heiligen darstellen.
Viele sind ziemlich erhalten, viele ganz verloschen.
Ich mußte auch den sogenannten Cordoncino di
S. Francesco kaufen, eine dünne weiße Schnur, die
geweiht ist und die man auf bloßem Leib trägt.
Was mich aber bei weitem am meisten anzog,
waren die großartigen gotischen Arkaden, die um
den oberen Stock des Klosters herumlaufen, durch
die herrlichen Aussichten ins Tal und den einfachen, reinlich gehaltenen architektonischen Raum
selbst, für mich einer der schönsten Spaziergänge

der Welt. Auch hier konnte ich lange ungestört in vollkommener Einsamkeit auf und nieder gehen. Außerdem besitzt Assisi noch die höchst anziehenden Reste eines Minerventempels, jetzt eine Madonnenkirche. Der Portikus mit sechs korinthischen Säulen ist ganz gut erhalten und gibt dem ohnehin freundlichen Marktplatz, auf dem er sich befindet, ein heiteres Ansehen.

15. Mai 1828. Monte Varchi.

Ich bin hier die zweite Nacht meiner Reise an einem kleinen Örtchen zwischen Arezzo und Florenz und bin sehr ungeduldig nach dieser letzteren Stadt, die ich aber erst morgen nachmittag erreichen kann; denn zu sehen gibt es nun auf dieser Reise nichts weiter. Die würdige Familie in Perugia verließ ich ungern gestern früh. Die Gegend wird bald kahler von Perugia weg; doch die Ufer des Sees sind reizend und einsam. Kein größerer Ort liegt an demselben; zwei Inseln mit Klöstern in der Mitte. In Cortona kamen wir zeitig an. Ich sah zuerst die Kathedrale, die ein imposanter Raum ist und einige geschätzte Bilder enthält. Vorzüglicher in dieser Rücksicht ist die Kapelle del Gesù mit einer schönen Verkündigung von Fiesole und zwei kleineren Bildern von ihm. Auch ein paar Signorelli sind da, von denen mir besonders einer, der zur Linken hängt, gefallen hat. Die Sonne sah ich auf dem Berge bei S. Margherita untergehen, wo man eine weite Aussicht über den See und die große toskanische Ebene genießt. Ich stieg auf den Turm einer alten Festung, die am höchsten liegt. Ein Knabe führte mich. Der schöne toskanische Akzent war mir angenehm. Arezzo erreichte ich heute am Morgen des Himmelfahrtstages. Es ist bedeutender als Cortona und imponierte mir besonders durch die Menge schöner und geputzter Menschen, die das Fest versammelt hatte. Die Gegend ist nicht mehr so reich und mannigfaltig wie bei Perugia oder Cortona, die Bauart gefällig, der Markt freundlich, mit schönen Gebäuden geziert, der Korso breit. Der Dom und S. Piera, zwei altgotische Bauwerke, bei dem ersten das Haus Petrarcas. Die Trümmer eines Amphitheaters unbedeutend. Ich sah noch mehrere Kirchen. Was mich am meisten interessierte, war das «Gastmahl» von Vasari in der Badia. Es enthält mehrere hübsche Männerköpfe, die Weiber steif, das Porträt des Meisters und des Pietro Aretino.

20. Mai 1828. Florenz.

Heute habe ich eine höchst angenehme und durch die ganze Art für mich sehr schmeichelhafte Bekanntschaft gemacht, des bekannten italienischen Reisenden und großen Kunstkenners, der mir längst von vielen Seiten her genannt worden war, des Herrn von Rumohr[1]. Er hat sich so sehr für meine «Verhängnisvolle Gabel» interessiert, daß er sich in Deutschland an mehreren Orten, wo ich gelebt habe, eifrig nach mir erkundigte und sich mein Äußeres beschreiben ließ, um mich nicht zu verfehlen, wenn er mich irgendwo auf seiner jetzigen Reise durch Italien treffen sollte. Gleichwohl erkannte er mich nicht, als er mich gestern bei dem Maler Metzger, an den ich einen Brief abzugeben

[1] Karl Friedrich von Rumohr (1785–1843), Kunsthistoriker; sein Hauptwerk «Italienische Forschungen» erschien 1827–31 in drei Bänden.

hatte, traf. Er war eben sehr zerstreut durch das
Zusammensuchen von alten Büchern, die er in
früheren Jahren hier zurückgelassen hatte. Als er
nach Hause kam, fiel ihm die Sache auf, und er
schickte zu Metzger, um nach meinem Namen
fragen zu lassen. Sodann sandte er mir eine Einladung um die andere, ihn auf seinem Landgute, das
er eine halbe Stunde von hier gemietet hat, aufzusuchen, und heute, bei ihm zu essen, was denn auch
geschah. Bekanntlich führt er eine sehr wohl-
schmeckende Küche und hat selbst ein geistreiches
Kochbuch[1] geschrieben, da er behauptet, daß die
Kochkunst in unserer Zeit in den äußersten Verfall
geraten sei. Ich für meinen Teil konnte auf die
Wichtigkeit dieser Kunst wohl eingehen, da ich
den großen Einfluß der Diät auf die Gesundheit
immer erprobt habe und mich fast pedantisch gegen Essen und Trinken verhalte. Ich brachte den
ganzen Nachmittag auf der Villa zu, und er begleitete mich noch ein Stück nach der Stadt; ein ganzes
Feuermeer von Johanniswürmchen schwärmte auf
den Feldern.

23. Mai 1828. Florenz.

Was eigentliche Sehenswürdigkeiten betrifft, so
hab' ich bis jetzt noch wenig dafür getan. Bloß in
dem Dom, in S. Croce, in Orsanmichele war ich
und mehrmals in den Uffizi, wo mich besonders
die mediceische Venus überraschte. Sonst bin ich
mehr in der Stadt umhergeschlendert, und den
gestrigen Tag brachte ich wieder bei Rumohr in

---

[1] «Geist der Kochkunst», 1822 unter dem Pseudonym
Joseph König erschienen

der Villa Castellani zu. Die nächsten Umgebungen sind nicht sonderlich, die Wohnung angenehm, die Aussichten schön, besonders über die Stadt. Ich machte die Bekanntschaft eines kleinen Kanonikus namens Bertocchi, der mir tausend Höflichkeiten sagte, etwas Deutsch versteht, dabei vielerlei weiß und eine dergestalt unerschöpfliche Suada hat, wie mir bis jetzt selbst in Italien nicht vorgekommen.

29. Mai 1828. Florenz.

Ich habe diese Tage mit dem jungen Landschaftsmaler, der bei Rumohr ist, eine Tour nach Pistoja gemacht, von der wir gestern zurückgekommen. Wir sind viel in dieser Stadt herumgewandert, die ebenso freundlich als menschenleer ist. Hier könnte man die Vorteile des Landlebens und die Bequemlichkeiten einer Stadt zugleich genießen. Merkwürdig durch ihr Altertum sind Dom und Baptisterium. Im ersteren ein ganz ausgezeichnet schönes Bild von Lorenzo de Credi, einem Mitschüler Leonardos. Es stellt die Madonna mit dem Kind nebst dem heiligen Johannes Baptista und Martinus vor. Besonders angezogen hat mich noch die Kirche dell'Umiltà wegen ihrer Bauart; vielleicht von Alberti. Wenigstens hat sie Ähnlichkeit mit der schönen Kirche in Mantua. Auf dem Rückwege fuhren wir über Prato, wo der alte Dom noch schöner ist als in Pistoja. Schön ist besonders die steinerne Kanzel von außen aus der Schule des Donatello. Inwendig sind Fresken von Filippo Lippi, die für sein bestes Werk gehalten werden. Ein sehr schönes Bild von Filippino befindet sich in dem Tabernacolo di S. Margherita, ein Marienbild

auf der Straße, das nach italienischer Sitte zur
Straßenbeleuchtung dient. Sehr merkwürdig in
Prato ist noch eine Kirche von Giuliano da Sangallo, Madonna delle Carceri. Der Weg von hier
nach diesen Städten ist anmutig fruchtbar, ohne
gerade interessant zu sein. Überall zeigt sich Wohlstand; alles Volk, Männer und Weiber, sind mit der
Verfertigung der Strohhüte beschäftigt. In Pistoja
ist die Aussprache weit angenehmer als hier und
die Aspiration weniger stark.

Heute morgen sah ich endlich Gündel, der seit
ein paar Tagen hier ist. Ich stellte ihn gleich dem
Herrn von Rumohr vor, den wir im Museum
fanden. Wir sahen den Saal der Niobe zusammen
und vieles andere, auch die Handzeichnungen von
Raffael und verschiedenen anderen Meistern. Wir
waren auch im Palast Medici, dem Meisterstück
Michelozzis.

31. Mai 1828. Florenz.

Am Ende dieses Monats muß ich eingestehen, daß
weder in diesem noch in den vorhergehenden ein
Gedicht entstanden. Es scheint, daß der Norden,
nachdem ich einmal den Süden gesehen, nicht
mehr recht begeistern will. Zu meinem «Oedipus»
oder anderen größeren Arbeiten fehlt mir gegenwärtig die rechte Ruhe, und das Lyrische habe ich
ohnedem dem Wesen nach abgetan, wiewohl ich
zu den Eklogen und Hymnen allerdings noch manches hinzuzufügen denke. Meine mitgenommenen
Bücher habe ich unterdessen durch eine Sammlung
der Fragmente der griechischen Lyriker und einen
Plutarch in italienischer Übersetzung vermehrt,
die ich hier gekauft habe. Gegenwärtig lese ich den

zweiten Band von Rumohrs «Italienischen Forschungen».

Dieser Tage habe ich noch manches Hübsche an
Kunstwerken gesehen. Gestern war ich mit Gündel in der Akademie, wo sich eine interessante
Sammlung alter Malereien befindet. Das berühmteste Bild von Cimabue, in der Kirche S. Maria
Novella, sah ich diesen Morgen. Ebenso die unvergleichlichen Fresken des Andrea del Sarto in der
Annunziata. Mit seinen Ölgemälden, sowie mit
denen des Fra Bartolomeo, habe ich mich niemals
recht befreunden können. Jene Fresken wurden
1510 gemalt, also in der blühendsten Zeit der
Kunst.

5. Juni 1828. Florenz.

Wiewohl ich mich hier in bezug auf Wohnung und
ähnliches, was bei mir immer großen Einfluß hat,
ziemlich unbehaglich befand, so wird es mir doch
einigermaßen schwer, von Florenz zu scheiden,
dessen Anziehungskraft unvermerkt, aber stark ist
und wo ich Freunde gefunden. In ein paar Tagen
werde ich wieder vollkommen allein sein, ein
Schicksal, dessen ich nach und nach gewohnt sein
könnte. Morgen reist auch Gündel ab, von dem
ich diesen Abend Abschied genommen und den
ich wohl kaum in dieser Zeitlichkeit wiedersehen
werde. Er geht nach Deutschland zurück.

Es war heute das Fronleichnamsfest, das in Florenz sehr feierlich begangen wird. Doch habe ich
im ganzen wenig davon gesehen. Die Kirche S.
Maria Novella nahm sich mit roten Teppichen be-
hangen sehr gut aus. Vor einigen Tagen war ich in
S. Spirito, ein herrliches Bauwerk von Brunellesco.

Mit heute also sei dieser Abschnitt meines Lebens
beschlossen, da dies Buch[1] zu Ende geht. Blicke ich
auf die drei Jahre zurück, die es umfaßt, so habe ich
eher Ursache zu seufzen, als mich zu freuen. Was
auch das Leben äußerlich darbieten mochte, so war
ich eigentlich durchhin unglücklich. Die Aufführung von «Treue um Treue», womit dieses Buch
beginnt, ist vielleicht der glücklichste Moment in
diesen drei Jahren, derjenige, in dem ich meiner
Bestimmung vielleicht am nächsten war.

                                    9. Juni 1828. Pisa.

Vorgestern abend reiste ich von Florenz ab. Ich
habe denselben Tag bei Metzger, den Tag vorher
von Herrn von Rumohr Abschied genommen.
Auch sah ich noch einmal die Fresken in der Annunziata und im Carmine die Fresken von Masaccio;
ebenso in S. Croce das berühmte Bild von Giotto,
das Rumohr für das einzig erweisbar echte dieses
Meisters erklärt. Zu La Martine wollte ich noch
den letzten Tag, er war aber in den Bädern von
Asciano, und ich ließ meinen Empfehlungsbrief
dort. Ihn von hier aus zu besuchen, habe ich keine
Lust. Auf der Reise traf ich mit einem russischen
Arzt namens Nieberg zusammen, der in Moskau
lebt. Wir hatten auf dieser kurzen Fahrt durch die
Unverschämtheit der Vetturine und ähnlichen Ge-
sindels mehrere Abenteuer zu bestehen. Gestern
besuchten wir den hiesigen Dom, das Baptisterium und den berühmten Campo santo. Weniger
haben mir die Fresken der alten Meister als die

---

[1] der 31. Band von Platens Tagebüchern

höchst einfache Architektur dieses Kirchhofs gefallen.

Des Abends machte ich ebenso zufällig die Bekanntschaft des Malers Rugendas in einem Kaffeehause. Wiewohl ich von Fugger wußte, daß er
vielleicht diesen Weg nach Rom nehmen würde, so
wäre es doch sehr leicht möglich gewesen, uns zu
verfehlen, da Rugendas bloß einen halben Tag sich
aufhielt und heute morgens nach Florenz abgereist
ist. Er hörte mich mit Nieberg in einem Kaffeehause am Lungarno deutsch reden, und da er selbst
noch wenig italienisch spricht, so schloß er sich an
uns an und erzählte unter anderem, daß er, als ein
großer Verehrer meiner Poesie, Hoffnung habe,
mich in Florenz zu treffen, worauf ich mich erklärte, wiewohl es eigentlich komischer gewesen
wäre, das Inkognito beizubehalten und ihm meine
Bekanntschaft ohne sein Wissen zu verschaffen.

Heute habe ich mit Nieberg einen Abstecher
nach Livorno gemacht. Die Stadt bietet nicht einmal so viel Interesse dar als Triest. Die Lage am
Meer ist ziemlich kahl, und man glaubt eine Wüste
zu sehen, wenn man an Neapel denkt. Bloß vom
Leuchtturm ist die Aussicht nach Elba und den
beiden Inseln Capraja und Gorgona, die auf eine
eigentümliche Art im Dante vorkommen[1], interessant; doch ziehe ich die Aussicht vom Schiefen
Turm in Pisa vor, den wir gestern bestiegen haben.
Um doch etwas in Livorno zu sehen, so besuchten
wir die Quarantäneanstalten und die Judenschule.
Das Beste war eine Trattoria, wo man im Freien, in
einem Garten, ißt. Wir reisten mit einem Griechen,

---

[1] Inferno, 33. Gesang, 82

der mir Lust machte, einmal die Ionischen Inseln zu
besuchen, da man von Ancona mit dem Dampfboot in achtundvierzig Stunden in Korfu ist.

14. Juni 1828. Auf der Insel Palmaria.

Mit Nieberg verließ ich ehevorgestern Pisa. Es war
ein braver junger Mann; doch gänzlicher Mangel
an Kunstsinn und etwas Barbarisches in seiner Art
und Weise verrieten den Russen. Sonst war er nicht
ohne Geist. Wir nahmen ein Kabriolett zusammen,
und ein junger, lustiger, schöner Vetturin vertrieb
uns auf eine angenehme Weise die Zeit. Die Herzogtümer Lucca und Masssa sind fruchtbar und
voll von anmutigen Landschaften. Lucca selbst
bietet wenig dar. Merkwürdig ist die alte Kathedrale nach Art der Pisaner und Pistojeser. In S. Fre-
diano einige gute Malereien und über dem Portal
ein altes Mosaikbild. Auch in Pietra santa sind ein
paar merkwürdige alte Kirchen. Sarzara ist freundlich und schön gebaut, der Golf von Spezia weniger reizend von Spezia selbst als von hier und
anderen Orten gesehen. Ich fand in Spezia keine
Wohnung nach meinem Geschmack, und einige
Schiffer führten mich nach dieser Insel, auf der sich
übrigens nichts als ein paar Bauernhütten und die
Villa befinden, in der ich dieses schreibe. Sie gehört
dem Syndikus von Porto Venere, ein kleiner Ort,
der ziemlich nahe dem Eiland gegenüberliegt. Ich
fand sie unbewohnt, mietete sie für monatliche
fünfundfünfzig Franken und bezog sie gestern. Ich
habe einen kleinen Saal und vier bis fünf Zimmer,
auch ein paar Logen mit schönen Aussichten. Die
Bäder hat man sehr bequem, vor der Haustüre;
doch wegen Speise und Trank mußte ich einen

Bedienten annehmen, der des Morgens nach Porto
Venere fährt, die Lebensmittel einkauft und dann
die Küche besorgt. Es sind mir mehrere Subjekte
vorgestellt worden; doch waren mir die meisten zu
glatt und barbiermäßig; und ich entschied mich für
einen Marinar, der wenigstens poetischer aussieht.
Auch war ich bis jetzt mit seiner Kochkunst zufrieden. Es kommt nun darauf an, mich hier gesund zu
erhalten und womöglich etwas zustande zu bringen.

Rumohr hat mich in Florenz veranlaßt, an Herrn
von Schenk zu schreiben, da dieser geneigt schien,
etwas für mich zu tun und meine Pension beim
König auszuwirken. In Pisa erhielt ich einen Brief
meiner Mutter, an welche Schelling geschrieben,
der ebenfalls von einer königlichen Pension und
einer freien Stellung an der Akademie der Wissenschaften spricht. So hoffe ich nun meine finanziel-
len Verhältnisse ins reine zu bringen.

13. Juli 1828. Auf der Insel Palmaria.

Heute ist es ein Monat, seit ich die Insel bezogen
habe. Ich habe täglich ein Bad genommen und
ziemliche Fortschritte im Schwimmen gemacht,
mich auch im Rudern hie und da geübt. An Spaziergängen fehlt es; doch kann man in der Höhe,
freilich auf einem steinigen Wege, um die ganze
Insel herumgehen, und die weite Aussicht, deren
man allenthalben auf das Meer und seine Ufer und
Inseln genießt, gehört vielleicht zu den schönsten
in der südlichen Himmelsgegend. Das Klima ist
angenehm und die Hitze erträglich.

Ich habe unterdessen den ganzen «Ariost»
durchgelesen und auch den «Tasso» begonnen, den

ersteren mit außerordentlichem Genuß, den letzteren mit wenigem, da er gegen die unsägliche Anmut des «Orlando» zu sehr absticht. Von meinem
«Oedipus» habe ich nun die drei ersten Akte vollständig, vom vierten Akt fehlen die Schlußszenen,
und der fünfte ist bis auf die letzte Parabase fertig.
An Herrn von Rumohr habe ich ein Einladungsge-
dicht[1] geschickt und darin meinen ländlichen Aufenthalt beschrieben.

25. Juli 1828. Auf der Insel Palmaria.

Herr von Rumohr war einige Tage hier auf Besuch, und ich habe ihm den «Oedipus» vorgelesen,
der seit Sechzehnten dieses Monats fix und fertig
ist. Er achtet ihn höher als die «Verhängnisvolle
Gabel», besonders haben ihm die Schlußreden des
Verstandes gefallen. Sein äußerst lehrreicher Umgang machte mir viele angenehme Stunden. Wir
haben unter anderem die kleine Insel mit dem
Leuchtturm besucht, die dieser gegenüber, nach
Gorgona zu, liegt. Sie ist äußerst reizend mit ihren
schattigen Steineichen, ihren Klosterruinen und
ihrem kleinen Hafen in einer Felsenschlucht. Rumohr hat in dem Hause, das er in Porto Venere
bewohnte, den Maler Nerly[2] zurückgelassen, der
hier mehreres zeichnen soll.

29. Juli 1828. Auf der Insel Palmaria.

Ehevorgestern ward mir eine angenehme Überra-
schung zuteil, indem ich eine Barke auf meine Insel
zusteuern sah und in ihr den Fürsten Taxis und La

---

[1] «Einladung nach der Insel Palmaria»
[2] der Maler Friedrich Nehrlich (1807–1878), Freund Rumohrs

Rosée erkannte. Sie waren in Kalabrien und Sizilien und sind mit dem Charakter der Kalabresen
sehr zufrieden. Mit Kopisch haben sie eine Tour
nach Sorrent und Capri gemacht und mein Zimmer in Amalfi besucht. In Rom haben sie Rugendas
getroffen, welchen Taxis unterstützt. Ich begleitete
sie noch bis Spezia, wo sie des Nachts um zehn Uhr
nach Genua abfuhren. Von Kopisch habe ich einen Brief, der unangenehme Nachrichten enthält.
Seine Verwandten weigern sich, ihm Geld auszu-
bezahlen, wenn er nicht nach Deutschland zurückkehrt; er gedenkt aber gleichwohl in Italien zu
bleiben. Ich selbst habe heute um Verlängerung
meines Urlaubs geschrieben. Gestern nach dem
Bade befand ich mich sehr unwohl; ich verfiel in
einen fieberhaften Schlaf, und als ich aufwachte,
hatte ich mir einen Zahn ausgebissen, den ich
wahrscheinlich verschluckte. Es ist leider ein vor-
derer.

20. August 1828. Auf der Insel Palmaria.

Vergangenen Sonntag war in Porto Venere ein
großes Volksfest, dem ich auch mit Nerly insofern
beiwohnte, als wir zum Syndikus, dem Besitzer
der Häuser, in denen wir wohnen, zu Tische gebeten wurden und ein Diner von leicht fünfzig Schüs-
seln durchmachen mußten. Ich lernte dabei einen
ehemaligen französischen Offizier, einen Lothrin-
ger, kennen, der noch unter dem vorigen König
von Bayern in Straßburg gedient hatte. Nerly ist
vorgestern abgereist. Wir fuhren zu Wassser bis
Lerici, und ich habe ihn dann noch bis Carrara
begleitet. Er hat dieser zauberischen Natur einige
sehr hübsche Bilder und Zeichnungen abgelauscht.

In Carrara sahen wir die Studien der Bildhauer, die aber meist schlechte Kopien nach Antiken oder Canova enthalten. Das Beste in der Stadt ist die gotische Fassade des Doms. Die Lage ist sehr anmutig.

Ich habe in den letzten Zeiten viele poetische Pläne wieder aufgefaßt; besonders, da ich jetzt den «Raumer» lese, eine epische Behandlung der Hohenstaufen. Auch an ein ariostisches Epos, «Die Normannen in Sizilien», habe ich gedacht. Beide Werke veranlassen mich um so mehr, meinen vorgesetzten weitläufigen Reiseplan durch Italien und Sizilien so vollständig als möglich auszuführen. Ebenfalls habe ich über ein paar Komödien nachgedacht, die jedoch nicht satirisch sind. Die eine enthält ein Feenmärchen aus dem «Le Grand», eine Verschmelzung mehrerer Volkssagen unter dem Titel «Gevatter Tod».

5. September 1828. Palmaria.

Meine Abreise naht heran, und die letzten Tage wurden mir noch durch Teufeleien verbittert, die mir mitgeteilt wurden und die der Pietist Semler und Waiblinger in den Berliner Klatschblättern gegen mich angezettelt haben. Ich habe meine Abreise beschleunigt, wiewohl es mir jetzt eigentlich wehe tut, aus dieser glücklichen Abgeschiedenheit auszuwandern und in das geräuschvolle Genua überzugehen. Vor ein paar Tagen bin ich noch in den Klosterruinen der kleinen Insel Tino herumgeklettert. Die Bäder, die mir sehr gut bekommen sind, habe ich fast täglich genommen und im Schwimmen tägliche Fortschritte gemacht. Mein Matrose ist die ehrlichste Seele von der Welt,

und es möchte in Italien schwer sein, viele solche
Bediente aufzutreiben.

8. September 1828. Chiavari.

Mit wahrer Schwermut verließ ich die Insel heute
nach Mitternacht, ließ mich nach Spezia fahren, wo
ich ein Kabriolett gemietet, um beizeiten hierher zu
kommen, da der Postwagen um drei von hier
abgeht und des Abends in Genua ist. Auf dieser
Reise geschah mir aber nichts als Unglück. Erstlich
zerbrach der Wagen und dann mein Regenschirm,
der mich gegen die Sonne schützen sollte, und als
ich hier ankam, waren schon alle Plätze besetzt,
und selbst für morgen konnte ich bloß noch einen
am hinteren Wagen angebrachten offenen Sitz haben. Dies war um so weniger zu vermuten, als der
Wagen von hier täglich zweimal nach Genua fährt,
und nun hatte ich das teure Fuhrwerk, das noch
dazu sehr schlecht war, umsonst genommen, während ich für zwei Tage zu fahren leicht Gelegenheit
in Spezia gefunden, auch mehrere Schiffe abgin-
gen, wo es mich nicht den sechsten Teil gekostet
hätte. Hierzu kam der Ärger, hier bleiben zu müssen, wiewohl das Städtchen und die Lage, wenn
auch nicht unmittelbar am Meer, äußerst freundlich ist. Aber lieber einen Monat auf der einsamsten
Insel als einen halben Tag in einer kleinen Stadt, wo
man keine menschliche Seele kennt. Überdies habe
ich ein wahres Heimweh nach der Ruhe und Bequemlichkeit meiner Insel, obwohl ich nicht länger
hätte allein bleiben mögen. Sogar eine kleine Katze
tut mir leid, die ich hütete und die jetzt wohl nichts
als Mäuse bekommen wird. Gleich bei Spezia
konnte ich, der Dunkelheit wegen, nichts sehen.

Über Borchetto hinaus fängt jene reiche Vegetation an, welche an der Südseite der Alpen das
lombardische Gebirge bezeichnet. Der Ölbaum
und alle immergrünen Gewächse haben aufgehört,
den Boden bedeckt das türkische Korn, und die
Reben, die am Meere in Lauben gezogen sind,
ranken sich hier an die Maßholderbäume. An den
wilderen Stellen die schönsten Kastanienwäldchen; die größte Frische des Grüns und große
Abwechslung der Aussichten in lachende Täler.
Da heute ein großer Wallfahrtstag ist, so waren alle
die schön geschlängelten Bergsteige mit Menschen
bedeckt. Auf den äußersten Höhen von Malterana
wird das Gebirge kahl, und bald offenbart sich das
Meer in seiner Ausdehnung; Korsika war sehr
deutlich. Am schönsten liegt Sestri di Levante an
einem kleinen Vorgebirge. Gleichwohl habe ich
gut getan, keinen dieser Orte für die Seebäder zu
wählen, denn so reizend sie sind, so ist es doch hier
im September noch heißer als im Juli in Porto
Venere.

24. September 1828. Genua.

Hier bin ich seit Neunten dieses. Die kleine Reise
von Chiavari war glücklich und angenehm durch
die schönen Umgebungen. Besonders gefiel mir
S. Margherita an seinem lieblichen Meerbusen.
Hier hatte ich im Anfang mehrere Scirocco-Tage
zu überstehen, die mir Zahnweh und Schnupfen
zuzogen. Seitdem ist das Wetter heiter. Was ein
Seehafen, was ein Wald von Masten ist, kann man
hier kennenlernen. Die Spaziergänge sind anmutig
und mannigfaltig. Mit einem Frankfurter Kaufmann namens Reinganum, den ich von Neapel aus

kannte, habe ich mehrere der schönsten Paläste in Strada Nuova und Strada Balbi gesehen. Die Signoria imponiert durch ihre höchst grandiosen Säle, der Palast Serra durch seine Pracht und Verschwendung an Gold; Portikus, Treppen und Terrassen sind fast allenthalben großartig, die Fassaden und das übrige weniger geschmackvoll und häufig überladen. Einer der geschmacklosesten ist der Palast Marcellino Durazzo, der jetzt dem König gehört. Er enthält unter anderem ein schönes Bild von Paolo Veronese, die heilige Magdalena, die dem Heiland die Füße salbt. Auch den Raffael oder wahrscheinlich Giulio Romano in S. Stefano habe ich gesehen, sowie die «Himmelfahrt Mariä» von Guido Reni. Dieses sind die drei besten Bilder in Genua. Prächtig durch seine Größe und Lage am Meer, und noch in der besten Zeit der Kunst gebaut, ist der Palast des Andrea Doria vor der Porta S. Tommaso.

Mit meiner Wohnung im Gasthof bin ich wenig zufrieden und daher meistens außer Hause. Ich bringe viele Zeit in einem Gabinetto lettario zu, wo ich mich abonniert habe und das «Leben Napoleons» von Walter Scott[1] lese. Aus den Zeitungen erfuhr ich, daß Schenk Minister geworden. Rumohr ist noch in Florenz; Rugendas hat Kopisch in Neapel kennengelernt. Cotta will den «Oedipus» drucken und überläßt das Honorar ganz meiner Bestimmung.

Am Einundzwanzigsten habe ich hier ein großes Volksfest mitangesehen, eine Prozession der Brüderschaften nach Albaro zu Ehren des S. Giacomo

---

[1] 1827 erschienen

delle Fucine. Der Heilige, der zu Pferd sitzt, wird
durch einen kleinen Knaben repräsentiert. Alles
entwickelt den größten Reichtum an Kostümen
und Kirchengeräten. Bis auf die Kapuzen sind alle
mit Gold und Stickereien überladen. Mehrere darauf bezügliche Volkslieder habe ich gekauft; doch
ist der genuesische Dialekt unverständlicher als
jeder andere. Das Ganze bewegt sich in einem
Streit der Brüderschaften untereinander, da die
einen einen weißen Christus, die anderen einen
schwarzen haben; die letzteren trugen diesmal den
Sieg davon. Ihr Feldgeschrei ist: «Viva o Mou!»
(Viva il Moro).

29. September 1828. Genua.

Das Theater besuche ich täglich. Es wird bloß in
S. Agostino gespielt. Die Gesellschaft ist lobens-
würdig insofern, als sie viele Goldonische Stücke
geben, sonst aber ziemlich mittelmäßig. «Li quattro
rusteghi» im venetianischen Dialekt haben sie sehr
gut gespielt. Ich habe schon in den ersten Abenden
einen jungen Genuesen kennengelernt, den ich nun
fortwährend im Theater sehe und der viel dazu
beiträgt, mir die Langweile kürzer zu machen, die
sich zuweilen einstellt. Er besitzt ein liebenswür-
diges Äußeres und jene Gutmütigkeit, die zu den
Nationalzügen der Genuesen zu gehören scheint.
    Aufs Meer gehe ich selten, da es keine Inseln,
keine Grotten und nichts Ähnliches gibt, was eine
kleine Seefahrt angenehm machen kann. Die Stadt
nimmt sich zwar gut aus, aber das Meer ist kahl.
Doch mache ich häufig den schönen Spaziergang
vom Hafen aus nach Aqua Sola beständig auf der
Stadtmauer hin.

An Kirchen ist bloß der Dom ausgezeichnet, der aber bei weitem zu den schönsten gotischen Gebäuden in Italien gehört, vorzüglich das Innere.

2. Oktober 1828. Genua.

Ich habe dieser Tage einen angenehmen Abstecher nach Savona gemacht. Der Weg führt fast immer am Meer hin, das in großer Ausdehnung vorliegt. Die Stadt ist unbedeutend und enthält wenig Altertümliches, einige Bildwerke im Dom ausgenommen. Aber der Hafen und die ganze Lage ist äußerst reizend und ladet durch ihre schönen Spaziergänge zu einem längeren Aufenthalt ein. Es ist eine kleine, aber sehr belebte Seestadt und erinnert an Amalfi, nur daß man in Savona weit bedeutendere Schiffe sieht. Die Weiber vor den Türen waren alle mit Verfertigung der Segeltücher beschäftigt.

14. Oktober 1828. Mailand.

Am Neunten dieses reiste ich von Genua ab. Wenige Stunden vorher in der Nacht erlebte ich noch ein heftiges Erdbeben. Zwei weniger starke Erdstöße folgten die nächste Nacht, die ich in Novi zubrachte. Auf der Reise konnte ich wenig sehen und mich nicht einmal in Pavia aufhalten. Das Wetter war sehr schön und ist es noch. Mailand ist heiter, elegant, mit langen, breiten Straßen, in einer großen Ebene sich ausbreitend. Ich bin viel mit einem jungen Engländer namens Sant herumgeschweift, der einer meiner Reisegefährten war. Er versteht weder französisch noch italienisch, und ich mußte englisch reden, was mich bei so weniger Übung in Italien schwer ankam. Sonst habe ich bloß Unangenehmes erfahren. Ich hoffte hier ein

Exemplar meiner Gedichte zu finden, das Fugger
nach Palmaria geschickt hatte, das man aber, ich
weiß nicht weswegen, hier zurückbehielt. Nachdem ich drei Stunden auf der Dogana gewartet,
wurde das Buch endlich auf die Zensur gebracht,
und die dortigen Herren erklärten mir, daß ich das
Buch nicht erhalten könne, da es in den österreichischen Staaten verboten sei. Da ich auch auf der
Polizei sehr examiniert worden, so habe ich keineswegs Lust, mich lange hier aufzuhalten, und sehne
mich wieder unter die Herrschaft der Heiligen
Schlüssel, wiewohl ich vorher gerne noch Nizza
und Turin sehen möchte.

18. Oktober 1828. Mailand.

Gestern war ich in Como. Vermöge Eilwagen und
Dampfboot legt man diese Tour sehr schnell zurück. Ich bin den See bis Cadenabbia, gegenüber
Bellaggio, hinaufgefahren und habe die Villa Som-
mariva besucht, durch ihren vorigen Besitzer mit
einer reichen Sammlung neuer Kunstwerke verziert. Der «Alexanderzug» von Thorwaldsen ist
noch nicht aufgestellt. Von Landi und anderen
neuen italienischen und französischen Meistern
sieht man die scheußlichsten und seelenlosesten
Modellgestalten. Weit besser ist «Romeo und Ju-
lie» von Hayez und ein Bild von Errante. Von
Canova ein Palamedes. Von Leonardo da Vinci ein
Porträt und vor allen Dingen eine griechische Andromeda, die die Venetianer aus Athen entführt
hatten und die später der Familie Este gehörte.
Die Ufer des Sees sind fast durchgängig reizend,
vorzüglich schön liegt die Villa Danzi bei dem
Dorf Torno. Auch die Villa Pliniana und die Villa

d' Este, die der Prinzessin von Wales gehörte, habe
ich vom Wasser aus gesehen.

21. Oktober 1828. Mailand.

Ich habe diese Tage sehr angenehm zugebracht, da
die beiden Frizzoni, die Zöglinge Gündels, als sie
meinen Namen in der Zeitung fanden, sogleich
von Bergamo herüberkamen und mir seitdem beständig Gesellschaft leisten. Sie sprechen vollkommen deutsch und sind mit der deutschen Literatur
hinlänglich bekannt. Auch haben sie meine Gedichte und mein früheres Lustspiel bei sich. Sie
haben vergangenen Sommer Gündeln bis München begleitet. Hier sind wir zusammen in mehreren Kirchen und Sammlungen gewesen, und ich
kenne Mailand überhaupt für die kurze Zeit meines
Aufenthalts so ziemlich. Endlich habe ich auch
einen Pack Briefe aus Deutschland bekommen und
einen von meinem neuen Freund Pedemonte in
Genua. In München behauptet man steif und fest,
ich sei katholisch geworden. Man sagt, daß Puchta
nach München, Rückert nach Berlin kommen soll.
Ersterer richtet mir viele Grüße von Tieck aus,
den er auf dem Rheindampfboot kennengelernt
und dann später in Erlangen den «Sommernachts-
traum» von ihm vorlesen hörte.

25. Oktober 1828. Cremona.

Meinen gestrigen zweiunddreißigsten Geburtstag
habe ich auf einer kleinen Reise von Bergamo
hierher zugebracht, die ich mit den beiden Frizzoni
gemacht, nachdem ich sie nach Bergamo, wo ich
in ihrem Hause wohnte, begleitet hatte. Nach
Bergamo fuhren wir über Monza, wo man im

Dom nebst anderen Raritäten den Kamm und
Fächer der Königin Theodelinde sowie auch die
eiserne Krone aufbewahrt. Das Äußere der Kirche
zeugt noch so wie jene Gerätschaften von einem
hohen Altertum, das Innere ist auf das greulichste
verunstaltet. Man sieht ein altes Basrelief mit der
Krönung Otto des Großen. Bergamo ist durch
seine schöne Lage am Fuß der Alpen merkwürdig,
sonst enthält es wenig an Kirchen und Kunstschät-
zen, höchstens ein paar gute Bilder von Lorenzo
Lotto und Porträts von Moroni. Auf dem Wege
hierher kommt man durch Soncino, wo der Turm
gezeigt wird, in welchem Ezzelino als Gefangener
starb. Als wir hier ankamen, war es bereits Nacht,
und die Stadt machte uns, besonders der höchst
altertümliche Domplatz, einen würdigen und
überraschenden Eindruck.

27. Oktober 1828. Brescia.

Vorgestern vormittag suchten wir sogleich Bottazzi auf, der gegenwärtig sich in seiner Vaterstadt
aufhält. Er machte unseren Cicerone in Cremona
und führte uns in die merkwürdigsten Kirchen.
Im Dom sind herrliche Fresken von Pordenone,
doch schlecht beleuchtet und ziemlich hoch. Sonst
haben sich auch die ursprünglich cremonesischen
Maler, die Campi und Gaddi, viel in der Fresko-
malerei versucht und einige Kirchen ausgemalt.
Bernardo Gaddi scheint in seinen besten Werken
seinem Meister Correggio wenig nachzugeben. In
S. Agostino ein schöner Perugino. Das Schönste in
Cremona bleibt aber immer der Dom mit seinen
Umgebungen, die in ein längst vergangenes Jahr-
hundert versetzen. Sonst ist die Stadt freundlich

und modern, mit breiten Straßen wie Mailand. Die
Gegend eben und langweilig, wie großenteils die
Ufer des Po. Wir machten die Bekanntschaft des
bekannten Steinschneiders Beltrami[1], zu dem uns
Bottazzi führte, der jetzt als der einzige Maler in
Cremona Aussichten auf einträgliche Bestellungen
hat. Wir verließen Cremona gestern mittag und
waren hier noch vor Einbruch der Nacht. Brescia,
am Berge angelehnt, ist anmutiger als die südlichen
lombardischen Städte. Das Theater, das wir denselben Abend besuchten, ist ziemlich groß und elegant.

29. Oktober 1828. Desenzano.

Wir befinden uns gegenwärtig an den Ufern des
Gardasees, und das Wetter, das einige Tage bewölkt war, hat sich wieder ganz aufgeheitert. In
Brescia, wohin wir diesen Abend zurückkehren,
haben wir anderthalb Tage in Kirchen und Galerien zugebracht. An Architektur enthält die Stadt
weit weniger, als man von ihrer Größe erwarten
sollte, neue Gebäude bieten wenig Erfreuliches
dar, und die gotischen Kirchen sind alle auf eine
furchtbare Weise entstellt worden. Der Palazzo
municipale, obwohl auch verdorben, ist noch das
Schönste und aus der besten Zeit italienischer Baukunst. Außerdem zeigt man die ausgegrabenen
Ruinen eines Tempels aus dem Zeitalter Vespa-
sians und eine schöne bronzene Statue, die man
darin gefunden. An Gemälden besitzt Brescia einen
großen Schatz. Das Vorzüglichste ist die «Ehe-
brecherin» von Tizian in S. Afra, eine Himmelfahrt

[1] Giovanni Beltrami (1779–1854), von Eugène Beauharnais
gefördert, arbeitete 1820–26 meist für den Grafen Somma-
riva.

desselben Meisters in S. Nazaro, ein kleiner köstlicher Raffael in der Galleria Tosi, ebendaselbst eine wunderschöne Heilige Familie von Fra Bartolomeo und die heilige Katharine von Gaudenzio Ferrari in der Galleria Lechi, welche außerdem eine große Anzahl venetianischer Meisterstücke, besonders von Tizian und Giorgione, besitzt. Von Moretto sieht man viel in Brescia, das Beste in S. Nazaro. Sonst ist die Stadt lebhafter und bevölkerter als Cremona, besonders der Spaziergang unter den Portici. An den Verzierungen der Häuser wird viel Marmor verschwendet.

2. November 1828. Mailand.

Vorgestern mittag sind wir wieder hier angelangt. Die Frizzoni kehrten sogleich nach Bergamo zurück. Die letzte Nacht haben wir in Crema zugebracht, einem freundlichen Städtchen. In Lodi, wo gerade Jahrmarkt war, besahen wir einige Kirchen und fuhren über die berühmte Brücke. Unsere Partie auf dem Gardasee ist nicht ganz günstig ausgefallen. Der Himmel bewölkte sich wieder, und gegen Abend war der See sehr stürmisch. Des Morgens waren wir auf der Halbinsel Sirmio und besahen die Ruinen der Villa des Catull, ein reizender Ort. Zu Wagen fuhren wir nach Salò und machten von da noch eine kleine Exkursion zu Wasser, worauf wir nach Brescia zurückfuhren und des anderen Tags den Tizian in S. Afra noch einmal bewunderten. Hier hoffte ich einen Brief von Rumohr zu finden und fand einen von Fugger, der mir meine Ernennung zum außerordentlichen Mitglied der Bayerischen Akademie der Wissenschaften mitteilt.

11. November 1828. Mailand.

Seit einigen Tagen ist das Wetter abscheulich; doch
habe ich vorher noch einen Abstecher nach Pavia
gemacht, wo ich mich einen Tag lang aufgehalten.
Die alte Kirche S. Michele ist sehr merkwürdig,
stimmt übrigens ganz mit der hiesigen S. Ambro-
gio überein. Sonst trifft man noch ein paar schöne
gotische Kirchen der späteren Zeit, die zum Teil
nicht so verunstaltet und modernisiert sind, als dies
gewöhnlich der Fall ist. Das Theater ist ein Muster
von Geschmacklosigkeit. Die Lage der Stadt will
wenig sagen, ist aber doch viel abwechselnder als
die von Mailand. Das Merkwürdigste ist, eine
Stunde von Pavia, die Kartause, eine der schönsten
und besterhaltenen Kirchen Italiens im gotischen
Stil. Sie soll von dem Baumeister des hiesigen
Doms sein, erinnert jedoch fast eher an die Kirche
in Assisi. Der Stifter Galeazzo Visconti liegt darin
begraben. Der hiesige Dom macht den meisten
Effekt vom Dach, wo das Riesenhafte der Arbeit
ins Auge fällt; das Innere ist ehrwürdig und großartig, die Fassade verpfuscht, doch wohlgefällig
wegen des weißen Marmors. Das Ganze am schönsten in der Dämmerung oder bei Nacht. Außerdem sind hier die Kirche S. Lorenzo, die man für
ein antikes Badhaus hält, und S. Celso von Bra-
mante von der größten Schönheit, besonders die
letztere, die auch einen vorzüglichen Bordone und
einen schönen Moretto enthält. Die besten Gemälde findet man hier in der Brera, wo unter
anderem die Hagar von Guercino, eine Ausgießung des Heiligen Geistes, die in Paris Bordone
einen ebenbürtigen Nebenbuhler Tizians und Por-
denones zeigt, und der berühmte Raffael, die «Ver-

522 Mai 1828 – April 1830

mählung der Maria». Der Arco del Sempione,
freilich unvollendet, hat auf mich keinen besonderen Eindruck gemacht. Nenne ich noch das Theater della Scala, durch seine Größe und elegante
Form äußerst wohlgefällig, so habe ich so ziemlich
alles genannt, was Mailand Außerordentliches besitzt. Ich habe auch das «Abendmahl» von Leonardo gesehen, das aber unglaublich gelitten hat.
Bekanntschaften habe ich hier gar keine gemacht,
und da ich nicht mehr jung genug bin, um immer
allein sein zu mögen, so habe ich Überfluß an
Langerweile. Gestern abend sah ich im Teatro Rè
den «Aristodemo» von Monti[1], der ein paar Tage
hier nach meiner Ankunft starb. Ein erbärmliches
Trauerspiel, ohne alle Handlung und erbärmlich
gespielt. Sonst habe ich den «Cinna» und «Po-
lieucte» von Corneille gelesen, die große Fehler
haben, aber auch große Tugenden.

15. November 1828. Mailand.

Endlich habe ich Nachricht von Rumohr erhalten,
er ist in Siena, und ich werde nun auch diesen
Winter dort zubringen. Doch gehe ich vorerst nach
Turin und werde übermorgen mit dem Postwagen
abreisen. Cotta hat mir tausend Gulden für den
«Oedipus» akkordiert. Die Frizzoni waren wieder
hier, und ich habe ein paar sehr angenehme Tage
mit ihnen zugebracht, bin auch noch einmal in der
Brera mit ihnen gewesen, um den unvergleichlichen Raffael zu sehen. Zu meinen poetischen Plä-

---

[1] Vincenzo Monti (1754–1828), Dichter, Historiker und
Dante-Forscher, lange Zeit in Napoleons Diensten. Seine
Tragödie «Aristodemo» war 1787 mit großem Erfolg in
Rom aufgeführt worden.

nen gehört jetzt, eine Reihe mythologischer Idyllen zu schreiben, zum Beispiel «Meleager», aus dem ich eine Tragödie, «Pan und Apollo», aus dem ich früher ein Lustspiel machen wollte.

21. November 1828. Turin.

Ich bin ehevorgestern über Novara und Vercelli hier angekommen und werde abermals mit dem Postwagen nach Alessandria abreisen. Hier hat man an drei Tagen eher zuviel als genug. In der regelmäßigen, abgezirkelten Stadt ist nichts schön als die großartige Piazza Reale, auf der ich wohne. Von schönen Kirchen oder Gebäuden ist nicht die Rede; bloß im königlichen Schloß befinden sich Gemälde von Wert, besonders aus der niederländischen Schule, und gute Landschaften. So reizend der Anblick der schneebedeckten Alpen ist, so sind doch die nächsten Umgebungen einförmig. Alle Straßen wimmeln von Bettlern. Ich habe ein paar Theater gesehen, im Theater d' Angennes die Truppe des Herzogs von Modena, welche zu den besseren gehört. Wenigstens spielen sie die Goldonischen Stücke, wovon ich gestern die «Donna di governo» gesehen habe, ausgezeichnet. Das Wetter ist vollkommen klar und hat sich mit dem Tag meiner Abreise aufgeheitert. Den letzten Abend in Mailand sah ich noch den Dom bei Gelegenheit einer Prozession erleuchtet. Bei Buffalora passiert man eine merkwürdige Brücke.

24. November 1828. Piacenza.

In Asti konnte ich nichts sehen als das Haus Alfieris, das mir im Vorbeifahren gezeigt wurde. Es steht leer, da die Familie mit dem Dichter ausge-

storben. Alessandria, wo die lombardischen Nebel
wieder anfingen, ist nichts als eine große Kaserne,
und die ganze Reise durch Piemont war sehr un-
ergiebig. Das Schlachtfeld von Marengo, das ich
gestern, und das an der Trebbia, das ich heute sah,
waren in dichte Schleier gehüllt. Marengo verdient
kaum den Namen eines Dorfs. In Tortona habe ich
nichts Merkwürdiges gefunden. Die Nacht habe
ich in Voghera zugebracht und das aus einer Kirche
schlecht formierte Theater besucht, wo ein Stück
der Madame Weißenthurn[1] gegeben wurde. In
Alessandria bin ich in der Oper gewesen; das Theater, wiewohl berühmt, ist lang und unförmlich. Da
kein Land so flußreich ist als das Herzogtum Parma, so werde ich so bald nicht aus dem ewigen
Nebel herauskommen.

25. November 1828. Piacenza.

Piacenza ist eine jener großen, entvölkerten Städte
Italiens, die das Vierfache ihrer Einwohnerzahl
fassen können. Es mag bei gutem Wetter sehr offen
und freundlich aussehen, besonders der Hauptplatz
mit seinem altertümlichen Rathaus und den schönen Reiterstatuen der Farnesen. Auch wird es im
Durchschnitt von einem recht hübschen Men-
schenschlage bewohnt. Die Hauptstraße ist eine
italienische Meile lang. Die Stadt ist mit geringen
Ausnahmen ganz von Backsteinen, wie Turin, gebaut. Auch der großartige, doch unvollendet ge-
bliebene Palast Farnese, von den Franzosen in eine
Kaserne verwandelt. Sogar eine Kirche von Vi-

---

[1] Johanna Franul von Weißenthurn (1773–1847), Dramati-
kerin und Schauspielerin am Hoftheater in Wien

gnola hat man zum Stall gemacht. Der Dom, ein gotisches Gebäude, ist im Innern einfach und würdig, die Kuppel von Guercino gemalt, in einer anderen Kirche Wandgemälde von Pordenone. Das Theater, das ich gestern besuchte, ist ganz nach dem Modell der Scala, im verjüngten Maßstabe, gebaut. Heute soll dort ein Improvisator namens Bondioci auftreten.

28. November 1828. Parma.

Der Improvisator war mittelmäßig. Hier bin ich vorgestern angekommen und werde morgen abreisen. Wiewohl ich hier vor Jahren so angenehme Tage zubrachte, so kam mir doch diesmal Parma schmutzig und kleinlich vor, da Piacenza weit stattlicher ist. Für Correggio habe ich wenig Sinn; am besten gefällt mir seine Diana im Kloster S. Paolo, wie überhaupt die nachraffaelischen Maler in nichts glücklicher waren als in mythologischen Fresken. Was mich begeisterte, war das schöne Innere von S. Giovanni Evangelista und das grandiose Dormitorio im Kloster, aus der besten Zeit der italienischen Baukunst. Im Schloß zeigt man die Geschenke der Stadt Paris bei der Geburt des Königs von Rom, Toilette, Spiegel und Wiege. Sie sind weniger schön als prächtig, gewiß die kostbarsten Möbel in der Welt. Die Besitzerin steht gegenwärtig auf dem Punkt, ihren Hudson Lowe[1], der zugleich ihr Cavalier servente ist, zu verlieren, einen österreichischen General, der sie nie verlassen darf und von dem sie drei Kinder hat. Er liegt

---

[1] Sir Hudson Lowe, der Bewacher Napoleons auf Sankt Helena

auf den Tod, war übrigens schon bejahrt und
einäugig. Ich sah sie gestern im Theater. Die
Schauspielertruppe, die sie unterhält, gehört zu den
besseren Italiens. Man sieht hier nicht soviel glückliche Gesichter als in Piacenza. Hervorstehende
Augen und ähnliche Verzerrungen kommen häufig vor.

3. Dezember 1828. Bologna.

Von Reggio, wo schlechterdings nichts zu sehen
ist, da selbst das Haus Ariosts modernisiert worden, machte ich einen abenteuerlichen Ritt nach
den Ruinen von Canossa, die vierzehn Miglien
weit im Gebirg liegen. Ein Bauer begleitete mich
als Wegweiser, da keine gebahnte Straße nach dem
einsamen Dörfchen führt, das bloß aus einer kleinen Kirche und ein paar Hütten besteht, deren eine
der Pfarrer bewohnt. Der Weg führt großenteils
durch das Flußbett der Campola. Das Schloß liegt
auf der höchsten Spitze und bietet eine herrliche
Aussicht über die Apenninen und die ganze Lom-
bardei dar, welche aber als ein Meer von Nebel
erschien, da wir selbst erst eine Stunde von Canossa, als wir die Höhe erreichten, aus dem Nebel
in das schönste Wetter versetzt wurden. Die Ruinen sind neueren Ursprungs, von alten Resten sind
bloß zwei Säulen übrig und vielleicht ein paar
Zisternen. Der Pfarrer konnte uns kein Nachtquartier geben, und so mußten wir noch sieben Miglien
weit in das nächste Dorf reiten. Wir nahmen einen
Knaben mit, der die Laterne trug. Im Anfang
hatten wir den herrlichsten Sternenhimmel, bis wir
in den dicken, frostigen, lombardischen Nebel hin-
unterkamen. Das Nachtquartier war nun freilich

in einer armseligen Dorfschenke. Doch waren die
Leute freundlich und das Bett reinlich. In Modena
habe ich mich anderthalb Tage beinahe gelang-
weilt. Übrigens ist die Galerie des Herzogs interessant, zumal ein ausgezeichnet schöner Garofalo,
und im Theater fand ich dieselbe Truppe, die ich
von Genua her kannte und so oft mit Pedemonte
gesehen hatte. Der Dom ist in demselben vorgoti-
schen Geschmack wie der von Parma und Piacenza, doch vielleicht um ein paar Jahrzehnte später
gebaut. Auf dem kurzen Weg hierher hatte ich, was
mir so selten auf der Reise passiert, gute Gesellschaft, einen Architekten, der nach Rom reist,
einen jungen Geistlichen, der großen Eifer, in Bologna zu studieren, zeigte, und einen Kaufmanns-
commis, der wenigstens bei gutem Humor war.
Das Gespräch war im ganzen wirklich unterhaltend; besonders wenn ich bedenke, in welchem
abscheulichen Wetter ich das vorige Mal diese
Reise machte. Zumal heute ist die reinste Tramontana eingetreten, und ich habe von der Wallfahrtskirche S. Luca, wohin von der Stadt aus ein stun-
denlanger Portikus führt, eine schöne Aussicht
über Stadt und Gebirg gehabt. S. Petronio ist nach
dem Dom von Mailand vielleicht die schönste
gotische Kirche Italiens, und unter allen ist sie
in jedem Falle die heiterste, einfachste, leichte-
ste. Auch der Turm Asinelli hat wohl kaum an
Schlankheit und Leichtigkeit in der Welt seinesgleichen. In der Akademie bin ich schon zweimal
gewesen. Raffaels «Cäcilie», der «Kindermord»
Guido Renis und einige schöne Bilder von Francesco Francia geben ihr einen ewigen Wert. Mit
den Domenichinos konnte ich mich nicht mehr

befreunden. Sie haben alle etwas Pfäffisches, und es fehlt viel, daß sie seinen Fresken in Grotta Ferrata gleichkämen. Auf dem hiesigen Markte steht der «Neptun» von Gian Bologna, eine herrliche Statue.

4. Dezember 1828. Bologna.

Die Bologneser bilden sich ungemein viel auf ihre Kartause ein, die sie zur Zeit der Franzosen zu einem Gottesacker umgeschaffen haben. Es ist allerdings ein schönes Kirchhofslokal, Kirche und Kloster aber auch nicht von ferne mit der Certosa von Pavia zu vergleichen. Von S. Michele in Bosco hat man die schönste Aussicht über Bologna, und der Standpunkt erinnert an Rom. Das herrliche Kloster ward von den Franzosen zuerst zur Kaserne und dann zum Zuchthaus gemacht, und so ist es leicht zu erklären, weshalb man von den Fresken Guidos und Lodovico Carraccis nur noch wenige schöne Überbleibsel gewahr wird. Es waren vielleicht die besten Arbeiten Lodovicos. In S. Agostino ist ein vorzüglicher Francia. Auch war ich heute wieder in der Akademie, um die «Cäcilia» zu sehen, ein Werk, von dem man sagen kann:

> Ausgestoßen hat es jeden Zeugen
> Menschlicher Bedürftigkeit![1]

Das Grab König Enzios ist insofern nicht interessant, als es schon zum drittenmal renoviert ist und von dem alten Denkmal keine Spur geblieben. Vielleicht sind jedoch seine Gesichtszüge noch in das Basrelief aus dem vorigen Jahrhundert aus den früheren Darstellungen übergegangen.

---

[1] Schiller, «Das Ideal und das Leben»

10. Dezember 1828. Florenz.

Bei herrlichem Wetter und in ziemlich guter Gesellschaft habe ich die Apenninen passiert, und der Eintritt in Toscana ist mir nie so reizend vorgekommen als diesmal. Aus dem rauhen Gebirg in die schönen Ölgärten und zypressenumgebenen Villen herabzusteigen, ist äußerst anmutig. Hier fand ich zufällig Rumohr, der ein Geschäft hatte, jedoch gleich wieder nach Siena, wo er mir bereits eine Wohnung gemietet, zurück mußte. Übermorgen werde ich selbst abreisen. Ich hatte hier vieles zu besorgen, besonders Kleider und Wäsche einzukaufen, da ich in diesem Punkte ganz heruntergekommen war. Metzger, so überhäuft er ist, hat mir bei diesen und anderen Einkäufen treulich beigestanden. Nebenbei sah ich auch die Venus und die Niobe wieder mit großem Vergnügen. Mit Rumohr und einem polnischen Grafen, der in Berlin lebt, war ich beim Fürsten Poniatowsky;[1] um seine Sammlungen von Gemälden und geschnittenen Steinen zu sehen, die viel Schönes enthalten. Der hiesige Dom hat mir wenig Eindruck gemacht, da ich in der letzten Zeit mehr als eine schönere Kirche gesehen habe.

11. Dezember 1828. Florenz.

Gestern erhielt ich ein Billet von einem schlesischen Baron namens Vaerst, der meine Bekanntschaft zu machen wünschte und mit dem ich heute im Palast Pitti und bei Tische zusammen war. Er

---

[1] Fürst Stanislaus Poniatowski (1757–1833), Neffe des Königs Stanislaus August von Polen, der in Rom in seiner Villa an der Flaminia eine bedeutende Kunstsammlung beherbergte

hatte mit vielem Vergnügen meine «Ghaselen» gelesen und ist selbst ein poetischer Dilettant. Er soll sehr viel Glück im Spiel haben und sich dadurch ein Vermögen erworben haben. Sonst scheint er ein guter und angenehmer Mensch zu sein. Zugleich kam ich mit Doktor Bernhard zusammen, den ich in Neapel kennengelernt, und habe wieder sein Talent bewundert, alles zu wissen und über alle Menschen Bescheid geben zu können. Ich bin mit ihm in der Annunziata gewesen, um die Fresken von Andrea nicht ungesehen zu lassen.

31. Dezember 1828. Siena.

Am Dreizehnten bin ich hier angekommen und lebte bis jetzt angenehm und zufrieden. Ich esse an Rumohrs guter Tafel, und er hat mir eine mehrenteils hübsche Wohnung in seiner Nähe genommen. Leider reist er aber am Anfang des nächsten Monats ab, wahrscheinlich nach Deutschland. In Mailand will er ein käufliches Bild, das dem Kronprinzen von Preußen sehr gefallen hat, ansehen und es vielleicht für ihn kaufen. Er hat mir auch dieses Fürsten Gunst verschafft, und der Kronprinz, der meine «Gabel» gelesen, erkundigte sich in ganz Italien nach mir. Ich wußte natürlich nichts davon, sonst würde es mir ein leichtes gewesen sein, ihn zu sehen, da ich in Genua und in Bologna mit ihm zugleich war. Nun hat Bunsen, der preußische Gesandte in Rom, an Rumohr geschrieben, ob ich wohl in Verbindung mit dem preußischen Staat treten würde, wenn mir Anerbietungen gemacht würden? Ich bejahte es, insofern es meinen Verpflichtungen gegen Bayern nicht im Wege steht;

ich bejahte es um so mehr, da ich unterdessen offizielle Nachrichten aus München erhalten, und die Pension, die mit meinem Platz an der Akademie verbunden ist, bloß fünfhundert Gulden beträgt, was in keinem Fall ein hinreichendes Auskommen gewährt. Hier hat mich Rumohr zu mehreren Familien gebracht, ohne daß ich gerade besonders ansprechende Bekanntschaften gemacht hätte, so daß ich mich nicht den ganzen Winter, wie ich vorhatte, aufhalten werde. Die Bekanntschaft mit Rumohr, wiewohl bei seinen Launen und Eigenheiten schwer mit ihm umzugehen ist, gehört zu den besten Ereignissen dieses verflossenen Jahres, das ich im ganzen auf eine recht angenehme Weise verlebt habe. Es scheint, daß das Reisen für mich eigentlich die zuträgliche Lebensart ist. Auch Schwencks und der Frizzoni Bekanntschaft muß ich zu meinen angenehmsten rechnen. Im Poetischen habe ich vielleicht, insofern ich meist auf der Reise war, genug getan, wenigstens soviel als im vergangenen Jahr 1827, das freilich nicht zu meinen fruchtbarsten gehört. In diesem Augenblicke beschäftigte ich mich ausschließlich mit «Tausend und einer Nacht», woraus ich den Stoff zu einem scherzhaften Epos zu nehmen denke, welches eine würdige Aufgabe für 1829 wäre.

8. Januar 1829. Siena.

Rumohr ist gestern abgereist, Nerly wird noch ein paar Tage hier bleiben, bis er eine Gelegenheit nach Rom findet. Zu meinem Epos hatte ich anfangs einen sehr weitläufigen Plan gemacht; es sollte einen großen Teil der Märchen aus «Tausend und einer Nacht» enthalten, die sich, mannigfaltig ver-

woben, um den Kalifen Harun al Raschid herum-
drehen sollten. Ich merkte bald, daß dies eine Aufgabe für das ganze Leben wäre, und ich fühlte mich
nicht Ariost genug, um es daranzusetzen. Ich habe
mir nun einen kleinen Teil jener Fabeln gewählt,
die ich in Stanzen behandeln werde. Ich kann damit
die Probe machen, und wenn sie mißlingt, so hat es
nicht viel zu sagen. Mir fehlt der Mut zu so weit
aussehenden Arbeiten, wenn ich meiner Sache
nicht gewiß bin. Gestern habe ich das Gedicht
angefangen.

27. Januar 1829. Siena.

Den Plan zu meinem Epos habe ich abermals erweitert und, da mir die Stanzen zu steif wurden, in
Hexametern angefangen; doch will es nicht vor-
wärtsgehen, und ich habe wenig Neigung zum
Epischen. Einzelne Gedichte sind mehrere entstanden, worunter die Epigramme über die modernen
Tragiker, die Nachschrift zum «Romantischen
Oedipus». Schwenck schickt mir eine recht artige
gedruckte Kontroverspredigt aus der Frankfurter
«Iris», die mich gegen die Pietisten verteidigt. An
den Professor Wendt in Leipzig, der mich sehr
dringend zu Beiträgen für einen neu herauszugebenden Musenalmanach eingeladen, werde ich
einiges schicken. Meine hiesige beste Bekanntschaft ist die Gräfin Pieri, die zwar eine Italienerin,
aber in Wien geboren ist und deutsch versteht.
Unter den Studenten sind hier ein paar junge Leute
von seltener Schönheit; doch die Bekanntschaften,
die ich am liebsten machte, mache ich nie.

30. Januar 1829. Volterra.

Ich habe eine sehr unglückliche Reise hierher gemacht. Das Wetter ließ sich anfangs gut an, wiewohl es etwas wolkig war, hier artete es aber bald
in den heftigsten Sturm und Regen aus, und Volterra liegt noch höher als Siena. Ich fand jedoch
immer noch günstige Augenblicke, um die herrliche Lage und den außerordentlichen Horizont dieser Stadt zu bewundern. Das Meer und Korsika
sah man deutlich. Unmittelbar zu den Füßen der
Stadt die wunderlichsten Schluchten und die größte Mannigfaltigkeit der Umgebungen. Schönere
Spaziergänge sind kaum denkbar, die Luft ist sehr
gesund, und ich wünschte einmal einen Frühling
hier zuzubringen. Der ganze Ort ist reich an schönen Gebäuden aus der besten Zeit der Kunst. Sehr
interessant die alten etruskischen Mauern, wie in
Cortona aus unförmlichen Steinblöcken zusam-
mengefügt, über denen jetzt an einigen Stellen
ungeheure Steinzeichen emporragen. In den Kirchen ist manches Merkwürdige; sehr alte, ganz gut
erhaltene Fresken in S. Francesco, im Dom ein
außerordentlich schönes Bild von Leonardo da
Pistoja vom Jahr 1516. Im Rathaus eine Sammlung
von Graburnen und anderen Altertümern. Die
Menschen einnehmend, von der schönsten Gesichtsbildung. Siena habe ich schon vorgestern
verlassen und blieb die Nacht in Colle, ein hübsch
gelegener Ort mit guten Bauwerken. Es war gerade Theater, die «Locandiera» von Goldoni. Leider war die Heldin selbst, die alle Männer bezaubert, einäugig und etwas ungraziös.

3. Februar 1829. Piombino.

Ich habe die beiden verflossenen Tage eine Reise zurückgelegt, die ich wohl zu meinen beschwerlichsten und mühseligsten rechnen darf. Der letzte Tag, den ich in Volterra zubrachte, war wenigstens zur Hälfte heiter, und ich konnte Korsika und Elba von meinem Fenster sehen. Ich erfreute mich an einem herrlichen Morgenspaziergang zwischen jenen alten Mauern und weiten Aussichten. Die Neugierde jedoch, Massa di Maremma sehen zu wollen und den Weg durch diese Stadt nach Piombino einzuschlagen, mußte ich teuer bezahlen. Den ersten Tag, wo wir nichts als die steilsten Gebirge zu passieren hatten, war das Wetter erträglich; bloß auf den höchsten Punkten schneite es. Man kommt an mehreren Salinen vorbei, deren Dampf aus den Tälern heraussteigt. Einige Stellen sind so öde, daß man sich in den unwegsamsten Alpen zu befinden glaubt; sonst kommen auch schöne Steineichenwaldungen und die herrlichsten Wälder von Nußbäumen vor, die freilich in dieser Jahreszeit keinen Genuß gewähren. Sie sind besonders schön und ausgebreitet bei Castelnuovo. Auch Eichenhaine sind häufig, mit Wacholder, hohem Heidekraut und anderem Gesträpp vermengt. Pomaranci, ein hochgelegenes Städtchen, macht zwischen so vielen Einöden mit seinen vielen Ölpflanzungen einen heiteren Eindruck. Schauerlich einsam, aus traurigen, mit unförmlichen Steinen gebauten Hütten bestehend, ist Monte di Cerboli, in dessen Nähe eine Saline. Leider übereilte uns die Nacht, die zwar nicht sternenheller hätte sein können, aber gleichwohl unser Pferd vermochte, uns in einen tiefen Graben zu schleudern, und nur einem Wunder kann ich es zuschreiben, daß ich ohne Hals und Bein zu brechen wieder aufstand. Ich mußte nun ins nächste Dorf eilen, um Leute zu Hilfe zu rufen. Das Pferd und der Wagen wurden glücklich wieder aufgerichtet und, um bis nach Massa zu kommen, zurecht gemacht. Dort aber war, da es gerade Mariä Lichtmeß war und alles Volk aus den Einöden hereingekommen war, in keinem der ohnedem elenden Wirtshäuser mehr ein Platz zu bekommen. Nachdem ich eine Stunde auf der Straße gewartet hatte, ward ich endlich in einer Stube, die ich mit einigen Fuhrleuten teilen mußte, untergebracht. Am anderen Morgen war die Rechnung unverschämt, und das Pferd war nur mit äußerster Mühe vom Fleck zu bringen. Massa selbst zerfällt in eine obere und untere Stadt, der gotische Dom ist merkwürdig und schön der Taufstein. Man genießt sehr anmutige Aussichten über das Meer, besonders auf den oberen Staffeln des Doms. Den Gaul brachten wir glücklich bis Folonica, das bereits am Meere selbst liegt. Der Ort besteht großenteils aus schilfernen, spitz zulaufenden Hütten, die bloß im Winter bewohnt und im Sommer wegen der schlechten Luft verlassen werden. Man sieht einen herrlichen Golf vor sich, durch das Vorgebirge von Piombino und das Kap Troja begrenzt. Von kleineren Inseln fallen besonders Troja und Monte Christo in die Augen, von größeren Elba in langer Gebirgsausdehnung, und im Hintergrunde die Berge von Korsika. Das Pferd, nachdem es gefüttert war, wollte abermals nicht weiter. Einigen Schiffern gelang es, dasselbe in Gang zu bringen. Doch half es nur auf kurze Zeit, und nun sollten wir erst die eigentliche Maremma

kennenlernen. Unmittelbar am Meere zu fahren ist
verboten; doch immer, so sandig das Ufer ist, noch
bequemer, als sich den Weg durch jene unweg-
samen Sümpfe und Gesträuppe zu bahnen. Einmal
blieb unser Gaul mitten im Wasser stehen, so daß
ich nicht einmal aussteigen konnte. Ein Reiter, der
einen Strick an sein Pferd und das unserige be-
festigte, half uns aus dem Schlamm. Bald darauf
blieb es wieder stehen. Zum Glück begegneten wir
einem Wagen und fuhren hinter ihm drein, wodurch wir uns eine Strecke weiter förderten, aber
die Richtung noch mehr verloren. Der Bauer fuhr
nach Campiglia gegen die Gebirge zu, und wir
mußten uns in der Nähe des Meeres halten. Der
Gaul wollte aufs neue um keinen Schritt weiter, so
daß ich endlich alle Geduld verlor und der Kutscher aus Verzweiflung zu heulen begann. In der
Ferne entdeckten wir einige Köhlerhütten, und es
kam uns endlich ein Kohlenbrenner auf einem
Pferdchen zu Hilfe. Durch Bitten und Verspre-
chungen brachten wir ihn dahin, sein Pferd anzu-
spannen und uns ungefähr acht Miglien weit bis zu
einer Schiffbrücke zu fahren, wo ein Fluß ins Meer
mündet. Weiter wollte er um keinen Preis, da es
schon spät wurde, und da wir nun unsere Reise
unmittelbar am Meer und im Sande fortzusetzen
hatten, so war das Pferd nicht voranzubringen. Ich
entschloß mich endlich, zu Fuß nach Piombino zu
gehen, wiewohl es mir bedenklich schien, mein
Felleisen im Stich zu lassen. Einen Dragoner, dem
ich begegnete, bat ich, ein Pferd aus der Stadt zu
schicken, das ich unter dem Tor von Piombino
begegnete. Indessen hatte der Kutscher mit Hilfe
eines Schiffsjungen den Wagen eine Strecke weiter

gefördert, und so gelangte zuletzt alles glücklich
zur Stadt. Das Beste an der ganzen Tagreise war
das Wetter, das die reinste Tramontana aufgeklärt hatte, und die Aussichten über das Meer
und die Buchten. Die Maremma selbst bietet mit
ihren Steineichen und ihrem hohen Heidekraut einen stets grünen Anblick dar. Besonders häufig
kommt die Myrte vor, die hier zuweilen zum
Baum erwachsen erscheint.

4. Februar 1829. Porto Ferrajo.

Ich kam heute mit dem Postschiff gegen fünf des
Abends hier an, und da der Wind sehr günstig war,
so hat die Fahrt bloß zwei Stunden gedauert. Ich
hatte in beinahe zwei Tagen Zeit, Piombino hinlänglich kennenzulernen. Es ist ein ganz unbedeutendes, aber freundliches Städtchen, das keine
zweitausend Einwohner zählen kann. Die Lage hat
sehr viel Schönes; man sieht gegen ein Dutzend
Inseln, die den Horizont begrenzen. Der Spaziergang auf den Wällen ist anmutig. Ich lernte gleich
das ganze Honoratiorenpersonal des Orts im Ka-
minzimmer des Wirtshauses kennen, und das ganze Leben hat etwas sehr Trauliches. Die Luft ist
selbst im Sommer nicht so schlecht als in der
Umgegend. Man sieht einzelne Palmbäume in den
Gärten; die Aloe kommt in großen Gebüschen vor.
Die Stadt hat zwei Tore, eines auf der Land-, das
andere auf der Seeseite. Merkwürdig ist eine kleine
Kirche in der Nähe des Schlosses auf dem Falcone,
mit einer mamornen Fassade und einem schönen
Basrelief über der Türe.

7. Februar 1829. Porto Ferrajo.

Vorgestern war das Wetter heiter, aber windig.
Gestern und heute hatten wir die herrlichsten Win-
tertage, die ich zu Spaziergängen hinlänglich benutzt habe. Wenn die Berge malerischer wären, so
würde die Lage von Porto Ferrajo nicht ihresgleichen haben. Es liegt auf einer zweigipfligen Landzunge, die sich in eine große Meerbucht hinein
erstreckt. In jedem Falle ist der Hafen einer der
schönsten und sichersten, die sich denken lassen,
das Meer mit der Stadt bildet einen vollkommenen
See. Auf den beiden erhabenen Punkten liegen
Schlösser, unter ihnen die höchst freundliche Stadt,
zwischen ihnen der Palast, den sich Napoleon
bauen ließ und der auf einer Seite die Aussicht über
das weite Meer, auf der Hauptseite über die Buchten und die Stadt selbst hat. Sonst ist es ein sehr
bescheidenes Haus; ebenso das Landhaus, das er bei
S. Martino bauen ließ und das ich gestern besuchte.
Es bietet einen herrlichen Prospekt von Porto Ferrajo dar. Ein alter Ölbaum steht an der Treppe, ein
Mandelbaum blühte; aber die Blüten der kleinen
Orangenpflanzung waren durch die Fröste der
letzten Tage erfroren. Das Landhaus selbst hat
zwei schöne Säle und einige Zimmer. Ich hätte
mich um fünfzehn Jahre zurückzaubern mögen,
wo noch so große, welterobernde Gedanken in
diesen kleinen, wehmuterweckenden Raum ge-
bannt waren, der jetzt einem Pächter zum Aufenthalte dient. Die Straße, die dahin führt, ist schon
ganz in Verfall geraten. Napoleon ließ einige Alleen bei der Stadt anlegen, die aber die Bauern
zerstörten, so daß es gänzlich an Schatten fehlt und
der Aufenthalt auf dieser Insel im Sommer nicht

angenehm sein kann. Auch ist sie nicht zu Bädern einladend, da die Ufer steinig sind und keinen Sand abwerfen. Vorgestern war ich in dem kleinen, aber hübschen Theater, wo eine schlechte Oper, da es eben Karneval ist, gegeben wurde. Es ist ebenfalls von Napoleon gebaut, der es aber nicht mehr genoß. Auf dem Vorhang war Apoll unter den Hirten abgebildet. Die Einwohner von Elba reden toskanisch; doch kein besonders klassisches. Morgen denke ich mit Gottes Hilfe wieder abzureisen. Die Begierde, etwas über den Druck meines «Oedipus» zu erfahren, treibt mich aufs feste Land zurück.

11. Februar 1829. Livorno.

Erst gestern nachmittags um zwei Uhr bin ich von der Insel abgefahren, und heute morgens gegen fünf kam das kleine zweiseglige Fahrzeug hier an, da der Wind nur wenig günstig war. Da ich übrigens nicht seekrank geworden bin, so ging die Reise ziemlich gut vonstatten, nur daß ich auf dem Schiffsboden, mit anderen Personen zusammengepackt, kein Auge zutun konnte und heute morgen eine gute Kälte auszustehen hatte. Die Kette, die den inneren Hafen sperrt, wird erst gegen sieben Uhr aufgezogen, und wir mußten noch überdies warten, bis die Flut von größeren und kleineren Fahrzeugen aus der Öffnung herausgeströmt war. Sodann gab es, wie gewöhnlich, noch manches Hindernis. Die letzten etwas langweiligen Tage in Porto Ferrajo habe ich zum Briefschreiben benützt und unter anderem einige Gedichte für den Professor Wendt in Leipzig abgeschrieben, der mich dringend und mehrmals gebeten, ihm für einen

neu herauszugebenden Musenalmanach Beiträge
zu schicken. Auch habe ich die ersten sechzehn
Gesänge von Montis Übersetzung der «Ilias»[1]
durchgelesen. Livorno ist mir diesmal stattlicher
als das vorige Mal vorgekommen, da ich diesmal
von lauter kleinen Städten herkam und selbst Siena
tot ist. Morgen kehre ich dahin zurück. Für diesen
Winter ward mir keine rechte bleibende Stelle in
einem wahrhaft milden Klima vergönnt. Hier geht
es sehr regsam zu, und man sieht viele wohlgebil-
dete Gesichter.

1. April 1829. Siena.

So bin ich nun fast zwei Monate wieder hier.
Während des Karnevals habe ich mich ziemlich gut
unterhalten und einige angenehme Bekanntschaften gemacht, die jedoch mehr oder weniger wieder einschliefen. Bloß zur Gräfin Pieri komme ich
täglich, wo wir meistens deutsch lesen; einiges in
meinen Gedichten, einiges von Goethe und jetzt
Raumers «Hohenstaufen». Nach Tische und des
Abends bin ich dann aber um so einsamer. Ich esse
allein, gehe allein spazieren und tue überhaupt alles
allein. Ganz ohne eigentliche Freunde zu leben ist
eine harte Aufgabe, und die vielen Bekanntschaften helfen mich wenig ohne eigentliches Vertrauen, ohne wahre Mitteilung. Zum Studieren
habe ich wenig Lust, und höchstens in den Mor-
genstunden. Meine poetische Ader scheint auch
vertrocknet. Das Märchenepos habe ich auch im
«Nibelungen»-Versmaß angefangen, jedoch gesehen, daß es auch so nicht vorwärts geht, und daher

---

[1] «Iliade tradotta», Mailand 1825–27

fast ganz beiseite gelegt. Bloß eine Reihe des früher entworfenen Eingangs in Oktaven denke ich einmal drucken zu lassen, da sie eine allgemeine Beziehung haben. Mit einem historischen Epos habe ich etwas bessere Aussichten. Das «Nibelungen»-Versmaß scheint mir dazu ganz passend, und ich habe den Eingang und einiges andere darin niedergeschrieben. Seit lang her schreibe ich aber nichts mehr; es fehlen mir die nötigen historischen Werke, und es gehört überhaupt noch viel geschichtliches Studium dazu, bis das Gedicht in Gang kommen kann. Für spätere Jahre habe ich den Plan zu einem didaktischen Gedichte entworfen, wovon der erste Gesang Gesundheitsregeln enthalten, der zweite von Speisen und Getränken, der dritte von den Leibesübungen handeln soll. Mein «Oedipus» ist unterdessen gedruckt worden, aber noch nicht ausgegeben. Der König von Bayern, der seine Gedichte herausgegeben hat, ist seit einiger Zeit in Rom. Mit dem Kronprinzen von Preußen stehe ich in gutem Vernehmen. Fugger ist Begleiter des Kronprinzen von Bayern geworden und befindet sich in München, wo nun fast alle meine Freunde versammelt sind. Daß ich diesen Winter nicht in Rom bin, kann ich wegen der neuen Papstwahl und den damit verbundenen Zeremonien hinlänglich bedauern.

7. April 1829. Siena.

Vorgestern habe ich einen angenehmen Spaziergang nach Vicobello gemacht, mit einem gewissen Cienghi und Marco Saracini, einem jungen, sehr reichen Adligen, der erst kürzlich mit seinem Bruder von einer Reise durch halb Europa zurückge-

kommen und der mir gewogen scheint. Ich hatte
ihn zwar schon öfters, besonders bei der Gräfin
Pieri und in ihrer Loge, wo man in Italien die
Besuche zu machen pflegt, gesprochen; doch waren wir nie eigentlich näher zusammengekommen.
Sein jüngerer Bruder, der ebenfalls ein recht hübscher Mensch ist, geht nicht unter die Leute. Gestern war ich in ihrem Palast und besah die Galerie,
die ein paar Dutzend Zimmer einnimmt, aber wenig Vorzügliches enthält. So fange ich jetzt an,
weniger einsam zu sein, kurz ehe ich Siena zu
verlassen gedenke. Sonst gehe ich zuweilen mit
einem Studenten, der Tito Toscanelli heißt und
den ich ebenfalls durch die Pieri kennenlernte. Er
ist ein bißchen pedantisch, sonst ein gutmütiger
und gefälliger Mensch. Heute brachte er mich auf
die Bibliothek und ins Rathaus, dessen Turm wir
bestiegen. Keine Stadt ist so reich an uralten Malereien als Siena. Mit einem anderen jungen Literaten
namens Ludovici komme ich auch zuweilen zusammen. Es ist ein gebildeter Mensch, der aufge-
klärtere literarische Ansichten hat, als man gewöhnlich bei Italienern antrifft. Weniger angenehm sind mir mehrere Bekanntschaften mit Engländern, da ich nicht gern eine andere Sprache
als Italienisch spreche. Von dieser Nation kommen viele zur Gräfin, die gut englisch spricht und
den Umgang mit Ausländern vorzieht. Auch ihr
Mann, wiewohl nicht mehr jung, nimmt englische
Stunden. In dem Musikmeister der Gräfin machte
ich eine sehr angenehme und würdige Bekanntschaft. Er heißt Ettore Romagnuoli und ist mit der
Geschichte, zumal mit der Kunstgeschichte seiner
Vaterstadt, auf das gründlichste bekannt. Er selbst

hat eine bisher ungedruckte Biographie aller senesischen Künstler geschrieben und eine Menge der interessantesten Notizen aus alten Archiven dazu mitgeteilt, die jene Zeit sehr lebendig darstellen. Mein «Oedipus» ist bereits beim Buchbinder. Meine Gedichte und die «Gabel» sollen, wie Schwab schreibt, reißend abgehen.

26. April 1829. Siena.

Ehevorgestern machte ich mit Giorge Green, einem jungen Amerikaner, der sich hier der Sprache wegen aufhält und auch vortrefflich italienisch spricht, eine kleine Reise nach Monte Oliveto maggiore, malerisch gelegenes Kloster in den Apenninen, sechs Miglien von Buonconvento. Es ist der ursprüngliche Sitz des Ordens, gegenwärtig aber beinahe eingegangen. Die Kirche hat von außen ihr Eigentümliches erhalten und macht mitsamt den Klostergebäuden von ferne einen schönen Effekt, da sie rings umher mit eichenbewachsenen Schluchten und Abgründen umgeben sind und mit Zypressen besetzt. Die eigentliche Merkwürdigkeit des Klosters besteht in dem Chiostro, das von Signorelli und Sodoma gemalt ist. Die meisten Fresken sind bereits sehr verdorben; doch einige von den besten haben sich auf das schönste erhalten und gehören zu den vortrefflichsten Werken von Sodoma. Sie stellen die Geschichte des heiligen Benedikt vor. Ich habe diese Reise übrigens teuer bezahlen müssen. Durch den weiten Weg, denn wir machten vierundvierzig Miglien in einem Tage, und durch das Stoßen des Calessinos habe ich mir heftige Hämorrhoidalbeschwerden zugezogen, an denen ich noch zu leiden habe.

17. Mai 1829. Siena.

Mit meiner Gesundheit geht es noch immer nicht zum besten, und die Hämorrhoiden zeigen sich sehr hartnäckig. Dazu kommt, daß mich Cotta in bezug auf das Geld abermals sitzenläßt und trotz meiner Briefe, trotz Fuggers und Puchtas mündlicher Ermahnungen noch immer nichts geschickt hat, so daß ich nicht abreisen kann, wiewohl ich mich sehr darnach sehne und die Jahreszeit schon sehr vorgerückt ist. In der letzten Zeit habe ich mich viel mit Vasari beschäftigt und auch manches in Romagnolis Manuskripten gelesen. Ich habe mir ein Verzeichnis aller bedeutenden italienischen Bauwerke von Brunelleschi bis Palladio entworfen. Die «Hohenstaufen» sind etwas in den Hintergrund getreten, dafür habe ich den Plan zu «Assur und Assad» noch um vieles zusammengezogen und auf eine Art festgestellt, wie er mir vollkommen genügt. Gegenwärtig habe ich ein Werk von Baldelli[1], der hier Gouverneur ist, vorliegen, welches eine Einleitung zu Marco Polos Reisen und viel Interessantes vom Untergang des Römischen Reichs bis zum Untergang des Kalifats enthält.

Die Gräfin Pieri war einige Zeit in Florenz und wird übermorgen nach Argiano, einem Lustschloß bei Montalcino, abreisen. Auch Saracini geht nächstens nach Arezzo. Ich habe mit ihm vor kurzem eine Tour nach Belcaro gemacht; es ist eine Villa mit Kapelle, von Peruzzi gebaut und mit Fresken geziert, die aber zum Teil zerstört sind. Die Villa liegt sehr hoch und bietet ein herrliches Panorama

---

[1] Giovanni Battista Conte Baldelli (1766–1831); das genannte Werk: «Marco Polo, storia delle relazioni vicendevoli dell'Europa e dell'Asia», Florenz 1827/28

von den Mauern dar, die sie wie eine Festung umgeben. So war ich auch ein paarmal in der Osservanza, einem nahegelegenen Kloster, von Cecco di Giorgio gebaut, dessen Kirche einige herrliche alte Gemälde von Taddeo Bartoli und anderen enthält, sowie auch eine herrliche Skulptur in Terrakotta von Luca della Robbia.

25. Mai 1829. Siena.

Es ist heute der letzte Abend, den ich in Siena zubringe. Cotta hat mir zwar noch kein Geld geschickt, doch habe ich eine kleine Summe vom Marchese Nerli entlehnt, um wenigstens bis Perugia gehen zu können und dort meine Wechsel abzuwarten. Durch eine eigene Nachlässigkeit habe ich bis vor wenigen Tagen versäumt, mehrere der schönsten Kunstwerke, die sich in Siena befinden, anzusehen. Unter den Fresken im Palazzo pubblico, worunter viele sehr alte von Simon Memmi, Taddeo Bartoli und anderen sind, hat mir besonders der heilige Sansovino von Sodoma gefallen, eine unbeschreiblich herrliche Gestalt. Zu S. Caterina sind zwei Freskobilder von Pacchiarotto, die das schönste Alter der Kunst verraten, in dem sie gemalt sind. Er war ein Schüler Peruginos. In der Akademie, wo sich eine Reihe alter Bilder vom Jahre 1000 an befindet, die in Italien nicht leicht ihresgleichen hat an Vollständigkeit, sind auch mehrere Sachen aus der besten Zeit von der größten Schönheit. Ein kleiner Sodoma auf Holz, ein ausgezeichneter Pinturicchio und ein paar schöne Bilder von Pacchiarotto. In den Kirchen hatte ich schon früher das Beste zu öfteren Malen gesehen; doch bei meiner vorherrschenden Neigung zur Architektur habe ich im ganzen zu wenig auf Gemälde geachtet. Wenn ich den schönen Pinturicchio früher gekannt hätte, so würde ich ihm wenigstens alle Wochen einen Besuch gemacht haben.

Von München höre ich, daß mein «Oedipus» viel Glück macht. Auch Schelling setzt ihn weit über die «Gabel». Rumohr hat sich wenig dort aufgehalten. Die beiden Frizzoni haben ihn bis Venedig begleitet, das sie zum erstenmal sahen.

26. Mai 1829. Pienza.

Die Reise ist angetreten; aber das Wetter schlecht. Aus den hiesigen Bauwerken von Rosselini hat Rumohr etwas zu viel Wesens gemacht. Die Fassade des Doms ist wahrhaft schön und kühn für die damalige Zeit. Das Innere, wenn auch jetzt verdorben, kann niemals einen reinen Effekt gemacht haben; doch ist der Übergang der gotischen in die moderne Baukunst nirgends so auffallend merkwürdig. Das Gebäude ist zum Teil eingesunken, da der Felsen, auf dem es ruht, von Quellen unterminiert ist. Die Bilder sind aus der altsenesischen Schule, auf Goldgrund. Der Palast Pius' II. ist sehr grandios, aber die Chornische gar zu kleinlich gegen die Masse des Ganzen. Im Innern ist es ganz verdorben. Ich hatte eine Empfehlung an den Canonico Chellini vom Professor Mori, und jener war so gefällig, mich überall herumzuführen. Die Lage von Pienza hat einige Ähnlichkeit mit Volterra, nur daß letzteres weit höher liegt. Der Boden ist kreidig, die Aussicht abwechselnd, die Luft gesund, die Spaziergänge mögen anmutig sein.

· 27. Mai 1829. Chiusi.

Das Wetter war heute sehr schön, die Gegenden durchweg anmutig und mannigfaltig. Monte Pulciano ist eine höchst interessante kleine Stadt von etwas mehr als dreitausend Einwohnern. Ehe ich noch den Berg, auf dem sie liegt, erstieg, besuchte ich in der Nähe die herrliche Kirche S. Biagio, von Antonio da Sangallo im Jahr 1518 gebaut. Wahrscheinlich hat sie ihm auch als Modell zu seinem Plan für die Peterskirche gedient. Sie ist insofern nicht ausgebaut, als von den vier Glockentürmen, die in die vier äußeren Winkel des griechischen Kreuzes zu stehen kommen sollten, bloß einer existiert. Das Äußere ist höchst einfach, nur freilich die Kuppel nicht so schön als die von Michelangelo, das Innere höchst elegant, nur freilich etwas verdorben. Zu tadeln ist vielleicht das Nebeneinanderstehen von Säulen und Pilastern. Auch ein Nebengebäude mit Logen ist sehr elegant. In der Stadt selbst bemerkt man den Geist Sangallos an mehreren Palästen. Ich wurde von jemanden, an dessen Vater ich eine Empfehlung hatte, herumgeführt. Im Dom war früherhin ein herrliches Grabmahl von Donatello in der Mitte der Kirche. Der Unverstand hat es zerstört, und es haben sich bloß einige Statuen und Basreliefs erhalten, die so schön sind, daß man kaum glauben sollte, daß die moderne Skulptur jemals etwas Schöneres hervorgebracht. In S. Agostino ist ein vortrefflicher Perugino. Hierher hatte ich eine Empfehlung an den Preposto Francesco Dei, der sehr gefällig ist und mich in den verschiedenen Privatmuseen, wo etrurische und römische Altertümer gesammelt sind, umherführte. Die Lage ist sehr malerisch, und der

Frühling hat überall sein mannigfaltiges und durch
den vielen Regen erfrischtes Grün ausgebreitet.
Zur besonderen Zierde dieser Gegenden, von
Siena an, gehört der Ginster, der gegenwärtig
blüht und die vielen Hecken von weißen Rosen.
Leider bin ich nicht gesund genug, um gehörig
genießen zu können.

30. Mai 1829. Orvieto.

Gestern abend nach einem sehr beschwerlichen
Tagesmarsche kam ich hier an. Das Wetter war
schön; aber durch den vielen Regen, der voran-
ging, war nicht nur ein unleidlicher Kot zurückgeblieben, sondern ich hatte auch mehrere Bäche mit
nackten Füßen zu durchwaten. Über die Chiana
führt zum Glück eine Brücke. Nicht weit von
dieser liegt auf der Höhe das große Schloß Carna-
jola, das den Grafen Marsciani gehört. Man hatte
mir den Weg über Figalli angegeben, als den nächsten, er ist aber der weitere. Das Tal der Paglia
mit seinen Eichenwaldungen und Getreidefeldern
gleicht einem Tal in Deutschland. Über die Paglia
setzt man zu Pferd, nicht ohne Gefahr. Man
kommt ganz nahe am Ponte Giulio vorbei, der aber
jetzt in Trümmer zerfällt, da die Paglia einen anderen Weg genommen.

Nachzuholen habe ich, daß ich vorgestern sehr
frühe von Chiusi abreiste, ich selbst zu Fuß und
mein Mantelsack auf einem Esel. Ich kam bei guter Zeit in Città della Pieve an. Es war gerade
Himmelfahrtsmorgen und der ganze Platz vor
dem Dom voll Landleute. Die päpstliche Dogane
machte nicht die geringste Schwierigkeit, und man
sah wie selten Fremde hier die Grenze passieren.

Città della Pieve ist die Vaterstadt Peruginos. Leider sind seine meisten dortigen Arbeiten schlecht erhalten. Der Dom enthält zwei Altarbilder, die nicht zu den vorzüglichsten gehören. Desto schöner sind die Fresken in der Chiesarella (ein Presepio noch am besten erhalten), in der Agostino und in der Servi di Maria. An letzeren hatte wahrscheinlich Raffael vielen Anteil. Es ist aber bei einer Renovierung der Kirche nur ein Stück davon übrig geblieben, und dieses ist eingemauert, so daß man es mit der Fackel besehen muß. Es stellt eine Kreuzabnahme vor. Das Städtchen ist klein und enthält sonst nichts Merkwürdiges als einen verfallenen Palast von Vignola, der sehr häßlich ist. Lage und Aussicht des Ortes könnten nicht schöner sein. Auf einer Seite Val di Chiana mit Schluchten, Ölbäumen, Eichenwäldern und mannigfaltigem Grün, auf der anderen sieht man den Trasimenischen See mit seinen Inseln. Orvieto, wiewohl frei nach allen Seiten, bietet keine so hübschen Aussichten dar. Es liegt auf dem Gipfel eines kahlen und ringsum steil abfallenden Tuffsteinfelsens, und wäre, als Festung betrachtet, unüberwindlich. Es ist interessant, den Spaziergang um die Stadt zu machen, oder vielmehr um den Felsen, auf dem sie liegt. Die Stadt selbst ist, nach Art der römischen Städte, ganz massiv von Tuffsteinblöcken erbaut und ist voll von schönen Gebäuden, da Sammichele und Antonio da Sangallo hier gelebt haben; aber da sich diese Bauwerke fast alle in dem kläglichsten Zustande befinden, so hat gleichwohl Orvieto das Ansehen eines häßlichen und schmutzigen Dorfes. Besonders ist gleich der Eintritt bei den Toren abscheulich. Hier habe ich auch zuerst

wieder den römischen Gebrauch gesehen, die Toten auf einem Teppich auf den Fußboden der Kirche zu legen.

31. Mai 1829. Orvieto.

Es ist mir zuteil geworden, die berühmte Fassade des hiesigen Doms zum erstenmal vorgestern
abends um dreiundzwanzig Uhr, das heißt um
diejenige Stunde zu sehen, in der sie den meisten
Effekt macht. Es scheint mir wirklich die schönste
Fassade in Italien und vielleicht in der Welt zu sein.
Reichtum ohne Überladung und der höchste Geschmack in der Anordnung. An dieser Fassade
kann man lernen, wohin eigentlich die Mosaik
gehört und welchen Gebrauch man in der Baukunst, oder überhaupt von ihr, machen soll. Be-
wundernswürdig ist das Genie Lorenzo Maitanis,
eines Senesers, zu nennen, der den Plan zu dieser
Kirche erschuf und sie 1290 zu bauen anfing. Auch
das Innere der Kirche zeigt die schönsten Verhältnisse, nur daß sie nicht vollendet ist und die Altäre
höchst geschmacklos verziert wurden, so daß die
Wirkung halb verlorengeht. Die Kirche war jenen
Abend, bei Gelegenheit einer Vesper mit Musik,
gerade voll von Menschen, und die vielen Weiber-
köpfe mit ihren karmesinroten Schleiern, wie sie
hier getragen werden, gewährten einen eigentümlichen Anblick. Vielfach habe ich nun dieser Tage
sowohl die Fassade als auch die schönen Fresken im
Innern von Signorelli betrachtet, die Michelangelos Muster waren. Diesen Maler kann man eigentlich bloß in Orvieto kennenlernen. Mit alten und
neuen Skulpturen konnte ich mich im ganzen nicht
viel befreunden, da ich noch zu voll von Donatello

war. Die alten sind für die Zeit, in der sie entstanden, bewundernswert, wiewohl schon an den Verfall der Kunst erinnernd. Auch den berühmten Brunnen des heiligen Patrizius habe ich gesehen, der von Antonio da Sangallo angefangen und von Simon Mosca vollendet worden. Gegenwärtig hat er keinen eigentlichen Zweck mehr, denn er war bloß im Fall einer Belagerung dienlich, in welchem es der Stadt niemals an Wasser fehlen konnte. Er ist im mittleren Italien zum Sprichwort geworden: «Profondo come il pozzo di S. Patrizio.»

5. Juni 1829. Perugia.

Am Zweiten dies kam ich hier an, nachdem ich etwas über ein Jahr von hier abwesend war, und befinde mich nun aufs beste bei der Familie Zannetti. Perugia hat in der Lage viel Ähnliches mit Siena, doch liegt es im ganzen schöner, die Spaziergänge sind reizender und abwechselnder. Als Stadt und in bezug auf gute Bauwerke kann sich jedoch Perugia auf keine Weise mit Siena vergleichen, selbst an Gemälden nicht, so reich es auch an guten Sachen von Perugino ist. Von Sachen, die mir das erste Mal entgangen, habe ich seither den kleinen Raffael im Palast Conestabili gesehen sowie die Fresken von Perugino in der Chiesa del Monte, die aber nicht so schön sind wie jene in Città della Pieve. Auch vieles bereits früher Gesehene habe ich mit Vergnügen wieder besucht. Die Kirche S. Francesco ist eine schöne Galerie von Gemälden. Mehrere gute Bilder von Perugino, die freilich zuletzt durch Eintönigkeit ermüden, aber doch dem Auge auf den ersten Blick wohltun, ein schöner Pinturicchio und ein Presepio von Orazio di

Paris Alfani, das besser ist als sonst die Werke dieses Malers; besonders ist das Jesuskind von der größten Schönheit.

Bei meinem Aufenthalt in Città della Pieve habe ich mir die Langeweile vertrieben, indem ich eine Ode an Brunelleschi schrieb, wozu mich der Dom von Orvieto aufgeregt. Hier habe ich, was vom Eingang zu «Assur und Assad» und einigen anderen Stellen in Stanzen vorhanden war, zu einem Prolog zusammengestellt; ich habe, was die Form dieses Gedichts betrifft, mich abermals anders besonnen, und werde es, wenn es je ausgeführt werden soll, in Hexametern ausführen.

14. Juni 1829. Perugia.

Ich habe vor einigen Tagen in dem Maler Quaglio[1] aus München, der mit einem Reisegefährten hier durchkam, eine angenehme Bekanntschaft gemacht. Ein Engländer läßt ihn reisen, um gotische Bauwerke in Italien zu zeichnen. Er war mir längst durch Fugger, der ihm einige Bücher für mich mitgab, angekündigt, und ich traf ihn hier ganz zufällig und konnte die Sachen in Empfang nehmen. Auch Overbeck habe ich gesprochen, der kurze Zeit hier war. Er malt einige Fresken in Maria degli Angeli bei Assisi[2]. Unter den Büchern war der zweite Teil von Atterboms «Glückseligkeitsinsel»[3]. Das Werk ist weniger durch seine

---

[1] Domenico Quaglio (1786–1837), aus der Münchner Malerfamilie

[2] «Das Rosenwunder des heiligen Franciscus»

[3] Per Daniel Amadeus Atterbom (1790–1855), «Lycksalighetens Ö», Märchendrama, in zwei Bänden 1824 und 1827 erschienen

abstrakte und allegorische Tendenz mißlungen als durch die außerordentliche Weitschweifigkeit der Behandlung. Er hat sich die Sache sehr schwer gemacht, bloß um sein eigenes Gedicht zu verderben. Einzelne Szenen sind von großem Interesse. Der Minister von Schenk schickte mir seinen «Albrecht Dürer», ein kleines Lustspiel. Meine Freunde in München haben Geld für mich aufgenommen und mir einen Wechsel geschickt, da Cotta fortwährend zurückhält. Fugger ist mit dem Kronprinzen in Brückenau. Von hier werde ich nächstens abreisen. Das Wetter ist fortwährend kühl und ladet sehr zu Spaziergängen ein. Perugia bietet in dieser Hinsicht alles das, was man in einem Binnenlande wünschen kann.

27. Juni 1829. Ancona.

Ich verließ Perugia am Dreiundzwanzigsten dies und nahm nicht ohne Rührung von der braven Familie Abschied, bei der ich einige Wochen so angenehm hingebracht hatte. Auf dem Weg nach Gubbio kam ich an der Villa Colombella vorbei, wo sich der König von Bayern mit der Marchesin Florenzi öfters aufgehalten. Auch die Florenzi habe ich in Perugia gesehen; sie ist nicht mehr hübsch und sehr kränklich. Übrigens setzt sie dem König so gut Hörner auf als ihrem Mann, der übrigens eine unwürdige Bestie ist. In Gubbio sah ich einen jungen, besonders hübschen Menschen, den ich von Rom aus kannte. Er ist in Gubbio zu Haus, und ich habe einen Teil des Tags in seiner Gesellschaft zugebracht. Sonst fand ich noch einen sehr gefälligen Mann, der Girolamo Nicchi hieß und der mich nicht nur an die Ruinen des Amphitheaters und an

ein schönes römisches Grabmal führte, sondern
auch in einige Privatgalerien. Er bot mir sein Haus
an, wenn ich wieder nach Gubbio kommen sollte.
Die Gräfin Beni, eine alte Dame, empfing uns im
Bett und war sehr erfreut, daß ich einige ihrer
Bilder schön fand. Es ist ein guter Tizian darunter
und noch anderes Merkwürdige. Ein Chirurg, der
zugleich mit Gemälden handelt, hat eine sehr ausgewählte Sammlung. Es ist ein herrlicher Giorgione, «Susanne mit den Ältesten», ein Bild von
Raffaels Vater, ein ganz vorzüglicher Sassoferrato
dabei. Auch in S. Francesco sind ein paar gute
Bilder im Chor, wovon eines vielleicht von Cecco
di Giorgio. Die ganze Lage des Städtchens am Fuß
des Apennins ist freundlich und einladend, der
Korso breit, mit eleganten Kaffeehäusern geziert,
die sich in der größten Stadt befinden könnten. Das
Schönste in Gubbio ist der Palast der ehemaligen
Herzöge von Urbino von Cecco di Giorgio. Leider
ist er, soviel es nur möglich ist, inwendig und
auswendig ruiniert. Nur der Hof mit korinthischen Säulen hat sich erhalten. Ebenso sieht man in
vielen Privatgebäuden die Hand Ceccos, sowohl in
Gubbio als in Cantiano, Cagli und Fossombrone,
Orte, die jenem Herzogtum angehörten. In Fossombrone ist der Palazzo pubblico und das Vesco-
vado, wenigstens letzteres von Cecco di Giorgio
gebaut. Auf dem Weg nach Cagli kommt man
über eine altrömische Brücke und dann durch den
Felsenpaß von Furlo, den die Römer in den Stein
aushauten. Auch gleich von Gubbio weg hat man
steile Felsenwände zu beiden Seiten. Ich fuhr an
einem Tag von Gubbio bis Fano, da mich die
Vetturine ein halb dutzendmal verkauften, und es

war eine große Anstrengung, die um so größer
wurde, als ich auf dem Wege vor Cagli meinen Paß
verloren hatte und ihn in Cagli selbst, als ich durch
vieles Gestrüpp an den Fluß Metauro hinunter-
stieg, verloren zu haben glaubte, so daß ich an
einem schroffen Bergabhang in den heißesten
Stunden eine lange Zeit danach suchte. Indessen
hatte ihn ein Jude auf der Straße gefunden. Fano ist
eine ziemlich uninteressante Stadt; bloß in ein paar
Kirchen befinden sich ein paar gute ältere Bilder.
S. Paterniano ist ein schönes Bauwerk; auch der
Palazzo pubblico ist interessant, woran Alberti
wahrscheinlich teilgehabt. Sonst ist die Stadt
höchst einförmig; doch sind die Seebäder, unmittelbar vor dem Tor, sehr bequem. Ich nahm dort
mein erstes für diesen Sommer. Am ersten Abend
traf ich eine ganze Gesellschaft von Senesern, die
mich in Siena gesehen hatten und die von Urbino
kamen, das ihnen nicht gefallen hatte. Den anderen
Tag lernte ich einen ehemaligen Offizier namens
Capoldi kennen, der mich einlud, seine Villa bei
Fossombrone zu sehen. Sie heißt Montebello, war
sonst ein Lustschloß der Herzöge von Urbino und
soll gute Fresken enthalten. Da ich schon im Begriff war, hierher abzureisen, so hoffte ich vielleicht später einmal Gelegenheit dazu zu finden.
Sinigaglia ist ein ganz unbedeutendes Städtchen,
und überhaupt der Anblick des Adriatischen Meeres mit seinen flachen Ufern sehr kahl, wenn man
an das Mittelländische gewohnt ist. Hier sind die
Ufer etwas erhöht. Hierher fuhr ich mit einem
hübschen jungen Mönch, aus dem aber wenig
herauszubringen war. Er fing nach Fermo in sein
Kloster, und ich habe einige Notizen über jene

Gegenden bei ihm eingezogen. Hier bin ich seit gestern abend und habe noch wenig gesehen. Herrlich ist der antike Triumphbogen am Molo, auf das schönste erhalten. Ich lernte einen jungen Mann kennen, der von Venedig kommt und auf dem Berg Gargano zu Hause ist. Er sagte mir, daß man Apulien bloß im Winter bereisen kann, da die Luft im Sommer pestartig ist.

20. Juli 1829. Ancona.

Die Hitze ist hier groß; doch bekommen mir die Seebäder sehr gut, und da ich auch sonst beschäftigt bin, so fehlt mir nichts als ein gescheiter Umgang, um vollkommen zufrieden zu sein. Bis jetzt war ich so ziemlich allein. Bei Tische war ich gewöhnlich mit einem Dalmatier aus Zara, namens Bersich, beisammen, der mir viel Interessantes über sein Vaterland erzählt hat, das ich wohl einmal bereisen möchte. Auch der Apulier, der es gesehen, schilderte es als ein Paradies. Bei Cattaro wohnt noch ein ganz wildes Volk, das weder den Österreichern noch den Türken untertan ist. Bersich reißt diese Tage nach Korfu ab, wo er viele Besitzungen hat. Sonst kenne ich einen päpstlichen Ingenieur, der zugleich Gemäldehändler ist, ein Ferrareser und wunderlicher Kauz, von dem ich noch nicht weiß, ob er besonders schlau oder besonders gutmütig ist, wie er sich zeigt. Er heißt Marozzi und will mich öfters in Rom gesehen haben. Sodann lernte ich einen sehr hübschen jungen Mann aus Pergola im Urbinatischen kennen; er heißt Marco Monti, hält sich aber nur kurze Zeit, eines Prozesses wegen, hier auf. Er hat verhältnismäßig mehr Bildung, als man gewöhnlich hierzu-

lande trifft, da er auch mehrere Reisen gemacht hat.
Für mich ist er voll Freundschaft, doch sehe ich ihn
selten.

Ein paar Tage jedoch brachte ich recht angenehm hier mit Rugendas zu, der auf seiner Rückreise nach Deutschland durchkam und am Achten
dies hier anlangte. Wenn er Gelegenheit findet, will
er wieder nach Amerika. Er erzählte mir sehr viel
Interessantes über Brasilien und auch aus seinem
Aufenthalt in Paris. Von ihm erfuhr ich auch zuerst, daß Müllner[1] gestorben sei. Er schenkte mir
einiges von seinen brasilianischen Zeichnungen. In
der letzten Zeit sind viele Epigramme entstanden,
die mit den Eklogen das fünfte Buch meiner Gedichte bilden sollen.

1. August 1829. Ancona.

Die Langeweile abgerechnet, war ich im verflossenen Monat doch so ziemlich beschäftigt. Zuerst
habe ich die «Odyssee» wieder mit vielem Vergnügen gelesen, sodann siebenundsiebzig Epigramme
geschrieben und die zehn letzten Bücher der «Jüdi-
schen Altertümer» von Josephus durchgelesen. Sie
fangen mit der Rückkehr aus der Babylonischen
Gefangenschaft an und gehen bis zum Kaiser Nero.
Sie sind an sich selbst sehr interessant und enthalten manchen tragischen Stoff, wenn ich noch ans
Theater dächte.

Sonst habe ich mit Monti eine kleine Reise nach
Jesi gemacht, um den Geburtsort Friedrichs II. zu
sehen. Er enthält übrigens nichts Altertümliches

---

[1] der Kritiker und Dramatiker Amandus Müllner (1774 bis
1829)

mehr. Der Korso ist ausgezeichnet für eine so kleine Stadt und erinnert an Gubbio. Das Rathaus, ein schönes Gebäude, wahrscheinlich von Bernardo Rosselini. Von Jesi fuhr ich nach Sinigaglia, um die berühmte Messe zu sehen. Sie gewährt im Anfange einen angenehmen Anblick; doch in zwei Tagen, die ich dort zubrachte, wurde ich Buden und Menschen ziemlich satt.

26. August 1829. Ancona.

Heute ist nach Monaten der erste Regentag. Da die Seebäder nun ohnedem zu Ende gehen und die Luft abgekühlt ist, so werde ich meine Abreise beschleunigen, zumal, da ich noch eine Reise von vierzehn Tagen in der Umgegend machen will, ehe ich meine Fahrt nach Venedig antrete. Ich habe in der letzten Zeit eine Korrespondenz mit Bunsen, dem preußischen Gesandten, in Rom angeknüpft, der mir einen Brief des Kronprinzen von Preußen zuschickte. Der Brief ist höflich, enthält aber nicht das mindeste, was auf eine Unterstützung Hoffnung machte.

Mit den «Schwäbischen Kaisern» geht es nicht vorwärts, wegen Mangel der nötigen Hilfsquellen. Doch habe ich in der letzten Zeit den ersten Band von Raumer wieder durchgelesen. Viel Epigramme sind auch in diesem Monat entstanden. Sodann habe ich endlich meinen «Assur und Assad», an dem ich schon so lange laboriere und den ich in den verschiedensten Versarten versucht habe, in einer Form und auf eine Art angefangen, mit der ich zufrieden bin, so daß er mir nun hoffentlich von der Hand gehen wird, wenn ich einmal wieder in Ruhe bin. Den Plan habe ich aber-

mals umgebildet und das Ganze zu vierundzwanzig Gesängen ausgedehnt. Sind ihrer sechs geschrieben, so denke ich sie herauszugeben.

1. September 1829. Ascoli.

Schon am Neunundzwanzigsten vorigen Monats
in aller Frühe kam ich hier an, so daß ich fast in
einem einzigen Tage von Ancona hierherfuhr. Loreto hat mich wenig interessiert. Die Kirche ist
durch spätere Baumeister verdorben. Den Skulpturen um das Heilige Grab konnte ich auch keinen
großen Geschmack abgewinnen. Diese Wallfahrtskirche kann sich weder mit der zu Assisi noch mit
der des heiligen Antonio in Padua messen. Das
Beste ist noch ein Bild von Guido Reni in der
Sakristei. Der Weg von Loreto bis S. Benedetto
führt beständig an den öden Ufern des Adriatischen Meers weg, die gerade durch ihre große
Einsamkeit einen eigentümlichen Eindruck machen. Ascoli ist entvölkert, aber eine der best-
gebauten Städte Italiens, weniger die Kirchen und
öffentlichen Gebäude als die Privathäuser und Paläste. Es liegt auf einer Halbinsel, die der in den
Tronto sich ergießende Castellano bildet. Daher
bloß ein einziges Tor, das gegen Norcia, nicht vom
Wasser bespült ist. Es haben sich ein halb Dutzend
römische Brücken zum Teil unversehrt erhalten,
welche die größte Zierde von Ascoli ausmachen.
Die schönste ist die vor der Porta Capuccina mit
einem einzigen Bogen. Die Ufer der Flüsse sind
hoch, steil, buschig und malerisch, so wie die ganze Umgegend. Besonders gewährt der Himmel-
fahrtsberg einen schönen Prospekt.

Mein Epos ist nun freilich ins Stocken geraten.

Auch weiß ich nicht, ob ich nicht gezwungen sein
werde, meinen Reiseplan um vieles abzukürzen, da
ich aufs neue von Hämorrhoiden geplagt bin.

6. September 1829. Macerata.

In Ascoli, wo ich fünf Tage blieb, sah ich noch ein
paar gute Gemälde in den Kirchen und machte
herrliche Spaziergänge, an denen die Gegend uner-
schöpflich ist. Übrigens hatte ich noch Streit mit
dem unverschämten Wirt, und somit war ich froh,
daß ich wegkam. Der Menschenschlag der dortigen Gegend ist nicht schön, wiewohl man hie und
da hübsche Mädchen sieht. Ich ging den ersten Tag
zu Fuß und blieb in S. Benedetto, ein Städtchen mit
hübscher Aussicht auf das Meer, an dessen Ufern
sich Gärten hinziehen. Schlafen konnte ich übrigens vermöge der Wanzen nicht, die Leute fand ich
hingegen sehr gutartig. Den anderen Morgen fuhr
ich mit einer Gesellschaft Landleute aus dem Neapolitanischen, die nach Loreto wallfahrteten. Es
waren sehr liebenswürdige Leutchen und unterhielten sich entweder mit Essen oder mit Singen.
Das «Stabat mater» sangen sie lateinisch, sodann
das bekannte «Evviva Maria». Bis Fermo fuhr ich
mit Frauenzimmern. Die Stadt liegt sehr steil, am
höchsten der Dom mit schöner Aussicht auf Meer
und Gebirg. Sonst ist sie wenig interessant. Es war
gerade ein ziemlich besuchter Jahrmarkt. Ich traf
einen Bekannten aus Rom, den schönen Maler
Cocchetti, den ich einmal den «Saul» rezitieren
hörte. Er malt den Plafond des neuen Theaters al
fresco; es ist eine Götterversammlung, die recht
schön komponiert ist. In der Kirche S. Francesco
sah ich ein schönes Grabmal von 1524. Die Ma-

donna in Hautrelief erinnert an die Schule Donatellos, und der Tote, ein junger Krieger aus edlem Geschlecht, scheint sehr ähnlich und hat eine einnehmende Gesichtsbildung. Von Fermo ging ich gestern morgens wieder zu Fuß weg, der Weg ist anfangs beschwerlich. Da ich Hunger und Durst hatte, ging ich in einen kleinen Ort hinein, der an der Straße liegt und S. Giusto heißt. Ich erstaunte nicht wenig, als ich abermals einen römischen Bekannten, den Grafen Ermenegildo Roberti, fand mit zweien seiner Brüder. Sie haben in der Gegend Besitzungen. Noch mehr aber erstaunte ich, als sie mich in eine Kirche führten, wo ich ein großes Altarbild von unbeschreiblicher Schönheit sah. Es stellt eine Kreuzigung vor. Die Kraft des Kolorits ist nicht weniger als der Reichtum und die herrliche Harmonie der Komposition bewunderungswürdig. Ich würde es für ein Meisterwerk von Pordenone halten, in dem er sich selbst und den Tizian übertroffen. Das Bild ist sehr gut erhalten und Privateigentum der Familie Buonafede, weshalb es die Franzosen nicht fortschleppen konnten. Ermenegildo war übrigens mit der Fabrizierung eines Feuerwerks beschäftigt, das heute abend hier in der neu erbauten Arena abgebrannt werden soll. Zur Eröffnung dieser Arena sind Feste veranstaltet, die vier Wochen lang dauern werden und aus Ballspiel, Stiergefecht und Feuerwerk bestehen. Roberti ging mit mir hierher, zwanzig Weiber, die das Feuerwerk trugen, voraus. Die Lage von Macerata ist bezaubernd. Man sieht das Meer und ringsumher die herrlichsten Täler und Hügel, mit Städten, Dörfern und Kastellen besetzt.

11. September 1829. Ancona.

Über Recanati und Osimo fuhr ich hierher. Die
Focchetti sind ziemlich gut abgelaufen. In Macerata traf ich auch noch einen anderen Bekannten
aus Rom, den Marchesen Giulio di Bagno, den ich
seit Mailand nicht mehr gesehen und der sich in
Macerata verheiratet hat. Auch hier sollte ich Bekannte finden, den Kanonikus Antonini und einen
jungen Adeligen Scipione Piccine, beide aus Todi.
Letzterer ist ein sehr liebenswürdiger Mensch und
bezeigte mir viele Freundschaft. Ich hatte sie beide
im Dom von Orvieto kennengelernt, den wir zusammen besahen. Scipione hatte Lust, mit nach
Venedig zu gehen; doch hat sich die Sache wieder
zerschlagen, da er seine Reisegesellschaft, worunter auch seine Mutter, nicht wohl verlassen kann.
Morgen werde ich nach Pesaro abreisen; vorgestern nahm ich mein fünfzigstes und letztes Seebad.
Voriges Jahr habe ich deren siebenundsechzig und
vor zwei Jahren neunundsechzig genommen. Ancona, wo ich keinen dauernden Umgang hatte,
verlasse ich gern.

14. September 1829. Urbino.

Gestern, wo ich hier ankam, waren es gerade drei
Jahre, seit ich Italien betreten. Ich reiste vorgestern
von Ancona ab und hatte bis Sinigaglia einen ältlichen Mann zur Gesellschaft, der unter der Napoleonischen Regierung angestellt war und sehr unterrichtet über alles, was die sonstige und jetzige
Verwaltung des Kirchenstaats betrifft. In Sinigaglia traf ich mit Scipione und seiner Begleitung
zusammen, die ich unterwegss noch einmal in
einer Dogana traf, wo ihnen eine Menge Sachen,

die sie in Ancona gekauft hatten, als Konterbande
konfisziert wurden. Der Kanonikus kehrte nach
Ancona zurück, um das Weggenommene womöglich wieder herauszubekommen. Auf dem Wege
nach Pesaro traf ich mit einem Arzt aus Urbino
zusammen, der mir mehrere Aufschlüsse über
seine Vaterstadt gab. Die Aussichten von dem
Berge von Pesaro auf die See sind sehr schön.
Pesaro ist eine kleine freundliche Stadt in einer
freundlichen Lage, wo aber außer einem Bild von
Gian Bellin wenig zu sehen ist. Gleichwohl brachte
ich sowohl den Abend als Vormittag mit Scipione
und seiner Mutter auf eine recht angenehme Weise
zu und trennte mich ungern von diesen guten
Menschen, die nach Todi zurückkehrten. Der Weg
von Pesaro hierher ist ziemlich angenehm und
abwechselnd; zuerst höchst fruchtbar, gegen die
Apenninen zu ziemlich rauh. Urbino liegt sehr
hoch. Es ist weniger gut gebaut als Gubbio und
andere urbinatische Städte; doch enthält es zwei
der besten Werke von Cecco di Giorgio, die Kirche
und Kloster S. Bernardino vor der Stadt, wo sich
die Grabmäler des berühmten Herzogs Friedrich
und seines Sohnes Guido Ubaldo befinden, und
sodann den von Herzog Friedrich angefangenen
Palast. Er ist außen sehr verdorben und nicht
vollendet, enthält jedoch innerhalb einen schönen
Hof, herrliche Treppen und Säle und einen zum
Museum eingerichteten Korridor in Form eines
Chiostro. Im Vergleich zur alten Pracht befindet er
sich freilich in einem sehr kläglichen Zustande. Im
Sotteraneo ein Christus von Gian Bologna, aus
dem zerstörten Grabmal des letzten Herzogs genommen, der seinen blühenden Sohn vor sich hin-

sterben sah, nachdem er ihn mit der Erbin von
Toskana verlobt hatte. Über den Ursprung des
Herzogtums habe ich eine fabelhafte Geschichte
gehört.

15. September 1829. Urbino.

Heute habe ich zu Wagen einen Abstecher nach
Urbania gemacht, dem ehemaligen Castel Du-
rante, wo Tasso in Gesellschaft der Herzogin Lu-
krezia einen großen Teil seines «Jerusalems» dichtete. Die Umgebungen dieses im Gebirg gelegenen
Orts sind übrigens keineswegs besonders male-
risch, und die Vaterstadt Bramantes besitzt fast
gar keine guten Gebäude mehr. Der Palast der
Herzoge, nach außen festungsartig, war nie ge-
rade ausgezeichnet, und gegenwärtig ist er in eine
Majolikafabrik verwandelt. Im übrigen ist dieses
Städtchen am Metaurus freundlich und eben. Die
Kirchen enthalten gar nichts, außer in Corpus Do-
mini Fresken, die nicht übel sind. Von den hiesigen
Kirchen enthält S. Giovanni alte Fresken aus dem
Quattrocento. Sonst ist außer ein paar Bildern von
Timoteo Viti und Raffaels Vater wenig mehr vor-
handen. Bei dem Preposto Lieri befindet sich eine
Galerie, worunter vielleicht ein paar kleine Sachen
von Raffael, das eine jedoch fast ganz ruiniert.
Übrigens auch ein echtes Bild von Giotto mit
seiner Namensunterschrift.

Hier weht, seitdem ich hier bin, ein so furchtba-
rer Wind, daß er die Nerven sehr angreift und ich
nebenbei auch Zahnweh bekommen habe.

17. September 1829. San Marino.

Der Weg hierher, den ich zu Fuß machte, ist lang und beschwerlich, aber keineswegs langweilig; die Aussichten über Gebirg und Meer überraschend. Übrigens wurde er mir durch eine Schurkerei verbittert, wie ich denn schon in Urbino die Leute betrügerisch und unerträglich fand. Ich hatte ein Pferd für meine Bagage bei mir und einen Führer, der übrigens den Weg nicht einmal wußte. Als wir die Foglia passiert und in einem kleinen hochgelegenen Ort, den sie L'Auditore nannten, haltmachten (es war ungefähr auf halbem Wege hierher), so verlangte der Führer auf einmal einen höheren Preis, als für den ich den Tag vorher akkordiert hatte, und als ich es verweigerte, so fand sich sogleich ein insolenter Bube aus Urbino, der bei den Bauern des Örtchens, die anfangs meine Partei nahmen, in Ansehen zu stehen schien und der dem Führer zum Zeugen diente, indem er versicherte, dabei gewesen zu sein, als ich den Kontrakt machte. Er hatte noch einen anderen Menschen bei sich, der auch zum Zeugen erbötig war. Der Bauer, der mich führte, wollte mit dem Pferd nicht weitergehen, wenn ich nicht vorher die ganze verlangte Summe ausbezahlte, was ich denn nach langem Streit zu tun gezwungen war. An Obrigkeit war in dem Örtchen kaum zu denken, und wenn auch, so waren die Zeugen gegen mich. Nach Urbino zurückzukehren, würde ebenso beschwerlich als unnütz gewesen sein, und hier ist ohnedem keine päpstliche Autorität. Ich bezahlte also und ging meiner Wege, vom Hohngelächter des ganzen Dorfs begleitet. Mein Führer sollte unterwegs wahrscheinlich noch eine andere Buberei ausführen; ich redete ihm aber so ins Gewissen, weniger des Geldes als der Alteration wegen, daß er gerührt wurde und mir mit Inbrunst die Hände küßte. Es war kein schlechter Mensch, er tat bloß, was man ihm in Urbino angelernt hatte; der Zeuge hingegen schien ein ganz verhärteter Schurke.

Die Lage dieses Städtchens auf einer Felsenspitze ist außerordentlich schön und merkwürdig. Die Aussicht gehört zu den schönsten und umfassendsten in Italien. Ich kam zur Zeit des Ave Maria, und gerade eine halbe Stunde vorher, ehe die neuen Konsuln gewählt wurden. Man nennt sie *capitani reggenti;* es sind ihrer zwei, die durchs Los gezogen werden; doch nur aus einer gewissen Anzahl vom Consiglio Vorgeschlagenen. Der eine ist ein Edelmann und der andere ein Bauer. Die Feierlichkeit, die nicht lange dauerte, ging in der Kirche vor sich. Die Regenten des vorigen Semesters waren in ihrem Ornate gegenwärtig, ebenso die Truppen in Uniform. Als das Los gezogen und die Namen genannt wurden, erfolgte Trommelwirbel und Beifallsklatschen. Heute war ich auf der Festung, von der die schönste Aussicht. Sie wird von einem zweiundachtzigjährigen Kustode bewacht.

19. September 1829. Cesena.

Ich brachte noch einen zweiten Tag in San Marino zu und wurde von dem herrlichsten Wetter begünstigt, so daß man den ganzen Meeresspiegel und die toskanischen Gebirge sehen konnte. Auch machte ich die angenehme Bekanntschaft eines römischen Kaufmanns namens Cappuccini und seiner Frau, die mir eine Adresse nach Venedig gaben. Heute morgens ging ich zu Fuß nach Ri-

mini. Die Stadt ist häßlich und dorfmäßig. Das
römische Tor und die Brücke sind nicht sonderlich
ausgezeichnet, zumal wenn man von Ancona und
Ascoli kommt. Über die Kirche S. Francesco, die
ursprünglich gotisch ist, hat Alberti eine Art von
Gehäuse gebaut und die Fassade angefangen. Das
Ganze ist kaum halb fertig und macht wenig Eindruck. Ich hielt mich nicht lange auf. Der Weg
hierher ist höchst einförmig. Wenn nicht Venedig
wäre, so möchte ich jeden Augenblick wieder umkehren.

27. September 1829. Faenza.

Durch einige grundfalsche Notizen in meinem
Reisehandbuch ließ ich mich verführen, mich hier
aufzuhalten, was ich nun in vielfacher Hinsicht zu
bereuen habe. Erstlich werde ich morgen kaum
Gelegenheit nach Bologna finden, und zweitens
bietet diese Stadt wenig dar. Die Kirchen, die im
«Itinerarium» von Neigebauer[1] vorkommen, sind
längst aufgehoben, die Bilder darin seit zwanzig
Jahren verkauft. Das beste Bild, das hier existiert,
befindet sich im Lyzeum; es ist von einem Fanoti-
ner Maler, Giambattista Bertucci, vom Jahr 1506,
und trägt auch ganz den Charakter des goldenen
Zeitalters der Kunst. Hier habe ich übrigens ein
schlechtes Ballspiel mitangesehen, was mit einem
Sacklaufen beschlossen wurde, das ich früher niemals gesehen hatte. Der Dom ist von einem guten
Baumeister und enthält einige vorzügliche Basreliefs, vielleicht von Bariloto.

---

[1] Johann Friedrich Neigebauer, «Itinerarium, Handbuch
für Reisende in Italien», Leipzig 1826

2. Oktober 1829. Bologna.

Ich bin hier seit Achtundzwanzigsten vorigen Monats und werde morgen nach Ferrara abreisen. Bologna hat mich diesmal mehr als früherhin angezogen. Es gehört wirklich zu den schönsten Städten Italiens und enthält so vieles an Kunstwerken. Ich habe die «Cäcilie» und die herrlichen Bilder von Francesco Francia wiedergesehen, deren vielleicht das schönste sich im Palast Ercolani befindet, wenn es nicht das in S. Giacomo ist, worauf ein himmlischer Sebastian. Die Kirche S. Petronio hat mir wieder sehr gefallen. Den schönen öffentlichen Spaziergang La Montagnola hatte ich früher nicht kennengelernt. Das Theater besuchte ich, und es wurden ein paar gute Komödien gegeben. Da ich auf dieser Reise überall Bekannte treffe, so traf ich auch hier die beiden Brüder Valdem, Lombarden, die aber in der Umgegend Güter besitzen. Ich lernte sie in Rom durch Botazzi kennen. Mit dem Jüngern, der Poet ist und ein zurückgezogenes Leben führt, lief ich diese Tage viel herum. Der Ältere war in Wien und spricht deutsch. Durch sie lernte ich auch den Grafen Aldrovandi kennen, der ein liebenswürdiger und interessanter junger Mann zu sein scheint. In seinem Palast befindet sich ein kleiner Sebastian von Raffael und eine herrliche Galatea von Hannibal Caracci. Nach langer Zeit las ich hier wieder ein paar gute französische Zeitungen, da die italienischen unter aller Kritik sind.

7. Oktober 1829. Ferrara.

In Bologna blieb ich noch einen Tag länger als ich vorhatte und besah auch die Galerie Zambeccari, die ein paar schöne Bilder von F. Francia und von Mantegna enthält. Den langweiligen Weg hierher legte ich in ziemlich angenehmer militärischer Gesellschaft zurück. Ferrara ist traurig, was Lage, Bevölkerung und Gebäude betrifft. Es gibt wenige schöne Kirchen und noch weniger gute Paläste. Der Plan der Stadt hat mit Mailand Ähnlichkeit, die Art zu bauen mit Ravenna. Ich habe in diesen Tagen bereits fast alles gesehen, was zu sehen ist. An guten Gemälden fehlt es nicht. Von Garofalo besonders schöne Fresken im Seminarium. Viele Sachen in der Kirche haben durch Feuchtigkeit gelitten. Von älteren Malern sind Cosmè, Filippi und Mazzolini ausgezeichnet. Ich sah das Denkmal Ariosts, seinen Sessel, seine Handschrift und die des «Befreiten Jerusalems». Beide Dichter hatten eine zierliche und höchst geistreiche Hand. Ariosts Tintenfaß ward vom Herzog Alfons selbst gegossen.

Im Theater machte ich die Bekanntschaft eines der reichsten hiesigen Adeligen, eines Grafen Trentini, der ein höchst liebenswürdiger und wunderschöner junger Mann ist. Er hat bereits halb Europa bereist, ist sogar in Petersburg und Moskau gewesen und wird nächstens nach Konstantinopel abreisen. Ich würde morgen schon von hier weggehen, wenn ich nicht hoffte, ihn noch zu sehen und zu sprechen.

> Aus fremden Zonen bin ich her verschlagen,
> Und durch die Freundschaft festgebannt.[1]

---

[1] Goethes Gedicht «Ilmenau»

14. Oktober 1829. Padua.

Gestern kam ich mit der Diligence von Ferrara hier an. Ich hatte recht gute Gesellschaft, die in drei jungen Deutschen bestand, welche aus Rom kamen. Sie gingen von hier sogleich nach Venedig, und ich weiß nicht, ob es das Gefühl der Einsamkeit war, das sie mir zurückließen, oder etwas anderes, genug, Padua kam mir beinahe wieder ebenso unheimlich vor als vor fünf Jahren, da ich das größte Heimweh nach Venedig fühlte. Nun bin ich freilich im umgekehrten Fall; ich gehe nach Venedig und kann dort bleiben, solange ich will; allein, ich fühle mich im ganzen doch sehr unruhig, da ich doch nach und nach meinen Aufenthalt für einige Jahre irgendwo fixieren muß, wenn ich meine poetischen Arbeiten fördern will, die bei diesen beständigen Reisen nicht gedeihen. In Ferrara sind ein paar Oden entstanden, eine an Kopisch. Ich habe auch noch den Kerker Tassos, das Grab Ariosts und ähnliche Dinge gesehen, habe meine Zeit gut angewandt und auch im ganzen mich recht gut unterhalten, wozu auch beitrug, daß ich eine recht freundliche Wohnung hatte. Padua ist schöner und interessanter als Ferrara; doch will es mir nicht sonderlich gefallen. In der Kirche der heiligen Justina nach einer Zeichnung von Palladio kann es einem wohl werden; sie ist großartig und einfach, nur sehr unglücklich verziert und ausgemalt. Der herrliche Hof der Universität von Sansovino, die Reiterstatue von Donatello würden jeder Stadt Italiens zur ausgezeichneten Zierde gereichen. Die Skulpturen in S. Antonio gefielen mir bei weitem nicht mehr so als vor fünf Jahren.

16. Oktober 1829. Padua.

Diese Nacht werde ich mit der Corriera nach Venedig abreisen. Gestern habe ich noch zu Wagen einen Abstecher nach Arquato gemacht, um das Grab und die Wohnung Petrarcas zu sehen. Die Gegend zwischen den Euganeischen Bergen ist anmutig, ohne gerade besonders schön zu sein. Der Ölbaum, der in hiesiger Gegend nicht vorkommt, gedeiht dort vorzüglich gut. Das Haus Petrarcas liegt hoch und hat eine angenehme Aussicht. Sein Stuhl, den man aufbewahrt, ist von alter geschnitzter Arbeit und weit geschmackvoller als der des Ariost. Hier bin ich heute noch in ein paar Kirchen gewesen und habe auch S. Antonio noch einmal besucht. Eine nahegelegene Confraternità enthält recht schöne Fresken von Tizian, die einzigen, die ich von diesem Meister kenne, die unbedeutenden und ungewissen im Palast zu Ferrara ausgenommen. Ich wohne hier recht gut in der Aquila nera. Im allgemeinen zieht die Stadt wenig an, und ich bin zufrieden, fortzukommen.

24. Oktober 1829. Venedig.

Mein heutiger dreiunddreißigster Geburtstag war ein sehr trauriger Regentag. Ich habe indesssen das Buch meiner Epigramme geschlossen und völlig ins reine geschrieben. Im ganzen habe ich hier noch wenig gesehen, bloß im sogenannten Palast und in einigen Kirchen bin ich gewesen. Die wenigen schönen Tage habe ich mehr zu Spaziergängen verwandt, die hier so reizend sind. Die Theater sind schlecht bestellt. Ich bin hier zu sehr isoliert, um den Winter über zu bleiben; Einsamkeit habe ich schon in Ancona genug ertragen. Wahrschein-

lich werde ich nächsten Monat nach Rom gehen,
wenn nicht nach Florenz, wozu ich auch Lust hätte.
Die drei deutschen Studenten, die Zander, Osten
und Klausewitz hießen, habe ich hier noch getroffen und ein paar Tage mit ihnen angenehm zugebracht. Diesen Abend lernte ich einen Hamburger
oder Dänen kennen, der ein lustiger Patron ist und
sich von der gewöhnlichen Klasse von Reisenden
unterscheidet. Er hat Kopisch in Neapel kennengelernt und sprach auch von mir und daß er meine
Bekanntschaft zu machen wünschte. Ich war jedoch weit entfernt, ihm meinen Namen zu nennen.
Morgen will er nach Triest gehen, um eine Seereise
nach den Ionischen Inseln zu machen. Sodann
kehrt er nach Italien zurück.

5. November 1829. Venedig.

Der sogenannte Hamburger, der übrigens ein Engländer ist und Luring heißt, blieb noch einige Tage
hier; da er jedoch etwas naseweis war, so habe ich
ihn fortwährend mystifiziert und mich für einen
Architekten ausgegeben. Seitdem ging ich hier
beständig mit dem Maler Magnus aus Berlin um,
den ich von Rom kenne und hier zufällig traf, wo er
Studien nach venetianischen Gemälden macht. Auf
mich haben die venetianischen Bilder mehr oder
weniger wieder denselben Eindruck gemacht als
vor fünf Jahren, einiges, wie die Sachen von Paolo
Veronese in S. Sebastiano, haben mir eher noch
besser gefallen als ehedem. Von Tizian besonders
seine Jugendwerke, worunter sein schöner «Johannes» in der Akademie, auf den ich früher ein Sonett
gemacht. Sodann ein Bild von ihm, das in der
Sakristei der Salute hängt und eine Zusammen-

stellung von Heiligen ist. Ebenso der «Tobias» in
S. Marciliano. Venedig gewinnt immer durch längeren Aufenthalt. Übrigens fühle ich mich etwas
unbehaglich, da ich nicht gut wohne. Auch werde
ich bald nach Rom gehen. Kopisch ist gegenwärtig dort, wie ich von anderen Seiten höre. Aus
Deutschland höre ich nichts Erfreuliches über meinen «Oedipus», der wenig Beifall erlangt hat. Immermann[1] soll ein albernes Buch dagegen geschrieben haben, das gefällt. In der letzten Zeit
habe ich die «Cinque canti» des Ariost gelesen. Sie
sind zum Teil weniger interessant als der «Fu-
rioso», da sie sich besonders im Anfange dem
Historischen zu sehr anzunähern suchen. Sie haben
mich viel über meine eigenen Gedichte nachdenken lassen, und ich denke in jedem Fall erst «Assur
und Assad» auszuführen, ehe ich an mein historisches Epos denke, das in der Tat ein mißliches
Problem ist.

16. November 1829. Venedig.

Übermorgen um Mitternacht werde ich mit der
Post von hier abreisen, die folgende Nacht in Ferrara zubringen und sodann mit dem römischen
Postwagen bis Foligno gehen, um von da ein paar
Exkursionen zu machen. Bunsen hat mich dringend eingeladen, in Rom bei ihm abzusteigen, und
mir auch Lasciapassares geschickt, um nicht visitiert zu werden. Unterdessen habe ich Rumohrs
«Kochbuch» erhalten, das sehr interessant ist. Zugleich eine neue Ausgabe des «Calderon», die ich

---

[1] Karl Leberecht Immermann (1796–1840), «Der im Irrgar-
ten der Metrik umhertaumelnde Cavalier. Eine litterarische
Tragödie», Hamburg 1829

mit nach Rom nehme. Gestern lernte ich einen bayerischen Architekten namens Zippland[1] kennen, auf den der König viel hält und der nach München zurückkehrt. Kopisch ist leider nun bereits in Deutschland. Er hat mir von Florenz geschrieben. Ebenso habe ich meinen Freund Schnizlein verfehlt, der aus Griechenland zurückgekehrt ist und mit Kopisch von Rom nach Florenz reiste. Hier bin ich noch viel herumgestreift, wiewohl der schönen Tage verhältnismäßig wenig waren. Manches war mir selbst bei meinem früheren Aufenthalte in Venedig entgangen, so zum Beispiel der Campo di Marta und die Kirche S. Maria Mater Domini, ein schönes Gebäude mit herrlichen Bildern. Leider sind hier die meisten Gemälde durch Restaurationen verdorben.

29. November 1829. Perugia.

Ich habe mich nach einem sechstägigen Postwagenleiden von Foligno hierher geflüchtet, um hier im Hause Zanetti von jenen Strapazen ein wenig auszuruhen. Hier, wo ich mich seit acht oder sechs Tagen befinde, traf ich den Schweizer Bildhauer Imhoff[2], der sich, einer Liebesgeschichte wegen, von Rom geflüchtet hat. Das Wetter ist sehr schlecht, und ich konnte noch keinen Spaziergang machen. So voll und beschwerlich der Postwagen gewesen, so war die Gesellschaft, die seit Venedig mehrmals wechselte, meistenteils angenehm und

---

[1] Georg Friedrich Ziebland (1800–1873) war 1827 von König Ludwig nach Italien gesandt worden, um dort Studien für die zu erbauende Bonifatius-Basilika zu machen.

[2] Heinrich Max Imhof (1798–1869), Schüler Danneckers und Thorwaldsens

gesprächig. Trentini traf ich nicht in Ferrara, da er verreist war; doch sprach ich mit mehreren seiner Freunde. In Bologna besuchte ich die Brüder Valdem. Von Bologna lag tiefer Schnee bis Rimini, ebenso von Ancona bis fast Foligno. Das Tal des Chienti zwischen Tolentino und Serravalle gewährte einen sehr malerischen Anblick. Die ganze Fahrt ging äußerst langsam, da die Diligence über die Maßen schwer bepackt war. Übrigens reut es mich beinahe, Venedig verlassen zu haben.

10. Dezember 1829. Rom.

Am Fünften dies bin ich hier, nach beinahe zwanzigmonatlicher Abwesenheit von Rom, angekommen. Bunsen, von dem ich sehr gut empfangen wurde, hatte mir bereits eine Wohnung mieten lassen, in der ich abstieg. Sie liegt vom Zentrum der Stadt freilich sehr entfernt, am Abhang des Quirinals gegen das Forum zu, in der Via Ibernesi. Die Aussicht über das Kolosseum und andere Teile des alten Roms scheint sehr anmutig; auch habe ich die Mittagssonne. Von beiden konnte ich aber bis jetzt, wegen des abscheulichen Wetters, wenig genießen. Bei Bunsen war ich einmal bei Tisch und in einer Abendgesellschaft, wo ich mehrere meiner Bekannten, wie Röstell und Rehbeniz, sah, auch Thorwaldsen begrüßte und die interessante Bekanntschaft des Bildhauers Rauch[1], sowie des Fürsten Radzivill[2], Neffen des Königs von Preußen,

[1] Christian Rauch (1777–1857) besuchte 1829/30 Rom zum viertenmal.
[2] Fürst Wilhelm Radziwill (1797–1870), Sohn des «Faust»-Komponisten Anton Heinrich Radziwill und der Prinzessin Friederike Luise von Preußen

machte. Waiblingern traf ich im Bette, sich kaum
von seiner schweren Brustkrankheit erholend. Er
hat acht Blutstürze gehabt, und man hat ihm vier-
zehnmal zur Ader gelassen.

Von Perugia ging ich nach Todi, wo ich einen
angenehmen Abend bei Scipione Piccini und seinen Verwandten zubrachte und beim Kanonikus
Antonini übernachtete. Das Städtchen ist sehr steil,
mit schönen Aussichten. Eben und freundlich der
Marktplatz, der Dom von edler gotischer Architektur; die Kirche Bramantes, in einem abge-
stumpften griechischen Kreuz erbaut, hat meinen
Erwartungen nicht entsprochen. Von meiner früheren Reise habe ich nachzuholen, daß ich in Spello
die Fresken von Pinturicchio im Dom und in der
Kirche Degli Angeli die neuen Freskomalereien
von Overbeck sowie den dabei beschäftigten Maler selbst gesehen habe.

31. Dezember 1829. Rom.

Die letzten vierzehn Tage dieses Jahres habe ich
in löblicher Tätigkeit zugebracht und auf einmal
nachgeholt, was ich das Jahr über versäumt hatte.
Ich bin endlich mit meinem Plan von «Assur und
Assad» ganz ins reine gekommen, habe dann sogleich angefangen zu schreiben und die vier ersten
Gesänge vollendet, wovon ich bloß etwa zweihundert Verse in Ancona geschrieben hatte. Auch der
Prolog dieses Gedichts hat sich nach und nach ganz
abgerundet, und mein Büchlein Epigramme, nachdem noch manches davon- und manches dazuge-
kommen, hat eine vollendetere Gestalt erhalten,
und so kann ich, da ich auch eine Reihe von Oden
und einige andere Kleinigkeiten im Laufe dieses

Jahres zustande gebracht, mit dem nun beschlossenen 1829 zufrieden sein. Zu «Assur und Assad»
fehlen noch fünf Gesänge. Vom Anfang dieses
Jahres bis ans Ende bin ich fast fortwährend auf der
Reise gewesen. Meine Gesundheit hat sehr zu-
genommen. Von einflußreichen Bekanntschaften
kann ich wenig sagen, es wäre denn hier in Rom.
Bei Bunsen habe ich mehrere recht angenehme
Abende zugebracht, auch den Christabend. Rauch
traf ich immer, es ist ein angenehmer und interessanter Mann. Sonst gehe ich fast nur mit dem
Professor Ranke[1], in Berlin angestellt als Historiker. Wir sehen uns gewöhnlich bei Tische. Ans
Spazierengehen ist nicht zu denken, das Wetter ist
fortwährend abscheulich. Gestern hat es sogar ge-
schneit, und noch jetzt liegen alle Dächer voll
Schnee, ein für Rom unerhörter Fall. Übrigens bin
ich sehr zufrieden mit meiner Wohnung. Waiblinger besuche ich häufig, er liegt noch zu Bett, und
sein Zustand ist noch immer sehr bedenklich. Er
hat auf einer Reise durch Sizilien, nachdem er
schon in Neapel krank lag, das ausschweifendste
Leben von der Welt geführt, besonders was Wein
und Weiber betrifft. Von Rumohr habe ich einen
Brief aus Hamburg. Er schreibt, daß mein Publikum in Deutschland sehr zunehme.

18. April 1830. Rom.

Ich habe vier Monate nachzuholen, die im ganzen
wenig Erfreuliches darbieten. Mit der ersten Hälfte
des Januars, wiewohl das Wetter entsetzlich war,

[1] Leopold von Ranke (1795–1886), seit 1825 Professor für
Geschichte in Berlin, von 1827–31 für seine wissenschaftlichen Forschungen in Italien beurlaubt

kann ich zufrieden sein, da es mir gelang, den
fünften und sechsten Gesang von «Assur und
Assad» auszuführen. Beim siebten kam das Werk
jedoch ins Stocken und ist bis jetzt noch nicht
weiter fortgesetzt. Am 17. Januar starb Waiblinger
an der Schwindsucht; ich sah ihn noch den Tag
vorher. Ein geschickter Philolog namens Schluttig
aus Chemnitz hielt am längsten bei ihm aus und
besorgte auch seine Geschäfte nach seinem Tode.
Vom 8. Februar an, dem altrömischen Frühlings-
anfang, besserte sich das Wetter auf das entschiedenste, und wir haben seitdem einen beständigen
Frühling. Der Karneval war sehr begünstigt, und
ich habe mich großenteils in Gesellschaft von
Ranke und Gerhard[1], dem Archäologen, recht gut
unterhalten, da wir abends an den Volkslustbarkei-
ten teilnahmen und die Osterien besuchten. Aber
schon in den letzten Tagen des Karnevals spürte ich
Anfälle von Hämorrhoiden, die diesmal eine sehr
langwierige Wendung nahmen. Im Anfange schien
jedoch die Sache nicht bedeutend werden zu wollen, und ich las noch bei Bunsen die ersten sechs
Gesänge meines Gedichts vor. Ob es gefallen hat
oder nicht, weiß ich nicht, da mir außer Bunsen
niemand etwas darüber sagte. Unter vielen anderen Personen waren dabei der Bildhauer Rauch,
Professor Ranke und Gerhard, Schluttig, Röstell,
mehrere Künstler und der hannöverische Geschäftsträger Kestner[2] ein Mann von vieler Bil-

---

[1] Friedrich Wilhelm Eduard Gerhard (1795–1867), Gründer
des Archäologischen Instituts auf dem Kapitol (1829) und
einer der besten Kenner des Altertums in Italien
[2] Georg August Christian Kestner (1777–1853), Sohn von
Goethes Lotte; war seit 1817 in diplomatischen Diensten in

dung, der eine hübsche Bibliothek hat. Außerdem noch ein anderer Hannoveraner, Baron Busch, ein Verwandter von mir, der mich während seines hiesigen Aufenthaltes mit großer Liebe und Aufmerksamkeit behandelte, mich während meiner Krankheit oft besuchte und erst vor wenigen Tagen abgereist ist. Denn schon ein paar Tage nach jener Vorlesung wurde ich bettlägerig. Man hatte mir wegen der Hämorrhoiden Blutegel geraten, die mir ein ungeschickter Chirurg in großer Abbondanz setzte, wodurch sich nicht nur die Hämorrhoiden sehr verschlimmerten, sondern auch eine große Schwäche durch den starken und unnützen Blutverlust eintrat. Zugleich entwickelte sich eine Drüsengeschwulst in den Weichen, die bedeutend zu werden drohte. Ich mußte nun über vier Wochen das Bett hüten und bringe noch jetzt einen Teil des Tages im Bette zu. Die Geschwulst mußte aufgeschnitten werden, und die Wunde ist noch nicht völlig geheilt. Auch ist sowohl der Zustand der Hämorrhoiden als der Drüsen, an denen sich noch Verhärtungen zeigen, zweideutig, und ich muß noch fürchten, nicht nach Neapel gehen zu können, nach dessen gesunder Luft ich eine große Sehnsucht empfinde. Im übrigen fehlte es nicht an Besuchen und Teilnahme; auch habe ich diese Zeit zur Lektüre benützt. Schon vorher habe ich mit großem Vergnügen die Komödie von Ariost, den «Lambert von Aschaffenburg»[1] und

---

Rom. Er besaß ein lebhaftes archäologisches Interesse; oft genannt bei den Ausgrabungen jener Zeit.

[1] Gemeint sind die «Annalen» des Mönchs und Chronisten Lambert von Hersfeld (gestorben um 1088), fälschlich benannt «von Aschaffenburg».

einen großen Teil der «Bayerischen Geschichten»
von Zschokke[1] gelesen. Auf dem Krankenlager
vollendete ich den Zschokke, ich las viele Komödien von Calderon, den ich in einer neuen Ausgabe
besitze; sodann die beiden ersten Bände von Schillers und Goethes Briefwechsel, die italienischen
Forschungen von Rumohr, die, wiewohl unvoll-
endeten, doch höchst interessanten historischen
Werke von Ranke[2], die «Florentinischen Geschichten» von Macchiavelli und sein «Leben des Ca-
struccio Castricani». Gegenwärtig lese ich seine
«Discorsi» über die Dekaden des Livius, das geist-
reichste Werk jenes außerordentlichen Mannes. An
Briefen aus Deutschland fehlte es nicht, die jedoch
wenig Günstiges enthielten, sondern meist nur
Rapport über die unverschämten Angriffe abstat-
teten, die der «Oedipus» veranlaßte.

---

[1] Heinrich Zschokke (1771–1848), «Bayrische Geschichten», 4 Bände, Aarau 1813–18
[2] «Geschichte der romanischen und germanischen Völker
von 1495–1535», Berlin 1824; «Fürsten und Völker in Süd-
europa im 16. und 17. Jahrhundert», Berlin 1827

19. September 1834. Pistoja.

Während eines starken Regengusses verließ ich
Neapel und bestieg das Dampfboot. Ranieri begleitete mich bis an den Molo, und wir hatten
vorher noch das gemeinschaftliche Abenteuer,
auszuglitschen und in den Kot zu fallen. Das Wetter klärte sich jedoch bald auf, und die Seefahrt war
glücklich, obschon der Wind uns beständig entgegen war. Ich litt nicht im mindesten von der See,
wiewohl die meisten Passagiere sich mehr oder
weniger übel befanden. Die Gesellschaft war recht
erträglich. Mehrere Franzosen, die zugegen waren, verhielten sich großenteils still, ein hübscher
Schweizer Offizier aus Freiburg gab uns seine Ul-
tragesinnungen und seine Hoffnungen für Heinrich V. zu erkennen. Ich hielt mich meist an einen
jungen venetianischen Arzt namens Antonio Mar-
zin und an einen anderen Lombarden. In Civita
Vecchia stiegen wir ans Land, um zu Mittag zu
essen. Es ist eine höchst uninteressante Stadt, die
gar nichts darbietet. Bloß der Anblick des Hafens
und Kastells hat etwas malerisch Architektoni-
sches. In Livorno kamen wir den zweiten Morgen
an. Ich mußte mich einen Tag lang aufhalten, da
man des Sonntags die Pässe nicht visiert. Den
folgenden Tag nahm ich einen Platz nach Lucca.
Von Pisa bis Lucca fuhr ich allein mit einem Pie-
montesen, mit dem ich auch den Campo santo in
Pisa und die anderen Merkwürdigen besah. Ich sah
die berühmten Malereien wieder mit vielem Vergnügen, wiewohl sehr flüchtig, da mein Reisege-

fährte gar keinen Kunstsinn hatte. Außerdem hatten wir einen jungen Schurken von Vetturin, der uns auf der kurzen Reise vielen Verdruß machte. In Lucca waren die Wohnungen unverschämt teuer, da eben Madame Malibran[1] einige Vorstellungen im Theater gab. Ich hörte sie im «Othello»[2]. Der Enthusiasmus war entsetzlich, das Herausrufen und Wehen der Schnupftücher nahm kein Ende. Den anderen Morgen machte ich einen Spaziergang um die Stadt; die freundliche Lage von Lucca hat etwas wahrhaft Idyllisches. Leider konnte ich auch diesmal die Bilder im Palast nicht sehen, da die herzogliche Familie anwesend war. Nachmittags fuhr ich hierher, in diese kleine und anmutige Stadt, deren Kunstschätze ich nach sechs Jahren mit Vergnügen wiedersah. Des Abends ging ich in ein Kaffeehaus und las die französischen Zeitungen, einen Vorteil, den man bloß in Toskana genießt. Den folgenden Morgen, das heißt vorgestern, begab ich mich nach der nahen Villa Puccini, an deren Besitzer mir Ranieri einen Brief gegeben. Ich fand einen merkwürdigen jungen Mann, klein und bucklicht wie Leopardi, aber voll Leben und Rührigkeit. Die Villa, die er sich selbst gegründet, enthält sehr weitläufige Gartenanlagen, die freilich, in der Art des Auslands, manches Kleinliche und Geschmacklose in sich schließen, da man namentlich plastische Kunstwerke von Wert nicht so leicht herbeischaffen kann. Die Gegend ist überaus schön, und von den höchsten Punkten übersieht man das Schlachtfeld Catilinas. Puccini, beständig

---

[1] die Sopranistin Maria Malibran-Garcia (1808–1836), die gefeiertste Sängerin ihrer Zeit
[2] von Rossini (1816)

tätig und allen Arbeiten selbst vorstehend, sehr
beliebt bei seinen Untergebenen, wohnt größtenteils in einem kleinen gotischen Kastell, das er sich
angelegt hat und mit den Bildnissen großer Italiener, namentlich Florentiner, auf Glas gemalt, geschmückt hat. Er ist nicht ohne weibliche Gesellschaft, die jedoch nicht zum Vorschein kommt; das
Volk betrachtet ihn jedoch in dieser Hinsicht als
eine Art von Sultan. Auch wirft man ihm vor,
einmal mit der Flinte nach der Madonna geschos-
sen zu haben. In seinem halbdunklen Studierzim-
mer, das er den Caffè della Fenice überschrieben
hat, beschäftigt er sich meist mit historischer Lektüre. Doch ist sein Sinn mehr aufs Praktische gerichtet; die Industrie Italiens zu beleben, scheint
sein Hauptgedanke, und er baut sehr fest auf die
Regeneration seines Vaterlandes. Gestern speiste
ich bei ihm zugleich mit einigen liberalen Priestern,
worunter Pietro Contrucci, der wegen politischen
Verdachts ein paar Monate im Gefängnis saß. Er
behauptete, daß sehr viele Priester von der Regierung gewonnen seien und die Verletzung des
Beichtgeheimnisses zu den häufig vorkommenden Dingen gehöre. Ich hatte viel zu leiden, weil
ich behauptete, Italien würde wahrscheinlich drei
Jahrhunderte unter auswärtiger Herrschaft bleiben. Puccini las uns ein paar Briefe von Giordani[1]
und den ersten Gesang eines Gedichts, das einer
seiner Freunde verfaßt. Den Tag vorher gab mir
Puccini de «Paroles d'un croyant»[2] zu lesen, die

---

[1] Pietro Giordani (1774–1848), Schriftsteller und Literatur-
wissenschaftler, lebte seit seiner Ausweisung aus der Toskana, 1830, in Parma.
[2] Hugues Félicité Robert de Lamennais (1782–1854); seine

gegenwärtig so viel Aufsehen machen. Ich habe mich jedoch nicht sonderlich daran erbaut.

1. Januar 1835. Florenz.

Mit dem verlaufenen Jahr kann ich insofern wenig zufrieden sein, als ich soviel als gar nichts hervorgebracht habe. Meine Reisen waren zum Teil daran schuld. Erst in der letzten Zeit habe ich wieder einige Komödienpläne hervorgesucht oder erdacht und auch eine dazu gehörige Parabase niedergeschrieben. Hier bin ich seit 20. September des vorigen Jahres. Der Herbst war schön, der verflossene Monat aber ungewöhnlich kalt; man konnte fast nie den Kamin verlassen. Unter anderem las ich den ganzen Aristophanes in der Vossischen Übersetzung durch, vieles von Calderon, den «Saggio storico» von Coco[1] über die Revolution von 1799 und vor allem die «Neapolitanische Geschichte» des Generals Colletta[2], ein historisches Meisterstück, an dem ich mich höchlich erfreut habe. Eigentlichen Umgang habe ich leider gar keinen; doch mache ich mehrere Besuche. Zu Niccolini komme ich öfters, mit dem ich mich über poetische und philosophische Gegenstände immer sehr gut unterhalte, da unsere Denkungsart sehr übereinstimmend ist. Sodann gab mir Puccini Briefe an

---

vom Vatikan verurteilten «Paroles d'un croyant», Paris 1834, erlebten in kurzer Zeit über hundert Auflagen und wurden in zahlreiche Sprachen übersetzt, so von Börne 1834 ins Deutsche.
[1] V. Coco, «Saggio storico sulla revoluzione di Napoli», 3 Bände, Mailand 1800
[2] Pietro Colletta (1775–1831), «Storia del reame di Napoli 1734–1825», 2 Bände, Capolago 1834

den Kupferstecher Iesi[1], einen Israeliten, und an
Herrn Vieusseux, den Direktor des Literarischen
Kabinetts, mit. Iesi ist ein für sein Fach sehr gebildeter Mann, der besonders politische Unterhaltung aufsucht. Bei Vieusseux ist jeden Donnerstag
eine recht angenehme gelehrte Gesellschaft, in der
ich ein paar interessante Bekanntschaften machte.
Hierunter ist auch der Marchese Cappo[2], ein in
vaterländischen Dingen sehr unterrichteter Mann.
Im Anfang meines hiesigen Aufenthalts fand ich
den hannöverischen Geschäftsträger Kestner von
Rom hier, mit dem ich unter anderem auch Fiesole
besuchte. Durch ihn lernte ich den Bildhauer Woltreck[3] kennen, der sich längere Zeit hier aufhielt und
auch mein Bild in Gips ausführte, als Medaillon.

13. März 1835. Florenz.

Der Winter ist leidlich, zum Teil auch sehr angenehm verflossen. Ich habe die neun ersten Bücher
von Guicciardini[4] durchgelesen, sonst mich viel
mit griechischer Lektüre beschäftigt. Hierunter
waren vorzüglich Theognis und Solon und einige
andere Gnomiker, auch manches in der Anthologie.

---

[1] Samuele Iesi (1789–1853), vor allem bekannt durch seine
Stiche nach Gemälden Raffaels
[2] Marchese Gino Capponi (1792–1876), Historiker und
Staatsmann; Herausgeber von Collettas «Storia» (s. oben)
und der wichtigen «Documenti di storia italiana», Florenz
1836/37
[3] Franz Woltreck (1800–?); von ihm wurde 1836 Platens
Büste für die Walhalla gefertigt.
[4] Francesco Guicciardini (1483–1540), Geschichtsschreiber
und Staatsmann; seine «Storia d'Italia» (1561–64) wurde von
Rosini in Pisa 1819 in 10 Bänden neu herausgegeben.

Auf dem Spaziergange las ich meist im Pindar.
Ich habe mich auch mit den italienischen Übersetzungen dieses Dichters bekannt gemacht, die sehr
mißlungen sind. Bücher habe ich vorzüglich vom
Marchese Capponi entlehnt, der eine prächtige
Bibliothek besitzt. Er war auch mehrmals bei mir,
und da er etwas Deutsch versteht, so habe ich ihm
die neue Auflage meiner Gedichte geschenkt, auch
einiges mit ihm darin gelesen. Es wurde mir noch
außerdem mancher angenehme Umgang zuteil,
und bei Vieusseux sah ich den Grafen Montalem-
bert wieder, der jedoch nur auf kurze Zeit hier war.
Ebenso wurde ich mit dem schwedischen Bi-
bliothekar Schröder bekannt, der mir einiges über
Atterbom mitteilte. Sodann wurde mir schon vor
zwei Monaten ein junger Dichter aus Pistoja, namens Luigi Tonti, vorgestellt, der auch einmal bei
mir war und ebenso geistreich als liebenswürdig
ist, nur daß er sich ein wenig in den Romantizismus
verhauen hat. Puccini ist gleichfalls seit Anfang des
Karnevals hier, und ich besuche ihn zuweilen in
seiner herrlichen, am Arno gelegenen Wohnung.
Er ist beständig von jungen Leuten umgeben, was
etwas zeitraubend für ihn ist, denn er gefällt sich
sonst in einer echten und nachahmungswürdigen
Tätigkeit und nimmt gegenwärtig Stunden in der
Physik.

Bei Iesi traf ich einen Venetianer namens Ca-
stelli. Da er geläufig deutsch spricht, so verlangte
er etwas von mir zu lesen. Ich teilte ihm «Die
Geschichte von Neapel» und «Die Liga von Cambrai» mit, und er schrieb mir bei der Zurückgabe
einen deutschen, sehr anerkennenden Brief. Vorigen Montag machte ich die Bekanntschaft des

Grafen Auersperg[1], Verfassers der «Wiener Spaziergänge». Er war einige Tage hier und besuchte
mich jeden Abend. Sein Umgang ist ungezwungen
und angenehm. Vor allem muß ich erwähnen, daß
ich die guten Frizzoni und Gündel wieder sah,
welcher letztere seit letztem Herbst in Bergamo auf
Besuch ist. Die Frizzoni haben ihren Vater verloren; der Ältere hat sich im Herbst verheiratet und
sodann eine Reise nach Neapel und Sizilien an-
getreten in Gesellschaft seiner Frau und seines
Schwagers. Gündel und der jüngere Bruder wollten ihm entgegenreisen, um ihm die Nachricht
selbst mitzuteilen; er hatte sie jedoch schon aus
anderer Quelle erfahren. Sie beschlossen nun, ihn
in Toskana abzuwarten, da sich seine Rückkehr
verspätete. Leider waren jene beiden vierzehn Tage
hier, ohne mich zu sehen, da man ihnen auf der
Polizei gesagt hatte, ich sei schon im November nach Rom abgereist. Endlich begegnete ich,
zu meinem großen Erstaunen, Gündeln am Lungarno. Friedrich Frizzoni wurde nun am anderen Morgen im Kaffeehause überrascht, und ich
brachte nun noch acht Tage mit ihnen zu, welches
die letzten des Karnevals waren, bis sie ihrem
Bruder nach Siena entgegenreisten. Vor wenigen
Tagen kamen sie zusammen hierher zurück, und
diesen Vormittag sind sie wieder nach Bergamo
abgegangen. Die Frau des Älteren ist sehr jung und
liebenswürdig, sang auch ein paar meiner von
Fugger gesetzten Lieder. Er selbst schien mir etwas

[1] Anton Alexander Graf von Auersperg (1806–1876) hatte
unter dem Pseudonym Anastasius Grün 1831 seine gegen die
Metternichsche Politik gerichteten «Spaziergänge eines Wiener Poeten» erscheinen lassen.

kälter gegen mich als sonst, der Jüngere und Gündel waren sich gleich geblieben. Als ich gestern
abend von ihnen Abschied genommen, ging ich
noch zu Vieusseux, da es Donnerstag war. Dort
fand ich den Doktor Gaye[1], einen holsteinischen
Philologen, der eine Kunstgeschichte schreibt und
sich seit etlichen Jahren in Italien aufhält. Ich habe
ihn früher in Neapel gesehen. Er ist mit Forchham-
mer und Milnes in Griechenland gewesen. Auch
diesen letzteren sollte ich wiedersehen; er ist bereits
seit ein paar Monaten mit seiner Familie hier. Ich
lernte hierbei auch den alten Milnes kennen, ein
höchst freundlicher Mann und noch in besten Jahren. Auch die Mutter ist noch nicht alt. Ich mußte
ein paarmal mit ihnen speisen, und Milnes gab mir
auch seine «Reise in Griechenland»[2] zu lesen, die
recht gut geschrieben ist. Gaye brachte mir viele
Grüße von Romagnoli in Siena, der, wie er sagte,
sehr liebevoll meiner gedenkt.

Endlich sind auch die Musen wieder bei mir
eingekehrt. Ich schrieb bereits in diesem Monat
den «Hymnus an Fugger», das «Frühlingslied» und
den «Hymnus auf den Tod des Kaisers». Das erste
Gedicht, das ich für das beste halte, das ich je gemacht, habe ich zuerst Gündeln und dem jüngeren Frizzoni vorgelesen. Meine Lebensart während
dieses Winters war, daß ich gleich nach dem Frühstücken einen großen Spaziergang machte, sodann
meist ins Lesekabinett und zu Tisch ging und den
Abend größtenteils zu Hause zubrachte. Unange-

---

[1] Johann Wilhelm Gaye (1804–1840), Kunsthistoriker
[2] Richard Monkton Milnes, «Memorials of a tour in some
parts of Greece», London 1833

nehm war mir das Alleinspeisen, zu dem ich beständig verurteilt war.

26. April 1835. Neapel.

Ich verließ Florenz am 27. März, und morgen am gleichen Datum werde ich von hier nach Palermo abreisen. Zwar wollte ich von hier unmittelbar nach Sizilien; aber, wiewohl angekündigt, reiste doch die ganze Zeit über kein Dampfboot ab, und auch nach Kalabrien gab es keine Gelegenheit. In Livorno mußte ich ebenfalls ein paar Tage warten, schiffte mich jedoch schon am Dreißigsten vorigen Monats auf dem «Mediterraneo», einem französischen Dampfboote, hierher ein. Die Gesellschaft war recht leidlich; am besten gefiel mir ein junger Schweizer aus Schaffhausen, namens Amman. Auf den französischen Schiffen speist man à table d'hôte, was ein geselliges Verhältnis begründet. Ich nahm übrigens wie gewöhnlich den zweiten Platz. Das Wetter war für die Jahreszeit außerordentlich günstig, und wir kamen den 1. April früh des Morgens hier an. Meine hiesigen Freunde, die mich entweder gar nicht oder nicht so bald erwarteten, habe ich überrascht. Ranieri[1], den ich zu Hause nicht traf, wartete ich im «Toledo» ab, als er nach der Trattoria ging. Er ist eifrig mit historischen Studien beschäftigt und gibt gegenwärtig eine «Geschichte von Neapel» in Heften heraus. Leopardi fand ich, wie es scheint, etwas heiterer. Er gedenkt eine neue Auflage seiner unterdes vermehrten Gedichte zu veranstalten. Auch Meyer

---

[1] Antonio Ranieri (1809–1888); Historiker, Freund und Biograph Leopardis

von Rinteln traf ich noch hier an, den ich seit
Bologna nicht mehr gesehen hatte. Er ist erst diesen Morgen abgereist, und zwar nach Paris, um
seine allgemeine Theorie der Sprache zu vollenden.
Bei Haller habe ich mehrere angenehme Abende
zugebracht. Mittags war ich immer mit Ranieri
zusammen. Er hat angefangen, Deutsch zu lernen, da er es, seiner historischen Studien wegen,
für nötig hält. Ich habe ihm ein Exemplar meiner
Gedichte geschenkt.

Wir hatten übrigens einen rauhen, unfreund-
lichen Frühling, der wenig zum Spazierengehen
einlud, so daß ich, außer der Villa Reale, kaum wohin gekommen. Gleich am ersten Abend meiner
Ankunft erfolgte ein bedeutender Ausbruch des
Vesuv. Auf meinen Spaziergängen habe ich meist
Pindar gelesen, und bloß diesen und die «Odyssee»
nehme ich an Büchern mit nach der trinakrischen
Insel.

29. Mai 1835. Palermo.

Es war gestern ein Monat, seit ich auf dem
«Real Ferdinando» hier gelandet. Das Wetter war
schlecht und die Reise ungünstig, ich hatte die
Seekrankheit wie fast alle. Die Ansicht Palermos
von der See aus war jedoch trotz des Wetters
außerordentlich schön. «Sonst ist sie in keiner Beziehung mit der von Neapel zu vergleichen. Übrigens hat man vom Monte Pellegrino, vom Palast
der Zisa und von Monreale aus schöne Ansichten
der Stadt, der fruchtbaren Gegend und der kahlen
Gebirge. Ein hübscher Spaziergang ist die Flora,
wiewohl sie wenig Schatten gewährt. Noch viel
weniger die übrigen Spaziergänge, die bloß aus

Blumengärten bestehen. Ich war auch in Alcamo
und besuchte von dort den Tempel von Segesta.
Auch jene Gegenden zeichnen sich durch Baum-
losigkeit aus, haben aber doch ihren eigenen Reiz.
Überhaupt macht Sizilien den Eindruck der Neuheit. Dasselbe ist bei den Menschen der Fall; man
sieht sehr viele schöne Gestalten und höchst interessante Physiognomien. Der Dialekt ist unver-
ständlich, aber sehr reizend, wenn er rein gesprochen wird, was jedoch selten geschieht. Man hört
gewöhnlich einen unangenehmen Mischmasch.
Die Fremden sind beliebt und werden zuvorkommend behandelt. Die beständigen Prellereien von
Neapel scheint man hier nicht zu kennen. Trägheit
und gänzlicher Mangel an Kunstfleiß ist der Natio-
nalfehler, wie die Habsucht in Neapel. An Bettlern
wimmelt es. Die Stadt selbst bietet wenig dar; doch
hat sie immer noch schönere Sachen aufzuweisen
als Neapel. Hierzu gehört vorzüglich die Kapelle
Rogers im königlichen Palast, die ganz erhalten ist
und in welcher der Gottesdienst, der hier überhaupt viel Eigentümliches hat, eine außerordentlich schöne Wirkung hervorbringt. Der Dom ist
inwendig ganz verdorben, und die Kaisersärge
haben eine traurige Umgebung. Die Kirche Della
Martorana, gleich der Kapelle Rogers ganz mit
Mosaik bedeckt, ist zur Hälfte noch im alten Zustande. In ihr auch das Bildnis Rogers mit der
Inschrift « Ροβερτοσ ρης »; abermals ein Beweis
für die erasmische Aussprache. Die kleine Kirche
S. Giorgio aus dem Quattrocento ist ganz gut erhalten. Der Dom von Monreale, ebenfalls ganz mit
Musivarbeiten ausgelegt, sehr merkwürdig; der
Form nach schöner als die anderen griechischen

Kirchen in Palermo, Venedig, Ravenna. Ich sah auch das Kloster S. Martino in einer einsamen Berggegend. Großer Luxus der Mönche, prächtige Treppe mit mythologischen Malereien, Gärten, Springbrunnen, Bequemlichkeiten aller Art. Das Museum, das einen Namen hat, will wenig sagen. Ein schöner Cicerokopf als Bassorilievo fiel mir auf. Schäbige Löwen und Krokodile. Die Kloster-bibliothek in einem kühlen, prächtigen Lokal, ge-schmückt durch eine Herodias von Dominichino. Ich wohne hier in der Locanda di Catania recht gut und billig und esse in einer Trattoria, der einzigen, die in Palermo genießbar ist. Des Morgens war ich meist in der Flora, um im Pindar zu lesen.

In der Tat wurde ich hier von den Musen begün-stigt. Außer einem Gedicht in Anapästen entstan-den zwei Festgesänge, einer an die Herzogin von Leuchtenberg über den Tod ihres Sohnes, wovon ein paar Strophen schon in Neapel entstanden. Das Metrum ist aus einem Fragment des Pindar ent-lehnt; das Versmaß des anderen, «Gestirnerleuch-tete Nacht», ist von meiner eigenen Erfindung. Morgen reise ich zu Wagen nach Catania ab.

6. Juni 1835. Catania.

Die fünftägige Reise ist wohl glücklich, aber kei-neswegs erfreulich abgelaufen. Die Gesellschaft hätte kaum schlechter und plebejischer sein kön-nen. Zwei Schmerbäuche, wovon der eine, der neben mir saß, ganz unförmlich war. Er trug die Kleidung eines Matrosen, war jedoch ein Kauf-mann aus Partana. Der andere Wanst war ein Nea-politaner und Verwalter eines Herzogs, übrigens ein sehr redlicher alter Mann. Der Kaufmann,

wenn seine ekelhafte Gestalt, die dabei übermäßig
viel Platz einnahm, nicht gewesen wäre, würde zur
Unterhaltung beigetragen haben, denn er war nach
alter Weise sehr belesen in Fabeln und Legenden,
die er beständig vortrug. Wegen des Dialekts verstand ich freilich kaum die Hälfte. Er hatte einen
Schwiegersohn bei sich, ein wahres Satyrgesicht,
wie es die Alten zu bilden pflegten, und überdies
im Kabriolett seinen Sohn, der sich bald als ein
ausgelernter Taschendieb kundgab, indem er bei
Nacht dem Neapolitaner die goldene Uhrkette
stahl, die er jedoch wieder herausgeben mußte. Er
hatte das widerlichste Gesicht von der Welt, und
ich hatte die Ehre, fünf Tage lang mit ihm an einem
Tische zu essen. Der Vater schien übrigens ein
höchst ehrlicher und frommer Mann. Bigott war
die ganze Gesellschaft bis aufs äußerste, der Taschendieb nicht ausgenommen, der beständig gegen Luther loszog, da er mich, als Nordländer, im
Verdacht der Ketzerei hatte.

19. Juni 1835. Messina.

Ich befinde mich hier seit Fünfzehnten abends. Die
Stadt ist nicht sonderlich interessant, die Lage allerdings ausgezeichnet. Bei schöner Abendbeleuchtung hat man die kalabresischen Küsten ganz nahe
vor den Augen. Die Reise hierher von Taormina
hat einige schöne Punkte, namentlich das Kastell
S. Alessio. Gestern sah ich hier das Fronleichnamsfest. Die Prozession, ein paar lächerliche Kostü-
me und ein Schiff von Silber ausgenommen, das
sie herumtragen, hat nichts Eigentümliches und
zeichnete sich durch einen Mangel an Andacht aus,
der selbst in Italien auffallen würde. Bei Tische

machte ich die Bekanntschaft eines württember-
gischen Architekten, der mir Grüße von Haller
brachte. Wir gingen dann zusammen nach der
äußersten Spitze des Pharus, zwei gute Stunden
von hier. Die Aussichten sind sehr schön; Scilla
liegt so nahe, daß man die Häuser zählen könnte.
Westwärts sieht man den Stromboli rauchen, eine
ganz kleine Insel von der Form des Vesuvs. Vor
sich hat man das ungeheure Kap Vaticano, das man
für eine große Insel hält, so sehr tritt es über die
Küstenlinie von Italien hervor. Der Weg führt
meist durch Hecken von Aloen, von denen die
meisten ihre Blütenstengel getrieben hatten. Wir
kamen spät zurück, überall waren, des Festes wegen, Freudenfeuer aufgeschürt, die Fischer und
Landleute tanzten. Hier wie in Taormina ist der
Menschenschlag im ganzen sehr häßlich, und man
sucht die neapolitanischen Gesichter umsonst.

23. Juni 1835. Monteleone.

Ich verließ Messina am Neunzehnten abends und
fuhr in einer eigenen Barke nach der Vaterstadt des
Ibykus hinüber, wo ich mit Sonnenuntergang ankam. Die Aussichten sind schöner unterwegs als in
Reggio selbst; gleichwohl ist die Lage dieser Stadt
sehr reizend und hat Ähnlichkeit mit Neapel, da
der Ätna die Stelle des Vesuvs vertritt. Sonst ist
die Stadt sehr unbedeutend und trägt noch die
Spuren der Verwüstung von 1783. Ein schöner
Brunnen am Meer, in unseren Tagen renoviert,
ist bemerkenswert. Der Portikus, der damit vereinigt ist, dient als Ruheplatz und Aussichts-
punkt. Der ältere Brunnen von 1571 trug die Auf-
schrift:

Fonte sub hoc Siculi fugiens incendia montis
Nunc Arethusa latet, Nympha perennis aquae.[1]

Erst den anderen Nachmittag reiste ich von Reggio ab, da der Intendant nicht früher aufstand, um den Paß zu unterschreiben. Ich konnte daher bloß bis Scilla kommen. Die dortigen Felsen, wiewohl sehr verkleinert, tragen noch immer die wunderlichen Formen der Vorzeit; über ihnen liegt das schroffe Kastell. Der Weg von Reggio zeichnet sich wohl durch Fruchtbarkeit aus, da er aber durch ein angeschwemmtes Sandland führt, ist er weniger anziehend, als er vermöge der südlichen Lage sein könnte. Erst vor Scilla tritt das Gebirge wieder ans Meer heran. Der Wein ist am Abhang der Hügel in Lauben gezogen oder flach an Stöcken, wie in Sizilien. Ich hatte ein durch Flöhe sehr beunruhigtes Nachtquartier, mußte mich jedoch über die Ehrlichkeit des Wirts verwundern, wie dies auch in Reggio der Fall war. An letzterem Orte ist der Menschenschlag noch so häßlich wie in Messina; von Scilla an bis hierher scheint er sich fortwährend zu verbessern.

Zu Esel war ich in Scilla angekommen, auf einem Maultier verließ ich es am Einundzwanzigsten früh, um nach Palmi zu gehen, wo ich abermals die Nacht zubrachte. Bis Bagnara ist der Weg sehr schön und führt großenteils an der See hin. Bagnara ist das Land des Überflusses, die Natur erscheint dort in größter Üppigkeit. Dort traf ich auch die ersten Feigen in diesem Jahr, die als Früh-

---

[1] Zu diesem Quellwasser flüchteten sich die Sizilianer vor den Ausbrüchen des Vulkans.

Jetzt birgt dieser Ort den Arethusa-Quell, der das ganze Jahr über Wasser spendet.

stück willkommen waren; denn Milch findet man
hierzulande nirgends in den Kaffeehäusern. Von
Bagnara, bis wo die große Heerstraße ganz ausgebaut ist, führt dieselbe hoch über das höchste Gebirg, und der Weg wird ziemlich einförmig. Doch
fehlt es nirgends an Vegetation, wie in Sizilien; die
Felsen sind mit Kastaniengebüsch bedeckt. Endlich steigt man in die herrlichen und riesenhaf-
ten Ölwälder von Palmi hinunter. Die Stadt selbst
ist ganz unbedeutend, und der Wirt, bei dem ich
wohnte, war ein Spitzbube. Ich stieg gegen Abend
ans Meer hinab, ein weiter und beschwerlicher
Weg; die Hitze war grenzenlos, und ich wünschte
ein Bad zu nehmen. Aber das Vorgebirge tritt hier
unmittelbar ans Wasser; alles liegt hier voll ungeheurer Granitblöcke, und ich hatte nicht Lust, mir
die Füße zu schinden, bis ich eine schwimmbare
Stelle erreicht hätte. Daher begnügte ich mich mit
einem Fußbade.

Gestern am frühen Morgen verließ ich Palmi zu
Esel. Man überschreitet bald einen ziemlich beträchtlichen Fluß, den mein Führer «Petraccio»
nannte und der auf der Karte «Marro» heißt. Er
verpestet die Umgegend, das Tal aber, das er bildet
und in das man auf der Brücke hineinblickt, ist
außerordentlich reizend. Der große Wald von Rosarno gewährt keinen Schatten mehr, da er der
Räuber wegen zu beiden Seiten der Straße ganz
gelichtet ist. Rosarno, ein trauriger, auf der Höhe
gelegener Ort, ist abermals von einem herrlichen
Ölwalde umgeben. Man kommt bald in das Fluß-
tal hinab. Der Rosarno oder, wie er auf der Karte heißt, die Mesima, schlingt sich durch dichte,
prächtige Haine, ist aber so menschenöde als der

Marro, da er ebensosehr die Luft verdirbt. Lang, ermüdend, einförmig ist nun der Weg bis Mileto, ein glühender Scirocco machte ihn vollends unerträglich, besonders bei ganz nüchternem Magen. Mit äußerster Sehnsucht erwartete ich die Türme von Milet; aber diese einst so berühmte Stadt ist längst in ein elendes Dorf verwandelt. Selbst die Lage ist nicht sonderlich, wiewohl sie, durch Anbau und Landhäuser verschönert, reizend mag gewesen sein. Die Schenke bot wenig Trost dar; nicht einmal ein Tropfen Wasser war im ganzen Orte zu haben; doch gab es Wein und gefrorenen Schnee. Zu diesem erhielten wir Kirschen, Aprikosen und etwas Brot, womit denn die Mahlzeit beschlossen war. Viele Gendarmen waren im Wirtshause, wie überhaupt in diesen Gegenden. Ein Gewitter zeigte sich endlich, um die Hitze zu mäßigen, verzog sich aber aufs neue, und wir setzten unseren Weg fort. Er ist bis hierher ziemlich abwechselnd und geht fast immer bergan. Monteleone erscheint am Abhange eines Hügels, das Kastell auf der höchsten Spitze. Kurz vorher, ehe man die Stadt betritt, sieht man das Meer wieder unter sich, das bisher immer von Kap Vatican bedeckt war. Es ist bloß vier Miglien von hier entfernt, der Pizzo sechs. Kaum war ich im Wirtshause angekommen, so brach das Gewitter los, und ein ungeheurer Platzregen erfolgte.

Der Sohn des Wirts, der ein Maler ist, führte mich später in einige Kirchen. Im Dom ist eine schöne Statue über dem Hochaltar, die Madonna mit dem Christkind, die Stellung ist äußerst reizend, die Madonna voll Ausdruck. Diesen Morgen stieg ich aufs Kastell; doch war die Aussicht zum

Teil noch getrübt, sonst sieht man bis zum Ätna.
Die umherliegenden Täler sind recht schön.

25. Juni 1835. Monteleone.

Da ich den Postwagen abzuwarten hatte, der heute
nach Cosenza geht, so konnte ich den gestrigen
Tag zu einem recht reizenden Spaziergange nach
Pizzo benutzen, das bloß zwei Stunden entfernt ist.
Es waren den Tag über häufige Strichregen, doch
kam ich noch ziemlich trocken durch. Man steigt
von hier beständig abwärts und genießt den Anblick der Küsten und des nahen Kaps Zambrone,
wo Briatico liegt. Il Pizzo ist ein schmutziges, aber
durch seine schöne Lage auf einem Felsen am Meer
recht freundliches Städtchen. Man sieht die verhängnisvolle Stelle, an der König Joachim gelandet, und das kleine Kastell, wo er vierzehn Tage
gefangen saß und erschossen wurde[1]. In der Kirche
wird die dreifarbige Fahne gezeigt, die er in der
Hand trug. Sein Grab sucht man vergebens; denn
wiewohl es sich im Dom befindet, so wurde er
doch ohne alle Auszeichnung in die allgemeine
Grube geworfen. Auf dem Hauptplatz steht die
Bildsäule Ferdinands, wenigstens besser gearbeitet
als die in Messina. Das Städtchen war recht belebt,
da es Festtag war. Ich speiste sehr gut und wohlfeil
in einem Wirtshäuschen, wo sich, wie gewöhnlich
in diesen Gegenden, viele Gendarmen befinden.

---

[1] Joachim Murat (1767–1815), 1808 von Napoleon zum
König von Neapel ernannt, flüchtete nach der Schlacht bei
Waterloo (25. August 1815) nach Korsika und versuchte
Neapel wiederzugewinnen; sein Schiff landete durch ungün-
stige Winde bei Pizzo, er wurde gefangengenommen und am
13. Oktober 1815 erschossen.

Die Provinzen von Catanzaro und Reggio sollen jetzt ganz ruhig sein, da man vor wenigen Tagen die letzte Räuberbande zerstört hat; die Kalabresen jedoch in der Provinz Cosenza zeichnen sich noch immer durch Blutgier und unersättliche Rachsucht aus.

27. Juni 1835. Cosenza.

Vorgestern nach Tisch verließ ich Monteleone, nachdem ich unverhoffterweise noch einen Platz im Postwagen bekommen hatte, und gestern nachmittag langten wir hier an. Die Gesellschaft war leidlich. Die Straße führt nahe am Pizzo vorbei und wird dann besonders reizend, wiewohl die Luft am Golf der heiligen Euphemia sehr schlecht ist. Doch sieht man schöne Zitronengärten und zu beiden Seiten der Landstraße die herrlichsten Myrtengebüsche, die mir bis jetzt vorgekommen. Um Mitternacht erreichten wir Teriola, den höchsten Punkt, wo beide Meere sichtbar sind. Der Weg bis hierher ist dann durchaus hügelig, aber außerordentlich schön, namentlich die Umgegend von Scigliano. Große Eichbäume, herrliche Kastanienwäldchen erstrecken sich bis in die tiefen Talschluchten hinunter; es fehlt weder an Oliven noch an Wein, doch wird der letztere noch, wie in Sizilien, zu ebener Erde gezogen. So schlängelt sich die Landstraße durch eine reiche Mannigfaltigkeit von Grün, bis man das Kastell von Cosenza gewahr wird. Die Lage ist allerdings sehr anmutig, aber die steile, schmutzige Stadt häßlich genug. Da in dem besseren Wirtshause kein Platz war, so mußte ich mich mit dem schlechteren begnügen, wo jedoch der Busento unter meinen Fenstern vorbeifließt,

der sich unweit davon mit dem Crati vereinigt. Die
Aussicht vom Kastell ist die einzige der hiesigen
Merkwürdigkeiten. Ein Gendarm führte mich herum, denn es wird von diesen Truppen im Sommer bewohnt, da die Luft in der Stadt zu schlecht
ist. Der Dom hat eine renoviert gotische Fassade;
im Innern ist er, wie gewöhnlich, ganz verdorben.

30. Juni 1835. Diamante.

Den Achtundzwanzigsten früh morgens verließ
ich Cosenza, und da der Weg bis Paola sehr unsicher ist, so hatte ich von großem Glück zu sagen, daß in demselben Wirtshause ein Zollbeamter
wohnte, der an demselben Nachmittage mit be-
waffnetem Gefolge abreiste und dessen Gesellschaft ich mir zunutze machte. Da es Sonntag war,
so mußte die Messe irgendwo gehört werden, und
unsere Karawane machte einen Abstecher in einen
Weiler oder vielmehr Meierhof, wo sich ein kleines, höchst armseliges Kirchlein befand und ein
junger Priester bereitstand, uns zu bedienen. Natürlich mußte ich auch von der Partie sein, hielt
mich aber, wie viele andere, außerhalb der Kapelle,
in welcher nur für wenige Individuen Raum war.
Die Szene war höchst malerisch; der treuherzige
Ton des Priesters, der kleine Ministrant, ein paar
Bauernweiber, der dicke Zollbeamte in der Mitte,
außerhalb der Kirche die Eseltreiber, die bewaffne-
ten Kalabresen, alle knieend, machten zusammen
einen eigentümlichen Eindruck. Der Ritus dieser
Gegenden ist ebenfalls nicht ohne Eigenheiten. Die
Messe begann mit einer lateinischen Litanei, die
der Priester vorbetete. Mitten in der Messe sprach
der Priester hierauf ein Gebet in italienischer Spra-

che, das ebenfalls von der Gemeinde nachgespro-
chen wurde.

Die Gegend, bis man den höchsten Punkt des
Gebirgs erreicht, ist außerordentlich schön durch
die herrlichen Kastanienwälder, die sich nach allen
Seiten ausdehnen. Mitten darin liegt S. Filo, ein
ziemlich hübsch gebautes Räubernest. Die Straße
ist mehr oder weniger fahrbar bis Paola, minder
reizend jedoch der jenseitige Abhang des Gebirgs
bis ans Meer. Die Eiche tritt nun an Stelle des
Kastanienbaums. Paola liegt freundlich, besonders
von der See aus gesehen. Es hat einen hübschen
Platz und eine Allee vor dem Tor, die übrigen
Straßen sind dergestalt eng und abschüssig, daß sie
nicht für menschliche Wesen gemacht scheinen.
Ich fand einen recht guten Gasthof und einen ehrli-
chen Wirt, der, in Città della Pieve zu Hause, durch
die Zeitumstände bis nach Paola geschleudert
wurde. Er war früher Kammerdiener beim General Miollis[1] in Rom. Er bedauerte sehr, seinem
talentvollen Sohn keine Erziehung geben zu können, da die öffentlichen Lehrer in Paola kaum zu
lesen imstande seien. Nach Tische besuchte ich das
Kloster des heiligen Franziskus von Paola, das vom
Orte etwas entfernt über eine von Eichen umge-
bene Waldschlucht gebaut ist, durch die ein Bach
fließt. Mit dieser Wildnis kontrastieren sehr die
Zitronenbäume des Klostergartens. Die Kirche ist
besonders im Innern ungeheuer geschmacklos. Im
Chor hat sich der Rest einer alten Freske erhalten.
Des Abends konnte ich endlich ein Seebad neh-

---

[1] Der französische Gouverneur des Kirchenstaats, der Pius'
VII. Gefangennahme und Wegführung bewirkte und 1814
nach Frankreich zurückkehrte.

men; das Wasser war sehr warm, obwohl das Meer stürmisch war.

Am anderen Morgen nahm ich abermals einen Esel, um bis Belvedere zu reiten; der Weg ist beschwerlich, da er immer im Meersand fortführt. Bis Cetraro erscheint er ziemlich einförmig; die Hügel sind bald mit Rohr oder Mastix bewachsen, bald auch angebaut. Foscaldo liegt freundlich, die Lage von Cetraro ist vorzüglich schön, die steile Stadt aber winklig und abscheulich, daß einem davor grauen möchte. Man sieht übrigens, wenigstens unter den Frauen, wieder hübsche Gesichter, denn der Menschenschlag von Cosenza ist außerordentlich häßlich. In Cetraro wollte ich zu Mittag essen, konnte aber vor Rauch kaum in der Taverne bleiben, wo mir gleich angekündigt wurde, daß es nichts zu essen gäbe. Endlich fanden sich doch noch ein paar kleine Sardellen, die ich mit dem kleinen Eseltreiber teilte, der nichts als ein Hemd auf dem Leib hatte. In Cetraro wie in ganz Kalabrien wird sehr viel Seide gewonnen, und man begegnet überall den Buden oder Hütten, in denen sie abgesotten und gehaspelt wird. Der Weg bis Belvedere wird nun abwechselnder, da man nicht immer im Sande bleibt, sondern von Vorgebirge zu Vorgebirge klimmen muß. Das letzte derselben mit einem großen Wohnhause ist besonders reizend. Herrliche Myrten- und Mastixhecken, wiewohl nicht so prächtig wie am Golf von S. Euphemia. Kaktus und Aloe sind seltener, letztere etwas verkrüppelt. Der Lebensbaum kommt sehr häufig vor, namentlich auf dem Wege von Belvedere hierher. Ehe man den letzteren Ort erreicht, nimmt die Gegend einen ganz eigentümlichen Charakter

an. Statt des Kalkgebirgs drängen sich schroffe
Sandberge an den Strand, aus deren zackigen Ver-
tiefungen verschiedene kleine Wasserfälle herab-
stürzen. Belvedere liegt auf einem Kegel und recht-
fertigt seinen Namen, da es die Aussicht nach allen
Seiten frei hat. Hinter dem Kegel heben sich die
höchsten Apenninengipfel empor. Man sieht den
Golf von Policastro und das Kap Palinuro; man
sieht die lachendsten Täler und das hohe Meer auf
der anderen Seite. Der Aufstieg von der Marine bis
in die Stadt ist ziemlich beträchtlich. Als ich oben
war, wo fast niemals ein Fremder erblickt wird,
ward ich nicht wenig betrachtet, und zwei Priester
bemächtigten sich meiner, die mich um das Städtchen herumführten und mir die schon erwähnte
Aussicht zeigten. Bald aber rottete sich das Volk
zusammen, und der eine Priester, der bei mir geblieben, sagte mir: «Se le vostre carte non sono in
regola, farete meglio di andarvene.»[1] Gleich darauf kam auch ein Mann auf mich zu, der mir den
Paß abforderte, denselben zum Syndikus trug,
ihn dann aber ziemlich beschämt wieder zurück-
brachte. Von dieser Art Gastfreundschaft gegen
einen Spaziergänger (denn meine Sachen waren an
der Marine geblieben, wo ich wohnte) nicht sonderlich erbaut, verließ ich sogleich das Städtchen,
das in seinem Innern ebenso abscheulich ist als die
Aussicht, die man genießt, wenn man außerhalb
herumgeht, reizend. Ein schöner Aufenthalt, wenn
ein Unterkommen und eine etwas geschliffenere
Bevölkerung zu finden wäre. In Paola hatte man

---

[1] «Wenn Ihre Papiere nicht in Ordnung sind, gehen Sie
besser weg.»

mir die Taverne an der Marine als die beste und
einzige gerühmt; doch ist es nicht wohl möglich,
daß ich in dem Städtchen selbst nicht eine bessere
gefunden hätte; denn sie übertraf, dem Äußeren
nach, die ärgsten Räuberhöhlen, die man auf dem
Theater abzubilden pflegt. Die Zeche des Wirts
war jedoch sehr billig und ließ mich für die schlaf-
loseste Nacht meines Lebens nur ein Karlin bezahlen; denn das Ungeziefer war unermeßlich, und
dabei brauste das stürmische Meer die ganze Nacht
durch. Ich hatte eine lederne Decke und meinen
Mantel auf das Bett gebreitet, um wenigstens liegen zu können. Daß ich hier etwas besser daran
bin, geht schon daraus hervor, daß ich einen Tisch
habe, wo ich dieses schreibe, woran in Belvedere
nicht zu denken war. Ich ging früh morgens zu Fuß
hierher und ließ meine Sachen nachtragen. Der
Weg ist beschwerlich, da er sich beständig im tiefen
Sande längs des Wassers hinzieht; doch war der
Anblick des wildbewegten Meeres sehr schön.

  Von meinem kleinen Eseltreiber, den ich bis
Belvedere hatte, will ich noch etwas erzählen. Ehe
man an letzteren Ort gelangt, sieht man unweit des
Wassers ein recht schönes Kastell, dessen vier alte
Ecktürme mit moderner Architektur und einer
schönen Loge ausgefüllt sind; die Lage ist sehr
anmutig. Ich fragte den Jungen, was es für ein
Gebäude wäre, worauf er mir erwiderte: «E un
convento.» Als ich zu wissen verlangte, welchem
Orden das Kloster angehöre, sagte er: «E un convento di gendarmi!» Der Dialekt von Belvedere
übertrifft an Scheußlichkeit alles, was ich bis jetzt
gehört habe. Die bisherigen kalabresischen Mund-
arten hatten alle noch viel Sizilianisches.

2. Juli 1835. Maratea.

Ich blieb einen Tag in Diamante, da in Scalea, wo ich hätte übernachten müssen, schlechte Luft ist, und weil mir das Örtchen, denn es hat nicht mehr als fünfzehnhundert Seelen, recht wohl gefiel. Auch das Wirtshaus war leidlich und die Wirtsleute die ehrlichsten von der Welt. Mein Zimmer hatte den einzigen Fehler, daß es der unterhalb befindlichen Küche zum Rauchfang diente, mit der es durch eine Falltür in Verbindung stand. Diamante liegt reizend auf einer Landzunge, auf der sich auch ein schönes, aber ganz in Verfall geratenes Schloß befindet. Bloß der obere Teil wird als Telegraph benutzt. Leider konnte ich kein Seebad nehmen, da das Meer noch immer stürmte. Unweit Diamante sieht man das verlassene Städtchen Girella mit der gleichnamigen Insel, die der Umgegend sehr zum Schmucke gereicht. Sie ist unbebaut, aber mit einem Wachtturm versehen.

Den anderen Morgen reiste ich auf einem Maultier ab, nachdem ich die kleine Strecke von Belvedere nach Diamante zu Fuß zurückgelegt. Der Weg nach Scalea, der beinahe einförmig zu nennen ist, führt am Meerufer hin, dessen Sand hier jedoch etwas mehr Konsistenz hat. Dafür ist die Gegend voll stehender Gewässer, die die Luft verpesten. Hierzu kommt noch der Lao, ein sehr bedeutender Küstenfluß, der sich hier ins Meer ergießt. Im Winter mag er nicht wenig gefährlich sein, denn an Brücken ist hierzulande nicht zu denken. Mastix und Myrtengebüsche bedecken jene Küstenflächen. Scalea liegt auf einer Anhöhe, die aber zu niedrig ist, um die schlechte Luft abzuhalten. Ohne Schiffahrt, in einer Gegend, die nicht einmal fruchtbar genannt werden kann, ist es ein schwer begreiflicher Aufenthalt. Übrigens sah ich dort eine vorzüglich schöne Palme; auch werden die Aloen wieder häufiger. Viele hatten den Blütenstengel bereits getrieben. Bei Scalea verläßt man das Ufer und muß die steinigen Berge hinaufklimmen. Bald führt der Weg jedoch durch die üppigsten Hecken, die mir jemals vorgekommen. Mastix- und Rosmarinstauden, Aloen und Brombeeren, Eichenholz und Myrten, die gegenwärtig in der Blüte stehen, verschlingen sich auf das mannigfachste, zu beiden Seiten herrliche Ölberge. In dieser schönen Region stießen wir auf eine große Schlange, die von den Landleuten «Saettone» genannt wird. Mein Begleiter war ein sehr naiver Bauer, der mich duzte, fast immer jedoch sich der bloßen Zeichensprache bediente, die ich nie in dieser Vollkommenheit gesehen hatte. Bald erreicht man das hochgelegene Örtchen Casaletto, ehemals ein Räubernest, was mir mein Führer, indem er den Diebsgriff mit der Hand machte und rückwärts zeigte, zu verstehen gab. Der Weg geht nun ab und auf und in tiefe Bachschluchten hinunter; doch bleibt man immer auf dem Gebirge. Ein herrlicher Anblick bereitet sich nun vor, indes man um eine Felsenecke herumbiegt. In majestätischer Ruhe lag das weit ausgebreitete Meer, unter uns die längliche Felseninsel Dino, um die die Wellen mit leichtem Schaum anspülten; ihr gegenüber eine höchst malerische Gruppe von kahlen Felsen, zum Teil kleine Inselchen, auf dem größten derselben ein alter Wachtturm, noch höher auf dem Berge lag ein schönes Kastell. Im Hintergrund aber sah man das Kap Palinuro und den herrlichen Golf von

Policastro mit seinen teils schroffen, teils üppigen Ufern in einer magischen Beleuchtung. Der
Weg führt nun ganz in den Meersand hinab und
zwischen jenen Felsen hindurch, deren Grotten
das Meer durchspült. Ein schönerer Badeplatz ist
kaum denkbar; doch hatte ich nicht Zeit, mich
aufzuhalten.

4. Juli 1835. Lagonegro.

Bald steigt man wieder aufwärts und kommt an
eine kleine Festung, worauf die Straße abermals
ans Ufer hinabführt, in das kleine Örtchen Madonna della Grotta, von einem in einer Höhle
befindlichen wundertätigen Muttergottesbild so
genannt. Die Hitze war groß, und wir ruhten uns
in der Schenke aus. Dies war der letzte Ort in
Kalabrien und auch die letzte billige Zeche, wie es
scheint. Wenigstens in Maratea und in Policastro
stieß ich bereits auf die wohlbekannten neapolitanischen Spitzbübereien.

Man reitet nun in dem ermüdenden Uferkies
eine lange Strecke weiter und hat auch einen ziemlich reißenden Fluß zu passieren; dann geht es steil
an die Felsen hinan, auf einem halsbrecherischen
Pfade bis an die Gipfel des Gebirgs. Aber der
Anblick des Meeres von solcher Höhe wird immer
prächtiger, man sieht in der Entfernung Stromboli.
Zuletzt gelangt man an eine einsame Kapelle, Madonna del Fiore, welcher mein Führer große Ehrfurcht erwies. Er kniete nieder und ließ sich von
mir einen Gran geben, den er in die Kapelle hinein-
warf. Von hier sowohl als vom nahen Telegraphen
ist die Aussicht wundervoll. Man sieht mit einem
Blick alle die Vorgebirge, die man den Tag über

passiert hat, bis nach Diamante. Die Verwunderung scheint beinahe gesteigert, sobald man um die
Ecke biegt und das Tal von Maratea vor sich sieht,
das, mit Ölbäumen und Südfrüchten, mit Klöstern
und Landhäusern auf das mannigfaltigste besät,
die größte Ähnlichkeit mit dem Piano di Sorren-
to zeigt. Aber wie sehr fühlt man sich getäuscht,
sobald man das Städtchen selbst betritt. Es ist so
unglücklich an einen Felsen angelehnt, daß es trotz
seiner hohen Lage aller Aussicht entbehrt; dabei
sind die Gassen dergestalt steil, eng und abscheulich, daß man sich in die unbehaglichste Stimmung
versetzt fühlt. Der Menschenschlag jedoch, namentlich die Weiber, sind von der größten Schönheit. Zwei junge Leute redeten mich an, wovon der
eine sehr hübsch war, und belehrten mich einigermaßen über das Vorkommliche. Das Wirtshaus
war abscheulich und die Wirtin ein boshaftes, un-
verschämtes Weib. Ich nahm für den anderen Morgen eine Barke nach Policastro, um den Golf zu
sehen. Sie kostete mich vierzehn Carlino. Der Weg
bis an die Marine hinunter ist sehr lang und äußerst
beschwerlich. Der Golf zeigte sich in einer heiteren Morgenbeleuchtung, mit seinen teils schroffen
und senkrechten, teils mit den üppigsten Südfrüchten bewachsenen Ufern. Einer der Matrosen, ein
junger Mensch von neunzehn Jahren, war schön
wie ein Gott. Als ich in Policastro ans Land stieg,
nahm ich zuerst ein Seebad und ging dann in die
Stadt, um dort zu Mittag zu essen, wenn man ein
so karges Mahl ein Mittagessen nennen will. An
einem Ort, wo die Natur alles hervorbringt, bekommt man nicht einmal Früchte zu kaufen. Policastro ist eigentlich nichts als ein Dorf, die Lage

jedoch ausgezeichnet. Herrliche Ölwälder ziehen sich längs des Meerufers hin, weiter oben gedeihen die schönsten Agrumen. Die Luft aber ist schlecht.

Auf der Heimfahrt ließ ich mich in Sapri ans Land setzen, ein Örtchen in der üppigsten Gegend des Golfs; hier lag das alte Velia, von dem man noch mehrere Rudera am Ufer sieht. Die Rückreise war im übrigen sehr unglücklich, wir hatten widrigen Wind und kamen gar nicht von der Stelle. Am anderen Morgen, nämlich gestern, ritt ich auf einem Maultier hierher, wo ich um elf Uhr vormittags anlangte. Der Weg führt meist durch eine reizende Wildnis voll Eichwälder und Kastanienwälder, zum Teil auch kahles Gebirge. Lagonegro liegt außerordentlich schön in einem Tale, das an die Schweiz erinnert. Der Schieferfels zeigt sich zum Teil schroff und abschüssig, zum Teil mit den herrlichsten Kastanien bewachsen. Ein Teil des Städtchens liegt auf einem eigentümlichen schroffen, terrassenartigen Felsenstück, das sich mitten im Talgrund erhebt. Zu Spaziergängen ist diese Gegend sehr einladend; der Ort selbst ist schlecht gebaut, aber freundlich. Heute nacht werde ich mit dem Postwagen nach Salern fahren.

10. Juli 1835. Salern.

Seit dem Fünften dieses, abends, bin ich hier und hielt mich, um auszuruhen, einige Tage auf, da ich doch von Neapel aus nicht so leicht hierher komme. Es sind bereits fünf Jahre, daß ich nicht mehr in Salern war; es ist ein reizender Ort, freilich in der heißen Jahreszeit nicht sonderlich genießbar. Jedoch nahm ich jeden Abend ein Seebad. Die Gesellschaft im Postwagen war recht erträglich,

die Gegenden sind meist anmutig, interessant das
Örtchen Castelluccio auf einer hohen Felsenspitze.
In Eboli speisten wir zu Mittag. Hier habe ich in
der Villa di Milano eine recht hübsche Wohnung
gefunden und genieße die herrliche Aussicht auf
den Golf und auf die Gebirge von Vietri.

9. September 1835. Neapel.

Ich habe diesmal Neapel nur kurze Zeit genossen;
denn morgen werde ich abermals mit dem Dampfboot nach Palermo abreisen. Die Hoffnung, mich
für diesen Winter in Sizilien besser beschäftigen zu
können, und die herannahende Cholera, die bereits
im südlichen Toskana ist und in Genua und Livorno furchtbare Verheerungen anrichtet, haben
mich zu diesem Entschlusse gebracht. Eine solche Krankheit in dem schmutzigen und durch
und durch übervölkerten Neapel abzuwarten, war
nicht ratsam. Den Sommer habe ich im ganzen
recht angenehm verbracht; doch sind die Herbst-
regen so frühzeitig eingetreten, daß ich nur sieben-
undvierzig Seebäder nehmen konnte. Seitdem ist
die Witterung so häßlich und unbeständig, daß ich
mehrmals unwohl war und es auch jetzt wieder
bin. Ranieri sah ich täglich, doch hat er während
meiner Abwesenheit nicht die mindesten Fortschritte im Deutschen gemacht, vielmehr die Sache
ganz liegenlassen.

13. Oktober 1835. Palermo.

Ich befinde mich nun seit mehr als einem Monat in
Palermo, und wiewohl ich in vollkommener Ein-
samkeit lebe, so hatte ich doch wenig Langeweile.
Die Hitze war übrigens bis jetzt noch immer so

groß, daß man die Reize der Umgegend wenig genießen konnte. Ich ging des Morgens nach dem Frühstück bloß ein wenig in die Flora und brachte dann einige Stunden in der öffentlichen Bibliothek zu, die freilich schlecht bestellt ist. Ich las fast nur griechische Sachen und beschäftigte mich abwechselnd mit den Analekten von Brunck[1], dem Heyneschen Pindar[2], dem Thukydides, Athenäus, Suidas. Gestern habe ich angefangen, Mignets «Histoire de la révolution française»[3] zu lesen. Des Abends studiere ich den Vigerus[4], den ich bei mir habe, und lese die «Dionysiaca» des Nonnus, die Selvaggi auf mein Verlangen so gütig war, mir zu schicken. Mit dem letzten Dampfboote kamen der Landschaftsmaler Thöning, ein alter Bekannter, hier an und der Baron Rosenfeld, den ich von Neapel aus kenne. Es ist ein Bruder der Gräfin Reichenbach und vom Kurfürsten geadelt worden. Er reiste sogleich nach Messina ab, kommt aber wieder zurück.

Heute ist endlich Regen eingetreten, allein in den letzten Tagen stieg die Hitze zuweilen bis auf siebenundzwanzig Grad, und ich habe am 8. Oktober abermals angefangen, Seebäder zu nehmen. So habe ich sie nun bis einundfünfzig gebracht, denn jetzt ist es vorbei, der Herbst hat begonnen. Ich ließ

---

[1] Richard Franz Brunck (1729–1803), «Analecta veterum poetarum Graecorum», 3 Bände, Straßburg 1772–76

[2] die Pindar-Übersetzung von Christian Gottlob Heyne, erstmals erschienen 1773 in Göttingen

[3] von François Mignet (1796–1884), erstmals erschienen 1824 in Paris

[4] François Vigier (1591–1647), Jesuit. Verfasser von «De praecipuis graecae dictionis idiotismis», Paris 1627; neu herausgegeben von G. Hermann, Leipzig 1834.

mich in einer Barke bis ins Meer hinausfahren,
denn an den Ufern kann man hier nicht baden.

28. Oktober 1835. Cefalù.

Ich entschloß mich schnell, Palermo zu verlassen,
teils, weil ich mit Kost und Wohnung wenig zufrieden war, teils auch, weil die Bibliothek geschlossen wurde und es ohnedem hohe Zeit zum
Reisen war, wenn ich es nicht auf die traurigste
Jahreszeit verschieben wollte. Meine Absicht ist,
den Winter oder wenigstens die Regenmonate in
Syrakus zuzubringen, wohin ich mich jedoch mit
aller Gemächlichkeit begebe. An meinem Geburtstage verließ ich Palermo; nie habe ich einen traurigeren verlebt. Es regnete den ganzen Tag über; ich
fuhr zu Wagen nach Termini, wo ich zur Mittagszeit ankam. Der zweite Tag, den ich dort zubrachte, war leidlich, der dritte schön. Gestern
reiste ich ab. Die Lage von Termini, einer freundlichen Stadt, ist außerordentlich reizend. Am Fuße
des Calogero, nach dem Ätna der höchste Berg der
Insel, bieten sich überall die herrlichsten Aussichten dar. Die vom Gebirge bis ans Meer herabzie-
hende Stadt, deren Kastell auf einem malerischen
Felsen thront, dessen Fuß sich ebenfalls bis ans
Meer erstreckt, die schönen Küsten und Vorgebirge gegen Palermo zu, namentlich das Kap Zaf-
ferano, hinter welchem noch die palermitanischen
Berge erscheinen; auf der anderen Seite der Calogero, der üppige Anbau der Hügel, der Täler und
Schluchten, mit echt sizilianischer Vegetation bedeckt, die malerischen Klöster und Landhäuser, hie
und da verstreut, geben eines der lieblichsten Bilder, deren diese Insel sich rühmen kann. Weniger

zu loben ist der Weg hierher, den ich gestern auf
einem Maultier zurücklegte. Hie und da bieten sich
schöne Aussichten dar, besonders wenn man rückwärts blickt, großenteils aber ist er einförmig und
sumpfig. Die Nacht trat ein, als wir ankamen, das
heißt, es war sechs Uhr. Ich hatte den ganzen Tag
großen Hunger gelitten, da ich nichts von Termini
mitgenommen und mir nicht einbildete, daß auf
einem Wege von vierundzwanzig Miglien nicht
einmal ein Stück Brot zu haben sei. Allein man
berührt gar keinen Ort, Roccella bleibt rechts auf
einem traurigen Hügel liegen. Nur selten trifft man
kleine Pachthöfe, deren Oasen gewöhnlich durch
eine Palme sich auszeichnen, was Landessitte zu
sein scheint. Hier habe ich als einzige Merkwürdigkeit die Kirche besucht, die Roger ex voto erbaute.
Sie ist leider sehr verdorben. Bloß die Form des
Mittelschiffs nebst den Säulen, auf denen es ruht,
und ein Teil der Mosaiken im Chor sind erhalten.
Letztere sind recht interessant. Im allgemeinen
stimmte diese Kirche mit der von Monreale ziemlich überein. Sie lehnt sich beinahe an die steile
Wand des ungeheuren Felsenblocks, von welchem
Cefalù seinen Namen erhalten hat.

1. November 1835. Castrogiovanni.

Nach einigen Querfahrten bin ich gestern nachmittag hier angekommen, wo ich in einem leidli-
chen Wirtshause mich ausruhe. In Cefalù machten
die Leute, die überhaupt von etwas betrügerischer
Natur zu sein scheinen, so unerhörte Forderungen,
um bis Alimena zu kommen, daß ich zuletzt eine
Gelegenheit ergreifen mußte, die, wiewohl etwas
vom Weg ab, nach Ganci ging. Es war ein Kerl mit

vier Maultieren, von denen er zwei zu meiner
Verfügung stellte. Er reiste jedoch schon um ein
halb vier Uhr des Morgens ab, und wir hatten
lange im Dunkeln durch steile und kotige Wege
uns durchzuschleppen. Der Tag vorher in Cefalù
war ziemlich heiter, aber sehr stürmisch gewesen,
und ich habe das Meer selten in solchem Aufruhr
gesehen. Der folgende war ebenfalls sehr windig,
wozu noch häufige und heftige Strichregen kamen.
Die Gebirgstäler, durch die wir kamen, als es Tag
geworden, waren zum Teil anmutig und mannigfaltig. Castelbuono, das man zur Rechten läßt, hat
eine schöne Lage. Noch ehe man aber Geraci, das
sehr hoch auf einen Felsen gepflanzt ist, erreicht,
verwandelt sich alles in eine öde Steinwüste von
der traurigsten Art, wo alle Kultur aufhört. Das
Wetter wurde nun unerträglich, Sturm und Regen
anhaltend, der Kot bodenlos. In diesem Zustande
erreichten wir endlich Ganci, ein scheußliches, un-
fruchtbares Nest, das sich an den schroffen Abhang
eines Berges lehnt. Der Eintritt nun in das sogenannte Wirtshaus, nachdem ich die höchsten
Häuser dieses babylonischen Turmes erklommen,
war keineswegs erfreulich. Kein Zimmer als die
schmutzige Kammer des Wirts, kein Bett als das
seinige, keineswegs einladend. Indes machte sich
die Sache besser als sie schien. Ich wärmte und
trocknete mich an einem Kohlentopfe, und das
frugale Mittagsmahl war genießbar. Den übrigen
Teil des Abends (es regnete beständig) brachte ich
mit Lesen zu; schlafen jedoch konnte ich nicht,
wiewohl ich reinliche Bettwäsche erhielt. Das Lager aber war von den Wanzen längst in Besitz
genommen. Den anderen Tag, denn zwei Nächte

wollte ich um keinen Preis verweilen, (doch statt
hierher) nahm ich mittels eines Umwegs ein Maultier bis Alimena, bloß neun Miglien entfernt; denn
ich wagte nicht, des zweideutigen Wetters wegen,
eine größere Tagereise zu unternehmen, und der
Gasthof von Alimena war mir gerühmt worden.
Dieses letztere mit Unrecht, denn er war kaum
besser als der von Ganci, nur daß ich schlafen konnte. Der Weg von Ganci nach Alimena ist reizlos und unbebaut; auch die Lage von Alimena
traurig und unfruchtbar, nur daß man von einem
nahen Felsenberge ein herrliches Panorama von
Sizilien genießt. Die Aussicht ist vollkommen frei;
man erblickt dort den Calogero wie den Ätna, die
Madonien wie die südlichen Gebirge dieser Insel.
Bloß gegen Norden war es einigermaßen bewölkt.
Zu Alimena kam ich in eine Weiberwirtschaft,
während in Ganci bloß ein alter Mann und sein
Söhnlein mich aufgenommen hatten. Von dort bis
Alimena hatte ich einen recht schönen Knaben zum
Maultiertreiber; hier sieht die Nationalphysiogno-
mie etwas sarazenisch aus. Die Straße bis hierher ist
großenteils kahl, baumlos und wenig interessant.
Priolo, wo wir etwas Brot und spanischen Pfeffer
zum Frühstück einkauften (ich hatte einen ehrli-
chen Bauern zum Führer), ist ein trauriger Ort.
Erst bei Caltascibetta wird die Gegend reizender.
Man übersteigt dieses wunderliche Felsennest, das
ich von der Ferne schon vorigen Frühling gesehen
hatte, und ich erblickte unten an der großen Heerstraße das Haus, wo ich damals ein so schlechtes
Nachtquartier genossen hatte. Hier kamen wir
bereits um die Mittagsstunde an. Wunderlich ist
das ganz frei im Mittelpunkte der Insel liegende

Castrogiovanni, eine ziemlich umfangreiche Stadt, auf diesen Felsen und seine Zwischentäler umhergewürfelt. Sie enthält jedoch, die Aussicht ausgenommen, nichts Anziehendes, und es ist hier oben bedeutend frisch. Die Aussicht ist freilich außerordentlich, und ich konnte sie gestern, da die Luft vollkommen klar war, ganz nach Wunsch genießen. In seiner ganzen Majestät erscheint der Ätna, der besonders nahe herantritt. Gegen Süden zeigt sich der See der Proserpina; gegen Norden mannigfaltiges Grün der Hügel und Täler und das Felsennest Caltascibetta. Doch zieht der schneebedeckte Riesenberg die Blicke immer am längsten an.

6. November 1835. Caltagirone.

Vorgestern morgen verließ ich Castrogiovanni, wo ich eigentlich länger zurückgehalten wurde, als mir lieb war, denn der Wind und die Kälte waren sehr empfindlich, und die Spaziergänge sind auf jener Höhe beschränkt. Die Wirtsleute waren übrigens besonders ehrlich. Der Weg nach Piazza führt am See der Proserpina vorüber und beinahe ringsherum. Seine Ufer sind freilich jetzt sehr verödet, wiewohl er noch ein paar reizende Punkte hat, die mit Bäumen bepflanzt sind. Sonst ist von Bäumen auf dem ganzen Wege wenig zu sehen, und der Erdboden wird durchgängig sandig. Nur hie und da, außer den Disteln, an denen die sizilischen Einöden einen großen Überfluß haben, sah ich einige Zeitlosen mit gelber Blüte, die ich auch auf dem Felsenberg bei Alimena gefunden hatte. Bloß wenige Schritte, ehe man nach Piazza kommt, ein paar kleine Oasen ausgenommen, wechselt die Gegend, man wird durch ein Pinienwäld-

chen, durch reichen Zypressenwuchs und sonstige Fruchtbarkeit überrascht und sieht Piazza auf
einem Hügel liegen, der sehr reizende Täler beherrscht. Das Städtchen ist ziemlich solid gebaut,
der Dom, auf dem Gipfel der Anhöhe, modern,
aber stattlich. Auf einem Spaziergange, den ich
nach Tisch machte, besuchte ich eine sehr schöne
Villa, die einem dortigen Marchese gehört und
allen geöffnet ist. Schöne Gänge von Zypressen
und Lorbeeren, herrliche Eichen und hohe Buchshecken machen diesen Garten sehr anmutig, und
gern hätte ich einige Tage lang diese schöne Einsamkeit von Piazza genossen; aber der Gasthof war
zu schlecht und das Bett zu schmutzig, um es zwei
Nächte hintereinander auszuhalten, wiewohl ich
von meinem Fenster eine recht hübsche Aussicht
hatte. Ich nahm daher gestern ein Maultier hierher;
ein Weg, den man in vier Stunden zurücklegt.
Anfangs ist er außerordentlich schön. Man hat
beständig ein üppiges Tal zur Rechten, wo trotz
des sandigen Erdreichs Wein, Oliven, indische
Feigen in reicher Abwechslung wuchern; darunter
verstreut stehen Pinien, die der Gegend erst ihren
Charakter geben. Man fühlte sich im Süden, die
Bäume hatten noch ihr Laub, und von der Kälte
von Castrogiovanni war nichts mehr zu verspüren.
Später wird es freilich wieder öder, doch nie zur
völligen Wüste. Der Boden nimmt sodann einen
lehmigen und kreidigen Charakter an, der weniger
fruchtbar ist als der Sand von Piazza. Der Berg, auf
welchem Caltagirone liegt, ist gegen Norden, wo
man ihn ersteigt, vollkommen kahl, die Stadt brei-
tet sich jedoch auf dem südlichen Abhange aus, so
daß man derselben nicht eher ansichtig wird, als bis

man sie wirklich erreicht hat. Sie ist für Sizilien gut
gebaut und hat stattliche Gasthöfe, auch ein groß-
städtischeres Ansehen als Castrogiovanni, obwohl
es, wie es scheint, kleiner ist. Hie und da genießt
man recht hübsche Aussichten, doch ist die Lage
weniger schön als die von Piazza, und für den
Sommer fehlt es gänzlich an Schatten. Dialekt und
Gesichter sind weniger roh als in Castrogiovanni;
doch sieht man viel verschmitzte und unangenehme Physiognomien. Die sizilianische Schönheit scheint überhaupt nur in Palermo und dessen
Umgegend zu Hause zu sein.

13. November 1835. Syrakus.

Vorgestern bin ich hier angekommen, um meine
Winterquartiere zu beziehen, die jedoch, wie ich
fürchte, etwas langweilig oder doch unbehaglich
ausfallen werden; denn man ist hier in der Tat von
der ganzen Welt abgeschieden. Einen guten, aber
unerschwinglich teuren Gasthof mußte ich verlassen und befinde mich nun zwar in einem anderen
ziemlich erträglich, aber doch keineswegs so, wie
ich wünsche. Ich bezahle des Tags für Wohnung
und Kost acht sizilianische Taris. Diese Unterkunft
verschaffte mir Don Mario Landolini, ein hiesiger
Adeliger, an welchen ich einen Brief von Schulz
hatte. Dieser Don Mario ist ein alter Mann von
außerordentlicher Güte und Gefälligkeit, aber, was
den Umgang betrifft, leider ein wenig taub und,
wiewohl der gelehrteste Mann in Syrakus, keineswegs frei von der allgemeinen sizilianischen Unwissenheit, wie denn dies in einem Lande, wo
es weder Bücher noch Zeitungen gibt, nicht anders sein kann. Er glaubte unter anderem, Bayern

werde von der Familie Poniatowski beherrscht.
Bei ihm lernte ich den Präsidenten Avolio kennen
und einen Poeten aus Teramo, namens Benjamino
Ippoliti, der wegen politischer Rücksichten hierher
verbannt wurde. Er weiß freilich auch sehr wenig.

Nun etwas von meiner Reise. Ich blieb noch ein
paar Tage in Caltagirone, da ich keine Ursache zur
Eile hatte, wovon ich mich hier um so mehr überzeugte. Dort sah ich unter anderem noch einen
ausnehmend schönen jungen Mann; als ich mich
aber erkundigte, war es ein Palermitaner. Am
Neunten früh reiste ich ab. Man steigt in ein sanftes
und angebautes Tal hinunter und behält den Ätna
zur Linken, der auf der Südseite bedeutend weniger Schnee hat oder wenigstens hatte, denn von
hier aus gesehen scheint er abermals winterlicher.
Auf einem angenehmen Spazierritte gelangte ich
nach Palagonia, ein ziemlich trauriges Nest auf
einer Anhöhe. Dort ruhte ich etwas aus und aß mit
meinem kleinen Maultiertreiber zu Mittag, wobei
ich jedoch in einer elenden Kneipe eine bessere
Küche fand, als ich in Palermo genossen hatte. Der
Weg bis Lentini ist bedeutend öder, aber gleichfalls
vollkommen eben, die einzige ebene Tagereise, die
ich bis jetzt in dieser gebirgigen Insel gemacht
habe. Der Erdboden wird jedoch sehr sumpfig,
je näher man Lentini kommt, das man schon von
fern am Abhange eines Hügels liegen sieht. Der
die Gegend verpestende See, an dem man vorbei-
kommt, ist völlig reizlos, die Lage der übrigens
recht freundlichen Stadt, wenigstens die höher gelegenen Teile, ziemlich hübsch. So namentlich das
am höchsten gelegene Kapuzinerkloster, wo man
Felsenhügel, Schluchten und Grotten, alle dicht

mit Kaktus bewachsen, übersieht. In jener Kloster-
kirche befindet sich ein großes Bild von Tintoretto, aber keines seiner besten, doch für Sizilien
immer eine Seltenheit. Wir kamen mit untergehen-
der Sonne an, und ich blieb den folgenden Tag,
besuchte auch einen alten Herrn namens D. Pasquale Sello, der eine hübsche Sammlung sizilianischer Münzen besitzt. Da er mir jedoch alle Stück
für Stück zeigen wollte, so reichten meine Augen
nicht hin, und ich empfahl mich.

Den nächsten Tag, es war gerade Sankt Martin,
ging es hierher. Es sind bloß vierundzwanzig Miglien; aber nie ist mir ein Weg in diesem Grade
langweilig vorgekommen; er bleibt auch öde und
traurig, bis man Syrakus erreicht. Das Meeresufer,
das man sehr spät erreicht, ist vollends steinig und
abscheulich. Sonst hat man lauter Gebirge, aber
kahl und verlassen, nur hie und da kleine Oasen-
täler, die bebaut sind. Bloß an einigen Stellen
sind mächtige Gebüsche von Mastix, der einen heftigen
Geruch aushauchte, denn es war um die Mittagsstunde bedeutend heiß. Einmal warf mich auch das
hochbepackte Maultier ziemlich unsanft vom Sat-
tel. Doch kam ich mit heiler Haut davon. Hier
angelangt und durch die hohen Preise des Gasthofs sehr übel gestimmt, da ich einen sicheren und
dauernden Ruheplatz zu finden gehofft hatte, ging
ich noch denselben Abend, zerlumpt und schmutzig wie ich war, zu D. Mario, der mich, wie gesagt,
sehr liebreich empfing ...

*

Hier brechen die Aufzeichnungen der Tagebücher ab.

Anhang

1796 August Graf von Platen-Hallermünde (eigentlich:
-Hallermund) wurde am 24. Oktober in Ansbach
geboren als Sohn aus der zweiten Ehe seines Vaters, August Philipp Graf von Platen (1748–1831),
Oberforstmeister in preußischen Diensten, mit
Christiane Luise Freiin Eichler von Auritz
(1763–1846), die für die frühen literarischen Inter-
essen ihres Sohnes viel förderndes Verständnis
beweist.

1806 Im Rahmen des Napoleonischen Territorialaus-
gleichs wird Ansbach wieder ein Teil des Königreichs Bayern. Am 1. Oktober tritt August von
Platen in die Münchener Kadettenanstalt ein.
Schließt Freundschaft mit Friedrich Graf von Fugger-Hoheneck.

1810 Im September tritt Platen in die Königliche Pagerie
ein.

1812 Beginn des Dienstes bei Hofe (am 1. November).

1813 Platen fängt damit an, Tagebuch zu führen.

1814 Beförderung zum Unterleutnant. Beginn seiner
Beziehung zu Friedrich von Brandenstein.

1815 Teilnahme am Feldzug gegen Frankreich. Ver-
bleibt in einer Reservebrigade. Ohne Gefechtsein-
satz.

1816 Erste Schweizer Reise. Selbstmordgedanken.

1818 Vom militärischen Dienst beurlaubt. Stipendium
für ein Studium der Rechte in Würzburg. Ein
intensives Studium der Botanik und Geschichte,
im Vorjahr begonnen, führt er kursorisch fort.

1819 Beginn der Beziehung zu Eduard Schmidtlein

(«Adrast»). Studiert in Erlangen weiter. Intensives
Sprachstudium bis 1826. Hört bei Schelling. Bekanntschaft mit Gotthilf Heinrich Schubert, Friedrich Rückert, Jean Paul, Jacob Grimm, Justus Liebig.

1821 Platens «Ghaselen» und «Lyrische Blätter» erscheinen.

1822 Publikation der «Vermischten Schriften».

1823 Verlängerung von Platens Studienurlaub. Letzte
Sammlung der «Neuen Ghaselen» erscheint.

1824 Reisen nach Wien und Prag, im Herbst nach Venedig. Seine «Schauspiele» kommen heraus.

1825 «Die Sonette aus Venedig» erscheinen. Im An-
schluß an seine zweite Schweizer Reise lernt Platen
Gustav Schwab kennen, der als Herausgeber des
«Morgenblatts» und Berater des Verlegers Cotta
zu einem der einflußreichsten Förderer Platens
wird.

1826 «Die verhängnisvolle Gabel» erscheint. Ausge-
dehnte Italienreisen. Läßt sich in Italien schließlich
als «reisender Siedler» nieder.

1827 Anzeichen gesundheitlicher Zerrüttung. Zusam-
menbruch in Rom. Gast im deutschen Künstlerkreis um den preußischen Gesandten von Bunsen.

1828 Auswahl seiner «Gedichte» und der Band «Schauspiele» erscheinen. Außerordentliches Mitglied der
Bayerischen Akademie der Wissenschaften.

1829 «Der romantische Oepidus». Heine-Platen-Streit.

1831 Platens Arbeit an den «Polenliedern».

1832/33 Zwei Reisen nach München. «Die Liga von
Cambrai. Geschichtliches Drama in drei Akten».
«Geschichten des Königreichs Neapel von 1414 bis
1443». Austausch mit Ranke.

1834 «Gedichte». Zweite Auflage.

1835 Im Frühjahr erste Reise nach Sizilien. Erscheinen der «Abassiden». Im September flüchtet Platen aus Angst vor der Cholera aus Neapel nach Syrakus. Stirbt dort am 5. Dezember.

1839 Friedrich von Fugger gibt Platens «Gesammelte Werke» heraus.

Nachwort

———

KUNST UND SÜHNE

Versuch über Platen

«Liebe zur Einsamkeit hat tiefe Wurzel in mir gefaßt», notierte Platen im Mai 1818 in seinem Tagebuch. «Stumm und verschlossen» nannte er sich; er, der noch nicht ganz zweiundzwanzigjährige Student der Jurisprudenz, spürte in sich eine befremdende Kälte. Er schien keinen wirklichen Zugang zu den Menschen finden zu können, nicht im heimatlichen Ansbach, nicht in München, nicht in Würzburg.

Er weiß nicht, was ihn umtreibt. Mit Hilfe seines intimsten Freundes, des Tagebuches, möchte er diesem Etwas auf die Spur kommen. War es Reiselust und nichts weiter? Im Juni 1816 bereitet er sich auf eine Reise in die Schweiz vor. Er liest die einschlägigen Reiseführer, vor allem Meiners «Briefe über die Schweiz» (Berlin 1790), und träumt von seelischer Befreiung. Aber Befreiung wovon? Von seinen, er gesteht es sich selbst, schwärmerischen Leidenschaften. Sie gelten wahlweise Kadetten und Pagen, Kommilitonen und hergelaufenen Nichtsnutzen.

«Mich reizt deine schöne Gestalt»; aber die Gleichgültigkeit und kalte Schulter, mit denen die heimlich angebeteten «Jünglinge» Platens scheuem Werben begegnen, kränken ihn tief. Oft genug freilich wissen die leidenschaftlich Verehrten nichts von Platens Gefühlen; und die «Antworten», die sie ihm angeblich geben oder verweigern, bestehen zumeist nur in Platens Phantasie.

Seit 1814 quält sich Platen mit seiner Leiden-

schaft für den jungen Friedrich von Brandenstein,
den «Federigo» des Tagebuches. Schon nach wenigen Wochen kannte sich Platen mit seinen eigenen
Gefühlen nicht mehr aus: er fühlte sich beseligt und
beschenkt und gleichzeitig an den Rand seelischer
Abgründe gestoßen. Schließlich, zwei Monate vor
Beginn seiner Reise in die Schweiz, ringt er sich
dieses verzweifelte Stoßgebet ab: «Lehre mich die
wahre Weisheit des Lebens oder laß mich enden!»
Poetisch verbrämt, nimmt er von seinem Federigo
Abschied: «Federigo, Federigo, / Also ist mir's
zugemessen, / Daß verlassen und vergessen / Meine einz'ge Rettung ward. / Gab es keine mildern
Wege, / Ruh' mir zu verleihn, als diese? / Also
schied einst Héloise / Von dem kalten Abälard.»

Platen als Héloise, als überlegen Liebender oder
als einer, den – im Sinne der «Nouvelle Héloise»
Rousseaus – die mit seiner Leidenschaftlichkeit
unvermeidlich zusammenhängenden Verfehlun-
gen zu peinigen beginnen? Im Tagebuch erklärt er
sich selbst: «Mich von ihm zu trennen fällt mir
eigentlich nicht schwer, da ich meine Neigungen
bekämpfte und kaum mehr begreife, wie sie vormals so heftig sein konnte. Dies mag aber auch
daher kommen, daß ich mich ihm seit so langer
Zeit nicht mehr näherte.» Fortan sollte freilich
irgendein «Federigo» zu jedem beliebigen Zeit-
punkt in Platens so übermäßig gequältem Leben
auftreten.

Verlassen und vergessen – Platen konnte am
wenigsten daran glauben, sich damit helfen zu
können. Denn steht diesem Wunsch nach Vergessen nicht jenes Motto entgegen, das er wiederholt
an den Anfang eines neuen Tagebuchabschnitts

gestellt hat, Jean Pauls Satz: «Die Erinnerung ist das einzige Paradies, aus dem wir nicht getrieben werden können»?

Kaum von seiner Schweizer Reise zurückgekehrt, denkt Platen ernsthaft daran, nach Amerika auszuwandern. Aber schließlich wird aus diesem Plan nur ein viermonatiger Aufenthalt in Schliersee.

Sofern es Platen einmal gelingt, für längere Zeit an einem Ort zu bleiben, überhäuft er sich mit Arbeit, sprich: mit Ablenkungen. Dann «reist» er von einer Sprache zur anderen, immer, wie es den Anschein hat, auf der Suche nach angemessenen Ausdrücken für seine seelischen Nöte. Dem Beispiel Goethes folgend, befaßt er sich mit Botanik und dem Prinzip der Metamorphose, wobei er darauf hofft, auch seinem Leben zu «Wandlung» zu verhelfen. Daneben eignet er sich zwölf Sprachen an, vom Portugiesischen bis zum Persischen, und schreibt mit geradezu zwanghafter Besessenheit, so, als wolle er seine Verschlossenheit und Scheu im Umgang mit Menschen auf dem Papier Lügen strafen.

Beständig sucht er nach Orientierung und Halt, nach Vorbildern und Mentoren. Diese Orientierungsversuche nehmen um 1817 Kontur an: Platen verfaßt achtundachtzig «Lebensregeln», in der Hauptsache für den eigenen Gebrauch. Sie umfassen Leitgedanken für «richtiges Lesen» und Maßgaben für den «wahren Vernunftgebrauch». Letztere besagen unter anderem: «Je mehr also deine Vernunft von körperlichen Motiven und Einwirkungen beherrscht wird, desto mehr mißtraue ihr.»

Im Grunde aber lebt er in und durch die Literatur. Er sucht nach Präzedenzfällen für seine Le-
benssituation; immer wieder identifiziert er sich
dabei mit Goethes «Tasso». Denn auch Platen weiß
wie Tasso, daß die Menschen einander eigentlich
nicht kennen; auch ihm, Platen, gab ein Gott zu
sagen, wie er litt; und wie Tasso beginnt ihm
bewußt zu werden, daß er nichts wirklich zu vollenden vermag. Das Problem der ästhetischen Vollendung des Lebensvollzuges sollte ihn bis zu seinem Lebensende verfolgen. In einer seiner späten Hymnen, er widmete sie dem treuen Freund,
Friedrich Graf von Fugger, prägte Platen diesen
vollendeten Vers über das Unvollendete: «Selbst
das fast Vollkommne waltet im Dunkeln / Unge-
prüft.»

Nachprüfbar dagegen, das betonte Platen wiederholt, sei die Vollendung der ästhetischen Form,
die er als die «höchste Selbstverleugnung des
Künstlers» bezeichnete. Was besagt das? Offenbar
meinte Platen, daß ein Künstler, wenn er seinem
Stoff in der Art der Gestaltung als Werk gerecht
worden ist, sich zurückzuziehen habe, da sich seine
Subjektivität im Kunstwerk aufzulösen beginne.

Abermals eine Platensche Selbsttäuschung? Dieses Mal über seine Aufgabe als Künstler? Nietz-
sche hatte eine hohe Meinung von Platens «Kunst-
und Formgewandtheit», die in seinen Augen nur
Hölderlin übertroffen hatte. Ein hohes Lob, das
Thomas Mann ausdrücklich bestätigen sollte. Virtuos habe Platen, so Thomas Mann, die Auflösung
der Form bekämpft.

Was aber heißt in diesem Zusammenhang «virtuos»? Die meisterliche Handhabung der klassi-

schen Versmaße? Die Formenvielfalt seiner Gedichte – von Ghaselen, Hymnen, Oden bis zu
Sonetten? Oder ist damit der eigentümlich mono-
logische Charakter seiner Dramen gemeint, in
denen die Menschen aneinander vorbeireden, um
ihre eigene Identität nicht zu gefährden? Es ist aber
auch eine andere Qualität seiner Dichtungen, die
das Prädikat «virtuos» verdient: Platens künstlerische Leistung besteht nämlich nicht zuletzt darin,
daß er seine Lebensproblematik nicht zum aus-
schließlichen Thema seiner Dichtung erklärt, sondern sie stofflich und motivisch erweitert hat, vor
allem in seiner Lyrik und seinen Prosaschriften.
Wenige seiner Zeitgenossen, Friedrich Rückert
einmal ausgenommen, verfügten über einen rei-
cheren Fundus an (fremd-)sprachlichem Wissen:
Hubert Fichte urteilte über Platen, daß sein Bei-
trag zur Weltliteratur auf eine polyglotte Weise
deutsch gewesen sei. Sein vielsprachig inspiriertes
Deutsch befähigte ihn dann in zwei entscheidenden
Augenblicken seines Lebens, die zu den Sternstun-
den in der Geschichte der deutschsprachigen Lyrik
zählen sollten, die «Sonette aus Venedig» und die
«Ghaselen» zu schaffen.

Aber Platen verfügte nicht nur über einen stau-
nenerregenden Sprachvorrat, sondern auch über
einen genuinen Zugang zur bildenden Kunst, der
durchaus jenem Goethes verwandt war. Platens
virtuosem Künstlertum entsprechend, konnte er
diesen Zugang gerade auch in seinen «Sonetten»
fruchtbar machen. In der Kunstbetrachtung, im
Studium der Geschichte und des Rechts, der Sprachen und der Botanik erholte er sich, wenn man
so will, von sich selbst, seinen Depressionen und

psychischen Zwängen. Lange aber hielten diese
Kuren im Wechselbad der Wissenschaften nicht
vor. «Kaum kann ich beschreiben, wie mich die
Welt zuweilen angraut», gesteht Platen seinem
Tagebuch am 23. August 1818. «Überall stehen
mir die Gespenster der Hofmanieren, der gesellschaftlichen Heuchelei, des kleinlichen Zeremoniells widerwärtig grinsend entgegen. All dies
vergaß ich bei den Wissenschaften, im Umgange
der Musen, meiner Freundinnen, und nun rächen
sich neidisch die Grazien.»

Tags darauf beginnt er einen Aufsatz mit dem
bezeichnenden Titel «Wissenschaften sind besser
als Schätze». Einer der letzten Sätze dieses Fragment gebliebenen Essays lautet: «Selbst im Drang
der Gesellschaft beschützt der Reichtum nicht vor
Ekel und Mißmut, die Wissenschaften aber beglücken selbst der Einsamkeit goldene Stunden.»

Wer sich der geistigen Horizonte bewußt bleibt,
die Platen sich in seinem so gehetzten Leben mit
nie nachlassender Konzentration erarbeitet hatte
(nicht zuletzt die Intensität seiner Auseinander-
setzung mit der täglichen Lektüre, die das Tagebuch
bezeugt, beweist diese außergewöhnliche Konzentration), der kann eigentlich nicht den Fehler begehen, in Platen nur den Homoerotiker zu sehen und
den mutigen Verfechter der gleichgeschlechtlichen
Liebe. Denn immerhin beschäftigen wir uns hier
mit einem Sprachkünstler ersten Ranges, also mit
einer vielschichtigen Persönlichkeit von schillern-
der künstlerischer Virtuosität und tiefer Sensibili-
tät. Zwar ist es unstreitig, daß Platens «erotisches
Außenseitertum» (Hans Mayer) sein Fühlen, Denken und Handeln (also in erster Linie sein künst-

lerisches Schaffen) bedingte. Abenteuerlich muß es dagegen anmuten, wenn man – mit Hubert Fichte – Platen auf seine Homoerotik verkürzte und damit das Quecksilbrige seiner Phantasie und den sinnstiftenden Formwillen, der aus seiner Kunst spricht, ausließe.

Jenseits mutwilliger «Aktualisierungen» fand Benno von Wiese hundert Jahre nach Platens Tod zu einem abgewogeneren Urteil über Platen und seine Tagebücher: «Dem in den Tagebüchern bis zum Peinlichen und Grausamen wirksamen Trieb zur uneingeschränkten Wahrhaftigkeit, der es um eine letzte Klarheit über sich selbst zu tun war, auch dort noch, wo diese Klarheit eine Selbstvernichtung bedeutete, steht der nicht vernichtende, sondern erlösende Trieb zur Form entgegen, der der Seele wiederum Würde und Haltung gibt in der überpersönlichen Kunstgewißheit, die in sich selber ruht.» Denn, vergessen wir nicht, daß wir, wenn uns darum zu tun ist, Platen wenigstens annähernd gerecht zu werden, sein Verständnis von Freiheit nicht mit Enthemmung der Triebe gleichsetzen dürfen. Bedeutete doch Freiheit für ihn: Freiheit *von* den Trieben, wie er bereits im Jahre 1812 in einer Notiz «Das Glück der Freiheit» schrieb: «*Der* Mensch ist der gebundenste, der seinen Leidenschaften frönt.»

II

Zu den namhaften Lesern der Tagebücher Platens gehörte auch Thomas Mann; intensiv widmete er sich ihnen freilich erst, nachdem er 1930 seinen berühmt gewordenen Ansbacher Vortrag über

Platen gehalten und durch ihn eine Art Rehabilitation Platens eingeleitet hatte. Am 24. Januar 1946 verzeichnet dann Thomas Manns Tagebuch folgenden Eintrag: «Las abends lange in Platens Tagebüchern. Verglich und fand viel Grund zur Dankbarkeit... Das Illusionäre der Liebe in der Homoerotik ungeheuer verstärkt. Alle Wirklichkeit führt das Gefühl ad absurdum.» Und gleichsam als rhetorisch-ironische Nachfrage fügt Thomas Mann mit einem Augenzwinkern hinzu, das Argument des Illusionären bekräftigend: «Mit dem Hauptmann im Bett zu liegen – wie wär's gewesen?»

Im Blendwerk der Illusionen verfängt sich Platen rettungslos, wie es ihm selbst im Februar 1819 scheint, als er sich in seinen Kommilitonen Eduard Schmidtlein verliebt, den «Adrast» des Tagebuchs. Bündig urteilt Thomas Mann nach der Lektüre der schier endlosen Selbstanalyse, zu der sich Platen durch seine Gefühle für Adrast veranlaßt fühlt: «Die Episode Schmidtlein erstaunlich. Seine Torheit groß» (25. Januar 1946).

Torheit oder Gefühlsnot? In jedem Fall aber der verzweifelte Ruf nach Erwiderung seiner Liebe. «Was mir Tränen entlockt? Es ist die schmerzliche Wahrheit, / Daß ich verspottet nur ward, wo ich so innig geliebt», heißt es in Platens Gedicht «Anteros» (Bruder des Eros); und noch unmittelbarer: «Haben wir deinen Besitz, du tückischer Knabe, gewonnen, / O so ist's dein Besitz, den wir verfluchend verschmähn.» Keine Rede von Platens selbstgewissem Eintreten für seine Homoerotik. Worum er sich, auch im «Fall Adrast», mit allen Kräften bemüht, ist die Übersetzung seiner Empfindungen in Kunst.

Auf dem Höhepunkt der Adrast-Krise notiert Platen: «Meine Girlande von Efeu kann mir zugleich als Belohnung für den Liederzyklus dienen, den ich diese Zeit hier niederschrieb an Adrast. Er wird sie überdauern und mir ein ewiges Andenken an sie zurücklassen. Das Leben eines Dichters geht nicht spurlos vorüber. Einst vielleicht liest noch Adrast diese Lieder. Aber wird er wohl ahnen, daß seine eigene Schönheit mich begeisterte? Gestern zeichnete ich wohl das Letzte auf, denn jetzt ist alles dahin. So ist auch dieser Zyklus vollendet, nachdem er alle Grade einer unglücklichen Liebe hindurchging.»

Als Torheit läßt sich diese Gefühlspoetik nur schwer abtun. Verbirgt sich hinter ihr nicht vielmehr der Wille zur Ehrlichkeit und Rechenschaft über das Verhältnis zwischen Gefühls- und Gestaltungsprozeß?

Wir glauben, das Beziehungsmuster bereits zu kennen: Sympathetische Empfindungen regen sich in Platen für einen Mitstudenten, der ihm im Hörsaal auffällt, im Seminar, auf dem Markt. Er sieht ihn immer wieder. Sieht nur ihn. Hört seinen Namen. Schmidtlein paßt nicht zu diesem gut aussehenden jungen Mann. Platen übersetzt die charakteristischen äußeren Merkmale jenes Menschen, den er im Tagebuch schon «Freund» nennt, als dieser Platen noch nicht einmal gegrüßt hat, wählt für seine Übersetzung des physischen Erscheinungsbildes in einen Namen das Griechische, die Sprache der Platoniker, und nennt ihn den «Tüchtigen, ebenmäßig Gewachsenen», eben Adrast. So ist der erste Schritt zur Poetisierung des «Freundes» bereits getan. Das weitere besorgt die Phantasie.

Platen wiegt sich in der Hoffnung, Adrasts immerwährende Freundschaft zu gewinnen. Er lebt in Erwartung eines Freundschaftsbeweises, eines Zeichens der Liebe, der tiefsten Zuneigung des mittlerweile Angebeteten. Oder berauscht sich Platen mit diesen Phantasien, um seine künstlerische Schaffenskraft zu stimulieren? Homoerotik als Opiat? Phantasien als Barbiturate?

Das Versteckspiel beginnt. Wenn er Adrast nicht im Hörsaal sieht oder beim Flanieren durch Würzburg, dann glaubt Platen, der Freund verstecke sich absichtlich vor ihm, um durch seine Abwesenheit Aufmerksamkeit auf sich zu ziehen. Sieht er Adrast, dann geht er ihm aus dem Weg, aber nur, um ihn unbemerkt beobachten zu können. In Platens Augen verwandelt sich Würzburg in einen Olivenhain. Schmidtlein als Adrast im griechischen Gewand, der im Vorübergehen Platons «Gastmahl» liest; Eduard, ein Bruder des Eros?

Sie reden miteinander, Schmidtlein mit festerer, Platen mit wohlklingenderer Stimme. Über den Unterschied zwischen dem alten deutschen Recht und dem «Code civil». Und über exotische Bäume. Über «Phaidros». Und die liebliche Lage Würzburgs. Kaum zwanzig Jahre zuvor hatte Kleist in einem Brief aus eben diesem Würzburg geschrieben: «Das Gefühl, im Innern schön zu sein, und das Bild, das uns der Spiegel des Bewußtseins in den Stunden der Einsamkeit zurückwirft, das sind Genüsse, die allein unsere heiße Sehnsucht nach Glück ganz stillen können.»

Platen jedoch, so sehr er wünscht, sich mit dieser inneren Schönheit begnügen zu können, sucht beständig nach ihrer äußeren Entsprechung. Aber der «Spiegel des Bewußtseins», mag er ihn in seinem Tagebuch auch noch so blank putzen, wirft ihm jetzt häufiger ein bloßes Zerrbild entgegen. Schon am 1. Januar 1819 spricht er von «hoher Unzufriedenheit» mit sich selbst und von der «schmerzlichen Fessel einer hoffnungslosen Neigung», die sich, wie er wenige Tage später notiert, zu einer beklemmenden «Herzensbeängstigung» auswächst. Er klagt über seine Reizbarkeit. Fühlt sich von Adrast vernachlässigt und verstoßen. Adrast antwortet ihm, brieflich: «Wenn Sie in mir einen komplimentösen Menschen suchten, so tut es mir leid, daß Sie sich an einen Unrechten gewendet haben.»

Adrast, man muß es sagen, hatte recht. Denn «komplimentös» zu Platen konnte in der Tat niemand sein, weil er selbst, ohne daß es ihm immer bewußt gewesen sein dürfte, für das Komplementäre zu seiner jeweiligen seelischen Verfasssung zu sorgen in der Lage war. Im Gefühlsüberschwang wußte er sich bitter zu kritisieren; in Phasen tiefer Unzufriedenheit mit sich selbst gelang es ihm dagegen, durch seine schriftstellerische Produktivität Gegengewichte zu schaffen.

Sein Tagebuch belegt, daß er sich selbst beobachten konnte: «Wollte Gott», heißt es am 26. Mai 1818, «ich hätte nie einen Vers gemacht und dürfte mich ganz in die Arme der Wissenschaft werfen. Ich würde dann etwas leisten können, da ich Geistesgaben, das heißt Verstand und Gedächtnis besitze. So aber hemmen beständig die täuschenden, nutzlosen Träume der Phantasie das stete Fortschreiten meines Geistes.» Er sieht sich als poeti-

schen Stümper, der durch die weiten Felder der
Weltliteratur streift. Ein schmarotzender Ähren-
leser der Literatur, der aber dennoch von seiner
Mission überzeugt ist, wann immer ein Gedicht
gelingt.

Künstler sein heißt, der Bewußtseinsspaltung
schöpferische Energien abzugewinnen; heißt, die
beiden Hälften des Bewußtseins, Wirklichkeits-
sinn und Phantasie in ein «komplementäres» Verhältnis zu zwingen, wodurch beispielsweise aus
einer gescheiterten Beziehung ein gelungenes Gedicht werden kann. Im Augenblick der künstleri-
schen Gestaltung ist diese schizophrene Disposi-
tion aufgehoben; aber sie dringt im Künstler wieder durch, sobald er den Schaffensakt abgeschlossen hat. Dann können beide Bewußtseinshälften
erneut Eindrücke aufnehmen, mehr Bilder, Stim-
mungen, Dinge, um sie gleichzeitig «vernünftig»
und «imaginativ» zu verarbeiten; dadurch ergeben
sich abermals innere Spannungen, die sich wiederum im Impuls zur Gestaltung entladen. Von
diesem entnervenden, aber eben auch beglücken-
den «Kreislauf» legen Platens Tagebücher wie
sonst kaum ein anderes autobiographisches Werk
ein erschütterndes Zeugnis ab.

III

Platens innere Zerrissenheit, die er im Tagebuch
ohne Beschönigungen eingestanden, in Briefen
eher kaschiert, in den Gedichten ästhetisch stilisiert
und in seinen allesamt mißglückten Bühnenwer-
ken durch aristophanische Heiterkeit zu mildern
gesucht hatte, leugnete er geradezu in seinen Es-

says. Wieder befinden wir uns im Jahre 1818. Der Jurastudent, den es beeindruckt, daß man in aller Öffentlichkeit die bayerische Verfassung verliest, so, als lebte man in einer attischen Polis am Main, vertieft sich aber in der Hauptsache in das Verhältnis zwischen Christentum und Mystizismus. Das Ergebnis seiner Überlegungen trägt er in klarer, knapper Prosa vor, die von skeptischen Fragen durchsetzt ist und nach klaren Antworten verlangt. Wiederum geht es ihm um Orientierung, um ein beherztes Ja – in diesem Fall zur Vernunftreligion: «Nicht Märtyrer können die Wahrheit befestigen, denn auch der Irrtum hat seine Märtyrer.» Und doch sollte es nur wenige Jahre später ausgerechnet die Figur eines Märtyrers sein, die des heiligen Sebastian, die ihn für den Rest seines Lebens fesseln sollte.

Im Zusammenhang seiner Abhandlung über das Christentum (oder, wie er sagt, Christianismus, das Ideologische der Religion betonend) klingt seine Frage «Können wir zwei Dinge zugleich für echt halten, wenn sie sich widersprechen?» rein rhetorisch. Aber diese Frage an sich, der kleine Exkurs in Platens Schaffenspsychologie hat dies angedeutet, gehörte durchaus zu seiner Lebensproblematik, von der er schließlich, so Golo Mann in seiner Deutung der Platenschen Ode «Lebensstimmung», «Erlösung in Weltentsagung» gesucht habe. Aber getreu den Widersprüchen in Platens echten Anliegen, hofft Platen auf diese Weltentsagung ausgerechnet in der Sinnenfreude Italiens und seiner üppigen Kunst.

Die Religion, die christliche vor allem, bedurfte, laut Platen, der Kunst. Er begründete dies in einem

Epigramm: «Einst hat bildende Kunst dem ent-
arteten Dienste des Heilands / Würde verliehn, hat
ihn näher gebracht der Natur.» Ein erneuter Widerspruch? Durch die bildende Kunst gewönne
die Kirche wieder etwas von ihrer einstigen Ur-
sprünglichkeit zurück? Produzieren ästhetischer
und religiöser Schein eine neue Form von Wirklichkeit? Die künstliche Welt, religiös inspiriert,
offenbarte sich ihm nirgends umfassender als in
Venedig. Die «künstliche Wirklichkeit» Venedigs,
meinte Eugen Gottlieb Winkler in seinem bedeutenden Essay über Platen (1936), erregte den Lyris-
mus des Dichters wie sonst kein Ort. Fügen wir
hinzu, daß seine bis ans Künstliche grenzende ho-
moerotische Phantasiewirklichkeit seinen Lyris-
mus auf verwandte Weise erregte, womit auch
gesagt ist, daß Venedig ihm wie eine Behausung
für diese seine Phantasiewelt vorgekommen sein
mußte. Dort, in den Kirchen, Palästen und Galerien, liebten sich die Dinge in ihrer buchstäblich
gleichgeschlechtlichen Sächlichkeit. Und was erzeugte diese Liebe? Verfall und Tod. Platens Ent-
zücken über Venedig schlägt, im Tagebuch wie im
Gedicht, zumeist in Melancholie um, ganz wie es
sein englischer Zeitgenosse, John Keats, in seiner
«Ode to Melancholy» ausgedrückt hatte: «Ay, in
the very temple of delight / Veil'd Melancholy has
her sovran shrine.»

Noch Truman Capote sollte das Melancholische
als ein ursprünglich ästhetisches Phänomen beschreiben; er nannte es «das rote Grausen» und
schrieb darüber: «Das rote Grausen ist gräßlich.
Du fürchtest dich und schwitzt wie in der Hölle,
aber du weißt nicht, wovor du dich fürchtest.»

Auch Platen wußte zunächst nicht, was ihn ängstigte: «Es mehrt den unendlichen Schmerz und die Wehmut: / Alles vergeht…»; das bleibt ebenso vage wie der schwerlich tröstliche Nachsatz: «… doch wird Schönes allein so beweint.»

Wer das Schöne beweint, wer es also im Sinne des «Tristan»-Gedichts zuvor «angeschaut» hat, beweint somit auch seinen eigenen herannahenden Tod. Kunstgenuß begriff Platen demnach auch als, modern gesagt, Trauerarbeit.

In einer seiner «Ghaselen» vereinigte Platen in einem Vers die magischen Wörter, die seine Existenz bestimmten: «Die Trauer, die Sorge, die Sehnsucht, die Furcht, die Begierde, die Scham.» Ein Begriff fehlte in dieser Skala der Nöte: die Schuld. Aber er bedachte sie in seinem lyrischen Vermächtnis, den «Späten Hymnen»: «Aber die Schuld springt / Von Hand zu Hand, wie im Ballspiele der nie sichre Wurf» («Auf den Tod des Kaisers»). Schuldgefühle suchten Platen seit seinen Tagen in der Pagenanstalt heim. Zwar übte er sich im Bekunden von Selbstsicherheit; aber gewöhnlich fiel sie in sich zusammen, um Zweifeln darüber Platz zu machen, ob er sich «angemessen» in Gesellschaft verhalte (rührend geradezu sein sorgfältiges Studium von Knigges Werk «Über den Umgang mit Menschen», dessen Bildungspathos er sich zu eigen macht). Aber handelt es sich nun um Schuldgefühle, weil er sich als ein degenerierter Vertreter seines Standes vorkam, ein gräflicher, nur dünn betuchter Päderast, der, um nach Italien reisen zu können, darauf warten mußte, daß Cotta ihm einen beträchtlichen Vorschuß gewährte? Von dieser Art «Schuld» ist im Tagebuch keine Rede –

oder nur am Rande. Im Gegenteil flackert sogar Mut auf, wenn er behauptet: «Ich brauche mich dessen nicht zu schämen, was mein eigenes Gewissen gutheißt.» Wirkliche Schuldgefühle überkamen ihn aber immer dann, wenn er seinen eigenen Erwartungen nicht entsprechen konnte, sei es in der Kunst oder im Gefühlsleben. Vielfach geschah es auch, daß er seine Selbstvorwürfe in eine Kritik an seiner Existenz als Schriftsteller umwandelte, um dennoch, wenigstens indirekt, zu fragen, ob der Künstler Platen den Menschen Platen entlasten könne.

Ist das, wie Thomas Mann meinte, Donquijoterie? Schwerlich. Und was will hier das Urteil besagen, Platen sei ein Künstler von «sublimer Narrheit» gewesen? Daß sich Platen formvollendet an der eigenen Nase herumführte? Wie sehr Thomas Manns Urteil über Platen, das ja eine einzige Ehrenrettung – gegen Heine – sein sollte, im Grunde doch von Heines Polemik gegen Platen abhängig war, hat Hans Mayer angedeutet. Er hat auch das Sagenswerte über den Streit zwischen Heine und Platen geschrieben, über den erbärmlichsten Literaturstreit in der deutschen Literaturgeschichte bis zum Ende des 19. Jahrhunderts. Das Jahr des Streits, 1829, bedeutet einen Tiefpunkt in der Entwicklung des Intellektualismus in Deutschland. Denn der Schlagabtausch zwischen Heine und Platen fand in der Gosse statt. Beide waren am Ende Verlierer. Und mit ihnen das, was vom Geist der deutschen Klassik noch übrig war.

IV

Gewiß, es gab neben polemischen Verunglimp-
fungen Platens auch wohlbegründete Vorwürfe
gegen seinen zeitweise übersteigerten Ästhetizis-
mus, wie sie etwa Immermann, in Sachen Platen
profunder als Heine, vorgetragen hatte: «Ich halte
sehr viel von Platen, nur muß er sich nach meiner
Ansicht vor einem zu großen Gefallen an besonders künstlichen Formen in acht nehmen» (Brief
vom 27. Juli 1828 an Michael Beer). Für Platen
jedoch stellte sich sein Antikisieren oder Orientali-
sieren à la Weimar in einem etwas anderen Licht
dar: Je mehr sprachkünstlerische Formen er sich
aneignete, desto mehr hoffte er darauf, wenigstens im Bereich seiner Dichtung zu wirklichem
«Gestaltenwechsel» zu finden, zu einer beständigen Metamorphose als Selbstschutzmaßnahme, die
seinem Charakter jedoch verwehrt blieb. Jede noch
so «künstlich» wirkende Form bedeutete demnach
für Platen eine ersehnte Maske; aber keine läßt sich
ohne die hinter ihr verborgene Gefühlsnot erklären. Bei Platen haben wir es demnach mit einer
Metamorphose zu tun, die sich in Abwandlung
der berühmten Zeile Goethes so beschreiben ließe: empfundene Form, die aus Schmerzen sich
entwickelt. Denn daß seine Sprachformen sich
entwickelt hatten, daran ist schwerlich zu deu-
teln.

Winkler hat diesen Formwandel in Platens Werk
wie folgt gekennzeichnet: «Jene trunkene Musik,
die in dem früheren Gedichtkreis ‹Spiegel des Hafis› Gefühl und Gedanke durchströmt, [...] ver-
stummt. Die Ghasele wird nun betrachterisch,

im Ausdruck gedämpft, wenn nicht kalt; oft bloß
reflektierend.»

Winkler geht aber noch einen entscheidenden
Schritt weiter, indem er feststellt: «Die Entmusika-
lisierung des dichterischen Wortes, die sich an der
Entwicklung von Platens Ghasele verfolgen läßt,
ist für den gesamten Verlauf seines lyrischen
Schaffens bezeichnend. Künstlerisch ist sie begründet durch Platens allmählich gewonnene, von
ihm selbst wiederholt ausgesprochene Anschauung vom Gedicht als einem plastischen Kunstwerk.»

Diese Entwicklung der Form entsprach Platens Bemühung um Versachlichung seiner Leidenschaften und um Linderung seiner «Seelenschmer-
zen». Eine Ghasele oder ein Sonett verhieß wenigstens ein Mindestmaß an Ordnung im Gefühls-
chaos des Dichters.

Aber inzwischen ist auch ein anderes Stichwort
gefallen: die von Platen als Teil des dichterischen
Schaffensprozesses erstrebte Einheit von Wort und
Bild. Worum ging es ihm dabei? Um die Verbild-
lichung des, wie er sagte, «tiefen Impulses» und
«körnigen Tiefsinns».

Weltentsagung? Bevor für Platen Italien in Sicht
ist, schreibt er noch: «Il faut toujours lutter contre
la vie.» Aber in Italien scheint sich das «contre»
aufzulösen. Oder könnte es sein, daß wir «Entsa-
gung» im Falle Platens umdeuten müssen? Setzte er sich bewußt der bildkünstlerischen Version
physischer Sinnlichkeit aus, weil es ihm versagt
geblieben war, diese Sinnlichkeit auszuleben, um
sich, solchermaßen übersättigt, von ihr lossagen zu
können?

Dann aber begegnet ihm das Bild- und Sprach-
motiv, auf das er gewissermaßen zugelebt hatte:
die Figur des heiligen Sebastian, etwa jene, die
Giovanni Buonconsiglio geschaffen hatte und über
die Platen schrieb: «Eine solche Schönheit der
nackten Formen ohne Sinnlichkeit ist ein Wunder der Kunst.» Diese Schönheit hielt Platen nur
deswegen für möglich, weil Buonconsiglio einen wirklich Gläubigen gemalt hatte, ja, geradezu die Verkörperung des Glaubens. Des Glaubens
oder der Liebe?

Rufen wir uns die beiden letzten Verse der zweiten Strophe des sprichwörtlich gewordenen, ästhetische Todesverfallenheit wachrufenden Gedichts
«Tristan» ins Gedächtnis: «Wen der Pfeil des Schönen je getroffen, / Ewig währt für ihn der Schmerz
der Liebe.»

Wer die Kunst auf sich einwirken läßt, das besagen doch diese Verse, aus dem wird ein Sebastian
– nämlich ein für das Schöne Leidender. Anders
gesagt: Sobald das Schöne den Menschen «trifft»
und «verwundet», verwandelt es sich in schmer-
zende, unerfüllt bleibende Liebe. Ist Liebe demnach ein ästhetischer Akt? Oder ein nahezu selbst-
quälerisches Ja zum Märtyrertum für den Schein,
der den Irrtum, dessentwegen Platen zuvor jegli-
ches Märtyrertum abgelehnt hatte, in wahre Kunst
umsetzt?

Nahezu jede Darstellung des heiligen Sebastian
in Venedig spürte er auf. Sah er in der einen nur
«irdischen Schmerz» dargestellt ohne «himmlische Berührung», so entzückte ihn das Schöne
des Schmerzes in anderen (besonders in Veroneses Sebastian). Platens konsequente Ästhetisierung

des Leidens unterschied ihn deutlich von seinen Freunden und Mentoren, die sich zum fränkischen Dichter- und Denkerkreis rechneten, allen voran Rückert, Jean Paul und Schelling. In dieser Hinsicht stand Platen gleichfalls in der deutschen Künstlerkolonie in Rom allein. Allenfalls mit Wilhelm Waiblinger hätte er sich über dieses Kernanliegen austauschen können. Nach allem, was wir wissen, hatte er es jedoch nicht getan.

Platen einmal in ausgelassener Stimmung: «Ich habe mich an diesen Torheiten und Maskeraden ergötzt und weidlich mit den sogenannten Confetti umhergeworfen», heißt es am 22. Februar 1827 im Tagebuch. Der Illusionist möchte schwelgen; wieder wuchern seine Liebesphantasien. Aber sie gelten schon längst nicht mehr nur jungen Männern und Sebastian-Darstellungen, sondern auch Mnemosyne, der Mutter der Musen, der Erinnerung. Er reist nach Süditalien, um ihr und dem Hellenistischen näher zu sein; entsprechend schreibt er, daß er nunmehr nach «Großgriechenland» reise. Auf ins neapolitanische Arkadien, auf nach Syrakus, nach Nekropolis.

V

Das Griechische. Für Platen, der es wie Goethe nur in römischer Kopie erlebte, bedeutete es Beruhigung und Verstörung zugleich. Beruhigung, da er sich von einer Kultur geborgen wußte, in der die Homoerotik als höchster Ausdruck des «Sympathetischen», der gleichgestimmten geistigen Leidenschaftlichkeit galt. Verstörung, weil es einen Schreckensmythos sondergleichen beherbergte, der Platen, das beweist eines seiner frühen Epigramme, unmittelbar anging:

Fremdling:
Sage, was folgt dem Orest nur eine der wilden Erinnen,
   Einen Spiegel ja nur hält sie beständig ihm vor?

Bildner:
Die den Spiegel ihm hält, sie ist das böse Bewußtsein,
   Seiner Mutter Gestalt sieht er im Glase vor sich;
Sieht sich selber darin, den Dolch in blutigen Händen,
   Mehr bedarf es ja nicht zu des Unseligen Qual.

Was wir in Platens Epigrammfolge «Des Bildners Werkstatt» lesen, faßt die Aspekte des Griechischen, so wie Platen es verstand, sinnig zusammen: Phantasien von Muttermord, Freundschaftskult, Verfolgungswahn und «schöne Schmerzen», also Lust an Selbstquälerei – vor dem Spiegel –, sowie die Besessenheit mit dem Gebot der Form, das diese Phantasien erträglich macht. Hinzu kam die Frage nach dem Wert von Liebe und Freundschaft: Welche von beiden ist höher einzuschätzen?

Erinnern wir uns: Über das Jahr 1813 schrieb Platen im Rückblick: «Ich wollte Liebe; aber ich hatte bisher nur die Sehnsucht nach Freundschaft gefühlt.» Daß diese Liebe als Willensakt zu nichts führen konnte, wurde ihm nur langsam bewußt. Dann, im Zusammenhang mit seinen Entwürfen zum Trauerspiel «Conradino», notiert er drei Jahre später: «Ich will nämlich die Liebe ganz aus dem Spiele lassen, um der Freundschaft eine größere Rolle zu geben.» Gemeint war die Freundschaft Friedrichs von Baden zu dem letzten jungen Staufer Konradin. Platen war es augenscheinlich darum

zu tun gewesen, sich in beiden Rollen zu sehen, als
einer, der Zutrauen zu seinen eigenen Empfindungen faßt, und als ein durch Freundschaft seelisch
Geretteter.

Bis zu seinem eigenen Ende sollte Platen um
diese Freundschaft werben, und das mit einer Leidenschaftlichkeit, die mit Schillers drittem seiner
«Briefe über Don Carlos» tragisch zu nennen wäre.
Denn letztlich sah Platen sich gezwungen, sich mit
ihrer Unerfülltheit anzufreunden. Liebe dagegen,
tiefe und nicht bloß schwärmerische, das durch-
schaute Thomas Mann bereits 1926 in seiner ersten
Notiz über Platen, war ihm im Grunde nur zur
Schönheit, der «sinnlichen Erscheinungsform des
Geistigen» gegeben. Noch sein letzter Tagebuch-
eintrag bestätigt das: Er liebt das Schöne eines
jungen Mannes, dessen flüchtige Erscheinung,
nicht dessen dauernde Gegenwart; denn die Dauer
könnte diese schöne Erscheinung, so fürchtet er,
entstellen.

Die Welt als Vorstellung, auch wenn diese
Vorstellung tödliche Folgen hatte. In Syrakus litt
Platen im November 1835 unter Koliken. Aber
er glaubt, daß es sich um Cholera handle. Plötzlich spürt er, wie er doch an diesem Leben hängt.
Kann angesichts dieser vermeintlich tödlichen
Krankheit die Aussöhnung mit sich selbst noch
gelingen? Sie erfolgt in Form von übermäßiger
Einnahme von Medikamenten, die schließlich zu
seinem Tod führen sollte. Aber hatte er sich nicht
gerade diese Todesart symbolisch vorgeschrieben? «Es sei gesegnet, wer die Welt verachtet, /
Denn falscher ist sie, als es Worte malen: / Sie
sammelt grausam unsern Schmerz in Schalen, /

Und reicht zum Trunke sie, wenn wir halb ver-
schmachtet.»

Die bitterste Medizin, die ihm zu nehmen auf-
gegeben war, bestand in der Einsicht, daß Täuschung, und sei sie noch so kunstfertig angelegt,
nicht trösten kann. «Wer die Schönheit angeschaut
mit Augen...», diese Worte, das ist im nachhinein
überdeutlich, steckten wie Pfeile zeitlebens in Platens Fleisch. Denn das war er, ein Sebastian unter
den Dichtern.

Rüdiger Görner

INHALT